법학
입문

이연갑 · 김종철 · 박동진 · 한상훈 · 박덕영

박영사

——— 증보판 머리말

　세월이 참 빠르게 흘러갑니다. 2년 여 전에 로스쿨에 진학하기를 희망하는 학생들을 위하여 법학에 대한 기초입문용으로 본서를 출간한 바 있습니다.

　나름 학생들의 선택을 받아 초판발행본이 소진되어 이 기회에 오탈자를 수정하자는 정도로 생각하고 작업을 시작하였으나, 최근 판례의 반영과 더불어 새로운 법령의 개정사항 등을 반영하다보니 제2쇄라고 표현하기에는 부족하여 증보판이라는 형식으로 발간하게 되었습니다.

　앞으로도 본서가 로스쿨에 진학하고자 하는 학생들에게 조금이나마 도움이 되기를 바라는 마음을 담아 간단하게나마 이렇게 머리말에 갈음합니다.

2023년 8월
필진을 대신하여 박덕영 씀

머리말

어느새 우리나라에서 로스쿨 교육이 시작된 지 13년째에 접어들었다. 과거 법과대학 시절에 법과대학 신입생들을 교육하기 위하여, 혹은 교양과목으로서의 법학개론 강의를 위하여 수많은 종류의 법학개론 혹은 법학입문 교과서가 출간되었다. 새로이 로스쿨 시대에 접어들어 로스쿨에 진학하고자 하는 학생들이 읽을 만한 교재를 하나 만들면 어떨까 하는 생각에서 본서의 출간작업이 시작되었다.

그동안의 법학개론이나 법학입문 교과서들이 법학에 대한 기본이론에 관한 장을 가장 앞에 두고, 이어서 헌법, 민법, 형법 등 기본 3법을 비롯하여 상법, 행정법, 민사소송법, 형사소송법 등 과거의 사법시험 과목은 물론이고, 법철학, 지적재산권, 노동법, 국제법 등 이른바 기타 과목들을 포함시켜 간단하게 소개하는 형식을 빌려 집필하는 경우가 대부분이었다.

본서의 필진은 모두 연세대학교 법학전문대학원 소속의 교수들로 구성되어 있다. 다섯 명의 교수들이 모여 논의한 결과 과거의 법학개론 또는 법학입문 책들과는 방향을 조금 달리하여 본서는 로스쿨 진학을 희망하는 학생이나 로스쿨 신입생들이 입문서로서 편하게 읽을 만한 책으로 구상하였고, 필자들이 각자의 전문 영역을 분담하여 집필하였다. 법학 이론 부분과 헌법, 민법, 형법을 포함한 기본과목 위주로 집필할 예정이었지만, 국제법을 전공하는 필자를 고려하여 마지막에 국제관계와 법이라는 장이 하나 추가되었다.

본서의 출판을 허락하여 주신 박영사 안종만 회장님께 감사드리며, 편집을 맡아서 좋은 책을 만들어주신 김선민 이사님께도 감사의 말씀을 드린다. 아무쪼록 본서가 법학을 처음 접하거나 로스쿨에 진학하기를 희망하는 학생 혹은 로스쿨 신입생들에게 편안한 길라잡이 역할을 할 수 있기를 기대한다.

2021년 3월 신학기에
필진을 대신하여 박덕영 씀

차 례

제 1 장 개 론

제 2 장   헌 법

제 3 장 민 법

제 4 장 형 법

제6절 책 임 ─── 448

제 5 장 국제관계와 법

개 론

제
1
장

개 론

Ⅰ. 法이란 무엇인가

1. 社會規範으로서의 법

인간은 사회를 이루고 살아가는 존재이다. 사회를 이루고 살아가는 이상, 각자가 하고 싶은 대로 생활한다면 다툼이 생길 수밖에 없고, 사회는 유지될 수 없다. 따라서 어떠한 일은 해서는 아니 되고, 어떠한 일은 할 수 있다는 등의 기준이 필요하게 된다. 이와 같은 기준에는 인간이 사회생활을 하는 가운데 자연스럽게 생겨난 것도 있으나, 의식적으로 만들어 낸 것도 있다. 자연스럽게 생겨난 것이든, 의식적으로 만든 것이든, 우리는 사회규범이라고 부른다. 법은 이러한 사회규범 중 하나이다.

고대부터 현대에 이르기까지 실제로 존재했거나 존재하고 있는 법을 생각해 보면, 법에 공통된 특징 또는 속성을 발견할 수 있다. 개인 또는 공공기관에 일정한 행위를 명령하거나 금지하고, 어떤 행위를 허용하거나 권한을 주는 것, 그것이 정한 바에 위반하면 형벌이나 손해배상 등 제재가 가해지는 것, 입법기관에 의해 제정되고 사법기관에 의한 판결의 기준이 되는 것 등이 그것이다. 문제는 이렇게 다양한 법의 특징 또는 속성 가운데 어떤 것이 법을 다른 사회규범과 구별되게 하는 본질적 특징 또는 속성인가 하는 것이다. 이 문제를 보통 법의 개념에 관한 논쟁이라고 한다. 이 논쟁에서 쟁점으로 되는 것을 추려 보면, 사람들에게 의무를 지우는 명령 또는 금지규범만이 본래의 법규범이고 어떤 행위를 허용하거나 할 권한을 주는 규범은 완전한 법규범이 아닌가, 법규범은 강제에 의해 뒷받침되면 충분한가 아니면 어떤 도덕적인 정당성까지 갖추어야 하는가, 법적 강제라고 하더라도 국가권력에 의한 강제의 보장이 법의 불가결한 징표인가 아니면 반드시 국가권력에 의한 강제의 보장 없이도 법이라고 할 수 있는 것인가 등이 있다. 또 관습법이나 판례법 등 입법기관이 제정하지 않은 규범도 법원(法源)이라고 할 수 있는가, 법관이 도덕적 또는 정치적 기준에 의해 재판할 수 있는가 등의 문제도 법의 개념에 관한 논쟁과 관련이 있다.

이와 같이 법의 개념을 둘러싼 논쟁은 법과 도덕의 관계, 법에서 강제의 의미, 법제도와 법규범의 특징, 법원(法源)론, 재판의 정당성 등을 둘러싼 이론적, 실무적 쟁점에 관한 견해 대립과도 밀접한 관련이 있다. 법의 개념을 둘러싼 견해는 매우 다양하며 또한 서로 크게 대립하고 있어 통일적인 결론을 내기 어려운 상태이다.

법의 개념을 이해하는 관점 중 대표적인 것이 자연법론과 법실증주의이다. 사실 크게 자연법론 또는 법실증주의를 구별할 수는 있지만, 각자가 가지는 견해가 완전히 일치하는 것도 아니고, 서로 영향을 주고 받으며 발전해 왔기 때문에 엄격한 구별이 어려운 부분도 있다. 자세한 부분은 법철학 공부를 하면서 배우기로 하고, 여기에서는 대략적인 내용만 소개하기로 한다.[1]

자연법론은 헬레니즘 시대까지 거슬러 올라가는 매우 역사가 오래된 견해이다. 고대로부터 근세 초기까지의 전통적 자연법론은, 실정법 위에 있는 어떤 고차원적인 법으로서 자연법이 있고, 자연법에 모순되는 실정법은 그 타당성을 인정할 수 없다고 주장하였다. 전통적 자연법론은 17세기와 18세기 유럽에서 국제법의 확립, 근대 시민법체계의 정비를 위한 기초가 되었고, 영국과 프랑스의 시민혁명, 미국의 독립운동에 중요한 이론적 무기를 제공하였다. 전통적 자연법론은 19세기에 들어서 자연법이라는 개념이 비과학적이고 비현실적이며 역사적으로도 맞지 않다는 등의 비판을 받게 되고, 시민법전이나 인권선언 등 자연법론에서 주장하던 내용들이 실정법질서에 포함된 후 서서히 법실증주의에 자리를 양보하게 되었다.

19세기에 등장한 법실증주의는 자연법의 법적 지위를 부정하고, 오직 실정법만을 법이라고 할 수 있다고 주장하였다. 또한 정당한 권한이 부여된 기관이 소정의 절차에 따라 제정한 법률은 그 내용이 도덕적인지 여부를 묻지 않고 그 법적 효력을 인정해야

---

1) 상세한 것은 오세혁, 법철학사, 제2판, 세창출판사, 2012, 제3부, 제4부; 양선숙, 법철학의 기본원리, 청목출판사, 2011, 제1부; 최종고, 법철학, 제4판, 삼영사, 2016, 제3장; 김영환, 법철학의 근본문제, 홍문사, 2012, 제1장; 아르투어 카우프만, 김영환 옮김, 법철학, 나남, 2007, 제3장; 최봉철, 현대법철학, 법문사, 2007, 제3장 참조.

한다고 주장하였다. 법과 법 아닌 것의 구별을 명확하게 하기 위해 개별 법률의 법적 효력을 판단하기 위한 기초적 규범이 실정법체계 내에 존재하며, 이러한 실정법체계 내의 구조, 권리 또는 의무, 책임과 같은 기본적인 법개념은 도덕적 평가나 정치적 이데올로기에 좌우되지 않고 가치중립적으로 이해해야 한다는 것도 법실증주의의 핵심적인 주장이다.

독일의 법철학자 라드브루흐(G. Radbruch)가 나치스 독재체제 하에서 자의적인 법률에 일반 국민이나 법률가가 저항하지 못했던 이유로 법실증주의를 지목하고, 법률의 형태를 띤 불법(gesetzliches Unrecht)으로부터 그 법적 자격을 박탈하는 법 위의 법(übergesetzliches Recht)이라는 개념을 주장한 후, 독일뿐 아니라 전세계적으로 자연법론의 가치를 재조명하는 견해들이 잇달아 등장하였다. 이를 전통적 자연법론과 구별하여 현대자연법론이라고 한다. 현대자연법론은 전통적 자연법론에 대한 비판을 일부 수용하여, 자연법은 일반적이고 보편적이지만 그와 동시에 그 실현과정을 동태적으로 파악하면 역사적, 상대적인 측면도 있다는 점을 인정하고, 자연법이 단순히 어떤 이념 내지 가치로서만 의미를 가지는 것이 아니라 올바른 법을 구체적으로 실현하기 위한 기준 또는 근거로서도 의미가 있다고 주장하였다. 나아가 자연법이 실정법 밖에 있는 것이 아니라, 객관적으로 정당한 법을 각 시대의 조건에 맞추어 구체적으로 구현해 가는 어떤 조건으로서 자연법이 실정법 속에 내재해 있다고 주장하였다. 풀러(L.L. Fuller)가 주장한 법내재적 도덕, 드워킨(R. Dworkin)이 주장한 법체계 내에 존재하는 원리(principle)와 같은 것들이 법에 내재하는 자연법에 해당한다.

라드브루흐의 공격에 의해 잠시 주춤하기는 했으나, 법실증주의에 대한 학문적, 실천적 지지는 여전히 견고하다. 법실증주의가 법과 도덕의 분리를 주장하고 법과 법 아닌 것의 구별기준을 법체계 밖에서 찾는 것을 부정하여 왔지만, 그것이 독일인이 나치스 독재에 저항하지 못한 이유라고 보는 것은 온당하지 못하다. 하트(H.L.A. Hart)는 도덕적으로 부당한 법은 법이 아니라고 하는 좁은 법개념보다는 그러한 법도 법이라는 넓은 법개념을 채택하는 것이 보다 학문적, 실천적으로 의미가 있다고 주장하였다.[2] 그에 의하면 넓은 법개념의 채택이 법을 사회현상으로서 이론적 또는 과학적으로 연구하는 데 도움이 되고, 법에 대한 자유로운 도덕적 비판에 독자적인 영역을 부여함으로써 공권력의 남용에 대한 비판이나 저항에 대한 적절한 근거를 제공해 준다. 라즈(J. Raz)도 잘 알려진 법실증주의자인데, 그에 따르면 자연법이나 정의원리 또는 도덕적 가치 등을 기준으

2) 허버트 하트, 오병선 옮김, 법의 개념, 아카넷, 2001, 270-276면.

로 법과 법 아닌 것을 구별하게 되면, 각자의 도덕적 판단이 개입되는 것을 막을 수 없어 그 구별이 불명확하게 되고, 실정법의 규범성과 권위를 적절히 설명할 수 없게 된다.3) 이와 같이 법과 도덕을 엄격히 분리하는 것이 법실증주의의 일반적인 태도이지만, 드워킨이 주장한 원리와 같은 것들도 시민의 승인에 의해 실정법의 일부가 될 수 있다는 논리에 의해 법과 도덕의 체계적 연관성을 인정하는 견해도 있다.

이와 같이 법의 개념이나 그에 관련된 쟁점을 둘러싼 다양한 견해에 대하여 통일적인 결론을 내는 것은 거의 불가능하다. 여기에서는 법이란 무엇인가를 탐구하기보다, 법이 다른 사회규범과 비교하여 어떠한 특징을 가지고 있는가를 검토하기로 한다. 그럼으로써 적어도 법이란 무엇인가 적극적으로 정의할 수는 없어도, 법과 법 아닌 것 사이의 경계를 가늠할 수는 있을 것이다. 사회규범에는 법 외에도 유행, 의례, 풍습, 관습, 도덕, 종교 같은 것들이 있다. 이하에서는 이 중 관습, 도덕, 종교와 법을 비교하면서, 법의 특징에 관하여 보다 자세히 알아보기로 하자.

2. 법과 慣習

사회에 존재하는 관행이 일종의 구속력을 가진다고 승인되는 경우, 이를 관습이라고 부른다. 구속력을 가진다는 점에서 법과 공통점이 있다. 실제로 원시사회에서는 관습과 법이 융합되어 있었다. 오늘날은 조직화된 국가권력에 의한 강제가 가능한가를 기준으로 둘을 구분하는 것이 일반적이지만, 그렇다고 하여 완전히 동떨어져 존재하는 것이라고 할 수도 없다. 관습을 무시한 법은 실효성을 가지기 어렵기 때문이다. 관습은 각 시민이 그가 속한 사회구성원 일반이 존중하는 특정한 가치에 부합하게 행동하도록 유도하는 힘이 있고, 때로는 이 힘이 법에 의한 강제보다 더 효과적일 수도 있다.

관습의 힘을 잘 보여주는 한 가지 예가 事實婚이다. 우리나라에서 혼인이 성립하려면 법이 정하는 바에 따라 신고하여야 한다(민법 812조①). 종래 우리나라의 혼인에 관한 관습에 따르면 남녀가 혼인의 예식을 치르고 동거를 시작하면 그로써 혼인이 성립되었다고 보았다.4) 그러나 일본이 우리나라를 지배하고 있던 1923년 우리나라에서도 일본의 예를 따라 국가에 대한 신고를 혼인의 성립요건으로 하는 법률이 시행되었다(이에 따라 신고를 한 혼인을 法律婚이라고 한다). 그러나 사람들은 종래의 관습에 따라 혼인신고를 하지 않은 채 부부공동생활을 하는 예가 많았다. 법에 정해진 대로 하자면 신고를 하지 않

3) J. Raz, The Authority of Law: Essays on Law and Morality, 2nd ed., Oxford University Press, 2009, pp. 37f.
4) 조선시대 혼인의 예식에 관하여 자세한 것은 朴秉濠, 한국의 법, 세종대왕기념사업회, 1999, 128-130면.

은 혼인(이를 事實婚이라고 한다)은 혼인으로서 효력이 없고 따라서 법률상 보호를 받을 수 없어야 할 것이다. 그러나 일제시대 우리나라의 최고법원이었던 조선고등법원은 사실혼을 혼인의 예약으로 보고 그 부당파기를 채무불이행이라고 하여 손해배상을 인정하였다(조선고등법원 1932. 2. 9. 판결 등). 해방 후에도 혼인의 성립요건으로 신고를 요구하는 법의 태도는 유지되었는데, 그럼에도 불구하고 실질적으로 부부공동생활을 하고 있으면서도 이러저러한 이유로 혼인신고를 하지 않는 사람들이 아직 많다. 대법원은 사실혼을 혼인에 준하는 것으로 파악하고, 그 부당파기를 채무불이행 또는 불법행위라고 하여 손해배상을 인정하였다(대법원 1970. 4. 28. 선고 69므37 판결 등). 조선고등법원의 판례나 대법원의 판례 모두 사실혼을 법률혼에 준하여 보호하려고 하는데, 조선고등법원의 판례가 종래의 관습을 존중하려는 것이었다면, 대법원의 판례는 아직 사실혼 상태에 있는 사람들이 많다는 점, 그리고 사실혼을 법률혼에 준하여 보호하는 것이 국제적인 경향이라는 점 등도 함께 고려한 것이라고 할 수 있다.

　법과 관습의 관계에 관한 매우 흥미로운 문제를 제기하는 것으로 다음의 사례도 참고할 만하다. 어떤 사람이 사망하고 나서 그 유골의 귀속을 둘러싸고 그의 자식들 사이에 다툼이 생기게 되었다. 원고는 망인의 장남이기는 하지만 망인과 40여 년간 떨어져 살면서 왕래가 전혀 없었다. 반면 피고들은 망인이 사망할 때까지 망인과 함께 생활을 계속해 왔던 망인의 다른 자녀들이다. 원고는 피고들을 상대로 망인의 遺體를 인도하는 청구를 하였다. 제1심인 서울중앙지방법원, 제2심인 서울고등법원은 원고 승소의 판결을 하였다. 피고들의 상고로 이 사건은 대법원이 심리하게 되었다. 대법원은 망인의 유체는 제사용 재산에 준하여(민법 1008조의3 참조) 망인의 제사를 주재하는 자손에게 귀속되어야 하는데, 누가 제사를 주재하는 자가 되는가는 망인의 공동상속인들 사이에서 합의하여 정하고, 합의가 이루어지지 않으면 제사주재자의 지위를 유지할 수 없는 특별한 사정이 있지 않은 한 망인의 장남(장남이 이미 사망한 경우에는 장남의 아들, 즉 장손자)이 제사주재자가 되고, 공동상속인들 중 아들이 없는 경우에는 망인의 장녀가 제사주재자가 된다고 하였다(대법원 2008. 11. 20. 선고 2007다27670 전원합의체판결). 공동상속인들 사이에 누가 제사를 주재할 것인가에 관하여 합의가 이루어지지 않은 경우 장남이 제사주재자가 되어야 하는 이유에 관하여, 대법원의 다수의견은 남자가 제사주재자로 되는 전통적인 관습이 여전히 관습으로서 승인되고 있다고 설명하였다.

　관습은 사회생활상의 규범으로서 구속력을 가지는 것이지만, 그것이 사회의 법적 확신과 인식을 얻게 되면 하나의 법적 규범으로서 승인되고 강제될 수 있다. 이를 관습법이라고 한다. 범죄를 저지른 자를 처벌하는 형사절차에서 관습법을 적용하여 재판하는 것은 허용되지 않지만, 민사절차에서는 관습법에 의한 재판이 허용되는 경우가 있다.민사재판에서 어떤 규범을 관습법으로 인정하는 것은 법원의 권한인데, 과거에 인정되던 관습법이 여전히 관습법으로서 효력을 가지는지, 아니면 종래 인정되지 않던 관습에 새로이 법적 효력을 인정할 것인지에 대해서는 개별 사건마다 논란이 계속되고 있다.

3. 법과 도덕

(1) 법과 도덕의 구별기준

고대에는 모세의 십계나 고대 인도의 마누 법전에서 보는 것처럼 법과 도덕이 구분되지 않았다. 로마시대나 중세시대에도 사정은 비슷하였다. 예를 들어 울피아누스는 "정직하게 생활하고 남을 해치지 않고 각자에게 그 몫을 나누어 주는 것"이 법이 명령하는 바라고 하였으나,[5] 이들은 동시 도덕적 요구이기도 하였다. 그러나 근대법에서는 법과 도덕을 일응 구분하는 것이 일반적이다. 예컨대 법의 규정 중에는 도덕과 전혀 관계없는 것들도 많다. 예컨대 보행자에게 좌측통행을 하게 할 것인지, 우측통행을 하게 할 것인지는 도덕과는 관계가 없다. 대통령의 임기를 몇 년으로 할 것인지, 국회의원의 수를 몇 명으로 할 것인지와 같은 국가조직에 관한 법, 訴를 어느 법원에 제기할 것인지, 형사피고인을 위해 변호사를 반드시 선임하도록 할 것인지 등의 소송절차에 관한 법 등도 도덕과는 관계가 없다. 반면 법과 도덕, 법적 의무와 도덕적 의무의 내용이 일치하는 예도 많다. 예컨대 살인하지 말라, 다른 사람의 돈을 빌리면 반드시 갚아라, 약속은 준수하여야 한다는 것은 도덕규범임과 동시에 법규범이기도 하다. 이처럼 비록 도덕과 관계없는 법도 존재하지만, 법이 도덕과 밀접한 관계를 맺고 있다는 사실은 일반적으로 시인될 수 있을 것이다. 그러나 구체적으로 어떠한 관계에 있는 것인지, 또는 어떠한 기준으로 법과 도덕을 구분할 것인지에 관해서는 견해가 분분하다. 그 구별의 기준으로 드는 대표적인 것은 다음의 두 가지이다.

첫째, 법의 외면성과 도덕의 내면성. 독일 계몽시대의 자연법론자인 토마지우스(Ch. Thomasius)는 규율대상에 따라 법과 도덕을 구별하였다.[6] 그에 따르면 법은 사람의 다른 사람에 대한 관계에서 외면적 행위를 규율하지만, 도덕은 인간의 내면적 양심을 규율하여 내적 평화를 달성하는 것을 목적으로 한다. 또한 칸트(Immanuel Kant)는, 법은 그

5) 玄勝鍾, 로마법, 일조각, 1992, 25면.
6) 제롬 B. 슈니윈드, 김성호 옮김, 근대 도덕철학의 역사, 나남출판사, 2018, 351면.

동기가 무엇이든 행위가 외면적으로 의무법칙에 합치하면 그것으로 충분하다고 하지만, 도덕은 동기 그 자체의 순수성, 의무법칙에 대한 존경만이 행위의 동기이어야 함을 요구한다고 한다.7) 하트(H.L.A. Hart)는 도덕규칙이 인간의 명령에 의해 도덕적 지위가 부여되거나 박탈되지 않는다는 점, 양심에 대한 호소, 죄의식, 자책감 등 도덕 위반에 대한 제재의 독특한 형태 등을 들어 도덕규칙을 법과 구별하였다.8)

어떤 사람이 다른 사람을 죽일 생각은 있었으나 이를 실행에 옮기지 않은 경우, 그런 생각을 한 사람을 도덕적으로 비난할 수 있을지언정 법적인 처벌을 할 수는 없다. 이 의미에서 법과 도덕을 규율대상의 차이에 따라 구분하는 견해에는 일정한 설득력이 있다. 그러나 법이 외면성만을 규율하고, 도덕이 내면성만을 규율한다고 할 수는 없을 것이다. 법의 세계에서도 사람의 내면적인 의사가 중요한 역할을 한다. 형법의 예를 들면, 법률에 규정이 있는 경우를 제외하고는 죄를 범할 의사, 즉 고의가 있는 경우에만 처벌의 대상이 된다(형법 13조). 민법에서도 善意 또는 惡意라는 용어가 종종 사용되는데(민법 107조② 등), 여기에서 선의란 어떠한 사실을 알지 못한 것, 악의란 그 사실을 안 것을 의미한다. 즉 내심의 知 또는 不知가 중요한 법률상의 차이를 가져오는 것이다. 반면 도덕도 사람의 외면적 행위에 전혀 무관심한 것은 아니다. 예컨대 사람을 죽이고 싶다고 생각하는 것과 사람을 실제로 죽인 것은 도덕적 평가가 다를 수밖에 없는 것이다. 그러므로 법의 외면성, 도덕의 내면성이라는 것은 관심방향의 차이에 불과하다고 할 수 있다.

둘째, 강제의 유무. 토마지우스는 법과 도덕이 그 규율대상에 따라 구별되는 결과, 법적 의무가 외부적 권력에 의해 강제됨에 반하여, 도덕적 의무는 그러한 강제의 대상으로 되지 않는다고 하였다. 또한 칸트도 법과 강제권능은 동일하다고 보고 자유의 방해를 강제에 의해 억지하는 것은 보편적 법칙에 따라 누구의 자유와도 합치하므로 정당화된다고 하면서, 법의 개념은 보편적인 상호 강제와 각인(各人)의 자유의 결합가능성 가운데 정립할 수 있다고 주장하였다.9) 19세기 독일의 법학자 예링(Rudolf von Jhering)도 강제가 법의 중요한 요소임을 강조하면서, "법적 강제 없는 법규는 자기모순으로서, 타지 않는 불, 빛나지 않는 빛과 같다"는 유명한 말을 남겼다.10) 여기서 강제란 위법행위에 대하여 가해지는 제재로서, 예컨대 범죄라고 정한 죄를 범한 자에게 가해지는 형벌, 타

---

7) 임마누엘 칸트, 김주환 옮김, 법학의 형이상학적 기초, 솔과학, 2019, 29면.
8) 허버트 하트, 오병선 옮김, 법의 개념, 아카넷, 2001, 218-233면.
9) 임마누엘 칸트, 김주환 옮김, 법학의 형이상학적 기초, 솔과학, 2019, 29면.
10) 루돌프 폰 예링, 沈允宗·李柱香 옮김, 권리를 위한 투쟁(외), 범우사, 1995, 204면.

인의 권리 또는 이익을 침해하여 손해를 가한 자에 대한 손해배상책임의 부과, 매매계약에서 매매목적물의 인도의무를 게을리한 매도인에 대한 강제집행, 세금을 체납한 자에 대한 강제징수 등을 가리킨다. 그러나 법규범 중에도 강제가 따르지 않는 것이 있다. 예를 들면, 다른 사람의 돈을 빌리면 갚아야 하지만, 만약 소멸시효가 완성되면 법적 수단에 의해 그 이행을 강제할 수 없다(민법 162조 참조). 법원에서 파산선고를 받은 후 면책결정을 받은 경우에도 마찬가지이다(「채무자 회생 및 파산에 관한 법률」 566조 참조). 반면 도덕규범이라고 해서 언제나 강제가 없는 것은 아니다. 예컨대 어떤 사회에서 지켜야 할 도덕률을 지키지 않는 경우, 그 사회에서 따돌림을 당하거나 세간의 비난을 받지 않아야 한다는 심리적 압박도 일종의 제재라고 할 수 있다. 따라서 강제의 유무에서 차이를 구하기보다는 그 강제의 방법에서 차이를 구하는 것이 타당할 것이다. 즉 도덕률의 위반에 대해서는 심리적 강제가, 법의 위반에 대해서는 물리적 강제가 가해지는 것이다.

(2) 법에 의한 도덕의 강제

앞서 설명한 바와 같이 법과 도덕이 공통된 영역에서 동일한 규제내용을 가지는 경우("살인하지 말라", 또는 "약속을 지켜라" 등과 같이)에는 법적 책임과 도덕적 책임의 구별에 실천적인 의미가 크지 않다. 그러나 법과 도덕이 서로 다른 규제내용을 가지는 경우, 법적 책임과 도덕적 책임은 달라질 수 있다. 이때 사회도덕에 반하는 행위에 대하여 도덕적 책임뿐 아니라 법적 책임도 인정되어야 하는가? 이것이 법과 도덕의 관계에 관한 또 하나의 쟁점으로서 법에 의한 도덕의 강제가 어떤 경우에 정당화되는가의 문제이다. 이는 주로 간통(부정행위)이나 중혼, 동성애나 매춘, 음란문서 등의 판매 등 성도덕에 관한 범죄, 그 밖에 마약 등의 약물사용, 도박, 안락사 등 사회적으로 부도덕하다고 일반적으로 생각되는 행위로서 그 자체로는 다른 사람에게 해악을 끼치지 않는 이른바 피해자 없는 범죄와 관련하여 자주 논의된다.

이 문제를 보는 관점은 크게 둘로 나눌 수 있다. 하나는 국가는 사회적으로 부도덕하다고 인정되는 행위에 대하여 법적 규제를 할 수 있다는 입장이다. 예를 들어 영국의 데블린(P. Devlin) 판사에 의하면, 모든 사회에는 그 구성원의 행동이나 생활방식 등을 규제하는 공통된 사고방식이 있고, 사회는 그와 같이 눈에 보이지 않는 끈(invisible bonds)에 의해 이어져 있는데, 도덕은 그러한 끈의 일부이다. 만약 악덕을 억압하지 않고 도덕이 지켜지지 않는다면 사회는 붕괴될 것이므로, 악덕의 억압은 체제를 전복하는 행위의 억압과 마찬가지로 법의 임무라고 주장하였다.[11] 이러한 견해를 법적 도덕주의(legal moralism)라고 한다. 다른 견해는 다른 사람에게 해악을 끼치지 않는 행위의 법적 규제를 반대하는 입장이다. 예컨대 밀(J.S. Mill)은 문명사회의 어떤 구성원에 대해서도 그의 의사에 반하여 권력을 정당하게 행사할 수 있는 유일한 목적은 다른 사람에 대한 해악의 방지라고 주장하였다.[12] 이를 해악원리라고 부른다. 이에 따르면 다른 사람에게 해악을 끼치지 않는 행위라면 그것이 도덕에 반한다고 하더라도 법적으로 제재할 수 없는 것이다. 데블린의 견해를 법적 도덕주의라고 부르면서 비판했던 하트(H.L.A. Hart)의 견해도 해악원리를 따르고 있다. 그에 따르면 데블린의 견해는 도덕과 사회의 관계에 관한 불확실한 가정 위에 세워진 것으로서, 도덕의 법적 강제를 위한 도덕적 정당화로서는 부족하다. 법은 개인의 생명·신체·재산 등에 대한 위해가 있는 경우에만 일정한 부도덕한 행위를 범죄로서 법적 처벌의 대상으로 삼을 수 있는 것이고, 부도덕하다는 것 자체는 법적 처벌을 정당화하지 못한다는 것이다.[13]

　　반드시 도덕의 강제에 국한되는 것은 아니지만, 도덕률을 법의 이름으로 강제할 수 있다는 주장의 또 다른 근거로 논의되는 것이 가부장적 간섭주의(paternalism)이다. 이 개념은 원래 부모가 자녀의 보호를 위해 간섭하는 것이 정당하다는 관념에서 출발하여, 국가가 개인 자신의 보호를 위하여 법적 규제를 하는 것을 가리키는 용어로 발전하였다. 그 예로는 마약 사용의 금지, 자동차 운전자에 대한 안전띠 착용의 강제, 금전대차의 최고이자율 제한, 협의이혼시의 숙려기간 등을 들 수 있다. 우리 사회는 가족, 학교, 기업 등 생활영역 전반에서 다양한 간섭주의적 배려 내지 개입이 이루어지고 있어서, 간섭주의를 무비판적으로 받아들일 뿐만 아니라 오히려 국가의 간섭에 의존하는 것을 당연한 것으로 생각하는 사람들이 많다. 그러나 개인의 자율적 선택을 중시하여야 한다는 자기결정권이 중시되면서, 간섭주의를 당연한 것으로 생각하는 견해를 비판하면서 어떤 정당화 근거가 필요하다는 논의가 있다. 이 정당화 근거에 대해서는 여러 견해가 제시되어 있지만, 최근에는 간섭받는 사람의 동의 내지 의사에서 국가적 간섭의 근거를 찾는 견해가 일반적이다. 다만 이 동의의 의미에 대해서는 견해가 일치되어 있지 않은데, 간섭 이후에 사후적으로 받을 수 있을 것으로 추단되는 동의라는 견해, 합리적인 사람이라면 할 것으로 추단되는 가정적 동의라는 견해 등이 있다. 이와 같이 동의에서 간섭의 근거를 찾는다면, 판단능력이 부족한 사람이나 미성년자뿐 아니라 판단능력에 아무런 문제가

11) P. Devlin, The Enforcement of Morals, reprinted ed., Liberty Fund, 2009, pp. 1-25. 도덕의 법적 강제에 관한 데블린과 하트의 논쟁은 동성간의 동의에 의한 성행위를 비범죄화해야 한다고 주장한 1957년 울펜덴 보고서(Wolfeden Report)를 둘러싸고 벌어진 것이다. 이에 대한 소개는 최봉철, 현대법철학, 법문사, 2007, 383-380면; 최종고, 법철학, 127-128면.

12) J.S. Mill, On Liberty, Oxford University Press, pp. 21-22.

13) H.L.A. 하트, 이영란 옮김, 법, 자유, 도덕: 인간의 존엄과 가치의 창출, 나남출판, 1996, 15면 이하.

없는 성인의 선택에 대해서도 국가가 간섭하는 것이 정당화될 수 있다. 현대국가에서 국가의 간섭이 불가피한 경우가 있음은 부정할 수 없다고 하더라도, 그것이 결코 바람직한 조치라고 할 수 없음은 당연하다. 그 때문에 국가의 간섭은 필요최소한에 그쳐야 하고, 간섭받는 사람의 자유를 가장 덜 침해하는 방법으로 이루어져야 한다.

법에 의한 도덕의 강제에 관하여 우리나라에서 종래 문제되었던 사례를 중심으로 더 자세히 살펴보기로 하자.

(3) 간통(부정행위)

모세의 십계 중 하나로 "간음하지 말라"는 계율이 있는 것에서 보는 것처럼, 간통은 오래 전부터 도덕적 또는 법적인 제재의 대상이 되어 왔다. 우리나라도 1947년 형법 제정 이전까지는 처와 그 상간자만을 처벌하고 남편의 간통은 처벌하지 아니하였으나, 구형법(2016. 1. 6. 법률 제13719호로 개정되기 전의 것) 제241조는 남녀를 구별하지 않고 처벌하였다. 반면 1930년 덴마크를 시작으로 스웨덴, 일본, 독일, 프랑스, 스페인, 스위스, 오스트리아 등은 1970년대 이전에 형법에서 간통죄에 관한 규정을 폐지하였다. 이와 같은 추세를 따라 우리나라에서도 1992년 간통죄를 폐지하는 법률안이 입법예고까지 되었으나, 아직 시기상조라는 반대에 막혀 결국 폐기되고 말았다. 한편 간통죄를 정한 구 형법 제241조가 위헌인지 여부가 다섯 차례 문제되었는데, 헌법재판소는 네 차례에 걸쳐 위헌이라고 할 수 없다는 판단을 내렸고, 결국 다섯 번째 재판에서 헌법에 위반된다고 선언하였다(헌법재판소 2015. 2. 26. 2009헌바17 결정). 다섯 차례의 결정 중 최초의 것인 헌법재판소 1990. 9. 10. 89헌바82 결정에서는 합헌의견이 8인, 위헌의견이 1인이었으나, 2015년의 위헌결정에서는 합헌의견이 2인, 위헌의견이 7인으로 바뀌었다. 위헌의견의 요지 중 도덕의 법적 강제에 관한 부분을 보면, "비도덕적인 행위라고 하더라도 본질적으로 개인의 사생활에 속하고 사회에 끼치는 해악이 그다지 크지 않거나 구체적 법익에 대한 명백한 침해가 없는 경우에는 국가권력이 개입해서는 안 된다"는 법리가 중요한 논거로 제시되었다. 반면 반대의견은 "간통죄의 폐지는 우리 사회 전반에서 성도덕 의식의 하향화를 가져오고 성도덕의 문란을 초래할 수 있으며, 그 결과 혼인과 가족 공동체의 해체를 가져올 수 있다"는 논리로 위헌의견에 반대하였다. 다수의견의 위 논거는 법적 도덕주의보다는 해악원리에 보다 가까운 것으로 이해된다.

이와 같이 배우자 있는 자의 부정행위는 이제 형사처벌의 대상이 되지 않는데, 그렇다면 손해배상에 의한 민사적 제재도 받지 않게 되는 것인가? 부정행위에 대한 손해배상 책임 역시 부도덕한 행위에 대한 국가적 강제의 한 형태이다. 대법원 판례는 부부의 일방이 부정행위를 한 경우 부정행위의 상대방은 불법행위책임을 진다고 하면서, 그 근거로 "부부공동생활을 침해하거나 그 유지를 방해하고 그에 대한 배우자로서의 권리를 침해"하였다고 한다(대법원 2014. 11. 20. 선고 2011므2997 판결). 그러나 부부공동생활의 침해는 부정행위를 한 배우자의 성적 자기결정권의 행사에 따른 것이고, 그에 대한 배우자로서의 권리가 어떤 내용의 것인지 명확하지 않을뿐더러, 그것이 상대방 배우자 아닌 제3자에 의해 침해될 수 있는 성질의 것인지도 의심스럽다. 영국이나 독일, 그리고 미국의 대부분의 주에서는 혼인 당사자 사이의 성적 성실의무의 이행은 혼인법이 다룰 문제이지, 불법행위법의 문제는 아니라고 보아 손해배상책임을 인정하지 않는다. 헌법재판소의 위 위헌의견에서 들었던 논거, 즉 "본질적으로 개인의 사생활에 속하는 영역으로서 사회에 끼치는 해악이 크지 않거나 구체적 법익에 대한 명백한 침해가 없는 경우 국가권력이 개입해서는 아니 된다"는 논거는 불법행위책임의 성립 여부를 판단할 때에도 마찬가지로 적용될 수 있는 것이다. 앞으로 이 문제에 대한 사회적 인식의 변화에 따라 대법원 판례가 변경될 가능성도 충분히 예상할 수 있다.

(4) 성적 역무의 제공

다음으로 대가를 받고 성적 역무를 제공하는 행위(賣春 또는 성매매)의 규제에 관한 논쟁을 살펴보기로 하자. 이 논쟁의 쟁점은 크게 두 가지인데, 하나는 대가를 받고 성적 역무를 제공하는 행위가 사회도덕에 반하는가 하는 것이고, 다른 하나는 설령 그것이 반도덕적이라고 하더라도 형사처벌의 대상으로 삼아야 하는가이다. 특히 누군가의 강요에 의해서가 아니라 당사자의 자발적인 선택에 의한 경우에도 이를 제재하여야 하는가에 논의가 집중되고 있다.

대가를 받고 성적 역무를 제공하는 행위를 법에 의해 일반적으로 금지할 것인가, 금지한다면 어떠한 제재수단을 가할 것인가 등에 관하여는 나라마다 달리 대응하고 있다.[14] 이를 일반적으로 금지하는 나라(미국의 대부분의 주), 역무를 제공받는 자만 처벌하는 나라(스웨덴), 역무를 제공하는 자의 호객행위와 그 역무의 알선행위를 처벌하는 나라(영국, 프랑스), 역무를 제공하는 자의 호객행위는 지역 또는 시간의 제한 내에서, 알선행위는 허가된 지역 내에서 허용하는 나라(독일), 일반적으로 허용(비범죄화)한 나라(네덜란드) 등 다양하다. 특히 자발적 성매매에 대해서는 일반적으로 성매매를 금지한 미국의 대부분의 주, 성매수자만 처벌하는 스웨덴을 제외하고는 대부분의 나라에서 비범죄화되었다.

---

14) 서경미, 성매매알선 등 행위의 처벌에 관한 법률 제21조 1항 위헌제청, 헌법재판소결정해설집 제15집 (2017), 13면.

우리나라는 1961년 제정된 淪落行爲等防止法에 의해 매춘이 전면적으로 금지되었고, 매춘행위를 한 자와 그 상대방을 모두 처벌하였다. 이 법은 실효성이 없다는 지적을 받아 오다가, 2000년 군산의 한 집창촌에서 발생한 화재로 윤락여성들이 사망한 사건이 계기가 되어 2004년 「성매매알선 등 행위의 처벌에 관한 법률」(이하 "성매매특별법")이 제정되었다. 이 법은 성매매를 하는 여성들이 피해자라는 인식을 전제로 하여 성매매 행위 자체에 대한 처벌은 완화하는 대신 성매매를 강요하거나 알선하는 행위에 대한 처벌을 강화하는 한편, 성매매뿐 아니라 성매매를 알선하는 행위에 대한 처벌을 강화하였다. 법에 의한 도덕의 강제라는 관점에서 다른 나라와 비교해 보면 우리나라가 성매매에 대하여 법도덕주의적 태도를 취하고 있음을 알 수 있다.

헌법재판소는 2016. 3. 31. 2013헌가2 사건에서 성매매행위를 처벌하는 성매매특별법 제21조 1항이 위헌인가 여부에 관하여 판단하였는데, 그 결정문에는 성적 역무 제공 행위의 처벌이 정당한가에 관한 서로 대립되는 견해와 논거가 등장한다. 우선 위헌이라고 할 수 없다고 판단한 다수의견은 자발적 성매매를 허용하면 "사회 전반의 성풍속과 성도덕을 허물어"뜨리게 되므로 형사처벌되어야 한다고 주장하였다. 구체적으로는 "외관상 강요되지 않은 자발적인 성매매행위도 인간의 성을 상품화함으로써 성판매자의 인격적 자율성을 침해할 수 있"는데, 성의 상품화는 돈을 주고 성적 서비스를 받을 수 있다는 인식으로서 "인간의 정서적 교감이 배제된 채 경제적 대가를 매개로 하여 이루어지는 성매매"는 이러한 인식을 "확대, 재생산한다"고 한다. 또한 성매매를 비범죄화하면 "국민의 성도덕을 문란하게 하는 현상을 더욱 심화시킬 수 있"고, "인간의 성을 고귀한 것으로 여기고, 물질로 취급하거나 도구화하지 않아야 한다는 것은 인간의 존엄과 가치를 위하여 우리 공동체가 포기할 수 없는 중요한 가치이자 기본적 토대"로서, 자발적 성매매는 강요에 의한 성매매와 마찬가지로 "자신의 신체를 경제적 대가 또는 성구매자의 성적 만족이나 쾌락의 수단 내지 도구로 전락시키는 행위"로서 성판매자 자신의 인간의 존엄성을 해치는 행위라고 한다. 이에 대한 유일한 반대의견은 "건전한 성풍속 및 성도덕이라는 개념 자체가 추상적·관념적이고, 내밀한 성생활의 영역에 국가가 개입하여 형벌의 대상으로 삼는 것은 입법자가 특정한 도덕관을 확인하고 강제하는 것"이라고 주장하였다.

도덕에 의한 법의 강제라는 문제와 관련하여 헌법재판소의 위 다수의견은 이른바 "건전한 성풍속과 성도덕"을 형사처벌에 의해 강제하는 것이 정당화된다는 법적 도덕주의의 태도를 따른 것이라고 할 수 있다. 그러나 자발적 성매매가 어떤 의미에서 반도덕적인지, 나아가 그렇다고 하더라도 형사처벌에 의해 그러한 반도덕적 행위를 규제하는 정당한 근거가 있는지에 대해서는 의문이 제기될 수 있다. 대가를 받고 성적 역무를 제공하는 것이 부도덕하다는 견해의 전제는 "성은 상품화되어서는 아니 된다", 즉 성적 역무에 대하여 대가를 받아서는 아니 된다는 관념이다. 그러나 반대의견의 견해와 같이 성적 역무를 제공할 것인지, 대가를 받을 것인지가 본질적으로 성적 자기결정권의 범위 내에 드는 사항이라면, 의사능력과 행위능력을 갖춘 성인이 폭력이나 강요의 개입 없이 그러한 결정을 한 것을 두고 이를 반도덕적이라고 부르기 어려울 것이다. 나아가 설령 대가를 받고 성적 역무를 제공하는 것이 도덕에 반한다고 하더라도, 굳이 이를 형법에 의해 규제하여야 하는 것은 아니다. 앞서 간통죄에 대한 위헌결정에서 내세운 이유, 즉 "본질적으로 개인의 사생활에 속하는 영역으로서 사회에 끼치는 해악이 크지 않거나 구체적 법익에 대한 명백한 침해가 없는 경우 국가권력이 개입해서는 아니 된다"는 비범죄화의 법리는 성적 역무의 제공에 대해서도 마찬가지로 적용될 수 있는 것이기 때문이다.

성적 역무의 제공에 대한 처벌은 가부장적 간섭주의에 의해서도 정당화될 수 없다. 성적 역무를 제공하는 사람이 그러한 간섭에 동의할 것이라는 사후적 또는 가정적 의사가 인정될 수 있는지 의문일뿐더러, 국가의 간섭은 필요최소한에 그쳐야 하고 간섭의 방법 중에서 가장 간섭받는 사람의 자유에 대한 제한이 적은 것을 택해야 하는 것인데, 성매매특별법은 모든 형태의 성매매에 대하여 형사처벌을 가하고 있기 때문이다.

4. 법과 宗敎

고대에는 법과 종교가 분리되어 있지 않았고, 고대 인도의 마누 법전에서 보는 바와 같이 도덕과 종교는 법과 혼재되어 있었다. 한편 유럽에서는 일찍이 로마법이 독립한 법체계를 수립하였다. 중세에 이르면 유럽 각국에서 기독교를 국교로 하고 로마법이나 관습법과 같은 세속법과 기독교회가 정립한 교회법이 공존하게 된다. 종교개혁 이후 기독교는 카톨릭과 프로테스탄트로 분열되고, 각각 왕권과 세력다툼을 하였다. 그 결과 서서히 교권의 세력이 약해지면서 법과 종교가 분리되기에 이르렀다. 정교분리의 원칙이 헌법에 의해 처음 확립된 것은 미국에서였는데, 이는 종교적 자유의 쟁취를 위하여 식민지로 이주한 후 독립전쟁을 거치면서 1791년 수정헌법 제1조에 의해 자리를 잡게 되었다.[15]

그러나 이는 유럽과 미국에 국한된 이야기이고, 이슬람교나 힌두교를 국교로 하는 나라들 중에는 정교분리를 인정하지 않는 나라도 많다. 우리나라도 삼국시대부터 고려,

---

15) 미국 헌법상 정교분리 원칙에 관하여는 임지봉, "미국 헌법상의 정교분리원칙," 미국헌법연구 제18권 제2호 (2007), 301면 이하 참조.

조선에 이르기까지 국교를 인정하였고, 종교가 정치에 큰 영향력을 행사해 왔다. 그러나 식민지 시대를 거쳐 건국헌법이 국교의 불인정과 정교분리를 선언한 이래 정교분리원칙은 헌법상 원칙으로 인정되어 왔다(헌법 20조②). 따라서 국가는 모든 종교에 대하여 중립적인 태도를 취하여야 한다. 국가가 특정 종교를 우대하거나 차별하는 것도 허용되지 않는다. 이를 허용하면 실질적으로 신앙의 자유를 제약하는 것이 되기 때문이다. 그러나 크리스마스나 부처님오신날 등 특정 종교의 기념일을 공휴일로 하는 것까지 정교분리원칙에 반한다고 보는 것은 아니다. 이들 기념일은 오랫동안 우리나라에서 지켜져 와서 이제는 하나의 습속으로 인식되고 있기 때문이다.

국교를 인정하지 않는 자유민주주의 국가에서는 종교의 자유가 헌법적 가치로서 보장되는 것이 일반적이다. 우리 헌법도 헌법 제20조 1항에서 "모든 국민은 종교의 자유를 가진다"고 정하고 있다. 종교의 자유는 어떤 종교를 신봉할 자유와 신봉하지 않을 자유, 자기가 신봉하는 종교를 선전하고 새로운 신자를 모으기 위한 선교의 자유, 종교교육의 자유 등을 포함한다. 선교의 자유에는 다른 종교를 비판하거나 다른 종교의 신자에 대하여 개종을 권고하는 자유도 포함되는데, 이는 동시에 표현의 자유의 보호대상이 되지만 그로 인하여 타인의 명예 등 인격권을 침해하는 경우에는 제한될 수 있다(대법원 1996. 9. 6. 선고 96다19246 판결). 또 종립학교에서의 종교교육 역시 고등학교 평준화 정책에 따라 학생 자신의 신앙과 무관하게 입학하게 된 학생들을 상대로 실시하게 되므로 대체과목을 선택하거나 종교교육 참여를 거부할 수 있는 기회를 주지 않으면 그러한 종교교육의 실시가 학생의 인격적 가치를 침해한 것이 되어 위법하게 될 수 있다(대법원 2010. 4. 22. 선고 2008다38288 판결).[16] 헌법재판소는 2022. 11. 24. 선고 2019헌마941 사건에서 육군훈련소에서 기초군사훈련을 받는 훈련병들에게 천주교, 개신교, 불교, 원불교 중 하나의 종교행사 참석을 강제하는 행위는 특정 종교에 대한 우대가 될 뿐 아니라 국가와 종교의 상호 분리를 요청하는 정교분리 원칙에 반하고, 종교의 자유 침해에도 해당한다고 판단하였다.

---

16) 그 밖에 법과 종교 사이의 관계에 관한 다양한 쟁점에 관한 논의는 다음 문헌을 참조하라. 한국종교법학회 편, 법과 종교, 홍성사, 1983; 최종고, 법과 종교와 인간, 삼영사, 1992.

Ⅱ. 법의 목적

1. 법의 목적과 정의

법체계 전체의 내용을 포괄적으로 평가하고 지도하는 원리가 되는 일반적인 목적을 보통 법의 목적이라고 한다. 이러한 의미에서 법의 목적은 개별 법률이 추구하는 목적 (대개 각 법률의 1조에서 정하고 있다)과 구별되는 것이다.

법의 목적으로 보통 거론되는 가치 내지 이념에 대해서는 다양한 견해가 있다. 우리 나라에서는 라드브루흐의 견해를 들어 설명하는 것이 일반적인데, 그에 따르면 법의 목 적에는 정의(正義), 합목적성, 법적 안정성이 있다.17) 라드브루흐가 말하는 정의는 "같은 것은 같게, 다른 것은 다르게" 취급하여야 한다는 이른바 형식적 정의이다. 이는 법개념 에 일정한 방향을 제시할 뿐, 그로부터 법의 내용을 도출할 수는 없다. 법의 내용에 관 한 것은 합목적성이다. 합목적성은 법이 어떤 궁극적 가치에 적합하여야 한다는 것인데, 라드브루흐에 의하면 이 가치는 각자의 세계관, 국가관 또는 정치적 견해에 따라 다를 수밖에 없다. 법적 안정성은 보통 평화 또는 질서로 표현되는 가치로서, 실정법이 효력 을 가지는 근거로서 정의와는 독립된 가치를 지니는 이념이다. 합목적성과 달리 정의와 법적 안정성은 각자의 세계관, 국가관 또는 정치적 견해에 따라 다르지 않은, 보편타당 성을 가진다.

법의 목적에 관한 논의에서 주의할 것은, 이것이 법체계 밖에 존재하는 것이 아니라 이미 법체계에 내재하고 있다는 점이다. 풀러(L.L. Fuller)는 법에 의해 실현될 수 있는 실 질적 목적을 제한하는 내재적 제약으로서 합법성(legality) 원리를 제시하고, 합법성 원리 의 기본적 요청으로서 법규범이 충분히 일반적일 것, 공포(公布)될 것, 장래를 향하여 효 력을 가질 것(즉 소급적용되지 않을 것), 명확할 것, 모순이 없을 것, 상대적으로 항상성(恒 常性)을 가질 것, 복종 가능할 것, 그리고 그 명백한 의미와 크게 어긋나지 않게 집행될 것의 여덟 가지를 들었다.18) 풀러에 따르면 이러한 의미의 합법성은 법체계의 존립에 불가결한 조건으로서, 위 여덟 가지 조건 중 어느 하나라도 전면적으로 훼손되면 그 법 체계는 더 이상 법이라고 할 수 없다.

앞서 정의가 법의 여러 목적 중 하나라고 하였지만, 법이라고 하면 정의라는 말을 가장 먼저 떠올릴 정도로 정의는 사람들의 관념 속에 법이 추구하여야 할 기본적 가치

---

17) 구스타프 라드브루흐, 최종고 옮김, 법철학, 제4판, 삼영사, 2011, 제9장.
18) 론 풀러, 박은정 옮김, 법의 도덕성, 서울대학교 출판문화원, 2015, 제2장.

로서 자리잡고 있다. 그러나 정의에 관한 논의에서는 무엇보다 그 개념의 애매모호함과 추상성 때문에 사람마다 주장하는 정의의 내용이 다를 수 있다는 것에 주의할 필요가 있다. 이와 같은 정의 관념의 다의성 때문에 누가 "이것이 정의이다"라고 말할 때에는 단순한 수사에 불과한 것이 아닌지, 흑백논리적 발상을 주장하는 것은 아닌지 유심히 살펴야 한다.

2. 법과 정의의 관계

법과 정의의 관계에 관한 논의도 여러 각도에서 살펴볼 수 있는데, 여기에서는 실정법의 내용이나 그 적용 결과가 정의에 부합하는지 아닌지를 판단하는 기준으로서 일반적으로 논의되는 형식적 정의, 실질적 정의, 절차적 정의에 대하여 검토해 보기로 한다.[19]

형식적 정의는 "같은 것은 같게, 다른 것은 다르게 취급하여야 한다"는 정식으로 표현되는 정의개념이다. 이는 우선 일정한 경우에 사람들이 어떻게 취급되어야 하는지에 관한 준칙이 존재하고, 그 준칙의 적용 범위 내에 드는 사람은 모두 그 준칙에 따라 규율되어야 함을 전제로 하여, 이 준칙을 적용하는 기관은 그 준칙의 적용범위 내에 드는 모든 사람에 대하여 차별 없이 이를 적용하여야 한다는 요청을 그 내용으로 한다.

실질적 정의는 실정법의 내용이나 판결의 정당성을 판단하는 가치기준을 말한다. 이는 그것이 문제되는 관계에 따라, 사회구성원 사이에서 이익이나 부담을 분배하는 문제에 관한 배분적 정의와, 특정한 개인 상호간의 이익과 손실의 조정에 관한 교정적 정의로 나뉜다. 교정적 정의는 계약법이나 불법행위법 등 사법의 기본적 제도를 뒷받침하는 법내재적인 것으로서 법관의 정의이나, 배분적 정의는 법외재적인 것으로서 입법자의 정의라고 이해하는 것이 일반적이다. 이는 곧 교정적 정의가 법체계의 독자적 작동을 위한 핵심적 원리로서, 계약법이나 불법행위법 등 사법상의 분쟁에 대한 재판을 배분적 정의를 실현하기 위한 수단으로 삼아서는 아니 된다는 것을 의미한다. 배분적 정의에서 각 개인에게 이익이나 부담을 배분하는 기준이 무엇인지에 대해서는 각자의 소질이나 능력, 또는 각자의 노력이나 기여에 따라 배분해야 한다는 견해(공적주의)와, 각자에게 그의 필요에 따라 배분하여야 한다는 견해가 있다. 앞의 견해는 개인의 자율적 선택이나 행동을 존중하는 관점에서 지지를 받고 있지만, 한편 그러한 자율적 결정의 여지가 없거나 제한되는 경우에는 결과에 대하여 모든 책임을 지우는 것이 타당하지 않다고 생각될 수 있다. 뒤의 견해는 공산화가 이루어진 후 자원이 각자 필요에 따라 배분된다는 사회

---

19) 법과 정의의 관계에 관하여는 우선 박은정, 현대법철학의 문제들, 132-157면; 최종고, 법철학, 박영사, 2009, 제3장; 김영환, 법철학의 근본문제, 홍문사, 2012, 제2장 참조.

주의 사상가들의 주장에서 비롯된 것으로, 각자에게 최소한으로 필요한 사회적 서비스나 경제적 지원을 보장하기 위한 복지국가의 역할이나 사회권적 인권의 보장을 정당화하는 근거로 제시되고 있다.

실질적 정의가 실정법이나 재판 결과의 내용적 정당성에 관한 것인 반면, 절차적 정의는 그 결과에 이르는 과정을 중시하는 개념이다. 이는 주로 영미에서 발전된 적법절차(due process) 개념을 기초로 형성된 것이다. 당사자주의적 재판절차를 예로 들어 설명하자면, 당사자에게 절차 참여의 기회가 보장되어야 하고, 제3자인 법관이 공평하고 중립적이어야 하며, 법관이 재판 결과에 이르게 된 이유를 합리적으로 설명하여야 비로소 절차적 정의에 부합한 재판이 된다. 절차적 정의는 실질적 정의의 실현을 위한 수단에 그치지 않고 그와는 독립된 고유의 가치를 가지는 것으로 이해되고 있다. 예컨대 형사재판절차에서 위법하게 수집된 증거는 아무리 그것이 결정적인 증거일지라도 유죄의 증거로 할 수 없고(형사소송법 308조), 피고인의 자백이 그에게 불리한 유일한 증거인 때에는 그 자백을 유죄의 증거로 삼을 수 없는 등(형사소송법 310조) 설령 실체적 진실 발견에 방해가 되고 그로 인해 실질적 정의에 반하는 판결이 내려지더라도 이는 절차적 정의에 의해 정당화되는 것이다.

3. 법의 지배

법의 지배(rule of law) 개념은 사람의 지배에 대비되는 의미로 널리 쓰이고 있지만, 그 내용에 대해서는 의견이 분분하다. 대표적인 의견의 대립은 법률의 형성과 적용에 관한 형식적, 절차적 요청에 한정하여 이해하는 견해와, 법률의 내용적 정당성까지 함께 요구하는 견해 사이에서 나타나고 있다. 헌법재판소는 법의 지배와 대체로 같은 의미로 쓰이고 있는 법치주의의 내용으로서 국민의 권리·의무에 관한 사항을 법률로 정해야 한다는 형식적 법치주의에 그치는 것이 아니라 법률의 목적과 내용 또한 기본권 보장의 헌법이념에 부합되어야 한다는 실질적 적법절차를 요구하는 법치주의를 의미한다고 판단한 바 있다(헌법재판소 1997. 7. 16. 96헌바36 결정 등). 실질적으로 이해하는 견해에서도 규범이 일반적이고 명확하며, 공포되어야 하고, 소급하지 않고 공평하게 적용되어야 한다는 등의 형식적 정의 또는 절차적 정의의 요청이 곧 법의 지배의 내용이라는 점에 대해서는 다툼이 없고, 그것만으로는 부족하다고 보아 다른 가치나 이념을 더한 것이다. 따라서 어느 견해에 의하든 법의 지배의 핵심적인 요청은 그 형식과 절차에 있다고 하겠다. 이는 무엇보다도 형식과 절차가 정치적 또는 사회적 권력의 자의나 횡포로부터 일반 시민의 자유와 이익을 보호하는 최후의 보루로서의 기능을 하기 때문이다.

그러나 법의 지배 이념과 법이 실제로 제정, 적용되는 현실에는 상당한 괴리가 있다. 특히 시민사회의 기반이 약한 우리나라에서는 법의 지배 이념에 의해 공권력을 규제한다는 측면보다 정부의 효율적 통치와 권력의 강화를 위해 법이 이용되는 측면이 더 강조되고 있다. 이는 법체계를 법 이외의 정치적·사회적·경제적·도덕적 가치의 달성을 위한 효율적이고 편의적인 문제해결방법으로서 이용하는 법도구주의, 나아가 법률만능주의로 연결된다. 물론 법체계는 그 자체가 목적이 아니고 다른 어떤 목적을 달성하기 위한 수단의 성격이 있고, 더구나 20세기 후반부터 자원의 분배를 위해 정부의 개입이 대중적으로 요구되면서 다양한 목적을 위해 법체계가 이용되는 것이 불가피한 점도 있다. 그러나 그 때문에 법체계가 가지는 고유한 논리나 가치, 기능이 경시되어서는 아니 될 것이다. 또한 법체계의 이러한 특징 때문에, 법에 의해 실현할 수 있는 목적에는 일정한 내재적 제한이 있을 수밖에 없다. 이러한 내재적 제한을 무시하고 법을 특정한 정치적·경제적·사회적·도덕적 가치의 증진을 위해 함부로 이용하면, 이는 법의 지배가 아니라 법에 의한 지배(rule by law)로 전락하는 지름길이 될 것이다. 이는 특히 국가에 의한 간섭주의적 개입에 의존하여 법체계를 특정 집단의 이익을 추구하는 도구로 삼거나, 특정한 도덕관이나 역사관을 다른 사람에게 강요하기 위한 강제장치로 변환시켜 버리는 일에 아무런 거리낌이 없는 세태에 비추어 보면 매우 우려되는 현상이 아닐 수 없다.

한편 위와 유사한 맥락에서, 법이 시민의 자율적 규제의 영역에 함부로 침입하는 것은 자제되어야 한다. 예를 들어 학문과 예술의 영역은 각 영역 고유의 가치와 논리에 기반을 두고 고도의 자율성이 인정되어야 비로소 그 발전이 가능한 분야이다. 학문과 예술의 자율성이 무한히 보호되는 것은 아니지만, 위와 같은 특성을 고려하면 각 영역에서 고유의 메커니즘에 의해 해결될 수 있는 문제에 국가가 개입하는 것은 자제하여야 한다. 예컨대 어떤 역사적 사실에 대한 학문적 견해는 그 분야의 학자들 사이에서의 논의를 통해 검증되고 반박되어야 하는 것이지, 법이 개입하여 그 견해의 타당성을 논하는 것은 옳지 않다. 설령 다수의 학자들이 특정한 역사적 사실에 대하여 내린 평가가 일반적으로 받아들여진다고 해서, 그와 다른 견해를 주장하는 소수의 학자를 법적 제재의 대상으로 삼게 되면 다양한 논의를 통해 학문이 발전할 수 있는 길을 막게 될 것이다. 이러한 관점에서 예컨대 종군위안부나 제주 4.3 사건, 광주사태 등 논란이 있을 수밖에 없는 역사적 사실에 관하여 특정 정치집단과 다른 견해를 주장한다고 해서 형사 처벌하거나 민사적 제재를 가하는 것은 가급적 피해야 하는 것이다. 또한 예술작품의 작품성 여부에 대한 사법적 판단도 자제되어야 한다. 대법원은 2020. 6. 25. 선고 2018두13696 판결에서 "미술작품의 거래에서 기망 여부를 판단할 때에는 그 미술작품에 위작 여부나 저작권에 관한 다툼이 있는 등의 특별한 사정이 없는 한 법원은 미술작품의 가치 평가 등은 전문가의 의견을 존중하는 사법자제 원칙을 지켜야 한다"고 판단하였는데, 이러한 판단 역시 예술 분야에서 자율적으로 해결되어야 하는 문제에 국가가 간섭해서는 아니 된다는 법리를 확인한 것이라고 하겠다.

정치나 외교 영역도 일반적으로 고도의 자율성을 지닌 분야라고 할 수 있다. 고도의 정치성을 띠는 국가의 행위는 이른바 통치행위라고 부르고, 이 경우에도 법원이 사법적 개입을 자제하여야 하는가에 관하여 논란이 있다. 대법원 판결 중 통치행위에 대하여 사법자제 여부가 문제된 것을 보면, 대통령의 남북정상회담의 개최에 대해서는 사법심사를 자제하지만, 그 과정에서 재정경제부장관에게 신고하지 아니하거나 통일부장관의 협력사업승인을 얻지 않은 채 북한 측에 사업권의 대가 명목으로 송금한 행위는 사법심사의 대상이 된다고 한 것(대법원 2004. 3. 26. 선고 2003도7878), 대통령의 비상계엄 선포가 그 요건을 구비하였는지 여부는 사법심사의 대상이 되지 않지만, 그것이 국헌문란의 목적을 달성하기 위하여 행하여진 경우 그 자체가 범죄행위가 되는지 여부의 심사는 할 수 있다고 한 것(대법원 1997. 4. 17. 선고 96도3376 판결)이 있다. 유신헌법에 따른 긴급조치 발령행위가 통치행위인가 여부에 관하여, 대법원은 통치행위에 대하여 "법원 스스로 사법심사권의 행사를 억제하여 그 심사대상에서 제외하는 영역이 있을 수 있다"고 하면서도, "과도한 사법심사의 자제가 기본권을 보장하고 법치주의 이념을 구현하여야 할 법원의 책무를 태만히 하거나 포기하는 것이 되지 않도록 그 인정을 지극히 신중하게 하여야 한다"고 보아 위 긴급조치가 무효라고 판단하였다(대법원 2010. 12. 16. 2010도5986 전원합의체판결).

헌법재판소의 결정례 중에도 통치행위에 대한 사법자제가 문제된 것들이 여럿 있다. 예컨대 대통령의 긴급재정경제명령에 대한 위헌확인청구에서 긴급재정경제명령은 통치행위에 속하나 그것이 국민의 기본권 침해와 직접 관련되는 경우에는 헌법재판소의 심판대상이 된다고 한 것(헌법재판소 1996. 2. 29. 93헌마186 결정), 일반사병 이라크파병 위헌확인청구에서 국군의 외국 파견은 고도의 정치적 결단이 요구되는 사안으로서 헌법상 대의민주제 통치구조 하에서 대의기관인 대통령과 국회의 그러한 고도의 정치적 결단은 가급적 존중되어야 한다고 판단한 것(헌법재판소 2004. 4. 29. 2003헌마814 결정), 신행정수도의 건설을 위한 특별조치법 위헌확인 사건에서 신행정수도의 건설이나 수도 이전의 문제가 정치적 성격을 가지고 있으나 그 자체로 고도의 정치적 결단을 요하여 사법심사의 대상으로 하기에 부적절한 문제라고까지 할 수 없다고 한 것(헌법재판소 2004. 10. 21. 2004헌마554, 556 결정) 등을 들 수 있다.

외교 문제 역시 국가간의 이해가 복잡하게 얽혀 있어 고도의 정치적 결단이 필요하고, 법원이 외교 문제를 어떻게 해결하는 것이 국익에 도움이 되는지에 대한 최선의 판단자라고 할 수 없기 때문에, 법원이 사법적 심사를 하는 데에는 신중해야 한다. 이 때문에 영국, 미국, 프랑스 등 대부분의 민주주의 국가에서 법원이 외교 문제에 대한 판단을 할 때 행정부의 의견을 존중하는 절차와 법리가 확립되어 있다.

이 문제는 최근 일제하 징용사건에 대한 대법원 판결(대법원 2012. 5. 24. 선고 2009다68620 판결; 대법원 2018. 10. 30. 선고 2013다61381 전원합의체판결)과 관련하여 크게 주목받았다. 이 사건의 주된 쟁점은 1965년의 한일청구권협정에 의해 한국인 피해자 개인의 일본 정부 또는 일본인에 대한 청구권이 소멸 또는 행사할 수 없게 되었는가였다. 이 문제에 관한 행정부의 입장은 1965년 협정 체결 이래 일관되게 위 협정에 의해 위 청구권이 완전히, 그리고 최종적으로 해결되었다는 것이었다.[20] 그러나 대법원은 위 협정의 해석에 관한 행정부의 일관된 견해를 전혀 고려하지 아니한 채 피고로 된 일본 회사에 대한 청구권의 행사를 인정하는 판결을 내렸다. 대법원의 판단에 대해서는 과거사 문제에 대한 진전된 판단이라며 환영하는 견해도 있지만,[21] 민감한 외교문제에 대한 부당한 개입으로 비판하는 견해도 있다.[22]

Ⅲ. 법규범의 특징과 구조

1. 법규범의 특징

앞서 본 바와 같이, 법규범은 다른 사회규범과 그 제재의 방법에 있어서 차이가 있다. 법규범의 위반에 대한 제재는 외부적 강제력을 가지는 것이 통상이다. 특히 근대국가에서는 법원, 경찰, 행형기관 등의 제재기구가 국가적으로 조직되어 있다. 관습이나 도덕에 대한 위반의 경우에도 어떠한 형태로든 제재가 따르고, 경우에 따라 그 제재가 법에 의한 제재보다 더욱 강력할 수 있지만, 조직된 국가기구에 의한 강제가 아니라는 점에서 법과 다르다고 할 수 있다.

---

20) 대한민국 정부, 대한민국과 일본국 간의 조약 및 협정 해설, 1965, 107면.
21) 예컨대 도시환, 한일청구권협정 관련 대법원 판결의 국제법적 평가, 국제사법연구 19권 1호 (2013), 27면 이하 참조.
22) 대표적으로 李根寬, 한일청구권협정상 강제징용배상청구권 처리에 대한 국제법적 검토, 서울대학교 법학 54권 3호 (2013), 327면 이하 참조.

조직된 국가기구에 의한 강제가 법의 특색이라면, 국제법은 법규범이라고 할 수 있는가? 국제법의 경우 그 위반에 대한 초국가적 강제기구가 존재하지 않았던 시대에는 국제법의 위반에 대하여 각 국가는 협상으로 분쟁을 해결하다가 그것이 주효하지 않으면 결국 실력으로 대응할 수밖에 없었다. 이렇게 보면 국제법은 법이 아니라고 보게 될 것이다. 그러나 오늘날에는 국제사법재판소와 같은 분쟁해결기구가 갖추어져 있고, 국제법에 위반하는 행위에 대하여 국제연합에 의한 집단적 제재도 이루어지고 있다. 다만 국가권력과 같이 완전히 중앙집권적인 권력기구가 있는 것은 아니다. 따라서 국제법에 반하는 행위를 하는 국가에 대하여 경제적 또는 군사적 제재를 가하여 위법행위를 그만두게 하거나 손해배상을 하게 하지 못하는 경우도 많다. 이 점에서 국제법의 강제력은 국내법의 그것에 비하여 약하다고 할 수 있다.

국내법 중에도 정부나 국회의 구성에 관한 규범(이른바 조직규범) 중에는 그 위반에 대한 제재가 정해져 있지 않은 것이 많다. 또한 헌법상 기본권에 관한 규정 중에는 정부에게 일정한 의무를 부과하고 있지만 그 의무의 이행을 재판에 의해 강제할 수 없는 것도 있다.[23] 이들 규정은 비록 강제력을 가지지 않지만, 재판규범으로서의 효력을 가지는 것으로 서서히 인정되고 있다. 반면 민법이나 형법과 같이 오래 전부터 그 위반에 대한 강제가 완비되어 있는 법규범도 있다. 그러나 그중에도 예컨대 소멸시효가 완성하여 재판의 방법으로 그 이행을 강제할 수 없게 되는 채무도 존재한다. 그렇다고 해서 그 채무가 법적 채무가 아니라 도덕적 채무로 바뀌는 것은 아니다. 즉 법규범 중에는 위반에 대한 강제가 불완전한 것이 있지만, 그렇다고 해서 이들을 법규범이 아니라고 할 수는 없을 것이다.

2. 법규범의 기능

법은 이와 같이 그 위반에 대하여 조직적인 강제가 부과되는 규범이다. 이는 곧 법규범이 사회에서 개인의 행위를 통제하는 수단으로 이용되고 있음을 보여준다. 개인의 행위를 통제하는 규범으로서 법이 중요한 역할을 하게 된 것은 근대국가에 이르러서이다. 그 전에는 관습이나 종교, 또는 도덕이 일차적인 사회통제의 수단이었다. 그러나 오늘날에도 법이 반드시 일차적인 사회통제의 수단이라고 할 수는 없고, 여전히 예의나 관습, 도덕 등 법 외의 규범이 하는 역할을 무시할 수 없는 것이 현실이다. 예컨대 버스에

---

23) 예컨대 헌법 제34조는 "국가는 사회보장, 사회복지의 증진에 노력할 의무를 진다"고 정하고 있지만, 이 규정을 근거로 하여 장애인을 위한 저상버스를 도입하지 않은 부작위가 장애인의 기본권을 침해하였다고 할 수는 없다. 헌법재판소 2002. 12. 18. 2002헌마52 전원재판부 결정(헌공 제76호).

서 노인에게 자리를 양보하여야 한다는 법규범이 있는 것은 아니다. 그러나 노인에게 자리를 양보하지 않는 젊은이는 무례하다고 비판을 받는다. 우리 일상생활의 많은 부분은 이와 같은 예의나 관습, 도덕에 의해 규율되고 있다. 따라서 우리나라의 경우에도 서구와 같이 법이 일차적인 사회통제의 수단이라고 단정할 수는 없을 것이다.

법이 강제를 통해 사람들에게 일정한 의무를 지우는 경우에도, 결코 그 자유로운 활동을 제한하는 것만을 목적으로 하는 것은 아니다. 법체계가 원활히 작동하는 일상적인 상황에서는 강제와 결부된 사회통제기능보다 권리와 의무, 계약, 회사 등의 제도를 이용하여 사인들이 서로 각자의 목표를 달성하기 위해 각자가 원하는 형태의 법률관계를 형성하도록 촉진하는 기능이 훨씬 더 중요한 역할을 한다. 이 기능은 사적자치로 표현되는 자본주의 시민사회의 핵심적 요청이기도 하다.

또한 법은 분쟁을 평화적으로 해결하는 기능도 한다. 어느 사회든 그 구성원 사이에 분쟁이 생길 수밖에 없고, 이를 자력구제에 맡겨두게 되면 혼란을 피할 수 없다. 따라서 법체계는 구체적인 분쟁이 발생하는 경우에 대비하여 법적 분쟁의 해결을 위한 기준과 절차를 정비하여, 당사자 사이의 분쟁에 대하여 최종적이고 공적인 해결을 해 주는 재판제도를 운영한다. 분쟁해결절차의 특징은 그 주된 관심이 과거에 발생한 사건을 기존의 실정법을 적용하여 사후적·개별적으로 해결하는 데 있다는 점이다. 따라서 장래에 생길 수 있는 분쟁의 예방이나, 당사자 이외의 불특정 다수인에 대한 일반적 영향은 부차적인 의미만 가질 뿐이다.

현대국가의 기능이 확대되면서, 법체계도 경제활동에 대한 규제, 각종 복지정책의 수립과 실행 등을 통해 한정된 자원을 재분배하는 기능을 하게 되었다. 세법이나 행정법, 노동법·사회보장법·경제법 등의 법령들이 주로 이 기능을 한다. 사회통제기능이나 개인의 활동을 촉진하는 기능, 또는 분쟁해결기능과 달리, 행위규범이나 재판규범보다는 주로 조직규범에 의해 작동한다는 특징이 있다.

3. 법규범의 분류

(1) 行爲規範

법규범은 다른 사회규범과 마찬가지로 행위규범의 특징을 가진다. 행위규범이란 사람에 대하여 어떤 것을 명령하거나 금지하는 규범을 말한다. 살인해서는 아니 된다, 돈을 빌리면 갚아야 한다는 규범이 그 예이다. 그러나 행위규범으로서의 법규범은 다른 사회규범과 달리 특정한 요건이 갖추어지면 특정한 효과를 발생시키는 형식으로 되어 있다. 예를 들면 형법상 살인죄의 규정은, "사람을 살해한 자는 사형, 무기 또는 5년 이상의 징역에 처한다"(형법 250조①)고 되어 있다. 이는 "사람을 살해하여서는 아니 된다"는 행위규범을 전제로 이 행위규범을 위반하는 행위를 하면 그 제재로서 사형 등의 형벌이 부과된다는 내용을 정한 것이다. 이와 같이 법규범은 단순히 어떤 행위를 명령하거나 금지하는 데 그치지 않고, 위반에 대하여 어떠한 제재가 따르는가에 관해서도 정하고 있다는 점에서 다른 행위규범과 다르다. 그러나 모든 행위규범이 명령 또는 금지의 형태를 취하고 있는 것은 아니다. 특히 민법 규정의 다수는 권리자는 이러저러한 것을 할 수 있다고 정하고 있다. 예컨대 민법 제211조는 "소유자는 법률의 범위 내에서 그 소유물을 사용, 수익, 처분할 권리가 있다"고 정하고 있다. 이 규정은 소유자에게 어떠한 행위를 명령하거나 금지하는 것이 아니라, 그 소유권의 행사를 허용하고 있다. 그러므로 행위규범 중에는 명령 또는 금지하는 규범 외에 허용하는 규범도 있다는 사실을 알 수 있다.

(2) 裁判規範

재판규범이란 법관이 재판을 할 때 기준이 되는 규범을 말한다. 분쟁은 최종적으로 재판소에서 법을 적용하여 해결되는데, 이때 분쟁해결의 기준이 되는 것이 법규범이다. 뒤에 보는 바와 같이 재판규범에는 법규범만 있는 것은 아니지만, 역시 법규범은 재판규범 중 가장 중요한 것이라고 할 수 있다. 재판규범의 대표적인 예로는 時效에 관한 규정을 들 수 있다. 시효에는 권리자 아닌 자가 오랫동안 타인의 토지를 점유하면 권리를 취득하는 取得時效, 권리자가 오랫동안 권리를 행사하지 않으면 권리를 잃는 消滅時效가 있다. 그 외에 어떤 범죄도 오랜 기간이 지나면 더 이상 형사처벌할 수 없게 되는 公訴時效가 있다. 이들 규범은 모두 권리자 등에게 어떠한 행위를 명령하거나 금지하는 규범은 아니므로, 행위규범이라고 할 수는 없다. 그러나 재판에서는 일정한 기간 동안 타인의 토지를 점유하였다는 요건이 갖추어지면 취득시효가 인정되어 권리를 취득하고, 일정한 기간 동안 권리를 행사하지 않았다는 요건이 갖추어지면 소멸시효가 인정되어 권리를 잃는다는 판단을 하게 된다. 그러므로 시효에 관한 규정은 재판규범이라고 할 수 있다.

이와 같이 행위규범과 재판규범은 구분되지만, 재판규범이면서 동시에 행위규범인 경우도 얼마든지 있다. 예컨대 형법상 살인죄에 관한 규정은 "살인하지 말라"는 행위규범이지만, 동시에 그에 위반하여 기소된 사람에 대한 재판의 기준이 되기도 한다. 또한 민법 제2조 2항은 "권리는 남용하지 못한다"는 행위규범이지만, 그에 위반하는 권리행사의 효력에 관한 재판을 할 때 기준이 되는 재판규범이기도 하다. 결국 법규범 중에는 행위규범으로서의 성격이 강한 것과 재판규범으로서의 성격이 강한 것이 있는 것이다.

(3) 組織規範

법규범 중 정부나 국회, 법원 등 국가기관의 조직과 권한을 정한 규정을 조직규범이라고 한다. 예컨대 "대통령은 국민의 보통·평등·직접·비밀선거에 의하여 선출한다"(헌법 67조①), "국회의원의 수는 법률로 정하되, 200인 이상으로 한다"(헌법 41조②), "명령·규칙 또는 처분이 헌법이나 법률에 위반되는 여부가 재판의 전제가 된 경우에는 대법원은 이를 최종적으로 심사할 권한을 가진다"(헌법 107조②)는 등의 규정이 여기에 해당한다. 이들은 어떤 행위를 할 것을 명령하거나 하지 말라고 금지하는 규정이 아니고, 재판에서 기준이 되는 규범에도 해당하지 않는다. 어떤 국가기관을 어떻게 조직하여야 하는가에 관한 규정일 뿐이다. 상법상 주식회사의 조직(이사, 주주총회 등)에 관한 규정들도 조직규범에 해당한다.

조직규범의 위반에 대하여는 어떠한 제재를 정하지 않은 경우가 많다. 그러나 언제나 그런 것은 아니다. 예컨대 헌법 제41조 3항은 "국회의원의 선거구와 비례대표제 기타 선거에 관한 사항은 법률로 정한다"고 정하고 있고, 이에 따라「공직선거법」은 국회의원 선거구에 관하여 정하고 있다(20조). 선거구를 어떻게 획정하는가는 국회에서 재량에 따라 정할 수 있지만, 선거구에 따라 투표의 가치가 지나치게 큰 경우에는 평등선거의 원칙에 반하게 된다. 이에 관하여 헌법재판소는 1995년의 결정에서는 전국 선거구의 평균 인구수(전국의 인구수를 선거구수로 나눈 수치)를 기준으로 상하 60%의 편차를 초과하는 선거구가 있는 경우 그 선거구의 획정은 국회의 합리적 재량의 범위를 일탈한 것으로서 헌법에 위반된다고 하였다(헌법재판소 1995. 12. 27. 95헌마224 결정). 그 후 헌법재판소는 2001년의 결정에서 평균인구수를 기준으로 상하 50%의 편차를 기준으로 위헌 여부를 판단하였다(헌법재판소 2001. 10. 25. 200헌마92, 240 결정). 이 결정은 앞으로 상당한 기간이 지난 후에는 인구편차가 상하 33 1/3% 또는 그 미만의 기준에 따라 위헌 여부를 판단할 것이라는 예고도 함께 하고 있다. 현행 공직선거법은 이와 같은 헌법재판소의 결정을 반영하여 국회의원 선거구를 정하고 있다(공직선거법 25조).

4. 실정법의 分類

(1) 公法과 私法

법은 그것이 정하는 내용에 따라 공법과 사법으로 나뉜다. 그 구별의 기준에 관하여는 견해가 나뉘는데, 이익설, 주체설, 권력설이 그 중 대표적인 견해라고 할 수 있다.

이익설은 법이 보호하는 이익이 공익이면 공법, 사익이면 사법이라는 견해이다. 그러나 공익과 사익의 구별이 언제나 명확한 것은 아니다. 또한 사익의 보호와 공익의 보호가 서로 배타적인 것은 아니다. 예컨대 형법상 절도죄에 관한 규정은 피해자의 그 절취된 물건에 대한 재산권을 보호하고자 하는 것임과 동시에 재산권의 귀속에 관한 사회질서를 보호하고자 하는 것이기도 하다. 또한 상속에 관한 민법의 규정은 한편으로 상속인의 권리를 보장하는 것이지만, 다른 한편 재산권의 이전에 관한 사회질서를 보호하고자 하는 것이기도 하다. 따라서 법이 보호하는 이익에 따라 공법과 사법을 구별하는 것이 언제나 타당할 수는 없다.

주체설은 법이 규율하는 법률관계의 주체에 따라 공법과 사법을 구별하는 견해이다. 이에 따르면 국가 또는 공공단체 상호간의 관계, 또는 그것과 개인의 관계 및 국가, 공공단체의 내부관계를 정하는 법은 공법, 개인 상호간의 관계를 규율하는 법은 사법이다. 그러나 국가와 개인 사이의 매매계약과 같이 국가라고 하더라도 개인과 마찬가지의 지위에 서는 경우가 있는데, 이 경우 국가가 이 매매계약의 주체이지만 그에 대하여 적용되는 법은 공법이 아니라 사법이다. 지방자치단체가 운영하는 교통수단을 개인이 이용하는 경우에도 이 지방자치단체와 개인 사이의 법률관계는 공법이 아니라 사법이 규율하게 된다. 따라서 규율대상이 되는 법률관계의 주체를 기준으로 공법과 사법으로 나누는 견해도 완전하지는 않다.

권력설은 법이 규율하는 법률관계의 성질에 따라 구분하는 견해이다. 이에 따르면 공법은 권력과 복종의 관계, 즉 불평등한 관계를 규율하는 법이고, 사법은 평등한 입장에서 맺어진 법률관계를 규율하는 법이다. 이 기준은 주체설의 결함을 보완하면서 법이 규율하는 법률관계의 성질을 잘 포착한 견해라고 할 수 있을 것이다. 그러나 오늘날 공법관계에서는 국가와 국민을 권력과 그에 대한 복종의 관계로 이해하기보다는 국가에 의한 국민에 대한 서비스의 제공으로 이해할 수 있는 측면이 증가하고 있으므로, 이를 모두 권력복종의 관계로 파악하는 것은 타당하지 않다고 생각된다. 또한 이 견해에 따르면 전통적으로 공법으로 이해되어 왔던 국제법은 국가간의 평등을 전제로 하므로 사법이 된다. 반면 일반적으로 사법에 속하는 민법 중 친족법에 관한 규정은 부모와 자식이라는 불평등한 관계를 규율하는 것이므로 공법이 된다.

이와 같이 어느 견해도 공법과 사법의 모든 면을 정확하게 파악하지 못하고 있다. 결국 이들 모든 견해의 구별기준을 종합하여 판단하여야 할 것이다. 현재 일반적인 견해는 주체설을 중심으로 하여 권력설이나 이익설을 가미하여 구분하여야 한다는 것이다.

일반적으로 공법과 사법의 엄밀한 구별이 쉽지 않은 것은 다음의 두 가지 이유에서이다. 첫째, 오늘날 국가가 개인 사이의 법률관계에 개입하는 예가 많아졌다. 예컨대 사용자와 근로자 사이의 고용계약은 전통적으로 민법의 규율 대상으로서 특별한 사정이 없는 한 당사자의 사적 자치에 맡겨져 있었다. 그러나 오늘날은 국가가 적극적으로 근로조건을 정하고 이를 당사자의 계약관계에서 반드시 지키도록 강제하고 있다(「근로기준법」이 이에 관해 정하고 있다). 또한 단체협약은 사용자와 근로자 사이의 계약이지만 그 계약조건의 협상에 성실히 응하지 않으면 부당노동행위가 되어 사용자가 처벌되기도 한다. 둘째, 전통적으로 국가권력과 개인 사이의 관계로 이해되어 오던 법률관계가 사법적 원리에 의해 규율되기도 한다. 예컨대 전기의 공급은 전통적으로 국가가 그 행정목적 달성을 위해 하는 행위이지만, 최근에는 공기업인 한국전력공사와 각 개인 사이에 전기공급계약을 체결하고 전기를 매수하거나 매도하는 사법적 법률관계로 이해되고 있다.

우리나라에서는 공법상의 법률관계를 다루는 행정소송에 관하여 민사소송법과 별도로 행정소송법이 마련되어 있고, 행정사건을 전담하는 행정법원도 설치되어 있다(현재 행정법원은 서울에만 설치되어 있다). 그러나 실제 사례에서는 공법관계로서 행정법원이 행정소송법에 의해 처리해야 하는 사건인지, 사법관계로서 일반 법원이 민사소송법에 의해 처리해야 하는 사건인지 애매한 경우도 많다. 예컨대 공법인인 한국조폐공사에서 근무하던 직원이 징계절차를 거쳐 파면된 경우 그 파면처분의 취소를 구하는 소송은 행정소송절차에 의하여야 하는 것이 아니라 민사소송절차에 의하여야 한다(대법원 1978. 4. 25. 선고 78다414 판결). 그런데 사립학교와 그 교원 사이의 법률관계는 사법관계이고, 국공립학교와 그 교원 사이의 법률관계는 공법관계이다(대법원 2000. 2. 11.자 2000카기18 결정). 반면 국가가 운영하는 남성대 골프장을 특정인이 특별히 이용할 수 있게 명예회원의 자격을 부여한 경우의 법률관계는 사법관계가 아니라 공법관계이다(대법원 2009. 10. 15. 선고 2009두9383 판결).

공법과 사법은 이와 같이 구별하기 쉽지 않지만, 아래에서는 전통적으로 공법 또는 사법에 속한다고 이해되어 온 대표적인 법을 들어 양자의 관계를 설명해 보려고 한다.

(2) 公法

1) 憲法

한 나라의 기본법으로서 대통령, 국회, 법원 등 국가통치의 기본적인 제도의 조직과 운용에 관한 부분과 국민의 기본적 권리에 관한 부분으로 구성되어 있다. 1948년에 제정된 우리나라 헌법이 그 기본적인 法源이다. 현행 헌법은 1987년 전문개정되어 오늘에 이르고 있다. 헌법이 공법의 기본법이라는 점에는 다툼이 없으나, 최근에는 私法을 포함하여 우리나라 법 전체의 기본법이라는 점이 강조되고 있다. 예를 들어 宗員의 자격을 성년 남자로만 제한하고 여성에게는 종원의 자격을 인정하지 않는 종래의 관습은 헌법을 최상위 규범으로 하는 우리의 전체 법질서가 정하는 남녀평등의 원칙에 반하는 것으로 그 효력을 인정할 수 없다(대법원 2005. 7. 21. 선고 2002다1178 전원합의체판결). 또한 宗立學校가 고등학교 평준화 정책에 따라 학생 자신의 신앙과 무관하게 입학하게 된 학생들을 상대로 특정 종교의 교리를 전파하는 내용의 교육을 실시하는 경우 학생들에게 충분한 사전설명을 하고 동의를 구하거나 학생들에게 대체과목을 선택하도록 하는 등의 조치를 취하지 않으면 학생들의 종교의 자유를 침해하는 것으로 위법하게 되어 손해배상책임을 지게 될 수 있다(대법원 2010. 4. 22. 선고 2008다38288 판결).

2) 行政法

행정의 조직과 활동에 관한 법을 널리 행정법이라고 한다. 근대국가의 성립 이후 법치행정이 강조되면서 발달한 분야라고 할 수 있다. 오늘날 행정법은 자본주의의 발전에 따라 나타나는 독점의 폐해를 방지하기 위한 私經濟 부문에 대한 국가의 간섭, 福祉國家의 이념에 따라 요구되는 국민에 대한 인적, 물적 지원의 필요 등에 의해 확대 일로에 있다. 한편 최근에는 행정법에서 稅法, 地方自治法 등이 분리되어 나와 독립된 분야를 이루고 있다. 행정법에 관하여는 일반법이 되는 법전이 존재하지 않고, 무수히 많은 법령이 그 法源이 되고 있다.

3) 刑法

범죄와 형벌에 관한 법이다. 민법과 더불어 전통적이고 기본적인 법분야의 하나로 인정되고 있다. 그 법원은 1953년에 제정된 형법이지만, 그 외에 다수의 형사특별법이 존재한다.

4) 訴訟法

재판의 절차에 관한 법이다. 소송법에는 민사소송법, 형사소송법, 행정소송법, 가사소송법이 있다. 민사소송법은 민사사건의 재판절차에 관한 법으로서 그 주요 법원은 민사소송법(1960년 제정)이지만, 그 외에 민사집행법(2002년 제정), 채무자 회생 및 파산에 관한 법률(2005년 제정) 등이 있다. 민법과 민사소송법을 아울러 민사법이라고도 부른다.

형사소송법은 형사사건의 수사와 재판절차에 관한 법이다. 그 주요 법원은 1954년 제정된 형사소송법이다. 형법과 형사소송법을 아울러 형사법이라고도 부른다.

행정소송법은 행정사건에 관한 재판절차를 정한 법으로서, 그 주요 법원은 행정소송법(1951년 제정), 행정심판법(1984년 제정) 등이 있다.

가사소송법은 가사사건의 재판절차에 관한 법이다. 그 주요 법원은 가사소송법(1990년 제정)이다.

(3) 私法

1) 民法

私人간의 재산적 법률관계 또는 가족관계에 관하여 정한 법으로, 私法의 일반법이다. 1958년 제정된 민법이 주요 법원이나, 그 외에 부동산등기법, 주택임대차보호법, 가족관계의 등록 등에 관한 법률, 국가배상법 등 다수의 민사특별법이 있다.

2) 商法

상행위, 회사, 어음수표, 보험, 해상에 관한 법이다. 우리나라에서는 민법의 특별법으로 이해되고 있지만, 자본주의의 발달에 따라 점차 그 중요성이 커지고 있다. 민법과 상법의 구별기준에 관하여는 여러 견해가 있으나 그 중 상법은 기업의 생활관계를 규율하는 법이라는 점에서 민법과 구별된다는 견해가 유력하다. 1962년에 제정된 상법, 어음법, 수표법 등이 주요 법원이다.

(4) 公私混合法

최근에는 공법과 사법의 어느 한 영역에만 속한다고 할 수 없는 법분야가 증대되고 있다. 그 중 노동법, 경제법, 사회보장법의 발전이 현저하다.

1) 勞動法

사용자와 근로자 사이의 관계를 규율하는 법이다. 자본주의의 발전에 수반하여 근로자의 협상력 강화를 위하여 단결권, 단체교섭권 및 단체행동권에 관한 법과, 근로계약에서 정해야 하는 최저한의 근로조건에 관한 법으로 이루어져 있다. 종래 사법의 영역에 포함되어 있었으나 국가의 개입이 강화되면서 공법적 성격도 강하게 띠고 있다. 주요 법원으로는 근로기준법(1953년 제정), 최저임금법(1986년 제정), 노동조합 및 노동관계조정법(1997년 제정) 등이 있다.

2) 經濟法

사인의 경제활동에 대한 국가의 규제에 관한 법이다. 자본주의 발전에 따라 발생하는 경제력 집중을 방지하고 카르텔 등의 부당한 공동행위와 같이 자본주의의 건전한 발전을 저해하는 행위를 금지하는 내용으로 이루어져 있다. 「독점규제 및 공정거래에 관한 법률」이 그 주요 법원이다. 최근에는 소비자의 권익 증대를 위하여 「소비자기본법」 등의 법률이 증가하고 있다. 이들 분야도 원래 민법 등 사법의 영역에 속하는 것이었으나, 공법적 규제의 강화로 공법적 성격이 두드러지게 되었다.

3) 社會保障法

실업자, 노약자 등 이른바 사회적 약자를 국민의 세금으로 부조하는 제도에 관한 법이다. 종래 부양에 관한 법리나 보험법 등 사법에 의해 처리되어 오던 것이 20세기에 들어와 사회보장제도의 중요성이 강조되면서 공법적인 관여를 당연하게 생각하게 되었다. 「사회보장기본법」, 「국민기초생활보장법」, 「국민연금법」 등이 주요 법원이다.

(5) 새로운 법영역

그 외에도 環境法, 醫療法 등 과학기술의 발전에 따라 독립된 영역을 가지게 된 법도 있다. 이들 법도 공법과 사법의 어느 한 영역에만 속하는 것은 아니라는 점에서 공사혼합법이라고 할 수도 있지만, 법학 외에 자연과학, 의학 등 다른 학문분야와의 學際的 연구가 필요하다는 점에 특징이 있다.

5. 국내법과 국제법

이상 설명한 법영역은 모두 그 법의 효력이 국내에만 미치는 국내법으로서, 국가간의 법률관계를 규율하는 국제법과 구별된다.

1) 國際法

국가간의 법률관계를 규율하는 법이다. 앞서 설명한 바와 같이 조직적 강제가 결여되어 있다는 점에서 법이라고 할 수 있는가 문제된 적도 있으나, 오늘날 이를 의심하는 학자는 없다. 國際聯合憲章, 그 외에 많은 條約이 법원이 된다.

남북이 분단되어 있는 우리나라로서는 남한과 북한 사이의 관계가 국제법이 규율하는 관계인지, 국내법이 규율하는 관계인지 불분명한 경우도 많다. 예컨대 「남북 사이의 화해와 불가침 및 교류협력에 관한 합의서」는 남북관계를 "나라와 나라 사이의 관계가 아닌 통일을 지향하는 과정에서 잠정적으로 형성되는 특수관계"라고 정의하고 있다. 그러나 국제연합에 남한과 북한은 서로 별개의 국가로 가입되어 있는 등 국제법상으로 남한과 북한은 전혀 별개의 국가이다. 반면 헌법 제3조에 의하면 대한민국의 영토는 한반도와 그 부속도서이므로, 북한 주민에 대해서도 대한민국의 법이 적용되는 것이 원칙이다. 따라서 예컨대 탈북한 사람이 북한에 남아 있는 배우자를 상대로 이혼청구를 할 때, 북한의 자녀가 남한의 피상속인이 남긴 재산의 상속권을 주장할 때, 그 근거가 되는 법률은 남한의 민법이 된다. 남북관계를 국내법도 국제법도 규율할 수 없는 특수한 관계라고 하는 것만으로는 실제의 문제가 해결되지 않는다. 이에 관해서는 남북관계의 발전에 따라 보다 많은 연구와 논의가 필요할 것으로 생각된다.

2) 國際私法

국제결혼을 한 부부의 이혼사건과 같이 둘 이상의 나라의 국민 상호간의 사법적 분쟁이 있을 때, 어느 나라의 법원이 어느 나라의 법에 따라 재판하여야 하는가에 관한 원칙을 정한 법이다. 그러므로 국제사법은 "국제"라는 이름이 붙어 있으나 그 실질은 국제법과는 상당히 다른 특수한 법이라고 할 수 있다. 최근 민간의 국제교류가 활발해지면서 국제사법의 중요성도 날로 증대되고 있다.

Ⅳ. 법의 適用

1. 분쟁해결의 여러 방법

이상 법이란 무엇인가에 관하여 설명하였다. 이하에서는 법이 어떻게 적용되는가에 관하여 살펴보기로 하자. 우리 사회에서 법률문제의 최종적인 해결은 법원의 裁判에 의해 이루어진다. 따라서 법은 법원의 재판절차를 통해 실제 문제에 적용된다고 할 수 있다. 그러나 재판은 많은 분쟁해결 방법의 하나일 뿐이다. 우선 사회에서 일어나는 여러 분쟁이 어떠한 방법으로 해결되는가에 관하여 먼저 검토해 보자.

(1) 自力救濟

분쟁을 해결하는 가장 빠르고 손쉬운 방법은 복수나 자력구제와 같은 실력행사이다. 오늘날 이와 같은 실력행사는 원칙적으로 금지된다. 피해를 당한 자, 또는 권리자만 그와 같은 실력행사를 한다는 보장이 없는 데다가, 실력행사 자체가 사회질서를 파괴하는 행위라고 할 수 있기 때문이다. 그러나 실력행사를 모든 경우에 금지하는 것도 타당하지 않다. 예컨대 도둑이 내 물건을 훔쳐 달아나는 것을 보고도 고소와 처벌 등 적법절차를 거쳐야 하고 아무런 실력행사를 할 수 없게 하는 것은 지나치다고 할 수 있다. 그러므로 우리나라에서도 긴급하고 부득이한 경우에는 일정한 범위 내에서 자력구제를 허용하고 있다(민법 209조, 형법 23조 참조). 그러나 자력구제는 어디까지나 예외이고, 분쟁은 평화적인 방법으로 해결해야 하는 것이 원칙이다.

(2) 和解

분쟁의 당사자가 서로 양보하여 분쟁을 끝내기로 약정하는 것을 화해라고 한다. 예컨대 이자부로 돈 1,000만 원을 빌려주었으나 갚지 않는 경우 이자는 갚지 않고 원금만 갚기로 합의하는 것이 그 예이다. 이는 민법이 정한 계약의 일종이다(민법 731조). 국가가 전혀 관여하지 않는 분쟁해결방식으로 가장 바람직하다고 할 수 있다. 다만 사기 또는 강박에 의해 화해계약을 체결하였거나 화해의 내용이 공서양속에 반하는 경우에는 법이 개입한다.

당사자가 자율적으로 화해에 이르지 못하는 경우 누군가 권위 있는 제3자가 관여하여 당사자의 양보를 끌어낼 수 있다면 좋을 것이다. 법관이 재판 중에 소송의 당사자에게 양보를 권고하고 당사자가 이 권고를 받아들여 화해에 이르는 裁判上 和解가 그 예이다. 사건이 복잡하여 심리에 오랜 시간이 걸리는 경우에 화해에 의한 해결이 선호되고 있다. 재판상 화해가 성립하면 확정판결과 동일한 효력이 인정되므로 그에 기한 강제집행도 가능하게 된다(민사소송법 220조).

당사자의 화해를 촉진하는 또 다른 방법으로 행정기관에 의한 斡旋이 있다. 환경분쟁위원회가 분쟁의 당사자 쌍방이 주장하는 요점을 확인하여 자율적인 방법에 의한 해결을 알선하는 것이 그 예이다(환경분쟁조정법 28조).

(3) 調停

조정은 법관이나 조정위원회가 분쟁당사자 사이에 개입하여 화해를 이끄는 절차를 말한다. 가사사건에 관하여는 가사소송법상 가사조정(가사소송법 49조), 민사사건에 관하여는 민사조정법상 민사조정이 있다. 조정은 당사자의 신청에 의해 개시되는 것이 원칙이나, 당사자가 조정을 신청하지 않더라도 법관이 필요하다고 인정하는 경우 직권으로 조정에 회부할 수도 있다(민사조정법 6조). 민사사건에 관하여는 당사자가 조정을 거치지 않고 바로 소송을 제기하는 것이 허용되지만, 가사사건에 관하여는 원칙적으로 소송을 제기하기 전에 반드시 조정을 신청하여야 한다(가사소송법 50조, 조정전치주의). 신청이 접수되면 판사는 스스로 처리하거나 상임 조정위원 또는 조정위원회로 하여금 처리하게 할 수 있다(민사조정법 7조). 조정위원회는 조정장 1인과 조정위원 2인 이상으로 구성되는데, 조정장은 판사가 될 수도 있고 상임 조정위원이 될 수도 있다(민사조정법 8, 9조). 조정위원은 법원에 의해 위촉되는데, 법률에 관한 소양이 있는 사람이면 좋지만, 반드시 변호사의 자격을 가진 사람이어야 할 필요는 없고, 학식과 덕망이 있는 사람이면 충분하다(민사조정법 10조). 조정위원회는 기일을 정하여 당사자를 소환하여, 사정을 들은 다음 합의에 이르도록 권유한다. 조정위원회가 스스로 조정안을 제시하기도 한다. 당사자가 합의에 이르면 그 내용을 조서에 기재하여야 조정이 성립한 것이 되고(민사조정법 28조),

조정이 성립되면 재판상 화해와 같은 효력이 있다(민사조정법 29조). 조정은 어디까지나 당사자의 합의를 전제로 하므로 당사자가 합의를 거부하면 조정은 성립될 수 없고, 다른 분쟁해결절차에 의할 수밖에 없다.

우리나라에서는 조정보다 소송에 의한 분쟁해결을 선호하는 경향이 뚜렷하다. 그러나 최근에는 법관이 조정에 의한 분쟁 해결에 적극적인 태도를 보이면서 조정이 활발히 이용되고 있다. 통계에 의하면 민사본안사건 중에서 조정 또는 화해로 사건이 종료된 비율이 1991년 4.6%에서 2006년에는 26.4%로 크게 증가하였다.

최근에는 행정부 산하의 각종 위원회에 의한 조정제도가 다수 신설되어 활발히 이용되고 있다. 소비자분쟁조정위원회, 의료심사조정위원회, 건설분쟁조정위원회, 환경분쟁조정위원회, 저작권심의조정위원회, 금융분쟁조정위원회, 언론중재위원회 등의 조정이 그 예이다. 저렴하고 신속하게 분쟁을 해결할 수 있다는 점에서 긍정적인 측면도 있으나, 한편 행정기관이 합의를 사실상 강요하게 되면 당사자의 재판을 받을 권리를 침해할 우려도 있다.

(4) 仲裁

당사자의 합의로 선출된 중재인의 중재판정에 의해 분쟁을 해결하는 절차를 중재라고 한다. 예컨대 商人 甲과 商人 乙 사이에 혹시 다툼이 생기는 경우 丙을 중재인으로 하고 그 판단에 따를 것을 약속해 두었다가, 나중에 실제로 분쟁이 생겼을 때 丙의 중재판정에 甲과 乙이 복종하는 것이다. 분쟁 당사자는 중재판정에 불만이 있더라도 그에 따르지 않으면 아니 된다는 점에서 화해 또는 조정과 다르다. 한편 당사자가 임의로 중재인을 선택할 수 있고, 중재인이 반드시 법률가일 필요가 없다는 점에서 재판과 구별된다.

중재제도는 유럽에서 상인간의 분쟁해결절차로서 발전해 왔고, 오늘날 국제거래 분야에서는 분쟁해결의 방법으로서 가장 큰 역할을 하고 있다. 우리나라에서는 1966년 제정된 중재법에 의해 규율되고 있다. 중재법은 산업자원부장관이 지정하는 상사중재를 행하는 사단법인을 두게 하고 있는데, 이 법인이 대한상사중재원이다. 그러나 대한상사중재원에 의한 상사중재는 연 500건 정도로서 그다지 활발하게 이용되고 있지는 않다. 법관을 대신할 적당한 중재인을 찾는 것이 쉽지 않고, 단심제로 끝나고 불복의 가능성도 거의 없어서 당사자가 불안을 느끼기 때문이라고 추측된다. 그러나 전문분야의 전문가에 의한 판단이 이루어질 수 있고, 비교적 저렴한 비용으로 신속하게 분쟁이 해결될 수 있으며, 비공개로 심리가 이루어지므로 비밀의 유지에 좋다는 등의 장점이 있으므로, 앞으로의 활용이 기대된다.

이상의 여러 제도는 반드시 법에 따라 분쟁이 해결되는 것은 아니라는 점에서 공통적이다. 그러나 많은 경우 최종적으로는 재판에 의한 분쟁해결의 길이 열려 있으므로, 현저히 법에 반하는 해결에 이르게 되는 경우는 드물다. 이들 제도는 최근 재판에 의하지 않은 대안적인 분쟁해결방법(Alternative Dispute Resolution, ADR)으로서 많은 연구의 대상이 되고 있고, 저렴한 비용으로 신속하게 분쟁을 해결할 수 있다는 관점뿐 아니라 과중한 재판업무의 부담을 해소한다는 관점에서도 적극적인 활용이 주장되고 있다.

(5) 재판에 의한 분쟁의 해결

사회적 분쟁 해결의 최후수단은 재판이다. 재판에는 여러 의미가 있지만, 근대국가에서는 대체로 법관에 의하여 법을 적용하여 하는 분쟁해결방법을 말한다. 오늘날 재판은 명실공히 분쟁해결의 제1차적 수단으로서 큰 중요성을 가진다. 헌법도 "모든 국민은 헌법과 법률이 정한 법관에 의하여 법률에 의한 재판을 받을 권리를 가진다"고 정하고 있다(헌법 27조①). 재판에 의한 분쟁해결이 반드시 최선의 방법은 아닐 것이다. 많은 시간과 비용이 들고, 당사자가 그 결과에 진심으로 승복하기를 기대하기는 쉽지 않기 때문이다. 또한 아무리 훈련받은 법관이라고 해도 사람인 만큼 사실인정이나 법리의 판단에 오류가 있을 가능성도 있는 것이다. 이러한 단점에도 불구하고 아직까지 재판에 의한 분쟁해결이 선호되고 있는 것은 그나마 법관과 사법제도가 공정한 절차에 따라 합리적인 판단을 내려 줄 것이라는 점에 대한 신뢰가 있기 때문이라고 할 수 있다. 재판에서 법관이 어떠한 법을 어떠한 방법으로 적용하는지에 관하여 살펴보기 전에, 우선 법관이 어떠한 조직과 절차에 의해 재판을 하는가에 관하여 이해해 보자.

2. 법원의 구성

헌법에 의하면 사법권은 법관으로 구성된 법원에 속하고, 이는 다시 최고법원인 대법원과 각급법원으로 조직된다. 여기의 각급법원에는 고등법원, 특허법원, 지방법원, 가정법원, 행정법원이 있다(법원조직법 3조①).

이들 법원 간에는 심급제도가 있다. 우리나라의 재판제도는 3심제를 원칙으로 하고 있다. 일반적으로 민사, 형사사건의 제1심은 지방법원이 담당한다. 그 재판에 대하여 불복이 있으면 지방법원 합의부 또는 고등법원에 상소할 수 있다. 지방법원 합의부 또는 고등법원의 재판에 불복이 있으면 대법원에 상고할 수 있다. 다만 민사사건 중에서 소송목적의 값이 3,000만 원 이하인 소액사건의 경우는 신속한 처리를 위하여 상고이유를 제한하고 있으므로(소액사건심판법 제2조 제1항, 소액사건심판규칙 제1조의2), 사실상 2심제라고 할 수 있다. 가사사건이나 행정사건의 경우도 민사사건의 경우와 같이 3심제이다.

이와 같은 3심제는 오판을 방지하고 최고법원인 대법원에 의한 판례의 통일을 도모하기 위해 필요한 제도이다. 그러나 분쟁의 최종적인 해결에 이르기까지 시간이 오래 걸리고 비용이 많이 들며, 모든 사건이 결국 대법원에 이르게 되어 대법원의 부담이 지나치게 과중하게 된다는 문제가 있다. 대법원의 과중한 부담을 줄이는 방법으로 최근 심리불속행 제도가 도입되었으나, 상고사건의 폭주에 대한 근본적인 대책은 될 수 없다. 이 문제를 해결하기 위해 상고사건을 고등법원에서 관할하게 하는 방안이나 대법관의 수를 대폭 늘리는 방안 등이 제시되고 있다.

한편 특허사건은 특허법원을 제1심으로, 대법원을 최종심으로 하는 2심제가 채택되어 있고(법원조직법 28조의4), 공직선거법은 대통령선거 또는 국회의원선거의 선거무효 또는 당선무효의 소에 관하여 대법원의 재판만으로 분쟁을 종결하는 단심제를 정하고 있다(공직선거법 222, 223조).

헌법재판도 사법권의 행사이지만, 법원과 별도의 재판조직인 헌법재판소가 담당하고 있다. 헌법재판에는 위헌법률심판, 탄핵심판, 정당해산심판, 권한쟁의심판, 그리고 헌법소원심판이 있다(헌법 111조). 이들 헌법재판은 모두 단심이다.

(1) 법관

재판을 실제로 담당하는 사람을 법관이라고 한다. 법관에는 대법원장, 대법관, 판사의 세 가지가 있다(헌법 102조, 법원조직법 5조, 45조). 판사는 10년 이상 검사·판사·변호사직에 있거나, 변호사 자격을 가지고 국가기관 등에서 법률에 관한 사무에 종사한 자, 또는 변호사 자격이 있는 사람으로서 공인된 대학의 법률학 조교수 이상으로 재직하던 자 중에서 대법원장이 임명한다(법원조직법 42조②). 종래 사법연수원에서 연수를 마치고 곧바로 임명되는 판사가 다수였으나, 최근 변호사 경력자 중에서 판사를 임명하여 법조일원화를 이루어야 한다는 견해가 반영되어, 위와 같이 법원조직법이 개정되었다. 판사의 임기는 10년이나, 연임이 가능하다(헌법 105조③).

대법관은 대법원의 제청과 국회의 동의를 얻어 대통령이 임명한다. 대법관으로 임용되려면 20년 이상 판사·검사·변호사로 있거나 변호사의 자격이 있으면서 국가기관, 지방자치단체, 국공영기업체, 정부투자기관 기타 법인에서 법률에 관한 사무에 종사한 자, 변호사의 자격이 있으면서 공인된 대학의 법률학 조교수 이상의 직에 있어야 하고, 나이도 45세 이상이어야 한다(법원조직법 42조①). 이처럼 변호사의 자격이 있는 자로만 대법원을 구성하는 데 대해서는 사회의 다양한 의견과 경험이 반영되지 못한다는 비판적인 견지에서 개정이 필요하다는 견해도 있다.

대법관의 수는 대법원장을 포함하여 14인이지만(법원조직법 4조②), 그중 법원행정처장은 재판업무에는 관여하지 않고 행정업무만 전담한다(법원조직법 68조). 또한 대법원장은 평소에는 재판업무에 관여하지 않으나 대법관 전원이 합의체를 이루어 재판하는 경우에는 재판장으로서 재판에 관여한다(법원조직법 7조①). 따라서 대법원 전원합의체 재판에는 법원행정처장을 제외한 13인의 대법관이 참여하게 된다. 법원조직법상으로는 대법원의 재판은 전원합의체가 원칙인 것으로 되어 있으나, 실제로는 업무의 과중 등을 이유로 하여 4인의 대법관으로 구성된 부(部)에서 재판하는 예가 대부분이다.

대법관의 임기는 6년이고 연임할 수 있으나(헌법 105조②) 실제로 연임하지 않는 것이 관례가 되어 있다. 대법원장의 임기도 6년이지만 중임할 수 없다(헌법 105조①).

대법관을 포함하여 모든 법관은 탄핵 또는 금고 이상의 형의 선고에 의하지 아니하고는 파면되지 않고, 징계처분에 의하지 아니하고는 정직, 감봉 기타 불리한 처분을 받지 않는다(헌법 106조①).

헌법재판소는 대통령이 임명하는 9인의 재판관으로 구성되는데, 이 중 3인은 국회에서 선출하고, 3인은 대법원장이 지명한다(헌법 111조). 따라서 헌법재판소의 구성권한은 행정부와 입법부, 사법부가 골고루 나누어 가지게 된다. 이 점에서 헌법재판소 재판관의 선임은 대법관의 선임에 비하여 정치적 성격이 강하다고 할 수 있다. 그러나 헌법재판소 재판관은 법관과 마찬가지로 정당에 가입하거나 정치에 관여할 수 없다(헌법재판소법 9조). 재판관의 자격은 대법관의 그것과 달리, 15년 이상 재직한 40세 이상이어야 한다(헌법재판소법 5조①). 임기는 대법관의 그것과 같다(헌법 112조①).

(2) 사법제도의 개혁과 국민의 사법참여

이와 같이 우리나라는 법률전문가인 법관에 의해서만 재판이 이루어지고 있으나, 법관은 한 번 임명되면 특별한 사정이 없는 한 정년이 될 때까지 연임되고, 탄핵 등의 예외적인 방법에 의해서만 그만두게 할 수 있도록 되어 있다. 이는 법관이 외부의 영향을 받지 않고 독립적으로 재판할 수 있도록 하기 위한 것이다. 그러나 사법부도 민주화의 흐름을 비껴갈 수는 없었다. "유전무죄, 무전유죄"나 전관예우와 같은 속설이 보여주는 것처럼, 일반인은 법관을 일종의 특권계급으로 인식하고 있으면서 재판의 공정성에 대한 근본적인 불신을 가지고 있다. 이러한 문제에 대처하기 위하여 대법원은 2003년 사법개혁위원회를 구성하여 일반 국민이 재판에 참여함으로써 법관을 민주적으로 통제할 수 있는 방안을 제시하였다. 이 방안은 사법개혁추진위원회에 의해 추진되어 2007년 「국민의 형사재판 참여에 관한 법률」의 제정으로 입법화되었다. 이에 따라 우리나라도 2008년 2월부터 형사재판에서 陪審制를 실시하고 있다.

일반적으로 법률전문가가 아닌 일반인이 형사재판에 관여하는 제도로는 배심제와 참심제가 있다. 배심제는 영미에서 이용되는 것으로서 배심원이 직업법관과 독립하여 유무죄에 관한 판단과 양형에 관한 판단을 내리고 법관은 그 판단에 따라야 하는 제도 이다. 반면 참심제는 독일, 프랑스에서 이용되는 것으로, 일반 국민이 직업법관과 함께 심리 및 판단에 참여하는 제도이다. 우리의 국민참여재판제도는 배심원이 직업법관과 독립하여 심리, 판단한다는 점에서는 영미의 그것과 유사하지만, 법관이 배심원의 판단 에 구속되지 않는다는 점에서 참심제와 유사하다. 또한 사실상 피고인이 신청하는 경우 에만 국민참여재판을 할 수 있다는 점도 특징적이다.[24] 대상이 되는 범죄는 처음에는 살인 등 법정형이 중한 범죄에 제한되었으나, 2012년 법 개정으로 징역 1년 이상의 징 역 또는 금고에 해당하는 모든 형사합의부 사건으로 확대되었다.

당초 사법개혁추진위원회의 계획에 의하면 2012년부터는 법관이 배심원의 판단에 구속되는 완전한 형태의 배심제를 실시하는 것으로 되어 있었으나, 아직 그 단계에까지 이르지 아니하였다. 통계에 의하면 국민참여재판이 시행된 2008년부터 2020년까지 국민 참여재판의 대상이 되는 사건 중 국민참여재판 신청 사건의 비율은 4%에 미치지 못하 고, 그 중에서도 실제 국민참여재판이 진행된 사건의 비율은 매년 감소하는 추세에 있어 2020년에는 12.4%에 그치고 있다. 이러한 현상에 대하여, 최근 국민참여재판이 사법부 에 대한 시민의 신뢰를 제고하는 기능을 하고 있음을 고려하여 국민참여재판의 이용률 을 제고하는 방안이 활발하게 논의 중이다.

3. 憲法裁判의 절차

어떤 재판절차에서 그 재판에 적용되는 법률이 헌법에 위반한다는 주장이 있거나, 국민에게 의무를 지우거나 국민의 자유와 권리를 제한하는 국가 공권력의 행사가 헌법 에 위반되는 등의 경우 헌법재판에 의하여 분쟁을 해결한다. 그 절차에 관해서는 헌법재 판소법이 정하고 있다.

헌법재판에는 법률이 헌법에 위반되는지를 심판하는 위헌법률심판, 정부 고위직 또 는 특수직 공무원이 위법행위를 한 경우 파면하는 탄핵심판, 헌법의 민주적 기본질서를

---

24) 각국의 배심제를 비교하고 우리나라 배심제에 관하여 설명한 문헌으로는 우선 안경환·한인섭, 배 심제와 시민의 사법참여, 집문당, 2005를 참조하라.

파괴하는 정당을 해산하는 정당해산심판, 국가기관 상호간에 그 권한의 존부와 범위에 관하여 다툼이 있는 경우 심판하는 권한쟁의심판, 그리고 공권력에 의하여 헌법상 보장된 기본권이 침해된 경우 이를 구제하는 헌법소원심판이 있다.

　헌법재판은 어느 것이나 모두 심판청구서를 헌법재판소에 제출하는 방식으로 청구한다. 위헌법률심판의 경우에는 법원의 제청결정서, 탄핵심판에서는 국회의 소추의결서 정본으로 이에 갈음한다(26조).

　헌법재판은 원칙적으로 재판관 전원으로 구성되는 전원재판부에서 하게 된다(22조). 재판관 9인 중 7인 이상이 출석하여야 심리할 수 있고, 종국심리에 관여한 재판관 과반수의 찬성으로 결정한다. 다만 법률의 위헌결정, 탄핵결정, 정당해산결정 또는 헌법소원에 관한 인용결정을 하는 경우, 종전에 헌법재판소가 판시한 헌법 또는 법률의 해석 적용에 관한 의견을 변경하는 경우에는 재판관 6인 이상의 찬성이 있어야 한다(23조). 전원재판부 외에도 헌법소원심판의 사전심사를 위해 3인의 재판관으로 구성되는 지정재판부가 있다(72조). 지정재판부에서는 헌법소원이 부적법하여 각하하기로 전원의 의견이 일치된 경우 외에는 전원재판부의 심판에 회부하는 결정을 하여야 한다.

　탄핵심판, 정당해산심판 및 권한쟁의심판은 구두변론에 의하고, 위헌법률심판과 헌법소원심판은 서면심리에 의하되, 필요하다고 인정하는 경우 변론을 열 수 있다(30조). 재판부는 사건 심리를 위해 필요하다고 인정하는 경우 직권 또는 당사자의 신청에 의해 증거조사를 할 수 있고(31조), 다른 국가기관 또는 공공단체에 사실을 조회하거나 기록의 송부 또는 자료의 제출을 요구할 수 있다(32조). 심판의 변론과 종국결정의 선고는 심판정에서 하고, 공개된다(33조, 34조). 심판사건을 접수한 날부터 180일 이내에 종국결정의 선고를 하여야 하는 심판기간의 제한이 있으나(38조) 이는 훈시규정이다.

　위헌법률심판은 법률이 헌법에 위반되는 여부가 재판의 전제가 된 때 당해 사건을 담당하는 법원이 직권 또는 당사자의 신청에 의한 결정으로 헌법재판소에 제청함으로써 개시된다. 위헌법률심판의 제청은 각급 법원이 할 수 있으나 대법원을 거쳐야 한다(41조). 법원의 제청결정이나 제청신청 기각결정에 대해서는 항고할 수 없다. 다만 제청신청 기각결정에 대하여 헌법소원이 허용된다(68조②). 위헌법률심판 제청이 있으면 당해 소송사건의 재판은 헌법재판소의 종국결정이 있을 때까지 정지된다(42조). 당해 소송사건의 당사자 및 법무부장관은 헌법재판소에 법률의 위헌여부에 관한 의견서를 제출할 수 있다(44조). 위헌심판제청이 이유 있는 때 헌법재판소는 심판의 대상이 된 법률 또는 법률조항이 위헌임을 선언한다(45조). 단순위헌결정 외에 헌법불합치, 한정위헌, 한정합헌 등의 결정도 할 수 있다. 위헌으로 결정된 법률 또는 법률조항은 그 결정이 있는 날부터 효력을 상실한다. 다만 형벌에 관한 법률 또는 법률조항은 소급하여 그 효력을 상실하되, 그 법률 또는 법률조항에 대하여 종전에 합헌으로 결정한 사건이 있는 경우에는 그 결정이 있는 날로 소급하여 효력을 상실한다. 위헌결정은 법원 기타 국가기관 및 지방자치단체를 기속한다(47조).

탄핵심판은 국회의 소추의결이 있은 후 국회 법제사법위원회 위원장이 소추위원이 되어 헌법재판소에 심판을 청구함으로써 개시된다(49조). 탄핵소추의 의결을 받은 자는 헌법재판소의 심판이 있을 때까지 그 권한 행사가 정지된다(50조). 탄핵심판은 반드시 변론을 열어 심리하여야 하는데, 당사자가 변론기일에 출석하지 않으면 다시 기일을 정해야 하고, 다시 정한 기일에도 당사자가 출석하지 않으면 당사자의 출석 없이 심리할 수 있다(52조). 탄핵심판청구가 이유 있으면 탄핵소추된 사람을 당해 공직에서 파면하는 결정을 선고한다(53조).

정당해산심판은 정당의 목적이나 활동이 민주적 기본질서에 위배될 때 정부가 국무회의의 심의를 거쳐 심판을 청구하여 개시된다(55조). 심판청구가 있으면 직권 또는 청구인의 신청에 의해 종국결정 선고시까지 피청구인 정당의 활동을 정지하는 결정을 할 수 있다(57조②). 청구가 이유 있으면 정당의 해산을 명하는 결정을 하고, 그 결정이 선고되면 그 정당은 해산된다(59조).

권한쟁의심판은 국가기관 상호간, 국가기관과 지방자치단체 상호간, 지방자치단체 상호간에 권한의 유무 또는 범위에 관하여 다툼이 있을 때 해당 국가기관 또는 지방자치단체가 다툼의 상대방인 국가기관 또는 지방자치단체를 피청구인으로 하여 청구함으로써 개시된다(61조①). 이 심판청구는 피청구인의 처분 또는 부작위가 헌법 또는 법률에 의하여 부여받은 청구인의 권한을 침해하였거나 침해할 현저할 위험이 있는 경우에만 할 수 있다(61조②). 헌법재판소는 심판대상이 된 국가기관 또는 지방자치단체의 권한 유무 또는 범위에 관하여 심판한다(66조). 권한쟁의심판의 결정은 모든 국가기관과 지방자치단체를 기속한다(67조).

헌법소원심판은 공권력의 행사 또는 불행사로 인하여 헌법상 보장된 기본권을 침해받은 자가 헌법재판소에 심판을 청구함으로써 개시된다(68조① 본문). 법원의 재판도 헌법재판소가 위헌으로 결정한 법령을 적용함으로써 국민의 기본권을 침해한 경우에는 헌법소원의 대상이 된다(헌법재판소 2016. 4. 28. 2016헌마33 결정). 헌법소원은 다른 법률에서 정한 구제절차가 있는 경우 그 절차를 모두 거친 후에 청구할 수 있다(68조① 단서). 법률의 위헌 여부 심판의 제청신청이 기각된 때에도 헌법소원을 청구할 수 있다(68조②). 청구인은 반드시 변호사를 대리인으로 선임하여야 하고(25조③), 대리인을 선임하지 않으면 헌법소원심판청구가 각하된다(72조③). 변호사를 대리인으로 선임할 자력이 없는 경우 또는 공익상 필요하다고 인정될 때 국선대리인이 선임될 수 있다(70조). 심판에 이 해관계가 있는 국가기관 또는 공공단체와 법무부장관은 헌법재판소에 그 심판에 관한 의견서를 제출할 수 있다(74조). 헌법재판소는 청구가 이유 있는 경우 공권력의 행사를 취소하거나 그 불행사가 위헌임을 확인하는 결정을 한다. 이 결정은 모든 국가기관과 지 방자치단체를 기속한다(75조).

4. 民事裁判의 절차

민사 분쟁의 당사자 사이에 분쟁이 해결되지 못하면 결국 민사재판에 의할 수밖에 없다. 그 절차에 관해서는 민사소송법이 정하고 있다. 민사재판의 절차에 관하여 간략히 설명하면 다음과 같다.

민사소송은 당사자의 일방이 원고가 되고, 상대방을 피고로 정하여 법원에 訴를 제 기하는 것으로 시작한다. 소의 제기는 訴狀을 제출하는 방식으로 하게 되는데, 소장에는 청구의 취지(어떠한 내용의 재판을 해 달라는 것인지)와 원인(그 청구의 근거가 되는 사실)을 적어야 하고(민사소송법 248, 249조), 법률에 정해진 印紙를 붙여야 한다(「민사소송등인지법」 2조). 인지액을 마련할 수 없는 사람은 소송구조를 신청할 수 있다(민사소송법 128조). 또 한 변호사의 보수를 마련할 수 없는 사람도 소송구조 제도를 이용할 수 있다(민사소송법 129조).

소장이 접수되면 사건을 담당할 법관이 정해진다. 담당할 법관은 소송목적의 가액 그 밖의 기준에 따라 1인이 될 수도 있고 3인이 될 수도 있다(「민사 및 가사사건의 사물관 할에 관한 규칙」 2조). 담당 법관이 정해지면 그 법관이 재판의 진행을 맡게 된다. 법원은 소장이 접수되면 그 부본을 피고에게 송달하게 되는데, 만약 피고가 그로부터 30일 내 에 답변서를 제출하지 않으면 변론을 거치지 않고 원고승소의 판결을 하게 된다(민사소 송법 256, 257조). 답변서가 제출되면 법원은 양 당사자를 불러 변론 또는 변론준비절차 를 진행하게 된다. 변론준비절차에서는 쟁점을 정리하고 변론에서 어떠한 쟁점에 관하 여 어떠한 증거조사를 할 것인지 정하게 되는데, 어떤 사건에 관하여 변론준비절차를 거 칠 것인지 아닌지는 재판장이 정하게 된다(민사소송법 제258조).

민사소송의 심리는 구술에 의한 변론에 의하여 하는 것이 원칙이다(민사소송법 134 조). 즉 당사자 또는 그 대리인이 법정에 출석하여 법관의 면전에서 자기가 주장하고 싶 은 것이나 입증하고 싶은 것을 진술해야 한다. 그러나 변론시간의 단축을 위해 법정에서 할 말을 미리 적은 서면(이를 "準備書面"이라고 한다)을 제출하여야 한다(민사소송법 272조).

종래 준비서면을 미리 제출하고 법정에서는 그 내용을 일일이 진술하지 않은 채 "준비서면대로 진술합니다"라고 말하는 방법으로 구술변론이 이루어졌다. 그러나 이러한 방법으로는 구술변론의 장점을 살릴 수 없다. 이 때문에 법원은 구술심리의 강화를 위해 여러 가지 방안을 내놓고 있으나, 과중한 업무부담으로 인해 구술심리가 제대로 정착되는 데에는 상당한 시간이 걸릴 것으로 예상된다.

법관은 당사자의 주장과 증명을 통해 먼저 사실관계를 확인하여야 한다. 과거에 있었던 사실에 관한 주장은 종종 부정확한 경우가 많고, 증명 역시 서면이 위조되거나 증인이 잘못 기억하거나 거짓 진술하는 등의 이유로 믿을 수 없는 경우가 많다. 서로 모순되는 여러 증거 중에서 어떤 증거를 믿고 어떤 증거를 믿지 않을 것인가는 오로지 법관의 선택에 달려 있다. 이러한 증거의 취사선택을 거쳐 사실관계를 확정하는 작업을 사실인정이라고 한다. 법관의 사실인정에는 辯論主義의 원칙이 중요한 역할을 한다. 변론주의란 법관은 당사자가 주장, 증명하는 범위 내에서만 사실인정을 할 수 있다는 원칙이다. 예컨대 객관적 사실에 반하더라도 당사자 일방의 주장에 대하여 상대방이 다투지 않으면, 법원은 그대로 사실인정을 하여야 한다. 이것은 당사자의 의사에 의해 민사소송절차가 운용되는 것이 바람직하다는 생각에서 그리 정한 것이다.

만약 당사자의 증명만으로 그의 주장을 납득할 수 없게 된다면 법관은 어떻게 재판하는가. 이 경우를 대비하여 당사자에게 어떤 주장에 대하여 증명책임을 부과하고, 그 주장에 부합하는 증거가 부족하면 그 주장하는 자에게 불리하게 판단하는 법리가 인정되고 있다. 예컨대 甲이 乙에게 돈을 빌려 주었다고 주장하면서 그 반환을 청구하는 소를 제기한 데 대하여 乙이 돈을 빌린 사실을 인정하지 않으면, 돈을 빌려 준 사실에 대해서는 甲에게 증명책임이 있다고 하고, 甲이 이를 증명하지 못하면 결국 甲이 乙에게 돈을 빌려 준 사실이 인정되지 않아서 원고 패소의 판결이 내려지게 된다. 반면 乙이 甲으로부터 돈을 빌린 사실은 인정하지만 이미 갚았다고 주장한다면, 빌린 돈을 갚았다는 사실의 증명책임은 乙에게 있고, 만약 乙이 이를 증명하지 못하면 乙이 돈을 빌렸으나 갚았다는 사실이 인정되지 않아서 원고 승소의 판결이 내려지게 된다. 누구에게 어떤 사실의 증명책임이 있는가는 각 그 주장의 근거가 되는 법조문에 정해져 있다.

그러나 법조문의 규정에도 불구하고 해석에 의해 증명책임이 전환되는 경우가 있다. 예컨대 불법행위로 인한 손해배상을 청구하는 경우, 가해자의 고의 또는 과실, 가해행위와 손해 사이의 인과관계는 피해자가 증명하여야 한다(민법 750조). 그러나 판례는 공해물질로 인한 손해배상청구소송이나 의사의 의료과오로 인한 손해배상청구소송에서, 피해자측이 가해자의 고의·과실 또는 인과관계에 관하여 어느 정도 입증을 하면 충분하고, 피해자측이 고의 또는 과실이 없었다거나 인과관계가 없다는 증명이 없는 한 책임을 면하지 못한다는 판단을 하고 있다(대법원 1984. 6. 12. 선고 81다558 판결, 대법원 2005. 10. 28. 선고 2004다13045 판결).

이와 같이 사실인정을 한 다음, 법관은 법규범을 이 사실관계에 적용하여 결론을 내리게 된다. 법관이 내린 결론은 판결의 형태로 내려진다. 판결서에는 主文(판결서의 결론에 해당하는 부분)과 理由(결론에 이르게 된 근거를 설명하는 부분)를 적어야 한다. 주문은 소송의 종류에 따라 다양한데, 예컨대 대여금청구소송에서 원고가 승소하면 "피고는 원고에게 돈 ○○○원을 지급하라"고 명하고, 원고가 패소하면 "원고의 청구를 기각한다"고 하게 된다. 판결이유에는 주문이 정당하다는 것을 인정할 수 있을 정도로 당사자의 주장, 그 밖의 공격방어방법에 관한 판단을 적어야 한다(민사소송법 208조②). 변론 없이 판결하는 때 등 일정한 경우에는 판결이유를 간략하게 적을 수도 있고(민사소송법 208조③), 소액사건의 판결에서는 판결이유를 생략할 수도 있다(소액사건심판법 11조의2).

제1심 판결의 정본이 당사자에게 송달되면, 이에 불복하는 당사자는 일정한 기간(2주일) 내에 상급법원에 항소할 수 있다. 항소하지 않고 그 기간이 경과하면 판결은 확정된다. 판결이 확정되면 당사자는 같은 사건에 관하여 거듭 소송할 수 없게 된다. 이를 판결의 旣判力이라고 한다(민사소송법 216조). 항소법원은 항소장이 접수되면 제1심과 같은 절차를 반복하여 재판하게 된다. 그 재판 결과 항소가 이유 있으면 제1심 판결을 취소하고 항소법원의 판단을 표시하고, 항소가 이유 없으면 항소기각의 판결을 하게 된다.

항소법원의 판결에 불복하는 자는 다시 대법원에 상소할 수 있다. 대법원에 대한 상소를 上告라고 한다. 濫上告로 인한 대법원의 과중한 업무부담을 해소하기 위하여 최근 민사소송법의 개정으로 審理不續行 제도를 두었다. 이것은 원심판결이 헌법에 위반되거나 헌법을 부당하게 해석한 경우, 원심판결이 명령·규칙 또는 처분의 법률위반 여부에 대하여 부당하게 판단한 경우, 원심판결이 법률·명령·규칙 또는 처분에 대하여 대법원판례와 상반되게 해석한 경우 등 일정한 사유가 있다고 인정되지 아니하면 더 나아가 심리를 하지 아니하고 판결로 상고를 기각하는 제도를 말한다(「상고심절차에 관한 특례법」 4조).

대법원은 法律審으로서, 상고인이 주장하는 상고이유가 있는가에 관하여 주로 법의 적용 및 해석에 잘못이 없는지 검토하게 된다. 상고이유가 타당하지 않으면 상고기각의 판결을 하고 이로써 사건은 종국적으로 종결된다. 상고이유가 타당하면 원칙적으로 원심판결을 파기하고 원심법원으로 還送하여 다시 재판하도록 한다. 환송받은 법원은 대법원이 파기의 이유로 한 법률상 및 사실상의 판단에 羈束된다(민사소송법 436조② 후문). 그러나 새로운 사실을 인정하여 전과 같은 판단을 하는 것은 가능하다. 이 경우에는 다시 상고하는 것도 가능하다. 상고의 가능성이 전혀 없게 되면 판결은 종국적으로 확정된다.

판결이 확정되었다고 해서 패소자가 반드시 판결에 따르는 것은 아니다. 예컨대 대여금청구소송에서 원고의 승소판결이 확정되었다고 하더라도 패소한 당사자가 대여금의 임의지급을 거절하는 경우도 있는 것이다. 이때 승소한 당사자는 다시 법원의 도움을 받아 판결내용을 강제적으로 실현할 수 있다. 이를 強制執行이라고 한다. 승소자는 판결정본에 집행문을 받은 다음, 이를 근거로 패소자 소유의 재산에 대하여 강제집행을 신청할 수 있다. 예를 들어 집행관에게 패소자 소유의 동산에 대한 강제집행을 신청하면, 집행관은 패소자의 집에 가서 돈이 될 만한 물건을 압류한 다음, 이를 매각하여 받은 대금을 승소자에게 지급하게 된다. 또한 패소자 소유의 부동산에 대한 강제집행을 신청하면, 법원은 강제집행 개시결정을 하여 이를 공개적으로 매각한 다음, 그 매각대금을 승소자에게 지급하게 된다. 강제집행의 절차는 민사집행법에 규정되어 있다.

5. 刑事裁判의 절차

사람이 모여 사는 사회라면 범죄가 발생하기 마련이고, 따라서 범인을 체포하고 처벌하는 절차는 어느 사회에나 존재한다. 그러나 범인이 처벌을 받아야 한다고 해서 그 절차는 아무래도 좋다는 생각은 타당하지 않다. 그 과정에서 범인의 인권도 보호되어야 하기 때문이다. 근대국가에서 재판의 형식으로 범인을 처벌하는 것은 모두 유무죄를 공개된 법정에서 가림으로써 억울하게 처벌받는 사람이 없도록 함과 동시에, 설령 유죄일 가능성이 100%인 사람이라고 하더라도 최소한의 인권은 보장되어야 한다는 생각을 기반으로 하고 있다. 헌법은 수사 또는 재판절차에서 범죄혐의자의 인권을 보장하기 위해 다수의 규정을 두고 있고(헌법 12, 27조), 이를 이어받아 형사소송법이 제정되어 있다. 아래에서 형사재판의 절차에 관하여 약술한다.

범죄가 발생한 경우 이를 수사할 수 있는 권한을 가지는 것(수사기관)은 검사와 사법경찰관리이다. 사법경찰관리는 검사의 지휘를 받아 수사한다(형사소송법 196조). 이들은 범죄사실을 수사하고 피의자에게 출석을 요구하여 진술을 들을 수 있다. 피의자가 정당한 이유 없이 출석요구에 응하지 않고 죄를 범하였다고 의심할 만한 상당한 이유가 있으면 법원으로부터 체포영장을 발부받아 피의자를 체포할 수 있다(형사소송법 200조의2). 체포영장을 발부받을 시간적 여유가 없는 등 일정한 사유가 있으면 영장 없이 체포할 수도 있다(형사소송법 200조의3). 수사기관은 피의자의 진술을 들은 다음 법원으로부터 구속영장을 발부받아 그를 구속할 수도 있다(201조). 피의자는 구속의 당부에 관하여 법관의 면전에서 의견을 진술하는 기회를 가질 수 있다. 이것이 영장실질심사제도이다.

검사는 수사 결과 유죄를 증명할 수 있다고 생각되면 公訴를 제기할 수 있지만(형사소송법 246조), 공소를 제기하지 않을 수도 있으며(형사소송법 257조), 일단 제기한 공소를 취소할 수도 있다(형사소송법 255조). 이와 같이 검사가 기소 여부에 관한 결정을 독점하는 것을 기소독점주의 또는 기소편의주의라고 한다. 검사가 공소권을 독점하는 현행 제도에 대해서는 검사의 자의적 판단이 개입될 우려가 있다는 비판이 많다. 현행법은 고소 또는 고발사건에 관하여 검사가 불기소처분을 한 때 상급 검찰청에 항고 또는 재항고할 수 있고, 항고가 기각되면 고소인은 법관으로 하여금 검사의 불기소처분의 위법 또는 부당 여부를 판단하여 달라고 신청할 수 있는 裁定申請 제도를 마련하여 검사의 공소권 행사를 제한하고 있다. 그 밖에 공소 제기 전의 단계에서 검사의 기소권을 통제하여야 한다는 논의의 결과 대검찰청 예규로 2018. 1. 2.부터 검찰수사심의원회가 설치, 운영되고 있다. 한편 2020. 1. 14. 제정된 고위공직자범죄수사처 설치 및 운영에 관한 법률은 대통령, 국회의원, 판사 등 고위공직자로 있거나 퇴직한 사람 또는 그 가족이 고위공직자 재직 중에 범한 일정한 범죄에 대하여 검사의 기소권을 박탈하는 규정을 두고 있다(20조).

공소를 제기할 때는 법원에 公訴狀을 제출하여야 하는데, 공소장에는 죄명과 공소사실, 피고인(기소 전 피의자인 사람은 기소 후 피고인이 된다)이 어떠한 행위를 하였고 이것이 형법상 어떠한 죄에 해당되는가를 적어야 한다(형사소송법 254조). 공소제기에 의해 재판이 개시된다.

우리 형사재판에서는 검사가 원고, 피고인이 피고의 입장이 되고, 법관은 중립적인 지위에서 판단한다. 이를 當事者主義라고 한다. 그러나 검사와 피고인이 현실적으로 대등한 지위에 있는 것은 아니므로, 당사자주의의 이상을 구현하기 위해 피고인에게 변호인의 조력을 받을 권리를 보장하고 있다(형사소송법 282, 283조).

법원은 공소가 제기되면 공판을 열어 재판하게 되는데, 공판을 열기 전에 효율적이고 집중적인 심리가 필요하다고 판단되면 검사, 피고인 또는 변호인의 의견을 들어 사전에 쟁점과 증거를 정리하는 절차를 가지게 된다. 이것이 공판준비절차이다(형사소송법 266조의5). 공판준비절차가 완료되면 공판기일이 정해진다.

공판기일이 열리면 재판장은 우선 출석한 피고인에게 일체의 진술을 하지 않거나 개개의 질문에 대한 답변을 거부할 수 있는 진술거부권이 있다는 사실을 알려주어야 한다(형사소송법 283조의2). 그 다음 피고인의 성명, 연령, 등록기준지, 주거와 직업을 물어 피고인이 틀림없는지 확인하게 된다(형사소송법 284조). 이 절차가 끝나면 검사는 공소사실, 죄명 및 적용법조를 낭독하는데, 이를 검사의 모두진술이라고 한다(형사소송법 285조). 검사의 모두진술이 끝나면 이번에는 피고인이 공소사실의 인정 여부를 진술한다. 이를 피고인의 모두진술이라고 한다(형사소송법 286조). 모두진술에서 피고인이 공소사실을 모두 인정하면 증거조사절차를 간이하게 하고 재판할 수 있다. 이를 간이공판절차라고 한다(형사소송법 286조의2).

검사와 피고인의 모두진술이 모두 끝난 후 재판장은 피고인 또는 변호인에게 쟁점의 정리를 위하여 필요한 질문을 할 수 있고, 검사 및 변호인에게 공소사실의 증명과 관련된 주장 및 입증계획을 진술하게 할 수 있다(형사소송법 287조).

이상의 모두절차가 끝나면 증거조사에 들어가게 된다. 검사, 피고인 또는 변호인은 서류나 물건을 증거로 신청할 수 있고, 증인 등의 신문을 신청할 수도 있다(형사소송법 294조). 법원도 실체적 진실을 밝힐 필요가 있기 때문에 직권으로 증거조사를 할 수도 있다(형사소송법 291조②). 그러나 검사가 신청한 증거가 모두 유죄의 증거로 쓰일 수 있는 것은 아니다. 위법한 절차에 의해 수집된 증거, 고문에 의해 얻은 자백, 전문진술 등은 증거로 쓸 수 없거나 일정한 요건이 갖추어져야 증거로 쓸 수 있다(형사소송법 308조의2, 309조, 310조의2). 이것은 적정한 절차(due process)의 이상에 따른 것이지만, 그 한도에서 실체적 진실 발견의 요청은 후퇴하는 것이라고 할 수 있다.

증거조사를 마친 다음 공소사실 및 情狀에 관하여 필요한 사항을 피고인에게 신문하게 된다. 검사 또는 변호인이 차례대로 피고인을 신문한 다음 재판장이 심문한다(형사소송법 296조의2). 종전에는 피고인 신문을 증거조사보다 먼저 하였으나, 2007년 형사소송법 개정시에 현행과 같이 증거조사를 마친 후 피고인 신문을 하게 하였다. 피고인 신문을 먼저 하게 되면 피고인이 無罪로 추정됨에도(헌법 27조④, 형사소송법 275조의2) 스스로 무죄의 주장을 한 후 증거조사에서 무죄의 증명을 하여야 하는 것으로 오해될 여지가 있었기 때문에 이와 같이 순서를 바꾼 것이다.

피고인 신문이 끝나면 검사는 사실과 법률적용에 관하여 의견을 진술하여야 한다(형사소송법 302조). 검사의 의견진술이 끝나면 피고인과 변호인이 검사의 의견을 반박하고 사건에 관한 최종의 의견을 진술할 수 있다(형사소송법 303조).

피고인과 변호인의 최후진술이 끝나면 법원은 변론을 종결하고, 평의를 거쳐 변론을 종결한 당일에 판결을 선고하게 된다(형사소송법 318조의4). 유죄판결을 하는 경우 주문은 예컨대 "피고인을 징역 ○년에 처한다"고 하고, 이유에 범죄될 사실, 증거의 요지, 법령의 적용이 기재된다(형사소송법 323조). 한편 법원은 사건이 범죄로 되지 아니하거나 범죄사실의 증명이 없는 때에는 무죄를 선고하여야 한다(형사소송법 325조).

제1심 판결에 대하여 검사나 피고인 모두 7일 이내에 상급법원에 항소할 수 있다(형사소송법 357, 358조). 무죄판결에 대하여 검사의 상소를 허용하지 않는 국가도 있으나, 우리나라는 유죄판결에 대하여는 피고인이, 무죄판결에 대하여는 검사가 상소할 수 있는 것으로 정하였다(형사소송법 338조). 항소하지 않으면 판결이 확정되고, 동일한 사건으로 다시 기소할 수 없게 된다(一事不再理의 원칙, 헌법 13조①). 항소법원은 다시 증거조사나 피고인심문 등을 거쳐 항소가 이유 있는 경우에는 제1심의 판결을 취소하고 새로운 판결을 하거나, 항소가 이유 없는 경우에는 항소를 기각하는 판결을 하게 된다.

항소심의 판결에 불복이 있는 때에는 다시 대법원에 상고할 수 있다. 대법원은 상고 이유가 있다고 인정되면 원심판결을 파기하고 사건을 원심법원에 환송한다(형사소송법 391, 397조). 상고가 이유 없으면 상고기각의 판결을 한다. 상고가 기각되면 당사자는 더 이상 다툴 수 없다. 다만 증거가 위조되었다는 등의 일정한 사유가 있는 때에는 재심청구가 가능하다(형사소송법 420조).

陪審制에 의한 재판, 즉 국민참여재판의 경우에도 이와 같은 형사재판의 기본적인 절차는 동일하다. 다만 국민참여재판의 특징을 고려하여 약간의 차이가 있다(「국민의 형사재판 참여에 관한 법률」 36조 이하). 국민참여재판에서는 일반 형사재판과 달리 公判準備節次를 반드시 거쳐야 한다. 여러 명의 배심원이 효율적으로 재판을 할 수 있도록 하기 위한 조치이다. 또한 법정에서 배심원이 배심원 선서를 하고 나면 재판장이 형사재판절차에 관한 일반적인 설명을 먼저 한 다음에 피고인에게 진술거부권을 알려준다. 배심원은 법정에서 진행되는 모든 절차를 듣고 볼 수 있으나, 직접 증인에게 질문을 할 수는 없고, 재판장에게 질문할 내용을 적어 제출하면 재판장이 대신 증인에게 질문하게 된다. 최후진술이 끝나고 재판장이 배심원에게 최종설명을 하면 공판이 종료된다. 그 후 배심원끼리만 모여 評議를 거쳐 만장일치로 유무죄의 평결을 한다. 만약 만장일치가 되지 않으면 재판장의 의견을 들어 다수결로 평결하게 된다. 만약 평결이 유죄이면 판사와 함께 量刑에 관하여 토의하게 된다. 이 토의를 거쳐 판결의 선고가 내려지게 된다. 배심원의 평결은 권고적 효력만 있으므로 반드시 법관이 그에 따라 판결을 선고해야 하는 것은 아니다. 그러나 배심원의 의견과 다른 판결을 하는 경우에는 반드시 판결서에 그 이유를 기재하도록 되어 있다(「국민의 형사재판 참여에 관한 법률」 49조②).

6. 行政裁判의 절차

현대국가는 국민의 생활 곳곳에 행정작용이 미치지 않는 곳이 없다고 할 정도로 행정권이 비대해져 있다. 이 때문에 행정작용에 대한 불만도 많이 생기는데, 법은 이러한 불만을 해소할 수 있는 다양한 제도를 마련하고 있다. 우선 일반적으로 생각될 수 있는 것은 苦衷處理節次를 통한 구제이다. 국민권익위원회를 비롯하여 각급 행정청은 국민이 행정청의 잘못된 처분으로 인한 고충민원을 처리하고 있다. 이 절차를 통해 만족을 얻지 못하면 다음 단계로 行政審判을 생각해 볼 수 있다. 행정심판이란 행정청의 위법 또는 부당한 처분이나 부작위로 침해된 권리를 구제하는 절차로서, 일종의 재판이지만 법원이 아니라 행정부에 속한 행정심판위원회에서 처리한다. 이에 관하여는 행정심판법이 정하고 있다. 행정심판의 청구가 있으면 심리를 거쳐, 청구가 이유 있으면 행정처분을 취소하거나 변경하는 재결을 하게 된다. 행정심판은 행정기관 내에서의 분쟁해결절차이므로 시민으로서 반드시 만족스러운 절차가 아닐 수도 있다. 그리하여 행정사건에 관하여 행정심판과 별도로 또는 행정심판에 대한 재결이 있은 후에 법원의 재판에 의한 분쟁해결방법이 인정되고 있다. 이것이 行政訴訟이다.

행정소송은 공법상의 법률관계에 관한 분쟁에 대하여 행하는 재판절차라는 점에서 민사소송과 구별된다. 행정소송은 抗告訴訟과 當事者訴訟으로 나뉜다. 항고소송은 행정청의 위법한 처분 등이나 부작위로 인하여 권리나 이익을 침해받은 자가 그 위법을 다투기 위해 행정청을 피고로 하여 제기하는 소송이다. 예컨대 세금의 부과처분에 대한 취소소송, 운전면허의 취소처분에 대한 취소소송 등이 여기에 해당한다. 당사자소송은 행정청의 처분 등을 원인으로 하는 법률관계에 관한 소송 그 밖에 공법상의 법률관계에 관한 소송으로서 그 법률관계의 한쪽 당사자를 피고로 하는 소송이다. 예컨대 공법상의 신분이나 지위의 확인에 관한 소송, 공법상의 금전지급청구에 관한 소송 등이다.

행정소송에 대해서는 그 특성을 고려하여 별도의 법률을 두어 규율하고 있는데, 이것이 행정소송법이다. 행정소송은 민사소송과 유사하나, 다음의 몇 가지 점에서 구별된다. 우선 반드시 행정심판을 거치도록 하거나 提訴期間을 제한하는 경우가 있다(행정소송법 18, 20조). 예컨대 국세에 관한 소송은 국세청이나 감사원의 심판청구, 조세심판원의 심판청구를 먼저 하여 결정을 받아야 한다(국세기본법 56조②, 감사원법 46조의2). 또한 민사소송과 달리 직권으로도 증거조사를 할 수 있고, 당사자가 주장하지 아니한 사실에 대해서도 판단할 수 있다(행정소송법 26조). 법원은 원고의 청구가 이유 있다고 판단되면 원칙적으로 행정처분을 취소하거나 그 무효를 확인하는 판결을 하지만, 예외적으로 원고의 청구가 이유 있다고 하여도 그 행정처분을 취소하거나 변경하는 것이 현저히 公共의 福利에 적합하지 않다고 인정하는 경우에는 원고의 청구를 기각할 수도 있다(행정소송법 28조). 이를 事情判決이라고 한다. 사정판결의 예로는 일부 법학전문대학원에 대한 설치인가가 위법하다고 인정하면서도 이미 입학하여 공부하고 있는 학생들에게 피해가 생길 수 있고 법학전문대학원 제도 자체의 운영에 차질이 생길 수 있다는 등의 사정을 들어 인가처분의 취소가 현저히 공공복리에 반한다고 한 것(대법원 2009. 12. 10. 선고 2009두8359 판결)을 들 수 있다. 이와 같이 행정소송의 특수성을 고려하여 민사소송과 다른 제도를 두고 있음에도 불구하고, 당사자주의나 변론주의의 기본 구도는 민사소송과 마찬가지로 유지된다(대법원 2013. 8. 22. 선고 2011두26589 판결).

7. 재판에 의한 분쟁해결의 한계

이상 여러 재판의 절차에 관하여 설명하였다. 재판은 미리 정립되어 있는 일반적인 실정법규범을 구체적 사건에 개별적으로 적용하는 방식을 취한다. 우리나라가 따르고 있는 근대적 사법제도에서 이루어지는 재판은 다음과 같은 제약 아래에서 이루어진다.[25]

우선 재판은 그 판단의 근거에 의한 제약을 받는다. 재판의 근거가 되는 법규범은 재판 이전에 미리 정립되고 널리 공시된 일반적 준칙이어야 한다. 이는 형식적 정의의 요청에 따른 것으로서, 법의 지배의 핵심적 내용이기도 하다. 적용되어야 할 법규범의 존부나 내용에 대하여 당사자 사이에 견해의 대립이 있으면 법원이 재판절차를 통해 그 규범의 의미내용을 명확히 하게 된다. 재판에서 형평이나 사회통념을 고려하는 경우에도, 일반적 준칙의 공평한 적용이라는 형식적 정의의 요청에서 벗어나서는 아니 되고, 풀러의 합법성 원리와 같은 실정법에 내재하는 원칙에 부합하여야 하며, 동일한 유형의 사례에 보편적으로 적용될 수 있는 일반적인 근거에 의해 뒷받침되어야 한다.

둘째, 재판은 그 절차에 의한 제약을 받는다. 재판은 원칙적으로 공개되어야 하고, 민사 또는 형사재판은 당사자주의에 따라 진행된다. 재판의 공개는 재판을 받을 권리의 핵심적인 내용으로, 재판의 공정성 확보에서 중요한 역할을 한다. 또 재판의 공개는 패소판결을 받는 사람이 재판의 결과에 승복할 가능성을 높이고, 일반 시민이나 법률가에 의한 공적 논의와 비판의 계기를 제공함으로써 법체계의 원활한 작동에도 도움이 된다. 당사자주의는 재판에서 어떤 주장을 할 것인가, 어떤 증거를 낼 것인가에 관한 책임을 당사자에게 맡기는 심리방식이다. 직권주의와 달리 법관이 재판 진행의 주도권을 가지

---

25) 이하의 설명은 L.L. Fuller, The Forms and Limits of Adjudication, Harvard Law Review, Vol. 92 No. 2 (1978), pp. 353 이하의 내용을 우리 실정에 맞게 보완한 것이다.

지 않는다. 우리 민사소송법이나 형사소송법에서 당사자주의를 택한 것은 그러한 방식이 당사자의 자유를 덜 제한하고, 실체적 진실 발견에 더 도움이 되기 때문이다. 당사자주의 절차에서 법관의 역할은 소송을 지휘하는 중립적 심판자의 지위에 머무른다. 당사자가 법률의 지식이 없거나 변호사를 선임할 재력이 없어서 자기에게 유리한 주장을 하지 못한다고 생각되는 경우에도 법관이 함부로 나서서 그런 주장을 하도록 권유하는 것은 허용되지 않는다.

셋째, 재판은 그 대상이 한정되어 있다. 즉 재판은 당사자 사이의 구체적인 권리의무의 존부와 범위 또는 형벌권의 존부와 같은 분쟁의 사후적, 개별적 해결을 할 뿐이고, 불특정 다수의 이해에 관한 일반적인 정책문제, 아직 발생하지 않은 가상적인 문제는 본래 재판의 대상이 되지 않는다. 또 재판은 분쟁 전체를 해결하는 것이 아니라, 당사자 사이에서 대립되는 사실상 또는 법률상 쟁점에 대해서만 판단하는 것으로서, 전체 분쟁 중 일부만 대상으로 한다. 이러한 재판의 한계에 대응하기 위해 등장한 것이 조정이나 화해와 같은 재판외 분쟁해결절차이다.

재판과정에서 법관이 결론에 이르는 과정을 형식논리학에서 인정된 삼단논법을 법에 적용하여, 법적 삼단논법으로 설명하는 것이 일반적이다. 재판과정을 단순하게 생각하면 법규범이 대전제, 증거에 의해 인정된 사실이 소전제가 되고, 대전제에 소전제를 포섭하여 결론이 나온다고 이해할 수 있다. 예를 들어 채무자가 채무를 이행하지 않아서 그로 인하여 손해를 입은 경우 채권자는 채무자를 상대로 채무불이행을 이유로 한 손해배상을 청구하게 된다. 이때 법원은 이 경우 적용되는 법규범(민법 390조①, "채무자가 채무의 내용에 좇은 이행을 하지 아니한 때에는 채권자는 손해배상을 청구할 수 있다")에 인정되는 사실을 적용하여 "피고는 원고에게 ○○○원을 지급하라"는 판결을 하게 된다. 또한 형사재판의 예를 들면, 어떤 사람이 사람을 죽이고 살인죄로 기소되었다면, 법원은 피고인이 사람을 죽였다고 사실을 인정한 다음, 형법 제250조 1항("사람을 살해한 자는 사형, 무기 또는 5년 이상의 징역에 처한다")에 이를 적용하여 형을 선고하게 된다. 이것은 논리학에서 말하는 삼단논법의 형식을 취하고 있다. 법규범이 대전제이고, 인정된 사실이 소전제이며, 소전제에 대전제를 포섭하여 결론에 이르는 것이다.

법적 삼단논법에 대해서는 여러 각도에서 비판이 가해졌다. 그중 하나는, 법관은 반드시 삼단논법에 따라 결론을 내리는 것이 아니고, 삼단논법은 실질적 판단이유를 은폐하고 결론을 사후적으로 정당화하기 위한 논리조작에 불과하다는 것이다. 그러나 이러한 비판은 타당하다고 할 수 없다. 법관이 심증을 얻게 되는 심리적 과정이 반드시 삼단논법의 과정과 일치하지 않을 수도 있다. 때때로 법관은 재판이 막바지에 이를 즈음 직관적으로 어떤 결론이 옳다는 판단을 내릴 수 있고, 그러한 직관에 여론이나 법관의 개인적인 정치적 소신 등의 사정이 영향을 미칠 수 있다. 법관이 당적을 가질 수 있는 미국 연방대법원에서는 대법관의 정치적 성향이 판결에 어떤 영향을 미치는가에 관한 연구도 활발히 행해지고 있다. 그러나 여론이나 법관의 정치적 성향이 재판의 형성에 영향을 미쳤다고 해서 판결 이유에 이를 재판의 근거로 적지 않으며, 그렇게 해서는 아니된다. 그것은 진정한 판단이유를 숨기기 위해서가 아니라, 증거에 의해 사실을 인정하고 그 사실에 맞는 법규범을 적정히 적용한 결과 일정한 내용의 판결에 이르게 되었다는 과정을 합리적으로 정당화하는 것이 제도적으로 요구되기 때문이다. 그렇기 때문에 잘 훈련된 법관은 재판 과정에서 자기의 결론이 일반적 규준에 의해 어떻게 정당화될 수 있는가를 끊임없이 의식한다. 또 어떤 직관에 의한 결론을 일응 내렸다고 하더라도, 그것이 일반적 법규범에 의해 정당화되기 어렵다고 판단되면 그 직관에 따른 결론을 수정하거나 폐기한다.

　법적 삼단논법에 대한 또 다른 비판은, 법적 삼단논법에 따른 결론의 정당성은 대전제와 소전제의 정당성에 의존하므로 이들 전제가 잘못되면 결론을 정당화할 수 없다는 것이다. 대전제인 법령의 해석이나 소전제인 사실의 인정에 오류가 있을 가능성을 완전히 배제할 수는 없다. 우선 문제되는 것은 사실의 인정이다. 과거에 일어났던 일을 완벽히 재구성하는 것은 사실상 불가능에 가깝다. 관련된 문서가 없어졌거나 있더라도 단편적일 수도 있다. 또한 문서가 존재하더라도 위조 또는 변조되었을 수도 있다. 증언도 쉽사리 믿을 수 없다. 사람의 기억은 쉽게 상실되거나 조작될 수 있기 때문이다. 법관의 노력에도 불구하고 법관이 인정하는 사실이 역사적 사실과 달라질 가능성이 있는 것은 이와 같은 이유에서이다. 흔히 "법정에서 진실을 가리겠다"고 하는 말을 듣지만, 법정에서 진실을 가리는 데에는 일정한 한계가 있을 수밖에 없다. 법규범의 적용도 간단하지 않다. 예를 들어 민법 제390조의 "채무의 내용에 좇은 이행"을 하였는지 아닌지는 일반인의 상식만으로 판단할 수 없다. 채무자가 모두 잠든 한밤중에 돈을 가지고 채권자의 집에 가서 돈을 갚겠다고 하면서 문을 두드렸을 때, 채권자가 "밤이 늦었으니 내일 오라"고 하였다면, 채무자는 채무의 내용에 좇은 이행을 한 것인가? 채무자가 현금이 아닌 어음을 채권자에게 교부한 것은 채무의 내용에 좇은 이행인가? 또한 "사람을 살해"하였는지 아닌지 판단이 곤란한 경우도 있다. 예컨대 분만 중의 아이를 죽이면 사람을 죽인 것인가 아니면 태아를 죽인 것인가(형법 270조 참조)? 이와 같은 문제에 대하여 자동적으로 결론이 얻어지는 것은 아니다. 어느 경우나 추상적인 법규범을 구체적인 사실에 맞게 구체화하는 작업이 필요하게 된다. 이를 법규범의 해석이라고 한다. 법규범의 해석방법에 관하여 자세한 것은 뒤에 보겠지만, 어느 해석방법과 기술을 채택하는가에 따라 전혀 다른 결론이 나올 수 있다. 더구나 재판의 동적 성격 때문에 법규범의 적용과 사실의 인정은 재판 과정에서 끊임없이 서로 피드백을 하게 되므로, 법적 삼단논법에서 대전제와 소전제의 작성 과정은 매우 복잡하고 미묘한 사고과정을 거치게 된다. 그러므로 형식논리학의 삼단논법과 달리, 형식논리적으로 올바른 추론이라고 하더라도 그 결론의 타당성이 언제나 보장되는 것이 아니다. 소송법은 이러한 오류의 가능성을 줄이고 재판의 적정성을 확보하기 위한 장치를 두고 있는 것이다. 사실의 주장과 증거를 제출할 책임을 당사자 자신에게 맡기는 것이나, 형사절차에서 전문진술의 증거능력을 제한하는 규정들이 그러한 장치의 예이다. 사회경험이 많은 사람 중에서 법관을 임용하여야 한다는 주장도 같은 맥락에서 나온 것이다. 그러나 결국 재판도 사람이 하는 일이라 오판의 가능성을 완전히 없앨 수는 없다. 그렇다고 해서 재판을 무조건 불신하는 것도 타당하지 않을 것이다. 이와 같은 재판제도의 한계를 솔직히 인정하고, 법관은 구체적인 사건에서 관련된 모든 사정을 고려하여 최대한 합리적인 판단을 내리고, 당사자는 그와 같이 내려진 판단을 신뢰하고 승복하는 자세가 필요하다고 생각된다.

V. 재판에 적용되는 규범(法源)

앞서 법관이 어떠한 절차를 거쳐 재판을 하는지에 관하여 살펴 보았다. 여기서는 법관이 어떠한 법을 적용하여 재판하는가에 관하여 검토해 보기로 한다.

법관이 재판을 할 때 기준으로 삼는 법을 法源이라고 한다. 우리나라에서 법원으로서의 자격이 인정되는 것으로는 법률(제정법)과 관습법이 있고, 그 밖에 법원으로 인정될 수 있는가 다툼이 있는 것으로 조리와 판례가 있다. 차례대로 설명하기로 한다.

1. 制定法

(1) 제정법의 법원성

제정법이란 입법기관에 의해 정식의 절차를 거쳐 제정된 법규범을 말한다. 정식의 절차를 거쳐 문서화되기 때문에 成文法이라고도 한다. 이에 대하여 문서화되지 않은 법을 不文法이라고 한다.

제정법의 역사는 기원전 17세기에 선포된 바빌론의 함무라비 법전으로 거슬러 올라간다. 그러나 근대 이전의 제정법 중에서 가장 유명한 것은 로마법대전(Corpus Juris Civilis)이다. 이것은 6세기 동로마제국의 황제였던 유스티니아누스 1세가 당시까지 로마법에 관한 학자들의 견해와 칙령을 모아 편찬한 것으로, 후일 서양 근대 법전의 편찬에 중요한 역할을 하게 된다. 그러나 서로마제국의 멸망 이후 중세 유럽은 관습법이 중심이었고, 그 成文化가 시도되기는 하였으나 단편적이었다. 근세에 이르러 성문화의 움직임이 다시 활발해지기 시작했는데, 이것은 啓蒙主義와 자연법사상의 영향으로 인간만사가 인간의 이성에 의해 규율될 수 있다는 믿음에 기반을 둔 것이었다. 18세기 말에서 19세기 초에 걸쳐 프러시아, 바바리아, 색소니, 오스트리아 등의 국가에서 계몽군주의 주도로 법전이 편찬되었다. 그러나 적어도 민법의 영역에 국한하여 보면 오늘날 전세계적으로 가장 많은 영향을 미친 법전은 프랑스민법전(1804년)과 독일민법전(1896년)이다.

한편 영국은 지리적 또는 정치적인 이유에서 로마법의 영향을 거의 받지 않은 채 독자적인 길을 걷게 되었다. 영국에서는 전통적으로 판례법을 제1차적인 법원으로 하고, 제정법은 판례법을 보충하는 역할만 하였다. 오늘날 행정권의 확대에 수반하여 제정법의 역할이 증대되고 있기는 하지만, 판례법은 여전히 중요한 법원으로 인정되고 있다. 미국은 영국의 전통을 이어받아 판례법이 주된 법원의 역할을 하지만, 19세기 말에서 20세기 초 사이에 전개된 법전편찬운동의 결과, 일부 주에서는 제정법이 만들어지기도 하였다. 그러나 이들 제정법도 대체로 판례법을 정리하는 데 그친 것이 많고, 판례법을 보완하는 역할만 하기 때문에 법전 자체의 완결성을 추구하지 않는다는 점에서 프랑스나 독일의 법전과 큰 차이가 있다.

우리나라는 프랑스나 독일과 같은 대륙법의 영향을 받아, 모든 분야에 관하여 제정법이 제1차적인 법원의 역할을 하고 있다. 우리나라의 제정법은 헌법, 법률, 명령, 조례, 규칙 등으로 분류된다. 法律은 좁은 의미에서는 헌법이 정하는 절차에 따라 국회가 제정한 법을 가리키는 것이다. 命令은 대통령이나 행정부 각 부처의 장관이 제정하는 법을 가리킨다. 條例는 지방자치단체가 제정하는 법, 規則은 지방자치단체의 장이 제정하는 법을 가리킨다. 국회나 대법원도 규칙을 제정할 수 있다. 이들 법 사이에는 그 효력에 관하여 일정한 서열이 있다. 일반적으로 효력이 강한 순서대로 열거하면, 헌법, 법률, 명령, 조례, 규칙의 순서가 된다. 이는 다른 말로 하면 법률이 헌법에 위반할 수 없고, 명령이나 규칙이 법률에 위반할 수 없다는 뜻이기도 하다. 그 외에 국내법과 같은 효력을 가지는 條約(헌법 6조① 참조)도 법원이 된다.

(2) 제정법의 효력

제정법이 법원으로 될 수 있다는 데에는 원칙적으로 문제가 없다. 다만 제정법이 그 제정 절차에 중대한 흠이 있는 경우 무효가 되어 法源性이 부정될 수도 있을 것이다. 예컨대 의결정족수(헌법 49조)가 미달인 상태에서 결의된 법률은 무효라고 보아야 할 것이다. 그러나 과연 어느 정도의 절차상 흠이 제정법을 무효로 만드는가 판단하기는 어려운 문제이다. 예를 들면 국회의장이 야당의원들에게 본회의 개의일시를 적법하게 통지하지 아니하여 그들이 본회의에 출석하여 표결과정에 참여하지 못한 채 재적의원 과반수의 국회의원이 출석하고 출석의원 전원의 찬성으로 가결된 법률은 무효라고 할 수 있는가? 헌법재판소는 1997. 7. 16. 96헌라2 결정에서 이 문제에 관하여 논의하였으나, 무효라는 주장과 유효라는 주장이 팽팽히 맞서 결국 그와 같은 법률의 가결을 선포한 행위의 무효확인을 구하는 청구인의 청구가 기각되었다. 유효설의 근거는 국회의 입법과 관련하여 일부 국회의원들의 권한이 침해되었다고 하더라도 그것이 입법절차에 관한 헌법의 규정(예컨대 49조의 다수결원칙, 50조의 회의공개의 원칙)을 명백히 위반한 흠에 해당하지 않으면 그 법률안의 가결선포행위를 무효라고 볼 수 없다는 것이었다. 반면 무효설은 소수파 의원들에게 출석기회가 보장되지 아니한 상태에서 다수파 의원들끼리만 모여서 가결한 것은 실질적으로 헌법 제49조에 위반하는 것이라고 주장하였다.

이와 유사한 사건은 2009년에도 다시 발생하였다. 당시 「신문 등의 자유와 기능보장에 관한 법률 전부개정안」 등 이른바 미디어법의 개정에 관하여 정치권은 심각한 의견 대립을 보였다. 이 법안의 통과에 반대하는 국회의원들이 국회 본회의장을 점거하고 국회의장의 국회 본회의장 진입을 봉쇄하자, 국회의장의 위임을 받은 국회 부의장이 미디어법 개정안을 일괄 상정한 후, 심사보고나 제안설명은 회의자료로 대체하고 질의토론도 생략한 채 표결을 실시하였다. 이 표결에는 법안 통과에 찬성하는 의원만 참여하였고, 반대하는 의원들은 본회의장에 출석하기는 하였으나 의사진행을 막기 위해 몸싸움을 하고 있었기 때문에 표결에 참여하지는 못하였다. 표결 결과가 재적의원 과반수가 출석하고 출석의원 과반수가 찬성한 것으로 나오자, 국회부의장은 법안이 가결되었다고 선포하였다. 그 후 이 법안은 대통령에 의해 공포되었다. 이 법안의 통과에 반대하였던 국회의원들이 헌법재판소에 이 법안의 가결선포행위가 무효임의 확인을 구하는 청구를 하였다. 재판관들의 의견은 다양하게 나뉘었다. 일부 국회의원들의 법률안 심의표결권을 침해한 것으로 볼 수 없다는 견해, 법률안 심의표결권을 침해한 것으로 인정되기는 하지만 국회의 정치적 형성권을 존중하여야 하고 헌법재판소가 나서서 무효확인을 선언하는 것은 적당하지 않다는 견해, 법률안 심의표결권을 침해하는 등 절차의 흠이 중대하므로 무효의 선언을 하여야 한다는 견해 등이 대립하였다. 결국 무효의 확인을 하여야 한다는 견해가 다수의견이 되지 못하여 청구인들의 청구는 기각되었다(헌법재판소 2009. 10. 29. 선고 2009헌라8 결정).

이와 같이 헌법재판소는 국회의 입법절차에 다소의 잘못이 있다고 하더라도 그 절차에 의해 가결된 법안을 무효라고 인정하는 데에는 소극적이다. 그와 같은 판단의 배경에는 우리나라의 후진적인 정치문화가 있을 것이다. 다수는 소수를 배려하지 않고, 소수는 표결 자체를 힘으로 저지하려 한다. 이러한 상황에서 헌법재판소가 어느 한쪽에만 잘못이 있다고 비난하고 나서기는 어려울 것이다.

법률안은 국회 재적의원 과반수의 출석과 출석의원 과반수의 찬성으로 의결된다. 이와 같이 의결된 법률안이 정부에 이송되면 대통령은 15일 내에 이를 공포하여야 한다(헌법 53조①). 대통령에 의해 공포가 되면 비로소 법률로서 성립하고, 특별한 규정이 없는 한 공포일로부터 20일이 경과하면 효력이 발생한다(헌법 53조⑦). 대부분의 법률은 효력발생일에 관한 규정을 별도로 두고 있다.

법률은 원칙적으로 시행일 이전의 행위에 대하여는 적용되지 않는다. 이를 法律不遡及의 원칙이라고 한다. 특히 형법에서는 罪刑法定主義의 원칙에 따라, 형벌불소급의 원칙이 엄격하게 준수되어야 한다(헌법 13조). 반면 민사법 또는 행정법의 세계에서는 법령을 소급적용하더라도 국민의 이해에 직접 관계가 없거나 오히려 국민의 이익을 증진하게 되는 경우에는 예외가 인정되고 있다(대법원 2005. 5. 13. 선고 2004다8630 판결 참조).

제정법은 정식으로 폐지되기 전까지는 법원으로서 효력을 지닌다. 그러나 정식으로 폐지되기 전에도 다른 제정법과의 관계에서 그 효력이 문제되는 경우가 있다. 이에 관하여는 상위법 우선의 원칙, 신법 우선의 원칙, 특별법 우선의 원칙과 같이 효력의 서열을 정하는 준칙들이 있다.

우선 상위법 우선의 원칙에 관하여 본다. 제정법에는 앞서 본 것처럼 상하의 서열이 있다. 만약 상위법과 하위법이 모순되는 경우에는 하위법은 그 한도에서 상위법에 반하여 효력이 없다. 제정법 중 가장 상위에 있는 것은 憲法이다. 따라서 국회가 제정한 법률도 헌법에 위반하면 효력을 인정할 수 없다. 이와 같이 헌법에 위반되는 법률의 효력을 부인하는 제도가 違憲法律審査制度이다. 우리 헌법상 최종적인 위헌법률심사권은 憲法裁判所에게 있다(헌법 111조① 1호). 또한 법률보다 하위에 있는 명령, 규칙이 헌법 또는 법률에 위반되면 무효이다. 이를 최종적으로 심사할 권한은 大法院에게 있다(헌법 107조②). 또한 하위법을 적용할 때에는 상위법의 규정이나 입법취지에 저촉되지 않도록 해석하여야 한다. 이에 관하여는 법의 해석에 관하여 볼 때 자세히 검토하기로 한다.

신법 우선의 원칙은 전에 만들어진 제정법과 뒤에 만들어진 제정법이 모순되면 그 한도에서 전에 만들어진 제정법은 효력을 잃는다는 원칙이다. 보통 제정법을 만들 때에는 앞에 만든 법률에 저촉되지 않도록 주의를 기울이고, 뒤에 만드는 법에 어떤 경우에 어느 법이 우선하는지 정한다. 그러한 규정이 없고 신구의 법이 모순되는 경우에는 신법 우선의 원칙에 따른다.

특별법 우선의 원칙은 두 법률 사이에 일반법과 특별법의 관계가 있고, 두 법률이 서로 모순될 때에는 특별법이 일반법에 우선한다는 원칙이다. 따라서 그 한도에서 일반법은 적용되지 않는다. 예컨대 민법에는 법정이율이 연 5푼으로 규정되어 있지만(민법 397조), 상행위에 의해 생긴 채무에 관하여는 언제나 상법이 정한 연 6푼의 이율이 가산된다(상법 54조).

그 밖에 법률이 정식으로 폐지된 것은 아니나 오랫동안 쓰이지 아니하면 폐지되었다고 할 수 있는가 문제된다. 법해석학의 관점에서 보면 엄연히 법률로서 존속하는 한 그 효력을 부정할 수는 없을 것이다. 그러나 법사회학의 관점에서는 그와 같은 법률은 폐지된 것과 마찬가지라고 볼 여지도 있을 것이다. 법률의 규정에 반하는 관습이 형성되어 시민들의 법적 확신을 얻게 되면 관습법에 의해 제정법이 개정 또는 폐지되는가(즉 관습법이 제정법을 변경하는 힘을 가지는가)에 관하여는 종래 여러 논의가 있어 왔다. 판례는 관습법이 제정법에 대하여 劣後的, 보충적인 지위에 있다고 한다(대법원 1983. 6. 14. 선고 80다3231 판결). 따라서 제정법에 반하는 관습법은 효력이 인정되지 않는다.

(3) 제정법의 장점과 단점

제정법은 국회 등 권한 있는 기관에 의해 문장의 형태를 갖추어 일정한 절차를 거쳐 일반에 공포되므로 이를 해석 적용하는 법원이나 국가기관은 물론 일반 국민도 무엇이 법인가를 알 수 있다. 또한 헌법이나 법률은 국민의 대표인 국회에서 제정되고, 명령, 규칙, 조례 등은 그 상위규범의 위임범위 내에서만 제정될 수 있으므로, 결국 제정법은 모두 민주주의 원칙에 충실한 법규범이라고 할 수 있다. 또한 환경문제와 같이 기술적이고 복잡한 문제에 대응할 수 있는 거의 유일한 수단이라고 할 수 있다.

이와 같은 장점을 가진 제정법이지만, 단점도 있다. 우선 보다 많은 문제에 대응할 수 있기 위해 제정법은 추상적인 용어를 사용하는 경우가 많다. 추상적인 용어가 많으면 구체적인 사안에 이를 적용하기 위해 규범을 해석하는 작업이 필요하게 된다. 그러므로 일반 국민이 법을 이해하는 데에는 일정한 한계가 있을 수밖에 없다. 또한 제정법은 일

단 만들어지면 시대가 변하여 적합하지 않게 되더라도 그대로 고정되는 경향이 있다. 상
위의 법규범으로 갈수록 개정의 절차가 까다롭기 때문에, 즉각적인 개정이 어려워지기
때문이다. 보다 근본적인 문제는 언제나 그 내용이 정당한 제정법이 만들어지는 것은 아
니라는 점이다. 이익단체의 압력에 의해, 또는 정당간의 세력다툼의 과정에서 타협이 이
루어진 결과가 반영되어, 바람직하지 않은 입법이 되는 경우도 있을 수 있다. "무엇이든
제정법으로 강제하면 된다"는 法萬能主義의 사고는 오히려 법에 대한 냉소와 불신을 키
울 뿐이다.

2. 慣習法

사회에는 다양한 관습이 있지만, 이들이 모두 관습법이 되는 것은 아니다. 관습 중
에서 사회 구성원의 法的 確信을 얻은 것만이 관습법이 된다. 즉 사회 구성원 다수가 법
적 구속력을 가진다고 승인하는 관습이 관습법이다. 제정법이 발달하기 전에는 관습법
이 중요한 법규범으로 기능하였으나, 제정법의 발달에 따라 서서히 2차적인 중요성만
가지게 되었다.

우리 민법은 제1조에서 "민사에 관하여 법률에 규정이 없으면 관습법에 의하고 관
습법이 없으면 조리에 의한다"고 정함으로써 관습법도 법원임을 천명하고 있다. 또한 物
權은 제정법뿐 아니라 관습법에 의해서도 창설될 수 있다(민법 185조). 이와 같이 관습법
은 주로 민사에 관하여 인정되어 왔으나, 최근에는 헌법이나 행정법의 분야에서도 관습
헌법 또는 관습행정법이 문제되고 있다.

민사분야의 관습법으로서 대표적인 것은 宗中에 관한 관습법이다. 종중이란 공동선
조의 분묘수호와 제사 및 종원 상호간의 친목 등을 목적으로 하여 구성되는 단체로서,
이 단체의 법률관계를 규율하는 제정법은 존재하지 않는다. 그러나 종중은 길게는 신라
시대부터 계속적, 반복적으로 존재해 왔던 것으로, 그에 관한 다양한 관행이 관습법으로
인정되어 왔다. 예컨대 종중에는 宗約이 있어야 하나 반드시 성문종약이어야 하는 것은
아니다. 또한 종중은 종원이 모두 사망하고 後嗣가 없을 때 소멸하게 되며, 內侍宗中은
존재할 수 없다. 종중의 대표자는 규약이나 특별한 관례가 있으면 그에 따라 선출하고,
그것이 없으면 종장 또는 문장이 그 종중원을 소집하여 출석자의 과반수 결의로 선출하
고, 평소에 종장이나 문장이 없으면 생존하는 종중원 중 항렬이 가장 높고 나이가 많은
연고항존자가 종장 또는 문장이 된다(대법원 1999. 4. 13. 선고 98다50722 판결). 종래 宗員
의 자격에 관하여 성인 남자만 종원이 될 수 있다는 것이 관습법이었으나, 이러한 관습
법은 양성평등의 원칙을 정한 헌법에 반하는 것으로 그 효력을 인정할 수 없다는 것이

최근의 판례이다(대법원 2005. 7. 21. 선고 2002다1178 전원합의체판결).

그 밖에 판례는 오래 전부터 관습법상 法定地上權과 墳墓基地權을 관습법상 물권으로 인정하고 있다. 관습법상 법정지상권은 토지와 건물이 동일한 소유자에게 속하였다가 건물 또는 토지만이 매매되어 양자의 소유자가 달라지게 되는 때 건물의 소유자가 그 건물의 사용을 위하여 필요한 범위 내에서 그 토지를 사용할 권리를 말한다. 분묘기지권은 토지 소유자로부터 승낙을 얻어 분묘를 설치한 경우 특별한 사정이 없는 한 그 분묘가 존속하는 동안 그 분묘의 基地를 사용할 권리를 말한다. 토지 소유자로부터 승낙을 얻지 않았더라도 분묘 설치 후 20년간 평온, 공연하게 분묘의 기지를 점유하면 마찬가지의 권리를 취득한다. 최근 대법원은 전원합의체에서 분묘기지권의 취득시효에 관한 관습법이 여전히 효력이 있는가에 관하여 심리하였는데, 다수의견은 장묘문화에 대한 사회 구성원들의 의식에 일부 변화가 생겼더라도 그에 대한 법적 구속력에 대한 확신이 소멸하였다고 볼 수 없다고 판단하였다(대법원 2017. 1. 19. 선고 2013다17292 전원합의체판결). 또한 대법원은 2022. 7. 21. 선고 2017다236749 전원합의체 판결에서 동일인 소유의 토지와 그 지상 건물이 매매 등으로 소유자가 달라질 때 법정지상권이라는 물권이 성립한다는 관습법이 현재에도 법적 규범으로서 효력을 유지하고 있는가를 심리하였는데, 다수의견은 이를 긍정한 반면, 반대의견은 그러한 관습이 처음부터 존재하지 아니하였고, 설령 과거의 어느 시점에서 그러한 관습법이 성립되었다고 하더라도 현재는 사회 구성원들이 그러한 관행의 법적 구속력에 관하여 확신을 갖지 않게 되었을 뿐 아니라, 그러한 관습법은 헌법을 최상위 규범으로 하는 전체 법질서에 부합하지 않게 되어 법적 규범으로서 효력을 인정할 수 없다고 보았다.

商法 제1조는 "상사에 관하여 본법에 규정이 없으면 상관습법에 의하고 상관습법이 없으면 민법의 규정에 의한다"고 정하고 있다. 따라서 商事에 관하여는 商慣習法이 민법에 우선하는 법원이 된다. 상관습법의 예로는 상인인 법인 간의 계속적인 물품공급거래에서 물품의 종류, 규격, 수량, 인수법인, 인수자의 직위, 성명을 기재하고 작성자가 날인한 인수증을 인수일자마다 개별적으로 발행하는 것을 들 수 있다(대법원 1983. 2. 8. 선고 82다카1275 판결).

그 밖에 서울이 수도라는 것이 관습헌법이라는 헌법재판소의 결정(헌법재판소 2004. 10. 21. 2004헌바554, 566 결정)을 계기로 헌법 분야에서도 관습법을 인정할 수 있는지, 인정할 수 있다면 그 요건은 무엇인지 등에 관한 논의가 활발해졌다. 관습법으로 인정된 다른 예를 보면, 국립지리원이 간행한 지형도상의 해상경계선은 행정관습법상 해상경계선으로 인정되고(헌법재판소 2004. 9. 23. 2000헌라2 결정), 국제관습법상 한 국가의 주권적 행위는 다른 국가의 재판권으로부터 면제된다(대법원 1998. 12. 17. 선고 97다39216 판결)는 것 등이 있다.

반면 刑法의 영역에서는 관습법이 인정될 여지가 없다. 이 분야에서는 시민의 자유와 권리를 보호하기 위해 罪刑法定主義가 확립되어 있는데, 여기서 "법정주의"란 制定法으로 정한다는 것을 의미한다. 관습법은 그것이 재판에 의해 관습법으로서 인정되기 전에는 그 구체적인 내용이 명확하지 않기 때문에, 관습법을 근거로 형사처벌을 하는 것은 죄형법정주의의 원칙상 허용되지 않는다.

개별 사건에서 어떠한 관습법이 존재하는가 인정하는 것은 쉬운 일이 아니다. 반복된 관행의 존재를 증명하는 것도 쉬운 일이 아니거니와, 거기에 더하여 일반인의 법적 확신이 존재하는지의 증명 또한 극히 곤란하다. 구체적인 사건에서 증명의 과정을 거쳐 법관이 어떠한 관행이 관습법이라고 인정하기 전까지는 관습법은 그 내용이나 효력이 불명확하다. 이 때문에 관습법이 성립하려면 반복된 관행과 그에 대한 법적 확신 외에 법관의 宣言이 필요하다는 견해도 있다. 그러나 논리적으로 생각하면 재판 전에 미리 관습법이 존재하고, 법관은 이를 인정하여 적용하는 것이다. 따라서 법관이 그 존재를 인정하는 것이 관습법의 성립요건이라고는 할 수 없다. 다만 여기서 주목할 것은, 법관이 관습법의 존재를 인정하지 않으면 결국 재판의 기준이 될 수 없기 때문에, 법관이 바람직하다고 생각하는 방향으로 관습법의 형성에 기여할 여지가 있다는 것이다. 종원의 자격을 성인 남자로 제한하는 관습법의 효력을 부정하는 판결을 통해 관습법을 헌법질서와 조화되도록 형성하려고 시도하는 것이 그 예라고 할 수 있다.

3. 條理

조리는 사물의 이치를 가리킨다. 나라에 따라 "법의 일반원칙(general principle of law)"이라거나 "사물의 본성(Nature der Sache)"이라고 표현되기도 한다. 법관이 재판을 할 때 그에 적용할 제정법도, 관습법도 없는 경우도 있을 수 있다. 형사사건이라면 피고인의 행위가 아무리 부당하더라도 그에 적용할 제정법이 없는 한, 무죄를 선고하여야 한다. 그러나 민사사건에서는 적용될 제정법이나 관습법이 없는 경우 마지막 기준으로 조리에 따라 재판하여야 한다. 이때 조리가 재판의 기준이 되므로 조리도 법원이 될 수 있는가 문제된다.

우리 민법 제1조는 앞서 본 바와 같이 제정법도 관습법도 없는 경우 조리에 의한다고 정하고 있다. 이 규정에 의해 우리나라에서도 조리가 法源으로서 인정될 수 있는가에 관해서는 견해의 대립이 있다. 이는 법원을 어떻게 이해할 것인가에 따라 달라질 것이다. 조리가 다른 법원과 다른 점은, 그 내용이 미리 정해져 있지 않고 재판할 때마다 법관에 의해 명확하게 된다는 것이다. 법원이라고 하기 위해서는 그 내용이 미리 정해져 있어야 한다면 조리는 법원이라고 할 수 없을 것이다. 그러나 조리를 근거로 어느 정도 일반적인 준칙이 형성되고, 그것이 재판규범이 되는 것이므로 조리도 법원의 성질을 인정할 수 있다고 하겠다.

조리의 예로는 다음과 같은 것을 들 수 있다. 우선 민사법의 영역을 보면, 평등의 원칙이나 비례의 원칙, 신뢰보호의 원칙 등이 있다. 앞서 종중원의 자격에 관한 대법원의 판례를 들어서 설명하면 다음과 같이 된다. 종중원의 자격에 관하여 정한 제정법은 존재하지 않는다. 또한 종중원의 자격을 성인 남자로 제한한 관습법은 무효인데, 이에 관한 다른 관습법은 존재하지 않는다. 이때 공동선조와 성과 본을 같이 하는 후손은 성별의 구별 없이 성년이 되면 당연히 종중의 구성원이 되는 것이 조리에 합당하다. 그러므로 성인 여성에게도 종중의 자격을 인정하여야 한다는 결론에 이르게 되는 것이다. 이와 같이 헌법상의 원칙인 양성평등의 원칙이 조리의 형태로 사인관계에 관철되는 것이다. 또한 사립학교법의 규정에 따라 국가가 사립학교에 파견한 임시이사만으로 구성된 이사회에서 정식이사를 선임하는 것은 허용되지 않는다는 것이 판례인데(대법원 2007. 5. 17. 선고 2006다19054 전원합의체판결), 이 판례는 사립학교의 자율성, 임시이사의 限時性 등을 고려하여 그와 같이 해석하는 것이 조리에 합당하다고 판단한 예라고 할 수 있다.

전통적으로 조리가 가장 많이 원용되는 분야는 민사법 분야이지만, 민법 제2조가 정하는 신의성실의 원칙과 조리는 사실상 차이가 없기 때문에, 민사법 분야에서 조리가 독립된 법원으로서 인정되는 예는 그다지 많지 않다. 반면 國際法이나 國際私法의 분야에서는 조리가 아직도 많이 원용되고 있다. 예컨대 국제사법재판소는 조약 및 국제관습법 외에, "문명국이 인정하는 법의 일반원칙"에 의해 재판한다(국제사법재판소규정 38조 ① c). 어떤 규범이 "문명국이 인정하는 법의 일반원칙"에 속하는가에 관해서는 견해가 나뉠 수 있지만, 적어도 국제사법재판소가 재판의 기준으로서 조리를 인정하고 있다고는 말할 수 있을 것이다. 국제사법의 분야 역시 제정법의 조문의 수가 많지 않아서 제정법이 규율하지 못하는 부분이 있고, 이에 대한 관행도 충분히 발달하지 않은 경우, 조리가 활약할 여지가 많다. 예를 들어 섭외사건에 관하여 외국 법원에 재판관할권이 있는가의 판단은 당사자간의 공평, 재판의 적정, 신속을 기한다는 기본이념에 따라 조리에 의하여 정하여야 한다(대법원 1992. 7. 28. 선고 91다41897 판결).

4. 판례는 法源인가

판례는 법관이 개별 사건에 관하여 한 재판의 예를 가리키는 말로 쓰이기도 하지만, 그와 함께 先例가 되는 재판을 의미하기도 한다. 어떤 사건에 관하여 법관이 재판을 한 후에 그와 동종의 유사한 사건에 관하여 재판하게 될 때, 특별한 사정이 없으면 앞에 한 재판의 예를 따라 그와 동일한 판단을 내리는 것이 일반적이다. 이와 같이 하여 하나의 재판이 선례로서 기능하게 되고, 동종의 사건에 관하여 동일한 재판이 거듭되면 그 재판의 선례로서의 확실성도 증대된다. 동일한 법관이 재판을 하는 경우뿐 아니라 다른 법관도 역시 법적 안정성의 견지에서 그와 같은 선례를 존중하고 따르게 되면, 하나의 선례가 일종의 구속력을 가지게 된다. 판례법이라는 말은 이러한 구속력을 가지는 선례를 제정법이나 관습법, 또는 조리와 마찬가지로 독립된 법원으로서 인정할 때 쓰는 말이다.

판례법을 인정할 것인가, 즉 판례를 독자적인 법원으로 볼 수 있을 것인가에 관하여는 나라마다 다르다. 판례의 법원성을 적극적으로 인정하는 국가는 영국이나 미국 등 영미법계 국가들이다.[26] 영국에서는 법이 판례를 중심으로 발달해 오다가, 19세기에 들어서 이른바 선례구속성의 원칙(stare decisis)이 확립되었다. 이 원칙은 법관이 재판을 할 때 상급 또는 동급의 선례가 있으면 반드시 그 선례에 따라 재판하여야 할 법적 의무가 있다는 원칙이다. 최고법원조차도 자기의 선례에 구속되므로 판례를 변경하는 것은 불가능하다. 이로써 판례는 제정법 못지않은 확실성을 가지게 된다. 선례구속성의 원칙은 영국 외의 나라에서도 받아들였으나, 나라에 따라 차이가 있다. 예를 들어 미국에서도 선례구속성의 원칙이 인정되기는 하지만, 법원은 이를 탄력적으로 운용하고 있다. 과거의 판례가 잘못되었다고 인정하면 이를 변경하는 데 주저하지 않는다. 한편 영국에서도 1966년에 이르러 판례를 사회적 환경의 변화에 맞게 적응시키기 위해, 타당하다고 생각되는 경우에는 선례에서 벗어날 수 있다고 선언하였고,[27] 그 후 최고법원의 판례를 스스로 변경한 예가 등장하였다. 그러나 법적 안정성의 훼손을 염려하여, 실제로 판례변경이 되는 예는 매우 드물다.

한편 유럽대륙의 여러 나라에는 영미법과 같은 선례구속성의 원칙은 존재하지 않는다. 대륙법계에 속하는 우리나라도 마찬가지이다. 즉 헌법이나 법률 어디에도 법관이 선례를 따라야 하는 의무를 정하고 있지 않다. 헌법 제103조는 "법관은 헌법과 법률에 의

---

26) Mary Ann Glendon, Michael W. Gordon & Paolo G. Carozza, Comparative Legal Traditions, 2nd ed., West Publishing, 1999, pp. 262f.

27) Practice Statement (Judicial Precedent), [1966] 1 WLR 1234.

하여 그 양심에 따라 재판한다"고 정하고 있고, 여기에서 "법률"은 제정법 또는 관습법을 의미하는 것이지, 판례를 의미하는 것은 아니라고 이해된다. 또한 대법원은 대법관 전원의 3분의 2 이상의 합의체(이를 "전원합의체"라고 한다)에서 재판하여 종전의 판례를 변경할 수 있다(법원조직법 7조① 3호). 이에 따라 대법원이 자신의 견해를 변경한 예는 매우 많다. 따라서 우리나라에서도 영미에서와 같은 선례구속성의 원칙은 인정되지 않는다.

선례구속성의 원칙과 구별되어야 하는 것으로, "상급심 재판의 기속력"이라는 것이 있다. 법원조직법 제8조에 의하면 "상급법원의 재판에 있어서의 판단은 당해 사건에 관하여 하급심을 기속한다." 또한 민사소송법 제436조 2항은 환송받은 법원은 "상고법원이 파기의 이유로 삼은 사실상 및 법률상 판단에 기속된다"고 정하고 있다. 따라서 형사사건이든 민사사건이든 상고법원으로부터 사건을 환송받은 하급심 법원은 다시 그 사건을 재판할 때 상고법원이 파기의 이유로 삼은 사실상, 법률상의 판단과 다른 판단을 할 수 없다. 그렇다고 해서 파기의 이유로 된 견해가 아닌 다른 견해에 의하여 동일한 결론을 내리는 것까지 금지되는 것은 아니다(대법원 1996. 1. 26. 선고 95다12828 판결). 또한 환송 후의 심리 과정에서 새로운 증거를 받아들여 사실인정을 한 경우나 새로운 주장을 바탕으로 입증이 되어 사실관계에 변동이 생긴 경우에는 환송판결의 기속력이 미치지 않는다. 이와 같은 판결의 기속력을 인정하는 이유는 상급심과 하급심의 판결이 불일치한 채로 두면 끝없이 상고와 파기가 되풀이될 것이고, 분쟁의 해결은 되지 못한 채 당사자의 비용만 증가하고 귀중한 자원만 낭비되는 결과가 되기 때문이다. 이 기속력은 당해 사건이 아닌 다른 사건에 대해서는 미치지 않으므로, 선례구속성의 원칙과는 다르다.

또한 선례구속성의 원칙과 구별되어야 하는 것으로 기판력이라는 것도 있다. 이것은 일단 판결이 확정되면 당사자는 동일한 소송을 거듭할 수 없다는 것을 의미한다(민사소송법 216조). 이것은 국가의 공권적 판단이 일단 확정되면 그에 대한 신뢰를 보호하여야 한다는 법적 안정성의 이념에 의해 인정되는 것이다. 그러나 이미 확정판결이 난 것과 다른 사실관계를 기초로 하여 동일한 내용의 청구를 하는 것까지 금지되는 것은 아니다. 따라서 별개의 사건에서 법관이 전의 사건의 판결과 다른 판결을 하더라도 기판력에 저촉되는 것은 아니다.

이와 같이 영미에서와 같은 선례구속성의 원칙을 채택하고 있지 않으므로, 판례의 법원성은 부정하는 것이 타당할 것이다. 그러나 실제 법률실무가에게는 판례가 제정법이나 관습법 못지않게 중요하게 취급되고 있다. 법관은 유사한 사건에 관한 대법원의 판례를 따라 재판하는 것이 당연한 것으로 생각되고 있다. 물론 법관이 반드시 대법원의 판례를 따라야 할 법적 의무가 있는 것은 아니다. 그러나 판례와 다른 판단을 한 데 대하여 당사자가 대법원에 상고한 경우, 대법원은 종래의 판례를 유지할 수도 있고 변경할 수도 있다. 그러나 판례의 변경은 법적 안정성의 관점에서 매우 신중하게 이루어지는 것이 현실이다. 따라서 기껏 판례와 다른 견해에 따라 재판을 하더라도 상급심에서 뒤집어질 가능성이 많다. 그러므로 상당한 확신이 없는 한 법관은 선례에 따른 판단을 하게 된다. 이로써 판례가 사실상 구속력을 가지게 된다.

만약 법관에게 제정법이나 관습법을 초월하여 법을 형성할 수 있는 권한이 있다면 그와 같이 형성된 판례에 법원성을 인정할 여지도 있을 것이다. 법관이 제정법의 해석적 용 외에 법형성의 기능까지 하고 있다는 점은 일반적으로 수긍되고 있다. 그러나 권력분립의 원칙에 비추어 보면 법관에 의한 법형성에는 일정한 한계가 있을 수밖에 없다. 즉 법관에 의한 법형성은 어디까지나 법규정의 가능한 의미를 벗어나지 않는 한도에서만 허용되는 것이다.

예를 들면 형법 제170조 2항은 "과실로 인하여 자기의 소유에 속하는 제166조 또는 제167조에 기재한 물건을 소훼하여 공공의 위험을 발생하게 한 자"를 처벌하고 있다. 과실로 인하여 타인의 소유에 속하는 제167조에 기재한 물건을 소훼하여 공공의 위험을 발생하게 한 경우에도 이 규정에 의해 처벌할 수 있는가? 이 규정을 "자기의 소유에 속하는 제166조에 기재한 물건 또는 자기의 소유이든 타인의 소유이든 묻지 않고 제167조에 기재한 물건"을 소훼한 자를 처벌하는 규정으로 해석하더라도 법규정의 가능한 의미를 벗어나는 것은 아니라는 것이 판례이다(대법원 1994. 12. 20.자 94모32 전원합의체결정). 이 판결의 반대의견은, 우리말의 어법에 비추어 보면 "자기의 소유에 속하는"이 "제166조 또는 제167조에 기재한 물건"을 한꺼번에 수식하는 것으로 이해하는 것이 타당하다고 다수의견을 비판하였다. 따라서 이 반대의견에 의하면 위 판례의 "해석"은 해석이라기보다는 입법에 가까운 것이 될 것이다.[28]

결국 법관에 의한 법형성이 법규정의 가능한 의미를 벗어나지 않는 한도에서만 허용된다면, 판례가 구속력을 가지는 것이 아니라 법관에 의해 해석된 제정법이 구속력을 가지는 것이다. 그러나 위의 사례에서 보는 바와 같이 제정법의 해석의 한계가 어디인가는 분명하지 않다. 이 때문에 비록 판례가 제정법의 해석을 통해 법형성을 할 수 있는 가능성은 여전히 남아 있다고 할 수 있다. 이 문제에 관해서는 뒤에서 법의 해석방법에 관하여 보면서 다시 살피기로 하자.

---

28) 이 문제는 한 때 형법학계에서 상당한 논쟁거리가 되었다. 이에 관한 일반적인 소개는 최봉철, 현대 법철학, 법문사, 2007, 275-282면 참조.

VI. 법의 *解釋*

1. 법 해석의 의미

법의 해석은 자연과학에서 진리를 탐구하는 것과도 다르고, 문학에서 문장의 의미를 분명히 하는 것과도 다르다. 자연과학에서 진리는 가설과 검증을 거쳐 결국 하나밖에 있을 수 없지만, 법에서는 타당한 해석이 여럿 있을 수 있다. 또한 자연과학에서 이론은 검증을 거치기 전까지는 가설에 지나지 않지만, 법에서는 예컨대 판례가 채택하지 않은 해석이라고 해서 타당하지 않다고 평가되는 것은 아니다. 한편 문장의 해석은 객관적 존재로서 문장의 의미를 분명히 하는 데 그치지만, 법의 해석은 거기에 그치지 않고, 그것이 사회규범으로서 가지는 의미, 규범적 의미를 분명히 하는 것까지 포함한다. 달리 말하면, 법의 해석은 법관이 법규범을 구체적인 사건의 적용에서 구체화하는 것이다. 예를 들어 민법 제750조는 "고의 또는 과실로 인한 위법행위로 타인에게 손해를 가한 자는 그 손해를 배상할 책임이 있다"고 정하고 있다. 어떤 사람이 길을 가다가 자동차에 치어 다쳐서 민법 제750조를 근거로 가해자를 상대로 손해배상청구를 할 때, 법관이 가해자에게 "과실이 있다"고 판단하기 위해서는 "가해자에게는 운전을 할 때 전방을 주시할 의무가 있는데 이 의무를 게을리하였으므로 과실이 있다"는 식으로 "과실"의 의미를 구체화할 필요가 있다. 이와 같이 법 해석의 실천적 성격이야말로 법 해석을 다른 해석과 구별지우는 특징이라고 하겠다.

그러나 법 해석의 실천적 성격으로 인하여 법해석학이 과연 과학인가 하는 의문도 제기되는 것이다. 법관이 법을 해석할 때는 그와 같은 해석의 결과가 그가 판단하는 구체적인 사건에서의 정의에 부합하는가 하는 것도 고려하는데, 이때 가치판단 내지 정책적 고려가 불가피하게 개입되기 때문이다. 특히 이 문제는 공법이나 사회법의 분야에서 매우 두드러지게 나타난다. 대통령이 헌법 제7조 2항에 의해 정치적 중립을 지켜야 하는 공무원에 해당되는지(헌법재판소 2004. 5. 14. 2004헌나1 결정), 출퇴근 중의 교통사고로 입은 부상이 산업재해보상보험법에 의해 보상되는 "업무상 재해"에 해당하는지(대법원 2007. 9. 27. 선고 2005두12572 판결), 임대주택의 분양전환시에 우선분양권을 가지는 임대주택법상 "임차인"에 임대차계약상 임차인 외에 실제로 차임을 지급하면서 거주하는 실질적인 의미의 임차인도 포함되는지(대법원 2009. 4. 23. 선고 2006다81035 판결) 등의 문제에서 서로 다른 해석이 대립된다. 이때 어느 하나의 해석만이 진리일 수는 없고, 어떤 해석도 다 타당성이 있을 수 있다. 결국 법관은 대립되는 여러 해석 중에서 당해 사실관계에 가장 타당하다고 생각되는 해석을 선택하는 것이다.

법의 해석이라고 하면 관습법의 해석도 문제될 수 있으나, 여기서는 우리나라에서 일차적 법원의 역할을 하고 있는 제정법을 중심으로 법의 해석과 관련된 문제들을 검토해 보기로 한다.

2. 법 해석의 필요성

18세기 후반에서 19세기 초반까지 제정된 유럽 여러 나라의 법전은 법관에 대한 불신을 반영하여 법관에 의한 법의 해석을 금지하거나 제한하였다. 법관은 법을 사실관계에 기계적으로 대입하는 일만 해야 한다는 것이다. 이는 법전의 내용이 해석에 의해 변형되는 것을 막기 위한 것이었지만, 결국 성공하지 못하였다. 보나파르트 나폴레옹은 프랑스 국민이면 누구나 이해할 수 있는 법전을 만들려고 노력했지만, 프랑스 민법전에 대한 주석서가 출간되자 "내 법전은 죽었다"고 탄식했다고 한다. 법의 해석이 필요한 이유는 다음과 같이 설명할 수 있다.

(1) 법규범의 난해함

우선 법규범에는 일반인이 이해하기 어려운 용어가 많이 등장한다. "합유"(민법 271조), "선의취득"(민법 249조), "유익비"(민법 739조), "신문"(민사소송법 303조, 형사소송법 146조), "심문"(비송사건절차법 13조), "금고"(형법 41조 3호), "약취"(형법 287조) 등이 그 예이다. 또한 오래 전에 제정된 법일수록 한자어로 된 용어가 많이 등장한다. "曆"(민법 160조①), "翌日"(민법 161조), "溝渠"(민법 229조①), "堰"(민법 230조①) 등이 그 예이다. 그 중에는 일본 식민지배의 영향으로 일본식 한자어도 다수 있다. "공(供)하다"(민법 100조①), "假處分"(민사집행법 300조), "給付"(채무자 회생 및 파산에 관한 법률 108조), "受取人"(수표법 5조) 등이 그 예이다. 법제처는 2000년부터 제정 또는 개정되는 법령을 한글화하고, 필요한 경우에만 한자를 괄호 안에 넣어 나란히 적고 있다. 이로써 읽기는 쉬운 법령이 되었으나, 한자어를 우리말로 바꾸는 데에는 일정한 한계가 있을 수밖에 없어, 여전히 한자어가 많이 쓰이고 있다. 또한 일본식 한자어라고 하더라도 마땅히 다른 용어가 없는 때에는 이를 그대로 사용하기도 한다.[29]

법규범의 난해함을 보여 주는 또 다른 예는, 일반인이 쓰는 용어와 같은 말인데도 그 의미가 다른 경우이다. 예를 들면 "眞意"(민법 107조①)는 어떤 사람이 "진정으로 원

---

29) 자세한 것은 법제처, 알기 쉬운 법령 정비기준, 제3판, 2009, 31면 이하 참조.

하는 것"이 아니라 의사표시에 대응하는 의사를 가리키고, "善意"(민법 108조②)는 "좋은 뜻"이 아니라 어떠한 사정을 알고 있었다는 의미이다. "能力"(민법 5조)은 어떤 힘이 아니라 자격을 가리키는 용어로서, 예를 들어 "권리능력"이란 사법상 권리주체가 될 수 있는 자격을 의미한다.

(2) 법규범의 多義性

제정법에 쓰이는 용어가 일관되지 않고 서로 다른 뜻으로 쓰이는 경우에도 해석이 필요하게 된다. 예를 들면 민법에는 "취소"라는 용어가 다수 등장하는데, 그중에는 "취소"가 아니라 "철회"의 의미로 쓰이는 것도 있다(민법 7조). 이와 같은 사례는 법령의 정비에 따라 점차 줄어들고 있기는 하나, 입법과정에서의 오류로 언제든지 새로 발생할 가능성이 남아 있다.

(3) 법규범의 抽象性

법의 해석이 필요하게 되는 가장 중요한 이유는 법규범이 추상적이기 때문이다. 제정법은 가능한 한 많은 사안에 일률적으로 적용되기 위해 추상적인 용어를 사용한다. 예를 들면 사람은 구체적으로 보면 성별, 나이, 성격 등이 서로 다르지만, 민법은 "사람"은 생존한 동안 권리와 의무의 주체가 된다고 정한다(민법 3조). 여기에서 예를 들어 분만중의 태아가 의사의 과실로 사망한 경우 그 태아가 과실 있는 의사에 대하여 가지는 손해배상청구권을 산모가 행사할 수 있는가 판단하기 위해서는 분만 중의 태아는 사람인가 해석할 필요가 생기게 된다. 또한 절도죄의 대상이 되는 것도 매우 다양하지만, 형법은 이를 "타인의 재물"이라고 추상적으로 표현하고 있다. 그러므로 예를 들어 다른 사람의 컴퓨터에 저장된 정보를 몰래 출력한 사람을 절도죄로 처벌하기 위해서는 그 정보가 "재물"에 해당하는지 해석이 필요하게 된다.

제정법에서 쓰이는 용어 중에는 "사람"이나 "재물"보다 추상적인 것들도 많다. 이른바 "不確定槪念"이 그것이다. 법규범에 쓰이는 용어는 구체적이고 명확한 내용을 가지는 확정개념과 그렇지 않은 불확정개념으로 나눌 수 있다. 확정개념의 대표적인 예는 숫자로 이루어진 개념이다. 예를 들어 "만 20세로 성년이 된다"(민법 4조)는 규범에서 "20세"는 확정개념이다. 그러나 "재물", "음란"(형법 243조)과 같은 개념은 구체적이고 명확한 내용이 없는 불확정개념이다. 때로는 입법자가 규범을 적용할 때 법관이 구체적인 기준을 세우도록 맡기기 위해 일부러 매우 추상적인 개념을 쓰기도 한다. 이를 一般條項이라고 한다. "선량한 풍속 기타 사회질서"(민법 103조), "상당한 이유"(형법 21조①)와 같은 개념이 그 예이다. 법관은 이와 같은 불확정개념을 구체적인 사안에 맞게 구체화하는 작업, 즉 법규범의 해석을 하지 않으면 아니 된다.

(4) 법규범의 不存在(欠缺)

법관이 구체적인 사안에 대하여 법규범을 적용하려고 하더라도 적용할 법규범이 없는 경우가 있다. 그러나 그렇다고 하여 법관이 재판을 거부할 수는 없다. 따라서 법관은 법을 적용하여 사안을 해결해야 한다. 형사사건의 경우는 아무리 부당한 행위라고 하더라도 그와 같은 행위를 처벌하는 제정법이 없는 한 법관은 무죄를 선고해야 한다. 따라서 이때는 법규범이 존재하지 않더라도 아무런 문제가 없다. 그러나 민사사건의 경우는 그렇지 않다. 원고의 청구를 뒷받침할 제정법이 없다는 이유만으로 원고의 청구를 기각하지는 않는다. 이때 법관에 의한 법해석이 필요하게 된다. 구체적으로는 입법자의 의도를 추찰하거나 다른 규정을 유추하여 흠결을 메우는 것이다. 이를 보충적 해석이라고 한다. 그러나 이와 같은 보충적 해석은 실제로는 법관에 의한 법의 창조에 가깝다. 따라서 이를 통상의 법해석과는 구별하는 것이 타당하다는 견해도 있다.

(5) 법규범의 修正

법관이 구체적인 사안에 적용할 법규범은 있으나, 이를 그대로 적용하는 것이 정의에 부합하지 않는 결과로 될 수 있다. 예를 들면 민법 제746조는 "불법의 원인으로 인하여 재산을 급여하거나 노무를 제공한 때에는 그 이익의 반환을 청구하지 못한다. 그러나 그 불법원인이 수익자에게만 있는 때에는 그러하지 아니하다"고 정한다. 어떤 사람이 상습적으로 도박꾼과 노름을 하다가 도박꾼에게 거액의 노름빚을 지게 되어 그 빚을 갚기 위해 자기와 그 가족이 살던 주택을 도박꾼에게 넘겨 주었다. 알고 보니 이 사람은 전문적인 도박꾼의 꾀임에 빠져 도박을 하게 된 것이었다. 그 후 이 사람이 주택을 되찾기 위해 도박꾼을 상대로 소유권이전등기의 말소를 구하는 소를 제기하였다. 만약 제746조 단서("그러나 그 불법원인이 수익자에게만 있는 때에는 그러하지 아니하다")를 문언 그대로 적용하게 되면 이 사건의 원고는 자기에게도 불법원인이 있으므로(일시 오락의 정도를 넘어선 도박죄는 형법에 의해 처벌되는 범죄이다), 넘어간 주택의 반환을 구할 수 없다고 해야 한다. 그러나 그렇게 해서는 한편은 전문 도박꾼이고, 상대방은 순진하게 그 꾀임에 빠져 도박으로 가산을 탕진한 사람이므로, 아무래도 형평에 맞지 않는다는 생각이 든다. 이 경우 제746조 단서를, 급여자의 불법성과 수익자의 불법성을 비교하여, 수익자의 불법성이 급여자의 불법성보다 현저히 크다면 급여자에게 약간의 불법성이 있다고 하더라도 부당이득의 반환청구를 인정함이 옳다고 해석하면, 타당한 결론을 얻게 된다. 이와 같이 어떤 법규범을 타당한 결론에 이르게 하기 위해 수정하여 적용하는 것을 해석에 의한 법규범의 수정이라고 한다. 판례 중에는 이와 같이 규범의 목적을 고려하여 문언을 수정하여 해석하는 방법을 택한 것이 있다(대법원 1997. 10. 24. 선고 95다49530, 49547 판결).

그러나 이와 같은 해석에 의한 법규범의 수정은 원칙적으로는 허용되지 않아야 할 것이다. 이것은 사법부에 의한 입법권의 침해가 되어 삼권분립의 헌법정신에 위배되기 때문이다. 그러나 입법부와 달리 사법부는 개별 사건에서 타당한 결론을 내리는 것을 그 사명으로 한다. 따라서 입법부의 해결을 마냥 기다리면서 구체적인 사건의 정의로운 해결에 눈을 감는 태도 역시 법관의 본분에 어긋난 것이라는 비판을 받을 수도 있다. 그러므로 법규범을 문언 그대로 적용하는 것이 명백히 정의에 반하는 경우에는 이를 수정하는 해석도 가능하다고 해야 할 것이다. 이와 같은 해석에 의한 법규범의 수정도 법관이 구체적인 사건에서 법규범을 구체화하는 작업의 하나로서 이해할 수 있을 것이다.

3. 법해석의 방법

법해석의 방법으로는 유럽 중세의 주석학파 이래, 대체로 다음과 같은 것들이 있다고 설명되어 왔다.[30]

(1) 文理解釋

법규범의 문언에 충실하게 해석하는 것을 문리해석이라고 한다. 예를 들어 공원 앞에 "자동차 출입 금지"라고 적혀 있으면, 세발자전거는 문리상 자동차에 해당하지 않으므로 공원에 들어갈 수 있다고 해석하는 것이다. 판례에 나타난 예를 보면, 자연공원법 제23조 1항에 의하여 공원관리청의 허가를 받아야 하는 행위 중에 "가축을 놓아먹이는 행위"가 있는데, 여기서 "가축을 놓아먹이는 행위"는 문언 그대로 가축을 우리 등 일정한 장소에 가두지 않고 기르는 행위를 의미하므로, 공원관리청의 허가를 받지 않고 축사를 지어 외부와 차단된 공간에서 사슴을 사육한 행위를 위 조항에 의하여 처벌할 수는 없다고 한 것(대법원 2009. 3. 26. 선고 2008도7784 판결), 통신비밀보호법 제14조 1항, 2항,

---

30) 이에 관하여 일반적으로 다음 문헌을 참조하라. 심헌섭, "법철학적 법학방법론," 서울대학교 법학 제24권 제1호 (1983), 1면 이하; 박동진, "전통적 의미의 법해석방법론에 관한 일고찰," 사법행정 (1997. 7), 29면 이하; 오세혁, "한국에서의 법령해석-우리나라 법원의 해석방법론에 대한 비판적 고찰," 법철학연구 제6권 2호 (2003), 119면 이하; 김영환, 법철학의 근본문제, 홍문사, 2006, 244 이하; 이상돈, 법학입문, 박영사, 1997, 225면 이하.

제4조는 '공개되지 아니한 타인 간의 대화'를 녹음하는 것을 청취하는 것을 금지하고, 그 청취로 취득한 대화의 내용은 재판절차에서 증거로 사용할 수 없도록 정하고 있는데, 어떤 사람이 피해자와 통화를 마친 후 전화가 끊기지 않은 상태에서 휴대전화를 통하여 들은 '악' 하는 소리와 '우당탕' 소리는 위 규정이 정한 '대화'에 해당하지 않는다고 한 것(대법원 2017. 3. 15. 선고 2016도19843 판결), 화물자동차법 제50조 1항에서 운송사업자로 구성된 협회는 "그 연합회의 회원이 된다"고 정하고 있고 "회원이 될 수 있다"고 정하지 아니하였으므로 협회는 연합회에 강제로 가입되어야 한다는 의미로 해석되고, 따라서 연합회에 가입한 협회가 임의로 탈퇴하는 것은 허용되지 않는다고 한 것(대법원 2017. 12. 22. 선고 2014다223025 판결), 국가를 당사자로 하는 계약에 관한 법률 시행령 제76조 1항 8호는 "입찰 또는 계약에 관한 서류를 위·변조하거나 부정하게 행사한 자"의 입찰 참가자격을 제한하고 있는데, 위 규정의 "계약에 관한 서류"에 계약의 체결에 관한 서류뿐 아니라 계약의 이행에 관한 서류도 포함된다고 해석하는 것이 문언의 통상적 의미에 부합한다고 한 것(대법원 2020. 2. 27. 선고 2017두39266 판결) 등이 있다.

그런데 제정법에 사용되는 용어 중에는 일반인이 쉽게 이해할 수 없는 전문용어도 많다. 예를 들어 일상용어에서는 "所有"와 "占有", "質"과 "抵當"의 차이를 잘 알지 못한 채 혼용하는 경우가 많다. 그러나 법률용어로서는 그 의미가 완전히 다르다. 또한 "暴行"은 일상용어이지만, 법률용어로서는 강간의 수단으로서의 폭행(형법 297조)과 공무집행방해의 수단으로서의 폭행(형법 136조)이 서로 다른 뜻으로 이해되고 있다. 동일하게 "過失"이라는 용어를 쓰고 있지만, 불법행위의 성립요건인 과실(민법 750조)과 과실상계에서의 과실(민법 396조)은 그 의미가 다르다(대법원 2000. 6. 13. 선고 98다35389 판결). 따라서 법조문의 문리해석이 반드시 국어의 해석과 일치하지는 않는다. 법률에 관한 지식 없이는 문리해석도 쉽지 않은 것이다.

법의 해석은 무엇보다도 문리에 충실하게 하는 것이 원칙이다. 그것이 三權分立 하에서 입법자의 의사를 존중하는 것이 되기 때문이다. 또한 문리해석에 의하면 누가 해석하더라도 동일한 결론에 이르게 될 가능성이 커지므로 법적 안정성의 확보에도 도움이 된다. 그러나 문리해석에는 일정한 한계가 있다.

우선 문리해석이 그다지 의미가 없는 법규정이 있다. "公共福利"(헌법 37조②), "公序良俗"(민법 103조)과 같은 일반조항은 그 문언 자체의 의미를 분명히 하는 것만으로는 구체적인 사건의 해결에 아무런 도움이 되지 않는다.

또한 문리해석만으로 언제나 타당한 결론을 얻는 것은 아니다. 예를 들어 헌법 제32조 6항은 "國家有功者·傷痍軍警 및 戰歿軍警의 遺家族은 法律이 정하는 바에 의하여

優先的으로 勤勞의 機會를 부여받는다"고 정하고 있다. 국가유공자의 가족에게 공무원 임용시험에서 가산점을 주는 「국가유공자 등 예우 및 지원에 관한 법률」은 헌법의 이 규정에 의해 정당화될 수 있는가? 헌법재판소는 2006. 2. 23. 2004헌마675, 981, 1022 결정에서 이 규정의 의미를 해석해야 했는데, 재판관들의 의견이 갈리었다. 다수의견은 이 조항의 대상자는 "국가유공자", "상이군경," 그리고 "전몰군경의 유가족"이라고 본 반면, 반대의견은 국가유공자 본인과 그 가족, 상이군경 본인과 그 가족도 위 조항에 의해 보호된다고 해석하였다. 우리말의 문법으로서는 어느 해석도 가능하다고 하겠다. 그러나 다수의견이나 반대의견 모두 문리해석에만 의존해서 그와 같은 결론에 이른 것은 아니다. 다수의견은 가산점의 대상이 되는 국가유공자와 그 가족의 수가 과거에 비해 비약적으로 증가하였고, 공무원시험의 경쟁이 갈수록 치열해지고 있는 현실을 함께 고려하였다. 반면 반대의견은 국가유공자에 대하여는 최대한의 성의로 예우하여야 하는 것이 원칙인데, 이 원칙에 비추어 보면 국가유공자에 대한 예우를 그 가족에까지 확대하는 것이 타당하다는 것을 근거로 하였다. 이와 같이 문리해석을 출발점으로 하면서도 다른 사정을 고려하여 상이한 결론을 얻을 수도 있는 것이다.

뿐만 아니라 입법자가 입법과정의 실수로 잘못된 표현을 사용하는 경우도 있다. 물론 어떤 것이 입법상의 과오인지에 대해서는 의견이 나뉠 수 있고, 해석자에 따라서는 타당한 결론을 얻기 위해 입법상의 과오라고 牽强附會하는 경우도 있다. 그러나 입법자의 과오인 것이 명백한 경우에는 문언과 달리 해석할 수 있다. 예를 들어 구 신용협동조합법 제89조가 2003년에 개정되면서 5항을 신설하고 구법 제89조 5항과 6항을 6항과 7항으로 내용을 변경하지 않은 채 항만 변경하였다. 그 결과 개정된 법 제89조 7항에서 인용하는 5항이 신설된 5항을 가리키는 것으로 되어 버렸다. 입법과정에서 7항에서 인용하는 5항을 "6항"으로 고쳐야 할 것을 고치지 않은 채 그대로 두었기 때문에 이와 같은 결과가 생긴 것이다. 대법원은 이것이 법률개정상의 실수에서 비롯된 것임이 명백하므로, 현행법 제89조 7항이 인용하고 있는 "5항"을 "6항"으로 적용하여야 한다고 판단하였다(대법원 2006. 2. 23. 선고 2005다60949 판결).

더 나아가 입법부의 실수가 없는 경우에도 법원이 법문에 반하는 해석을 할 수 있는가에 관해서는 견해가 대립한다. 어음법은 어음의 발행지의 기재를 어음요건의 하나로 정하고, 이를 기재하지 않은 어음은 무효라고 정하고 있다(어음법 1조 7호, 2조①). 수표법에도 같은 취지의 규정이 있다. 따라서 어음의 발행지를 기재하지 않은 어음이나 수표는 문리해석에 의하면 무효이다. 그런데 대법원은 어음이나 수표면에 발행지의 기재가 없더라도 어음면 또는 수표의 기재에 의해 국내어음 또는 국내수표로 인정되는 경우에는 무효가 아니라고 판단하였다(대법원 1998. 4. 23. 선고 95다36466 전원합의체판결; 대법원 1999. 8. 19. 선고 99다23383 전원합의체판결). 이 판결의 다수의견은 발행지의 기재가 없는 어음도 유효하게 유통되고 있는 현실을 고려하여 그와 같이 문언에 반하는 해석을 하였다. 반대의견은 이에 대하여 법원이 해석의 이름으로 제정법을 수정하는 것이라며 반박하였다.

(2) 體系的 解釋

법규범은 법의 체계에 적합하게 해석하여야 한다. 이를 체계적 해석이라고 한다. 예를 들어 공원 앞에 "자동차 출입 금지"라고 적혀 있는 경우, "자동차"라는 용어를 쓰고 있는 다른 법령에서 "자동차"에 세발자전거는 포함하지 않고 있으므로 여기에서도 "자동차"에 세발자전거는 포함되지 않는다고 해석하는 것이다.

체계해석은 우선 개개의 법문을 해석할 때 그 법문만이 아니라 다른 법문도 참조하여 체계적으로 조화를 이룰 수 있게 해석하는 것을 의미한다. 이것은 각 제정법이 하나의 체계를 이루고 있다는 데서 도출되는 것이다. 또한 어느 제정법을 해석할 때 다른 제정법의 규정도 함께 고려하여야 한다. 이것은 법질서 전체가 하나의 모순 없는 체계를 이루고 있다는 생각을 전제로 하는 것이다.

예를 들어 의료법상 비밀누설의무 위반 여부가 문제된 대법원 2018. 5. 11. 선고 2018도2844 판결은 형벌법규의 해석에서 체계적 해석이 이용된 사례이다. 의료법 제19조, 제88조는 의료인이 의료업무를 하면서 알게 된 다른 사람의 정보를 누설하는 행위를 금지하고 이에 위반하면 징역형 또는 벌금형으로 처벌하고 있다. 피고인은 위장관 유착박리 수술을 한 사람의 개인정보를 인터넷 커뮤니티 게시판에 게시하였다. 피고인은 위 수술을 받은 사람이 사망한 후에 위와 같은 정보를 누설하였으므로, 이미 사망한 사람을 위 규정에서 정하는 "다른 사람"이라고 할 수 있는가가 쟁점이 되었다. 대법원은 환자가 사망하였는지 묻지 않고 환자가 아닌 다른 사람에게 환자에 관한 기록을 열람하게 하거나 사본을 내주는 등 내용을 확인할 수 있게 하는 행위를 금지한 의료법 제21조 1항, 사생활의 비밀과 자유를 보장한 헌법 제17조, 사자의 명예를 보호하는 형법 제308조, 저작자 사망 후 저작인격권 보호에 관한 저작권법 제14조 2항, 사망한 사람의 인격권에 대한 침해 금지와 그에 대한 구제절차를 정하고 있는 언론중재 및 피해구제 등에 관한 법률 제5조의2 등 의료법뿐 아니라 헌법 등 다른 규정도 함께 근거로 들어 이미 사망한 사람도 의료법 제19조가 정한 "다른 사람"에 포함된다고 해석하였다.

특히 제정법 사이에 상하의 우열관계가 있는 경우 하위의 제정법을 해석할 때는 상위의 제정법에 적합하도록 해석하여야 한다. 법률의 헌법합치적 해석이 그 예이다. 예를 들어 국가공무원법 제66조는 "공무 이외의 일을 위한 집단적 행위"를 금지하고, 같은 법 제84조는 이에 위반한 자를 형사처벌하고 있다. "공무 이외의 일을 위한 집단적 행위"는 매우 포괄적인 개념이기 때문에, 공무원에 대하여도 원칙적으로 집회결사의 자유를 보장하고 있는 헌법 제21조 1항에 위반된다고 볼 여지가 있다. 따라서 이 규정에서 말하는 "공무 이외의 일을 위한 집단적 행위"에 공무 외의 어떤 일을 위하여 공무원들이 하는 모든 집단적 행위를 의미한다고 해석할 것이 아니라, "공익에 반하는 목적을 위하여 직무전념의무를 해태하는 등의 영향을 가져오는 집단적 행위"라고 해석하여야 헌법에 합치하는 해석이 된다(대법원 1992. 2. 14. 선고 90도2310 판결). 어느 시행령의 규정이 母法에 저촉되는지 여부가 명백하지 않은 경우, 母法에 합치된다는 해석도 가능하다면 그 규정을 모법에 위반되어 무효라고 선언하여서는 아니된다는 판례도 같은 취지라고 하겠다(대법원 2001. 8. 24. 선고 2000두2716 판결).

(3) 歷史的 解釋

입법자의 의사를 기준으로 법규범을 해석하는 것을 역사적 해석이라고 한다. 예를 들어 공원 앞에 "자동차 출입 금지"라고 적혀 있는 경우, 자동차의 출입을 금지하려는 입법자의 의사는 자동차 또는 그와 같은 정도로 다른 사람을 해칠 수 있는 위험성 있는 기계의 출입을 제한하려는 것이지, 세발자전거와 같이 그러한 위험성이 작은 기계의 출입까지 금지하고자 하는 것은 아니었으므로, 세발자전거는 공원에 출입할 수 있다고 해석하는 것이다.

입법자의 의사가 해석의 기준으로 고려될 수 있다는 데 대해서는 큰 이견이 없다. 입법자의 의사에 따라 해석하는 것은 문리해석과 마찬가지로 삼권분립의 원칙에 합치하고 법 해석의 객관성을 보장할 수 있다는 장점이 있다. 그러나 누가 입법자인지, 그의 어떤 의사를 입법자의 의사로 특정할 것인지는 분명하지 않다. 일반적으로 국회가 만든 법률에 관해서는 법률안의 제안설명이 입법자의 의사를 확인할 수 있는 주된 자료가 된다. 그 외에 입법의 연혁이나 입법 당시의 판례 또는 학설도 고려될 수 있다.

판례도 입법자의 의사를 많이 고려하고 있다. 예를 들어 민법 제452조 2항은 양도인의 채권양도의 통지는 양수인의 동의가 없으면 철회하지 못한다고 정하고 있다. 어떤 사람이 피고에 대한 임대차보증금채권을 원고에게 양도하고 양도통지까지 한 다음, 원고가 계약을 위반하였음을 이유로 원고와 사이의 채권양도계약을 해제하고 피고에게 그 양도계약 해제의 통지를 하였다. 그 후 원고가 피고를 상대로 양수금의 지급을 구하는 소를 제기하였다. 대법원은 민법 제452조 2항을 "채권양도인이 채무자에게 채권양도 통지를 한 이상 그 통지는 채권양수인의 동의 없이 채권양도인이 자의로 이를 철회하지 못한다"는 뜻으로 해석하고, 그 근거의 하나로 민법 제정 전에 위와 같은 취지의 판례가 있었고, 이를 민법 제정시에 성문화하였다는 것을 들고 있다(대법원 1978. 6. 13. 선고 78다468 판결).

그러나 입법자의 의사를 확인할 객관적인 자료가 없는 경우에는 역사적 해석이 그다지 쓸모가 없다. 최근에는 입법의 과정을 그 기초단계에서부터 국회 가결 단계까지 꼼꼼히 기록하여 자료로 남기고 있으나, 오래 전에 만들어진 법률은 그와 같은 자료를 찾을 수 없는 경우가 더 많다. 또한 입법자의 의사를 확인할 자료가 있더라도, 그 자료는 다양하게 해석될 수 있다. 뿐만 아니라 법이 제정된 후 상당한 기간이 지나 더 이상 현실에 적합하지 않게 된 경우에도 입법자의 의사를 존중해야 하는가에 대해서는 의문이 생길 수 있다.

(4) 目的論的 解釋

문리해석이나 체계적 해석, 역사적 해석에 의해 타당한 결론을 도출할 수 없는 경우, 해석의 대상인 법규의 목적에 따라 해석할 수밖에 없다. 이를 목적해석 또는 목적론적 해석이라고 한다. 예를 들어 공원 앞에 "자동차 출입 금지"라고 쓰여 있는 경우, 그와 같은 금지의 목적은 공원과 같이 사람들이 많이 보행하는 장소에서 자동차로 인한 교통사고의 발생을 막고자 하는 데 있는 것이므로 세발자전거는 공원에 출입할 수 있다고 해석하는 것이다.

여기서 목적은 입법자가 가지고 있었던 목적(즉 입법자의 의사)이 아니라 법규범 자체에서 합리적으로 인정되는 목적을 말한다. 따라서 제정법 자체에서 그 법의 목적이 무엇인가 정하고 있는 규정도 고려하지만, 거기에 그치지 않고 그 법이 현재 이 사회에서 실현하고자 하는 목적이나 가치가 무엇인가를 탐구한다. 따라서 해석자가 현재의 사회를 분석하고 당사자의 이익상황을 형량하여, 어떤 결론을 도출하는 것이 어떤 목적에 부합하는가를 명확히 하는 방법으로 해석하게 된다. 여기에서 해석자가 주관적으로 생각하는 법의 목적이 왕왕 법의 객관적 목적인 것처럼 둔갑할 위험도 있다.

판례는 입법취지라는 표현을 사용하면서 목적론적 해석을 매우 적극적으로 활용하고 있다. 예를 들면 「성폭력범죄의 처벌 및 피해자보호 등에 관한 법률」 제13조는 "대중교통수단, 공연·집회장소 기타 공중이 밀집하는 장소에서 사람을 추행한 자"를 처벌한다고 규정하고 있다. 찜질방 수면실에서 옆에 누워 자던 여성의 가슴을 손으로 만지는 행위를 한 자를 위 규정에 의해 처벌할 수 있는가? 대법원은 위 규정은 "도시화된 현대 사회에서 인구의 집중으로 다중이 출입하는 공공연한 장소에서 추행 발생의 개연성 및 그에 대한 처벌의 필요성이 과거보다 높아진 반면, 피해자와의 접근이 용이하고 추행장소가 공개되어 있는 등의 사정으로 피해자의 명시적, 적극적인 저항 내지 회피가 어려운 상황을 이용하여 유형력을 행사하는 것 이외의 방법으로 이루어지는 추행행위로 말미암아 형법 등 다른 법률에 의한 처벌이 여의치 아니한 상황에 대처하기 위한 것"이라고 그 입법취지를 파악한 다음, 여기서 말하는 "공중이 밀집한 장소"에는 "현실적으로 사람들이 빽빽이 들어서 있어 서로간의 신체적 접촉이 이루어지고 있는 곳만을 의미하는 것이 아니라 이 사건 찜질방 등과 같이 공중의 이용에 상시적으로 제공, 개방된 상태에 놓여 있는 곳 일반을 의미한다"고 해석하였다(대법원 2009. 10. 29. 선고 2009도5704 판결).

또한 구 변호사법(2000. 1. 28. 법률 제6207호로 전문개정되기 전의 것) 제90조 2호는 변호사가 아닌 자가 금품을 받고 소송사건에 관하여 법률사무를 취급하거나 "이러한 행위를 알선한 자"를 처벌하고 있다. 변호사 아닌 경찰관, 법원이나 검찰의 직원이 변호사에게 소송사건의 대리를 알선한 경우 이것이 위 규정의 "알선"에 해당하는지 문제된 사건에서, 대법원은 "일반적으로 변호사는 기본적 인권의 옹호와 사회정의의 실현을 사명으로 하여 널리 법률사무를 행하는 것을 그 직무로 하므로, 변호사법에는 변호사의 자격을 엄격히 제한하고 그 직무의 성실, 적정한 수행을 위해 필요한 규율에 따르도록 하는 등 갖가지 조치를 강구하고 있는바, 그러한 자격이 없고, 그러한 규율에 따르지 않는 사람이 처음부터 금품 기타 이익을 위해 타인의 법률사건에 개입하는 것을 방치하면 당사자 기타 이해관계인의 이익을 해하고 법률생활의 공정, 원활한 운용을 방해하며, 나아가 법질서를 문란케 할 우려가 있으므로, 비변호사의 법률사무 취급을 금지하는 변호사법 제90조 2호는 변호사제도를 유지함으로써 바로 그러한 우려를 불식하려는 취지라고 보아야 할 것이다"라고 그 입법취지를 파악한 다음, 그와 같은 입법취지에 비추어 보면 비변호사가 법률사건의 대리를 변호사에게 알선하는 경우도 위 법조의 "알선"에 해당한다고 해석하였다(대법원 2000. 6. 15. 선고 98도3697 전원합의체판결).

최근의 판례 중에는 아내가 제3자의 정자를 제공받아 인공수정으로 임신, 출산한 자녀에 대해서도 민법 제844조 1항이 정하는 친생자 추정이 미치는가가 문제된 대법원 2019. 10. 23. 선고 2016므2510 전원합의체판결이 있다. 이 판결의 다수의견은 친생자 추정을 정한 규정의 취지가 "혼인 중 출생한 자녀에 대해서 출생과 동시에 안정된 법적 지위를 부여하여 법적 공백을 없애고자 한 것"이고 이 취지는 혼인 중 인공수정으로 출생한 자녀에 대해서도 마찬가지로 적용된다고 판단하였다. 또 대법원 2014. 2. 27. 선고

2013도15500 판결은 아파트 주차장 내에서 후진하다가 다른 사람의 승용차를 들이받아 손괴하고도 도로교통법 제54조 2항에 따른 신고를 하지 아니하였다는 이유로 기소된 사건에 관한 것인데, 대법원은 도로교통법 제54조 2항 본문에 따른 신고의무의 입법취지는 교통사고가 발생한 때 이를 지체없이 경찰공무원에게 알려 피해자의 구호, 교통질서의 회복 등에 관한 적절한 조치를 취하게 함으로써 도로상의 소통장해를 제거하고 피해의 확대를 방지하여 교통질서의 유지 및 안전을 도모하는 데 있는 것이므로, 교통사고를 낸 운전자의 신고의무는 사고의 규모나 사고 당시의 구체적 상황에 따라 피해자의 구호 및 교통질서의 회복을 위하여 당사자의 개인적인 조치를 넘어 경찰관의 조직적 조치가 필요하다고 인정되는 경우에만 인정되는 것이라고 축소해석하고, 피고인에게 무죄를 선고한 원심이 타당하다고 판단하였다.

4. 법해석의 기술

이상과 같은 체계적 해석이나 역사적 해석, 목적론적 해석을 하기 위하여 중세 주석학파 이래 여러 해석기술이 이용되어 왔다. 그 대표적인 것은 확장해석, 축소해석, 반대해석, 유추의 네 가지이다.

(1) 확장해석

법규범의 문언이 원래 예정하고 있는 것보다 넓은 의미를 부여하는 해석을 말한다. 공원 앞에 "자동차 출입 금지"라고 쓰여 있는 때, 전동휠체어도 넓은 의미에서 자동차에 해당하므로 공원에 출입할 수 없다고 해석하는 것이 확장해석이다. 형벌법규를 해석할 때는 죄형법정주의의 원칙에 따라 피고인에게 지나치게 불리한 확장해석은 허용되지 않는다(대법원 2006. 11. 16. 선고 2006도4549 판결). 조세법규의 해석에 있어서도 원칙적으로 확장해석은 금지된다(대법원 2010. 1. 14. 선고 2007두26544 판결). 판례에서 인정된 확장해석의 예로는 민법 제763조, 제393조에 의해 과실상계되는 불법행위의 "피해자의 과실"에 피해자 외에 "피해자와 신분상 및 생활관계상 일체를 이루는 관계에 있는 자의 과실"도 포함된다고 해석하는 것을 들 수 있다. 확장해석은 뒤에 보는 유추와 유사하지만, 문언의 가능한 범위를 넘지 않는다는 점에서 차이가 있다. 예를 들어 구 대기환경보전법(2007. 4. 27. 법률 제8404호로 전문 개정되기 전의 것) 제57조 4호는 비산먼지의 발생을 억지하기 위한 시설을 설치하지 아니한 자를 처벌하고 있는데, 비산먼지의 발생을 억지하기 위한 시설을 설치하였다고 하더라도 이를 가동하지 아니한 자 역시 위 규정에 의해 처벌할 수 있고, 이는 문언의 가능한 범위를 넘는 것은 아니라는 것이 판례이다(대법원

2008. 11. 27. 선고 2008도7438 판결). 형벌법규의 해석에서 문언의 통상적 의미를 넘는 확장해석을 허용하지 않은 예로는 다음과 같은 것들이 있다. 의뢰인들이 구매한 문화상품권 액면가 중 일부의 금액을 선이자 명목으로 제공하고 나머지 금액을 의뢰인들에게 대부해 준 다음 문화상품권의 핀(PIN) 번호를 상품권업자에게 판매하는 행위를 한 피고인이 미등록 대부업을 영위하였다고 하여 기소된 사건에서, 대법원은 대부업 등의 등록 및 금융이용자 보호에 관한 법률에서 금지하는 대부업은 금전의 대부를 업으로 하는 것을 말하는데, 금전의 대부는 기간을 두고 장래에 일정한 액수의 금전을 돌려받을 것을 전제로 하는 금전의 교부를 의미하는 것으로, 위 피고인이 한 대부도 위 법이 금지한 대부에 해당한다고 해석하는 것은 죄형법정주의에 의해 금지되는 확장해석으로서 허용될 수 없다고 판단하였다(대법원 2019. 9. 26. 선고 2018도7682). 또 피고인이 피해자와 인터넷 화상채팅을 하면서 휴대전화를 이용하여 피해자의 신체 부위를 피해자의 의사에 반하여 촬영하였다고 하여 구 성폭력범죄의 처벌 등에 관한 특례법(2012. 12. 18. 법률 제11556호로 전부 개정되기 전의 것) 제13조 1항 위반(카메라등이용촬영)으로 기소된 사안에서, 대법원은 위 법 제13조 1항은 "카메라나 그 밖에 이와 유사한 기능을 갖춘 기계장치를 이용하여 성적 욕망 또는 수치심을 유발할 수 있는 다른 사람의 신체를 그 의사에 반하여 촬영"하는 행위를 처벌하고 있는데, 다른 사람의 신체 이미지가 담긴 영상도 위 규정의 "다른 사람의 신체"에 포함된다고 해석하는 것은 문언의 통상적인 의미를 벗어나는 확장해석으로 허용되지 않는다고 보아 무죄를 선고한 원심이 타당하다고 하였다(대법원 2013. 6. 27. 선고 2013도4279 판결).

(2) 축소해석

이와 반대로 법규범이 원래 적용되어야 할 사안에 대하여 어떠한 이유로 그 적용을 배제하기 위하여 법문의 의미를 한정하는 해석을 축소해석이라고 한다. 위의 예를 가지고 설명하면, 유아용 전기자동차는 자동차이기는 하지만 교통사고 발생의 위험이 작으므로 공원에 출입할 수 있다고 해석하는 것이다. 민법 제110조 3항은 사기에 의한 법률행위의 취소는 선의의 "제3자"에게 대항하지 못한다고 정하고 있는데, 여기의 제3자를 "사기에 의한 의사표시의 당사자 및 포괄승계인 이외의 자로서 사기에 의한 의사표시를 기초로 하여 새로운 법률원인으로써 이해관계를 맺은 자"라고 해석하는 것(대법원 1997. 12. 26. 선고 96다44860 판결), 국가공무원법 제66조에 의해 제한되는 '공무 외의 일을 위한 집단행위'는 공무원들의 모든 집단적 행위를 의미하는 것이 아니라 '공익에 반하는 목적을 위한 행위로서 직무전념의무를 해태하는 등의 영향을 가져오는 집단적 행위'라고 해석하는 것(대법원 1992. 2. 14. 선고 90도2310 판결)도 축소해석의 예라고 할 수 있다. 이와 같이 축소해석은 입법자가 불확정개념을 쓴 경우, 입법자의 의도가 그 후 사회의 변화에 적합하지 않게 된 경우 등에 이용될 수 있다. 조세법규의 해석에서는 조세법률주의의 요청에 따라 특별한 사정이 없는 한 법문대로 해석해야 하고, 합리적 이유 없는 축소해석은 허용되지 않는다(대법원 1996. 5. 28. 선고 95누7154 판결).

(3) 반대해석

어떤 법문이 있는 경우 그 규정의 취지는 법문의 규정 외의 사항에는 미치지 않는다고 해석하는 것이 반대해석이다. 앞서 든 예에서, 자동차만 출입이 금지되므로 자동차 아닌 마차는 출입할 수 있다고 해석하는 것이 반대해석의 예이다. 민법 제184조 1항은 "소멸시효의 이익은 미리 포기하지 못한다"고 정하고 있는데, 반대로 소멸시효의 이익을 소멸시효가 완성된 후에 포기하는 것은 가능하다고 해석하는 것, 부동산 실권리자명의 등기에 관한 법률 제4조 2항은 "명의신탁약정에 따른 등기로 이루어진 부동산에 관한 물권변동은 무효이다. 다만, 부동산에 관한 물권을 취득하기 위한 계약에서 명의수탁자가 어느 한쪽 당사자가 되고 상대방 당사자는 명의신탁약정이 있다는 사실을 알지 못한 경우에는 그러하지 아니하다."고 정하고 있으므로, 만약 부동산에 관한 물권을 취득하기 위한 계약에서 명의수탁자가 한쪽 당사자가 되고 상대방 당사자는 명의신탁약정이 있다는 사실을 알고 있었다면 그 등기로 이루어진 물권변동은 무효라고 해석하는 것도 반대해석의 결과이다. 그러나 다음에 보는 유추와의 관계에서, 어떤 경우에 유추를 하여야 할 것인가 아니면 반대해석을 할 것인가의 판단은 쉽지 않은데, 보통 법의 목적을 고려하여 결정하여야 한다고 설명한다. 이에 관해서는 유추에 관하여 설명하면서 자세히 보기로 한다.

(4) 類推

유추란 어느 법문을 일반화하여 새로운 규범을 만들고, 이를 그 법문이 적용되어야 하는 사안과 중요한 점에서 유사한 사안에 적용하는 것을 말한다. 앞서 든 예에서, 자동차와 오토바이는 중요한 점에서 유사하므로 자동차에 대한 출입금지를 오토바이에 대해서도 적용할 수 있다는 것이 유추이다. 유추해석이라고 부르는 사람도 있지만 엄밀한 의미에서는 법의 해석에 속하지 않는다.

유추는 법의 흠결이 있는 경우 그 흠결을 보충하기 위해 이용된다. 유추가 가능하기 위해서는 법적 규율이 없는 사안과 있는 사안 사이에 유사성이 있어야 한다. 확장해석과 마찬가지로 입법자가 예상하지 못한 사안을 해결하기 위한 방법이지만, 확장해석과 달리 문언의 제약을 받지 않기 때문에 남용의 위험이 크다. 형법법규의 해석에서 유추해석이 원칙적으로 금지되는 것은 이 때문이다(대법원 1992. 10. 13. 선고 92도1428 전원합의체 판결; 대법원 2004. 5. 14. 선고 2003도3487 판결). 또한 법적 규율이 없는 사안과 있는 사안 사이에 유사성이 있다는 것만으로 유추가 허용되는 것은 아니고, 법규범의 체계, 입법의 취지 등에 비추어 유추가 타당하다고 인정되는 경우에만 허용된다는 판례(대법원 2020. 4. 29. 선고 2019다226135 판결)도 유추의 남용을 경계하는 취지라고 할 수 있다.

그러나 실제로 확장해석과 유추의 구별은 매우 곤란하다. 예를 들어 구 호적법(2007. 5. 17. 법률 제8435호로 폐지되기 전의 것) 제120조는 "호적의 기재가 법률상 허용될 수 없는 것 또는 그 기재에 착오나 유루가 있다고 인정한 때"에는 이해관계인이 법원의 허가를 얻어 호적의 "정정"을 신청할 수 있다고 정하고 있다(「가족관계등록 등에 관한 법률」 104조도 같은 뜻을 정하고 있다). 어떤 사람이 출생 당시 여성으로 태어나 호적에 여성으로 기재되어 있으나, 성인이 된 후 오랜 기간 동안 남성으로 살다가 성전환수술을 받아 남성의 외부 성기와 신체 외관을 갖추게 되자, 위 규정에 근거하여 호적의 정정을 신청하였다. 대법원 전원합의체의 다수의견은 이 경우에도 위 법조에 의하여 호적의 정정이 가능하다고 하였다(대법원 2006. 6. 22.자 2004스42 전원합의체결정). "정정"의 의미는 일반적으로 호적 기재 당시부터 존재하는 잘못을 고친다는 것이다. 만약 성전환자의 경우를 출생 당시의 성의 기재에는 잘못이 없으나 사후적으로 성이 변경되는 것이라고 이해하면 그 호적부의 성을 고치는 것을 "정정"이라고 할 수는 없을 것이다. 하지만 호적법의 입법 당시에 성전환자의 호적상 성별 기재를 수정하는 절차를 두지 않은 것은 입법자가 이를 미처 예상하지 못하였기 때문이고, 호적법 제120조의 입법취지가 진실에 반하는 호적의 기재를 간이한 절차에 의해 수정하고자 하는 데 있는 것이라고 본다면, 성전환자의 성별 기재의 수정에 대해서도 호적법 제120조를 유추적용할 수 있을 것이다(위 결정의 다수의견). 반면, 출생 후에 그의 성적 귀속감이 발현된 결과 최종적으로 확인된 성 역시 진실한 성이라고 한다면, 성전환자의 호적부의 성을 고치는 것까지 "정정"의 개념에 포함된다고 확장해석할 수도 있을 것이다(위 결정의 다수의견에 대한 보충의견). 이 판례에서 보듯이, 확장해석인지 유추인지의 구별의 기준이 되는 것은 "문언의 가능한 범위"이지만, 법조문의 문언은 대개 불확정적이거나 탄력적이기 때문에, 어느 정도까지가 "문언의 가능한 범위"인지 역시 구별이 쉽지 않은 것이다.

앞서 본 반대해석과 유추는 서로 대립하는 개념이라고 할 수 있다. 즉 법조문에 "남자"라고 정하고 있을 때 이를 "여자"는 배제되는 것으로 해석하는 것이 반대해석인 데

반하여, "남자"를 일반화하여 "사람"이라고 하고 "남자"와 "여자"는 중요한 점에서 유사
하므로 이 법조문은 "남자"뿐 아니라 "여자"에게도 적용된다고 해석하는 것이 유추이다.
반대해석에 의할 것인가 아니면 유추에 의할 것인가의 판단은 쉽지 않다. 예를 들어 민
법 제1001조는 상속인이 될 직계비속 또는 형제자매가 "相續開始前"에 사망하거나 결격
자가 된 경우에 상속인이 될 자의 직계비속이 代襲相續을 한다고 정하고 있다(예를 들어
아버지가 먼저 사망하고 난 다음 할아버지가 사망하면 그 손자가 아버지의 지위에서 할아버지의
재산을 상속받는 것이다). 이 규정을 반대해석하면 상속인이 될 자(이를 "被代襲者"라고 한
다)와 피상속인이 동시에 사망한 경우는 대습상속을 할 수 없게 된다. 그러나 대법원
2001. 3. 9. 선고 99다13157 판결은 상속인이 될 자와 피상속인이 동시에 사망한 경우에
도 위 법조를 유추할 수 있다고 판단하였다. 반대해석에 의하면 피대습자의 직계비속 또
는 배우자는 피대습자가 상속개시 전에 사망한 경우에는 대습상속을 하고, 피대습자가
상속개시 후에 사망한 경우에는 피대습자를 거쳐 피상속인의 재산을 본위상속(원래 자기
의 지위에서 상속받는 것을 말한다)하게 되어 어떤 경우든 모두 상속을 받을 수 있게 되는
데, 피대습자와 대습자가 동시에 사망한 경우에는 본위상속이든 대습상속이든 어느 쪽
도 할 수 없게 되어 불공평하고 불합리하기 때문이다.

　　유추의 예는 민법에 관한 판례에 매우 많다. 예를 들어 어떤 사람이 본인임을 사칭
하고 본인을 가장하여 법률행위를 한 경우 대리인으로써 하는 것이라는 표시를 하지 아
니하였으므로 표현대리의 법리를 적용할 수는 없다. 그러나 예를 들어 본인으로부터 아
파트에 관한 임대 등 일체의 관리권한을 위임받아 자신을 본인으로 가장하여 아파트를
임대한 바 있는 대리인이 다시 본인을 가장하여 임차인에게 그 아파트를 매도한 경우에
는 권한을 넘은 표현대리의 법리를 유추하여 본인에게 그 행위의 효력이 미친다(대법원
1993. 2. 23. 선고 92다52436 판결). 또한 부부관계를 청산하는 의미를 가지는 재산분할에
관한 민법의 규정은 법률이 정한 바에 따라 신고를 한 혼인, 즉 법률혼에 대하여만 적용
되는 것이지만, 그와 같은 신고를 하지 않은 혼인, 즉 사실혼이라고 하더라도 법률혼과
마찬가지로 부부의 생활공동체라는 실체를 갖추고 있으므로 사실혼 부부가 그 부부관계
를 청산하는 경우에도 민법의 재산분할에 관한 규정이 유추된다(대법원 1995. 3. 28. 선고
94므1548 판결).

　　이상 네 가지의 해석기술에 관하여 검토하였는데, 이들 해석기술 사이에서 논리적
인 우선순위가 있는 것은 아니다. 구체적인 사안에서 어떠한 해석기술을 사용할 것인가
는 법의 목적에 따라 결정하여야 할 것이다. 다시 앞서 본 예로 돌아가 보자. 만약 "자동
차 출입 금지"라는 팻말이 세워져 있다면, 그와 같은 출입금지의 목적이 무엇인지 먼저

고려하여야 한다. 이 팻말이 공원 앞에 세워져 있다면 다수의 사람이 산책이나 휴식을 위해 왕래하는 곳이므로 소음이 심하거나 교통사고를 일으킬 우려가 있는 탈것의 출입을 금지하려는 것이 목적일 것이다. 그렇다면 "오토바이"에 대하여는 이를 확장해석 또는 유추하여 출입을 금지하고, "유아용 전기자동차"에 대해서는 축소해석, "자전거"에 대해서는 반대해석의 방법으로 출입을 허용할 수 있을 것이다. 반면 이 팻말이 잔디밭 앞에 세워져 있다면 잔디밭을 훼손하는 것을 방지하고자 하는 목적일 것이다. 그렇다면 "자전거"에 대해서도 유추에 의해 출입을 금지할 수 있을 것이다.

VII. 법의 발전과 法系

1. 근대 이전의 법과 법학

우리 법과 법학을 연구할 때 우리나라 전래의 법과 법학의 전통에 관하여 이해하여야 하는 것은 어쩌면 당연한 요구인 것처럼 보인다.31) 그러나 유구한 역사적 전통과 고유한 문화에도 불구하고, 우리나라는 서양에서 일본을 거쳐 수입된 제도와 학문을 통하여 서구적 근대화의 길을 걸어 왔다. 우리가 알고 있는 대부분의 제도, 예를 들어 대통령과 국회, 법원에 의한 통치, 시민의 여러 정치적, 사회적 권리 등 공법상의 여러 제도, 계약이나 불법행위, 회사와 같은 사법상의 여러 제도는 모두 서양에서 수입된 것이다. 그리고 이와 같은 수입이 우리가 원해서 그렇게 되었든 그렇지 않든, 이들 제도는 이미 오랫동안 우리 사회를 구성하는 핵심적인 요소로 자리잡았다. 그러므로 우리 법과 법학의 현재의 모습을 이해하기 위해서는 서양의 법과 법학의 전통을 이해하지 않으면 아니 된다. 우리나라의 법과 법학의 형성에 가장 중요한 영향을 미친 것은 유럽대륙의 법(대륙법)과 법학이므로, 이하에서는 大陸法의 발전과정을 私法을 중심으로 서술하려고 한다.

(1) 로마법

현재 대륙법의 여러 제도(따라서 우리나라 법의 여러 제도) 중에는 로마법에서 비롯한 것들이 많다. 로마법은 도시국가였던 로마가 유럽대륙을 지배하는 제국으로 발전하는 과정에 따라 함께 발전하였다.32) 고대로마법은 로마가 도시국가이던 시절의 법으로서,

---

31) 우리나라 법과 법학의 발전에 관하여는 일반적으로 다음 문헌을 참조하라. 朴秉濠, 韓國法制史考, 법문사, 1974; 朴秉濠, 韓國의 傳統社會와 法, 서울대학교 출판부, 1990; 延正悅, 韓國法制史, 신개정증보판, 학문사, 1996; 沈羲基, 韓國法制史講義, 삼영사, 1997.

다른 고대법과 마찬가지로 관습법 위주의 법이었다. 기원전 450년경 제정된 十二表法도 당시까지의 관습법을 성문화한 것이었다. 이 시기의 로마법은 로마 시민에게만 적용되는 市民法(ius civile)으로서 농민의 법, 가족중심의 법, 엄격한 형식주의의 법이었다.

그러나 공화정 말기부터 제정 초기에 걸쳐 로마는 지중해 연안의 모든 나라와 북쪽의 갈리아 및 브리타니아 지역까지를 영토로 하는 세계국가로 발전하였다. 그 과정에서 로마인과 외국인 사이의 거래가 빈번히 발생하였으므로, 이를 규율할 관습법으로서 萬民法(ius gentium)이 형성되었다. 또한 법무관 등의 政務官은 시대에 뒤떨어진 시민법을 보충하거나 수정하는 내용의 告示를 발포하였는데, 이 고시의 축적에 의해 名譽法(ius honorarium)이라고 불리는 법이 발전하였다. 매매의 목적물에 흠이 있는 경우 매도인이 부담하는 하자담보책임 등이 명예법에 의해 발전된 대표적인 제도이다. 이와 같은 명예법의 활약에 힘입어, 로마법은 현실에 적합한 법으로서 발전할 수 있게 되었다.

이 시기 법의 발전에는 법학자들의 역할이 컸다. 이 당시의 소송은 법무관이 당사자의 소송자격 유무를 심사하고 당사자 사이에서 쟁점을 정리시키며 당사자의 합의로 선택된 심판인에게 심판을 하게 할 것인가를 정하는 역할을 하였고, 실제 심판은 사인인 심판인이 담당하였다. 법무관이나 심판인에게 필요한 법지식은 법학자들이 제공하였다. 법무관이나 심판인은 법학자에게 조언을 구하는 경우가 많았고, 이들의 해답에 따라 재판이 행해졌다. 법학자 중에는 법률문제에 대한 해답으로 권위를 얻어 높은 사회적 지위를 누리는 사람들도 있었다. 로마법학자는 추상적인 이론의 연구에만 매달리지 않고, 사안의 해결을 위한 구체적 타당성을 중요하게 생각하였고, 이와 같은 실용적인 경향이 로마법학자의 특징을 이루게 되었다.

로마제국은 3세기 후반에 동서로 분열되어 이후에는 동로마제국으로 그 중심이 옮겨졌다. 이 시대의 법은 주로 황제의 勅法에 의해 발전하였는데, 그리스의 철학이나 기독교의 교리 등이 많은 영향을 미쳤다. 물가통제법과 같은 사회적 보호입법의 제정이 그 예이다.

527년 황제의 지위에 오른 유스티니아누스는 곧바로 대규모의 법전편찬작업을 시작하였다. 그 결과가 530년대에 學說彙纂(Digesta), 法學提要(Insitutiones), 勅法彙纂(Codex)으로 완성되었다. 이 중 학설휘찬은 고전기의 학설을 편찬 당시의 실정에 맞게 수정하여 정리한 것이고, 법학제요는 법학을 처음 배우는 사람을 위한 교과서였으나 법원으로서의 자격도 인정되었다. 칙법휘찬은 그때까지의 각 황제의 칙법을 모은 것이다.

---

32) 자세한 것은 玄勝鍾, 로마법, 일조각, 1992, 8-40면 참조.

그 후 유스티니아누스 황제 사후에 그가 발포한 勅法을 모은 것이 신칙법(Novellae)이다. 16세기에 이르러 학설휘찬, 법학제요, 칙법휘찬 그리고 신칙법이 일체로 묶여 간행되면서 市民法大全(Corpus Iuris Civilis)(다른 말로 "로마법대전"이라고 하기도 한다)이라는 이름이 붙여졌다. 오늘날 일반적으로 로마법이라고 할 때는 바로 이 시민법대전에 포함되어 있는 로마법을 가리킨다.

시민법대전은 사법을 중심으로 한 것으로서 오늘날 사법상의 제도(예컨대 계약, 불법행위, 부당이득 등)의 다수가 여기에 기원을 두고 있다. 또한 이들 제도는 개인주의, 자유주의를 기조로 하고 있었기 때문에, 그 후 근대법의 형성에 큰 영향을 미치게 된다.

유스티니아누스의 뜻과는 달리, 로마법은 1453년 동로마제국이 멸망할 때까지 동로마제국 치하의 지역에서만 통용되는 지방법이 되어, 세계법적인 성격을 상실하였다. 서로마제국이 멸망한 후 서유럽에서는 로마법이 잊혀진 채 게르만 부족마다 고유한 관습법이 발전하였고, 봉건제 하에서는 각 지역의 관습법이 발전하였다.

그러다가 12세기 이후 북이탈리아, 특히 볼로냐를 중심으로 로마법의 연구가 활발하게 이루어짐으로써 서유럽에서 로마법이 부활하는 계기가 마련되었다. 당시 서유럽 각국에서 볼로냐에 로마법을 공부하기 위한 학자가 모여들어, 1200년경에는 그 수가 1만 명에 이르렀다고 한다. 이들은 시민법대전에 주석을 붙이는 형태로 법학의 연구를 시작하였기 때문에 주석학파(Glossatoren)라고 부른다. 주석학파는 시민법대전을 절대시하고 문리적으로 의미를 분명히 하거나 법문 사이의 모순을 해결하는 데에만 주력하였기 때문에 로마법의 실용화에는 기여하지 못하였다. 그러나 이와 같은 연구방법은 그 후 대륙법 연구방법의 기초가 되었다.

14세기에서 15세기에 이르러 로마법의 연구방법은 새로운 전개를 맞게 되었다. 이 시기에 법학자들은 시민법대전을 당시의 이탈리아 사회에 적용하려는 실천적 목적을 가지고 여기에 주해를 가한다든지 당시의 재판실무에 조언하려고 하였다. 이 때문에 이들을 주해학파(Kommentatoren) 또는 후기주석학파라고 부른다. 주해학파는 시민법대전을 수정하거나 새로운 제도를 만드는 등의 방법으로 시대의 요청에 부응하려 하였다. 商法이나 國際私法은 주해학파에 의해 창시된 것이라고 할 수 있다.

(2) 敎會法(Canon Law)

교회법도 근대법의 형성에 큰 영향을 미쳤다. 기독교는 원래 법적 제도를 두지 않는 것을 원칙으로 하였으나, 점차 조직을 갖추게 되면서 교회 내부에 대한 규범이 필요하게 되었고, 그 수가 갈수록 증가하게 되었다. 이 규범들을 처음으로 체계화하여 정리한 것은 11세기의 그라티아누스(Gratianus)였다. 그 후 13세기부터 14세기에 걸쳐 공식적인 교회규범이 몇 차례 편찬되었는데, 이들을 총칭하여 교회법대전(Corpus Iuris Canonici)이라고 부른다. 볼로냐의 대학에서는 시민법대전과 함께 교회법대전도 연구하였다. 그 결과 근대 민법의 형성 과정에서 로마법과 함께 교회법도 영향을 미치게 되었다.

중세 교회는 교회 내부 문제 외에 교구민의 혼인이나 유언과 같은 사법상의 문제뿐 아니라 일부 범죄에 대해서도 관할권을 가졌다. 그 때문에 교회법의 영향은 주로 혼인이나 유언과 같은 분야에서 발견할 수 있으나, 그 밖에 형법이나 절차법의 분야에서도 교회법의 기여가 크다. 또한 교회법이론은 전통적으로 사회적 약자의 보호나 법의 윤리성을 강조하여 왔기 때문에, 이에 관한 근대법의 원칙을 정립하는 데에도 기여하였다. 이자금지의 원칙이나 사정변경의 원칙, 매매에서 목적물과 가격은 균형을 이루어야 한다는 원칙 등은 로마법에서는 찾을 수 없는 것으로, 그중 다수는 교회법학자와 주해학파의 협력에 의해 고안되어 근대 사법의 원칙을 형성하는 데 큰 영향을 미쳤다.

2. 근대 대륙법의 발전

(1) 로마법의 繼受

볼로냐의 대학에서 로마법과 교회법을 공부한 학생들은 고향으로 돌아가 행정관이나 사법관으로 종사하면서, 자기 나라 행정과 사법의 근대화에 그들이 배운 법지식을 활용하였다. 그 결과 유럽 각지에 로마법이 보급되었다. 이를 로마법의 계수라고 한다.

로마법이 미친 영향의 정도는 나라에 따라 다르다. 프랑스의 경우, 남부는 로마법의 영향이 강하여, 특별한 지방의 관습법이 없는 한 로마법이 보통법으로서 적용되었다. 반면 중부와 북부는 관습법을 중심으로 법이 발전하였기 때문에 로마법이 부분적으로만 계수되었다. 독일의 경우 중세 후기부터 근대 초기에 걸쳐, 로마법이 전면적으로 계수되었다. 독일에 계수된 로마법은 유스티니아누스 대제의 시민법대전에 주석학파나 주해학파의 주석이 붙여진 것이었는데, 공법관계의 법은 계수되지 않고, 사법 가운데 특히 채무법이 그 중심을 이루었다. 로마법은 독일에도 보통법으로서 계수되어, 지방의 특별한 관습법이 없는 한 로마법이 적용되는 것이었다.

로마법은 프랑스나 독일 외에 서쪽으로는 포르투갈, 스페인, 북쪽으로는 덴마크, 스웨덴에 이르기까지 유럽 전역에 보급되었다. 그리하여 오늘날에도 대륙법은 로마법의 영향을 거의 받지 않은 영미법과 대비되는 통일적인 법계를 이루고 있다.

(2) 법전의 편찬

로마법을 계수한 후 각국의 법률가는 로마법을 실정에 맞게 운용하는 작업에 힘을 쏟았다. 한편 당시 인간의 이성에 의하여 불변의 법을 찾아낼 수 있다는 근대 자연법학자들은 로마법이나 관습법의 비합리성을 이성에 의해 합리화할 수 있다고 생각하였고, 완전무결한 법전을 제정함으로써 사회개혁을 추진할 수 있다고 믿었다. 이와 같은 근대 자연법학자들의 주장은 당시 계몽군주의 이상과 결합되어 유럽 각국에 법전이 편찬되는 계기가 되었다.

그중 특히 18세기 말에서 19세기 초에 걸쳐 프로이센, 프랑스, 오스트리아에서 이루어진 법전편찬이 중요하다. 여기에서는 프로이센과 오스트리아의 법전편찬에 관하여 살펴본다.

프로이센에서는 계몽군주인 프리드리히 대왕의 주도로 법전편찬작업이 시작되어 1794년 프리드리히 빌헬름 2세 시대에 프로이센 일반란트법의 제정으로 성과를 보았다. 이 법전은 사법뿐 아니라 공법도 포함하는 것으로 19,000조에 이르는 방대한 법전이다. 전체적으로 계몽적 자연법 사상이 관철되어 있으나, 프로이센의 신분제를 그대로 유지하고 있는 등 근대성이 철저하지 못하다는 비판도 있다. 프로이센 일반란트법은 19세기 말까지 프로이센 지역의 대부분에서 현행법으로 통용되었다.

오스트리아에서도 전제계몽군주 마리아 테레지아에 의해 법전편찬작업이 시작되어 1811년 레오폴드 2세 치하에서 오스트리아 일반민법전으로 성립되었다. 이 법전의 초안은 자연법학자인 마르티니(Karl Anton von Martini)와 자일러(Franz von Zeiller)가 마련하였다. 그 때문에 이 법전은 자연법의 영향을 강하게 받았다. 특히 "모든 인간은 이상에 의해 이미 명료한 생래적인 권리를 가진다"고 규정한 것(16조)은 신분제 사회였던 당시로서는 매우 획기적인 일이었다. 오스트리아 일반민법전은 오스트리아 본국 뿐 아니라 당시 오스트리아가 지배하고 있던 동유럽에도 적용되었다. 이 법전은 제2차대전 이후 몇 차례의 개정을 거치기는 하였으나, 현재도 대체로 입법 당시의 모습을 유지하고 있다.

(3) 프랑스 민법전의 성립과 그 영향

프랑스에도 자연법사상과 계몽사상이 널리 퍼지기는 하였지만, 프랑스의 군주들은 법전의 편찬에 소극적이었다. 1789년 혁명 발발 후 프랑스에서는 급진적인 사회개혁이 추진되었다. 특히 봉건제도는 일거에 폐지되고 농민에게 토지를 주며, 소유권의 절대성과 거래의 자유가 보장되었다. 뿐만 아니라 약혼과 이혼의 자유, 비적출자에 대한 차별의 철폐 등도 실현되었다. 물론 혁명의 후기에 들어서 그에 대한 반동이 나타나기는 하였지만, 시민혁명의 기본적인 성과는 유지되었다. 나폴레옹의 주도로 1804년 제정된 프랑스 민법전은 그 기념비라고 할 수 있다.

이 법전은 개인주의와 자유주의를 기조로 하여 소유권의 절대성, 계약의 자유, 과실책임주의를 기본원리로 하여 만들어진 것이다. 한편 강력한 父權과 夫權, 남녀에 따라 다른 이혼원인 등 권위주의적인 규정도 두고 있지만, 이들은 당시의 실정을 반영한 타협의 결과였다고 평가된다. 프랑스에서는 민법전 외에 상법전, 민사소송법전, 형법전, 형사소송법전 등이 잇달아 편찬되어, 근대국가의 제도적 기틀을 마련하였다. 이들 법전을 나폴레옹 5법전이라고도 부른다.

프랑스 민법전은 프랑스뿐 아니라 프랑스의 지배를 받고 있던 식민지에도 적용되었다. 또한 그 후 유럽 각국의 근대적 민법전은 모두 프랑스민법전을 모델로 편찬되었다. 1838년의 네덜란드 민법전, 1865년의 이태리 민법전과 포르투갈 민법전, 1889년의 스페인 민법전이 그 예이다. 미주대륙의 스페인 또는 포르투갈 식민지도 독립 후에 민법전을 편찬할 때 모두 프랑스 민법전을 모델로 하였다. 북미에서도 캐나다의 퀘벡 주나 미국의 루이지애나 주는 프랑스 민법전에 따라 법전이 편찬되었다. 이들 나라는 모두 대륙법 내에서도 독일법계와 구별되는 프랑스법계를 이루고 있다.

프랑스는 그 후 몇 차례 정치형태의 변천을 거쳤고 그때마다 헌법이 개정되었으나, 민법은 오늘날까지 원래의 모습을 대체로 유지하고 있다. 다만 제2차대전 후 가족법의 분야에서 남녀의 동등한 권리, 이혼의 자유, 자의 보호 등을 위하여 몇 차례 대개정이 있었고, 최근에는 재산법의 분야에서도 개정작업이 이루어지고 있다.

(4) 독일에서의 법학의 발전과 법전의 편찬

프랑스에서는 법의 개혁이 아래로부터의 혁명과 그 성과인 통일법전편찬에 의해 일거에 이루어졌으나, 독일은 이와 달리 각 領邦(란트)의 개별적인 입법과 법학자의 학설에 의해 이것이 이루어졌다. 절대왕정 후에 대혁명을 거치면서 국민국가의 형성에 성공하였던 프랑스와 달리, 독일은 1871년 통일된 제국이 성립될 때까지 많은 영방으로 나뉘어 있었다. 중세 말기에 이들 영방의 수는 300에 이르렀는데, 그중 가장 강력한 란트가 프로이센이었다. 19세기 초 나폴레옹에 패배한 독일은 자본주의의 길을 걷게 됨과 동시에 국가통일운동이 활발하게 전개되었다. 이에 호응하여 티보(Anton Friedrich J. Thibaut)는 하루라도 빨리 독일 전체에 적용되는 통일민법전을 제정할 것을 역설하였다. 이에 대하여 사비니(Friedrich Carl von Savigny)는 법은 인위적으로 만들 수 있는 것이 아니고 민족정신에 따라 서서히 형성되어 가는 것인데, 아직은 그와 같은 입법의 시기가 아니라고 반박하였다. 이것이 유명한 사비니-티보 논쟁이다. 이 논쟁은 결국 사비니의 승리로 끝나서, 독일의 모든 영방에 통용되는 민법전의 제정은 세기말까지 미루어지게 되었다.

당시 독일의 대부분의 영방에서는 아직 민법전이 제정되지 않았고, 따라서 로마법이 현행법으로서 통용되고 있었다. 그리하여 사비니는 로마법을 당시 독일사회의 실정에 맞게 체계화하는 것을 연구의 목표로 삼았다. 그의 생각은 푸흐타(Georg Friedrich Puchta) 등 그의 후계자들에 의해 이어져서, 이른바 판덱텐법학으로 결정을 보게 된다. 판덱텐이란 시민법대전의 일부인 학설휘찬(Digesta)을 가리키는 그리스어로서, 판덱텐법학이란 곧 학설휘찬을 연구대상으로 하는 법학을 가리킨다. 이들은 문제해결중심적인 로마법의 자료를 정리하고 체계화함으로써, 소수의 公理에 의해 연역된 추상적인 논리체계를 만들어 냈다.

이와 같이 로마법을 연구대상으로 하는 법학자들(이들을 로마니스트라고 부른다)이 있었던 반면, 게르만민족 고유의 관습법을 연구대상으로 하는 법학자들도 있었는데, 이들을 게르마니스트라고 한다. 로마니스트와 게르마니스트는 독일민법의 제정과정뿐 아니라 그 후 이를 해석하거나 개정하는 과정에서 서로 대립되는 많은 학설을 주장하여, 결과적으로 독일의 법과 법학을 풍성하게 하는 역할을 하게 된다.

한편 19세기 후반이 되면 독일에서도 자본주의가 안정기에 접어들면서 자본주의 발전에 따르는 사회문제도 함께 발생하게 되었다. 이때 판덱텐법학에 대한 비판도 나타나게 되는데, 그 대표적인 학자가 예링(Rudolph von Jhering)이다. 예링은 1872년 "권리를 위한 투쟁"이라는 강연에서 법은 자연적으로 생성되는 것이 아니라 투쟁에 의해 얻어지는 것이라는 것을 강조하였고, 이어서 "법에 있어서 목적"이라는 저서에서 "목적은 모든 법의 창조자이다"라고 주장하면서 판덱텐법학을 개념법학이라고 비판하였다. 예링의 주장은 당시에는 소수설이었지만 그 후 자유법운동 등 법학의 혁신에 커다란 역할을 하게 된다.

1871년 통일된 독일제국의 성립 후, 제국헌법 아래 독일 전역에 통용되는 입법이 진행되었다. 민법전은 1874년 판덱텐법학자인 빈트샤이트(Bernhard Windscheid)를 중심으로 하는 위원회가 만들어져 1887년 제1초안을 완성하였다. 이에 대하여 게르마니스트인 기르케(Otto von Gierke)는 이 초안이 지나치게 개인주의적이고 독일의 고유법을 무시하였다고 비판하였다. 또한 사회주의 법학자인 멩거(Anton Menger)는 이 초안이 부르주아계급의 이익에 봉사하는 것이라고 비난하였다. 결국 1890년 새로운 위원회가 구성되어 제1초안에 약간의 수정을 가한 제2초안을 만들었고, 이 초안이 1896년 제국의회를 통과하여 민법전이 성립되기에 이르렀다.

제2초안은 제1초안에 수정을 가한 것이었지만 제1초안의 정신은 그대로 이어받았다. 따라서 독일민법은 엄밀한 논리체계를 자랑하는 판덱텐법학의 결정체라고 할 수 있다. 또한 독일민법전은 프랑스민법과 마찬가지로 소유권절대, 계약자유, 그리고 과실책임주의를 원칙으로 채택하여, 근대민법전의 전형을 보여주고 있다. 독일민법전은 제정후에 매우 잘 된 법전으로 높은 평가를 받았으나, 그리스, 터키, 일본, 한국, 중국 등 독일민법전을 모델로 법전을 편찬한 나라는 그다지 많지 않다. 이 점에서 프랑스민법전에 비하여 외국에 미친 영향은 크지 않다고 할 수 있다.

독일은 제1차대전 후 바이마르 헌법 하에서 사회국가의 길을 걷게 된다. 이것은 자유주의와 자본주의를 기초로 하는 민법을 수정할 필요성을 제기하는 것이었으나, 정국의 불안정으로 결실을 보지는 못하였다. 나치스 치하에서는 라렌츠(Karl Larenz) 등 인종과 결합된 협동체이념을 강조하는 법학자들에 의해 소유권의 절대성을 부정하고 계약자유원칙을 제한하는 방향으로 민법의 수정이 추진되었으나, 1938년 혼인법 외에는 중요한 발전을 이루지 못하였다.

제2차대전 후 독일은 동서로 분리되어 서독은 사회적 법치국가로서, 동독은 사회주의국가로서 발전하였다. 서독에서는 민법전이 원래의 형태를 대체로 유지하였으나 가족법의 분야에서는 본(Bonn) 기본법이 정하는 남녀평등, 적서차별금지의 원칙에 반하는 규정들이 개정되었고, 재산법 분야에서도 2002년 대개정이 이루어졌다. 한편 동독에서는 사회주의체제와 양립할 수 없는 민법의 제도는 모두 철폐되고, 1965년에는 가족법이, 1975년에는 독일민주공화국민법전이 제정되었으나, 그 후 1990년 10월 30일 동서독의 통일과 함께 동독의 법률은 폐지되었다.

3. 영미법의 발전[33)]

(1) 영국법의 발전

영국법은 대륙법과 달리 로마법의 영향을 거의 받지 않고 독자적으로 발전해 왔다. 그 이유에 관하여는 대체로 다음의 두 가지를 들 수 있다. 우선 유럽대륙의 여러 나라와 달리 비교적 빠르게 중앙집권제도의 정착에 성공하고, 13세기경에는 국왕재판소(King's

---

33) 영미법에 관하여 자세한 것은 崔大權, 영미법, 개정증보판, 博英社, 1991; 李相潤, 영미법, 개정판, 博英社, 2003 참조.

Bench)에 의해 전국에 통일적으로 적용되는 보통법(이를 공통적으로 적용되는 법이라는 의미에서 Common Law이라고 한다)이 확립되었다. 또 다른 이유로는 법률가의 양성이 유럽대륙과 같이 대학이 아니라 변호사단체인 법학원(Inns of Court)에서 이루어진 것을 들 수 있다. 법학원에서 법률가들은 로마법이나 교회법이 아니라 실무적인 법지식을 배웠기 때문에, 로마법이 이들 법률가들을 통해 영국의 법조실무에 전파될 여지가 거의 없었다.

보통법은 국왕재판소의 판례법을 가리키는데, 이 보통법도 중세말기에 이르러 경직화되어 시대의 요구에 대응할 수 없게 되었다. 보통법의 경직성을 보여주는 예는 엄격한 방식소송제도를 들 수 있다. 당시 영국에서는 소송을 하려면 국왕이 발부하는 소송허가장(writ)을 받아야 했는데, 당시 국왕재판소가 인정하는 몇 가지 정해진 유형의 소송이 아니고는 소송허가장을 받을 수 없었다. 여기에서 보통법 법원에서 구제를 받을 수 없는 사람들이 국왕에게 청원을 하였고, 국왕의 행정관인 대법관(Chancellor)이 개별적, 은혜적으로 구제를 부여하였다. 대법관은 국왕의 양심의 대변자로서 개별 사건의 구체적인 사안에서 잘못을 한 사람에게 그의 양심에 따를 것을 명하고, 이 명령을 따르지 않는 자를 처벌하였다. 대법관이 처리하는 사건이 늘어나면서 또 하나의 판례법체계가 성립하였다. 이와 같이 대법관의 판례에 의해 성립된 법체계를 형평법(Equity)이라고 한다.

이렇게 하여 근대 영국에서는 보통법과 형평법이 서로 병존하면서 법이 발전하게 된다. 보통법과 형평법은 서로 독립된 재판소에서 독립된 판례를 축적하면서 발전하였다. 특히 형평법은 信託(trust)을 비롯하여 오늘날 영미법에 특유한 제도를 다수 만들어냈다. 1870년대 일련의 재판소법에 의해 재판소의 조직은 통합되었으나, 아직도 보통법과 형평법은 통합되지 않은 채 독자적인 발전을 계속하고 있다.

영국의 법은 주로 실무가에 의해 발전하였다. 18세기 말의 법관이었던 맨스필드 경(Sir William Mansfield)은 중세 이래 관습법에 맡겨져 있던 상법을 보통법에 흡수하여, 계약법의 근대화에 기여하였다. 이 때문에 영미법에서는 오늘날에도 민법과 상법이 구별되지 않고 하나의 분야로 이해되고 있다. 이 무렵 블랙스톤(William Blackstone)은 영국에서 처음으로 대학에서 법학을 강의하였는데, 그의 저서 "영국법주석"(Commentaries on the Laws of England)은 당시 영국법을 처음 체계화한 것으로 후일 영국법의 발전에 큰 공헌을 하게 된다. 19세기에는 독일의 역사법학의 영향을 받은 오스틴(John Austin)이나 법의 발전법칙을 "신분에서 계약으로"라는 말로 표현한 메인(Henry J.S. Maine) 등 법학자들의 활약이 눈에 띄지만, 법의 발전은 여전히 실무가에 의해 주도되었다.

19세기 보통법은 당시의 대륙법과 마찬가지로 개인주의와 자유주의를 기조로 하였다. 영국은 대륙보다 일찍 자본주의가 발달하였는데, 그로 인한 사회문제에 대한 대응은 주로 의회의 몫이었다. 그러나 의회는 제정법을 만들어 보통법에 대한 부분적 수정을 가하는 역할을 할 뿐이고, 대륙과 같은 일반적이고 체계적인 법전을 만들지는 아니하였다. 오늘날에도 영국은 민법전을 가지고 있지 않고, 민법에 관한 사항은 계약, 불법행위, 재산, 가족 등과 같이 각각 독립된 판례법으로 이루어져 있다.

(2) 미국법의 발전[34]

미국 식민지 시대의 법에 대해서는 아직까지 많은 연구가 이루어지고 있지 않으나, 대체로 당시의 영국법과 유사한 것이었다고 추측되고 있다. 영국과의 전쟁을 거쳐 독립을 쟁취한 후 미국의 각 주는 법 분야에서도 영국으로부터 독립된 법을 만들고자 하였으나, 실제로는 長子相續制 등 일부를 제외하고는 대부분 영국법을 받아들였다. 그러나 그 후 미국의 각 주는 그 실정에 맞게 영국법을 변형하고 발전시켰기 때문에, 오늘날 미국법은 영국법과 다른 특징을 가지는 독자적인 법으로 인정되고 있다.

미국법을 이해함에 있어서는 우선 미국이 聯邦制를 이루고 있다는 사실에 주목해야 한다. 즉 연방을 이루고 있는 각 주는 연방과 독립된 행정권과 사법권을 가지고, 각 주마다 서로 다른 법을 가지고 있다. 이 때문에 연방과 주 사이, 또는 주와 주 사이에서 복잡한 법률문제가 생긴다. 그러나 이와 같이 주마다 법이 다르게 되면 상거래에 많은 비용이 들기 때문에, 州法을 통일하려는 노력이 경주되고 있다. 統一商法典(Uniform Commercial Code)이 그 대표적인 예라고 할 수 있다.

미국법의 또 다른 특징은 입법권에 대한 사법권의 우위라고 할 수 있다. 영국에서 법의 지배는 국회우위의 사상을 표현한 것에 대하여, 미국에서 법의 지배는 위헌법률심사제를 통하여 입법권에 대한 사법권의 우위를 의미한다. 또한 선례구속의 원칙도 영국과 달리 탄력적이어서 연방대법원도 자신의 판례를 변경하는 데 주저하지 않는다. 이것이 오늘날 미국법의 역동적 발전을 가능하게 한 이유라고 할 수 있다.

미국이 자본주의의 최첨단에 있는 것처럼, 미국법 역시 자본주의의 발전에 따른 법적 문제의 해결에 있어서도 최첨단에 있다고 할 수 있다. 환경파괴, 프라이버시 보호 등 다른 나라에서 미처 문제되지 않은 많은 쟁점들이 미국의 법원에서 가장 먼저 다루어진다. 그 때문에 법학의 분야에서도 다른 나라에서 찾기 어려운 새로운 경향이 많이 나타난다. 법과 경제학, 비판법학, 실험주의법학, 행동과학적 법학 등은 모두 미국에서 발전하여 다른 나라에 영향을 미친 분야라고 할 수 있다.

---

34) 미국법의 역사에 관하여는 일반적으로 로렌스 M. 프리드만, 안경환 옮김, 미국법의 역사, 청림출판, 2006 참조.

(3) 영미법의 특징

영국과 미국의 법에는 상당한 차이가 있지만, 이들을 한데 모아 영미법이라고 할 때 대륙법과 비교되는 특징으로는 다음과 같은 것이 있다. 우선 대륙법은 制定法을 중심으로 한 법체계를 이루고 있는 데 반해 영미법은 아직도 많은 분야에서 判例法이 주축을 이루고 있다. 최근에는 영미에서도 제정법이 많이 만들어졌지만, 이들 제정법은 원칙적으로 판례법을 제한적으로 수정하거나 성문화하는 의미를 가지고 있을 뿐이다. 다음, 대륙법의 학자는 법전의 추상적 개념을 기초로 하여 여기에서 演繹的으로 사고하는 경향이 있는 데 반하여, 영미의 학자들은 다수의 판례를 통하여 歸納的으로 사고하는 경향이 강하다.

그러나 오늘날 각국에서 자본주의가 비슷한 정도로 발전하면서 대륙법과 영미법의 차이는 점차 줄어들고 있다. 대륙법에서도 제정법이 만들어진 지 오래되면서 판례의 역할이 중요하게 되었고, 구체적 사건의 해결을 위해 귀납적 사고의 중요성도 강조되고 있다. 반면 영미법에서도 제한된 분야에서나마 제정법이 제1차적인 법원으로 되어 있는 것이 있고(예를 들어 미국의 파산법이 그러하다), 판례의 수가 많아지면서 통일적이고 체계적인 사고도 필요하게 되었다. 따라서 오늘날은 예전과 같이 대륙법과 영미법의 차이점을 강조하면서 비교 자체가 불가능하다고 생각하기보다는, 동일한 문제를 해결하기 위한 방법의 차이에 불과하다고 인식하고, 이를 극복하려고 노력하는 학자가 늘고 있다. 이는 단순히 학문적인 흥미에 그치지 않고 매우 실천적인 의미를 가진다. 예를 들어 유럽통합의 과정에서도 EU를 구성하는 모든 나라(여기에는 영미법계 국가와 대륙법계 국가가 모두 포함되어 있다)에 통용될 수 있는 법원칙을 탐구하고 이를 기초로 하여 통일법을 제정하려는 시도가 진행되고 있다.

4. 社會主義法의 발전과 붕괴[35]

1917년 혁명에 성공한 러시아의 사회주의자들은 구 러시아의 법을 폐지하고, 사회주의적 법질서로 대체하려고 시도하였다. 사회주의자들은 대륙법이나 영미법 모두 부르주아 계급의 이익에 봉사하며 노동자계급을 착취하는 도구로서 자본주의적, 제국주의적인 것이었다. 그들은 근대법의 개념 중에 있는 민주주의의 요소도 사실은 형식에 불과하고, 결국 부르주아 계급의 이익을 옹호하기 위한 것이라고 주장하였다. 진정한 민주주의

---

35) 사회주의법에 관하여 자세한 것은 법무부 법무국, 소련법연구(III), 법무부, 1991; W.E. 버틀러, 박홍규 옮김, 자본주의법과 사회주의법, 일월서각, 1988 참조.

는 노동자와 농민이 힘을 합하여 권력을 독점하고 종래의 지배계급을 무력화함으로써만 달성될 수 있다는 것이었다. 그들에 의하면 인간에 의한 인간의 착취를 가능하게 하는 것은 생산수단의 사적 소유이므로 생산수단을 사회주의화하는 것이 새로운 질서의 기초를 이룬다. 이와 같은 이상을 실현하기 위해 소련은 1917년부터 1920년까지 사이에 토지나 생산시설의 국유화, 상속권 폐지 등과 같이 급진적인 내용을 입법하였다. 그러나 1920년대 신경제정책의 추진과 함께 일부 자본주의적인 요소가 부활하였고, 이 무렵에 민법전이나 형법전과 같은 법전편찬작업이 이루어졌다. 이들 법전은 적어도 형식적인 면에서는 대륙법의 그것을 본받은 것이었다. 원래 사회주의 이론에 의하면 법은 국가와 함께 계급지배의 도구이므로 사멸할 운명이었지만, 사회주의체제가 확립되면서 이 이론은 폐기되고, 적극적으로 사회주의법의 필요성이 주장되었다. 그리하여 2차대전 후 스탈린 비판과 함께 이른바 "사회주의적 적법성"이 강조되면서, 1950년대 말부터 70년대 후반까지 헌법, 민법, 형법, 민사소송법, 형사소송법 등 기본적인 법률의 법전편찬작업이 이루어졌고, 이로써 사회주의법은 일응 완성을 보게 되었다.

사회주의법에 특유한 제도로는 우선 토지 등 생산수단의 사적 소유를 인정하지 않고 국유 또는 협동농장에 의한 집단소유로 하는 것을 들 수 있다. 사회주의법에서도 개인의 사적 소유가 완전히 부정되는 것은 아니지만, 그 대상은 주택이나 소비재 등에 한정된다. 그러므로 기업은 모두 국가가 소유하고 운영한다. 자본주의 국가에서도 국영기업이 있지만, 이는 생산수단의 사적 소유를 전제로 하는 예외적인 형태에 불과하다는 점에서 사회주의 국가와 다르다. 국영기업 사이에서 거래를 할 때에는 자본주의와 마찬가지로 계약에 의하지만, 계획경제의 목표를 달성하는 수단으로서의 의미를 가지기 때문에, 계약의 자유는 크게 제한된다. 이를 "계획계약"이라고 한다. 계획계약도 사회주의법의 특징을 잘 보여주는 예로 평가되지만, 자본주의 국가에서도 계약자유에 대한 제한이 인정되고 있기 때문에, 양자 사이에 본질적인 차이가 있는 것은 아니라는 견해도 있다.

2차대전 이전에는 소련만이 유일한 사회주의 국가였으나, 2차대전 후 동유럽, 중국, 북한, 베트남, 쿠바 등 세계적으로 사회주의 국가가 늘면서, 사회주의법이 하나의 법계를 이루게 되었다. 그러나 같은 법계에 속하더라도 소련과 중국은 서로 다른 역사적, 문화적 배경 위에서 서로 다른 사회주의의 길을 걸어 왔기 때문에, 법의 내용도 같지 않다. 그런데 1980년대 이후 소련은 계획경제의 한계를 드러내면서 체제의 기능이 마비되기에 이르렀고, 결국 시장경제의 길로 전환을 모색하다가 연방이 붕괴되고 말았다. 붕괴 후 러시아를 비롯하여 구 소련 치하의 여러 나라들이나 동유럽 각국은 사회주의를 포기하고 자본주의로 복귀하였고, 이 과정에서 사회주의법은 폐기의 운명을 맞이하였다. 이로써 사회주의법의 세력은 크게 약화되어, 이제는 하나의 법계를 이루고 있다고 평가하기는 어렵게 되었다.

Ⅷ. 법적 사고

1. 법적 사고와 그 특징

법관을 비롯한 모든 법률가들은 법을 해석, 적용할 때 일정한 주장이나 결정을 규범적으로 정당화하는 특수한 논리구조와 기준을 공유하고 있다. 이를 법적 사고라고 하며, 법적 추론(legal reasoning) 또는 법적 논증(juristische Argumentation)이라고도 부른다. 우리나라에서는 이를 리걸 마인드라고 부르는 사람도 있으나, 리걸 마인드는 영어로 법률가를 의미하는 것이므로, 법적 사고방식을 가리키는 적절한 용어라고 할 수 없다.

법적 사고는 전통적으로 법관이 재판을 정당화하기 위해 작성하는 판결의 이유나 변호사가 법정에서 변론할 때 쓰이는 변론기술의 형태로 발전하여 왔다. 오늘날에는 사람들이 법정 외에서 교섭을 하거나 조정·화해를 하는 경우, 행정부가 특정한 사안에 관하여 결정을 내리는 경우에도 어느 정도 차이는 있으나 유사한 법적 사고가 이용되고 있다.

앞서 재판에 의한 분쟁해결의 한계에 관하여 살펴보면서, 재판에는 일정한 제약이 따른다고 설명하였다. 그러한 제약은 법적 사고에 대해서도 동일하게 적용된다. 따라서 법적 사고는 과거에 생긴 분쟁을 사후적으로 해결하는 것을 일차적 목적으로 하고, 장래에 생길 수 있는 이해관계를 조정하는 것은 부수적인 의미만 가진다. 또 분쟁 당사자 사이에서 생긴 문제에만 관심을 가지고, 불특정 다수인에게 미치는 영향은 원칙적으로 고려하지 않는다. 법적 사고의 핵심은 기존의 일반적 규범에 의거하여 일정한 법적 결론에 이르는 것을 정당화하는 데 있다. 그 과정은 법적 삼단논법에 따른다. 즉 법규범을 대전제, 인정된 사실을 소전제로 하여 결론을 도출하는 것이다. 그러나 이러한 법적 삼단논법은 앞서 본 바와 같이 단순한 형식논리적 삼단논법과 달리, 대전제와 소전제의 타당성에 관한 끊임없는 탐구와 피드백을 통하여 이루어지는 복잡하고 미묘한 사고과정이다. 이를 고려하면 법적 사고는 법규범이 정하고 있는 일정한 요건에 맞는 사실, 즉 요건사실의 존재가 인정되면 그 사실에 일정한 법률효과를 부여하는 방식의 사고라고도 할 수 있다. 즉 법적 사고는 요건사실형 구조를 가지고 있다는 점에서, 당사자 사이의 타협을 통해 그때그때의 상황에 맞게 이해관계의 조정을 시도하는 계약형 사고나 어떤 목적의 달성을 위해 가장 효율적인 수단이 무엇인지 찾는 경영형 사고와 뚜렷이 구별된다.36) 법의 지배 원리는 미리 공포된 일반적 법규범을 중립적 판단자에 의하여 공평하게 적용 하는 것을 핵심적인 내용으로 하므로, 요건사실형 구조를 특징으로 하는 법적 사고는 재 판에 의한 법적 문제의 해결이 계약형 사고 또는 경영형 사고에 의해 자의적으로 또는 그때그때의 상황에 따라 달리 판단되는 것을 저지하는 역할을 한다. 현대법체계 하에서 법의 기능이 확대되고 다양화되면서 재판 외의 분쟁해결절차 또는 행정절차에서는 반드 시 법적 사고에 의하지 아니하고 계약형 사고나 경영자형 사고에 의해 문제를 해결하는 예가 많다. 그러나 여전히 최종적인 문제해결의 장인 재판에서는 요건사실형의 법적 사 고가 가장 중요한 역할을 한다. 재판절차에서도 계약형 사고나 경영형 사고가 판단에 도 움이 되는 경우가 없다고 할 수는 없으나, 그 경우에도 계약형 사고나 경영형 사고는 법 적 사고를 보완하는 역할을 할 뿐이지, 이를 대체할 수 없다. 예를 들어 대여금의 반환 을 구하는 소송에서 차주가 자력이 없다고 주장하는 경우, 조정이나 화해에서는 이를 고 려하여 이자를 일부 감면하거나 변제기를 늦추는 등의 타협책을 제시할 수 있으나, 판결 에서는 민법이 정한 규정을 증거에 의해 인정된 사실관계에 적용하여 변제의무가 있는 지 판단할 뿐이다. 또한 헌법재판이나 행정재판 등에서 정책적 판단이 요구되는 경우 이 해관계의 조정이나 효율성 등이 고려될 수는 있으나, 이는 어디까지나 요건사실형 사고 의 설득력을 높이는 보조적 역할을 할 뿐이지, 요건사실형 사고에 의해 정당화될 수 없 는 결론을 뒷받침하는 논거로 쓰일 수는 없는 것이다.

　재판에서 고려되어야 하는 이익형량에 대해서도 마찬가지로 설명할 수 있다. 판례 중에는 법규범의 해석에 있어서 관련된 여러 이익을 비교·형량하여야 한다고 설명한 것 들이 있다. 예를 들어 토지 소유자의 독점적이고 배타적인 사용·수익권 행사가 제한되는 지 여부를 판단할 때 토지 소유자의 소유권 보장과 공공의 이익 사이에서 비교형량을 해 야 하고(대법원 2019. 1. 24. 선고 2016다264556 판결), 행정청이 수익적 처분을 취소하는 경 우 이미 부여된 기득권을 침해하는 것이 되므로 기득권의 침해를 정당화할 만한 중대한 공익상 필요 또는 제3자의 이익 보호의 필요가 있는 때에 한하여 상대방이 받는 불이익 과 비교·형량하여 결정하여야 하고(대법원 2020. 4. 29. 선고 2017두31064 판결), 국민의 사 생활 영역에 관계된 증거는 효과적인 형사소추 및 형사소송에서의 진실발견이라는 공익 과 개인의 인격적 이익 등의 보호이익을 비교·형량하여 그 허용 여부를 결정하여야 한 다(대법원 2010. 9. 9. 선고 2008도3990 판결). 이와 같이 법적 사고에서도 일정한 이익형량

36) 이러한 구별과 표현은 L.L. Fuller, The Forms and Limits of Adjudication, Harvard Law Review, Vol. 92 No. 2 (1978), p. 353 이하에서 따온 것이다.

이 필요한 경우가 있음은 부정할 수 없다. 그러나 그 경우에도 고려되어야 할 이익의 내용이나 범위는 재판제도의 구조에 따른 제약을 받을 수밖에 없다. 재판의 대상은 특정 당사자 사이에서 실제로 발생한 개별적이고 구체적인 분쟁에 한정되고, 재판의 절차도 특정 당사자 사이에서 발생한 분쟁의 해결에 필요한 범위 내에서 사실의 주장과 증거의 수집이 이루어지는 것이다. 따라서 소송에서 고려되어야 할 이익은 소송의 배후에 있는 집단이나 사회의 일반적·추상적 이익이 아니라 소송당사자의 개별적·구체적 이익이다. 만약 고려되어야 할 이익이 일반적·추상적 이익이라면 당사자가 소송에서 어떤 방법으로 그에 대한 주장과 반박을 할 것인지 분명하지 않게 되고, 법원 역시 어떤 증거에 의해 그러한 이익의 비교를 할 수 있는지 알 수 없게 된다. 따라서 공익과 같은 일반적·추상적 이익을 고려하여야 하는 경우에도, 그 내용을 가능한 한 구체적·개별적으로 명확히 하는 것이 필요하다. 그렇게 하지 않고 심리의 대상을 구체적·개별적 이익에서 일반적·추상적 이익으로 함부로 확대하면, 당사자주의적 소송절차가 목표로 하는 절차보장의 이념을 훼손하게 되고, 법관의 자의적 판단을 가능하게 하여 재판의 정당성도 확보하기 어렵게 된다.

2. 법적 사고능력의 배양

법학전문대학원 제도의 도입과 사법시험의 폐지에 따라 판사, 검사, 변호사 등 법률 실무를 하기 위해서는 법학전문대학원을 졸업하고 변호사시험에 합격하여야 하는 것으로 제도가 바뀌었다. 법학전문대학원에서의 공부는 대부분 헌법, 민법, 형법 등 개별 과목별로 이루어지며, 수많은 법률 조문과 판례, 학설 등을 학습함으로써 각 분야의 전문지식을 습득하는 것을 주된 목적으로 한다. 그러나 법학의 공부에서 전문지식의 습득보다 중요한 것은 법적 사고의 능력을 키우는 일이다. 법적 사고의 핵심은 앞서 설명한 바와 같은데, 여기에서는 어떻게 하면 그러한 법적 사고 능력을 키울 수 있는지에 대해 설명하기로 한다.

우선 구체적 사건에서 사실인정의 중요성을 인식하여야 한다. 실무 법률가에게는 어떤 법규범의 해석보다는 증거에 의한 사실인정이 더 중요하고, 그 업무량의 대부분을 차지한다. 사람들의 행동에는 일정한 규칙성이 있으므로 그로부터 일반적인 추론을 할 수는 있다. 그러나 개별 사건에서의 판단은 그와 다를 수 있고, 그러한 일반적 추론이 그대로 통용될 수 없다. 사실관계의 확정은 증거에 의해 이루어져야 하지만, 증거가 없거나 증거로서 부족하거나 모순되는 등의 예가 많아 매우 어려운 경우가 많다. 그럼에도 불구하고 사실은 법적 삼단논법의 핵심적 요소로서, 사실이 달라지면 결론도 달라질 수 있다는 점을 기억해야 한다.

둘째, 법문제에서 정답은 없다. 어떤 법률적 쟁점에 대한 답이 하나만 있는 것도 아니며, 영구히 옳은 것도 아니다. 법적 삼단논법에서 대전제로 삼는 법규범은 원칙적으로 그 타당성을 의심하지 않고 당연히 받아들여야 하는 것이지만, 그것이 그 법규범이나 그 해석의 타당성을 보증해 주는 것은 아니다. 법률은 헌법에 위반되면 효력이 상실될 수 있고, 그렇지 않더라도 법내재적 도덕 또는 합법성 원리에 부합하지 않는 법규범은 그 타당성이 의심받을 수 있다. 또한 법규범은 시대에 따라 그 내용이 달라질 수 있고, 그 해석도 마찬가지이다. 그러므로 예컨대 판례를 공부할 때에도 어떤 판례를 영구불변의 금과옥조로 삼는 태도는 옳지 않다.

셋째, 어떤 주장에 대해서든 그 근거를 묻는 버릇을 들여야 한다. 법을 공부하는 사람이 찾아야 하는 것은 결론이 아니라 그 결론에 이르는 합리적인 근거이다. 나름의 정치적 소신을 가지고 있다고 하더라도 그러한 정치적 소신이 결론을 정당화할 수 없다. 특정 결론에 이르는 것을 정당화하기 위해 증거를 무시하거나 설득력 있는 근거로부터 눈을 돌려서는 아니 된다. 판례나 학설을 공부할 때에도 중요하게 생각해야 할 것은 그 결론이 아니라 그 판단의 근거임을 잊어서는 아니 된다.

넷째, 균형감각을 가지려고 노력해야 한다. 어떤 주장이든 반대의 주장이 있을 수 있고, 어떤 논거에 대해서든 반대의 논거가 있을 수 있다. 하나의 결론이 옳다고 생각하더라도 반드시 시점을 바꾸어 상대방의 입장에서 그에게 가장 유리한 결론을 끌어내기 위한 근거를 찾아내는 훈련이 필요하다. 이를 통해 사건을 전체적으로 파악할 수 있고, 보다 정확한 판단을 내릴 수 있다.

헌 법

제
1
절

헌법의 의의와 실현

Ⅰ. 헌법의 의의와 존재 형식

1. 헌법의 개념과 기능

(1) 원론적 헌법개념

원론적으로 헌법(憲法, constitution)은 공동체를 형성하는 근본규범을 일컫는다. 일반적으로 공동체(community)란 ① 동일한 공간에서 ② 동일한 규범의 적용을 받아 ③ 동등한 지위로 공동생활을 영위하는 인간의 집합으로 이해된다. 이런 특수한 의미로 파악하는 경우에도 공동체는 각 요소의 특성에 따라 다양한 차원을 가진다. 예를 들어, 지역의 규모, 지배규범의 특성 및 구성원의 지위를 중심으로 할 때 지역공동체와 국가공동체로 구분이 가능하고 지역성보다는 규범의 특성을 중심으로 고려할 때 회사공동체, 종교공동체, 학술공동체, 친목공동체 등도 생각할 수 있다. 이 모든 공동체를 형성하는 근본규범이 헌법이며, 헌법도 다양한 차원의 공동체에 대응하여 다양한 형식과 내용으로 존재하게 된다. 예를 들어, 회사의 정관이나 종교단체의 헌법, 학술단체나 친목회의 회칙 등이 일종의 헌법이라고 할 수 있다.

(2) 국가헌법과 국민국가헌법

다양한 차원의 공동체 가운데 가장 전형적인 공동체로서 전통적으로 헌법학적 고찰의 주요한 대상이 되는 공동체는 국가이다. 근대적 의미의 국가[1]는 주권자의 의사에 따

---

1) 근대 이전의 인류사회에서도 국가가 있지만 오늘날 특별히 현실적인 의미를 가지지 못하기 때문에

라 공동체 형성의 목적(공동선)인 질서유지와 공공복리를 위하여 국가권력을 창설하고 이 국가권력이 강제력에 기반하여 지배하는 공동체이다. 우리가 아무런 수식어 없이 사용하는 일반적 의미의 헌법은 가장 전형적인 공동체인 국가를 형성하고 국가권력을 창설하여 국가의 질서를 유지하며 공공복리를 증진시키는 통일된 법체계의 정점을 이루는 근본규범이 된다.

오늘날 국가의 지배적인 형태는 국민국가(nation state)이다. 국민국가는 혈연적 동류의식에 바탕을 두고, 특정한 지역을 중심으로 통일된 규범체계의 틀 안에서 공동의 사회ㆍ경제생활을 영위하며 동일한 언어를 사용하고 동일한 문화와 전통적 심리를 바탕으로 하여 형성된 인간 공동체이다. 지구촌은 1648년 베스트팔렌조약(Peace of Westfalen) 이래로 국민국가로 구성된다. 우리나라를 일컬어 대한민국이라 할 때 대한민국은 한(韓)민족이라는 혈연적 근친의식에 따라 한반도를 중심으로 동일한 언어를 사용하면서 공동의 정치ㆍ경제ㆍ사회ㆍ문화생활을 통일된 규범체계 아래에서 영위하는 대한국민을 구성원으로 하는 국민국가를 말한다. 현행 헌법은 전문에서 대한민국을 "유구한 역사와 전통에 빛나는 우리 대한국민"이 3ㆍ1운동으로 건립된 대한민국임시정부의 법통을 계승한 제헌헌법을 최고규범으로 제정하고 그에 따라 질서화된 국가임을 확인하고 있다.

모든 국민국가가 우리나라와 같이 민족(ethnos)이라는 혈연적 운명공동체 요소에 기반하고 있는 것은 아니다. 독일처럼 우리와 같이 민족 단위의 국민국가 공동체를 지향하는 경우도 있고, 프랑스의 경우와 같이 시민(demos)이라는 비혈연적 공동체 요소에 입각한 국민국가도 있다.

(3) 가치지향적 헌법: 입헌국가(=자유민주국가=민주공화국) 헌법

또한 모든 국민국가가 동일한 내용과 목적으로 형성되는 것은 아니다. 모든 국가 그리고 그 근본규범인 국가의 주권을 누가, 어떻게, 무엇을 위하여 행사하는지에 대한 기본가치를 달리하고 있기 때문에 이러한 기본가치의 차이에 따라 헌법의 본질 혹은 정체성을 달리하게 된다(헌법의 가치지향성). 즉 국가의 성격을 결정짓는 국가공동체의 존립목적이나 그 운영형태는 이념 혹은 이데올로기에 의해 결정된다. 예를 들어, 공동체 구성원의 자유와 권리의 최대한의 보장을 목적으로 성립되어 민주적 자치의 방식을 기초로 공동체가 운영되는 것을 지향하는 국가공동체, 즉 소위 자유민주주의 이념을 기초로 성립된 공동체를 우리는 자유민주국가라 부를 수 있다. 경우에 따라서는 자유민주주의

입문의 성격을 가지는 이 책의 성격에 비추어 논외로 한다.

를 민주공화주의 이념으로 재구성하고 그 이념에 기초한 국가를 민주공화국이라 부를 수도 있다. 20세기 후반 소련을 중심으로 한 공산권이 몰락하면서 상당수의 지구촌 국가들이 이 체제를 지향하고 있다.

자유민주국가는 그 이념을 헌법을 통해 밝히는 '헌법에 의한 통치 혹은 지배'를 필수적으로 요구하므로 자유민주국가는 곧 입헌국가이다. 입헌국가란 헌법에 의하여 성립되고 지배되는 국가란 의미이다. 날 때부터 자유롭고 평등한 개인들이 생명, 자유, 문명화된 삶을 위해 형성하는 공동체의 완성태는 일정한 지역 내에서 동등한 지위를 가지는 구성원들이 동일한 규범의 지배를 받는 공동체이다. 이 동일한 규범을 헌법이라 할 때 공동체의 완성태는 입헌공동체이다.

반면에 자유롭고 독립된 개인으로부터 공동체의 성립을 이해하지 아니하고 공동체의 존립을 절대적인 가치로 전제하고 개인을 공동체존립을 위해 존재하는 부속물로 이해하는 이념에 바탕한 국가가 있다. 이를 전체주의국가라고 부른다. 나찌 지배 하의 독일, 군국주의에 기반한 일본천황지배하의 일본, 구 소련을 위시한 공산권국가, 북한 등이 그 예가 될 수 있다. 그런데 전체주의국가에도 헌법은 있다. 우리가 북한으로 부르는 조선민주주의인민공화국에도 헌법이 있다. 그러나 우리에게 중요한 것은 헌법의 존재여부가 아니라 헌법에 의하여 공동체가 형성된다는 전제와 그 헌법의 내용이다. 전체주의국가에서 헌법은 공동체형성과 유지의 실질을 이루기보다는 장식에 불과하다. 헌법이 지배하는 외양을 가지지만 실제로 실질적 지배력을 행사하는 또 다른 실력적 장치가 존재한다는 의미이다. 북한과 같은 국가에는 조선노동당과 그 지도자로서 어떤 명칭이건 영도자의 지위에 있는 자가 헌법보다는 조선노동당과 군부를 통하여 사실상 지배하는 것이다.

(4) 역사적 실재(實在)로서의 헌법과 헌법의 특성

헌법은 시간과 공간을 초월하여 다양한 국가의 헌법을 연구의 대상으로 삼는 비역사적 추상적 헌법[2]과 특정 국가에서 현실적 규범력을 발휘하는 역사적 실재로서의 헌법으로 구분될 수 있다. 우리 대한민국의 헌법은 역사적으로 실재하는 헌법, 즉 대한민국의 영역 내에서 현실적 규범력을 발휘하는 역사적 실재로서의 헌법이다. 이 헌법은 단순히 헌법이론적 연구의 대상이 되어 특정한 시간과 공간의 제약 아래 현실적 규범력을 가지지 아니하는 비역사적 추상적 헌법(=이론적 헌법)과 구별된다. 예를 들어, 우리나라 헌법이론의 형성과 발전에 많은 영향을 준 독일이나 미국의 헌법은 헌법이론적 관심의

---

2) Konrad Hesse, 계희열 역, 통일 독일헌법원론(제20판), 박영사, 2001, 3쪽 이하 참조.

대상은 될지언정 한국사회에 직접적 규범력을 가지지는 아니한다. 또한 세계 여러 나라의 헌법으로부터 공통적인 요소를 이끌어 내어 헌법의 정의를 규명하는 것도 헌법이론적 가치는 있을 수 있으나 역사적 실재로서의 헌법과는 거리가 멀다. 그렇다고 비역사적 추상적 헌법이 역사적 실재로서의 헌법과 아무런 관련이 없다는 의미는 아니다. 추상적 헌법은 역사적 실재로서의 헌법을 해석하고 적용하는 데 편리한 법이론적 도구와 논리를 제공하여 주므로 헌법연구와 학습의 일부를 이룬다.

역사적 실재로서의 헌법은 세 가지 의미를 가진다. 첫째는 현재 우리의 삶 ─ 좀 더 구체적으로는 정치·경제·사회·문화 모든 영역에서의 생활에 규범적 효력을 가지고 우리 생활의 행위준칙이 될 뿐만 아니라 국가권력의 행위규범과 재판규범이 된다는 의미이다. 첫 번째 의미는 우리의 삶이나 우리의 삶의 조건을 충족시키거나 제한하는 권력작용은 모두 헌법이 지향하는 목표와 가치에 부합되게 이루어져야 하고 이를 어기는 방향으로 시행될 수 없다는 것이다(헌법의 최고성).

두 번째 의미는 우리의 삶과 그렇게 밀접히 관련되어 있는 헌법이 역사적 생성과정 속에 정립된 역사적 산물이라는 의미이다(헌법의 역사성). 두 번째 의미를 다른 식으로 표현하자면, 역사적 실재로서의 헌법의 내용을 우리에게 보여주는 헌법전의 조문들은 단순한 문자의 나열이 아니라 역사적 의미분석을 통해 그 내용이 구체화되고 보완되는 '살아있는 규범'(living norm)이다(헌법의 동태성).3)

세 번째 의미는 헌법은 그 자체로 완전한 상태일 수 없고 역사적 조건 속에서 정치과정을 통해 지속적으로 구체화되어야 한다는 점에 주목하는 것이다. 이는 헌법의 규정 방식이 일반조항이나 추상적 원리 위주의 개방구조(open-ended)를 띠고 있는 것에 따른 것이다(헌법의 개방적 형식). 헌법은 그 내용을 이루는 인권보장이나 민주공화적 자치와 관련한 국가권력의 구성 및 운영에 대한 골조를 세우는 데 집중하기 때문에 개방적 형식을 가질 수밖에 없다(물론 모든 헌법이 개방적인 것은 아니고 국가권력 구성의 기본사항이나 절차 등 구체적으로 확정된 내용들도 당연히 포함하고 있다). 한편 구체적 국가현안에 대한

---

3) '살아있는 헌법(living constitution)'은 미합중국에서 유력한 헌법해석론으로 헌법은 역동적 의미를 가지거나 변화한다는 의미에서 살아 움직이는 존재로서의 속성을 가지므로 헌법의 문언을 해석할 때 현대적 사회상황에 대한 고려가 반영되어야 한다는 이론이다(Bruce Ackerman, "The Living Constitution", 120 Harvard Law Review 1738[2007]). 유럽인권법원(European Court of Human Rights)에서도 같은 취지로 유럽인권협약(European Convention on Human Rights)을 '살아있는 문서'(living document)로 이해하는 협약해석론을 정립해오고 있는데 인권협약의 해석이 체약국들의 정치현실과 조응하여 이루어져야 한다고 본다(https://www.coe.int/en/web/help/article-echr-case-law).

특정한 정책은 헌법의 한계범위 내에서 공동체를 구성하는 국가권력 사이, 국가권력과 구성원인 주권자 사이의 정치적 소통과정을 통해 개별적으로 확정될 수밖에 없다. 따라서 역사적 실재로서의 헌법은 그 자체가 기본적으로 정치적 결단과 합의의 산물인 헌법이 일단 형성된 이후에도 구체적 시간과 공간의 제약 속에서 입법·행정·사법의 구체적 국가작용과 정치적 대화과정을 통해 끊임없이 구체화되어야 하는 정치적 규범이라는 특성을 보여주는 것이다(헌법의 정치성).

(5) 대한민국 헌법의 의의와 기능

1) 대한민국 헌법의 기본내용: 기본적 인권의 보장과 민주공화적 자치

역사적 실재로서의 헌법의 규범적 내용은 대한민국이라는 국가의 구성과 운영에 관한 기본적인 사항이다. 이 기본적 헌법사항은 대한민국 헌법의 중핵조항인 헌법 제1조와 제10조 및 헌법제정의 기본목적과 원리를 선언한 헌법전문의 종합적이고 체계적인 해석에 따라 그 지향가치를 입헌주의(=자유민주주의=민주공화주의)로 확인할 수 있다. 우선 헌법 제1조 1항이 대한민국의 국가형태를 민주공화국으로 선언하고 있고 그 2항에서 국가의 최고권력인 주권이 국민에게 있고, 모든 (국가)권력은 국민으로부터 나온다는 국민주권 혹은 주권재민주의를 선언한 것은 대한민국이 '국민의, 국민에 의한, 국민을 위한' 국가임을 천명한 것이다. 또한 헌법 제10조가 모든 국민이 인간으로서의 존엄과 가치 및 행복추구권을 가짐을 선언함과 동시에 국가는 개인이 가지는 불가침의 기본적 인권을 확인하고 이를 보장할 의무를 진다고 규정한 것은 공동체 존립의 목적이 인간존엄에 기반한 기본적 인권의 보장에 있고 국가공동체와 국가권력은 오로지 인권의 보장을 위해 존재하는 수단적 성격의 창조물임을 분명히 한 것이다. 이는 헌법 전문에서 헌법의 제정이 "우리들과 우리들의 자손의 안전과 자유와 행복을 영원히 확보할 것"을 다짐하면서 이루어진 것임을 명확히 한 것과 일맥상통하는 것이다. 종합하면, 개인의 기본적 인권의 보장과 민주공화적 자치를 위하여 헌법공동체인 대한민국이 만들어지고 유지되는 것이다. 이를 헌법이 기본적인 지향가치로 기본적 인권과 민주공화적 자치를 채택하였다는 의미에서 입헌헌법이라 하고, 기본적 인권을 상징하는 자유와 민주공화적 자치를 상징으로 종합하여 자유민주헌법이라 하며, 자유로운 국민을 주권자로 삼아 민주공화적 정치공동체를 지향한다고 하여 민주공화헌법이라 하는 것이다.

결국 이 지향가치에 따라 대한민국 헌법은 다음과 같이 정의될 수 있다. 대한민국 헌법은 인간으로서의 존엄과 가치 및 행복을 추구할 권리를 가지는 개인들이 불가침의 기본적 인권에 기초하여 민주적 자치의 과정에서 공동의 목적을 달성하기 위해 만드는 공동체의 근본규범이다.

입헌민주공화헌법의 인간상은 인간을 본질적으로 정치적 동물(zoon politikon)로 이해하고 인간은 공동체에서의 공동생활을 통하지 아니하고는 그 존엄과 가치 및 행복추구권을 문명적 조건에 따라 최대한 보장받을 수 없다는 국가관에 입각하고 있다.

한편 헌법에 의하여 공동체가 형성된다는 것은 사회계약론을 전제하는 것이다. 태초에 자유로운 인간이 있고 인간들의 계약에 의해 자유롭고 평등한 인간들의 공동체인 사회가 형성되며 사회가 헌법이라는 최고규범을 통해 국가권력기구를 만들고 이 권력에 의한 공동체의 질서화를 추구하는 새로운 공동체가 입헌공동체로서의 국가가 된다. 한반도를 기반으로 대한국민의 사회계약에 입각한 국가가 대한민국이며 그 기본가치를 표방한 기본법이 대한민국 헌법이다.

2) 대한민국 헌법의 기능과 법적 성격: 국가와 사회의 기본법

입헌민주공화국은 기능적으로 국가영역과 사회영역으로 구분된다.4) 국가영역은 헌법에 궁극적으로 근거하는 물리적 강제력을 동원하여 공동체의 대내외적 불안요소를 제거함으로써 공동체의 평화와 안전 및 지속적 번영을 보장하는 것을 목적으로 하는 국가권력을 중심으로 구성되고 운영되는 영역이다. 이 영역은 권력작용을 매개로 공동체의 공동목표를 효율적으로 형성하고 집행하는 정치적 활동에 집중하는 구조적 특성을 가진다.

한편 사회영역은 공동체 내에서 개인 또는 집단들이 자신들의 욕망을 실현하기 위하여 교환이나 자발성에 기초한 연대의 방식으로 생활하는 영역이다. 이 영역은 개인적 자율성에 바탕하여 당사자의 자유의사에 의하여 사적인 이해관계가 조정되는 것에 집중하는 구조적 특성을 가진다.

전통적으로 국가영역과 관계하는 법을 공법이라 하고 헌법을 이 영역에 포함시키는 한편 사회영역은 민법을 중심으로 한 사법의 영역으로 인식하는 경향이 지배적이었으나 오늘날에는 국가영역과 사회영역의 구별에 기초하여 법의 영역을 공법과 사법으로 구분하는 태도가 수정되고 있다. 특히 헌법은 국가영역과 사회영역의 포괄영역인 공동체의 근본규범으로서 단순히 공법의 일부라기보다 공법과 사법을 초월하는 기본법으로서 이해하려는 경향이 대두되고 있다. 전통적인 태도는 헌법을 국가권력의 구성과 운영에 관한 근본법으로 좁게 이해하고 헌법의 과제를 국가권력을 중심으로 한 정치적 통합에 두는 경향이 짙었다.

---

4) 국가와 사회의 개념은 D.Held. *Political Theory and Modern State*, Stanford University Press, 1989, p. 181에서 기본적으로 차용된 것이다.

그러나 새로운 견해는 헌법을 정치적 통합을 목적으로 국가권력의 구성과 운영에 관하여 규정하는 법으로서만이 아니라, 사회적 생활의 기본적인 가치와 질서를 제시하여 사회영역에서의 개인들의 생활관계까지도 규율함으로써 사회적 통합도 동시에 추구하면서 공동체의 모든 법적 질서의 통일성을 제공하는 기본법으로 이해하려는 태도이다. 대한민국 헌법은 특히 전문과 제1장 총강(특히 1조와 9조), 제2장 국민의 기본적 권리와 의무, 제9장 경제에 관한 규정을 통해 정치적 통합뿐만 아니라 사회적 통합도 아울러 추구함으로써 새로운 경향을 구현하고 있다고 볼 수 있다.

결국 최고근본규범으로서의 헌법은 국가권력의 기초를 마련하는 한편 국가와 국민 간의 관계, 국민 간의 평등한 연대(連帶)와 교환행위의 지침이 되는 원리와 가치를 담고 있다. 즉 헌법은 국가권력의 활동준거가 되고 공동체의 구성원이거나 공동체의 영역 내에 있는 모든 사람들의 삶 전체, 즉 정치적·사회적·경제적·문화적 활동의 지침이 된다. 헌재는 이를 다음과 같이 정리하고 있다: "헌법은 국민적 합의에 의해 제정된 국민생활의 최고 도덕규범이며 정치생활의 가치규범으로서 정치와 사회질서의 지침을 제공(한다)"(헌재 1989. 9. 8, 88헌가6. 판례집 제1권, 199 참조).

2. 헌법의 존재 형식

(1) 헌법의 본질적 이중성: 법으로서의 헌법과 도덕으로서의 헌법

가치지향성, 역사성, 정치성을 강하게 가지는 헌법은 본질적으로 법과 정치의 영역을 교차한다. 헌법이 법과 정치의 영역을 교차한다는 것은 존재론적으로 헌법의 본질이 법과 정치를 모두 포섭해야 한다는 명제로 나아가게 한다. 법으로서의 헌법은 헌법의 완전체를 보여줄 수 없다. 법으로서의 헌법이 민주공화체제에서 주로 그 기능이 발휘되는 경우는 사법과정에서 재판규범으로 작용하는 경우이다. 사법과정은 법의 해석·적용을 통해 법적 분쟁을 해결하는 과정이어서 민주공화체제에서는 제2차적 국가과정이다. 이는 입법이 공동체 전체의 이익을 고려하여 최적의 정치적 결정을 도출하는 제1차적 국가과정인 것과 차이가 있는 점이다.

그런데 헌법은 사법과정에서 재판규범으로서만 작용하는 것이 아니다. 입법이나 행정 등 정치과정에서 헌법적 가치와 원리를 담아 헌법제도의 작동을 규율하는 행위규범으로서도 기능한다.[5] 즉 헌법이 완전체로 기능하기 위해서는 또 다른 요소를 필요로 하

---

5) 재판규범은 구체적 사건을 전제로 한 법적 분쟁에 적용된다는 특성 때문에 헌법의 전체적 특성을 본질적으로 연계시키는 총체성이 효과적으로 현출되지 않는다는 점에서 불완전한 헌법일 수밖에 없다.

지 않을 수 없다. 법으로서의 헌법을 좁은 의미의 헌법 혹은 법적 형식의 헌법(the law of the constitution or constitutional law)이라고 부를 수 있다면 또 다른 헌법의 요소는 도덕으로서의 헌법(the morality of the constitution)이라고 부를 수 있다. 결국 헌법(constitution)은 법으로서의 헌법(constitutional law)과 도덕으로서의 헌법(constitutional morality)으로 구성된다.

도덕으로서의 헌법은 입법, 행정 등 국가를 중심으로 하는 정치과정에서는 정치도덕(political morality)이나 헌법관행(constitutional conventions)의 형식으로, 시민들을 중심으로 하는 사회과정에서는 사회도덕(social morality) 또는 행위윤리(behavioral ethics)로서도 기능할 수 있다. 헌법이 도덕으로 기능할 때 법적 형식의 헌법과 마찬가지로 유효한 규범력을 가진다. 그러나 도덕으로서의 헌법이 가지는 규범력은 재판과정에서 실현가능한 법적 규범력이라기보다는 오로지 정치과정 및 사회과정에서 관행이나 관여당사자의 수용이라는 방식으로 '사실상' 확보될 뿐이다. 법으로서의 헌법이 헌법재판과 같은 사법과정을 통해 강제력을 수반하는 법적 규범력을 가지게 되는 것과 다르다. 따라서 법으로서의 헌법과 도덕으로서의 헌법은 그 규범력이 실현되는 방식에서 차이를 보인다. 심지어는 헌법재판과 같이 사법과정의 형식을 띠는 경우에도 헌법이 일반법률분쟁에서와 같이 강제력을 수반하여 그 법적 규범력이 완전히 구현되는 것이 한정적이다. 이른바 사법자제론(self-restraint)에 입각하여 실체적 판단을 유보하는 경우가 예정되어 있다.

두 가지 예를 들어 볼 수 있다. 고도의 정치적 성격으로 말미암아 법적 형식의 헌법이라도 엄격하게 적용하는 것이 공동체 전체의 안녕과 질서유지 및 공공복리의 증진에 오히려 역행할 수 있는 근본적 위험성에 대한 고려가 작동해야 할 사안이 없지 않기 때문이다. 예컨대, 이라크 파병 결정을 두고 기본권 침해를 주장하는 헌법소원 사건에서 헌재가 불관여원칙에 따라 헌법위반여부에 대한 판단을 직접 내리기를 거부한 경우를 들 수 있다.6) 혹은 권력분립의 원칙을 실질적으로 작동시키기 위해 각 국가권력은 그 조직과 운영에 있어 기본적인 자율권을 가질 수 있도록 하는 것이 일반적이다. 이 자율권을 침해할 수 있는 외부적 개입은 그 분립의 경계와 토대를 허물 수 있기 때문이다. 예컨대 날치기 통과한 법률의 효력에 대한 다툼을 대상으로 한 권한쟁의심판에서 헌재가 최종적으로 효력없음을 선언할 수 없다고 결정한 사례를 들 수 있다.7) 이들 사안을

---

6) 외국에의 국군의 파견결정과 같이 성격상 외교 및 국방에 관련된 고도의 정치적 결단이 요구되는 사안에 대한 국민의 대의기관의 결정이 사법심사의 대상이 되지 않는다고 본 사례(헌재 2004. 4. 29. 2003헌마814, 판례집 16-1, 601) 참조.

7) '신문 등의 자유와 기능보장에 관한 법률 전부개정법률안'의 가결선포행위에 대하여 질의·토론 절차가 위법하고 다수결의 원칙에 위배되어 국회의원의 법률안에 대한 심의 및 표결권을 침해하였으나 해당법률들을 무효로 선언하지 아니한 사례(헌재 2009. 10. 29. 2009헌라8 등, 판례집 21-2하,

보면 그 기준이 되는 헌법 조항이나 원칙의 규범적 성격을 재판을 전제로 한 법적 형식의 헌법으로만 파악하게 될 때 입헌적 민주공화체제가 그 근본가치를 충족하면서 안정적이고 효율적으로 작동할 수 있을지에 대한 견해의 일치를 보기가 쉽지 않다.

그렇다면 헌법에서 법으로서의 헌법과 도덕으로서의 헌법을 어떻게 구분할 수 있을까? 이 문제에 대하여 정해진 해답은 없고, 궁극적으로는 사법과정을 포함한 민주공화체제 내의 전체 정치과정에 맡겨진 것으로 이해할 수밖에 없다. 이 과정에서 특별히 중요한 의미를 가지는 것은 입법, 행정, 사법 전 과정에 걸쳐 국가기관에 의한 헌법해석이다. 헌법해석의 과정을 통해 재판규범과 행위규범의 구별이 특정한 시간과 공간적 한계 속에서 확정되고 그 결정이 축적되어 국가기관 사이에서, 궁극적으로는 국민의 승인을 받는 헌법적 관행으로 형성되는 과정이 불가피하다. 이 과정은 정태적일 수 없고 역사적 흐름과 사회적 상황의 변화에 따라 유동적인 동태적 성격을 가진다는 점은 앞서 '살아있는 규범'의 성격을 들어 언급한 바 있다. 따라서 원래 도덕으로서의 헌법으로 분류되었던 것도 법적으로서의 헌법으로 성격이 변하거나 아예 다른 내용의 의미로 해석될 수도 있다. 비교법적으로 20세기 중반까지만 하더라도 정치문제(political question)로 간주되었던 선거구획정문제가 오늘날은 사법심사나 헌법재판의 대상이 된 것이 대표적인 예이다.[8]

(2) 형식적 헌법과 실질적 헌법

헌법은 문자로 표상된 성문헌법의 형식으로 만들 수도 있고 암묵적 정치적 합의를 존중하는 방식으로 비문자화된 불문(不文)의 방식으로 존재할 수도 있다. 문자화된 성문헌법으로 존재하는 헌법을 '형식적 헌법'이라고 부른다. 반면 헌법의 고유한 내용을 구성하는 기본적 인권에 관한 사항이나 국가권력의 구성 및 운영에 관한 사항을 정하는 규범을 '실질적 헌법'이라고 부른다. 실질적 헌법은 그 존재방식이나 법체계상의 위상을 따지지 아니하고 오로지 내용과 기능만을 문제삼는다. 따라서 실질적 헌법이라는 개념을 사용할 때 유의할 것은 헌법의 특질 가운데 최고성 혹은 근본규범성을 적용할 수 있는

---

14)와 국회의장이 적법한 반대토론 신청이 있었음에도 반대토론을 허가하지 않고 토론절차를 생략하기 위한 의결을 거치지도 않은 채 법률안들에 대한 표결절차를 진행한 것이 입법절차가 위법하여 국회의원의 법률안 심의·표결권을 침해하였으나, 그것이 법률안 가결선포행위를 취소 또는 무효로 할 정도의 하자에 해당하지는 않는다고 본 사례(헌재 2011. 8. 30. 2009헌라7, 판례집 23-2상, 220) 참조.

8) 우리 헌재에서도 보통·평등·직접·비밀선거의 원칙은 이제 확고한 헌법재판의 실체적 기준으로 자리 잡았다. 대표적으로 비례대표국회의원의석의 배분방식 및 1인1표제 선거법과 선거기탁금의 과잉부과를 위헌으로 선언한 사례(헌재 2001. 7. 19. 2000헌마91 등, 판례집 13-2, 77) 참조.

개념이 아니라는 점이다.

성문헌법과 구별하여 불문의 방식으로 존재하는 헌법을 불문헌법(unwritten constitution)이라고 부르는데 문자화된 성문의 '헌법'이 없을 뿐 실질적 헌법은 존재하고 이 실질적 헌법 가운데에는 완전히 불문의 형식으로 존재하는 관습법 외에도 의회가 제정하는 인권법이나 법원조직법과 같은 성문법도 있기 때문에 불문헌법은 오로지 불문의 방식으로만 존재하는 것으로 오해해서는 안 된다. 예컨대, 대표적인 불문헌법 국가인 영국의 경우에도 1297년 마그나 카르타(Magna Carta 1297), 1688년 권리장전(Bill of Rights 1688), 1998년 인권법(Human Rights Act 1998)과 같이 국가와 국민의 관계에 관한 사항이나 헌법적 가치를 가지는 기본적 인권에 관한 법률의 경우 '헌법적 법률'(constitutional statutes)이라 하여 일반 법률보다 달리 취급하는 경향이 강화되고 있다(Thoburn v Sunderland City Council [2002] EWHC 195 [Admin]에서의 존 로즈(John Laws) 대법관의 의견 참조).

형식적 헌법, 즉 성문헌법은 공동체의 사회적 삶의 천부자연권적 권리성이나 정치적 삶의 기본형태를 문자화된 문서로 구체화하고 있다는 점에서 실증주의(positivism)를 지향하는 근대성(modernity)의 주요한 표지이다(성문헌법주의). 근대 시민혁명 이전의 '앙시앙 레짐(ancien régime, 舊體制)'에도 헌법이라고 부를 수도 있는 법규범이 존재하였다. 그러나 이 법의 실체는 일부 문서로 표상된 것도 포함하지만 오늘날 성문헌법과 같은 지위를 가지지 않는 불문헌법이 상당부분을 차지하였다. 불문헌법은 절대권력자의 자의적(恣意的) 지배를 정당화할 수 있는 법의 존재형식이었다. 그러나 영국과 같은 예외적인 경우를 제외하고 시민혁명의 상징인 프랑스혁명이나 미국의 독립혁명은 절대권력을 인정하지 않고 오로지 헌법에 의한 평등한 지배를 추구하는 성문헌법을 공동체의 근본규범으로 삼았다. 주권자인 국민이 "명시적" 의사표시로써 공동체의 기본질서를 정함으로써 불문헌법에 의존한 권력자의 자의적 지배의 역사를 종식시키고자 하였던 것이다.

특이하게도 헌법재판소(헌재)는 2004년 신행정수도건설특별법과 관련하여 근대성의 주요한 표지로서 우리 헌법의 기본적인 가치정향을 담고 있는 입헌민주공화주의의 형식적 기본요소인 성문헌법주의의 의미에 소홀한 것으로 추정되는 관습헌법론에 입각하여 국민대표기관인 국회가 제정한 법률을 헌법에 위배되는 것으로 선언하여 논쟁을 낳고 있다. 헌재의 8인 다수의견은 성문헌법국가에서도 형식적 헌법전에는 기재되지 아니한 사항이라도 이를 불문헌법(不文憲法) 내지 관습헌법으로 인정할 소지가 있고, 국민주권주의에 입각하여 관습헌법도 성문헌법과 마찬가지로 주권자인 국민의 헌법적 결단의 의사의 표현이며 성문헌법과 동등한 효력을 가진다고 보아야 한다는 입장을 전개하였다(헌재 2004. 10. 21. 2004헌마554 등, 판례집 16-2하, 1, 2-3).[9] 반면 1인 소수의견은 성문헌법주
의의 기본정신에 의할 때 주권자인 국민의 명시적 의사표시절차로서의 헌법제정절차를
거치지 아니한 헌법의 존재, 즉 불문의 관습헌법은 성문헌법과 연계되어 보완적 의미로
그 존재를 인정할 수는 있으나 주권자의 명시적 의사표시인 성문헌법과 동등한 효력을
가질 수 없다고 보았다(헌재 2004. 10. 21. 2004헌마554 등, 판례집 16-2하, 1, 10-11). 그렇지
않다면 관습으로 성문의 헌법을 변질시키는 것을 용납하는 것이 되고 성문헌법의 제정
및 개정절차는 무시되며 권력자 중심의 자의적 지배로의 복귀를 초래할 수 있기 때문
이다.

사실 앞서 헌법의 개방적 형식이나 가치지향성·동태성·정치성이라는 특성에서 확
인한 바 있듯이 성문헌법이 모든 헌법사항을 완벽히 담고 있는 것을 당연히 전제하는
것은 아니다. 문제는 헌법의 흠결(abeyance) 혹은 침묵(silence)을 특정한 시간과 공간의
제약 속에서 누가 어떻게 보완할 것인가이다. 관습헌법론을 전개한 헌재의 다수의견은
헌법분쟁의 해결에 관한 헌법해석자의 지위에서 헌재가 그 적임자임을 주장한 것이라면
헌재의 1인 소수의견은 국민대표기관으로 1차적 헌법보충권을 입법권의 형식으로 가지
는 국회로 이해하는 것으로 볼 수 있다.

한편 헌법의 존재 형식의 차원에서 자주 오해되는 것으로 헌법의 기본원리나 그 파
생원칙이 있다. 예컨대 입헌민주공화헌법은 법의 지배 혹은 법치주의를 국가권력행사에
서 준수되어야 할 기본원리로 삼는다. 이러한 헌법의 기본원리가 헌법에서 명문으로 명
제화되어 있지 아니하다는 이유로 불문헌법으로 단정하는 경우가 있다. 대표적으로 신
행정수도건설법 위헌결정에서 헌재의 다수의견은 "헌법제정 당시 자명(自明)하거나 전제
(前提)된 사항 및 보편적 헌법원리와 같은 것"을 불문헌법의 예로 제시하고 있다(헌재
2004. 10. 21. 2004헌마554 등, 판례집 16-2하, 1, 2).

그러나 이러한 해석은 성문헌법이 존재하는 입헌국가에서는 신중해야 한다. 우리
헌법이 제1조 1항에서 민주공화국을 표방하고 있고 제10조 후문에서 국가의 기본적 인

---

9) 헌재가 관습헌법으로 인정하기 위한 요건으로 제시한 것은 다음 다섯 가지이다(헌재 2004. 10. 21.
   2004헌마554 등, 판례집 16-2하, 1, 3-4). 첫째, 기본적 헌법사항에 관하여 어떠한 관행 내지 관례
   가 존재하고, 둘째, 그 관행은 국민이 그 존재를 인식하고 사라지지 않을 관행이라고 인정할 만큼
   충분한 기간 동안 반복 내지 계속되어야 하며(반복·계속성), 셋째, 관행은 지속성을 가져야 하는
   것으로서 그 중간에 반대되는 관행이 이루어져서는 아니 되고(항상성), 넷째, 관행은 여러 가지 해
   석이 가능할 정도로 모호한 것이 아닌 명확한 내용을 가진 것이어야 한다(명료성). 또한 다섯째, 이
   러한 관행이 헌법관습으로서 국민들의 승인 내지 확신 또는 폭넓은 컨센서스를 얻어 국민이 강제력
   을 가진다고 믿고 있어야 한다(국민적 합의).

권 보장의무를 규정하고 있는 점에서뿐만 아니라, 헌법 제37조 2항에서 국민의 헌법상 자유와 권리를 법률로써만 제한할 수 있고, 이 경우에도 그 본질적 내용은 침해할 수 없다고 규정하고 있는 점, 헌법 제12조 1항과 3항에서 법률과 적법한 절차에 의해서 신체의 자유를 제한하도록 특별히 규정하고 있는 점 등을 종합하여 체계적으로 해석할 때 법치주의가 헌법의 기본원리라는 점은 자명하다. 이는 불문헌법이라기보다 성문헌법의 논리적이고 체계적인 해석에 의해 확인되어 온 것이다. 이와 같이 헌법의 체계적 해석의 결과로 확립된 기본원리는 형식상 "보이지 않는 헌법"(invisible constitution)[10]이라고 볼 수 있으나 실질적으로는 성문헌법과 불가분의 일체를 이루는 것이라고 볼 수 있고 불문헌법으로 단정하는 것은 설득력이 약하다.

그런데 헌법의 기본원리로부터 파생되어 헌법적 효력을 가지는 원칙들을 어떻게 볼 것인지는 논의의 여지가 있다. 예컨대 헌법재판이나 법원의 판례를 통해 확립되어 법치주의 원리로부터 파생되는 것으로 확인되어온 비례원칙(과잉금지원칙), 신뢰보호원칙, 체계정당성원칙 같은 것이다. 이러한 파생원칙을 '헌법의 일반원칙' 혹은 '헌법조리법'으로 분류하여 불문헌법의 한 종류로 설명하는 경우가 있다.[11] 헌법이 명문으로 법적 원리로 규정하고 있지 않고 판례법의 형식으로 확립되어 왔다는 점에서 일리가 없는 것은 아니나 우리나라 헌법의 규정체계를 볼 때 군이 그런 접근을 취해야 하는지 쉽게 동의하기 힘들다. 헌법의 기본원리를 성문헌법의 기본이념과 헌법상 일반조항의 해석을 통해 도출할 수 있다면 그런 기본원리의 구체적 내용도 기본이념이나 헌법의 일반조항으로부터 논리체계적으로 논증할 수 있는 한 성문헌법과 불가분의 관계에 있는 것으로 볼 수 있다. 비례원칙의 경우 헌법 제37조 2항의 "필요한 범위에 한하여" 국민의 자유와 권리를 제한하도록 하는 규정이나 헌법 제12조 1항의 적법한 절차 조항에 근거하여 도출할 수 있을 것이며, 신뢰보호원칙의 경우 이들 조항 외에도 헌법 제13조 2항의 소급입법금지원칙을 예시로 삼아 헌법적 효력을 부여하는 데 별 문제가 없어 보인다.

---

10) Jongcheol Kim, "Is the Invisible Constitution Really Invisible?: Some Reflections in the Context of Korean Constitutional Adjudication", in Rosalind Dixon and Adrienne Stone (eds), *The Invisible Constitution in Comparative Perspective* (Cambridge: Cambridge University Press, 2018.11.8.), ch.11(pp. 320-342) 참조.
11) 정재황, 신헌법입문(제2판), 박영사, 2012, 27-28면 참조.

(3) 헌법의 존재 형식의 변경

1) 헌법의 제정과 개정

성문헌법이든 불문헌법이든 존재하지 않던 헌법을 만드는 것을 헌법의 제정이라고
한다. 사실 앞서 살핀 것과 같이 불문헌법의 경우 헌법의 제정이라고 할 만한 통일된 법
형성행위의 계기가 명확하지 않은 반면 형식적 헌법인 성문헌법의 경우 헌법의 제정은
중요한 정치적·법적 의미를 가진다. 우리의 삶이 영위되는 국가와 사회의 기본질서가
새롭게 구축되는 것이기 때문이다. 특히 당위(ought to be[sollen])를 다루는 규범학인 헌
법학에서는 존재(be[sein])를 다루는 사실학인 정치학 등 사회과학과는 달리 새로운 질서
의 정당성(legitimacy)을 중시하기 때문에 헌법의 제정이 정당한 주체에 의하여 이루어졌
는지를 매우 중요한 근본적 문제로 본다. 즉 헌법을 제정할 수 있는 권위 혹은 지위를
의미하는 헌법제정권력을 누가 가지고 그 성격이 무엇인지가 고전적인 쟁점이었다.

헌법제정권력의 개념은 근대시민혁명의 상징인 프랑스혁명이 한창이던 1789년에
시에예스(Emmanuel-Joseph Sieyès) 신부가 '제3신분이란 무엇인가'(Qu'est-ce que le
tiers-état?)라는 팜플렛을 통해 시민계급이 혁명의 주체이고 새로운 질서를 창설하는 '형
성하는 권력'(pouvoir constituant, constituent power)을 가지며 이 권력에는 아무런 한계가
있을 수 없음을 정당화하면서 제시되었다.

한편, 헌법의 존재 형식에 변화를 주는 것을 헌법의 개정이라고 한다. 헌법이 아무
리 개방적 형식을 가지는 살아있는 규범이라고 하더라도 영구히 동일한 형식으로 존재
할 수 있는 것은 아니다. 인간과 그 공동체는 끊임없이 변화하는 것을 본질로 하고 있기
때문이다. 그러나 헌법의 개정은 헌법의 제정과 달리 헌법의 고유한 정체성을 훼손하지
않는 범위 내에서 헌법이 정한 절차에 따라 이루어져야 한다. 만일 헌법의 정체성에 변
화를 초래한다면 이것은 새로운 헌법의 제정을 의미하게 되기 때문이다. 따라서 헌법의
개정은 기존 질서의 토대 위에서 기존 질서의 핵심적 요소를 유지하면서 시대변화에 반
응하여 헌법의 존재형식과 내용을 바꾸는 것이기 때문에 헌법을 개정할 수 있는 헌법개
정권력은 '형성된 권력'(pouvoir constitué, constituted power)이며, 헌법제정권력과는 그
개념과 본질이 구분된다.

우리나라의 헌법학계에서는 헌법제정권력도 자연법적 한계가 있다거나 규범적 한계
는 없으나 헌법의 본질이나 국민의 자발적 동의와 지지에 의한 사실상 한계는 있다고
보는 견해가 지배적이다. 그러나 헌법제정권력과 같이 '형성하는 권력'의 개념 자체는 규
범적 한계를 인정할 수 없고 국민의 자발적 동의와 지지는 그 자체가 헌법제정권력의

실체를 형성하는 것으로 이것을 한계라고 보는 것은 그 실체를 제대로 반영하지 못한 것이다. 헌법제정권력을 인권의 존중이나 민주공화이념을 존중하는 방향으로 행사하도록 하는 것은 오로지 그 권력의 주체가 스스로 결정하는 것이며 그 방향이 옳다고 생각한다면 이런 옳은 생각과 의지를 가지도록 동료국민들을 설득해서 헌법정치(constitutional politics)[12]를 그런 방향으로 실현해야 하는 것이지 법적 개념의 속성을 오해하도록 변형시키는 것은 논리적으로 타당하지 않고 헌법현실적으로도 현명하지 못한 접근이다. 뒤에서 헌법의 이해와 실현의 차원에서 옳은 헌법의 규범력을 유지하기 위한 헌법의 수호를 다루면서 다시 검토하겠지만 혁명권이나 저항권과 같은 무제약의 권리이자 권한은 이처럼 주권이나 헌법제정권력과 같은 무제약적 권력개념과 연계되어 있다.

2) 경성헌법과 연성헌법

어떤 조건에서 헌법의 형식을 바꿀 것인지는 고도의 정치적 결단이 필요한 사안이다. 따라서 헌법의 개정을 손쉽게 일반법률과 같은 방식으로 할 수 있어야 한다는 입장(연성헌법주의)과 헌법은 일반법률보다 엄격하게 통제된 방식으로만 개정되어야 한다는 입장(경성헌법주의)이 대립하고 있다. 연성헌법의 사례로는 독일과 같은 경우 의회에서 법률의 형식으로 '기본법'(Basic Law)이라고 불리는 헌법을 개정하는 사례[13]가 있고, 경성헌법은 우리나라와 같이 국회 재적의원 3분의 2의 의결과 국회의원 선거권자 과반수의 투표 및 투표자 과반수의 찬성(헌법 130조① 및 ②)을 요구하는 경우가 있다.

앞서 소개한 신행정수도건설특별법 사건에서 헌재의 다수의견은 경성헌법주의를 내세워 관습으로 형성된 관습헌법도 경성헌법의 엄격한 개정절차를 거쳐야만 개정될 수 있다고 보았다(헌재 2004. 10. 21. 2004헌마554 등, 판례집 16-2하, 1, 6). 논리적으로는 오히려 경성헌법주의를 채택한 성문헌법체제에서는 성문헌법과 같은 효력을 가지고 더군다나 경성헌법 개정의 절차로만 개정될 수 있는 관습헌법의 존재를 쉽게 인정해서는 안될 것이다.

3) 헌법의 변천

한편 헌법의 존재 형식은 그대로이지만 그 내용과 의미가 변화하는 경우가 있고 이

---

12) 예일 로스쿨 브루스 예커먼(Bruce Ackerman) 교수는 헌법의 정체성에 연계된 정치공동체 전체의 공동선과 관련한 정치를 의미하는 '헌법정치'와 다원사회에서 정당과 같이 개별 부분사회의 이익경쟁에 기반하여 이루어지는 '일상정치'(ordinary politics)를 구별하고 있다. Bruce Ackerman, *We the People: Foundations*, Belknap Press of Harvard University Press, 1991, pp. 12-13, 261-262, 265면 참조.

13) 이 경우에도 일반법률보다는 엄격한 가결정족수(연방의회와 연방참사원 재적의원 3분의 2의 찬성)를 요구한다는 점에서 완전한 연성헌법은 아니다(독일연방공화국 기본법 제79조 참조).

를 헌법의 변천(變遷)이라고 한다. 사실 경성헌법과 연성헌법의 차이는 양자택일의 문제라기보다 헌법의 존재 형식과 내용 사이의 관계를 어떤 조건에서 결정할 것인가의 문제이다. 헌법의 개정이 어려운 경성헌법의 경우 시대의 변화에 따라 헌법규정의 내용이나 의미의 변화 또한 수용해야 할 필요성이 클 것이고 반대로 헌법의 개정이 상대적으로 쉬운 연성헌법의 경우 헌법변천을 허용할 필요성은 크지 않고 헌법개정의 방식으로 헌법의 존재형식을 바꿀 것을 기대하는 것이 바람직할 것이다.

헌법변천이 주로 이루어지는 방법이 헌법해석이다. 헌법의 규범적 의미를 구체적 사안과 조건에 결부하여 해석하여 적용하는 과정에서 헌법이 원래 형성될 때 미처 염두에 두지 않았던 내용이나 당시에는 국민의 지지와 동의를 확보하였으나 사회변화의 결과 그러한 지지와 동의를 상실하게 된 경우 헌법해석을 통해 헌법의 내용으로 새로 포섭되거나 배제될 수 있다. 원론적으로는 헌법해석 등의 방법을 통해 헌법변천을 이루는 것이 형식적 헌법, 즉 성문헌법의 특성상 도저히 용납하기 힘든 상황에 이르는 경우 헌법개정이 필요한 시점이라고 할 수 있다. 현실적으로 헌법변천의 허용조건이나 그 한계를 어느 수준에서 어떻게 설정할 것인지가 주요한 헌법적 과제라고 할 수 있다.

II. 헌법 이해와 실천의 방법

1. 헌법의 해석

(1) 헌법해석의 의의와 종류

앞서 살펴보았듯이 헌법은 인간으로서의 존엄과 가치 및 행복을 추구할 권리를 가지는 개인들이 불가침의 기본적 인권에 기초하여 민주적 자치의 과정에서 공동의 목적을 달성하기 위해 만드는 국가공동체의 근본규범이다. 즉 헌법은 국가와 사회의 기본법으로 국민생활의 최고도덕규범이자 정치생활의 가치규범으로 기능하여 정치와 사회질서의 지침을 제공한다. 도덕규범이자 가치규범으로 구성원과 국가권력의 행위지침이 되기 위해서는 그 의미와 내용이 확정되는 것이 우선이다. 이처럼 헌법의 의미와 내용을 명확히 하는 것이 헌법해석이다.

헌법해석은 유권해석과 무권해석으로 종종 구분된다. 유권해석은 법적 효과를 수반하는 헌법해석으로 입헌국가에서 모든 국가기관은 헌법에 의하여 부여받은 권한과 의무를 행사하고 이행하기 위하여 우선적으로 헌법을 해석하는 것이 당연히 전제되고 이 해석은 헌법과 법률에 어긋나지 않는 한 유효하게 국민생활에 적용된다. 한편 무권해석은 이처럼 헌법에 의하여 국가권력을 직접 행사하는 경우에 이루어지는 해석은 아니지만 사회생활의 과정에서 일반인이 하게 되는 해석이다. 특히 법학자나 법조인이 헌법해석을 하는 경우를 학리해석이라고 하는데 전형적인 무권해석이라고 할 수 있다. 무권해석도 유권해석에 직·간접적 영향을 줄 수 있기 때문에 헌법해석에서 중요한 기능을 하게된다. 국가기관이 유권해석을 위해 법전문가나 일반시민의 의견을 수렴하거나 자문을하는 경우가 그 예이다.

헌법해석의 주체와 관련한 이와 같은 분류에서 두 가지 점을 유의할 필요가 있다. 우리나라의 헌법에서 주권자이자 헌법제·개정권력자인 국민은 유권해석의 권한이 있는가이다. 법논리적으로 보면 주권자인 국민은 개인으로서의 국민이 아니라 정치과정에서 다수결에 의해 결정된 결과를 의제하는 이념적 통일체이고 현행 헌법상 국민투표를 통해 헌법개정과 대통령이 부의하는 국가중요정책에 대한 의사를 표명할 뿐만 아니라 핵심국가권력인 국회와 대통령을 직접 선거를 통해 구성하는 권력자이다. 따라서 이런 통일체적 법적 지위를 가지는 경우 국민이 유권헌법해석을 할 수 있다고 논리구성을 할수도 있다. 그러나 이는 이념형적 의제에 불과하고 현실적으로는 정치적 표현의 자유와 정치참여권을 기본적 인권으로 향유하는 개인으로서의 국민의 여론(형식적으로는 무권해석)이 국가기관의 유권해석에 영향을 주는 것이 일반적이다. 만일 나름의 헌법이해에 기반한 국민의 여론을 소홀히 하는 국가기관의 헌법해석은 궁극적으로는 국민의 지지와 동의를 받지 못하여 그 규범력과 효과성의 저하를 감수할 수밖에 없을 것이다. 결국 헌법해석은 유권해석과 무권해석이 종합적으로 소통하는, 즉 국가기관 사이, 국가기관과 국민 사이의 지속적인 헌법이해와 실천이 교차하는 동태적 과정이다. 동태적 헌법해석을 통해 헌법의 특성인 역사성·동태성·정치성이 구현되고 시대상황에 대응하는 헌법변천이 이루어지기도 한다. 헌재가 적절히 설파하고 있듯이, "헌법의 해석은 헌법이 담고 추구하는 이상과 이념에 따른 역사적, 사회적 요구를 올바르게 수용하여 헌법적 방향을 제시하는 헌법의 창조적 기능을 수행하여 국민적 욕구와 의식에 알맞는 실질적 국민주권의 실현을 보장하는 것이어야 한다."(헌재 1989. 9. 8. 88헌가6, 판례집 제1권, 199, 207).

또한 유권해석과 관련하여 동일한 헌법조항을 두고 국가기관 사이의 해석이 충돌하는 경우 처리방법이 문제된다. 우리나라와 같이 헌법분쟁을 재판과정을 통해 해소하는 위헌법률심판이나 헌법소원제도 등 헌법재판제도를 도입하고 그 특임기관으로 헌법재판소라는 독립헌법기관을 설치하고 있는 경우 헌법재판소의 헌법해석이 당해 사안과 관련하여 최종적 효력을 가지게 되는 것이 당연하다. 헌법에 위배되는 입법이나 행정권 및 사법권의 행사는 무효가 되는 것이 원칙이기 때문이다.

　　그렇다면 이 헌법재판소의 헌법해석이 시대착오적이어서 국민적 지지와 동의를 받지 못하여 제대로 실행되지 못하는 경우는 어떠한가? 원칙적으로 헌재의 해석은 재판의 대상이 된 당해 사안과 관련하여 최종적 효력을 가지고 다른 국가기관을 기속한다(예컨대 헌법재판소법 47조①이나 75조① 참조). 그러나 헌재의 헌법해석에 따른 결정을 준수하고 같은 국가권력의 행사를 반복하지 않아야 한다는 기속력은 헌재의 헌법해석이 가지는 논증력과 설득력에 대한 국민적 신뢰와 지지가 없다면 제대로 효과를 발휘하기 힘들다. 헌법재판은 원칙적으로 강제적 집행력을 수반하지 못하고 다른 국가기관의 자발적 복종에 의존할 수밖에 없는데 주권자인 국민의 지지를 받아 국가기관이 불복종하는 경우 별다른 통제수단이 없기 때문이다. 바로 이 지점에 헌법재판의 기능적 한계의 문제가 발생한다. 헌재는 다른 국가기관의 헌법해석을 무효로 할 수 있는 권한의 행사가 국민주권원리나 권력분립의 원리 등 헌법의 기본원리를 최대한 존중되는 범위 안에서 행사되도록 최대한 신중하게 또한 국민적 지지와 동의를 얻을 수 있는 탄탄한 논증과 현실적 설득력을 갖추어 절제된 방식으로 행사해야 하는 내재적 한계를 가진다. 결국 입헌민주공화제는 주권자인 국민과 국가권력 사이의 견제와 균형이 효과적으로 작동하는 정치체제이고 헌법해석도 이러한 헌법의 체계와 구조 속에서 동태적으로 작용하는 대화적 과정으로 이해되고 실천되어야 한다.

(2) 헌법해석의 방법

　　일반적으로 법은 언어로 형성되기 때문에 언어와 문법체계에 의한 문리적 해석에서 출발할 수밖에 없다(원칙으로서의 문리적 해석). 그러나 언어 자체의 불완전성이라는 구조적 한계 외에도 복잡다단한 사회현상을 포섭하여 법적 의미관계를 확정해야 하는 법의 기능적 속성상 문리적 해석만으로는 법의 온전한 역할과 효과를 기대할 수 없다. 특히 헌법은 다른 법에 비하여 가치지향성·정치성·역사성·동태성이라는 특성이 강하고 법형식 자체도 개방적 형식의 부분이 많기 때문에 문리적 해석은 헌법해석의 출발점 이상의 의미를 가지지 못하는 경우가 오히려 더 일반적일 수도 있다. 결국 다양한 법해석방법론에 의해 문리적 해석을 보완하거나 대체하는 것이 불가피하다.

　　우선 헌법을 제정한 당시 시점의 입법자의 의사와 입법목적을 통해 문리적 해석을 보완하는 방법이 있다(주관적·역사적 해석). 헌법제·개정 당시 회의록이나 논쟁사료 등이 헌법해석에서 중요한 근거로 작용하는 해석방법이다. 미합중국에서 특히 헌법해석의 주요한 방법론으로 채용되어 왔으나 헌법제·개정 과정이 절대권력자 중심으로 폐쇄적·

일방적으로 이루어지거나 졸속으로 이루어지면서 사료를 제대로 남기지 않은 우리나라
의 헌정사적 특성 때문에 주관적·역사적 해석의 활용도는 상대적으로 낮다.

두 번째로 문리적 해석을 보완하는 방법은 헌법의 통일성을 전제로 헌법 전체의 체
계를 배경으로 다양한 조문들을 연계시켜 종합적으로 해석하는 방법이다(객관적·체계적
해석). 주관적·역사적 해석의 활용도가 낮은 우리나라 헌법의 특수조건에서 활용도가
상대적으로 높은 해석방법이다.

세 번째는 헌법이 이념과 원리 및 제도로 이루어진 체계라는 특성을 고려하여 헌법
의 기본이념이나 원리를 활용하여 문리적 해석이나 객관적·체계적 해석을 보완하거나
독자적으로 헌법조항의 의미를 확정하는 방법이다(목적론적 해석). 가치지향성과 정치성
이 강한 헌법의 특성상 목적론적 해석이 다른 일반법보다 활용 가능성이 높다.

이외에도 다른 나라의 헌법 규정이나 해석사례를 통해 헌법을 해석하는 비교법적
해석이나 정치사회적 헌법현실에 대한 실증적 분석을 통해 헌법해석에 활용하는 정치적·
사회학적 해석도 가능하나 법규범 해석론으로서의 정합성이 떨어져서 독자적 해석으로
는 활용가능성이 낮으며 객관적·체계적 해석이나 목적론적 해석과 병행하여 활용될 수
있다.

2. 헌법의 수호

(1) 헌법수호의 의의

헌법수호는 헌법이 명목적이거나 장식적 수준으로 전락하지 않고 규범적 헌법의 수
준을 유지하기 위하여 헌법의 규범력을 훼손하고 헌법을 침해하는 행위를 사전적으로
예방하거나 사후적으로 치유하는 것을 의미한다. 헌법은 국가와 사회의 기본법이고 국
제질서에서 국가의 독립성을 확인하는 기준이므로 그 규범력이 확보되는 것이 어느 법
의 경우보다 필수적이다. 헌법의 규범력이 확보되지 아니할 때 입헌국가라거나 민주공
화국이라 할 수 없다.

비교헌법학자인 뢰벤스타인(Karl Loewenstein)은 세계 각국의 헌법을 규범적 헌법
(normative constitution), 명목적 헌법(nominal constitution), 장식적 헌법(semantic constitution)
으로 구별한 바 있다.14) 실질적으로 헌법이 규범력을 발휘하는 헌법은 규범적 헌법인
반면 명목적 헌법은 헌법현실이 헌법규범을 제대로 반영하지 못하고 있지만 그 간극이

---

14) 칼 뢰벤스타인 저, 김효전 역, 비교헌법론, 교육과학사(1991) 참조.

좁혀져서 규범적 헌법으로 진화할 여지가 있는 경우이고, 장식적 헌법은 헌법이 문자적 의미만으로 존재하고 전체주의체제의 실질을 가지는 헌법현실을 은폐하는 수단으로서만 기능하는 경우이다.

우리나라의 헌정사는 1948년 제헌헌법 이래 명목적 헌법의 수준에서 1972년 소위 유신쿠데타에 의해 유신헌법이 제정되면서 장식적 헌법의 수준으로 전락하였다가 다시 명목적 헌법의 수준을 회복하고 결국에는 1987년 6월항쟁을 계기로 현행 헌법을 제정한 이후 평화적 정부교체 등을 지속적으로 이루어오고 최근에는 현직 대통령을 국정농단에 따른 헌법위반을 이유로 탄핵하기까지 하면서 규범적 헌법으로 발전해 왔다.

우리 헌정사에서 보듯 헌법 침해의 위협은 입헌국가에서 유일하게 법적 강제력을 동원할 수 있는 국가권력이나 물리력을 기반으로 하는 군대에 의한 경우가 일반적이다. 우리 헌정사의 경우에도 5.16군사쿠데타나 12.12군사반란에 뒤이은 5.17군사쿠데타가 헌정중단을 초래한 바 있고, 1971년 12월 27일 현직 대통령 주도로「국가보위에 관한 특별조치법」이라는 헌법초월적인 법률을 제정한 후 1972년 10월 17일 비상조치를 선언하여 헌법의 일부조항을 정지시키고 국회를 해산하는 한편 정당 및 정치활동을 중지시킨 상황에서 비상국무회의를 통해 법률이 아닌 대통령의 긴급조치로 국민의 기본적 인권을 제한할 수 있게 하고 입법·행정·사법 등 삼권에 우월하는 통일주체국민회의라는 주권행사기관을 두고 그 의장을 대통령이 맡아 국정을 통할하는 독재헌법을 만든 것이 소위 '유신헌법'이라는 장식적 헌법이다.

(2) 헌법수호의 내용과 방법

1) 헌법수호의 내용과 종류

헌법의 규범력을 확보하기 위한 헌법수호는 넓은 의미의 개념과 좁은 의미의 개념으로 구분될 수 있다.

넓은 의미로는 모든 헌법사항에 대한 절대적 보호를 의미하여 입헌민주공화헌법의 핵심내용을 구성하는 기본적 인권의 보장이나 민주공화적인 정치제도의 운용과 관련하여 헌법의 규범력이 항상 관철될 것을 기대하는 개념이다. 예컨대 헌법을 잘못 해석하여 헌법조항이나 원리에 어긋나는 국가권력의 발동, 즉 입법이나 법집행이 있는 경우 이를 시정하는 일반사법작용이나 위헌법률심판이나 헌법소원심판과 같은 전형적인 헌법재판작용은 넓은 의미의 헌법수호에 해당한다.

한편 좁은 의미의 헌법수호는 이러한 일반적 헌법사항이 아니라 헌법의 정체성과 관련된 헌법의 핵심을 이루는 결단이나 가치질서 혹은 그 기반을 이루는 헌법체제 전체에 대한 근본적 위협으로부터의 보호이다. 예컨대 '민주적 기본질서'에 위배되는 목적과 활동이 문제된 정당을 해산하는 특별한 헌법재판(헌법 8조④ 및 111조① 3호)이나 국가권력이 헌법의 정체성을 구성하는 근본질서를 구조적으로 침해하는 경우 주권자인 국민이 입헌민주공화체제를 회복하기 위하여 폭력적 수단까지 포함한 모든 수단을 동원하여 현실 국가권력에 대항하는 저항권을 행사하는 경우이다.

2) 합헌적 법률해석 · 적용 의무

넓은 의미의 헌법수호를 위한 기본적 전제는 헌법에 의한 지배라는 입헌국가의 기본가치에 충실할 수 있도록 헌법의 규범력을 온전히 반영하는 헌법해석 · 적용을 기초로 국가권력이 행사되는 것이다. 특히 입헌민주공화헌법의 기본원리인 법치주의나 법의 지배는 헌법뿐만 아니라 이를 구체화한 법률이 국민생활과 정치생활의 기본적 지침이 되므로 법률을 헌법 규범력의 범위 내에서 제정하고 실행하는 것이 헌법실현에 매우 긴요하다. 따라서 모든 국가기관이 헌법과 법률에 의해 부여된 권한을 행사하기 전에 법률을 해석함에 있어 위헌적 해석의 가능성을 최대한 배제하고 최대한 헌법정신에 부합하게 헌법합치적 해석을 할 수 있도록 노력한다면 헌법의 규범력은 안정적으로 확보될 수 있게 될 것이다. 합헌적 법률해석 혹은 헌법합치적 법률해석은 법률해석 · 적용과 관련한 헌법적 의무나 법률해석의 헌법합치여부를 위해 헌법해석 또한 결부되어야 하므로 헌법해석과 실천의 차원에서도 중요한 의미를 가지는 헌법수호의 전제이다.

구체적으로는 입법자는 국가정책을 법률로 제정할 때 헌법에서 제시된 이념과 기본원리 및 제도, 국가목표를 최적화할 수 있도록 노력하여야 할 뿐만 아니라 특히 이러한 헌법이 정한 가치질서를 벗어나지 않도록 유의해야 한다. 법률의 해석 · 적용하여 국민을 대상으로 집행하는 행정권과 사법권을 행사하는 경우에도 법률의 해석 · 적용이 헌법이 설정한 한계를 벗어나지 않도록 최대한 신중해야 한다.

합헌적 법률해석은 특히 헌법재판과 관련하여 중요한 의미를 가진다. 헌법재판은 헌법의 규범력을 다양한 국가작용에서 관철하는 재판작용이고 특히 국가작용의 근거인 법률의 효력유무를 결정하게 된다. 만일 불특정 다수의 사안에 대해 적용되는 일반성 · 추상성을 특질로 하는 법률이 한 가지 이상의 의미로 해석될 여지가 있는 경우, 특히 합헌적 해석과 위헌적 효과를 가진 해석이 병존하는 경우 위헌적 해석은 회피되어야 하는 것이 당연하다. 예컨대, 법관이 주재하는 재판에서 적용할 법률의 특정한 해석이 합헌적 해석과 위헌적 해석이 병존하는 경우 법관은 합헌적 해석을 통해 그 법률의 효력을 유지시키고 위헌적 해석의 여지를 배제하여야 한다. 만일 위헌적 해석의 가능성이 압도적이어서 합헌적 해석의 여지가 협소한 경우 위헌여부에 대한 심판을 헌재에 제청하여 그 결과에 따라 재판하게 된다. 이 경우 헌재는 위헌적 효과를 가져 올 해석의 여지를 제거하고 당해 법률이 합헌적 해석에 의해 그 효력이 유지가능하다고 판단한 경우 스스로 발전시켜 온 위헌결정의 종류인 한정위헌 혹은 한정합헌 결정을 통해 법률의 법문을 형식적으로 그대로 유지하면서도 실질적으로 특정한 법률해석은 헌법에 위반된다거나 혹은 헌법에 위반되지 아니한다고 결정할 수 있다.15)

헌재는 이러한 합헌적 법률해석의 근거를 권력분립과 입법권을 존중하는 정신에서 찾는다(헌재 1989. 7. 14. 88헌가5등, 판례집 1, 69, 86). 이러한 합헌적 법률해석이 문의적 한계와 법목적에 따른 한계를 벗어나지 않도록 유의해야 함은 헌법의 규범력 확보나 법치주의의 원리에 비추어 자명하다(헌재 1989. 7. 14. 88헌가5등, 판례집 1, 69, 86).

Ⅲ. 헌법 이해와 실천의 구조와 목적

(1) 헌법 이해와 교육의 영역분류

헌법을 인간의 존엄과 가치를 가지는 개인의 자유와 권리의 보장과 민주공화적 자치라는 두 가지 근본가치와의 관련성을 중심으로 이해하면 헌법을 이해하고 연구하며 활용하는 과제는 세 부분으로 구분할 수 있다.

첫 부분은 기본적 인권의 보장과 민주공화적 자치라는 두 가지 근본가치를 실현하기 위해 성립되는 공동체의 구성과 유지에 관한 기본적인 요소와 일반적인 제도에 관한 부분이다(헌법총론). 우리가 앞서 다루었던 헌법의 개념과 의의, 본질과 특성, 연구방법론, 기본이념과 그 실현과제, 헌법의 핵심규율대상인 국가의 구성요소와 기본원리, 헌법의 보장 등을 다룬다.

두 번째 부분은 입헌주의 혹은 민주공화주의를 이념으로 하는 가치지향적이며 역사실재적인 대한민국 헌법이 추구하는 핵심가치인 개인이 가지는 불가침의 기본적 인권의 종류와 그 제한과 보장의 기본체계에 관한 부분이다(기본권론). 기본권론에서는 이러한 기본적 인권의 보장체계를 기본적 인권의 의의와 역사적 발전, 분류, 주체, 대상, 제한과 한계, 보장방법 등으로 나누어 살피게 된다. 아울러 인권 보장의 전제를 이루는 국민의 기본적 의무도 같이 고찰된다.

---

15) 대법원은 법적 근거가 없다는 논거 등을 내세워서 한정위헌 들 한정결정을 위헌결정의 종류로 인정하지 않는 태도(예컨대, 대법원 2001. 4. 27. 선고 95재다14 판결)를 보이고 있으나 위헌법률심판권을 헌법이 명문으로 헌재에 부여하고 있는 체제에서 설득력이 약하다.

마지막으로 세 번째 부분은 기본적 인권의 보장을 위해 헌법이 창설하는 국가권력의 구성 및 그 운용방식과 절차에 관한 부분이다(권력구조론, 통치구조론 혹은 정치제도론). 권력구조 형성의 원리에 따라 개별 국가권력이 구체적으로 어떻게 구성되며, 어떤 권한을 가지고, 어떤 절차에 따라, 다른 국가권력과 국민과 어떤 관계를 맺으며 작용하는지를 다룬다.

(2) 헌법 교육의 목적

역사적 산물로서 헌법을 이해하고 헌법의 대상영역이 국가영역뿐만 아니라 사회영역까지 포섭하는 것으로 이해하는 것은 헌법에 대한 계몽이 왜 필요한가라는 질문에 대한 기본적인 목적을 제시한다는 점에서 특별한 의미를 가진다.

우리나라에서 헌법은 법과대학이나 법학전문대학원의 교과목이거나 입신출세의 수단이 되는 각종 공무원시험의 기본과목으로서의 의미가 많이 부각되는 경향이 있다. 이런 현상은 주객이 전도된 것이다. 헌법이 법학교육기관의 기본교과목이며 국가공무원 특히 법률가의 자격을 부여하는 시험의 핵심과목인 이유는 이 국가기본법이 모든 사회생활의 법률적 인식의 기초가 되기 때문이지 그 과목들이 시험과목이기 때문에 중요한 것이 아니다. 즉 헌법이 역사적 존재들인 우리의 정치생활과 사회적 생활의 기본적인 지침을 제공하여 우리네 삶의 근본조건을 형성하여 주는 것이므로 헌법공부는 우리의 삶을 알차고 올바르게 영위하는 것과 직결되기 때문이다. 좀 더 구체적으로 살피자면, 헌법공부는 학습자가 일반사회인을 지향하는 경우 공동체에서 개인들이 가지는 지위와 역할을 분명히 하고 그 운영의 기본원리를 습득하는 기회를 제공하여 국민윤리 혹은 시민교육의 전제가 되고, 학습자가 법전문가를 추구하는 경우 공동체생활의 질서화를 목적으로 하는 여러 법의 근거와 효력을 부여하는 헌법에 대한 기본적인 이해를 제공함으로써 법학교육과 법실무의 기초가 된다.

헌법공부가 국민교육 혹은 시민교육의 전제가 된다는 것은 이미 대학입학 이전의 초급 및 중급교육과정의 일반사회과목의 과제로 헌법의 기본적 내용이나 기초지식들이 가르쳐지는 현실에서 확인된다. 우리 공동체는 어떻게 구성되고 어떻게 운영되며 그 공동체의 구성원으로서 개인들은 어떠한 권리와 의무를 향유하고 부담하는지를 배우는 것이다. 헌법공부가 법학교육과 법실무의 기초가 되는 것은 특히 법학교육기관의 기본과목으로 가장 먼저 강의가 개설되는 과목이 헌법이라는 점에서 확인된다. 법과대학이나 법학전문대학원의 대부분의 교과목은 헌법의 수권에 의하여, 헌법에 내재하는 법원리를 벗어나지 아니하는 범위 내에서 국민의 대표자로 구성된 입법부가 제정한 법률에 대한 연구와 학습을 기본내용으로 한다. 달리 표현하자면 민법이나 형법 등 개별 법률들은 헌법을 구체화하는 법규범이라고 할 수 있다. 공동체의 기능적 분할구도에 따라 법의 체계를 구분하는 전통적 시각에 따르면 헌법은 공법에 속하고 헌법의 구체화법은 행정법밖에 없는 것으로 이해하려는 경향이 있었으나 오늘날 헌법을 국가와 개인 사이의 관계뿐만 아니라 개인과 개인 사이의 관계에 대한 규범으로 이해하려는 새로운 시각에 따르면 민법을 비롯한 사법들도 헌법적 가치와 원리를 구체화하는 법률들이다. 따라서 헌법적 가치와 원리에 위반하는 내용의 법률은 위헌법률심사제에 의해 효력을 상실시키는 것이 오늘날의 일반적인 추세이다. 따라서 이들 법률의 학습과 적용은 그 근거를 이루는 헌법의 목적과 원리와 항상 유기적으로 결합하여 이루어져야 한다.

대한민국 헌법의 기본구조와 국가의 구성

I. 헌법의 구성과 헌법학의 과제

입헌민주공화주의를 기본체제로 하는 대한민국 헌법은 국민국가적 공동체의 구성과 운영에 관한 기본적인 사항을 전문, 제1장에서 제10장에 이르는 본문, 6개조로 구성된 부칙에 편재하여 규정하고 있다.

1. 헌법전문과 헌법의 정체성(identity)

헌법전문이 국민국가적 공동체로서의 ① 대한민국이 지향하는 기본적 가치와 원칙뿐만 아니라 ② 역사적 실재로서의 대한민국 현행헌법이 제정된 과정과 ③ 그 형성의 주체를 선언하고 있다. 전문과 관련하여 특히 주목할 것은 헌법의 본질에 관한 정체성이다.

장문의 한 문장으로 구성된 전문은 유구한 역사와 전통에 빛나는 대한국민이 "조국의 … 평화적 통일의 사명에 입각하여", "민족의 단결을 공고히 하"기 위해 헌법을 제정하고 개정함을 선언함으로써 헌법제정권력과 개정권력의 주체임을 확인한다. 이로써 헌법 제9조와 제69조에서 국가의 기본과제로 "민족문화의 창달"을 제시하는 것과 더불어 대한민국의 헌법적 정체성이 민족(ethnos)에 기반한 운명공동체임을 확인한다. 물론 이러한 정체성은 같은 전문에서 "모든 사회적 폐습과 불의를 타파"하고, "자율과 조화를 바탕으로 자유민주적 기본질서를 더욱 확고히"하며, "정치·경제·사회·문화 모든 영역에 있어서 각인의 기회를 균등히" 한다는 기본가치의 천명으로 보완된다. 즉 대한민국 헌법의 정체성은 폐쇄적 민족국가가 아닌 민주공화주의에 입각한 개방적이고 보편적 가치에 충실한 운명공동체로 재해석되어야 한다. 이런 개방적·보편적 헌법 정체성은 국가형태를 민주공화국으로 선언하는 것과 개인의 기본적 인권을 확인하고 보장하는 것이 국가의 존립이유임을 선언하는 헌법 제1조나 헌법 제10조 등 헌법의 핵심조항들과 조화롭게 해석한 결과이기도 하다.

2. 헌법총강과 국가형태

본문의 제1장 총강은 국민국가적 공동체로서의 대한민국의 기본적 구성원리와 제도 및 목적을 규정하고 있다.

모두 9개의 조문으로 구성된 총강은 대한민국의 기본질서가 민주공화체제에 입각하고 있음을 압축적으로 보여준다. 우선 제1조 1항에서 민주공화국의 국가형태를 선언하고 2항에서 민주공화주의의 핵심원칙인 국민주권주의를 명시적으로 선언하는 반면, 대의민주주의는 "모든 권력은 국민으로부터 나온다"로 암시적으로 확인되고 있다. 권력구조에 관한 다른 장들과 함께 체계적으로 해석할 때 대한민국의 국민주권주의가 대의민주제적 방식으로 구현되는 결단을 확인할 수 있다. 따라서 제1조 2항은 국가형태의 핵심원리인 국민주권주의가 권력구조 형성의 기본원리인 대의민주주의와 권력분립주의로 구현되는 것으로 해석하는데 시금석인 규정이다.

다음으로 헌법 제1조는 또한 헌법에 의한 국가공동체 형성의 기본요소인 주권의 소재를 밝히고 있다는 점도 중요한 규범적 의의라고 할 수 있다. 이어지는 제2조와 제3조는 또 다른 구성요소인 국민과 영토에 대해 규정하고 있다. 제4조는 대한민국의 통일지향성과 자유민주적 기본질서에 입각한 평화적 통일 정책의 수립 및 추진이 대한민국이라는 헌법공동체가 다른 국민국가적 공동체와는 달리 분단체제의 현실에 기반하고 있음을 명시적으로 밝히고 평화통일이라는 특별한 헌법적 과제를 공동체 전체의 책무로 제시했다는 점에서 중요한 의미를 가진다. 국가의 구성요소에 대해서는 아래에서 따로 설명한다.

총강의 나머지 부분은 민주공화국의 구성에 필수적인 핵심제도를 규정하고 있다. 제5조에서 지구촌에 소속된 국민국가적 공동체로서 평화적 공존의 가치를 승인하고 이를 뒷받침할 물리적 기반에 관한 국제평화주의와 국군제도에 대해 규정하고 있다. 제6조는 국제평화주의 실현의 또 다른 전제인 국제법존중주의와 외국인의 보호에 관한 조항이다. 제7조는 민주공화국에서 민주주의와 법치주의를 조화롭게 구현하는 입헌적 민주공화주의에 필수적인 공무원조직의 기본원칙과 직업공무원제도를 근거지우고 있다.

제8조는 다원주의를 지향하는 현대 민주공화체제의 필수적인 결사가 된 정당에 헌법적 위상을 부여하여 그 보호에 관한 특별한 절차로 국고보조금제도와 정당해산제도를 도입하고 있다. 제9조는 대한민국이라는 민주공화국이 문화공동체이기도 함을 확인하고 그 기반이 전통문화 및 민족문화와 조화를 이루어야 한다는 원칙을 제시하고 있다. 앞서 전문에서의 헌법정체성과 관련한 언급에서 확인한 것과 같이 이 조항은 개방적이고 보편적 가치에 충실한 헌법공동체의 지향가치와 조화를 이루어야 하고 문화적 다양성을 부정하는 폐쇄적 방향으로 오독되지 않도록 유의해야 한다.

3. 제2장과 국가형성의 목표인 국민의 기본적 인권의 보장

본문의 제2장은 국민의 기본적 권리와 의무를 규정하여 국민의 정치생활과 사회적 생활의 기초를 제공하고 있다. 즉 국민과 국가의 관계에서 국민이 목적이고 국가는 수단의 관계에 있음을 분명히 하는 가치지향성을 확인하는 부분이 제2장이다. 또한 국민과 국가의 관계가 기본적 인권이라는 권리의무관계로 형성되어 있음을 확인하여 입헌국가적 공동체의 기본요소인 사회영역과 국가영역의 기능적 분화구조를 보여주는 부분이기도 하다. 나아가 국민이 이념적 통일체로서 국가영역의 정점을 이루는 것에 실질적 정당성을 제공하는 것은 인간의 존엄과 가치 및 행복추구권을 향유하는 개인으로서의 국민임을 규범적으로 확인하는 부분이기도 하다.

국민의 권리와 의무라는 표제로 된 제2장은 크게 두 부분으로 분류할 수 있다. 국민의 권리와 관련한 부분과 국민의 의무에 관한 부분이다. 전자는 제10조부터 제37조까지, 후자는 제38조와 제39조로 구성된다.

국민의 권리에 관한 부분은 또 세 부분의 체계로 이루어져 있다. 첫 부분은 국가형성의 기본목표이면서 모든 기본적 인권의 원형이자 기본이념이기도 한 인간의 존엄과 가치 및 행복추구권을 국민이 향유함을 선언하고 이에 기반한 개인의 불가침의 기본적 인권 보장 의무를 확인한다(10조). 두 번째 부분인 제10조부터 제36조는 개별 인권들의 목록으로 구성되는 자유와 권리의 장전이다. 보통 이 장전은 시민적 자유에 관한 제10조부터 제22조 및 제23조,[16] 참정권에 관한 제24조와 제25조, 청구권적 인권에 관한 제26조부터 제30조, 사회권적 인권에 관한 제31조부터 제36조로 구성된다.

---

16) 제23조가 보장하는 재산권은 전통적으로 시민적 자유의 일종으로 이해되어 왔으나 현대 입헌주의의 발전과 함께 보호가 원칙이고 제한이 예외인 전통적 성격이 변형되어 그 내용과 한계가 법률로 정하여지도록 헌법에 규정되어 국가의 규제와 조정이 원칙인 인권으로 바뀌었기 때문에 특별한 이해가 필요하다.

세 번째 부분은 제37조이다. 그 1항은 헌법에 명시되지 아니한 이유로 국민의 자유와 권리가 경시되지 아니한다는 자명한 원리를 명문으로 거듭 확인하고 있다. 2항은 앞서 열거되거나 보장이 확인된 헌법상 자유와 권리도 일정한 조건 하에서 제한될 수 있다는 점, 그러나 그 제한에는 근본적인 한계가 있다는 점이 동시에 규정되어 있다. 이와 같이 기본적 인권의 보장체계의 기본요소를 헌법이 명문으로 일반조항으로 규정하고 있는 것이 우리 헌법의 특색이기도 하다. 법률로써 함부로 기본적 인권을 제한하는 방향으로 오용되면 기본적 인권의 보장에 역행하는 외견적 입헌주의나 형식적 법치주의로 전락하는 통로가 될 수도 있고 법률로도 제한할 수 없는 한계를 다양하게 잘 활용하면 실질적 입헌주의와 법치주의를 공고히 하는 보루가 될 수도 있다. 과잉금지원칙 혹은 비례원칙 등 기본적 인권의 제한입법의 헌법적 한계를 설정하는 법치주의의 파생원칙을 정립하여 온 그 동안의 역사를 돌이켜 보면 헌법 제37조 2항이 긍정적 선순환 구조에 정착한 것으로 평가할 수 있다.

4. 제3장과 의회주의

본문의 제3장에서 제8장은 국가권력의 구성과 활동에 대한 기본적인 사항을 규정하고 있다. 뒤에서 보다 자세히 설명하겠지만 권력구조는 그 형성과 운용에 관한 헌법의 기본원리와 이를 구체화한 개별 권력의 배분과 그 발동요건 및 절차에 관한 부분으로 작동한다. 특히 개별권력과 절차는 그 자체로 미시적인 해석과 적용의 논점이 있을 수 있지만 대개 기본원리의 지도하에 체계적 해석의 원칙에 따라 거시적 조정의 범위 안에서 해석되고 적용된다는 점에서 권력구조 이해의 관건은 기본원리의 내용과 그 배경을 잘 숙지하는 것이다. 또한 개별 국가권력의 구성과 운용에 있어서도 모든 제도와 권한 등을 파편적으로 이해할 것이 아니라 그 개별 국가권력의 본질을 중심으로 체계적이고 입체적으로 이해하는 것이 통일적이고 일관된 해석 및 적용을 가능하게 한다.

제3장은 민주공화체제에서 모든 국가권력 형성 및 발동의 출발점이 되는 법률제정권, 즉 입법권을 가지는 합의제 대의기관인 국회에 관한 장이다. 우리나라의 헌정사를 보면 입헌민주공화체제의 보편적 흐름에서 일탈한 권위주의시대의 헌법은 국회보다 국가원수라거나 행정권의 담지자인 대통령을 가장 먼저 편재하는 방식을 택한 것을 확인할 수 있다. 1972년 유신헌법이 대표적이다. 6월항쟁이라는 시민혁명적 계기에 따라 만들어진 현행 헌법은 민주공화주의 정신에 충실한 편재방식을 회복하고 있다는 점을 기억할 필요가 있다. 또한 국회에 관한 장은 헌법의 기본이념인 입헌주의(혹은 자유민주주의나 민주공화주의)의 핵심적 기본원리인 민주주의와 법치주의를 제1의 대의기관인 의회

라는 기관을 중심으로 재구성한 원칙인 의회주의 혹은 의회민주주의 원리를 중심으로 체계적으로 해석할 때 이해가 쉽다. 따로 구체적으로 설명하겠지만 의회주의를 구성하는 민주적 선거제도, 의사공개원칙과 토론 및 심의의 절차적 보장, 소수자를 보호하는 전제 위의 다수결주의, 효과적인 입법권과 국정통제권을 우리 헌법이 어떻게 구현하고 있으며 그와 관련된 권한과 절차는 어떻게 규정되어 있는지 잘 이해하는 것이 핵심과제이다.

5. 제4장과 한국형 대통령제의 특색

제4장은 국회에서 법률의 형식으로 결정된 국정과제를 국민에게 직접 집행하는 행정권을 가지는 정부에 관한 장이다. 행정권을 행사하는 국가권력을 정부라는 기관으로 부르는 것이 입법권과 사법권이라는 다른 국가권력을 아울러 사용될 수 있는 대한민국 정부의 개념과 혼동을 줄 수 있으므로 유의해야 한다. 그 이유가 어찌되었건 제헌헌법 이래로 이 명칭을 계속해서 사용해 왔다는 점에서 일상생활이나 정치과정에서도 혼동이 초래되지 않도록 그 용례가 정리될 필요가 있다.

정부는 대통령과 행정부로 구성되고, 대통령은 정부의 수반으로 행정부의 보좌를 받고 또 대개의 행정권의 행사는 행정부를 통해 이루어진다. 특히 미합중국의 경우와 달리 행정권이 수반인 대통령 1인에게 귀속되지 아니하고 대통령을 정점으로 수직적으로 배치되는 행정부를 통틀어 정부라는 집단조직체에 부여된다는 점도 주목할 필요가 있다. 행정권이 대통령 혼자 행사되는 것이 아니라 헌법이 설정한 집단적 의사결정과 집행과정을 통해 이루어지도록 설계되어 있다는 점은 보통 현행 정부형태를 과거 권위주의 시대의 정부형태와 혼동하고 민주화 과정에서 과도기적으로 답습된 잘못된 관행 때문에 '제왕적 대통령제'라고 부르는 일부의 평가와는 차이가 있다. 정부의 권력이 여전히 비대하고 국정농단과 같이 제왕적 대통령제의 현상이 있는 것은 사실이지만 헌법이 설정하고 있는 제도 자체를 제왕적 대통령제라고 비판하는 것은 타당하지 않다. 실제로 현행 헌법은 대통령의 국법상의 행위는 문서로 하고 국무총리와 관계국무위원의 부서를 요구하고 있을 뿐만 아니라 중요국정은 국무회의의 심의를 반드시 거치도록 되어 있어 대통령의 권한 행사 절차에 대한 통제장치를 마련하고 있다(헌법 82조 및 89조). 결정적으로 대통령은 정부조직권과 인사권 등에 있어 국회의 엄격한 통제를 받고 있다. 대통령은 행정권의 제2인자인 국무총리를 국회의 동의를 받아 임명할 수 있고 보좌기관이자 국정심의기관인 국무회의의 구성원이면서 행정을 직접적으로 관장하는 행정각부의 장의 임명자격이 되는 국무위원은 국무총리의 제청이 있어야만 임명할 수 있다(헌법 86조부터 88

조, 94조). 더구나 중앙행정기관인 행정각부의 조직과 직무범위는 국회가 법률로 정할 수 있다(헌법 96조).

정부에 관한 장을 이해하는 핵심 고리는 대통령의 헌법상의 지위이다. 위에서 설명했듯이 대통령을 정부의 수반으로 두면서도 행정권의 법적 귀속처를 집단적 조직체인 정부로 두고 있는 특색과 더불어 유신헌법시대와 같이 권위주의 시절 1인독재체제의 정치문화적 유산으로 말미암아 민주공화적 대통령제로 탈바꿈한 이후에도 대통령의 헌법상 지위에 대한 오해로 말미암아 헌정의 위기가 반복되곤 했기 때문이다. 특히 두 가지 점을 특기할 수 있다.

첫째, 헌법 제66조 1항에서 대통령에게 국가원수의 지위를 명문으로 부여하고 있는 데 대한 헌법해석론이다. 국가원수란 말 그대로 국가의 최고유일의 지도자를 의미하는 데 이러한 지위가 민주공화체제에 부합하느냐의 문제를 따져볼 필요가 있다. 명문으로 그런 지위를 부여하였으므로 아예 그 지위를 부인할 수는 없어도 헌법의 기본이념이나 기본원리에 따라 체계적으로 조화로운 해석을 할 수 있는 여지는 충분하다. 실제로 대통령제 정부형태에서 국가원수의 지위를 대통령에게 인정하기 시작한 것이 초입헌주의 헌법인 유신헌법 때부터라는 역사적 배경을 고려하고 국민주권주의나 권력분립원칙이라는 민주공화주의의 핵심원리를 감안하면 입법권, 행정권, 사법권에 모두 우월한 최고유일의 지도자란 지위에 실질적 의미를 부여하는 것은 타당하지 않다. 말 그대로 반독재주의를 핵심으로 하는 민주공화주의의 근본에 배치되는 것이 그러한 발상이다. 결국 해석론으로 국가원수의 지위는 국가를 대표하거나 국민의례상의 상징적이고 의전적이며 형식적인 지위로 보는 것이 옳다. 입헌군주국에서 민주공화주의와 조화를 이루기 위해 국가원수인 군주에게 실질적인 행정권을 부여하지 않는 것을 원칙으로 하는 것과 마찬가지의 해석론이다. 궁극적으로는 불필요한 논란을 불식시키기 위해 헌법개정의 기회가 있다면 국가원수의 지위를 삭제하는 것이 바람직하고 실제로 2018년 문재인 대통령의 개헌안은 그런 태도를 취한 바 있다.

두 번째로 헌법상 대통령의 지위와 관련하여 유의할 것은 대통령의 정치적 공무원 혹은 정치인으로서의 지위이다. 유신체제에서는 삼권에 우월적인 주권행사기관으로 통일주체국민회의라는 회의체를 두고 그 의장을 대통령으로 삼으면서 대통령이 실질적으로 국회의원 재적 3분의 1을 임명하는 등 독재대통령을 제도화하였다. 그런 상황에서는 대통령을 삼권은 물론 정치마저도 초월하여 민족의 영도자로 삼는 초헌법적 발상이 있었다. 그러나 민주공화체제에서는 행정권은 입법권에서 정해진 국정과제를 집행하는 2차적 국가권력에 불과하다. 물론 이 권력마저도 국가조직이나 예산의 90% 이상을 집행해야 하는 현실적 중요성 때문에 막강하지만 다른 국가권력보다 우월한 지위가 아니라 수평적 지위에서 상호 견제하여 국가권력상 균형을 잡아야 하는 국가권력의 하나에 불과한 것이다. 그러므로 삼권의 하나, 특히 정치적 국민대표기관으로서 의회와 더불어 삼권 가운데 전형적인 정치과정을 구성하는 한 축인 대통령은 의회와의 관계나 국민과의 관계에 있어 정치적 기능이 기본이다. 정당 등 특정 정치세력의 지원을 받아 선거를 통해 국민의 선택을 받은 대통령이 소속 정당의 정강이나 국민에게 약속한 공약의 이행을 위해 입법과정에 관심을 기울이고 그 정치적 역량을 발휘하는 것은 민주공화체제에서 너무나 당연한 역할이다. 따라서 대통령이 행정권을 오남용하지 않는 한 헌법의 특별한 제한이 없다면 대통령은 정치적 표현의 자유를 포함하여 선거운동의 자유 또한 인정되는 것이 원칙인데 헌재는 공직선거법상 공무원의 선거중립을 요구받는 공무원의 범위에 대통령도 포함된다고 판시하여 논란을 낳고 있다(헌재 2004. 5. 14. 2004헌나1, 판례집 16-1, 609). 한편 민주적 법치주의와 의회주의에 따라 국정과제가 법률의 형식으로 결정되더라도 국민에게 평등원칙이나 비례원칙을 준수하여 집행하기 위해서는 대통령령과 같은 행정입법을 통해 규범적 형식으로 국정과제를 더 구체화하거나 보충해야 할 필요가 있고 이 과정에는 국민대표기관이자 행정권을 가지는 정부의 수반인 대통령의 정책적 판단과 재량이 인정된다. 즉 행정권의 최상위의 결정은 물론 직업공무원제에 의해 법치주의적 견제와 통제를 받아야 하지만 헌법과 법률의 한계를 벗어나지 아니하는 범위 안에서 민주적 정당성을 가진 정치적 공직자의 정치적 역량과 성향에 의해 결정되고 집행되어야 한다.

한편 정부의 장에서 현대 입헌주의의 발전과정에서 헌법변천이 이루어지고 있는 부분이 있다. 정부의 장에 편재되어 있으나 「감사원법」 제2조에 따라 직무상 독립기관의 지위를 가지고 인사 및 예산 등 행정에 있어서도 독립성을 존중받을 수 있게 된 감사원이다. 헌법 제97조상 국가의 세입·세출의 결산, 국가 및 법률이 정한 단체의 회계검사와 행정기관 및 공무원의 직무에 관한 감찰을 담당하는 헌법기관이 감사원이다. 감사원의 직무 중 회계검사는 국가공동체의 주체인 국민이 공동체의 평화와 안전의 보장 및 공공복리의 증진을 위해 기꺼이 부담하는 조세를 국가가 그 원래의 목적에 맞게 적절하게 지출하였는지를 확인하고 국가 및 국민생활의 기초를 제공하는 공공단체의 재정집행작용이 적정성과 합법성을 확보하고 있는지를 검토하는 국가기능이다. 전통적으로 정부기능에 속해 있던 회계검사는 오늘날 효과적인 정부통제를 위하여 국정통제기관인 의회에 소속시키거나 현재와 같이 독립기관으로 설립하는 것이 일반화되었다. 따라서 현재 대통령소속으로 설치되어 국무총리와 행정각부와는 독립되어 있지만 정부 수반이 대통령이라는 점에서 그 독립성은 한계가 있을 수밖에 없어 법률에 직무상 독립기관으로서의 위상을 부여하여 현대 민주주의 발전에 부응해오는 편법을 수용한 상태이다. 향후 헌법개정의 기회가 있다면 재정민주주의를 강화하기 위하여 의회소속으로 하거나 독립기관으로 전환될 필요가 있다.

6. 제5장과 사법권의 독립

제5장은 사법권을 부여받은 법원에 관한 장이다. 헌법 제101조 1항은 사법권을 법관으로 구성된 법원에 속하는 것으로 선언하고 그 2항과 제102조 3항에서 법원은 대법원과 법률이 정하는 각급법원으로 구성되는 것으로 규정하고 있다.

법원에 관한 장의 가장 중요한 특징은 다른 국가권력과는 달리 권력체의 구성을 법관이라는 특정한 신분을 가진 공무원으로 한정하고 있다는 점이다. 오로지 국민의 결단과 선택에 의해서 정치적으로 구성되는 입법권과 행정권과는 달리 사법권은 전문성의 원칙에 따라 중립적이고 독립적 작용을 실현할 수 있는 구성원리가 필요하다는 점을 보여준다. 이는 헌법 제27조 1항에서 국민의 기본적 인권의 하나로 재판청구권을 보장하면서 이 재판은 헌법과 법률이 정한 법관에 의한 재판으로 명문화하고 있는 것과 연계되어 있다.

그런데 이러한 법관에 의한 재판을 받을 권리와 법원의 구성은 법관으로만 가능하도록 한 규정은 헌법 제106조 등에서 법관의 신분을 특별히 보장하는 것과 결합하여 배심제나 참심제와 같은 국민의 사법참여를 부정하는 논거로 사용되기도 해서 문제이다. 사법권도 주권자인 국민으로부터 위임받은 국가권력이라는 점에서 특정공무원이 독점하는 권력일 수 없다. 재판은 국가권력의 오남용을 통제하고 국민의 자유와 권리를 보장하는 최후의 보루와 같다. 국가권력이지만 다른 국가권력으로부터 독립되어 중립적인 위치에서 법을 해석하고 적용하는 것이 필수적으로 요청되는 권력이 사법권인 것이다. 결국 사법권의 독립을 실현하기 위한 방편의 하나가 전문성에 입각해서 정치적 압력이나 사회적 편향성의 영향으로부터 자유로울 수 있도록 강하게 신분을 보장하는 법관이라는 직업공무원이 담당하는 것이 효과적이다. 따라서 법관의 신분보장은 사법권 독립의 수단이지 그 자체가 목적이 아니다. 법관에 의한 재판을 전면적으로 무력화하는 경우가 아니라면 법관중심의 사법권 행사를 보완하는 차원에서 국민의 사법참여를 허용하는 헌법해석이 민주공화적 헌법의 정신에 부합하는 것이다.

다음으로 제5장의 핵심과제인 사법권 독립과 관련하여 주목할 것은 대법원장 중심의 사법행정권이다. 대법원은 헌법상 최고기관의 하나로서 심급제에 따라 재판에 적용되는 법률의 해석 및 적용에 관하여 최고의 권위를 가지고 있다. 성문법계의 법제와 법문화를 가진 우리나라에서 대법원 판례가 법의 존재 형식, 즉 법원(法源)으로 인정되는 법은 아니지만 사실상 재판에서 가장 영향력 있는 준거가 된다. 그 대법원의 구성에 가장 큰 영향력은 대통령과 국회라는 국민대표기관이지만 실질적으로 그에 못지않은 영향력은 대법원장이 가진다. 일단 임명된 대법원장은 같이 대법원을 구성할 대법관을 제청하는 지위에 있기 때문에 재판관 중에서 임명되는 헌법재판소의 장과 다르다. 더욱 중요한 것은 대법관회의의 동의라는 절차적 통제가 있지만 대법관이 아닌 모든 법관의 인사권을 대법원장이 가진다(헌법 104조③). 사법권의 핵심은 재판이고 재판은 법관이 담당한다는 점에서 법관의 인사와 같은 사법행정은 사법권 독립의 핵심적 사안인데 그 권한이 대법원장에게 집중되어 있는 것이다. 더불어서 대법원장은 헌재 재판관 3인, 중앙선거관리위원회 위원 3인에 대한 지명권을 가지고 있다. 대법원장에게 집중된 사법행정권은 재판의 독립에 직간접적 영향을 미칠 수 있기 때문에 민주적으로 분권화되어야 한다는 논의가 지속적으로 제기되고 있다.

7. 제6장과 헌법재판

제6장은 헌법재판소(헌재)에 관한 장이다. 헌재는 법원의 제청에 의한 법률의 위헌여부 심판, 탄핵심판, 정당해산심판, 권한쟁의심판, 법률이 정하는 헌법소원에 관한 심판을 관장한다. 기관명이나 관장사항에서 확인되듯 재판 가운데 헌법재판으로 특정될 수 있는 주요기능을 맡게 된다는 점에서 사법권력의 일종임은 분명하다. 그러나 제5장에서 사법권을 법원에 부여하고 있음을 고려할 때 특별한 사법권인 헌법재판권을 법원으로부터 독립된 별도의 헌법기관에 부여하고 있음을 확인할 수 있다.

사법권력을 일반사법권과 헌법재판권으로 분립하고 있는 체제는 정치적 성격이 특히 두드러지는 헌법재판의 본질 때문에 헌법재판을 집중해서 다루는 장점을 가진다. 특히 현대 입헌주의에서 헌법재판권의 발전은 전통적 삼권분립의 체제 자체에 대한 새로운 통제권을 도입하는 혁신적 의미를 가지는 것이다. 그러나 두 권력이 기능적으로 긴밀히 연계되어 있다는 점에서 두 기관의 헌법이나 법률의 해석이 다른 예외적 상황에서 법적 혼란이 야기될 수 있는 부작용이 있다. 실제로 헌법재판제도의 구체적인 실체는 입법권에 위임되어 있는데 「헌법재판소법」은 법원의 재판에 대해서는 헌재가 통제할 수 있는 통로를 원칙적으로 봉쇄하고 있어 두 기관 사이의 법률해석을 둘러싼 대립이 발생하곤 한다(헌법재판소법 68조①).

87년 민주화 이후 가장 괄목할 만한 발전을 이룩한 헌정분야가 헌법재판이고 따라서 현행 87년 헌법의 주요 성과로 헌법재판제도를 도입한 것이 인정되고 있다. 헌법재판기능의 활성화를 제어하는 특색을 가진 「헌법재판소법」의 한계에도 불구하고 헌재는 심판청구요건을 완화하는 한편 헌법에 충실한 국가권력의 행사를 유도하는 방향으로 위헌법률심판이나 헌법소원심판을 운영하여 민주공화주의의 발전에 기여한 것으로 평가된다. 심지어 민주화 이후에도 제왕적 위상을 가지는 것으로 오해되어온 대통령에 대한 탄핵심판권을 두 차례나 행사하고 그중 한번은 현직 대통령을 파면시킴으로써 입헌민주공화제의 유지에 많은 기여를 하였다. 그러나 다른 한편으로 관습헌법론에 입각하여 신행정수도건설법을 위헌선언한 경우와 같이 헌법재판권의 절제된 행사에 실패함으로써 많은 비판을 받는 결정들도 없지 않아 제도 정비의 필요성이 제기되고 있기도 하다.

8. 제7장과 선거관리 및 독립행정기관

우리 헌법의 주요 특색의 하나는 선거관리라는 특별행정분야를 헌법상 독립된 기관인 선거관리위원회에 부여하는 별도의 장을 두고 있다는 것이다. 관권선거나 금권선거의 폐해로 대의민주주의의 근간인 선거제도가 제대로 작동하지 않고 헌정의 위기가 초래되는 역사적 경험을 반영한 것이다.

이를 두고 우리 헌법의 권력분립은 오권분립체제라고 이해할 수 있는 여지가 있다. 그러나 이런 이해는 형식론에 치우쳐서 권력분립의 실상을 제대로 반영한 것으로 보이지 않는다. 전통적인 삼권의 분립에서 헌법재판소를 별도의 독립기관으로 둔 것은 삼권에 대한 기능적 통제를 강화하고 정치질서의 입헌적 통제라는 새로운 민주공화체제의 진화라고 볼 수 있다. 그렇다고 이를 사권분립이라고 보기보다는 사법권의 이원화를 통한 삼권분립의 변형이라고 보는 것이 타당할 것이다. 현대 입헌주의에서 원래 독립된 사법권의 존재이유의 하나는 정치권력에 대한 통제이기 때문이다.

선거관리의 경우에도 국민대표 선출에 긴요한 자유와 공정의 가치를 엄중히 실현하기 위해 특별행정의 주관을 독립헌법기관에 부여한 것에 불과하다는 점에서 삼권분립이라는 전체 국가권력구조 형성의 본질을 근본적으로 변형한 것이라고 보기는 힘들다. 현대 민주공화체제의 발전에 의해 회계검사기능이나 인권보호행정의 경우 독립기관에 의한 행사가 필요한 것으로 인정되어 확산되는 추세인데 이 경우들을 모두 삼권에 대등한 권력분립의 경우로 이해할 필요는 없기 때문이다. 개별 국가기능의 독립적 수행의 필요성에 따른 권력분립원칙의 진화과정으로 이해하는 것이 필요하다. 다만 전통적인 삼권분립에 기초한 헌법의 명문규정 때문에 이들 독립기관을 법률에 의해 설립하는 것에 대해 위헌론이 제기되기도 하므로 헌법개정의 기회가 있다면 독립위원회나 독립기관의 헌법적 근거를 마련하는 것을 모색할 필요가 있다.

선거관리의 최고기관은 중앙선거관리위원회(중앙선관위)이다. 선거 외에도 국민투표 관리 및 정당사무처리가 헌법상 관장사항이다(헌법 114조①). 우리나라의 민주공화체제가 정당의 자유와 복수정당제를 헌법적으로 보장하는 정당중심적 민주주의를 채택한 결과 국고보조 등 정당의 등록 및 보호를 위한 국가기관은 필요하지만 이를 헌법기관으로 설립하고 있는 것도 이례적이다.

선거관리와 관련하여 헌법이론과 헌법실무상 특기할 점은 두 가지이다. 첫째는 최고선거관리기관인 중앙선관위의 구성방법에 관한 것이다. 대통령이 임명하는 3인, 국회에서 선출하는 3인, 대법원장이 지명하는 3인 총 9인의 위원으로 구성되나 위원장은 위원 중에서 호선한다(헌법 114조②). 대통령과 국회의 관여는 간접적으로 국민대표성을 반영하는 측면과 함께 정치과정을 권력적으로 통제하는 성격상 정치적 권력의 현실을 고려할 수 있는 간접적 장치로서의 의미를 가진다. 대법원장의 관여에 대해서는 대통령과 국회의 경우에 비하여 민주적 대표성의 한계가 있음을 지적하는 비판적 평가가 없지 않으나 근본적으로는 중립성을 표상하는 최고법원의 위상과 선거관리에 필요한 법률적 전문성을 선거관리기관의 구성과 활동에서 반영하려는 취지를 선해할 수 있다. 그러나 단순히 위원 지명권을 넘어 헌법상 호선의 원칙은 대법원장 지명 몫으로 배당된 위원 중 1명을 현직 대법관으로 지명하고 이 대법관직을 겸하는 위원이 위원장을 맡는 관행에 의해 왜곡되고 있다. 그 결과 대법원장이 사실상 현직 대법관을 특별행정기관인 중앙선관위원장으로 지명하는 셈이다. 권력분립원칙의 차원에서나 핵심 선거쟁송을 대법원 관할로 하고 그 피고가 중앙선관위원장인 경우가 있다는 현실적 문제 때문에 관계법률이나 관행의 변경이 요청되고 있다.

두 번째로는 헌법 제114조 6항에 따라 독립헌법기관으로서 중앙선관위의 소관사무에 대한 자율권상 자치입법권이 보장되는데 그 한계를 다른 헌법기관과는 달리 법령으로 정하고 있는 것이 논란이 되고 있다. 문제를 제기하는 견해는 행정입법인 대통령령등으로 선거사무에 관한 중앙선관위 규칙을 무력화할 수 있는 위험성을 지적하면서 선관위규칙의 한계를 법령이 아닌 법률로만 정해야 한다고 본다. 그러나 헌법이 독립헌법기관으로 중앙선관위를 설치한 이상 행정입법권의 그와 같은 시도는 헌법에 어긋날 수밖에 없다. 그러나 다른 한편으로 독립행정기관이라 하여도 선거관리사무의 집행을 위해서는 일반행정권의 협조가 필수적이다. 헌법 제115조에서 각급 선거관리위원회가 선거 및 국민투표 관리에 관한한 관계 행정기관에게 필요한 지시를 할 수 있는 특별한 지위를 부여한 것은 이러한 상황을 고려한 것이다. 그러나 이와 같은 위계체제는 다른 행정업무와 함께 필요한 경우 선거사무의 보조도 해야 하는 행정기관의 자율성을 선관위가 선거관리를 명분으로 전면적으로 관여하는 것을 헌법이 허용한 것이 아니다. 따라서 선거사무와 관련하여 행정권의 조직과 운영의 자율성이 오히려 인정되어야 할 부분은 대통령령등 행정입법이 정하는 것이 타당하다. 이런 차원에서 선관위 규칙은 법률뿐만 아니라 행정입법과도 조화를 이루어야 한다.

9. 제8장과 지방자치

제8장은 지방자치에 관한 기본 사항을 규정하고 있다. 현행 헌법상 지방자치는 지역주민의 복리에 해당하는 사안에 대하여 지방자치단체별로 중앙권력의 간섭 없이 스스로의 책임 아래 결정하여 시행하게 하는 것을 말한다. 현행 헌법은 단 두 개의 조문으로 지방자치의 규범적 자율권의 보장과 더불어 그 기본적인 실현장치로 지방의회의 설치를 헌법적 요건으로 제시하고 있을 뿐 지방자치에 대한 대부분의 사항을 법률에 위임하고 있다.

지방자치는 주권의 범위 내에서 국가기능의 지역적 분권을 통해 국민의 정치과정에서의 자치권을 확장하는 의미를 가지기 때문에 주권을 가지는 국가들 사이에 또 다른 헌법공동체를 형성하는 연방국가의 경우와 구분하는 것이 전통적 이해이다(헌재 2001. 11. 29. 2000헌바78 참조). 그러나 근래 들어 주권자의 정치적 자결권을 국가단위 외에도 지방자치 단위에서도 고유한 것으로 주장하면서 국가권력이 지방자치의 영역에 관여할 수 없는 본연의 영역이 국가로부터 인정되는 방식이 아니라 정치적 자결권으로부터 바로 도출되는 것이라는 견해가 유력하게 개진되고 있다. 이 견해에 따르면 단일국가의 경우에도 지방자치단체의 고유사무의 범위를 확대하고 보충성의 원칙(principle of subsidiarity)에 따라 더 효과적이고 효율적이라는 명백한 입증이 없는 한 주민에게 가까운 권력주체에게 사무를 우선적으로 배분해야 한다고 주장한다.

또한 지방자치는 그 중심을 단체의 법적 자치에 두는 경우(단체자치)와 그 구성원인 주민의 정치적 자치에 두는 경우(주민자치)로 구분된다. 이러한 구분은 서구 여러 나라들의 헌법사나 정치문화의 차이에 따라 다양한 지방자치제도가 발전한 데 따른 것이다. 지방자치의 개념과 원리를 입헌주의 혹은 민주공화주의와 함께 계수한 우리의 경우 법체계적으로 단체자치를 중심으로 하면서도 운용의 차원에서 주민자치를 폭넓게 수용하는 태도를 보이고 있다(헌재 2009. 3. 26. 2007헌마843, 판례집 21-1상, 651, 667 참조).

전통적인 이해에 따르건 새로운 견해에 따르건 지방자치를 강화하여 국민의 민주적 역량이 발휘될 수 있는 기회를 확대하는 것은 현대의 보편적 경향이다. 지방자치단체의 구성형태, 권력구조 및 권한배분, 재정자립과 자치입법의 다양한 쟁점에 있어 지방자치를 강화하는 방향에 대한 전향적 자세가 요청된다. 한편 지방자치는 자칫 극단적으로 진행될 경우 지역의 불균형한 발전으로 인하여 국가통일성 및 국민의 기본적 인권 보장의 실현조건에 있어 불평등이 초래될 수 있는 문제점을 고려하여 국가균형발전의 취지와 함께 조화롭게 추진될 필요가 있음도 유의해야 한다.

10. 제9장과 경제헌법

제9장은 우리나라 헌법의 또 다른 특색을 이루는 장으로 경제에 관한 국가의 역할을 포함하여 국민의 경제생활에 대한 기본적인 원칙과 제도를 규정하고 있다. 경제헌법이라고 불리는 이 헌법규정들은 사회영역에서의 기본적 인권인 경제적 자유와 재산권의 보장이 시민적 자유의 전통적인 일반원칙 아래에 실현되지 못하고 독자적 원칙에 의해 규율되어야 함을 헌법적 차원에서 결단한 것이다.

원래 국민의 경제생활은 근대 입헌국가가 수립된 이후 사회영역의 중심부에 위치하고 있었다. 국민의 경제적 자유와 재산권은 국가의 절대적 보장을 받는 핵심적인 시민적 자유로서의 위상을 가지고 있었다. 그러나 형식적 평등과 결합한 경제적 자유의 절대적 보장은 자본의 집적에 의한 경제의 불균형 성장을 초래하고 빈익빈 부익부현상을 심화시켰고 급기야 경제양극화에 따른 사회갈등이 공동체의 존립 기반을 위협하는 수준에 이르게 되었다. 결국 극단적으로 사유재산제를 폐지하는 공산화의 길을 택하는 국가와 사유재산제에 기반한 시장경제를 유지하면서도 경제적 자유와 재산권을 공동체의 공공복리와 조화시키는 범위 안에서만 보장하는 수정자본주의적 생산양식을 채택하였다. 이러한 경제영역에 대한 수정주의적 접근은 근대 시민국가의 입헌주의의 기본내용을 변혁시켜 현대 복지국가의 입헌주의로 질적 변화를 겪게 되었다.

제헌헌법 이래로 우리나라의 입헌주의는 현대 입헌주의의 국가조정형 경제질서를 수용하고 있다. 경제질서의 기본은 개인과 기업의 경제상의 자유와 창의를 존중하는 것이므로 사유재산제와 경제적 자유의 기본적 인권으로서의 위상은 변함이 없다. 그러나 이러한 경제적 자유가 공정한 조건 속에서 최대한 구현되기 위해서는 시장의 지배와 경제력의 남용을 규제할 필요가 있고, 균형있는 국민경제의 성장 및 안정과 적정소득의 분배를 유지하는 것이 불가피하다. 이와 같은 시장의 실패를 방임하고 국가가 경제영역에 불간섭하는 상황에서는 경제력에 의하여 사회적 교섭력이 좌우되어 개인과 기업의 경제상의 자유와 창의는 억압될 수밖에 없기 때문이다. 따라서 국가는 경제주체간의 조화를 통한 경제의 민주화를 통해 시장의 실패를 교정하고 국가권력의 억압적 지배는 물론 경제력의 남용에 의해 시민적 자유와 정치적 민주주의가 위협받을 수 있는 위험을 제거하는 것이 요청된다. 헌재는 이와 같은 경제헌법의 의미를 확인하여 우리나라의 "헌법이 이미 많은 문제점과 모순을 노정한 자유방임적 시장경제를 지향(指向)하지 않고 아울러 전체주의국가의 계획통제경제제도 지양(止揚)하면서 국민 모두가 호혜공영(互惠共榮)하는 실질적인 사회정의가 보장되는 국가, 환언하면 자본주의적 생산양식이라든가 시장메카니즘의 자동조절기능이라는 골격은 유지하면서 근로대중의 최소한의 인간다운 생활을 보장하기 위하여 소득의 재분배, 투자의 유도·조정, 실업자 구제 내지 완전고용, 광범한 사회보장을 책임있게 시행하는 국가 즉 민주복지국가(民主福祉國家)의 이상을 추구하고 있음을 의미하는 것"이라고 선언하였다(헌재 1989. 12. 22. 88헌가13, 판례집 제1권, 357, 373-378).

경제헌법은 구체적으로 국토와 주요자원의 공개념, 농지 경자유전(耕者有田)의 원칙, 농업 및 어업의 보호·육성 및 농·어민의 이익보호, 지역간 균형발전, 중소기업보호·육성, 소비자운동 보장, 대외무역 육성 등의 국가목적과 의무를 확인하고 있다.

경제헌법, 특히 경제민주화 조항에 대하여 선언적 규정으로 법적 효과를 인정하기 어렵다는 견해와 그 실질적 의미를 확인하고 경제영역에서 국가가 적극적 조정역할을 담당할 수 있는 헌법적 근거로 보는 입장이 해석론상 대립하고 있다. 전자의 입장은 재산권 행사에 있어 공공복리에 적합하도록 요구하는 헌법 제23조 2항 또한 실질적 의미를 가지기 힘들다거나 균등한 교육을 받을 권리나 근로의 권리와 같은 사회권적 인권은 오로지 입법의 형성이 있어야만 권리로서 사법적 구제를 받을 수 있는 한계가 있다는 헌법해석론과 연계되어 있다. 극단적인 경우 경제헌법은 헌법 제37조 2항의 공공복리를 위해 국민의 자유와 권리를 제한할 수 있도록 한 조항과 중복되고 불필요한 확대해석론을 유발하여 시장경제의 발전을 저해하므로 폐지되어야 한다고까지 주장되기도 한다. 반면 후자의 견해는 재산권에 대한 입법형성재량을 폭넓게 인정하거나 사회권에 입법적 형성이 없어도 헌법 자체로부터 구체적 권리성을 부여하려는 다양한 해석론과 일맥상통하는 경향이 있다.

11. 제10장과 경성헌법주의

헌법 본문의 마지막 장인 제10장은 공동체의 근본규범인 헌법의 개정에 관한 사항을 규정하고 있다. 한마디로 헌법개정에 관한 장의 특색은 그 절차의 엄격성으로 인한 경성헌법으로서의 본질을 드러내고 있다는 점이다.

헌법개정은 오로지 국민대표기관인 국회와 대통령의 발의만으로 가능하며 주권자인 국민의 발안권을 인정하지 않고 국민은 국민투표권을 통해 최종 확정하는 권한 및 권리만을 인정하고 있다. 국민의 국민투표권이 발동되기 위해서는 국회 재적의원 3분의 2 이상의 찬성을 요구하고 있기 때문에 국민의 개헌여론이 아무리 높더라도 국회 재적의원 3분의 1 이상만 반대하면 개헌은 불가능하다. 또한 장기집권을 위한 독재대통령의 개헌시도를 헌법 명문으로 제약하기 위해 대통령의 임기연장 또는 중임변경을 위한 헌법개정은 그 헌법개정 제안 당시의 대통령에 대하여는 효력이 없다는 규정을 두고 있는 것도 특색이다.

현행 1987년 헌법의 개정이 6월항쟁이라는 시민혁명적 계기와 6.29선언이라는 정치적 타협이 맞물려 단기간에 이루어지다보니 헌법체제의 성립 이후에도 그 성격을 과도헌법으로 규정하고 새로운 정치현실에 맞게 새 헌법을 제정하여야 한다는 주장이 지속되었다. 헌법제도의 개편을 통해 대의민주주의의 성숙성을 더욱 강화하고 국가지배의 효율성을 증대할 필요성을 제기하는데 특히 권력구조에 대한 선호도에 따라 내각제론, 이원정부론, 대통령중임제론, 순수대통령지향론 등이 다양하게 논의되었다. 다른 한편 대의민주주의적 한계를 부각하면서 의회권력과 행정권력의 충돌, 그리고 '직접민주주의를 향한 시민사회의 열정'을 충족할 수 있는 새로운 정치시스템의 구축을 추구하는 흐름도 있다. 최근에는 경성헌법을 연성헌법으로 변경하자는 개헌논의에서부터 국민헌법발안제를 원포인트로 개헌하자는 주장까지 제기되어 개헌론의 폭과 방법이 더욱 다양해지고 있다. 어떤 경우든 한국형 민주공화체제를 진화시켜온 그간의 경험을 발전적으로 승화하면서 주권자 국민의 공감대를 충분히 확보하는 절차와 과정을 거쳐 개헌을 추구할 필요가 있다. 우리 공동체의 기본질서를 형성하는 기본준거인 헌법은 자연적 진화과정의 산물이 아니라 합리적인 공동생활을 꿈꾸는 모든 인간들의 역사투쟁의 결과이고 주권자이자 헌법개정권을 가지는 국민이 중심이 되는 개헌만이 입헌적 민주공화체제의 원리에 부합하기 때문이다.

Ⅱ. 대한민국의 구성요소와 국제질서

1. 대한민국의 구성요소: 주권, 영토, 국민

국민국가적 공동체로서의 대한민국은 우리가 미리 전제한 공동체의 세 가지 요소를 가지고 있다. 주권, 영토, 국민이 그것이다.

첫 번째 구성 요소는 이 지역적 범위 내에서 구성원들에게 구속력을 가지는 규범에 그 효력을 부여하는 권위, 즉 주권이다. 주권은 대외적으로 공동체의 독립성을 표상하고 대내적으로 모든 사회적 결합에 우월하는 권력을 창설하는 힘, 즉 최고의 권력을 의미한다. 우리 헌법 제1조 2항은 이처럼 대외적 독립성과 대내적 최고성을 가지는 대한민국의 주권은 국민에게 있으며 모든 권력은 국민으로부터 나온다고 규정하여 국민주권주의를 선언하고 있다.

두 번째 요소는 공동체의 규범이 배타적으로 적용되는 지역, 즉 영토를 가진다. 우리 헌법 제3조는 대한민국의 영토는 한반도와 그 부속도서로 한다고 선언하고 있다. 이때 영토는 그 영토에 부속하는 일정한 범위의 영해와 영공을 포함하는 개념이다.

한반도를 영토로 선언한 의미는 복합적이다. 우선 국제법적으로 국내법인 헌법의 영토선언은 일방적 의미밖에 가지지 못한다. 실제로 국제사회에서 국가를 표방하며 한반도의 북부를 사실상 지배하고 있는 조선민주주의인민공화국(북한)은 우리 대한민국과 함께 유엔에 가입하는 등 우리 헌법의 영토조항의 규범력을 승인하지 않고 있다. 그러나 국내법적으로는 이러한 영토조항의 선언으로 북한은 국가보안법상 반국가단체로서의 성격과 헌법 제4조에 따라 대한민국의 공동체적 과업인 "조국의 평화적 통일을 위한 대화와 협력의 동반자"라는 이중적 성격을 가진다(헌재 1997. 1. 16. 92헌바6 등, 판례집 9-1, 1, 22-24). 그러나 이러한 이중적 지위는 탈북민의 국제법상 보호의 문제 등 국가와 헌법의 근본문제에 대한 이상과 현실의 괴리를 심화시키기 때문에 최소한 통일 전까지 북한에게 국가 유사의 지위를 인정하고 한반도의 항구적 평화를 확보하기 위한 전향적 인식의 필요성이 커지고 있다.

세 번째 요소는 공동체가 인간의 결합을 의미하므로 공동체의 규범을 형성하고 그 규범의 지배를 받는 동등한 지위를 가지는 구성원, 즉 국민이다. 국적은 국민이 되는 자격·신분을 의미하므로 외국국적자, 이중국적자, 무국적자 등 국민이 아닌 자는 외국인이라 하여 국민과 다른 신분으로 대우된다. 현행 헌법 제2조는 국민이 되는 요건을 법률로 정하도록 하고 있고 이 헌법적 지시에 의해 국회가 제정한 법률이 국적법이다. 국적법은 우리 대한민국이 민족에 기초한 국민국가적 공동체의 특성을 반영하여 국적결정과 관련하여 부모양계혈통에 따른 속인주의를 원칙으로 하고 있다.

국민은 공동체 내의 국가영역에서는 주권의 보유자와 행사자로서의 이념적 통일체의 일부로 인식되고 사회영역에서는 국가의 지배대상이면서 국가에 대하여 기본적 인권의 보호를 주장하고 헌법이 정하는 기본적인 의무를 부담하는 주체로서 인식된다. 특히 국민은 항구적 소속원이므로 어느 곳에 있던지 그가 속하는 국가의 통치권에 복종할 의무를 부담한다(헌재 2000. 8. 31. 97헌가12, 판례집 12-2, 167, 175 참조).

2. 대한민국의 정치적 구성: 민주공화적 권력구조

(1) 민주공화적 권력구조의 헌법적 정당성

입헌주의를 추구하는 헌법이 기본적 인권의 보장을 최고의 가치로 삼는 것은 그것이 곧 인간이 공동체를 꾸리고 공동생활을 하는 출발점이기 때문이다. 인간은 자연적으로 누구로부터 속박당하지 않을 독립된 인격체로 태어났고 그 인격의 자유로운 실현을 주장할 권리가 있다. 그러나 이러한 자유와 권리가 무한대의 것이 될 수 없고 이러한 기본적 인권의 부분적 제한은 모두가 공동체의 합리적인 질서 속에서 기본적 인권을 최대한 그리고 함께 누리게 하기 위해 불가피함은 이미 언급한 바 있다.

그러나 이러한 기본적 인권의 제한은 어떤 경우이건 누군가의 기본적 인권의 속박을 의미한다. 속박은 결국 자신이 아닌 타인의 우월적 지배를 승인하는 것이 된다. 곧 자유롭게 태어났으되 공동체에 존재한다는 삶의 조건으로부터 우리는 타율적 지배를 수긍하는 것이다. 문제는 이러한 제한, 타율적 지배를 누가 실현할 것인가의 문제이다.

근대국가가 인정하는 유일한 지배자가 바로 국가권력이다. 근대이전의 사회에서는 국민의 자유와 권리 자체가 인정되지도 않았지만 설령 인정된다고 하더라도 그것을 제한하는 국가권력이 세습적 신분제에 따라 특정 지배자 혹은 지배계층에게만 인정되었다. 그러나 입헌주의를 추구하는 근대의 국가공동체, 입헌국가는 다르다. 국민의 자유와 권리의 제한은 반드시 헌법에 근거한 국가권력만이 행사할 수 있으며 그 국가권력을 행사하는 자는 그 권력에 의하여 자신의 자유를 제한당하는 자, 즉 지배를 당하는 자들 전체이다. 또한 국가권력의 행사는 기능적으로 분할되어 서로 견제하고 균형을 이루어 오남용되지 않아야 하고 권력의 발동은 오로지 예견가능한 법에 근거하여 이루어져야 한다. 이것이 바로 민주공화적 지배이다.

(2) 민주공화적 지배의 의의와 내용

대한민국 헌법은 민주공화적 지배를 추구한다. 헌법의 제정이나 개정 자체가 국가공동체 구성원들에 의해 결정된다. 헌법에 의한 지배는 구성원들의 다수의 의지가 헌법이 정한 절차와 방법을 통해 실현되는 것을 의미한다.

현행 헌법은 대한민국이 민주공화국이며 그 주권이 국민에게 있고 모든 권력이 국민으로부터 나온다는 주권재민의 근본원리를 명문으로 규정하고 있다(헌법 1조). 다만 국민주권의 행사방식과 관련하여 국민이 대표자를 선출하여 그 대표자로 하여금 국민을 대신하여 국정을 결정하게 하는 대의민주주의를 기본으로 하면서 헌법개정이나 국가의 안위에 대한 중요정책에 대하여 대통령이 제안하는 국민투표의 방식으로 국민이 직접 국가의사를 결정하는 직접민주주의를 보완적으로 마련하고 있다. 이러한 대의민주주의의 실현을 위하여 국민은 기본적 인권으로서 선거권과 공무담임권을 가지며 국가권력을 구성하는 주요한 기관들은 국민의 선거나 국민대표자의 관여를 통해 구성되도록 헌법이 규정하고 있다.

한편 민주공화적 지배는 주권자의 정치참여단위를 지역단위로 분권화하여 정치적 자치권을 실질화하는 한편 공권력이 서로 견제하여 그 균형을 달성함으로써 궁극적으로 기본적 인권의 보장에 역행하지 못하도록 지방자치제도, 직업공무원제도를 헌법으로 보장한다. 또한 헌법의 보호를 일상정치과정에서도 관철할 수 있도록 위헌법률심사제도나 헌법소원제도 등 헌법재판제도를 도입하고 있다.

3. 대한민국과 국제질서: 국제평화주의와 국제법 존중원칙

국민국가적 공동체로서 대한민국은 국제사회의 일원이 된다. 국제사회의 평화와 안정 속에서만 그 일부로서의 대한민국의 평화와 안정은 보장되며 그 구성원의 자유와 권리의 보장과 민주적 자치의 실현이 가능해진다.

우리 헌법은 제5조 1항에서 대한민국이 침략적 전쟁을 부인하고 국제평화의 유지를 위해 노력할 것임을 헌법의 기본원칙의 하나로 선언한다. 일본과 같이 모든 형태의 전쟁을 부인하고 군사조직의 창설을 금지하는 절대적 평화주의가 아니라 방어적 전쟁의 불가피성을 인정하고 국군제도의 창설을 헌법적으로 근거지우고 있다는 점에 그 특색이 있다. 특히 방어적 전쟁의 개념을 확대하여 방위조약을 통해 군사적 연대를 가진 국가에 대한 침략에 공동대응하는 것도 허용하는 것이 현대적 추세이지만 이에 대하여 헌법위반이라는 논의도 제기되고 있다는 점을 유념해야 한다. 또한 국제관계나 국방과 관련된 사항은 그 고도의 정치성을 둘러싸고 사법권에 의한 통제를 허용할 것인지, 허용할 때 어느 정도까지 허용할 것인지를 두고 헌법적 논쟁이 지속되고 있다(헌재 2004. 4. 29. 2003헌마814, 판례집 16-1, 601 참조).

한편 제6조에서 헌법에 의해 체결·공포된 조약과 일반적으로 승인된 국제법규를 존중하고 외국인의 지위를 보장하여 평화적 국제질서의 구축에 동참하고 있다. 특히 국제법에 국내법으로서의 효력을 인정하는 원칙이 선언되고 있으나 그 효력이 헌법-법률-명령의 순으로 수직적으로 구성되는 법단계설의 관점에서 어느 수준에서 정해져야 하는지는 여전히 열려있는 헌법적 과제가 되고 있다. 조약이나 협정이 상대국에서에서 어떤 법적 위상을 가지는 것과는 관계없이 헌법에 따라 그 법적 효력이 검토되고 인정되어야 한다는 헌재의 결정례가 있다(헌재 1999. 4. 29. 97헌가14, 판례집 11-1, 273 참조).

제
3
절

기본적 인권의 보장 체계

Ⅰ. 기본적 인권 보장 체계의 역사적 발전

1. 기본적 인권 보장의 역사적 배경

입헌민주공화체제에서 대한민국이라는 헌법공동체를 구성하고 국가권력을 통해 질서를 유지하는 궁극적인 목적이 개인이 가지는 불가침의 기본적 인권의 보장임은 앞서 강조한 바 있다. 우리 헌법이 이 점을 제10조에서 명문으로 밝히고 있고 헌법 제2장은 이러한 기본적 인권의 보장 목록을 예시하고 있음도 지적한 바 있다. 결국 헌법은 제2장에서 국가의 기본적 인권 보장 의무를 통해 국가와 국민 간의 관계, 국민 간의 평등한 연대(連帶)와 교환행위의 지침이 되는 원리와 가치를 담고 있다.

헌법이 국가공동체의 구성원인 국민들이 예외없이 추구하고 향유해야 할 가치를 내포하게 된 것은 근대사회의 등장 이후이다. 근대시대 이전의 헌법은 이미 존재하는 지배권력의 정치적 권위를 뒷받침하고 피지배자의 세습적인 종속적 지위를 영구히 존속시키는 것을 기본전제로 하였다. 공동체를 실제로 구성하는 다수의 백성들은 그저 세습적으로 물려지는 권력의 지배를 받을 수 있을 뿐 스스로의 자유로움을 보장받는 것은 고사하고 그런 자유를 누릴 수 있음을 인식하지도 못하였다.

그러나 신분제에 기초한 근대이전의 사회는 공동체 구성원 모두의 행복과 안전을 확보하기에는 미흡하였다. 미국독립혁명과 프랑스혁명으로 상징되는 근대시민혁명은 이러한 지배자와 피지배자의 관계를 역전시키고 자유롭고 독립된 개인들의 자유와 권리가 보장되고, 이들이 공동체의 주체가 되어 정치적 지배의 중심으로 우뚝 서도록 보장되는 공동체를 지향하게 된다. 이를 근대시민국가라고 하며 이 근대시민국가의 헌법은 인류사에 있어서 비로소 자유의 헌장으로서의 의미를 획득하게 된다.

근대 시민국가의 발전은 13세기 이후 수세기에 걸친 경제, 사회, 문화적 발전이 함께 어우러진 정치사적 과정이다. 13세기 이후 고대 희랍문명의 재발견을 통한 인간중심적 문명의 부흥은 인간이 더 이상 정치, 종교, 법, 경제영역에서 자율성을 박탈당한 수동적 객체가 아니라는 인식을 유포시키는 토대가 되었다(르네상스).

인간은 태어나는 순간부터 누구도 함부로 침범할 수 없는 기본적인 자유를 향유할 권리가 있음이 인정되고 토지나 신분적 굴레로부터 해방시키는 정치 및 법사상들이 발전하였다(자연권사상). 이성을 가진 인간은 자유롭게 자신의 의지에 따라 자신의 공동체가 나아갈 방향을 기획할 수 있고 그 기획의 도구가 될 실증적인 학문들을 발전시킬 수 있음이 증명되었다(계몽주의와 근대과학의 발달). 신의 피조물로서 신으로부터 특별한 사명을 부여받은 성직자들의 일방적 지배의 대상이 되었던 개인들은 인쇄기술의 발달로 손쉽게 구할 수 있는 성경을 통해 직접 신의 뜻을 접할 수 있는 기회를 가지게 되었고 신의 이름으로 부와 권력을 독점해 온 성직자들의 부조리와 부패를 인식하게 되었다(종교개혁).

경제적으로도 토지에 결박된 농노를 생산력의 중심으로 하는 장원경제라는 폐쇄적 자급자족체제는 과학기술의 발전과 결합한 상업 및 산업 자본의 성장에 의해 도저히 안정적 재생산능력을 유지할 수 없게 되었고 자치도시와 궁극적으로는 국민국가의 발전과 더불어 해체의 운명을 맞게 된다. 새로운 경제체제는 토지나 신분적 제약을 받지 않고 자율성을 가지는 개인으로서의 상인 및 기업가들과 임노동자들의 생활관계에 의해 유지되는 자본주의체제였다(자본주의 경제체제의 성장).

새로운 사회, 경제, 문화적 질서는 이들 생활영역의 안정성을 담보해 줄 수 있는 정치체제를 요구하였으며 절대왕정은 관료제, 상비군제, 조세제도, 성문법전 등 제도적 장치들을 통하여 잠정적으로 그 같은 시대적 요구에 부응하였다(국민국가[nation state]의 형성). 그러나 절대왕정의 자의적 권력행사는 새로운 체제의 장기적 안정성을 담보하기에는 취약하였고 오히려 사회적 갈등의 원인을 제공하여 체제불안요인으로 작용하게 되었다. 중세봉건영주를 대체하여 세금을 통해 국왕권력의 물적 기반을 제공하던 시민계급은 자신들의 생명, 자유, 재산을 보다 항구적으로 관리해 줄 수 있는 체제는 그들 스스로가 국가권력의 주체로 서는 것이며 국가권력이 합리적 규범에 의해 통제되는 체제임을 자각하고 시민혁명을 통해 시민국가를 이룩하였다(저항이데올로기로서의 시민혁명론).

2. 기본적 인권 보장의 기본 단위인 개인주의

이 복합적 발전의 중심에는 자유롭고 독립된 개인의 자아발견이라는 공통변수가 존재한다. 르네상스와 종교개혁을 통해 자아에 눈 뜬 주체로서의 개인은 천부인권사상으로 무장하여 자유의사에 의해 자신의 신체와 재산을 운용하고 타인과의 생활관계를 지배한다는 인식이 새로운 사회적 주도계층으로 등장한 시민계급의 중심사상을 이루었다. 달리 표현하면 모든 생활영역에 있어 활동주체로는 개인이 상정되었으며 개인의 자유보장이 공동체규범질서의 수범자(受範者)로서의 국가가 담당하여야 할 주된 임무였다. 혼돈상태인 자연상태(state of nature)에서 개인의 자유를 극대화하는 데 필요한 최소한의 질서유지를 위하여 합법적으로 물리력을 행사할 수 있는 유일한 주체로서 국가가 인정되었고, 국가는 이 물리력을 성문화된 근거규범에서의 수권범위 내에서만 행사하도록 의도되어졌다. 즉 국가권력은 최소한으로 제한된 범위 내에서만 인정되는 제한정부(limited government)였고 이 국가권력행사의 범위와 한계에 관한 근거규범이 바로 헌법이었던 것이다. 이처럼 개인주의에 입각하여 기본적 인권의 보장 체계를 구축하는 헌법이 근대시민국가 단계의 입헌주의 헌법, 즉 근대입헌주의 헌법이다.

3. 기본적 인권 보장의 기본 단위의 보정: 단체주의 수용

개인주의에 입각한 기본적 인권 보장 체계를 근간으로 하는 근대시민국가의 입헌주의는 심각한 사회적 문제를 야기하였다. '모든 사람의 모든 사람에 대한 평등'이라는 기회의 평등을 개인 차원에서는 완전히 보장하였으나 이러한 개인주의적 자유만능의 이념은 사회현실에서 각 개인들이 가지는 사회적 조건의 차이에 따라 불평등이 심화되는 문제를 해결하지 못하였다. 특히 근대시민혁명의 주체세력이었던 시민계급은 자본주의적 시장경제질서에 입각한 사유재산제와 계약의 자유에 절대적 가치를 부여하여 국가가 이를 규제하고 조정하는 것을 헌법적으로 용납되지 않는 것으로 이해하였다. 즉 헌법은 재산관계를 주요대상으로 하는 민법의 기본 가치를 보장하는 것을 최고의 가치로 삼다보니 민법이 헌법을 지배하는 '헌법의 민법화' 현상이 입헌주의 헌법의 본질을 형성하게 되었다.

이런 상황에서는 경제적 자산의 차이나 사회 관계에서의 우열을 무시하고 개인주의를 철저히 관철할 경우 우리의 일상생활은 사실상 돈 많고 사회적 영향력이 큰 사람들이 군림하는 사회로 전락하고 경제적 자산과 사회적 영향력이 적은 다수의 사람들은 기껏 시민혁명으로 쟁취한 개인의 시민적 자유마저로 온전히 누리지 못하는 상황으로 내몰리고 만다. 노사관계에서 계약의 자유가 절대적으로 보장되는 상황을 가정해 보자. '고용계약의 자유'는 계약당사자인 사용자와 근로자가 법적인 차별없이 누리는 자유권이다. 그런데 실제는 사용자가 고용여부에 대한 결정권을 가지는 소위 '갑(甲)'이고 근로자는 가뜩이나 어려운 취업현실에서 볼 때 영락없이 '을(乙)'이다. 고용계약과 관련해 법은 사용자와 근로자에 모두 평등하지만 결과적으로 이 법은 사용자 편일 수밖에 없다. 계약의 교섭력에서 일자리를 주는 사용자는 우위에 있고 수많은 후보들과 경쟁해야 하는 근로자는 열위에 있을 수밖에 없는데 법은 개인인 당사자 사이에 자유롭게 정하라고 하는 것이기 때문이다.

바로 이처럼 개인주의에 입각한 계약자유의 실질적 허구성 때문에 노사계약에 있어서는 근로자가 개인이 아니라 단체를 결성해서 교섭력을 높일 필요성이 있다. 개인주의에 입각한 계약자유의 시대에 불법으로 단죄되던 노동조합을 결성하여 근로계약을 단체협약에 입각하여 체결하는 제도가 합법화되는 것이 일반화되기 시작했다. 심지어는 우리 헌법 제33조와 같이 헌법이 근로자의 단결권(노조결성권), 단체교섭권, 단체행동권(근로3권)을 헌법상의 권리로 보장하고 법률로도 함부로 박탈하지 못하도록 보장하는 것으로까지 발전하였다. 이 체제에서는 국가가 인간의 존엄에 입각한 근로조건에 따라 노사계약이 이루어질 수 있도록 근로자의 근로3권을 보장할 의무를 지고 노사관계에 관한 입법을 통해 사용자의 계약자유를 제한하는 것이 헌법적 보장을 받게 되었다. 이로써 국가와 사회의 기본법인 헌법이 사회의 기본법인 민법을 헌법적 가치에 따라 제약하는 명실상부한 최고법의 지위를 가지게 되었다. 이처럼 개인주의를 기본으로 하면서도 공공복리를 위하여 필요한 경우에는 단체주의를 도입하여 기본적 인권의 보장 체계를 재구축하는 헌법이 현대수정자본주의국가 단계의 입헌주의 헌법, 즉 현대입헌주의 헌법이다.

우리 헌법은 경제생활에 있어 기본적 인권의 보장 체계에 단체주의를 광범위하게 도입할 수 있는 헌법적 근거를 다양하게 마련하고 있다. 대표적으로 헌법 제119조 2항에서 "경제주체간의 조화를 통한 경제의 민주화를 위하여" 국가가 경제에 관한 규제와 조정을 할 수 있도록 규정하고 있는데 이때 경제민주화의 당사자인 경제주체는 개인 외에도 노동조합 등 다양한 단체까지 포함하게 된다. 구체적으로는 헌법 제33조에서 노동조합의 헌법적 지위를 보장한 외에도 제123조 5항에서 농·어민 자조조직과 중소기업의 자조조직을 국가로 하여금 육성하도록 규정하고 있으며 헌법 제124조는 소비자보호를 위해 소비자보호운동을 보장할 의무를 국가에 부여하고 있다.

4. 기본적 인권의 문서화(헌장화): 인권과 국가권력 사이의 관계 변환

근세이후 인권을 중심으로 국가질서가 정립하게 된 것은 하루아침에 이루어진 것이 아님은 앞서 기본적 인권 보장의 역사적 배경을 통해 살핀 바 있다. 이 역사적 배경에서 특히 주목해야 할 것이 두 가지 있다. 첫째는 그 형식의 문제이다. 기본적 인권이 국가 권력에 의해 자유헌장(Charter of Liberties)과 같은 문서에 의해 그 권리의 존재가 확인되는 방식을 취하게 된다는 것이다. 이는 관습법이나 불문법의 형식을 중심으로 이루어지던 법질서가 성문법이 확대되어 국가법질서에 중요부분을 차지하게 된 것과도 맥을 같이한다. 눈으로 확인할 수 없는 불문법의 형식보다 성문법은 문자화된 객관적 존재형식 때문에 행위규범이나 재판규범으로서의 효과성이 더 뛰어나다는 것은 입헌주의가 성문 헌법주의를 원칙적 형식으로 하는 것과 일맥상통하는 것이다.

두 번째로 주목해야 할 것은 헌장과 같은 문서의 형식뿐만 아니라 그 내용이 가지는 특징이다. 근세이전의 국가는 신분제 사회질서에 기초한 법질서를 토대로 하였는데 그 법의 근원을 국가권력 그 자체에서 찾았다는 점을 주목할 필요가 있다. 즉 법은 세습에 의해 전승되는 이미 존재하는 권력의 의지나 의사로 인식되었다. 공동체 구성원의 자유도 권력과 그 의지에 기초한 법이 금지하지 않기 때문에 누리게 되는 반사적 이익에 불과하였다. 당연히 국가의 구성원들은 권력자의 지배대상이고 독립적 권리주체로 인정되는 데 한계가 있었다. 경제·사회적인 변동에 맞물려 권력자가 특정한 생활영역에 자유를 권리로서 허용하는 개별적 자유헌장들이 등장하였다.

그러다가 국가권력과 구성원의 자유 사이에 전면적 권리관계를 형성하는 자유헌장이 1215년 영국에서 존왕(King John)이 봉건귀족의 압력에 굴복하여 공포한 마그나 카르타(Magna Carta)이다. 이 헌장은 비록 신분제 사회의 한계를 완전히 탈피하지 못한 봉건계약의 형식이라는 한계가 있었지만 지배자인 권력자와 피지배자 사이에 문서화된 헌장의 형식으로 일반적 권력관계를 형성하여 국가권력의 한계를 분명히 한 점에 그 의의가 있다. 특히 오늘날 입헌민주공화제에 필수적인 법에 의한 지배(법치주의)나 적정한 법의 절차에 의한 인권 제약의 원칙(적법절차의 원칙)의 원형을 보여주는 제39조[17]는 우리 헌

---

17) 마그나 카르타는 원래 조문의 형식으로 되어 있지 않았으나 1297년 법제화되면서 후대에 조문화되어 이 조문화된 형식으로 그 내용을 인용하는 것이 일반적이다. 마그나 카르타에서 가장 유명한, 적법절차조항의 기원이 된 조항은 최초인 1215년판을 기준으로 제39조로 주로 인용되나 마그나 카르타는 첫 공포 이후 지속적으로 그 내용의 일부가 바뀌면서 반복적으로 반포되었고 1297년 법제화 과정에서 제39조는 제29조로 편재되어 적법절차조항의 기원이 제29조로 인용되기도 한다.

법 제37조 2항과 같이 모든 국가권력의 행사를 한계 짓는 일반조항의 원형으로 이해된다. 근대시민혁명은 이러한 마그나 카르타의 원리를 명실상부하게 확립하여 국가구성원의 기본적 인권의 보장을 위한 수단적 지위로 국가권력을 재조정하는 역사적 계기였다. 국가권력은 이제 스스로 그 존재의 정당성을 확보하는 1차적, 시원적 지위를 가지는 것이 아니라 인권보장을 위한 헌장에 의해 새로이 창설되는 2차적, 수단적 존재가 된 것이다.

헌법에 의한 지배를 의미하는 입헌주의는 인권의 헌장화에 그 역사적 뿌리를 두고 있다고 할 수 있고, 이후 살피듯 인권의 국제화 또한 인권헌장의 채택을 통해 그 보편적 지평을 정립하고 있음에 주목할 필요가 있다.

5. 기본적 인권의 사회화: 제2세대 인권의 발전과 인권의 융합화

개인주의를 기본으로 하는 근대시민국가 단계의 기본적 인권 보장이 단체주의에 의해 보정되는 것과 비슷한 배경에서 기본적 인권의 목록에도 존엄과 가치를 가지는 인간의 생존이나 사회적 위험으로부터 보호하기 위한 새로운 유형의 기본적 인권이 헌법적 보호를 받기 시작하였다. 프랑스 인권선언으로 대표되는 근대시민국가 단계의 근대입헌주의 헌법이 개인의 자율성을 확보하기 위한 기본적 인권으로 신체의 자유나 종교의 자유 및 표현의 자유와 같은 시민적 자유와 정치적 권리를 중심으로 기본적 인권을 인식하였고 이 단계의 인권을 '제1세대 인권'이라 부른다. 그러나 앞서 단체주의의 발전에 대한 설명에서 지적하였듯이 형식적인 기회의 평등만으로는 시민적 자유를 효과적으로 향유할 수 없고 인간으로서의 존엄과 가치를 실질적으로 확보하기 위해서는 궁핍이나 질병과 같은 사회적 위험으로부터 개인의 생존을 보장하는 한편 사회적 약자를 보호하고 사회보장을 강화하여 경제사회적 불평등을 해소할 필요성이 공감대를 형성하였다.

사회적 평등과 사회정의를 강화하기 위한 방법으로는 국가목표로 이러한 가치를 실현하여 국가권력 발동의 주요한 근거로 삼는 방법(기본원리를 통한 사회적 평등의 실현)과 개인에게 이와 같은 사회적 보장을 국가에 직접 요구할 수 있는 권리를 보장하는 방법(기본적 인권의 보장을 통한 사회적 평등의 실현)이 병행되고 있다. 전자의 방법만을 채택하는 경우가 많지만 우리나라의 경우 두 가지 방법을 모두 채택하고 있는 점이 특색이다. 특히 헌법 제31조부터 제36조까지 교육을 받을 권리, 근로의 권리, 근로3권, 인간다운 생활을 할 권리, 환경권 등 사회적 인권을 보장하고 있다. 이들 사회적 인권을 제2세대 인권이라고 부르는데 국내법적으로 확고하게 헌법적 보장체계에 확립되어 있다고 보기는 힘든 수준이다. 이러한 헌법적 지위를 획득한 사회적 인권의 본질과 구체적 보장의 수준과 방법을 둘러싸고 논쟁이 아직 마무리되지 못하고 있기 때문이다.

한편 제2세대 인권은 새로운 인권 목록의 증가 외에도 제1세대 인권의 성격변화를 초래하고 있는 특색이 있다. 사실 시민적 자유는 제2세대 인권의 효과적 보장이 없으면 빈껍데기의 명목상 권리로 전락할 위험이 있다. 전통적으로 시민적 자유는 이에 대한 국가의 개입을 침해로 추정하는 '불간섭의 자유'(liberties as non-intervention)라는 소극적·방어적 자유를 중심으로 이해되어 왔다. 그러나 현대 사회에 들어 진정한 자유는 국가의 개입 자체를 문제로 보지 않고 국가의 개입으로 자유 실현의 조건이 더욱 강화되는 환경에서 좀 더 실질적이고 효과적으로 이루어질 수 있다는 점을 이해하여 '비예속 혹은 비지배의 자유'(liberties as non-domination)라는 적극적 자유를 중심으로 인식하는 경향이 강해지고 있다. 즉 국가가 시민적 자유에 대하여 개입하는 경우가 사회적 조건의 개선을 통해 자유를 증진시키기 위한 경우와 자유 그 자체를 억압적으로 제약하는 경우로 구분하여 전자의 경우 오히려 국가의 당연한 기능으로 인식하는 흐름이다.

사회적 인권을 헌법적으로 보장하게 된 것이 이러한 인식을 반영하는데, 사실 단체주의의 발전과 관련하여 설명했던 근로3권의 성격은 자유권이 사회화하는 대표적인 경우라고 할 수 있다. 헌재는 근로3권의 성격을 '사회적 보호기능을 담당하는 자유권' 또는 '사회권적 성격을 띤 자유권'으로 정리하고 있다(헌재 1998. 2. 27. 94헌바13등, 판례집 10-1, 32, 44). 근로3권이 국가공권력에 대하여 근로자의 단결권의 방어를 일차적인 목표로 하지만, 그보다 큰 헌법적 의미는 "근로자단체라는 사회적 반대세력의 창출을 가능하게 함으로써 노사관계의 형성에 있어서 사회적 균형을 이루어 근로조건에 관한 노사간의 실질적인 자치를 보장하려는 데 있"기 때문이다.

이러한 사회화 경향에 따라 가장 큰 변화가 발생한 경우가 경제적 자유와 재산권의 경우이다. 재산권은 경제적 자유뿐만 아니라 국민생활의 물질적 기초를 형성한다(재산권의 자유보장적 기능, 헌재 1998. 12. 24. 89헌마214등, 판례집 10-2, 927, 945). 따라서 그 내용과 한계가 민주주의의 원칙에 따라 법률로써 정해질 필요가 있게 되고 재산권의 행사 또한 공공복리에 적합하도록 이루어져야 하는 사회적 의무를 부담하게 된다(헌법 23조① 및 ②, 헌재 1999. 4. 29. 94헌바37, 판례집 11-1, 289, 303-304).

6. 기본적 인권의 국제화

기본적 인권의 보장은 인권으로서의 보편적 특성에 비추어 국민국가 단위별로 만족할만한 수준을 달성하기에는 한계가 있다. 따라서 국제적 차원에서 기본적 인권보장 운동이 활발히 전개되어 오고 있다. 국제적 연대를 통해 인권보장 수준을 높이려는 노력이라고 할 수 있다. 1948년 국제연합 총회에서 채택된 세계인권선언(Universal Declaration of Human Rights)을 비롯하여 1966년 성안되어 1977년부터 체약국에 대하여 법적 효력이 발생한 '경제적, 사회적 및 문화적 권리에 관한 국제규약'(International Covenant on Economic, Social and Cultural Rights)과 '시민적 및 정치적 권리에 관한 국제규약'(International Covenant on Civil and Political Rights)이 대표적이다. 이 두 규약에는 우리나라도 가입하여 1990년 7월 10일부터 적용되고 있다.

기본적 인권의 국제화와 관련하여 제기되는 헌법적 쟁점은 국제인권법의 국내법적 효력의 문제이다. 국내법적 지위를 가지느냐의 문제와 가진다고 할 때 어떤 법체계상의 지위를 가지느냐가 문제된다. 헌법 제6조 1항은 헌법에 의하여 체결·공포된 조약과 일반적으로 승인된 국제법규는 국내법과 같은 효력을 부여하기 때문에 첫 번째 문제는 헌법규정에 의해 자동적으로 해결된다. 그런데 국제법의 국내법적 지위에 대해서는 헌법규정이 침묵하고 있기 때문에 해석에 의해 해결하는 수밖에 없다. 국제법 중에서도 보편적 성격의 인권에 관한 국제법은 원칙적으로 헌법에 준하는 효력을 가지고 법률보다 우위에 있어 위헌법률심판의 준거법이 될 수 있다는 주장과 법률과 같은 효력을 가질 뿐이어서 위헌법률심판의 기준이 될 수 없다는 주장이 대체로 대립하고 있다. 기본적 인권의 보장을 국가의 의무로 삼고 있는 헌법 체계상의 특징과 더불어 국제평화주의를 채택하고 있는 상황에서 인권의 보편성을 고려하고 특히 헌법에 따라 체결·비준한 인권조약의 경우 인권침해적 법률의 여지를 헌법적으로 용인하는 것은 적절하지 않으므로 국제인권법의 인권관련 규정은 국내법상 법률보다 우위의 효력을 가진다고 보는 것이 타당하다. 그러나 판례나 유권해석기관에서 이러한 주장에 명확하게 입각하고 있는 사례는 분명하지 않으며 향후 헌법재판이나 일반재판에서 보다 적극적이고 전향적 해석론과 실천론이 제기될 필요가 있다.

Ⅱ. 기본적 인권의 개념과 분류

1. 기본적 인권과 기본권의 개념

헌법 제10조가 개인이 가지는 불가침의 기본적 인권의 보장을 국가의 의무로 하고 있음은 앞서 여러 차례 확인한 바 있다. 이때 기본적 인권을 어떻게 이해할 것인지가 헌법 이해의 기본과제이다.

일반적으로 헌법상 국가가 보장의무를 이행하는 권리를 기본권이라고 부르고 있다. 통용되는 기본권이라는 용어의 전제는 헌법상 권리라는 것인데 우리 헌법은 기본권이라는 용어를 전혀 사용하고 있지 않아 문제이다. 다만 실정법으로는 헌법재판소법 제68조 1항이 '헌법상 보장된 기본권'을 공권력의 행사 또는 불행사로 인하여 침해받은 자가 헌재에 헌법소원을 제기할 수 있다고 규정하고 있을 뿐이다.

헌법상 보장되는 권리를 헌법을 구체화하는 실행법률에서 헌법에서 사용하지 않은 용어로 사용한 것은 법체계상 적절하다고 보기 힘들다. 그렇다면 헌법에서는 헌법재판소법상 기본권에 상응하는 권리를 어떻게 표현하고 있는가? 반복하여 소개하였듯이 헌법 명문상 국가의 보장의무가 있는 권리는 기본적 인권이다.

기본적 인권이라는 표현은 일본 헌법 제11조의 영향으로 추정된다. 한반도를 식민통치하면서 제2차 세계대전의 전범국이었던 일본은 연합국인 미국의 영향 아래 입헌주의 헌법을 1946년 11월 3일 공포하였고 이 헌법은 1947년 5월 3일부터 시행되었다. 그 제11조가 '기본적 인권의 보장'이 국가의 설립목적임을 밝히고 있다.[18] 이 조항은 1945년 7월 26일 일본에게 무조건 항복을 요구하며 연합국의 주축인 미합중국, 영국, 소련 및 중국의 정상들이 향후 전후질서에 관한 기본원칙을 밝힌 포츠담선언, 즉 '일본의 항복조건에 관한 선언'(Proclamation Defining Terms for Japanese Surrender) 제10조에서 전후 일본은 표현, 종교, 사상의 자유와 기본적 인권(fundamental human rights)에 대한 존중을 확립해야 함을 요구한 것에 대응하는 것이다.

1948년 제헌헌법의 기초자들은 일본 헌법 제11조나 현행 헌법의 제10조와는 달리 국민의 기본적 인권 보장에 관한 일반조항을 두지 않았다. 우리 헌정사에서 기본적 인권이라는 용어가 등장한 것은 1962년 제5차개정 헌법 제8조에서부터이다.[19] 5.16 군사쿠데타로 집권한 군사정부는 국가체제의 전면적 개조에 착수하였고 법제 정비는 그 주요 대상이었으며 이때 전후 일본의 법제가 참고자료로 많이 활용되었는데 헌법의 경우에도 기본적 인권 조항에 관한한 일본 헌법의 영향을 받았을 것으로 추정된다. 물론 이 새로운 조항에서 처음 등장하는 인간으로서의 존엄과 가치는 역시 일본과 마찬가지로 인류에 대한 범죄를 저질렀던 전범국인 독일이 전인류에 대하여 그 재발방지를 약속하는 차원에서 국가존립의 기본목적을 인간의 존엄에 둔 기본법 제1조의 영향을 아울러 받은 것이다. 전범국도 아니고 오히려 식민지배에서 독립된 국가에서 전범국의 기본적 인권

---

18) 이 조항은 "국민은 모든 기본적 인권의 향유를 방해받지 아니한다. 이 헌법이 국민에게 보장하는 기본적 인권은 침해될 수 없는 영구적 권리로서 현재 및 장래의 국민에게 부여된다."라고 규정하고 있다.

19) 당시 조문은 "모든 국민은 인간으로서의 존엄과 가치를 가지며, 이를 위하여 국가는 국민의 기본적 인권을 최대한으로 보장할 의무를 진다."고 규정하고 있었다. 현행 제10조와 같은 조문 내용은 1980년 제8차 개정헌법 제9조에 규정되었다.

에 대한 강력한 염원을 답습한 것이 역설적으로 보일 수도 있지만 세계대전을 거치면서 인류보편의 가치로 확인된 인간의 존엄에 기초한 기본적 인권의 보장이 헌법의 핵심조항으로 정립된 것은 인류사회의 미래지향적 흐름에 동참하는 의미를 담은 것으로 충분한 의의를 가진다.

결국 헌법상 보장된 기본권이라고 우리가 일상적으로 부르는 권리는 헌법의 기본적 인권을 약칭하는 것으로 새기는 것이 타당해 보이지만 기본권을 인권에서 유래한 것은 인정하지만 인간의 자연적 권리로 볼 수 없는 권리도 기본권으로 인정되는 경우를 들어 이러한 해석론에 반대하는 견해도 만만치 않고 헌법학계나 법실무계에서 아직 이에 대한 통일된 합의는 존재하지 않는다.

한편 헌법은 기본적 인권에 대응하는 표현으로 기본적 인권에 대한 일반조항의 하나인 헌법 제37조 2항에서 "국민의 모든 자유와 권리"라고 표현하고 있기도 하다는 점을 유의할 필요가 있다. 헌법은 기본적 인권의 개별적 목록을 비교적 상세히 예시한 후 헌법 제37조 1항에서 헌법에서 열거되지 아니한 이유로 국민의 자유와 권리가 경시되지 않음을 확인한 후 그 2항에서 "모든 자유와 권리"에 관한 일반적 제한의 한계 원칙을 선언하고 있기에 '헌법적 자유와 권리'는 '기본적 인권'에 상응하는 것으로 이해될 수 있다.

2. 기본적 인권의 특성과 유사개념

이러한 역사적 해석이나 비교법적 해석에 기초한 기본적 인권 혹은 기본권은 다음과 같은 특성을 가지는 것으로 정리할 수 있다.

(1) 자연권 유래성: 자연권의 실정권화

기본적 인권은 인간으로서의 존엄과 가치에 기초한 것이므로 반드시 국가를 전제로 하지 않는 자연적 권리에서 유래한 것이다. 이러한 자연권 유래성은 헌법에서 명문으로 확인하지 않더라도 헌법상 권리로 보장받을 수 있는 점(헌법 37조①)과 국제인권법에 의하여 보장되는 인권이 국내법적 효력을 가지며 이러한 인권은 최소한 법률보다 상위여야 한다는 주장과 맥을 같이한다. 또한 이러한 기본권의 자연권 유래성은 현행 입헌민주공화헌법이 자연권을 헌법에 명문으로 포섭하여 실정권으로 변환시켰다는 주장과도 통한다. 기본적 인권은 인권 가운데 헌법적 권리로서 유권해석의 승인을 획득한 권리이기 때문에 단순한 도덕적 권리인 일반적 인권과 구별된다. 인권은 유권해석의 승인을 받아 기본적 인권으로서 헌법상 보장되는 자유와 권리의 목록에 포함될 수 있지만 이러한 승인의 과정이 없는 한 도덕적 권리나 법률상 권리의 수준에 머무를 수도 있다. 이처럼 기

본적 인권은 자연권이 실정권으로서 승인되었기 때문에 기본권을 자연권이냐 실정권이
냐 따지는 것은 현재적 의미를 가지지 못한다. 기본적 인권은 자연권에서 유래하지만 헌
법상 보장되는 실정권이며 이 실정권성은 국제인권법을 만나는 순간 다시금 보편적 자
연권성의 유래를 회복할 수 있는 가능성을 가지고 있다. 나아가 기본적 인권의 자연권
유래성은 국가의 수단적 성격을 분명히 하여 전체주의적 헌법관을 배척하는 최후의 보
루로서 작용할 수 있는 헌법적 기능을 가진다.

(2) 헌법상 권리성: 법률상 권리와의 구별과 권력통제적 기능

기본적 인권의 법체계상 위상은 헌법적 권리이다. 이 특성은 헌법에 근거를 두고 입
법권의 행사에 의해 보장되는 법률상의 권리와 구별짓는 것이다. 헌법상 권리는 법률의
유효성을 담보하는 한계로서 기능하고 이 권리는 법률로서 그 보호범위를 일부 제한할
수는 있으나 권리 자체를 박탈하거나 과잉 제한하거나 과소 보호할 수 없다. 이러한 한
계를 위반하는 경우 그 침해(위험성)를 이유로 특정 법률을 무효로 만들 수 있는 효과를
가진다. 반면 법률상 권리는 법률에 의하여 권리성이 부여되기 때문에 법률이 폐지함에
따라 권리로서의 위상을 상실할 수 있다. 예컨대 지방자치법상 주민투표권은 법률상 권
리로서의 성격을 가지며 헌법상 보장되는 권리로서의 성격은 헌재의 유권해석에 의해
부인된 바 있다(헌재 2007. 6. 28. 2004헌마643, 판례집 19-1, 843, 843-844).

기본적 인권이 법률상의 권리와 구별되는 헌법적 위상을 가진다는 특성의 실질적
의미는 기본적 인권은 법률을 제정하는 입법권을 포함하여 모든 국가권력을 통제하는
기능을 가진다는 것이다. 기본적 인권의 본질 혹은 법적 성격이 법규범이라거나 객관적
가치질서의 요소라는 견해(기본권의 이중성 혹은 객관성)도 있으나 기본적 인권이 국가권
력을 기속하는 것은 기본적 인권이 헌법적 지위를 가지고 최고규범의 내용이 되기 때문
에 국가권력이 이를 존중하고 실현할 의무를 지는 '효과'라고 할 수 있고 이를 권리의 본
질과 혼동해서는 안 된다.

(3) 주관적 권리성: 이중성론과 제도적 보장론과의 비교

기본적 인권은 그 권리의 주체인 개인이 재판과 같은 사법과정을 통해 그 침해로부
터 구제를 받을 있는 법적 권리이다. 도덕적 권리와 구별되는 법적 권리인 기본적 인권
은 침해받은 경우 사법적 구제를 받을 수 있다는 점이 특징이다. 이 차원에서 헌법이론
상 문제되는 쟁점은 기본적 인권이 법규범 내지 객관적 질서로서의 성격도 가지는가의
문제(기본권의 이중성)이다. 헌법상 권리가 개인이 소송으로 구제받을 수 있는 권리가 아

니라 국가권력을 통제하는 법규범이자 객관적 가치질서로서의 성격만을 인정하는 권리부인설도 외국의 기본권이론에서는 발견되기도 한다. 그러나 우리 헌법상 기본적 인권으로 기본권을 인식하는 법적 조건에서는 권리성을 부인하는 해석론을 펴는 경우는 없고 권리성과 법규범성을 동시에 인정하는 이중성론이 많은 지지를 받고 있다(예컨대, 집회의 자유의 권리성과 가치질서성을 동시에 인정한 헌재 2016. 9. 29. 2014헌가3 등, 판례집 28-2상, 258, 267-268 참조).

앞서 헌법적 권리로서의 의미와 관련하여 언급하였지만, 기본적 인권이 국가권력을 통제하는 한계로서의 기능을 수행하는 것은 그 본질에서 나오는 특성이라기보다는 기본적 인권을 헌법적 권리로서 사법적 절차에 의하여 보장하기 때문에 그 결과적 효과로서 확인될 뿐이기 때문에 이를 기본적 인권의 특성에서 논하는 것은 논리적 타당성이 약하다.

한편 이런 차원에서 기본적 인권과 구별되는 개념으로 '제도적 보장'이 있다. 제도적 보장은 헌법제정권자가 특히 중요하고도 가치가 있다고 인정되고 헌법적으로도 보장할 필요가 있다고 생각하는 국가제도를 헌법에 규정하여 그 본질을 유지하고 법률로서도 함부로 폐지하지 못하도록 하는 것을 말한다. 제도적 보장은 특정 주체가 행사할 수 있는 주관적 속성을 가지지 아니하고 법규범이자 질서라는 점에서 기본적 인권과 구별되기는 하지만 법률로써 이를 폐지할 수 없고, 비록 내용을 제한하더라도 그 본질적 내용을 침해할 수 없다는 점에서 기본적 인권과 유사한 기능을 한다. 그러나 기본권 보장은 "최대한 보장의 원칙"이 적용됨에 반하여, 제도적 보장은 그 본질적 내용을 침해하지 아니하는 범위 안에서 입법자에게 제도의 구체적 내용과 형태의 형성권을 폭넓게 인정한다는 의미에서 "최소한 보장의 원칙"이 적용될 뿐이라고 부정하는 헌재의 판례가 다수 존재한다(헌재 1997. 4. 24. 95헌바48, 판례집 9-1, 435, 444-445). 대표적으로 직업공무원제, 복수정당제, 지방자치제 등이 헌법에 의하여 제도적 보장의 사례로 확인된 바 있다.

과거 근대시민국가단계의 입헌국가에서 기본권의 보장 범위가 협소한 문제를 해결하기 위하여 보완적으로 제도적 보장론이 등장하였지만 국가의 기본적 인권 보장 의무가 강화되고 있는 현대적 추세에 따르면 대부분의 제도적 보장은 그 제도의 본질적 구성요소가 이해관계자의 기본적 인권과 연계되기 때문에 그 효용가치가 소멸되었다는 견해가 유력해지고 있다.

3. 기본적 인권의 분류와 법적 성격

앞서 기본적 인권의 역사적 배경이나 특성, 대한민국 헌법 제2장의 구성 등에서 살핀 바와 같이 기본적 인권은 그 개별적 특성과 내용에 따라 다양하게 분류될 수 있다. 간단히 개괄하자면 인권 목록의 정점에 모든 기본적 인권의 기본이념이자 원형이 되는 포괄적 인권으로 인간의 존엄과 가치 및 행복추구권이 있다. 다음으로 자유롭고 서로에게 평등한 시민관계를 형성하는 제1세대 인권으로 평등권과 자유권이 보장되며, 제2세대 인권을 통해 경제·사회·문화영역의 실질적 불평등을 해소하는 것을 목적으로 국가의 적극적 보장을 요구할 수 있는 생존권 혹은 사회권, 인권중심적 국가체제를 가능하게 할 시민의 민주공화적 정치참여를 보장하는 참정권과 모든 인권의 실질적 실현을 가능하게 할 절차적 권리인 청구권으로 구분할 수 있다.

(1) 기본적 인권의 원형: 인간의 존엄과 가치 및 행복추구권

헌법 제10조의 전단에 따라 명문으로 보장되는 인간의 존엄과 가치 및 행복추구권의 성격에 대해서는 이론적 논쟁이 여전하다. 기본권의 기본이념으로서의 위상만 인정하고 개별적 기본권으로서의 성격은 인정하지 않거나, 인간의 존엄과 가치 및 행복추구권을 구별하여 인간의 존엄과 가치에는 개별적 기본권으로서의 성격을 인정하지 않고 기본이념으로서만 인식하면서 행복추구권의 경우 포괄적 자유권으로서의 성격을 인정하는 견해가 있다. 그러나 생명권이나 인격권 또는 자기결정권과 같이 인간의 존엄과 가치에 직결되는 기본적 인권의 목록들이 헌법에 명시되지 않고 있고, 인간의 존재이유가 스스로가 설정한 행복을 추구하는 것으로 포괄될 수 있지만 비교적 상세히 기본적 인권의 세부목록을 규정한 우리 헌법의 체제상의 특성을 고려할 때 보충적 인권의 헌법적 근거를 확인할 수 있는 편의성이 있기 때문에 인간의 존엄과 가치 및 행복추구권의 개별적 권리성을 굳이 부인할 이유가 없다고 판단된다. 헌재는 명확하지 않은 부분이 없지 않으나 인간의 존엄과 가치 및 행복추구권을 통틀어 자기결정권 등을 인정하거나 인간의 존엄과 가치로부터 인격권등을 도출하고 있고(헌재 1990. 9. 10. 89헌마82, 판례집 2, 306, 310 2001. 10. 25. 2000헌바60, 판례집 13-2, 480, 485), 행복추구권을 포괄적 자유권의 성격을 가지는 것으로 보고 일반적 행동자유권, 개성의 자유로운 발현권, 계약의 자유 등을 근거지우고 있다(헌재 2003. 6. 26. 2002헌마677, 판례집 15-1, 823, 836; 헌재 1995. 7. 21. 93헌가14, 판례집 7-2, 1, 32).

(2) 기본적 인권 보장의 방법적 요소: 평등권과 평등원칙

헌법 제11조 1항은 모든 국민이 '법 앞에 평등'함을 선언하고 있다. 또한 같은 조항에서 누구든지 성별·종교 또는 사회적 신분에 의하여 정치적·경제적·사회적·문화적 생활의 모든 영역에 있어서 차별을 받지 아니함을 명시하고 있다. 이 조항으로부터 국가는 권력을 행사할 때 합리적 이유없이 국민을 차별해서는 안된다는 평등원칙에 입각한 권력행사의무를 부담하게 되고, 개인은 국가에게 그러한 의무의 준수를 할 것을 요구할 수 있는 평등권을 가진다(헌재 1989. 1. 25. 88헌가7, 판례집 1, 1, 21; 헌재 2001. 8. 30. 99헌바92등, 판례집 13-2, 174, 206).

이 조항에 의해 보장되는 평등은 법 앞에서의 평등이므로 법적 처우에 있어 차별을 받지 않아야 한다는 기회의 차별금지, 즉 형식적 평등을 의미한다. 기회는 물론 조건, 심지어 결과에서의 평등을 의미하는 실질적 평등은 복지국가 혹은 사회국가의 원리나 사회적 인권의 보장에 의해 추구된다. 형식적 평등은 어떠한 경우에도 차별하지 않는 절대적 평등이 아니라 "같은 것은 같게, 다른 것은 다르게" 처우하는, 합리적 이유가 없는 자의적 차별을 금지하는 상대적 평등이다. 즉 차별을 인정할 수 있는 합리적 이유가 있는 경우에는 차별이 헌법상 허용된다(헌재 1989. 5. 24. 89헌가37등, 판례집 1, 48, 54; 헌재 1992. 4. 28. 90헌바27등, 판례집 4, 255, 271; 헌재 1994. 2. 24. 92헌바43, 판례집 6-1, 72, 75).

한편 법 앞의 평등은 법에 의한 차별금지뿐만 아니라 법내용 자체, 즉 입법 또한 평등원칙을 준수하고 평등권을 침해하지 않는 범위에서 제정되어야 한다(법내용의 평등).

또한 평등은 항상 '그 무엇의 차별'을 금지하는 것이어서 차별받는 실체적 법익이 별도로 존재하기 때문에 평등권은 궁극적으로는 다른 법익을 보호하기 위한 방법 혹은 수단이라는 특성을 가진다. 예컨대, 채용선발시험에서 과도한 가산점을 제대군인에게 부여하게 되면 장애인이나 여성의 공무담임권이나 직업선택의 자유에 대한 불합리한 차별이 되는데 이 경우 이들 기본적 인권의 차별을 구성하는 것이어서 평등권을 침해하여 당해 인권을 침해하는 결과를 낳게 되는 것이다(헌재 1999. 12. 23. 98헌마363, 판례집 11-2, 770). 차별받은 실체적 법익은 헌법상의 기본적 인권일 수도 있고 법률상의 권리일 수도 있는데 특히 기본적 인권의 차별은 헌법적으로 용납될 수 없기 때문에 이 경우 평등권 침해 여부를 평가하는 심사척도는 '자의금지원칙'이라는 느슨한 척도를 적용하는 다른 법익에 대한 차별의 경우보다 더욱 엄격한 '비례원칙'을 채택하게 된다(헌재 1999. 12. 23. 98헌마363, 판례집 11-2, 770). 결론적으로 기본적 인권의 보장 체계의 차원에서 보면 평등권은 다른 기본적 인권을 보장하는 방법적 요소라고 할 수 있다.

(3) 기본적 인권의 실체적 요소: 시민적 자유권

인간으로서의 존엄과 가치는 스스로의 양심에 따라 의사를 형성하고 자기책임하에 자유롭게 행동하는 자율성에 그 본질이 있다. 따라서 기본적 인권의 실체는 공동체 구성원으로서 스스로 자유롭게 행동할 수 있는 시민적 자유를 헌법적으로 보장받는 것이다. 우리가 일상 생활 속에서 먹고, 마시고, 놀고, 경제활동을 하고, 다른 사람과 소통하면서 친교를 맺거나 신앙·학문·예술활동 등 사회·문화생활을 영위하는 것은 모두 이러한 시민적 자유를 헌법과 국가에 의해 보장받기 때문이다. 평등권과 더불어 제1세대 인권을 구성하는 시민적 자유는 헌법 제10조에서 인간의 존엄과 가치 및 행복추구권을 보장하는 것을 시작으로 제12조부터 제23조까지 신체의 자유, 거주·이전의 자유, 직업선택의 자유, 주거의 자유, 사생활의 비밀과 자유, 통신의 자유, 양심의 자유, 종교의 자유, 언론·출판·집회·결사의 자유, 학문과 예술의 자유, 재산권을 세세히 보장하고 있다. 시민적 자유는 이처럼 다양한 생활영역에서 스스로의 결정하에 자율적 삶을 꾸려가고 국가는 이를 방해하지 않고 존중해야 할 의무를 가지게 된다.

시민적 자유는 이처럼 기본적 인권의 실체를 구성하고 헌법에 따라 국가의 보장을 받기 전부터 자연권으로 인정되었던 것이기 때문에 그 보호범위는 국가성립 이전부터 존재하는 것이며 다만 헌법에 의하여 국가의 법적 존중을 요구할 수 있게 된 것이기 때문에 국가가 원래의 보호범위를 축소하려고 시도하는 것은 일단 부정적 의도로 추정된다. 즉 시민적 자유는 보호가 원칙이고 그 제한은 예외가 되기 때문에 국가의 시민적 자유에 대한 제한은 엄격한 요건을 준수한 경우에만 가능하다. 특히 법의 지배 혹은 법치주의의 원칙 및 헌법 제37조 2항에 따라 법률적 근거가 필요하고(법률유보), 제한의 근거가 되는 법은 예견가능한 행위규범으로서의 요건을 갖추기 위해 모호하지 않고 명확하여야 하고(명확성의 원칙), 제한은 그 목적 달성에 필요한 범위 안에서 달성하고자 하는 공익과 제한하려는 사익 사이에 비례관계를 엄격히 준수한 경우에만 가능하며(과잉금지원칙 혹은 비례원칙), 행위시에 이미 형성되어 있는 법질서에 대한 국민의 신뢰를 과도하게 훼손하지 않아야 한다(신뢰보호원칙). 다만, 제23조가 보장하는 재산권은 전통적으로 시민적 자유의 일종으로 이해되어 왔으나 현대 입헌주의의 발전과 함께 보호가 원칙이고 제한이 예외인 전통적 성격이 변형되어 그 내용과 한계가 법률로 정하여지도록 국가의 규제와 조정이 원칙인 인권으로 바뀌었기 때문에 특별한 이해가 필요하다(헌법 23조① 및 ②, 그리고 헌법 119조②). 한편 헌법 제10조의 행복추구권에서 도출되는 계약의 자유나 헌법 제15조가 보장하는 직업선택의 자유 등 경제적 자유와 관련하여서는 재산권과 마찬가지로 국가의 규제와 조정이 다른 시민적 자유에 비하여 상대적으로 폭넓게 허용되어야 한다는 입장(이중기준[double standard]의 원칙)과 헌법 제119조 1항이 확인하고 있는 사유재산제에 기초한 시장경제질서의 근간을 이루는 경제적 자유는 인간의 존엄과 가치 실현의 전제인 개인의 생계기반을 형성하고 개인의 인격과 정체성 발현에 긴요하다는 차원에서 다른 시민적 자유와 달리 볼 이유가 없다는 견해가 대립하고 있다.

두 입장의 차이는 시민적 자유권의 제한에 대한 위헌심사척도인 비례원칙을 적용할 것인가, 적용한다면 그 심사강도나 밀도를 어느 수준에서 정할 것인가의 문제에 있다. 전자가 합리성기준이나 자의금지원칙의 적용을 주장하거나 비례원칙을 적용하는 경우에도 완화된 비례원칙의 적용을 주장한다면 후자는 다른 시민적 자유권과 마찬가지로 엄격한 비례원칙의 적용을 주장하는 경향이 있다. 헌재는 재산권 제한의 허용정도와 관련하여 "재산권 행사의 대상이 되는 객체가 지닌 사회적인 연관성과 사회적 기능이 크면 클수록 입법자에 의한 보다 광범위한 제한이 정당화된다"는 절충적 접근을 취하고 있다. 부동산과 같이 특정 재산권의 이용·처분이 소유자 개인의 생활영역을 넘어 일반국민 다수의 일상생활에 큰 영향을 미치는 경우에는 공공복리를 위하여 국가의 재산권 제한에 대한 입법재량이 더욱 커질 수 있다(헌재 1998. 12. 24. 89헌마214등, 판례집 10-2, 927, 945).

(4) 기본적 인권의 정치적 요소: 참정권

기본적 인권의 보장은 공동체의 질서유지와 공공복리를 위해 헌법에 따라 국가권력을 창설한 목적이다. 그런데 국가 창설 전의 자연사회에서 인권이 효과적으로 실현되지 못하는 이유는 약육강식의 야만상태여서 문명적 삶의 조건, 즉 서로의 독립과 평등을 존중하는 조건 속에서 공동의 이해관계를 평화적이고 합리적이며 안정적으로 조정되는 질서를 구축하지 못하기 때문이다. 결국 야만상태를 종식하고 문명적 조건 속에서 기본적 인권이 최대한 보장되는 질서를 구축하기 위해서 질서유지자이자 공공복리의 조정자로 국가권력을 창설한다.

그런데 이 수단적 존재가 실제로는 공동체에서 유일한 강제력을 보유하고 인권을 제한하는 지위를 가지게 되기 때문에 이 존재를 헌법체제 속에서 효과적으로 통제하고 원래의 목적대로 기능하도록 만들기 위해서는 바로 국가권력에 의해 인권을 조정받게 되는 피지배자인 국민들이 스스로 그 국가권력을 구성하고 그 운영의 실질을 담당해야 한다. 즉 민주공화적으로 국가권력을 구성하고 운영해야 한다. 바로 국가권력의 민주공화적 구성과 운영에 참여할 능동적 권리를 헌법적으로 보장하는 것이 바로 참정권이며,

궁극적으로 기본적 인권의 정치적 요소를 이룬다.

헌법은 제24조에서 선거권을 보장하여 선출직 공무원의 선출을 통해 국가권력을 구성하는 기본적 인권을 보장하고 있다. 또한 제25조에서는 공무담임권을 보장하여 선거에 출마하거나 공직을 맡을 기회를 보장하고 있다.

참정권은 정치과정에 능동적으로 참여할 권리로서 정치과정에서 시민적 자유권을 누리는 것과 혼동해서는 안 된다. 예컨대 선거과정에서 정치적 의사를 표현하는 것은 헌법 제21조에서 보장하는 언론·출판 및 집회·결사의 자유, 즉 표현의 자유에 의해 보장되는 것이다.

한편 참정권의 구체적 내용은 법률이 정하는 바에 따라 확정된다는 점도 국가이전에 자연적으로 그 보호범위가 정하여지는 시민적 자유권과 구별되는 점이다. 왜냐하면 어떤 공직을 선출직으로 할지, 선출직 공무원을 뽑는 선거제도를 어떤 방식으로 할지는 헌법에 미리 정하는 경우외에는 입법에 위임하는 것이 일반적이고 선출직이 아닌 공무도 어떤 종류와 성격으로 어떤 자격의 국민들에게 담임할 기회를 부여할 것인지는 법률로 구체적으로 정할 수밖에 없기 때문이다. 그런데 이러한 참정권의 내용에 관한 입법형성권을 오해하여 선거제도와 공직의 구성에 대한 형성권을 넘어 선거권과 공무담임권을 누릴 수 있는 국민의 자격과 참여범위를 함부로 법률로 제한해서는 안 된다. 특히 민주공화적 정치체제에서 국민주권주의가 대의민주제로 운영되고, 국민의 국민대표 선출과 관련된 선거권은 다른 기본적 인권의 실현을 현실적으로 획정하거나 제약할 수 있는 정치과정에의 참여권이므로 원칙적으로 보통민주주의의 원칙에 따라 합리적 이유가 없는 차별 없이 최대한 보장되어야 하기 때문이다. 입법권을 가지는 국회를 구성하는 국회의원 선거와 관련하여 헌법 제41조 1항에서, 행정권을 가지는 정부의 수반인 대통령 선거와 관련하여 헌법 제67조 1항에서 보통·평등·직접·비밀선거의 원칙을 제시하고 있으므로 선거권을 제한하는 법률은 이러한 헌법상 선거원칙을 엄격히 준수하여야 한다. 이런 취지에서 헌재는 선거권을 형성하는 법률의 경우에도 시민적 자유권의 경우와 마찬가지로 비례원칙을 적용하고 있는데 이런 태도는 정당하다(헌재 2007. 6. 28. 2004헌마 644 등, 판례집 19-1, 859, 860).

(5) 기본적 인권의 절차적 요소: 청구권

기본적 인권의 보장은 그러한 권리가 있음을 확인하는 것으로 달성될 수 없다. 현실에서 기본적 인권이 효과적으로 실현될 수 있도록 제도적 환경이 구비되어야 하고 권리가 침해될 때 효과적으로 구제를 받을 수 있을 때 실질적인 권리 보장의 목적이 달성될 수 있다. 따라서 기본적 인권에는 국가로 하여금 권리 보호와 증진을 위한 적극적 행위를 요구할 수 있는 절차적 요소가 필요한데 청구권이 바로 그 기능을 담당하는 기본적 인권이다.

청구권으로 헌법은 제26조부터 제30조까지 청원권, 재판청구권, 형사보상청구권, 국가배상청구권, 범죄피해자구조청구권을 명문으로 보장하고 있다.

(6) 기본적 인권의 실현적 요소: 사회권

기본적 인권의 마지막 유형은 제2세대 인권으로 소개한 바 있는 사회권이다. 상대적 평등, 기회의 평등을 내용으로 하는 형식적 평등을 의미하는 법 앞의 평등에 의한 불합리한 차별금지만으로는 기본적 인권의 실체적 요소인 시민적 자유를 최대한 실현하는 것은 불가능하다. 자유 실현의 결과 사실상 발생하는 경제적·사회적 자원의 차이가 지속될 때 생존에 위협이 되는 궁핍이나 질병, 재난 등 사회적 위험에 노출될 수밖에 없기 때문이다. 이러한 위험에 직면한 개인에게 시민적 자유는 헌장 속의 장식에 불과할 수 있으므로 이러한 생존적 위협으로부터 벗어나 진정으로 스스로의 판단에 따라 시민적 자유를 누릴 수 있는 조건이 미리 마련되어야 시민적 자유를 온전히 행사할 수 있게 된다. 따라서 인간으로서의 존엄과 가치를 실현하는데 필수적인 '최소한의 물질적인 생활'의 유지에 필요한 급부나 시민적 자유를 실현하여 다양한 생활영역에 참여할 수 있는 제도적 환경의 구축을 국가에 요구할 수 있는 권리, 즉 기본적 인권의 실현적 요소로 기능하는 기본적 인권이 필요한데 그것이 바로 사회권이다. 사회권의 보장 없는 시민적 자유는 공허하고 비현실적일 뿐이므로 국가가 사회권을 보장함으로써 비로소 시민적 자유는 진정한 자유, 비예속적 혹은 비지배적 자유의 상태에 이를 수 있게 된다.

사회권은 자립적으로 시민생활을 영위할 수 있는 삶의 조건을 형성하는 데 필수적인 개성과 능력의 개발에 필요한 교육이나 일자리 및 인간존엄에 부합하는 근로조건의 형성을 요구할 수 있는 권리와 자립적인 시민생활이 어려운 물적 조건에 처한 경우 실질적인 급부의 제공을 요구할 권리가 기본이다. 우리 헌법은 제31조에서 균등한 교육을 받을 권리를, 제32조에서 근로의 권리를, 제34조에서 인간다운 생활을 할 권리를 보장함으로써 기본적인 사회권을 명문으로 보장하고 있다. 또한 근로조건의 향상을 위해 필수적인 단체주의적 고용관계의 구축에 필수적인 사회적 교섭력의 확보를 위해 근로3권을 제33조에서 보장하고 있다.

한편 인간의 존엄과 가치 및 행복추구권은 주거를 비롯한 환경이 인간다운 생활을 보장할 수 있는 조건 속에서만 실현가능하다는 점에서 환경권은 사회권의 중요한 요소가 되며 헌법 제35조가 기본적 인권으로 보장하고 있다. 또한 헌법 제36조는 혼인과 가족생활에서의 개인의 존엄과 양성의 평등, 모성의 보호, 국민 보건에 관한 국가의 보호를 명문화하고 있다. 가족은 공동체 형성의 기초이고 개인의 존엄이 형성되고 실현되는 기본단위라는 점에서 시민적 자유 형성의 기반이 되기 때문에, 모성은 가족은 물론 공동체 유지를 위해 필요한 출산·양육에 관한 기초요소이기 때문에, 보건은 시민적 자유 실현의 전제가 되는 건강한 생활을 위해 필수적인 사회적 조건이기 때문에 기본적 인권의 실현적 요소인 사회권을 구성한다.

사회권과 관련하여서는 그 법적 성격이 근본적 논쟁의 대상이 되고 있다. 사회권은 국가의 재정능력과 결부되어 있고 구체적 내용은 물론 침해시의 구제방법을 입법이 아닌 다른 방식으로 특정하기 어려운 특성 때문에 개인이 헌법 규정 자체에만 근거하여서는 실질적으로 행사하기 어려우므로 권리의 실질을 가지지 못하고 국가에게 일방적인 실현의무만이 부과되는 국가목표라는 견해가 아직도 유력하게 주장되고 있다. 또한 입법에 의해 구체화가 필요하지만 권리형식을 가지므로 국가목표와는 구별되는 추상적 권리라는 견해도 마찬가지로 유력하다. 그러나 입법의존성이라는 본질에 있어 추상적 권리설과 국가목표설이 크게 다르지 않아 보인다.

이러한 견해들은 권리의 형식이 아닌 국가목표의 형식으로 규정한 독일 기본법의 경우와는 달리 우리 헌법에서는 사회권을 국민의 권리와 의무의 장에 명시적으로 권리라는 형식으로 규정하여 국가의 보장의무를 부여하고 있다는 점에서 수용하기 힘들다. 더구나 오늘날 인권 이론과 실무의 변화를 따라가 보면 시민적 자유의 보장에도 반드시 재정적 부담이 수반될 뿐만 아니라 입법에 의한 구체화나 제한의 형식으로 기본적 인권의 실제적 보장이 영향을 받는 점을 고려할 때 시민적 자유권과 동일한 구조와 방식은 아니더라도 사회권의 기본적 인권성을 굳이 부인할 이유는 없다고 본다. 특히 재정부담을 들어 사회권 보장 입법을 게을리 하거나 적극적 법집행을 지속적으로 회피하려는 경향을 통제하기 위해서는 '경제적·사회적·문화적 권리에 관한 국제규약'(ICESCR) 제2조에서 확인된 바와 같이 가용자원의 최고수준(the maximum of its available resources)에서의 '점진적 실현'(progressive realization)의 원칙을 적극적으로 수용하여 사회권을 '가용자원연동형 구체적 권리'로 개념화하고 국가의 가용자원 최대실현을 조건으로 최소한의 보장을 요구할 수 있는 특별한 구체적 권리로 인정할 필요가 있다.

Ⅲ. 기본적 인권의 주체와 객체(효력)

1. 기본적 인권의 주체

기본적 인권의 주체란 누가 이 권리를 누릴 수 있는가의 문제이다. 즉 이 권리를 일상생활 속에서 주장하고 만약 그 침해가 있을 때 구제를 요구할 수 있는 자격을 말한다. 실질적으로는 재판절차, 대표적으로 헌법소원심판을 청구할 수 있는 자격을 정할 때 의미를 가진다(헌법재판소법 68조①).

(1) 국민

기본적 인권은 원래 자연권을 헌법화한 권리이기 때문에 헌법공동체인 국가공동체의 구성원인 국민을 그 주체로 하게 된다. 우리 헌법은 제2장의 표제를 국민의 권리와 의무로 정하면서 기본적 인권의 주체를 원칙적으로 국민으로 보는 표현방식을 사용하고 있다. 국민의 자격은 헌법이 직접 정하거나 법률에 위임하는 방법이 있고, 법률도 단일법으로 정하는 경우와 민법과 같은 일반법의 일부로 정하는 방식이 있으나 우리의 경우 단일법으로 정하도록 한다(헌법 2조).

국민의 경우 생존하고 있는 자연인이 원칙이나 예외적으로 태아의 경우에도 주체성이 인정되는 경우가 있다(헌재 2008. 7. 31. 2004헌바81, 판례집 20-2상, 91,92). 죽은 사람의 경우 주체성을 인정할 수는 없으나 그 인격적 가치의 경우 자녀 등 후손의 인격권과 연계되어 결과적으로 보장되는 경우가 있다(헌재 2011. 3. 31. 2008헌바111, 판례집 23-1상, 258,267).

(2) 외국인

근대시민혁명의 상징인 프랑스 인권선언의 정식 명칭은 '인간과 시민의 권리에 관한 선언'(Déclaration des droits de l'homme et du citoyen)이었던 것에서 확인되듯 전통적으로 헌법상 보장되는 권리를 기본권이라 부를 때 자연인인 인간의 권리와 국가구성원인 시민의 권리를 구분하였다. 즉 기본권의 본질 혹은 법적 성격을 따져서 그 주체를 달리 취급해왔다. 예컨대 국가 창설 이전부터 존재한 것으로 간주되는 자연권에 기초한 시민적 자유의 경우 인간의 권리로 분류된 반면 국가의 존재를 전제로 하여서만 구체적으로 인정될 수 있는 참정권, 청구권 등은 시민의 권리로 분류되었다. 국가에 대하여 급부를 요구할 수 있는 사회권의 경우에도 시민의 권리로 보는 것이 일반적이다.

우리 헌법은 제헌헌법 이래로 헌법상 권리의 주체를 국민이라고 명시함으로써 국민의 자격을 가지지 아니하는 외국인의 경우 헌법해석이나 법정책에 맡기고 있다. 헌법 제6조 2항은 국제법과 조약이 정하는 바에 의하여 외국인의 지위가 보장된다고 규정함으로써 문리상으로는 외국인을 국민과 달리 취급하는 것을 원칙으로 보는 듯한 구조를 취한다. 더구나 우리 헌법은 대한국민이라는 민족(ethnos)을 중심으로 한 국민국가를 표방하고 있기 때문에 이러한 추정을 강화시킬 수 있는 특징을 가지고 있기도 하다.

그러나 국민에게 보장되는 모든 기본적 인권의 원형이 '인간'으로서의 존엄과 가치 및 행복추구권이고, '개인'이 가지는 불가침의 기본적 인권의 보장을 국가의 존립 목적으로 삼는 헌법체계에서, 더구나 헌법에 열거되지 아니하였다는 이유로 기본적 인권의 목록에서 제외할 수 없다는 자연권 사상을 확인한 기본적 인권의 보장 구조를 체계화한 헌법에서 국적만을 기준으로 자연권에 기초한 인간의 권리를 원칙적으로 보장하지 않는 것은 문명적 조건에 입각한 헌법공동체 창설의 이념과도 조화되기 어렵다. 더구나 대한국민이라는 민족적 특성은 폐쇄적인 배제의 요소가 아니라 "항구적인 세계평화와 인류공영에 이바지함"을 지향하는 개방적 포용의 요소이며 국제인권법을 포함한 국제법을 국내법과 같은 효력을 가지는 것으로 보는 국제법존중주의를 채택하고 있는 점도 기본적 인권의 주체에 대한 개방적 접근을 정당화한다. 헌재를 비롯한 헌법학계의 통설은 "국민과 유사한 지위에 있는 '외국인'은 원칙적으로 기본권의 주체가 될 수 있다"고 본다(헌재 1994. 12. 29. 93헌마120, 판례집 6-2, 477, 480).

다음 문제는 외국인에게 헌법해석을 통해 인정할 수 있는 기본적 인권의 범위가 어디까지인지가 문제된다. 대체로 인간의 존엄과 가치 및 행복추구권, 평등권, 시민적 자유권과 같이 인간의 권리로서의 본질을 가지는 전국가적 자유와 권리를 외국인에게 인정하는 데 특별한 문제는 없다. 다만 국가의 존립이나 정체성 및 기본질서에 심대한 의미를 가질 수 있는 권리의 경우 논란의 여지가 있다. 예컨대, 국가의 대내외적 정책에 영향을 줄 수 있는 정치적 인권, 예컨대 집회·결사의 자유나 국민경제나 사회질서의 기초에 영향을 줄 수 있는 직업의 자유의 경우 당연히 외국인에게도 보장된다고 단정하기 힘든 측면이 있고 비교법적으로도 독일 기본법이 이들 권리를 독일국민의 권리로 명시하여 원칙적으로 외국인에게 당연히 보장되는 것은 아닌 기본권으로 분류하고 있다(독일 기본법 8조와 9조 및 12조). 헌재도 "외국인에게는 모든 기본권이 인정되는 것이 아니라 인간의 권리의 범위 내에서만 인정되는 것이므로, 심판대상조항이 제한하고 있는 기본권이 권리의 성질상 외국인인 청구인에게 기본권주체성을 인정할 수 있는 것인지를 개별적으로 결정하여야 한다고 보고 직업의 자유가 외국인에게 원칙적으로 인정되는 것은 아니라고 판시한 바 있다(헌재 2011. 9. 29. 2007헌마1083등 참조).

전통적으로 시민의 권리로 분류되어 온 참정권, 청구권, 사회권 또한 원칙적으로 외국인에게는 인정되지 않는 것으로 분류한다. 그러나 시민적 자유가 인정되는 조건에서 재판청구권을 외국인에게 인정하지 않는 것도 논리적 모순일 수 있고, 사회권 또한 인간으로서의 생존을 연대적 관점에서 국가가 보장하는 것이라는 본질적 차원에서 보면 당연히 외국인에게 보장되지 않는 것으로 단정하기보다는 개별적 내용에 따라 주체성을 인정하는 경우를 완전히 부정할 것도 아니다. 헌재도 사회권인 근로의 권리에 자유권적 내용이 포함되고 이런 요소에 대해서는 외국인에게도 주체성이 인정된다고 본 사례가 있다(헌재 2007. 8. 30. 2004헌마670, 판례집 19-2, 297).

(3) 법인 등 단체

기본적 인권의 주체를 따질 때 논쟁의 여지가 있는 것은 자연인이 아니나 법률관계의 당사자로 인정될 수 있는 법인이나 단체에게도 주체성을 인정할 수 있느냐의 문제이다. 기본적 인권을 단순히 권리로서가 아니라 법규범이나 가치질서를 구성하는 객관적 성격의 본질을 가지는 것(기본권의 이중성 혹은 객관적 성격)으로 이해하는 입장에 의할 때 자연인만으로 굳이 주체를 한정할 이유는 없게 된다. 독일 기본법의 경우 명문의 규정으로 내국법인의 경우 그 성질에 반하지 아니하는 한 주체성을 인정한다(독일 기본법 19조③). 우리의 경우 독일과 같은 명문의 규정이 없어 역시 헌법해석에 맡겨져 있는데 대체로 독일과 같은 입장을 취한다(헌재 1991. 6. 3. 90헌마56, 판례집 3, 295). 심지어 인간의 존엄과 가치에 기초한 인격권의 주체성을 방송사업자와 같은 법인에게 인정한 사례도 있다(헌재 2012. 8. 23. 2009헌가27, 판례집 24-2상, 355). 다만, 공익목적을 위해 법률에 의해 설립된 공법인의 경우 헌법을 준수하여 기본적 인권의 보장을 위해 기능해야 할 존재이지 기본적 인권을 직접 누릴 수는 없다는 이유로 그 주체성을 부인하는 것을 원칙으로 한다(헌재 2000. 6. 1. 99헌마553, 판례집 제12권 1집 , 686). 공법인이라 하더라도 국립대학과 같이 학문의 자유에 기초한 대학의 자치, 한국방송공사와 같이 방송의 자유 등 공법인 설립의 목적이 기본적 인권의 실현에 기여하기 위한 예외적 경우에는 그 범위에서 주체성을 인정하고 있다(헌재 1992. 10. 1. 92헌마68 등, 판례집 4, 659, 659-670; 헌재 1999. 5. 27. 98헌바70, 판례집 11-1, 633, 645).

2. 기본적 인권의 객체 혹은 효력

기본적 인권의 객체란 이 권리를 주장할 수 있는 대상을 말한다. 기본적 인권을 특정 대상에게 주장한다는 의미에서 기본적 인권의 효력이라고 부르는 것이 전통적 개념이다.

(1) 국가: 국가대상적 효력

기본적 인권을 확인하고 보장해야 할 의무가 국가에게 있음이 헌법 제10조 후단의 명시적 규정이므로 기본적 인권을 행사할 수 있는 원칙적 대상은 국가이다. 따라서 기본적 인권의 원칙적 객체는 국가이며 이를 기본적 인권의 국가를 대상으로 하는 효력, 즉 대(對)국가적 효력이라고 한다. 국가가 어떤 법률관계에서 작용하건 국가, 즉 구체적으로 기능적으로 분류하면 입법권, 행정권, 사법권은 기본적 인권의 기속을 받는다는 점에서 기본적 인권의 수범자이다. 전통적으로 기본적 인권을 공권(公權)이라고 불러서 사인 사이에 적용되는 권리라는 의미인 사권(私權)과 구별하였는데, 바로 기본적 인권이 국가라는 공권력을 대상으로 하는 권리라는 의미를 가진 것이다. 영미법계에서는 국가와 국민의 관계인 권력관계는 지배와 피지배의 관계, 즉 수직적 관계를 기본으로 하므로 피지배자가 지배자인 국가에 대하여 주장하는 기본적 인권의 경우 수직효(vertical effect)를 가진다고 한다.

(2) 사인: 사인대상적 효력 혹은 제3자적 효력

기본적 인권은 개인이나 단체 등 국가가 아닌 사인이 그 주체로서 권리의 향유자이므로 사인은 기본적 인권을 주장할 수 있는 대상이 될 수 없는 것이 원칙이다. 그러나 사인 사이에도 기본적 인권의 가치가 훼손되는 경우가 있을 수 있다. 특히 현대 사회에서 단체주의가 개인주의를 보완하는 헌법질서가 강화되는 추세이고 사회적으로 양극화가 진행되면서 국가 못지않게 사인이 사회관계에서 우월적 지위를 가지고 다른 개인이나 단체에게 지배적 영향력을 행사하는 경우가 증가하고 있다. 이처럼 사인의 지위에서 국가유사적 지배력을 행사하는 개인이나 단체를 공권력에 대비하여 사회적 권력(social power) 혹은 민간정부(private government)라고 부른다.

이들 사회적 권력에 대해서도 국가와 마찬가지로 기본적 인권을 주장할 수 있다는 사고가 점차 공감대를 넓혀가고 있다. 이처럼 사인 사이에 본질적으로 공권인 기본적 인권을 주장하는 것을 사인대상적 효력, 즉 대(對)사인적 효력이라고 한다. 또는 기본적 인권은 주체인 권리자와 객체인 국가 사이에 효력을 미치는 것이 원칙인데 당사자인 권리자와 국가 이외의 제3자인 사인에게도 주장하게 된다는 점에서 '제3자적 효력'이라고도 부른다. 영미법계에서는 수직적 권력관계가 아닌 서로 평등한 관계에서 효력을 주장한다는 차원에서 수평효(horizontal effect)라고도 부른다.

국가대상적 효력이 원칙이었던 기본적 인권에 사인대상적 효력을 인정하게 될 때 사회적 권력에 대한 통제를 통해 사인 사이에도 기본적 인권이 실질적으로 보장되는 긍정적 효과를 기대할 수 있다. 그러나 현실은 그렇게 단순하지만은 않고 좀 더 복합적이다. 사인에게도 기본적 인권을 주장하게 될 때 그 권리의 실현을 담보하게 되는 역할은 결국 국가권력이 맡게 될 것이므로 기본적 인권의 사인대상적 효력을 인정하게 되면 기본적 인권의 수범자의 지위에서 국가가 사인들의 기본적 인권에 기초한 자유로운 생활관계에 기본적 인권의 보장을 명분으로 광범위하게 개입할 수 있게 되는 역설적 상황을 초래하기 때문이다. 즉 기본적 인권을 행사하여 사법질서에 따라 자유로이 형성되어야 할 사법관계에 국가가 전면적으로 관여하게 되어 사적 자치가 기본부터 훼손될 위험이 있다.

기본권의 법규범 혹은 가치질서로서의 성격을 인정하는 입장(기본권의 이중성 혹은 객관적 성격)에 의하면 이러한 기본권의 사인대상적 효력은 너무나도 자연스런 결과이다. 법규범이 적용되는 대상을 국가에 굳이 한정할 필요가 없고 국가유사의 기능을 하는 사인에게도 적용될 수 있는 것은 당연하다는 논지가 성립될 수 있다. 그러나 기본권의 이중성 혹은 객관적 성격을 인정하지 않더라도 국가의 기본적 인권 보장 의무는 단순히 국가가 기본적 인권을 존중하여 기본적 인권을 침해하지 않을 의무(존중의무)만이 아니라 다른 사인에 의한 침해로부터 기본적 인권을 보호할 의무(보호의무)까지 포함하는 것으로 새기는 해석론이 발전해 왔다.

문제는 어떤 방법으로 사인대상적 효력을 보장할 것인가의 문제이다. 미합중국의 경우 '국가행위 의제이론'을 통해 일정한 조건 하에서 사인이 국가와 유사한 지위를 가지거나 국가적 기능을 수행하는 경우 그 사인의 행위를 국가행위와 같은 것으로 법적 의제를 하는 법리를 발전시켰다. 사인을 국가와 같은 지위로 의제하여 사인에게도 직접 기본적 인권의 효력이 미치는 것으로 처리하는 것이다.

반면 우리나라에 영향을 준 독일헌법학계와 실무계에서 발전한 법리는 기본권은 사법상의 일반원칙을 통해 간접적으로 사인에게 효력을 미친다는 간접적 효력설이다. 예컨대, 사인간의 관계에는 원칙적으로 사법이 적용되는데 사법의 일반원칙인 신의성실의 원칙이나 권리남용금지의 원칙(민법 2조)을 매개로 하거나 선량한 풍속 기타 사회질서에 위반하는 법률행위의 무효원칙(민법 103조), 당사자의 궁박, 경솔 또는 무경험으로 인하여 현저하게 공정을 잃은 불공정한 법률행위 무효원칙(민법 104조)과 같은 일반조항을 통하여 기본적 인권이 보장하는 가치를 기준으로 사적 자치 혹은 계약의 자유를 제한하는 간접적 방식으로 기본적 인권의 가치를 사인간의 관계에 관철시키는 방식이다(대법원 2010. 4. 22. 선고 2008다38288 전원합의체판결). 국가기관의 차원에서는 사법권을 가지는 법원이 법률해석의 방식으로 기본적 인권을 우회적으로 사인관계에도 적용하는 형식을 띤다.

Ⅳ. 기본적 인권의 제한과 그 한계

1. 기본적 인권 제한의 의의, 종류와 방식

(1) 기본적 인권 제한의 의의와 종류

기본적 인권은 국가의 존립목적이기도 하지만 국가는 기본적 인권 보장 의무를 이행하여 국가안전보장, 질서유지 또는 공공복리를 확보하기 위하여 기본적 인권의 주체들이 주장하는 개별 기본적 인권의 보장범위를 조정한다. 인권의 조정은 권리가 가지는 원래의 보호 범위를 축소하여 일부를 '제한'하거나 효과적으로 실현될 수 있도록 '구체화'하는 방식으로 이루어지기도 하고 존재하지 않던 보호 영역을 구체적으로 '형성'하는 방식으로 이루어지기도 한다. 후술하듯 기본적 인권 조정에 관한 대표적 헌법규정인 헌법 제37조 1항은 '제한'이라는 문구를 사용하고 있는데, 이는 좁은 의미의 제한은 물론 구체화와 형성을 포함하는 넓은 의미의 제한으로 새길 수 있다. 이 문구를 문리적으로 엄격히 해석하여 형성을 통한 조정방식을 배제하고 시민적 자유권만을 이 조항의 적용 대상으로 삼으려는 해석론이 있으나 국민의 '모든 자유와 권리'를 제한의 대상으로 설정하고 있는 이 조항이나 사회권과 같이 '국가를 통해 실현가능한 인권'의 목록을 명문화한 우리 헌법의 기본적 인권 규정 방식을 종합적으로 볼 때 설득력이 약한 해석론이다.

기본적 인권의 좁은 의미의 '제한'이나 '구체화'는 주로 국가 이전부터 보호 범위가 확정되어 있는 시민적 자유권의 경우 권리의 조정이 이루어지는 방식인 반면, '형성'은 국가의 정치과정을 통해 내용과 한계가 확정되어야 하는 참정권이나 청구권 같은 기본적 인권의 경우 권리의 조정이 이루어지는 방식이다. 따라서 궁극적으로는 현실적인 국가생활과 사회생활에서 실제로 개인들이 누리게 되는 기본적 인권의 총량, 즉 구체적 보장 범위와 수준은 헌법 자체에서 정하여지는 것이 아니라 국가의 조정과정, 즉 제한이나 형성을 거친 이후의 수준이 된다.

(2) 기본적 인권 제한의 방식

기본적 인권을 제한하는 방식은 헌법이 직접 조정하는 방식과 법률에 의한 방식이 일반적이다. 공무원의 노동3권에 대한 제한 조항(헌법 33조②)이나 군인 등에 대한 이중 배상금지 조항(29조②)의 경우가 헌법이 직접 제한한 경우이고 대개는 법률에 조정을 위임하는데, 이를 이론상 '법률유보'라고 한다. 법률유보는 그 유보의 대상이 되는 기본적 인권의 성격에 따라 '제한적 법률유보'와 '형성적 법률유보'로 구분하거나 유보의 헌법적 규정방식을 기준으로 개별 기본적 인권 조항에 그 근거를 두는 '개별적 법률유보'와 모든 기본적 인권의 조정을 법률로써 가능하게 하는 일반조항을 두는 '일반적 법률유보'가 있다.

한편, 기본적 인권이 공동체 내에서만 확인되고 조정되어야 하는 본질상 그 자체에 내재한 구조적 한계가 있다는 '내재적 한계'론이 주장되지만 독일과 같이 일반적 법률유보조항이 없는 경우에는 몰라도 아예 헌법이 일반적 법률유보조항을 두고 있는 우리 헌법의 해석론으로는 실익이 없다. 오히려 국가, 특히 사법권의 헌법해석에 의해 기본적 인권의 보호 범위가 자의적으로 축소되거나 왜곡될 수 있는 위험이 있다.

2. 기본적 인권 제한의 한계

앞서 수차 언급하였듯이 우리 헌법은 헌법 제37조 2항에서 "국민의 모든 자유와 권리는 국가안전보장 · 질서유지 또는 공공복리를 위하여 필요한 경우에 한하여 법률로써 제한할 수 있으며, 제한하는 경우에도 자유와 권리의 본질적 내용을 침해할 수 없다."고 규정하여 기본적 인권의 조정에 관한 일반원칙을 규정하고 있는 특색이 있다. 독일 기본법이나 프랑스 헌법과 같은 경우에는 이러한 기본적 인권의 제한에 관한 일반조항이 없으며 미합중국의 경우에는 수정헌법 제5조나 제14조가 규정하는 소위 적법절차(due process of law)조항이 그와 유사한 기능을 한다.

기본적 인권을 핵심가치로 삼는 입헌민주공화체제에서 법률로 기본적 인권의 조정이 가능하도록 하는 일반조항을 둔 것은 자칫 입헌국가를 입법국가로 전락시킬 수도 있는 위험이 있다. 그러나 헌법 제37조 2항을 기본적 인권의 조정을 가능하게 하는 차원에서 볼 것이 아니라 조정을 허용하되 그 한계 또한 헌법이 설정한 것으로 본다면 그런 위험은 상당부분 해소될 수 있다. 어차피 이러한 일반조항이 없더라도 공동체에서 기본적 인권을 아무런 조정없이 무제한 허용하는 것은 불가능하고 비현실적이기 때문에 독일의 경우에서 보듯 내재적 한계론과 같은 헌법해석을 통하여 우회적으로 조정할 수밖에 없다. 그럴 바에야 조정은 허용하되 그 헌법적 한계를 설정하는 것이 합리적인 방법일 수 있다. 결국 제37조 2항은 기본적 인권 조정의 한계를 제시한 것으로 사실상 기본적 인권 보장 체계의 핵심조항이라고 할 수 있으며 기본적 인권 보장과 관련한 헌법재판 등 헌법실무의 대부분은 이 조항의 해석과 적용의 문제라고 할 수 있다.

(1) 목적에 따른 한계

기본적 인권의 제한은 국가안전보장 · 질서유지 또는 공공복리를 위해서만 가능하다. 그러나 이러한 목적 자체가 매우 포괄적인 일반개념을 사용하고 있어 이념적 차원에서의 의의를 가지는 것으로 볼 수 있고 실질적인 한계효과는 없다고 해도 무방할 것이다.

(2) 형식에 따른 한계: 법률유보

기본적 인권은 오로지 법률로써만 제한이 가능하다. 국민대표기관인 국회가 헌법이 수권한 입법권을 행사하여 제정한 법규범이 법률이며 이 형식으로만 기본적 인권을 제한할 수 있다는 것은 입헌민주공화헌법의 기본원리인 법치주의를 명시적으로 확인한 것이다. 법률의 효력을 가지는 조약이나 긴급명령 등도 기본적 인권 조정의 형식을 갖춘 것으로 볼 수 있다. "법률로써"란 반드시 모든 사항을 법률이 규정하여야 한다거나 "법률에 의한 규율"만을 요구하는 것이 아니며(헌재 2005. 3. 31. 2003헌마87, 판례집 17-1, 437, 448), 본질적 사항을 법률이 직접 규정하여야 한다는 의미(의회유보의 원칙, 헌재 1999. 5. 27. 98헌바70, 판례집 11-1, 633, 643-644)일 뿐 구체적으로 범위를 정하거나 집행에 당연히 필요한 사항을 행정입법의 형식으로 규정하는 것(헌법 75조 및 95조 참조)은 형식에 따른 한계를 준수한 것이 된다.

한편 법치주의의 원리에 따라 국민의 자유와 권리를 제한하는 법률은 지나치게 애매모호한 표현을 사용하거나 지나치게 광범위한 대상을 규제함으로써 일반국민의 행동을 불필요하게 제약할 수 있도록 규정되어서는 안 된다(명확성의 원칙). 법률이 자의적 권력행사를 통제하고 예견가능성 있는 행위규범으로 기능할 수 있도록 하기 위한 명확성 원칙이 가장 엄격히 준수되어야 할 영역은 모든 기본적 인권 실현의 전제가 되는 신체의 자유를 제약하는 형벌을 부과하는 경우여서 범죄가 되는 행위의 유형과 그에 대한 처벌의 종류와 정도는 누구라도 쉽게 이해할 수 있을 정도로 명확해야 한다(죄형법정주의). 또한 권력분립의 원칙을 훼손하지 않도록 소위 '처분적 법률'과 같이 일반 · 추상성을 갖추지 못한 법률은 그 자체로 무효가 되는 것이 원칙이다. 다만, 일정한 조건하에 예외가 인정된다(헌재 1996. 2. 16. 96헌가2 등, 판례집 8-1, 51, 51-52).

(3) 방법에 따른 한계: 법치주의의 파생원칙

1) 비례의 원칙
① 비례의 원칙의 의의와 종류

기본적 인권을 조정하는 방법은 "필요한 경우에 한하여" 인정되고 그 필요한 정도를 벗어나는 방법을 사용하는 경우에는 허용되지 않으며 그러한 방법을 입법화하거나 집행하게 되면 헌법에 위반되어 무효가 된다.

헌법상 허용되는 '필요한 경우'를 확정하는 법치주의의 파생원칙이자 법내용의 적정성과 정당성을 요청하는 적법절차의 원리와도 상관성을 가지는 기본적 인권 조정의 한계원리가 바로 비례의 원칙(principle of proportionality)이다. 이 원칙은 대부분의 기본적 인권 관련 헌법분쟁에서 활용되는 약방의 감초와 같은 심사기준이 된다.

독일의 경찰행정법 관련 판례이론에서 발전한 것으로 알려진 이 원칙은 전통적으로 시민적 자유권을 제한하는 입법권이나 집행권의 행사가 준수해야 할 원칙이다. 그러나 기본적 인권 조정의 일반조항인 헌법 제37조 2항을 둔 우리 헌법상 기본적 인권 보장 체계를 고려하면, 기본적 인권을 제한하는 경우뿐만 아니라 형성의 경우에도 적용되는 것으로 새기는 것이 타당하다. 따라서 시민적 자유권 외에도 참정권이나 청구권의 경우처럼 국가입법을 통한 구체적 권리 보장의 본질을 가지기 때문에 기본적 인권의 구체적 내용과 한계에 대한 입법의 형성이 폭넓게 인정되는 경우에도 "필요한 경우"에 따른 형성의 한계가 적용되는 것으로 보아야 한다. 다만, 이들 본질을 달리하는 기본적 인권에 요구되는 필요한 경우의 기대수준이 다를 뿐이다. 시민적 자유권의 경우 원래부터 보호범위가 자연적으로 인정되어 입법으로 추진되는 그 제한은 예외여야 하기 때문에 국가의 개입은 과잉되지 않고 기본적 인권의 축소를 최소화하는 범위 내에서만 인정된다(과잉금지원칙).

반면 국가를 통한 인권의 속성을 가지는 참정권이나 청구권, 사회권 등은 국가에 의해 그 구체적 내용과 한계가 정해져야 하므로 최대치를 미리 상정할 수 없기 때문에 오히려 최소한의 내용은 반드시 구비하여야 한다는 원칙으로 구성된다(과소보호금지원칙).

② 과잉금지원칙의 의의 및 요소와 적용범위

헌재는 과잉금지원칙을 목적의 정당성, 방법(수단)의 적절성, 침해의 최소성, 법익의 균형성을 4대요소로 제시하고 이 중 한 가지 척도라도 위반하는 경우 기본적 인권을 제한하는 입법은 그 입법적 한계를 일탈하여 헌법위반을 구성하게 된다고 결정한 바 있다.

목적의 정당성이란 단순히 헌법 제37조 2항에서 제시하는 국가안전보장·질서유지 또는 공공복리에의 해당성만을 의미하는 것이 아니라 국민의 기본권을 제한하려는 입법의 목적이 헌법 및 법률의 체제상 그 정당성이 인정되어야 한다는 것이다.

방법의 적절성이란 그 목적의 달성을 위하여 그 방법이 효과적이고 적절하여야 한다는 것으로 그 수단이 반드시 유일무이할 것을 요청하지는 않는다는 것이 헌재의 태도이다(헌재 1989. 12. 22. 88헌가13, 판례집 1, 357, 378-379).

피해의 최소성은 입법권자가 선택한 기본권제한의 조치가 입법목적달성을 위하여 설사 적절하다 할지라도 보다 완화된 형태나 방법을 모색함으로써 기본권의 제한은 필요한 최소한도에 그치도록 하여야 한다는 것이다. 기본권을 제한하는 규정은 기본권행사의 '방법'에 관한 규정과 기본권행사의 '여부'에 관한 규정으로 구분할 수 있는데, 전자의 규정으로 공익달성이 어렵다고 판단되는 경우라야 후자의 단계에 대한 규제입법이 침해의 최소성 요건을 준수하게 된다는 것이 헌재의 태도다(헌재 1998. 5. 28. 96헌가5, 판례집 10-1, 541, 556).

법익의 균형성은 그 입법에 의하여 보호하려는 공익과 침해되는 사익을 비교형량할 때 보호되는 공익이 더 커야 한다는 것으로 협의의 비례의 원칙이라고도 한다(헌재 1990. 9. 3. 89헌가95, 판례집 2, 245, 260). 방법의 적절성과 침해의 최소성이 사실적 형량에 따른 판단이라면 법익의 균형성은 가치형량에 따른 판단을 의미한다는 점에서 구별된다.

그런데 국가를 통한 실현을 본질로 하는 참정권이나 청구권과 같은 기본적 인권의 경우에도 무조건 과소보호금지의 원칙이 적용되는 것으로 오해하지 않도록 유의해야 한다. 참정권과 관련하여 형성의 대상은 선거제도에 결합된 선거권의 유형에 관한 것이고 선거권 자체는 시민적 자유권의 경우와 마찬가지로 보통·평등선거원칙에 의해 원칙적으로 보장되어야 하므로 이 범위를 축소조정하는 것은 좁은 의미의 제한과 마찬가지로 엄격한 비례원칙의 적용을 받아야 한다(헌재 2007. 6. 28. 2004헌마644 등, 판례집 19-1, 859, 860).

재판청구권과 같이 기본적 인권의 실질적 보장을 위해 긴요한 절차적 권리 또한 어떤 재판제도를 도입할 것인지에 대한 형성의 자유는 인정되므로 이 경우 관련 법률에 대한 위헌심사기준은 합리성원칙 내지 자의금지원칙이 적용될 수도 있지만(헌재 1998. 9. 30. 97헌바51, 판례집 10-2, 541, 550; 1998. 12. 24. 94헌바46, 판례집 10-2, 842, 851), 일단 제도화된 재판청구권 자체를 추가적으로 조정하는 경우에는 비록 완화된 의미에서일지언정 헌법 제37조 2항의 비례의 원칙이 준수되어야 하며, 당해 입법이 단지 법원에 제소할

수 있는 형식적인 권리나 이론적인 가능성만을 허용하는 것이어서는 아니 되고, 상당한
정도로 권리구제의 실효성이 보장되도록 하는 것이어야 한다(헌재 2001. 2. 22. 2000헌가1,
공보 54, 171, 173 참조).

③ 과소보호금지원칙의 실질적 적용 필요성

사회권도 입법에 의한 구체화가 필요한 권리이지만 무제한적 형성재량이 국가에 인
정될 수는 없기에 과소보호금지원칙이 적용된다. 그런데 광범위한 형성재량과 과소보호
라는 최소기준이 결합하면 사실상 사회권은 실질적 내용을 확보하지 못하는 무력한 권
리로 전락될 수 있다. 따라서 과소보호금지도 국가의 예산과 같은 가용자원의 규모나 수
준, 사회권이 요청되는 분야 및 사회적 수요의 강도나 인간의 생존과 결합되는 중요도
등을 실증적으로 종합하여 국가의 의무이행 정도를 평가하고 심사하여 통제할 수 있는
실질적 기준으로 작용해야 한다.

2) 신뢰보호의 원칙과 소급입법금지의 원칙

또한 법치주의란 행위가 이루어지는 시점을 기준으로 하여야지 이미 사실관계가 완
결된 사실을 두고 소급적으로 적용될 때 그 존재의의를 잃어버리게 되며 기존의 법률을
신뢰한 자에 대하여 불이익을 주어서는 안 된다. 헌법은 제13조 1항에서 형벌불소급의
원칙을, 2항에서 참정권의 제한과 재산권의 박탈과 관련한 소급입법금지의 원칙을 채택
하고 있다. 한편, 소급입법금지원칙이 적용되는 입법은 "과거의 사실관계 또는 법률관계
를 규율하기 위한 소급입법의 태양에는 이미 과거에 완성된 사실 또는 법률관계를 규율
의 대상으로 하는 이른바 진정소급효의 입법"에 한정되고 "이미 과거에 시작하였으나
아직 완성되지 아니하고 진행과정에 있는 사실 또는 법률관계를 규율의 대상"으로 하는
입법은 부진정소급효의 입법이라 하여 "구법질서에 대하여 기대했던 당사자의 신뢰보호
보다는 광범위한 입법권자의 입법형성권을 경시해서는 안될 일이므로 특단의 사정이 없
는 한 새 입법을 하면서 구법관계 내지 구법상의 기대이익을 존중하여야 할 의무가 발
생하지는 않는다."(헌재 1989. 3. 17. 88헌마1, 판례집 1, 9, 17-18).

(4) 내용에 따른 한계: 본질적 내용 침해 금지

기본적 인권을 공익을 위하여 조정하는 것은 불가피하다고 하더라도 기본적 인권의
존재 의의 자체를 무의미하게 만들 수 있을 정도의 형식적·이론적 수준만을 보장하는
것은 기본적 인권 보장이 국가 존립의 목적인 점을 고려할 때 용납될 수 없다. 헌법 제
37조 2항이 기본적 인권을 제한하는 경우에도 그 본질적 내용을 침해할 수 없다고 못박
은 것은 이런 원칙을 명문화한 것이다.

　　그러나 본질적 내용이 무엇을 의미하는지는 쉽게 확정되기가 어렵다. 이 문제와 관련하여 본질적 내용이 존재론적으로 확정되어 불변의 절대적 실체, 즉 '기본적 인권의 핵'이 있다는 관점(절대설)과 상황에 따라 다른 기본적 인권의 보호와 같은 공익과의 관계를 고려하여 가변적으로 그때그때 확정할 수 있다는 관점이 대립한다(상대설). 절대설의 경우에도 어떤 기준으로 본질성을 따질 것인지가 문제되는데 기본적 인권의 이중성이나 객관적 성격을 강조하는 관점에 따르면 객관적 가치나 법규범이 사회현실에서 형해화되는 경우 본질적 내용 침해가 성립한다(객관설)고 보는 반면, 개별 권리 자체와 그 권리의 향유자의 관점에서 기본적 인권을 보장하는 의미가 무의미해지는지를 기준으로 하는 관점(주관설)이 대립한다.

　　상대설은 사실상 비례의 원칙과 본질적 내용 침해 금지를 구별할 수 없게 되는 결과를 낳는다. 반면 절대설에서 객관설은 기본적 인권 제한의 한계원리로서의 의미가 몰각될 위험이 있으므로 권리 자체를 중심으로 이해하는 주관설이 타당할 것이지만 그 또한 무엇이 개별 권리의 핵인지에 대해 적극적 정의를 내리지 못하는 구조적 한계를 가지므로 결과적으로 상대설과 다름없는 상태에 놓이게 된다. 그런 까닭에 헌재의 태도도 분명하지 않은데 기본권의 본질적 내용은 만약 이를 제한하는 경우에는 기본권 그 자체가 무의미하여지는 경우에 그 본질적인 요소를 말하는 것으로서, 이는 개별 기본권마다 다를 수 있을 것이라고 전제하면서(헌재 1995. 4. 20. 92헌바29, 판례집 7-1, 499, 509; 헌재 1996. 1. 25. 93헌바5등, 판례집 8-1, 27, 34), 사형제도와 관련한 생명권의 경우 상대설(헌재 1996. 11. 28. 95헌바1, 판례집 8-2, 537, 546)을 취하면서 토지재산권과 관련하여서는 절대설(헌재 1989. 12. 22. 88헌가13, 판례집 1, 357, 373)에 가까운 태도를 보이고 있다.

　　한편 본질적 내용 침해 금지를 시민적 자유권에 한하여만 적용되는 한계 원리로 해석하는 견해가 있으나 제37조 2항의 법문 내용을 볼 때 비례의 원칙과 마찬가지로 다른 기본적 인권에도 그 의미를 찾을 수 있는 여지가 있다. 헌재의 판례는 재판청구권 등에서 이를 인정한 사례가 있다(헌재 1995. 9. 28. 92헌가11등, 판례집 7-2, 264, 278).

민주공화적 권력구조의 구성원리

Ⅰ. 국가 권력구조 형성의 의의와 목적

1. 국가권력의 개념과 기능

질서유지를 통해 평화롭고 안전한 공동체를 형성하여 개인의 자유와 권리의 최대한의 보장을 추구할 목적으로 헌법에 의하여 창설된 것이 국가권력이다. 헌법의 제정을 통하여 국가권력을 창설하고 국가권력이 그 합치된 가치에 맞게 행사되도록 하는 권위를 가진 의사가 곧 주권이다. 입헌민주체제에서 주권은 개인의 결합체로서의 국민에게 있고 이를 우리는 주권재민 혹은 국민주권의 원리라고 부른다. 우리 헌법도 제1조 1항에서 우리체제가 민주공화국임을 선언한 후 그 2항에서 주권의 소재를 국민으로 밝히고 있다. 주권이 현실적으로 실현되는 가장 대표적인 경우가 국가공동체형성의 근거규범을 형성하는 헌법을 제정하는 권력(헌법제정권력)이다.

주권은 국가공동체에서 최고 권위를 가지는 권력이지만 항상 직접적으로 국가의사를 결정하게 되는 것은 아니다. 따라서 일반적인 경우 주권자를 대표하여 국가의사를 구체적으로 확정하는 권력이 바로 우리가 국가권력 혹은 공권력이라고 부르는 것이다.

개인의 자율은 외적 통제가 없을 때 방종으로 전화되는 성격이 있고 이를 통제하지 못하면 사회공동체의 자율은 무지막지한 힘의 논리에 의해 무시당하게 된다. 방종으로 흐르는 자유의 행사를 통제하기 위한 최소한의 장치가 국가권력이다. 결국 국가권력은 자유와 권리의 한계를 설정함으로써 공동체 구성원들이 최대다수의 최대행복을 누릴 수 있도록 하는 존재이다. 따라서 국가권력은 개인과의 관계에 있어서 다른 개인처럼 평등한 관계가 아니라 우월적 관계이다. 국가권력을 지배자, 개인을 피지배자로 부르는 것은 바로 이 같은 사실적 관계를 표현한 것이다.

2. 최고권력인 주권자의 실체와 보통민주주의

주목할 것은 주권자로서의 국민은 기본적 인권을 향유하는 각각의 개인을 의미하는 것은 아니라는 점이다. 각각의 개인들 자체는 정치적 자유를 통하여 선거에 참여하거나 공직을 담당하는 방식으로 주권자인 국민의 의사형성에 관여하지만 그 자신 스스로가 주권자일 수는 없다. 특히 법적인 의사의 형성과 실행은 단일한 의사를 요구하므로 개인으로서의 국민이 복수로 존재하는 이상 단일한 의사를 구축할 수는 없다. 결국 주권자로서의 국민은 개인들의 의견을 결집하여 일정한 의사결정원칙에 의해 전체국민의 의사로 확정된 의사의 주체를 의미한다. 이를 학문에서는 이념적 통일체로서의 국민이라고 부른다. 이때의 국민은 가상의 국민으로 개인인 국민들의 다양하고 복잡한 의사를 법적으로 단일한 의사로 의제받을 수 있게 하는 의사주체가 된다. 헌법 제1조 2항에서 대한민국의 주권이 국민에게 있다고 선언할 때의 국민이 바로 이 이념적 통일체로서의 국민이다. 반면 헌법 제10조 이하에서 기본적 인권의 주체로 제시되는 국민은 개인으로서의 국민이고 통일체로서의 국민과 개념상 구별된다.

그리고 개인들의 의사를 종합하여 통일체로서의 국민의 의사로 만드는 의사결정의 원리로 일반적인 것이 다수결의 원리이다. 다수결의 원리란 한 조직 내에서 복수의 의견들이 대립되는 경우 일정한 기준을 넘는 다수의 지지를 받는 의견을 그 조직의 단일의견으로 하는 의사결정원리를 말한다.

다수결의 원리에 의하여 개개인의 국민의 의사는 현실적으로 다양하게 표출되지만 결과는 단일한 의사로 나타난다. 예를 들어, 대통령을 선출하고자 하는 국민의 의사는 지지하는 후보별로 나눠지지만 투표의 결과 다수의 득표를 한 후보가 전체국민의 단일의사에 의해 선출된 것으로 간주하는 것이다.

주권자인 국민의 실체를 가상의 이념적 통일체로 본다는 것이 현실에서의 국민 개개인의 의사를 무시하는 것일 수는 없다. 사실 통일체로서 국민을 관념하는 이론은 시민혁명 이후 엘리트 민주주의자들이 무산대중의 정치참여를 통제하는 이론으로 개발된 것이다. 국민들에게 주권이 있다고 하면서 이때의 국민은 전체로서 가상으로 존재하는 국민이며 이들의 의사를 가장 잘 간파하고 실현할 수 있는 것은 개인으로서의 국민 모두가 아니라 공동체의 이익을 올바로 판단할 수 있는 전문적 교양을 가졌거나 공동체의 운영비용인 재정에 충당할 세금을 제대로 납부하는 소수의 국민들만이라고 주장한 것이 당시의 제한선거론이었다. 그러나 오늘날 보통선거에 의하여 일정한 연령에 달한 모든 국민에게 차별없이 선거권을 인정하고 공무담임권을 인정하는 체제에서는 이러한 논리는 궤변에 불과하다. 다시 말해서, 보통선거권이 인정되는 체제에서는 이념적 통일체의 의사가 결국은 현실적으로 존재하는 공동체 구성원의 다수의사를 대변하는 것이므로 결국 다수의 지배라는 민주주의의 기본 개념에 부합하는 것이다.

3. 국가권력의 종류와 구성원리

주권에 의하여 형성되는 국가권력은 그 기능에 따라 입법권, 행정권, 사법권으로 분리된다. 현행 헌법은 이들 각각의 권력을 국민이 직접 선출하는 국회의원으로 구성되는 국회(헌법 40조), 국민이 직접 선출하는 대통령을 수반으로 하는 정부(헌법 66조①), 법관으로 구성되는 법원(헌법 101조①) 및 법관의 자격을 가진 재판관으로 구성되는 헌법재판소(헌법 111조① 및 ②)에 배분하여 행사하도록 하고 있다. 또한 헌법은 제7장에서 선거관리라는 특별한 행정업무를 담당하는 선거관리위원회제도를 도입하고 있는데 최고선거관리기관으로 9명의 위원으로 구성되는 중앙선거관리위원회가 있다.

한편 제8장에서 주민의 복리에 관한 사무를 처리하고 재산을 관리하며, 법령의 범위 안에서 자치에 관한 규정을 제정하고 집행할 수 있는 지방자치단체를 설치하고 있다.

기본적 인권의 제한을 본질로 하는 국가권력 또한 방종하게 되면 어떤 면에서는 국가없는 세상보다 더 참혹한 상황이 될 수도 있다. 기본적 인권의 보장을 위해 국가권력을 만들었는데 오히려 그 자유와 권리를 과도하게 억압하는 상황이 될 수 있기 때문이다. 따라서 국가권력의 조직과 운영을 위해 다양한 규제장치를 마련하게 되는데 그것이 바로 국가권력의 구성원리라고 부르는 것이다. 자유민주주의 혹은 민주공화주의를 헌법의 근본이념으로 하는 입헌국가인 대한민국의 헌법은 국가권력을 창설하고 구성하여 운영하는 구성원리로 대의민주주의, 권력분립원칙, 법치주의, 복지국가원리를 채택하고 있다.

Ⅱ. 대의민주주의

1. 대의민주주의의 의의: 국민주권주의의 간접적 실현방식

(1) 대의민주주의의 개념과 헌법적 근거

헌법 제1조 2항은 "대한민국의 주권은 국민에게 있고, 모든 권력은 국민으로부터 나온다"고 선언하고 있다. 국가의사의 최고결정자가 국민임을 선언하여 민주공화국의 실체를 분명히 한 것이다. 그러나 여기서의 국민은 사회공동체의 구성원으로서의 국민 개개인이 아니라 그들의 정치적 의사표시에 의해 단일한 의사체로 간주되는 이념적 통일체로서의 국민임은 앞서 설명한 바 있다.

여하튼 주권자 국민의 현실적인 모습은 사회공동체의 다양한 생활관계 속에서 생업에 종사하거나 문화적·사회적·종교적 삶을 누려야 하므로 정치과정에 전면적으로 관여할 수 없다. 또한 현대사회는 갈수록 복잡해져서 사회적 갈등을 해결하기 위한 정치도 직업적 전문성을 요구하는 영역이 되었다. 전문성을 상실한 정치적 결정은 즉흥적이고 감성적이며 안정성을 결여하여 공동체의 안정적이고 장기적인 발전에 역행할 위험성을 내포하고 있다. 따라서 국정현안에 대한 주권자의 직접적인 의사표시는 예외적으로 특별한 조건하에서만 이루어지며 대개의 경우 주권자의 대표자가 국민의 의사를 결정하게 된다. 이러한 국민주권의 실현방식을 대의민주주의, 간접민주주의, 국민대표제 등으로 부른다.

우리 헌법은 국가권력을 국민 스스로가 아닌 국민대표기관들에 분할하여 부여함으로써 원칙적으로 대의민주제를 채택하고 있다. 입법권은 국회에, 행정권은 대통령을 수반으로 하는 정부에, 사법권은 법관으로 구성되는 법원에, 헌법재판권은 헌법재판소에 배분하고 있다. 다만 헌법개정의 경우나 국가안위에 대한 중요정책을 결정하기 위하여 대통령이 국민투표를 부의하는 경우 국민이 직접 국정을 결정할 수 있게 된다.

(2) 대의민주주의의 본질적 요소

국민이 대표를 통해 주권을 실현하는 방식은 다음과 같은 본질적 요소를 가진다. 첫째, 국민대표기관의 행위는 곧 국민의 행위가 되며 원칙적으로 국민 스스로도 번복하지 못한다. 둘째, 국민은 국민대표기관을 구성하는 권한은 직접 행사하는 것이 원칙이며 이 권한행사의 과정이 선거이다. 따라서 선거에 의하여 선출된 국민대표기관이 가장 강력한 민주적 정당성을 확보하며 우리나라와 같은 대통령제 정부형태 하에서는 의회와 대통령이 모두 동등한 민주적 대표성을 확보하는 이원적 대표성을 특징으로 한다. 셋째, 국민대표는 일단 대표로 선출된 이상 법적으로 국민의 의사결정권한을 위임받았으므로 자신을 선출한 구체적 국민이나 정치세력의 의사에 종속되지 아니하고 독립하여 자유로 이 의사결정에 참여할 수 있다. 국회를 구성하는 국회의원에게 국가이익을 우선하여 국정에 임할 것을 요구하는 현행 헌법 제46조 2항이 의미하는 바가 그러하다. 이처럼 국민대표에게 국민의사결정권을 위임하는 것을 자유위임 혹은 무기속위임의 원칙이라 한다. 넷째, 국민대표기관은 자신의 행위에 대하여 국민에 대하여 민형사상의 법적인 책임을 부담하지 않고 정치적 책임을 부담한다. 정치적 책임이란 개별사안에 대한 국민의 여론에 기속되지는 않지만 여론을 존중함으로써 향후 선거를 통하여 국민의 심판을 받는다는 것이다. 이를 책임정치의 원칙이라 한다.

2. 대의민주주의의 실현을 위한 정치제도와 원리

(1) 선거제도: 대의제와 민주주의의 결합장치

국민주권주의를 실현하는 기본적 방식으로 간접민주주의 혹은 대의민주주의를 채택하게 될 때 핵심적인 제도는 선거제도이다. 국민대표기관을 선출하는 국민의 기본권이 인정되고 국가권력을 행사하는 국민대표기관을 주기적으로 선출하는 과정이 제도화되지 아니한다면 국민주권주의는 공허한 미사여구에 불과하다.

또한 선거는 국민주권주의를 실질화하기 위하여 보통 · 평등 · 직접 · 비밀 · 자유선거의 원칙에 의해 시행되어야 한다. 일정한 연령에 도달한 모든 사람은 특별한 사유가 없는 한 국민대표기관의 선출에 참여할 수 있어야 한다(보통선거의 원칙). 일정한 계층이나 계급에게만 선거권을 인정하는 제한선거는 특정계급의 독재를 가능하게 하는 것으로서 자유민주주의체제의 기본질서에 부합하지 아니한다. 또한 선거에 있어 투표권과 투표가치, 대표가 될 수 있는 자격에 있어서 불합리한 차별이 없어야 한다(평등선거의 원칙). 선거는 선거권자과 피선거권자의 자유로운 의사의 교환에 의해 이루어져야 하며 선거민이 투표결과에 대하여 직접적인 의사표시가 가능하도록 하는 것이 원칙이다(자유선거와 직접선거의 원칙). 또한 선거민의 의사가 공개될 때 정치적 탄압의 계기가 되거나 진정하게 자유로운 의사표시가 방해될 수 있기 때문에 투표내용은 비공개가 원칙이다(비밀선거의 원칙).

(2) 의회민주주의: 대의민주주의의 의회중심적 재구성원칙

입헌적 민주공화체제에서 대의민주주의 실현의 중심기관은 정부형태를 불문하고 의회이다. 왜냐하면 민주공화체제의 기본원리인 권력분립주의와 법치주의를 체계적으로 종합하면 합의제 국민대표기관이 국민의 총의를 모아 국정과제를 법률의 형식으로 제정하는 것이 국가권력 운용의 시발점이기 때문이다. 이처럼 권력분립에 입각한 민주적 법치주의를 국민대표기관인 의회를 중심으로 재구성한 이념이자 원리가 의회주의이다.

의회주의는 민주공화국이념 그 자체에 기반한 개념정의에 따라 최소한 다음과 같은 다섯 가지 요소를 갖추어야 한다.

첫째, 의회는 정당한 국민대표성을 확보하여야 한다. 이 요소의 관건이 국민대표를 선출하는 선거제도가 민주적 대표성을 충실히 반영하는 것이다.

둘째, 공개적이고 이성적인 토론을 거친 다수결에 의한 결정원리이다. 의사공개주의는 대의체제에 구조적인 주권자 국민과 대표자 사이의 역할 분리에 따른 필연적인 요소로서 주권자가 대표자의 활동에 대하여 견제하고 심판하기 위한 대의제의 전제인 셈이다. 나아가 밀실담합을 방지함으로써 의사결정의 공정성을 확보하고 정치적 야합과 부패를 막는 데에도 긴요하다(헌재 2000. 6. 29. 98헌마443, 12-1, 886, 896-902 참조). 이성적인 토론의 요소는 공적 현안에 대한 충분한 정보교환과 현실적합적인 정책의 산출에는 단순한 숫자 우위의 법칙이 아니라 공익에 따른 이성적 심의와 판단이 필요하다는 요청이다. 의회주의에 기반한 대의제가 직접민주제보다 국가 이익에 부합할 수 있는 보편적 대안이라는 정당성은 이러한 효율적이고 정제된 의사소통과정에 있다. 마지막으로 다수결주의는 가장 현실적으로 민주적인 의사결정 방식이다. 다만 공개주의 및 이성적 토론의 요소와 결합한 다수결주의의 전제가 소수자의 보호를 전제로 하고 있음은 널리 이해되고 있는 바와 같다. 그리고 이 두 번째 의회주의의 요소를 위해 의원들의 신체의 자유와 표현의 자유를 보장하는 특권이 헌법적으로 보장된다.

셋째, 의회는 독립성을 가지고 자율적으로 운영되어야 한다. 이 요소는 권력분립원칙의 당연한 발로이며 독립성과 자율성이 보장되지 않는다는 것은 다른 의회주의의 요소가 근본적으로 위협받는 상태에 이르게 되는 것을 의미하기 때문이다. 조직 및 운영의 자율성은 의정의 자율권과 더불어 자치입법권과 의회질서 및 신분자율권으로 보장된다. 특히 의회의 독립성과 자율성의 전제는 의회의 자정능력과 국민의 신뢰확보이다. 현대 민주공화체제에서는 대의기관의 자율능력에 대한 회의가 증대되면서 책임성을 강화하기 위한 다양한 방안이 모색되고 있는 추세인데, 무엇보다 주권자 국민의 정치적 참여 확대와 협치의 강화를 통한 민주적 통제의 중요성이 강조된다.

넷째, 의회의 핵심기능은 입법기능이다. 입법은 형식적 의미의 법률을 제정하는 것이며 실제로 모든 국가질서의 근간을 형성하는 것이다. 사실 의회주의의 나머지 요소는 이 입법기능을 위해 필요한 것이므로 입법기능의 활성화 여부가 의회주의에 대한 평가의 중심을 이루는 이유가 여기에 있다.

다섯째, 의회의 기능이 입법활동에만 머문다면 그 본연의 민주공화적 목적을 달성할 수 없다. 입법의 규범력이 확보되고 국민이 위임한 권력이 헌법합치적으로 행사될 수 있도록 통제해야 한다. 특히 제1의 국민대표기관으로서 주권자를 대표하여 집행기능을 담당하는 다른 국가권력에 대한 민주적 통제의 차원에서라도 의회의 역할은 막중하다. 국가작용의 기본요소를 이루는 다른 국가의 조직 및 구성, 재정, 그리고 권한의 행사에 대한 질의나 심사 및 조사, 동의 및 승인, 그리고 제재 등 국정통제는 의회주의가 작동하기 위한 필수요소이다. 특히 현대 민주공화체제에서는 의회민주주의의 정당중심적 민주주의로의 변화, 행정국가화 경향에 의한 위임입법증대 등으로 의회주의의 무게중심이 입법에서 국정통제로 이동하는 경향이 두드러진다.[20]

(3) 정당제도: 대의민주주의 실현의 활동단위

한편, 선거제도를 핵심으로 하고 국가정책의 민주적 결정과 운영을 기본으로 하는 민주공화체제는 필연적으로 선거과정과 국정결정과정의 민주적이고 효율적인 운영을 위하여 안정적 조직을 가진 정치단체를 요구하게 된다. 이 단체가 바로 정당이다.

정당은 국민의 정치적 의사형성, 즉 국민의 국가기관구성권의 행사를 돕고 국가기관의 효율적인 국정결정을 돕는 정치적 활동단위이다. 정당의 당내민주주의는 국가대표 선택과정인 선거기간 이외의 일상생활에서 국민대표기관들에게 주권자인 국민의 의사를 반영시키는 중요한 현실적 의미를 가진다. 만일 정당이 국민의 정치적 의사를 효율적으로 결집하고 국민대표들이 그들의 정책결정에 이를 충실히 반영하게 되면 대의민주주의는 국민의 직접적인 주권행사에 못지않게 민주적일 수 있고 높은 생산성을 확보할 수 있을 것이다.

대한민국 헌법의 기본적인 인식틀의 구조에서 보면 정당은 사회영역과 국가영역을

---

20) 일찍이 영국의 대의정부론을 피력한 존 스튜어트 밀은 정부의 업무를 실제로 하는 것(doing)과 통제하는 것(controlling)을 구분하면서 합의제 기관인 의회는 통제하는 것에 더 적합하다는 의견을 피력한 바 있다. 윤성현, J. S. Mill의 자유와 민주주의에 관한 헌법학적 연구, 서울대학교 박사학위 청구논문, 2011, 174-175면 참조.

매개하는 독특한 지위를 가진다. 19세기 이후 선거권의 확대와 더불어 국민의 정치참여를 본질로 하는 민주주의론의 득세와 더불어 근대정당은 전체사회의 안정적 통일적 유지를 위해 두 영역을 정치적으로 매개하는 독점적 기구로서 인식되게 된다. 따라서 전근대사회에서 공동체의 통일성을 파괴하는 파당으로서 그 결성이 불법으로 인식되던 정당은 민주사회를 맞아 헌법적 기능을 수행하는 지위를 획득하게 된다. 우리 헌법은 제8조에서 이 같은 정당중심적 민주주의를 대의민주주의 실현의 전제조건으로 보고 복수정당제를 보장하며 정당에 대한 재정적 지원을 비롯한 보호장치를 마련하고 있다.

(4) 민주적 통제 및 책임정치의 원칙: 대의민주주의의 책무성

1) 민주적 통제의 의의와 방식

국민대표기관을 통한 국민의 지배가 민주주의이다. 따라서 국가권력은 책임정치를 실현하기 위하여 국민의 민주적 통제를 받는다.

민주적 통제의 방식은 다양하다. 첫 번째 방식은 공론의 장을 통하여 여론을 형성함으로써 국민대표기관을 정치적으로 압박하는 것이다. 이러한 공론형성을 통한 민주적 통제를 위한 기초가 표현의 자유의 최대한의 보장이다. 언론이나 집회 및 결사의 자유는 공동체의 민주적 운영을 위한 핵심적 전제가 되는 자유로서 자유민주주의체제에서는 명백하고 구체적이며 현실적인 위험이 없는 한 제한될 수 없다는 엄격한 보장의 법리가 발전한 이유가 여기에 있다.

두 번째 방식은 국민대표기관을 통한 간접적 통제이다. 현행의 권력구조에서 국민대표기관을 통한 통제는 대통령에 의한 통제와 국회에 의한 통제가 있다. 대통령과 국회는 국민에 의해 직접적으로 선출되는 국민대표기관으로 국가권력 가운데 가장 강력한 민주적 정당성을 확보하고 있다. 특히 국회는 국가권력의 발동은 법률에 의하여야 한다는 법치주의의 원칙에 따라 국가정책을 법률의 형식으로 결정하는 기관으로서 이러한 결정이 제대로 이행되고 있는지를 감독할 지위에 있다. 이처럼 의회에 민주적 통제권을 부여하도록 하는 국가권력구조상의 원리를 의회주의의 원리라 한다. 많은 사람들이 의회주의를 정부형태에 대응하는 개념으로 이해하고 있는데 법치주의와 대의민주주의를 구체적으로 실현하는 방법으로서 의회주의는 정부형태와 무관하게 인정되는 것이다. 그리고 이러한 원리에 충실한 국회의 권한으로 국정감사 및 조사권(헌법 61조), 국무총리등에 대한 국회출석요구 및 질의권(헌법 62조), 국무총리등에 대한 해임건의권(헌법 63조) 등이 있다.

한편 대통령도 국민대표기관으로서 행정권의 행사와 관련하여 직업공무원조직이 법을 제대로 집행하고 있는지를 감시하고 감독하는 지위에 있다. 구체적으로 업무지시를 하거나 국무총리 및 행정각부의 장을 통하여 소관사무에 대한 지휘 및 감독권을 행사한다. 또한 대통령에 소속된 감사원은 직무감찰권을 통하여 이러한 행정권력을 중심으로 한 민주적 통제의 기능을 담당한다.

2) 민주적 통제의 한계

책임정치의 원칙에 따른 민주적 통제도 절대적이어서 아무런 한계가 없는 것이 아니다. 국민의 여론을 통한 통제도 정치적 통제일 뿐 국가권력의 결정을 무효화하거나 담당공무원의 정책적 판단이 위법한 것이 아닐 때 법적 책임을 물을 수 없다. 국회의 민주적 통제권도 견제권을 의미할 뿐 스스로 다른 국가권력을 대신 행사할 수도 없다.

대통령의 공무원조직에 대한 민주적 통제권도 내재적 한계가 있다. 예컨대, 법무부장관을 통한 검찰지휘권도 내재적 한계가 있다. 특별검사제의 경우와 마찬가지로 대통령측근이나 대통령의 정파에 속한 정치인을 수사하는 경우 수사지휘권을 발동하는 것은 이익충돌금지의 원칙이나 자신의 일에 대하여 스스로 심판자의 입장에 서서는 안된다는 자연적 정의(natural justice)의 법원칙에 반한다. 만일 예를 들어 대선자금수사등에서 야당을 탄압하고 자신과 관련된 수사를 거부하는 표적수사를 종용하는 수사지휘를 하였다면 이는 수사지휘권을 남용한 것에 해당할 것이다.

3) 민주적 통계의 한계사례: 국회의 국무총리 혹은 국무위원에 대한 해임건의권의 효과

국회의 정부에 대한 민주적 통제의 대표적 예로서 국무총리 및 국무위원에 대한 해임건의권이 있다. 그러나 그 근거규정인 현행 헌법 제63조는 국회의 국무위원 해임건의권을 규정하면서 그 의결정족수만을 규정하고 그 사유나 효과에 대한 명문의 규정을 두고 있지 않기 때문에 해임건의권이 발동될 때마다 논란을 일고 있다.

일각에서는 국회의 국정통제권의 일환으로 해임건의권을 인정한 이상 의회민주주의의 원칙에 따라 대통령에 대한 법적 구속력을 원칙적으로 인정하여야 한다고 주장한다. 그러나 국정통제권으로 특정 권한이 주어진다고 하여 무조건 법적 구속력을 가져야 하는 것은 아니며 의회주의라는 명분이 권력분립원칙을 무력화시킬 수 있는 것도 아니다.

해임건의의 법적 구속력을 인정하는 입장은 의원내각제적 요소가 가미된 정부형태에서의 국무위원해임건의권은 내각불신임권과 본질상 같은 것으로 전제하고 있다. 그러나 헌법상 의원내각제적 요소가 있다는 이유만으로 국회가 국무위원을 사실상 해임할 수 있다고 주장하는 것은 부적절하다. 현행 정부형태는 기본적으로 입법부와 행정부 간의 권력분립이 의원내각제보다 강화된 것을 특징으로 하는 대통령제이고 정부구성권은

대통령의 고유한 권한이어서 의회주의에 따라 국회의 간접적이고 부분적인 관여권은 인정될 수 있다고 하더라도 명실상부한 내각불신임권을 인정하기는 어렵다. 설령 특별한 정치적 현실 때문에 대통령제하에서 내각불신임권을 인정하는 경우에도 이에 상응하는 대통령의 국회해산권과 함께 도입하는 것이 권력의 분립과 균형의 원칙에 부합한다. 따라서 우리 헌법이 국무위원의 국회출석요구 및 질문권을 보장하는 등 의원내각제적 요소를 두고 있다고 하더라도 대통령의 국회해산권을 인정하고 있지 아니한 점을 고려할 때 국회해산권에 대응하는 국무위원해임권을 인정하는 것은 대통령제의 본질적 요소를 훼손하는 것이라고 할 수밖에 없다.

그럼에도 불구하고 헌법제정자가 국무위원해임권을 인정하려는 의도였다면 명문으로 그러한 효과를 명시하였어야 할 것이나 우리나라의 헌법개정사는 오히려 그 반대의 해석이 옳음을 보여주고 있다. 소위 제5공화국 헌법의 국회해산권을 삭제하면서 현행 헌법에서 해임'의결'권을 해임'건의'권으로 표현을 수정한 것이나, 현행 헌법처럼 해임'건의'권을 두면서도 대통령으로 하여금 "특별한 사유가 없는 한" 해임건의에 응하도록 강제하는 단서조항을 둔 제3공화국 헌법의 체제를 따르지 않고 있는 것도 대통령의 국회해산권을 인정하지 않는 상황에서의 국회와 대통령 간의 권력균형을 염두에 둔 것이다.

진정으로 국회가 국무위원의 계속된 직무수행이 헌법과 법률에 위반된다고 판단하여 대통령의 국무위원임면권에 직접적이고 법적인 구속력을 가지는 통제권을 행사하기 위해서는 탄핵소추권을 발동하여 이에 대한 헌법재판소의 최종심판을 받아야 하는 것이 권력분립정신에 부합한다.

결국 국회의 국무위원해임건의는 국민의 대표기관으로 하여금 국민 대다수가 공감할 수 있는 명백하고도 특별한 사유에 바탕하여 대통령의 조각권에 간접적인 정치적 압력을 행사하는 것으로 보아야 하고 법적 구속력을 가져서 대통령이 반드시 응해야 하는 것은 아니라고 보는 것이 옳다(헌재 2004. 5. 14. 2004헌나1, 판례집 16-1, 609, 650-651 참조).

3. 대의민주주의의 본질적 문제점과 대안의 모색

(1) 대의민주주의의 본질적 문제점과 원인: 국민의 정치소외현상

1) 국민의 정치소외현상

국민주권주의를 대의제를 통해 실현하는 체제에서 발생하는 가장 큰 문제점은 주권자인 국민들이 국정을 결정하는 과정 즉 정치과정에서 소외되기 쉽다는 점이다. 국민은 선거를 통해 대표를 선출한 후 여론을 통해 대표를 간접적으로 통제하지만 국정에 대한 법적 결정권은 대표의 수중에 있게 된다. 대의민주주의가 개별정책에 대한 의사표현의 대표(representation of opinion)가 아니라 일정 기간 동안의 모든 정책에 대한 결정권한의 대표(representation of power)를 의미하기 때문이다. 만일 대표들이 국민들의 여론을 외면한다면 다음 선거 때까지 기다릴 수밖에 없다. 또 선거에서 표출할 수 있는 심판이란 것도 단순하지 않다. 여러 정치적 현안을 복합적으로 고려할 때 대표가 되려는 후보자들이 투표권자의 의사와 완전히 일치하는 경우란 불가능하기 때문이다. 결국 최선보다는 차선 혹은 차악을 선택할테고 각종 개별적인 현안들에 대하여 국민 개개인의 의견과의 차이는 피할 수 없기 때문이다. 특히 국민 스스로의 실생활과 밀접한 현안들에 대하여 자기 스스로 결정할 수 있는 가능성이 없을 때 국민들은 정치과정이 멀게만 느껴질 수밖에 없다.

2) 국민소외현상의 원인으로서의 정당의 실패 및 선거제도의 불합리성

대의민주주의의 건전한 실현의 전제가 되는 정당제도나 선거제도가 국민의 정치적 의사형성의 기능을 제대로 수행하지 못할 때 대의민주주의는 국민의 자기지배가 아니라 직업정치꾼들에 의한 지배로 전락할 위험성이 있다. 근대적 정당의 실현이 지체되고 지역중심 엘리트정당의 특성이 강한 정당문화를 가진 우리나라의 경우 더욱 그러하다. 정당에 대한 국민적 소속감이 약하고 당내 민주주의 또한 부실하다.

이 같은 상황을 더욱 악화시키는 것이 국민과 정당, 국민대표기관의 민주적 관계의 전제가 되는 또 다른 제도적 변수인 선거제도의 불합리성이다. 선거제도가 국민의 의사를 효율적으로 반영할 수 없을 때 국민의 주권은 형식화될 수밖에 없다. 현행 국회의원 선거제도처럼 상대적 다수대표제를 중심으로 기본적인 국가의사를 규범의 형식으로 정하는 입법권력의 구성원을 채택하는 데는 문제점이 많다. 국민대표성보다는 지역대표성을 지나치게 강하게 반영하고 다원주의화된 정치현실을 무시하고 개별후보자중심의 선택을 강제하며 사표(死票)를 남발하여 국민의 실질적 선택과 결과 사이에 제도적 조작의 위험을 내포한 선거제도는 국민과 대표기관 간의 간극을 확대하여 대표기관에 대한 국민적 통제의 가능성을 감소시킨다.

결국 이러한 국민의 정치소외현상에 대한 직접적 대안은 결국 그 원인인 정당의 실패를 치유하고 합리적인 선거제도를 마련하는 것이다. 그러나 문제는 이러한 당연히 요청되는 개혁이 쉽지 않다는 데 있다.

우선 한국에서 정당의 실패를 극복하기 위한 관건은 정당 조직의 민주화이다. 정당이 정치꾼들의 결사체라는 엘리트정당의 한계를 벗어나 사회영역의 다양한 의견을 집결하여 국가권력의 의사결정구조에 반영하는 대중 중심의 민주적 조직을 갖추어야 한다.

그러나 한국의 정당이 이러한 근대정당의 민주적 동인에 의하여 형성되기 보다는 지역 감정에 바탕한 비합리적 지지나 유력한 정치인의 대중적 인기에 의존하는 전근대성을 특성으로 하는 문제점이 지적되어 왔다. 선진민주국가들에서 백여 년 전에 구축한 진성 당원의 확보와 진성당원을 통한 정치적 여론의 수렴이 21세기 한국의 경우에는 여전히 미완성의 과제가 되고 있다. 그렇다고 진성당원의 확보와 대중정당체제의 수립은 억지로 강요해서 될 수 있는 것이 아니다. 정치, 그리고 정당에 대한 국민의 인식의 전환이 필요한데, 모두가 그런 투자나 희생없이 권력에만 혈안이 되니 정당이 발전할 수가 없다. 사당화(私黨化)하지 않고 다양한 정치적 의견을 수렴할 수 있는 안정적인 정당의 출현이 어느 때보다 요망되는 시점이지만 그것이 요원하니 다른 대안이라도 모색해야겠다는 생각이 드는 것은 당연하다.

다음으로 선거제도의 합리화를 위한 노력도 넘어야 할 장애가 한두 가지가 아니다. 특히 국회의원 선거제도는 그 결정권인 입법권이 국회의원들 스스로에게 부여되다 보니 현역 국회의원들이나 정당의 이해관계를 초월하여 현재의 선거제도를 국민의 의사가 좀 더 강하게 반영될 수 있는 제도로 바꾼다는 것이 나무에 올라가 물고기 구하는 격(緣木求魚)이 되고 있다. 따라서 이러한 정당제도와 선거제도 개혁의 어려움은 다른 유력한 대안들로 우리들의 관심을 끌고 있다.

(2) 유력한 대안으로서의 분권화

대의민주주의의 위기에 대한 유력한 대안은 정치적 결정의 단위를 더욱 다양화하는 것이다. 흔히들 분권화라고 부르는 것이다. 분권에는 지역단위로 추구되는 지방분권과 조직 내에서 추구되는 기능분권이 있는데 기능분권의 전통적인 경우가 직업공무원제이다.

분권화는 전국적 현안이 아닌 지역적 현안이나 일상생활에서 개인의 선호의 차이에 따라 다양한 정책결정이 가능한 사안에 대하여는 지역이나 소규모 공동체를 중심으로 스스로 결정하게 하는 체제이다. 예를 들어, 담배에 대한 인식은 사람들마다 차이가 크다. 특히 담배가 청소년에게 미치는 영향에 대한 인식과 청소년흡연을 예방하기 위한 제도적 장치의 마련에 대해 여러 다양한 의견이 있을 수 있다. 담배자판기를 설치하는 것에 대한 각종 규제를 논의하는 것이 그것이다. 이런 현안은 전국적 현안일 수도 있지만 굳이 전국적 기준에 따라 마련되어야 할 논리필연적인 이유는 없을 것이다. 담배의 해악에 대해 심각하게 생각하는 사람들이 많이 사는 지역에서는 보다 강도 높은 판매규제를 할 수도 있고 그런 문제에 대하여 개방적이거나 담배판매규제가 성인들의 흡연권에 대한 침해의 가능성이 높다는 의견을 가진 사람들이 많이 거주하는 지역에서는 좀 더 완

화된 규제를 선택할 수도 있다.21)

1) 지방분권 강화

대의민주주의를 개혁하는 분권화의 요구를 수용하기 위해 발전한 대표적인 제도가 지방자치제도이다. 지방자치제도는 국가권력이 일반국민의 구체적인 의사와 욕망을 제대로 반영하지 못하는 문제점을 시정하는 것으로 이러한 자치권력을 인정하게 될 때 국가권력이 국민의 자유와 권리를 침해하는 방향으로 행동할 가능성은 그만큼 줄어들게 된다.

그러나 지방자치는 반대로 또 다른 문제를 발생시킬 수도 있다. 지역이기주의 때문에 전국적 현안마저도 제대로 집행되지 못하는 경우가 있을 수 있기 때문이다. 최근 우리사회에서도 문제가 되었던 방사능폐기물처리장 설치문제와 같은 예를 들 수 있다. 국가생활의 원활한 유지를 위하여 절대적으로 필요한 방폐장은 특정 지역만의 결정으로 맡기기에 적절하지 않지만 이러한 시설의 설치에 의해 직접적인 영향을 받게 되는 지역주민의 의사 또한 존중하지 않을 수 없기 때문이다.

그런데 현행 헌법은 안타깝게도 지방자치와 관련하여 단 두 조문만을 두고 있을 뿐이고 그 구체적 실현에 대하여도 광범위한 입법형성권을 인정하고 있는데 실행법률인 「지방자치법」이 지방분권 요구에 미흡하여 지방분권운동이 거세게 전개되고 있다. 최근 급격하게 진행된 수도권 집중현상을 배경으로 국토의 균형발전이 위협받고 지방의 공동화현상이 심화되는 한편 수도권의 과밀화로 인한 부작용 역시 심해지면서 지방분권의 확대와 강화에 대한 사회적 요구가 강해지고 있는 것이다. 또한 중앙집권적 권력구조는 국민의 정치참여와 자치적 결정의 범위를 제한하고 다양한 사회적 요구가 정치과정에 반영되는데 한계를 드러내고 있어 정치개혁의 중요과제의 하나로 지방분권이 논의되고 있다.

2) 직업공무원제

지방자치 외에 대의민주주의의 부정적 측면을 제어하기 위한 또 다른 요소는 직업공무원제도이다. 직업공무원제는 민주주의의 원리에 따라 결정된 정책을 결정하고 집행함에 있어서 관련된 분야의 전문성을 반영하고 국정실현의 공정성을 확보하기 위하여 국정의 구체적 집행은 직업공무원에게 맡기는 제도이다.

지방자치제도가 정책결정권 자체를 지역단위로 배분하는 것이라면 직업공무원제는 결정된 정책의 집행권을 특정한 자격을 가진 집단에게 배분하는 것이다. 이 제도는 민주

21) 조례에 의한 자판기설치금지에 대한 헌법소원은 기각된 바 있다(헌재 1995. 4. 20. 92헌마264 등).

주의의 원칙에 따라 국민대표기관이 정한 정책은 집행되어야 하지만 그 정책이 헌법과 법률에 위반하거나 그 정책을 정략적으로 집행하는 것을 막기 위한 것이다. 따라서 기관의 조직체계상 국민에 의해 선출된 권력이 상위에 위치하고 이 권력의 지휘를 받는 지위에 있는 것이 직업공무원이지만, 직업공무원도 스스로의 전문성을 기초로 선출된 권력을 통제할 수 있다. 특히 직업공무원은 즉흥적이고 정략적인 정책결정에 제동을 걸어 국가공동체가 예견가능하고 안정된 방향성을 가진 정책에 의해 지배될 수 있도록 민주적 의사결정구조에 일정한 제어작용을 한다. 직업공무원이 이러한 기능을 잘 수행하기 위해서는 부당하게 인사상의 불이익을 받지 않도록 신분을 강하게 보장하는 것이 필수적이다. 또한 직업공무원제는 국가권력의 민주적 결정을 전문성과 법치주의에 입각하여 제어하는 기능을 감당하게 되는데 현실적으로는 공무원을 정치적으로 이용하여 헌법과 법률에 따른 국가작용을 왜곡시킬 수 있는 위험성도 있기 때문에 공무원의 정치적 중립성을 강하게 보장해 줄 필요도 있다. 헌법은 제7조 2항에서 공무원의 신분과 정치적 중립성을 법률의 형식으로 강하게 보장하도록 규정하고 있다.

그러나 직업공무원제도도 문제가 없다고 할 수 없다. 강한 신분보장은 '철밥통'으로 불릴 정도로 무사안일, 복지부동, 부처이기주의의 문제를 발생시키는 원인이 되기도 한다. 자신의 신분이 보장되는 만큼 창의적인 업무수행의 동인이 부족하게 되거나 원래의 견제적 기능을 외면하고 정치권력에 편승하거나 자기 부처의 이익만을 챙기는 일이 없을 수 없기 때문이다. 결국 정치권력과 직업공무원제가 상호간에 적절한 견제와 균형의 원리를 통해 운영될 때 대의민주주의는 한 단계 더 높은 성숙성을 발휘할 수 있게 될 것이다.

3) 시민사회의 활성화

대의민주주의의 문제점을 시정하는 분권화의 또 다른 측면은 시민사회의 활성화이다. 시민사회는 사회공동체의 다양한 의사를 반영하여 정치권력이나 사회권력에 대한 감시활동을 전문적으로 수행하는 기능을 한다. 집단화되고 전문화된 비판의식에 기반하여 각종 권력기관들이 헌법이 추구하는 가치나 절차를 준수하고 전체 공동체의 발전을 위하여 활동하는지를 감시감독하는 것이다. 개인으로서의 국민이 선거기간을 제외하고 제대로 주권자로서의 역할을 수행하지 못하는 점을 극복하기 위한 노력의 일환이다.

시민사회는 정당과는 달리 직접 정치권력을 추구하지는 않지만 개인과는 달리 정치권력의 향배에 실질적인 영향을 주기 때문에 대의민주주의에서의 국민소외를 극복하는 훌륭한 방편이 된다.

그러나 시민사회의 활성화도 부작용이 없을 수 없다. 시민사회 자체가 권력화할 수 있기 때문이다. 시민의 대표를 표방하지만 직접적인 권력의 수권이 없는 상황에서 정치과정에 개입함으로써 때로는 국민의 의사를 왜곡하고 무책임한 정책결정을 낳을 수도 있다. 따라서 시민사회도 시민의 자발적 참여를 강화하는 한편 스스로의 권력화를 경계하는 성숙한 태도가 요청된다.

Ⅲ. 권력분립의 원칙

1. 권력분립의 의의와 원리적 기능

민주공화국 수립이전의 한민족공동체의 지배형태는 500여 년간 전제왕정체제를 유지하였다. 의정부제도, 상소제도, 사간제도 등 왕의 전제를 통제하기 위한 제도적 장치가 없었던 것은 아니지만 기본적으로 왕에게 국가권력이 모두 귀속되던 체제이다. 그러나 이러한 체제에서는 권력자의 기분대로 권력이 자의적으로 행사될 위험성이 높다.

따라서 일찍이 서구에서는 국가권력을 그 기능에 따라 분할하여 동등한 지위를 가지는 권력기관에게 배분하는 것이 국민의 자유와 권리의 보장에 기여할 것이라는 생각이 발전하였다. 몽테스키외(Charles De Montesquieu)와 로크(John Locke)가 그런 구상을 발전시킨 대표적 사상가이다. 이들의 생각이 기초가 되어 대부분의 근대국가들의 국가권력은 국가정책을 법률의 형식으로 결정하는 입법권, 법률을 국민에게 직접 적용하는 행정권, 법의 적용과 관련하여 분쟁이 발생한 경우 법이 무엇인가를 확인하고 분쟁에 적용하여 분쟁을 해소하는 사법권으로 구성되는 것이 일반적인 현상이 되었다.

국가권력의 분립은 국민주권을 실현하는 방식의 측면에서 볼 때 대의민주주의를 전제로 한다. 만일 주권자인 국민이 대부분의 국정현안에 대하여 주권을 직접 실현하는 경우에는 왕권국가와 마찬가지로 권력의 분립은 유명무실하게 된다. 국민의 대표기관으로 하여금 주권에 바탕하여 국가권력을 행사하게 하는 경우에 권력분립은 그 본래의 의미를 살릴 수 있다. 다른 측면에서 말하면, 권력분립주의는 국민주권주의의 절대성을 완화하여 민주주의가 소수자의 인권을 무시하는 다수자의 횡포를 정당화하는 또 다른 형태의 독재체제로 전화되는 것을 방지하는 원리이다.

입헌민주공화체제와 전체주의국가를 구별되는 기준이 바로 권력분립과 대의민주주의제도이다. 대표적인 전체국가인 공산주의 정치체제는 공산당의 일당독재와 이를 뒷받침하는 민주적 집중제를 기본으로 한다. 주권체인 인민의 자기지배의 원리보다 우위에 있거나 동등한 지위를 가지는 국가권력은 없고 민주적 집중제에서 선도적 우월성을 가지는 것이 인민의 전위대인 공산당이다. 이런 체제에서 국가권력이 기능별로 입법, 행정, 사법으로 구분될 수는 있어도 주권자인 인민의 대표성을 부여받은 공산당은 이들 국가권력보다 상위에 존재하며 법 위에 군림할 수밖에 없다. 한마디로 민주적 집중제는 특정세력의 독재를 정당화하는 이론이다. 우리 헌법재판소가 자유민주적 기본질서를 일당독재와 배치되는 것으로 이해하고 복수정당제나 권력분립제도를 그 본질적 요소로 이해하고 있는 것도 바로 이 때문이다(헌재 1990. 4. 2. 89헌가113).

국가권력은 독점되어서는 안 되고 분립되어야 한다는 권력분립의 원칙이 개별 국가권력의 고립을 의미하지는 않는다. 입법권의 행사가 입법자에게만 부여되는 것이 원칙이지만 입법자의 권한이 남용될 경우에 대한 대비책도 필요하고 입법자가 미처 생각하지 못하는 국가정책의 입법화를 위하여 다른 국가권력이 입법안을 제출하는 것이 반드시 권력분립의 원칙에 반하는 것이 아니다. 우리나라의 경우에도 행정권의 수반인 대통령은 국회의 법률안을 거부할 수 있는 권한이 있으며 정부가 법률안을 제출할 수도 있다. 한편 정부는 입법권자인 국회의 활동을 견제하기 위하여 국회의 예산안을 편성할 수 있으며, 또 다른 국가권력기관인 헌법재판소는 예외적으로 국회의 법률을 무효로 선언할 수도 있다. 이렇듯 본질적으로 국가권력 사이에는 서로 개입하지 않는 것이 원칙이지만 헌법이 명문으로 허용하는 경우 국가권력의 남용을 예방하거나 통일적 수행을 위해 서로의 권한행사에 관여하거나 개입하기도 한다.

2. 권력분립 원칙에 대한 새로운 도전

인류사회가 발전하고 이에 대응하는 국가권력의 기능이나 구조가 변화하면서 권력분립주의도 새로운 도전을 받게 된다. 정당이라는 새로운 권력매개체의 등장, 법집행기능의 유동성의 증가, 입법권과 행정권에 대한 사법통제의 강화가 그것이다.

(1) 정당의 발전과 권력분립주의의 변화

민주화가 진행되면서, 특히 보통선거제도의 정착을 통해 국민주권주의가 실질화하면서 개인으로서의 국민과 국가권력을 연결하는 정치 결사체가 발전한다. 개인의 정치적 의견을 세력화하여 이를 국정에 반영하는 단체가 정당이다. 정치과정에서 정당이 필수적 요소가 됨으로써 정치적 의사형성 및 집행을 핵심으로 하는 국가권력 즉 입법권과 행정권 사이의 관계에 변화가 발생한다. 입법부의 일부와 행정부가 정당을 매개로 결합하는 것이 불가피해진 것이다. 특히 의원내각제의 권력구조를 가진 경우 입법부와 행정부의 연계는 필연적이다. 의원내각제의 경우 국민은 입법권을 가지는 의회를 구성하고

의회의 다수파가 행정권을 구성하는 체제이기 때문이다. 의원내각제가 권력분립이 완전하지 못한, 연성적 혹은 약화된 권력분립의 체제로 부르는 이유가 여기에 있다. 그런데 초기의 의원내각제는 확립된 정당제도를 기초로 하지 아니하고 형성되었기 때문에 정당제도의 발전은 의원내각제 체제에 있어서도 의회와 행정부의 관계를 더욱 결속시키는 역할을 수행한 것을 부정할 수 없다.

그러나 무엇보다도 정당의 발전이 권력분립주의에 변화를 준 것은 미국과 같은 대통령제 정부형태를 가진 체제라고 할 것이다. 대통령제의 경우 국민이 별개의 절차를 통해 입법부와 행정부의 구성에 관여함으로써 이원적 대표관계가 기본이며 입법부와 행정부의 분립은 최소한 의원내각제의 경우보다는 훨씬 엄격한 양상을 보인다. 그러나 대표관계가 이원적이라고 하더라도 대표관계의 형성에 관여하는 조직이 일원화된다면 분립의 의미는 감소할 수밖에 없다. 정당이 바로 그런 조직의 역할을 한다. 정당제도의 발전으로 의회선거나 대통령선거에 각 정당들이 모두 관여함으로써 의회의 일부와 행정부가 결합하는 것이 일상화된다. 의회의 다수파와 대통령이 속한 정파가 같아진다면 여대야소가 되고 의회의 소수파와 대통령의 정파가 동일하다면 여소야대가 된다. 어떤 경우건 의회의 일부와 행정부는 결합된다. 이런 결합의 체제에서 입법부와 행정부의 관계차원에서 볼 때 기관 사이 분립의 의미는 상당부분 반감되는 것이다. 예컨대, 대통령을 수반으로 하는 정부와 국회에 소속된 대통령의 소속정당인 여당은 '당정협의' 혹은 '당-정-청협의'라는 법제화되지 않은 관행적 제도를 통해 입법정책이나 행정사항에 대해 협의하여 국정을 운영한다.

(2) 법집행기능의 유동성 증가

국가권력이 사회영역의 질서유지기능, 특히 그중에서도 국방이나 치안의 유지를 통해 사회의 자율성을 최대한 보장하고 국가권력의 범위를 최소화하는 체제에서 의회가 제정한 법률을 집행하는 기능은 비교적 단순명료하다. 이처럼 최소국가를 지향하는 체제를 야경국가(night watchman conception of state)라고 불렀는데 이 체제에서는 행정권이 재량을 통해 법의 적용범위를 융통성있게 변화시키기가 용이하지 않았다.

그러나 사회영역의 자율성을 최대한 인정한 결과 발생하는 사회적 불평등의 심화는 체제자체의 불안정성을 강화하였음은 일찍이 지적한 바와 같다. 그 현실적 대안으로 채택된 것이 복지국가(welfare state)이고 복지국가는 기존의 사회영역의 자율성을 국가권력이 적극적으로 조절하는 방향으로 추진되었다. 사회영역의 과도한 불평등을 해소하고 사회영역의 구성원들이 인간으로서의 존엄과 가치를 유지하면서 자율적 사회활동을 유지할 수 있는 최소한의 생활조건을 제공받도록 국가가 적극적으로 노력할 의무를 부담하게 된다. 이처럼 국가기능을 사회영역의 불평등해소를 위한 영역까지 확대하는 체제를 급부국가체제 혹은 적극국가체제라고 부르는데 이 체제에서는 개인이나 단체들이 처한 사회생활의 개별적 조건에 대응하는 탄력있는 법집행이 요청되었다. 그 결과 구체적 타당성을 고려하여 법을 집행할 수 있는 법집행권력의 재량권을 확대되는 것이 필연적이었다. 이렇듯 국가기능의 범위가 확대되고 법집행기능의 유동성이 증가하면서 기존질서에서 법률의 형식으로 결정되던 국가정책이 상당부분 법률의 위임을 받은 하위입법들에 의해 확정되는 일이 급증한다. 그런데 이 하위입법들 즉 명령이나 규칙은 의회가 제정하는 것이 아니라 법을 집행하는 행정권이 제정하기 때문에 형식적 입법은 의회가 수행하지만 국민생활에 직접적인 영향을 미치는 실질적 입법은 행정권이 수행하게 되는 경향을 띤다. 그 결과 입법부와 행정부 사이의 관계는 형식적 입법과 실질적 입법의 관계를 통해 행정부의 국정주도권이 강화되는 방향으로 상당부분 변형되게 되었다.

(3) 입법권과 행정권에 대한 사법통제의 강화

근대입헌주의체제의 최고의 목표는 개인의 자율성과 독립성을 보호하기 위한 법제도의 정비였다. 그 기본적 수단은 개인의 기본적 인권을 문서로서 보장하는 것이었다. 프랑스 인권선언이나 미국의 독립선언과 같은 각종 인권보장문서나 시민혁명의 정치적 성과물을 문서화한 헌법들이 다투어 개인의 기본적 인권을 헌법의 수준에서 보장하였다. 그러나 인권보장의 원칙에도 불구하고 소수의 인권을 제한하려는 다수의 의지가 입법과정을 거쳐 법률의 형식으로 확정된 경우 그 법률의 효력을 부인하기란 쉽지 않았다. 따라서 근대입헌국가의 초기에는 기본적 인권이 법률에 의해서는 제한될 수 있다는 점에 착안하여 법률에 의한 기본적 인권의 침해현상이 남발되는 법률국가 혹은 입법국가의 경향을 띠었다. 이런 경향이 지배적인 체제를 외견적 입헌국가 혹은 형식적 법치국가라고 부른다.

법률국가의 문제점을 적나라하게 노출시킨 것이 독일의 나치체제였다. 나치의 지도자 히틀러가 인종차별과 유태인학살을 자행하는 수단은 법률에 근거한 것이었다. 이처럼 민주주의의 허울을 쓰고 법률에 의해 소수자의 기본적 인권을 침해하는 체제에 대한 반성은 법률의 정당성 혹은 헌법이 지향하는 가치나 명문의 규정을 어기지 않도록 요구하고 이를 관철시킬 새로운 제도가 발전하게 된다. 법률국가를 실질적으로 헌법에 의하여 지배되는 입헌국가로 전화시킬 수단은 헌법이 무엇인지를 확인하고 헌법적 분쟁에 적용하여 헌법의 실효성을 확보하는 제도로서의 헌법재판이었다. 법률이 헌법이 정한 한계를 벗어났는지, 특히 헌법이 보장하는 기본적 인권을 침해하는지에 대하여 심사하여 그 위반사실이 확인되면 법률의 효력을 상실시키는 제도가 대표적이다. 이러한 제도를 위헌법률심사제도라고 부른다. 또한 입법권뿐만 아니라 법률을 집행하는 행정권이 법을 잘못 해석하고 적용하여 개인의 기본적 인권을 침해하는 경우 통상의 사법절차 외에도 특별한 절차를 통하여 인권침해로부터 직접 구제될 수 있는 제도도 발전한다. 이런 제도를 헌법소원이라고 한다. 인권 혹은 헌법의 가치나 규정을 직접적 이유로 하는 재판제도 외에도 민·형사재판이나 행정재판 등 전통적인 재판제도에서도 국가권력에 의한 권리침해를 구제하기 위한 보다 심화된 방안들이 도입된다. 행정재판을 받을 수 있는 요건(소위 소송요건)을 완화하여 행정권에 대한 사법통제의 범위를 확대하는 것도 그 방안이다.

여하튼 20세기는 인권의 시대로 명명될 만큼 민주화 이후 자유화에 대한 관심이 지배적이었으며 입법권과 행정권을 사법제도를 통해 통제하는 경향이 강화되었다. 이처럼 인권보장 등을 위한 사법통제의 강화는 사법부가 정책적인 판단을 할 수 있는 가능성을 넓혀 사실상 입법작용과 행정작용을 수행할 수 있는 기회를 증대시킴으로써 전통적인 입법부와 행정부 대 사법부의 관계를 변형시켰다.

3. 권력분립 원칙의 변화된 모습

전통적 권력분립주의가 국가생활과 사회생활의 변화에 따라 그 원래의 의미가 변형되었다고 권력분립주의가 추구하던 제한정부(limited government)의 이상이 무의미해진 것이 아니다. 현대국가에 있어서도 국가권력독점에 의한 폐해를 예방하고 시정하기 위한 권력분립의 이상이나 견제와 균형의 원리에 입각한 국가권력의 구성원칙은 여전히 유효하다. 그렇다면 전통적 권력분립구도가 허물어진 빈 자리를 어떻게 메울 것인가의 문제가 남는다.

(1) 정당 간의 견제와 균형에 의한 권력의 분립

정당의 발전이 전통적인 입법권과 행정권의 분립이라는 이상에 변형을 초래하였지만, 그런 발전 자체가 또 다른 형태의 권력독점에 대한 통제수단이 된다. 여소야대의 경우에는 국정수행의 근거인 법률의 운명을 좌지우지함으로써 대통령의 국정수행에 지대한 영향을 줄 수 있다. 1987년 헌법체제의 출범 이후 상당기간 국회구성은 여소야대가 일반적이었는데 노태우, 김영삼, 김대중 정부가 3당합당, 의원빼오기 혹은 의원꿔주기 등 인위적인 정계개편의 방법으로 여대야소를 만든 이유가 바로 이러한 야당의 대정부 견제권의 강력함 때문이다.

그러나 다른 한편 여대야소인 경우 야당은 매우 무기력한 존재로 전락할 위험도 있다. 여당이 수의 우세를 내세워 일방적으로 의정과 국정을 운영할 경우 효과적인 국정통제수단이 없다면 야당이 호소할 수 있는 길은 물리적 저항이나 소위 장외투쟁에 몰두하는 길밖에 없을 수 있다. 이처럼 민주공화주의에서 중요시하는 국가권력 사이의 견제와 균형은 정당중심적 민주주의가 지배적인 상황에서도 구현될 필요가 있고 야당은 의회의 입법과정이나 국정에 대한 민주적 통제의 과정에서 여당을 비판하고 행정권에 대한 감독기능을 수행할 수 있어야 한다. 예컨대, 국정사안에 대하여 조사할 수 있는 권한은 의회주의를 채택한 민주공화체제에서 일반적인 국정통제권이다. 우리 헌법도 제61조 1항에서 국회의 국정조사권을 도입하고 있다. 그런데 이 헌법조항을 구현한「국정감사 및 조사에 관한 법률」제3조는 본회의 승인을 받아야 국정조사위원회가 가동될 수 있도록 규정하고 있기 때문에 여대야소의 경우 여당의 반대가 있다면 국정조사가 불가능해지는 문제가 있다.

(2) 수직적 분권화를 통한 권력독점의 예방

몽테스키외가 생각한 고전적 권력분립은 국가기능에 따라 동등한 지위를 가지는 기관들에게 국가권력을 배분시키는 원칙이었다. 대의민주주의를 전제로 하는 이 체제는 대의민주주의가 가지는 국민의 정치과정에서의 소외라는 문제점에 대한 대안들이 개발되고 발전됨으로써 새로운 전기를 맞게 된다. 앞서 대의민주주의의 성공적 발전을 위한 전제조건으로 언급되었던 분권화의 요구가 그것이다. 고전적 권력분립이 국민대표기관 간의 분립을 전제하였다면 현대적 권력분립은 기관내부의 권한의 적절한 배분을 통해 권력독점의 폐해를 극복하는 것이다.

이러한 분권화를 기관내부의 상하관계 속에서의 권한배분을 통해 제한정부의 이상을 실현한다는 취지에서 수직적 분권화라고 한다. 대표적인 예로 지방자치와 직업공무원제를 들 수 있음은 이미 설명한 바와 같다. 지방자치는 국가권력에 대한 보완적 관계이지만 일단 도입되게 되면 중앙국가권력에 대한 통제권으로서 스스로의 자생성을 확보할 수 있다. 직업공무원제도 과도한 부처이기주의와 관료화의 병폐를 초래하기도 하지만 역설적으로 권력의 집중에 의한 폐해를 극복하는 순기능을 담당하기도 한다.

4. 권력분립 원칙의 실현을 위한 제도적 장치

(1) 개별 국가권력의 자율성 보장

권력분립은 개별 국가권력의 자율성에 기초하고 있다. 이 자율성은 개별 국가권력의 행사를 위한 절차나 내부규율의 자율성에 기초하고 있다. 헌법 제64조는 국회가 법률에 저촉되지 아니하는 범위 안에서 의사와 내부규율에 관한 규칙을 제정할 수 있고, 의원의 자격심사와 징계에 대해서는 법원에 제소할 수 없도록 규정하여 의회의 자율성을 위한 기본적 장치를 제도화하였다. 헌법 제75조는 대통령에게 법률의 위임을 받은 사항 외에도 법률을 집행하기 위하여 필요한 사항에 대하여 독자적으로 대통령령을 발할 수 있는 권한을 부여하고 있으며, 제95조는 국무총리 및 행정각부의 장에게 소관사무에 대하여 법률이나 대통령령의 위임을 받은 사항 외에도 직권으로 총리령과 부령을 발동하여 소관사무와 내부규율에 관한 행정입법권을 부여하고 있다. 헌법 제108조와 제113조 2항에서 법원과 헌법재판소의 자율권에 입각한 규칙제정권이 부여되고 있다. 다만 유의할 것은 이 모든 자율권은 법률에 저촉되지 않는 범위 안에서 가능하다는 점이다. 이는 민주주의와 법치주의원리에 따른 당연한 귀결로써 권력분립의 원칙이 민주주의와 법치주의를 전제로 한 권력의 분립임을 보여주는 것이다.

(2) 의회의 경우 국회의원의 특권 보장

이러한 개별 국가권력의 자율권 외에도 권력분립의 실질을 보장하기 위한 헌법적 장치들이 발전해 왔다. 가장 전형적인 것이 국민대의기관인 의회의 독립성을 확보하기 위하여 국회의원에게 불체포특권이나 면책특권을 보장하는 것이다.

현행 헌법 제44조와 제45조는 각각 국회의원의 불체포특권과 면책특권을 규정하고 있다. 면책특권이 국회에서의 발언이나 표결 등 국회활동으로 발생될 수 있는 민사 및 형사상의 법적 책임을 절대적으로 면제해 줌으로써 국회가 헌법상의 기능을 효율적으로 수행할 수 있도록 보장하는 제도라면 불체포특권은 국회의원의 신체의 자유를 보장함으로써 국회의 직무수행이 간접적으로 방해받지 않도록 보장하는 제도이다. 국회의 직무수행과 직접적으로 관련된 면책특권이 대부분의 민주국가에서 강하게 보장되어 온 데 비하여 국회의 직무수행과 간접적으로 관련되는 불체포특권의 경우에는 네덜란드와 같이 아예 인정하지 않는 나라도 있고 설령 인정하는 경우에도 인정의 범위와 방법에서 나라별로 많은 차이를 보이고 있다.

(3) 사법권 독립

1) 사법권 독립의 의의

한편 권력분립이라는 국가권력구조 형성의 일반원리를 넘어 입헌국가공동체에서 민주공화주의를 실현하기 위한 국가권력 자체의 본질적 속성에 따라 특별한 권력분립이 요청되는 권력도 있다. 바로 사법권이다. 사법권은 중립적이고 독립된 지위에서 오로지 헌법과 법률에 의하여 법해석 및 적용에 필요한 직업적·기관적 양심에 입각하여 분쟁을 해소하는 국가권력으로서 일반적 국가권력 분립과는 차원을 달리하는 그 본연의 독립성에 대한 헌법적 요청이 있다. 입법권과 행정권이 국민의 선거에 의하여 책임을 지는 권력일 뿐만 아니라 양자 사이의 관계는 정부형태를 불문하고 긴밀하게 협조할 것이 요청된다는 점에서 권력분립의 원칙의 백미는 사법권의 독립이다. 정치권력에 대한 통제권력으로서 입헌주의가 지향하는 개인의 자유와 권리의 최후의 보루로서의 역할을 담당하여야 하기 때문이다. 헌재가 자유민주적 기본질서의 한 요소로 사법권의 독립을 예시한 것은 그 중요성을 인정했기 때문이다(헌재 1990. 4. 2. 89헌가113).

헌법상 사법권 독립은 조직의 독립, 법관신분의 독립, 재판의 독립이라는 세 가지 차원에서 보장된다. 이 중 핵심은 사법권이 행사되는 재판의 독립이며 조직의 독립과 법관신분의 독립은 재판의 독립을 달성하기 위한 제도적 장치이다.

헌법은 제103조에서 "법관은 헌법과 법률에 의하여 그 양심에 따라 독립하여 심판한다"고 규정하여 재판의 독립원칙을 선언하고 있다. 재판은 다른 국가권력은 물론 사법제도상의 심급제에 따른 상급법원이나 사법행정으로부터 독립되어야 한다. 사법행정권의 오남용이나 법관인사를 둘러싼 사법행정의 수직적 운영으로 인한 폐해에 대한 사법개혁요구가 민주공화체제를 강화하기 위한 국가적 과제로 제기되고 있다.

재판의 독립과 관련해서는 그 기준이 되는 '양심'이 무엇인지 문제된다. 헌법 제19조가 개인의 시민적 자유권의 핵심으로 보장하는 양심의 자유와 같은 개념인지가 기본쟁점인데 양자를 구분하는 것이 통설적 관점이다. 시민적 자유권의 핵심인 양심은 "어떤 일의 옳고 그름을 판단함에 있어서 그렇게 행동하지 않고는 자신의 인격적 존재가치가 파멸되고 말 것이라는 강력하고 진지한 마음의 소리로서의 절박하고 구체적인 양심"을 말하고 막연하고 추상적인 개념으로서의 양심이 아니라(헌재 1997. 3. 27. 96헌가 11, 판례집 9-1, 245, 263)고 좁게 보건, "세계관·인생관·주의·신조 등은 물론 이에 이르지 아니하여도 보다 널리 개인의 인격형성에 관계되는 내심에 있어서의 가치적·윤리적 판단도 포함"되는 것으로 넓게 보건, 개인의 내심적 판단을 의미하나 재판의 독립을 위한 기초가 되는 양심은 법관이라는 직업에 내재한 객관적 양심을 중심으로 이해하는 것이 통설의 태도이다. 재판의 독립에 필요한 직업적 양심이 완전한 다양성과 자율성을 인정하는 양심의 자유에 의해 오용되어 재판의 공정성을 해치지 않아야 하는 것은 자명하지만 세계관이나 인생관 등이 사실판단과 법의 해석·적용 과정에 일관된 행위지침으로 활용되는 것 또한 불가피하므로 법과 사회에 대한 아무런 관점이 없는 절대적 중립성을 요구하는 것이 법관의 직업적 양심을 의미하게 되는 것도 아님을 유의해야 한다.

헌법 제101조를 포함하여 제5장 법원에 관한 장은 종합적으로 대법원을 정점으로 하는 법원조직이 다른 권력으로부터 독립되어 구성되고 운영되도록 함으로써 조직의 독립을 보장하고 있다. 또한 헌법 제106조는 법관이 탄핵 또는 금고 이상의 형의 선고에 의하지 아니하고는 파면되지 아니하며, 징계처분에 의하지 아니하고는 정직·감봉 기타 불리한 처분을 받지 아니함을 규정하는 방식으로 특별한 신분적 보장을 헌법에 명문화하였다. 현실적으로는 재판의 독립을 위한 이러한 조직과 법관신분의 독립이 역설적으로 사법행정에 의한 재판개입을 초래하는 배경이 되기도 한다는 우려가 제기되고 있어 사법권의 독립성 못지않게 아래에서 보듯 사법권의 민주공화적 책무성에 대한 이해도 절실히 요청된다.

2) 사법의 민주공화적 책무성(accountability)

사법부가 개인의 자유와 권리의 보루로서의 기능을 내세워 정치과정의 민주적 결정에 제동을 거는 것이 반드시 입헌주의가 추구하는 자유주의와 민주주의의 균형적 발전에 긍정적으로 작용하게 되는 것만은 아니다. 사법권이 인권을 과도하게 보호함으로써 결국 공동체의 공공복리가 후퇴되고 다수의 인권과 행복이 영향을 받을 수도 있기 때문이다.

대표적인 경우가 부동산투기나 독과점기업의 횡포와 같은 재산권 행사의 남용의 경우이다. 재산권이나 경제적 자유를 지나치게 엄격하게 보호하다 보면 자유롭고 창의적인 시장경제질서는 경제력의 남용이 초래하는 경제적 양극화에 따라 국민생활의 기본을 이루는 의식주마저도 인간의 존엄과 가치를 실현할 수 없는 수준으로 떨어지는 부정의를 초래하게 될 수 있다. 주택임대차보호법이나 공정거래법, 도시계획법 등 공사혼합법을 통해 공공복리를 추구하는 것이 현대 입헌주의의 발전에 따른 경향이다. 그러나 이러한 공사혼합법 등 경제적 자유와 재산권을 제한하는 입법에 대하여는 위헌법률심사제도나 헌법소원제도를 통해 사회경제입법이 헌법위반으로 처리될 수 있는 여지가 있다(예컨대, 택지소유상한제에 대한 위헌결정[헌재 1999. 4. 29. 94헌바37]이나 도시계획법상 개발제한구역제의 일부조항에 대한 위헌결정[헌재 1998. 12. 24. 89헌마214] 등). 따라서 사법권의 독립을 무조건 절대적인 것으로 찬양하기보다는 그것이 민주공화체제 속에서 올바로 정립되어 책무성도 더불어 발휘할 수 있도록 그 전제조건에 대하여도 정확한 이해를 갖출 필요가 있다.

먼저 사법부의 독립과 관련하여 광범위하게 유포된 생각 중에 대표적으로 잘못된 주장은 법적 논리체계에 익숙한 법률가만이 최고사법권력을 행사하여야 한다는 것이다. 그러나 이런 주장은 우리의 생활을 지배하는 헌법상의 기본이념인 입헌주의와 그 실현의 장치로서의 헌법재판이나 사법작용의 본질을 제대로 이해하지 못한 것이다.

입헌주의는 국민의 자유와 권리의 최대한의 보장을 위해 국가권력의 분립을 요구하면서 이들 사이의 견제와 균형에 의하여 민주적인 국정의 운영이 이루어질 것으로 요청한다. 특히 법적 분쟁의 해결과정에서 무엇이 법인지를 확인하고 사건에 적용하는 작용을 하는 사법작용은, 남용의 폐해가 큰 입법이나 행정작용을 통제하는 것을 본질로 한다. 따라서 일상적인 논리체계와 다른 독자성을 가지는 법적 논리체계에 대한 전문성을 가진 자로 하여금 그 중심적 기능을 수행하게 한다. 입법권과 행정권이 기본적으로 국민의 직접적인 선거에 의해 구성되는 것과는 달리 사법권이 전문가들을 중심으로 한 기능적 선발과정을 통해 행사되는 것도 바로 이 때문이다.

그러나 놓쳐서는 안 되는 부분은 전문가들 중심으로 작용한다고 하여 아무런 외부의 개입 없이 이루어져야 한다는 것을 의미하지는 않는다. 사법권력도 현행 헌법 제1조 2항에서 천명하고 있듯이 국민으로부터 나오는 권력의 하나인 것이며 그 권력의 정당성은 국민에게 의존한다. 국민의 의지나 법감정, 혹은 상식에 맞게 권력이 행사되어야 하며 그렇지 못할 때 사법권력은 국민의 신뢰를 잃게 되고 법의 실효성은 감소되고 만다. 따라서 법의 독자성만을 고집하기보다 사회와 호흡하는 법을 만들기 위한 자세가 법률전문가에게 요청된다. 나아가 자칫 독단의 함정에 빠지기 쉬운 법률전문가들의 속성으로부터 법의 민주성을 확보하기 위하여 국민이 사법과정에 참여하는 것이 다양하게 요청되는 것이 선진입헌국가의 일반적 경향이다. 국민들이 사법정책의 결정과정에 참여하거나 재판과정에도 배심이나 참심의 방식으로 관여하고 심지어 법관의 인사과정에 영향력을 행사하는 장치들이 일반화되어 있다. 특히 정치법으로서 정치적이고 이념적 특성을 강하게 띠는 헌법재판의 담당기관이나 법의 통일성을 확보하는 최종적 법률해석권을 행사하는 최고법원의 경우 법의 특정한 해석과 적용이 초래할 사회적 경제적 효과에 대한 고려가 필수적이다. 따라서 이런 고려에 대한 다양한 인식을 반영함으로써 편협되고 편향적인 결정이 내려지지 않도록 그 구성에 있어서 다양성을 확보하기 위한 장치를 두기 마련이다. 따라서 법조에서만 법전문가로 활동해오지 않고 다른 분야에서 좀 더 다양한 사회문화적 배경 속에서 법을 이해하고 법의 운용에 기여해 온 전문가들을 그 구성원으로 참여시켜 내부적 획일성과 편향성을 희석할 수 있도록 배려하는 것이 일반이다. 외교관이나 행정관료, 대학교수 가운데 최고법원이나 헌법재판소의 재판관을 임명하는 것이 그 예이다.

다음으로 사법권을 성역시 하고 사법권의 결정에 대한 비판을 마치 법치주의에 대한 무시 혹은 불복이나 되는 것처럼 터부시하는 잘못된 경향이 있다. 헌법재판권이나 일반사법권 모두 권력통제적 성격을 가지지만 스스로가 하나의 국가권력임을 부인할 수 없다. 따라서 정치적 권력에 비하여 상대적으로 덜 위험한 것이지 그 권력의 남용으로 국민의 자유와 권리, 그리고 헌정질서가 훼손될 가능성이 없지 않은 것이다. 결국 이 권력도 그 권력의 위임자인 국민의 민주적 통제로부터 자유로울 수 없다. 특정 사건 자체에 대한 불복은 법치주의를 훼손하는 것일 수 있지만 결정이 근거하고 있는 논거나 논증에 나타나는 문제점에 대한 비판을 법치주의의 부정이라거나 헌정문란이라고 매도하는 것은 입헌민주주의의 기초에 대한 인식부족을 드러낸 것에 불과하다. 국회의원이나 대통령에 대하여 비판할 수 있듯이 헌재나 법원에 대하여도 얼마든지 비판을 할 수 있는 것이며 그것이 이 땅의 법치주의와 민주주의를 살찌우는 기본적 자산이다.

3) 사법권의 한계: 법해석권을 중심으로

권력분립의 원칙과 관련하여 최근 우리 사회에서 헌법적 숙고(熟考)의 계기를 제공한 것은 국가보안법이라는 특별형법의 개폐논쟁과 관련하여 현행 국가보안법의 합헌성을 인정한 대법원과 헌법재판소의 판례를 둘러싼 논쟁이다. 헌법재판소와 대법원의 헌법상의 권한은 법적 분쟁이 발생한 경우 법이 무엇인가를 확인하여 구체적 분쟁상황에 적용함으로써 분쟁을 해소하는 것이다. 헌법재판소의 경우 국가보안법의 특정규정이 헌법에 위반되는지의 여부에 대한 판단을 요청받아 헌법에 위반되지 아니한다는 결정을 할 수 있을 뿐 합헌으로 판단된 법의 개정여부에 대하여 법적 구속력 있는 의견을 표시할 수 있는 헌법상의 권한이 없다. 대법원의 경우에도 국가보안법이 적용되어 하급심에서 유죄가 인정되어 처벌의 대상이 된 자에게 그 하급심의 결정이 법리적용이나 채증법칙에 있어 잘못이 있는지의 여부에 대한 판단을 요청받아 판단하는 과정에서 그 사건에 적용되는 법률이 헌법에 위반되지 아니한다는 판단을 부수적으로 한 것에 불과할 뿐, 헌법에 의하여 입법권을 부여받은 국회가 그 법의 개정이나 폐지를 검토하는 것에 대하여 찬반의사를 표시하여 영향력을 행사할 수 있는 헌법상의 지위에 있지 않다.

결론적으로 현재 존재하는 법이 헌법에 위반되는지에 대한 판단만을 할 수 있을 뿐 현재의 법을 폐지 혹은 개정하거나 새로운 법을 제정하는 문제에 대하여 판단할 수 있는 지위에 있지도 않다. 그러한 국가기능은 입법권을 가진 국회가 담당하는 것이며, 만일 헌법재판소나 대법원이 진정 그러한 의도로 결정에 임하였다면 스스로가 권력분립의 원리를 위반한 것이라는 데 이론이 있을 수 없다. 아무리 사법적극주의(司法積極主義)에 따라 법의 변화에 대하여 사법부의 적극적 기능을 주장하는 법률가라고 하더라도 헌법에 의하여 주어진 법해석권을 재량껏 활용하여 존재하는 법의 효력에 영향을 주는 범위 내에서의 적극주의를 의미하는 것이지 법의 개폐여부에 대한 결정권이나 관여권을 인정하는 것은 있을 수 없다. 그것은 국가의 중요정책을 법률의 형식으로 확정할 권력을 의미하는 입법권을 헌법에 의하여 수권(授權)받은 국회의 권한을 침해한 것이 되기 때문이다. 바로 이 점에서 대통령선거의 공약사항이었고 법치주의에 입각한 의회주의에 따라 여야합의로 제정된 신행정수도건설특별법을 국민주권론으로 포장한 관습헌법론에 입각하여 위헌으로 선언하거나 아무런 법률적 근거도 없이 정당해산결정의 부속결정으로 해산정당 소속 국회의원 전원에게 그 신분상의 본질에 따른 고려 없이 의원직 박탈을 결정한 것은 헌법재판권의 남용이라고 평가받을 여지가 충분하다(헌재 2004. 10. 21. 2004헌마554 등; 헌재 2014. 12. 19. 2013헌다1 참조).

Ⅳ. 법치주의

1. 법치주의의 의의

(1) 법치주의의 개념과 역사적 발전

1) 법치주의의 개념

기본적 인권의 보장을 위한 핵심적인 헌법의 기본원리로 국가권력의 발동에는 국민대표자가 제정한 법률에 근거를 가지도록 요구함으로써 자의적인 지배를 극복하기 위한 원리가 법치주의(法治主義)이다. 이 원리는 법이 정치권력자의 변덕에 의해 시시각각 변할 수 있고, 정치권력자 자신은 제대로 규율하지 못하는 지배의 수단이 아니라 정치권력자마저도 구속하면서 객관적으로 확정된 기준인 법에 의하여 우리의 생활이 규제되어야 한다는 것이다. 이때 법을 통한 개인들의 생활통제의 목적은 단순히 개인들이 가지는 자유로운 상태를 억압하기 위한 것이 아니라 자유를 질서있게 행사하게 함으로써 공동체의 모든 사람들이 조화롭게 자유를 향유할 수 있도록 조정하는 것이다.

그리고 법들 사이에도 위계질서가 있어서 가장 기본적인 가치를 담고 공동체의 구성과 운영이 어떻게 이루어져야 하는지를 정하는 근본법이 있고, 그 근본법이 정한 권한과 절차에 따라 구체적인 하위 법들이 제정되어 직접적으로 우리의 생활을 규제하게 된다. 이때 최상위의 근본법이 헌법인 것이며, 하위 법들은 헌법에 의해 제정되는 것이므로 헌법에 어긋나게 되면 법으로서의 효력을 상실하게 된다. 이처럼 법의 헌법적합성을 확보하기 위한 대표적인 제도적 장치가 위헌법령심사제도나 헌법소원제도이다.

　　2) 법치주의의 역사적 발전

　　그 사상사적 기원이 오래되었음에도 불구하고 법치주의는 근대입헌주의국가의 성립에 의하여 그 본질적 의미가 형성되기 시작했다고 할 수 있다. 신분제사회를 토대로 하는 근대이전의 폭력적이고 자의적인 지배체제로부터 자유롭고 평등한 개인들이 정치적 합의를 성문헌법의 형태로 공시하여 그 원리에 따라 공동체가 운영되는 입헌주의체제로의 전환이 법치주의가 왜 공동체의 기본적인 운영원리가 되어야 하는지에 대한 근거를 제공하여 준다.

　　그런데 19세기까지의 초기입헌주의체제와 이에 수반된 법치주의원리는 국민의 대표자로 구성된 의회의 우위와 법률에 따른 집행이라는 민주주의적 외형에 천착하여 외견적 입헌주의와 형식적 법치주의의 문제점을 노정하게 된다. 국민의 대표가 국민의 이익에 배치되는 법률을 제정할 리가 없다는 순진한 논리와 민주적 절차에 의한 정책결정에 대한 법적 통제장치의 미비가 결합하여 합리성이 결여된 부정의한 법률에 의해 국민의 자유와 권리가 침해되는 위험성에 대한 고려가 부족하였다. 그 결과 독일제국과 같은 일부 후발민주국가들에서 자유민주주의의 내용을 담보하지 못하는 형식적 법치주의에 의해 헌법이 국민의 자유와 권리의 보장을 위한 제도적 장치를 갖추지 못하면서 국민의 자유와 권리를 불합리하게 제한하는 법률에 의하여 소수자의 인간으로서의 존엄과 가치까지도 위협하는 공권력작용이 횡행하였다.

　　이 같은 '부정의한' 법에 의한 지배를 지양하기 위하여 의회입법에 대한 헌법적 통제수단으로 위헌법률심사제도가 헌법에 편입되기 시작하였고 법률에 의하여도 헌법이 보장하는 국민의 기본적 자유와 권리의 본질적 내용을 침해할 수 없도록 하는 제도가 마련되었다. 법의 내용의 정당성까지 요구하는 실질적 의미의 법의 지배가 구현되게 된 것이다. 이것은 법형성의 절차뿐만 아니라 법의 내용까지도 입헌주의의 정신에 부합하도록 하는 원칙으로서의 법치주의가 현대입헌주의국가의 기본원리로 자리잡게 된 것을 의미한다.

(2) 법치주의의 내용과 구성요소

입헌민주공화체제가 대의민주주의와 권력분립의 원칙에 입각하여 국가권력을 구성하며 국가의 주요정책은 국민의 대표자로 구성되는 의회가 법률의 형식으로 결정하고 그 법에 정한 절차에 따라 정책을 구체적으로 집행하는 기능은 행정부가 맡으며 법의 준수여부를 재판절차를 통해 담보하는 기능은 법원이 담당하는 체제임은 앞서 설명한 바와 같다. 권력분립이 공동체운영의 기본원리가 되면서 법을 형성하는 권한은 그 집행권을 가진 권력자로부터 분리되게 되었고, 동시에 법의 집행을 맡은 권력자 자체도 법이 정한 절차와 한계를 준수할 것을 요청받게 된다.

권력분립을 전제하는 법치주의는 국민의 자유와 권리의 보장을 그 목적으로 하며, 개별 국가권력별로 각각 법에 의한 지배를 구현하도록 요구한다. 즉 법치주의는 법률의 우위(법률유보), 법에 따른 집행(법치행정), 법에 의한 재판(법치사법)을 그 내용으로 하고 명확성의 원칙, 신뢰보호의 원칙, 비례의 원칙을 그 파생원칙으로 한다.

헌법이 보장하는 국민의 자유와 권리는 공동체의 긴급한 필요가 있을 때에 한하여 그 본질적 내용을 침해하지 아니하는 한계 내에서 법률에 의하여만 제한이 가능하다(합헌적 법률의 우위). 헌법 제37조 2항은 공동체의 긴급한 필요를 국가안전보장, 질서유지 또는 공공복리로 제시하고 있고 이를 위해 필요한 범위 내에서 국민의 기본적 인권을 제한할 수 있도록 허용하고 있다. 그리고 그 집행도 법이 정한 절차와 한계 내에서 이루어져야 하며 그 한계를 벗어난 집행작용에 대하여는 사법절차를 통해 권리구제의 기회가 부여되어야 한다(법치행정과 법치사법).

한편 이러한 개별 국가권력 간의 법치주의 실현이 제대로 효과적으로 이루어지기 위해서 입법을 비롯해서 국가권력의 발동이 준수해야 할 파생원칙이 발전되었다. 이 파생원칙은 기본적 인권의 보장 체계에서 기본적 인권을 제한하는 국가권력의 한계를 설정하는 원칙들이다. 이에 대해서는 기본적 인권 제한의 한계와 관련된 장에서 설명한 바 있다. 이처럼 입헌주의와 민주공화주의에 기초한 법치주의는 헌법적 정당성을 가지지 못하는 의회 및 행정부의 공권력작용으로부터 국민의 자유와 권리를 수호하고 헌정질서를 수호하는 주요한 지침이 된다.

2. 법치주의와 민주주의의 관계

(1) 법치주의와 민주주의의 긴장관계

국가권력의 발동이 법이 정한 한계, 요건 그리고 절차를 준수하여야 한다고 하더라도 법치주의를 지나치게 강조하여 법만능주의로 기울어서는 안된다. 우리의 공동생활은 너무나도 복잡다단하여 모든 것을 법에만 의거해서 해결하는 것은 효율성도 떨어지고 궁극적으로 가능하지도 않다. 법은 국가권력이 기본적으로 지향해야 할 목표를 제시하고, 그 실현의 방법과 절차에 대한 기본적인 기준만을 설정하게 된다. 국가권력은 그 목표와 기준에 어긋나지 않게 구체적으로 발생하는 사안들을 효율적으로 대처할 수 있는 정책을 마련하고 집행할 수 있는 자율성을 가져야 한다. 국가권력의 자율성을 지나치게 엄격한 법의 잣대로 재단하려 할 때 민주주의의 역동성은 사라지고 민주적 정당성이 취약한 법전문가에 의한 '사법적 전제'(judicial tyranny) 혹은 '법관에 의한 통치'(government by judges)를 낳을 수 있다. 소수의 법관이 정치사회에서 발원한 민주적 의사결정의 효력 범위를 부당하게 재단할 수 있는 위험이 있다는 것이다. 경제적 불평등을 시정하기 위한 사회개혁입법을 재산권보장의 이름하에 위헌으로 선언했던 20세기 초 미합중국 연방대법원의 경우(대표적으로 Lochner v. New York, 198 U.S. 45 [1905])가 그러하였고 관습헌법론에 기대 수도이전입법을 봉쇄한 헌재의 결정도 그런 비판을 받고 있다(헌재 2004. 10. 21. 2004헌마554 등).

(2) 법치주의를 비롯한 헌법원리의 정치적 중립성

법치주의는 헌법적 정당성을 가지지 못하는 의회 및 행정부의 권력작용으로부터 국민의 자유와 권리를 수호하고 헌정질서를 수호하는 주요한 지침이 되며 그 실현의 중추가 사법권력이 된다. 위헌심사제도나 헌법소원, 행정소송을 통하여 입법권과 행정권을 통제하는 주요한 무기가 법치주의의 원리이다. 법은 입법부가 제정하고 그 집행은 행정부가 맡지만 그러한 법이 무엇을 의미하는지를 최종적으로 확정하는 것은 사법부의 몫이며 사법부가 최종적으로 입법부와 행정부에 대하여 법을 준수하도록 요구하는 권력통제적 성격의 국가권력이기 때문이다. 신행정수도건설특별법에 대한 위헌결정에서 보듯 헌법재판권을 포함하는 사법권력은 선거공약사항으로 국민적 승인을 받은 국민대표기관인 국회와 행정부의 정책을 헌법소원제도를 통해 무력화함으로써 그 위력을 과시한 바 있다.

이러한 사법권력의 강화를 민주주의와 법치주의의 충돌의 시각에서 비판적으로 보는 시각이 있다. 그러나 이러한 문제의식은 민주주의와 법치주의를 대립의 시각에서만 바라보는 것으로 전체를 종합적으로 바라보는 입장에서 수용할 만한 것이 못된다.

입헌국가에서의 국가목적의 실현은 의회권력, 행정권력, 그리고 헌법재판권력을 포함한 사법권력 사이의 견제와 균형의 원리에 의해 이루어지는 것이다. 이 중 의회권력과 행정권력은 국가목적의 적극적 실현을 위한 정치적 이해조정의 과정을 중심으로 실현되는 반면 사법권력은 이해조정의 과정에서 발생한 분쟁에 대하여 소극적으로 그 합법성의 준수여부를 판단하는 과정에서 실현된다. 정치과정을 중심으로 하는 의회권력과 행정권력은 이해관계의 조정을 실질적 합리성의 관점에서 이해관계인의 참여와 합의에 따라 해결하는 민주주의의 원리를 중심으로 작동하는 특성을 가진다. 반면 사법과정을 중심으로 하는 사법권력은 '주어진 법'(given law)의 기준에 따라 형식적 합리성의 관점을 중심으로 법적 절차와 요건의 일탈여부를 판단하는 것을 요체로 하는 법치주의의 원리를 중심으로 운영된다.

그러나 이러한 권력기관의 기능과 헌법원리의 상호관련성은 상대적인 구별일 뿐 논리필연적인 것이 아니다. 의회권력과 행정권력이 민주성의 원리에 따라 권력작용을 실현할 때 헌법해석권을 행사하여 법치주의적 가치를 존중하려는 노력을 하지 않는 것이 아니다. 반면 사법권력도 법치의 전제가 법의 민주적 정당성의 확보임을 고려하여 권력행사과정에서 정책판단의 여지를 완전히 배제하는 것이 아니다.

한편 민주주의원리를 중심으로 운영되는 정치권력은 의회권력과 행정권력이 또 다른 대립축을 형성하게 되며 이들 사이의 역학관계에 따라 일상적으로 중립적 권력으로 표상되는 사법권력의 정치적 편향성이 잠정적으로 표출될 수 있는 여지가 전혀 없다고는 할 수 없다. 정치과정 전체에 대하여 사법권력이 어느 정도의 예양을 보여주느냐, 혹은 정치과정의 부분권력인 의회권력을 존중하느냐 아니면 그에 대응하는 행정권력을 존중하느냐에 따라 사법적 결정이 달라질 수 있고 그 결과 정치현실의 세력판도에 변화가 초래될 수 있다. 정치과정에 대한 예양을 보여주는 대표적 예가 이라크파병에 대한 헌법소원심판에서 통치행위론을 내세워 각하결정을 한 것이다(헌재 2004. 4. 29. 2003헌마814 결정, 판례집 16-1, 601-608면 참조). 그러나 이러한 변화는 헌법원리에 직접적으로 기초한 것이라기보다는 구체적 헌법분쟁에서 필연적으로 요청되는 다양한 법적, 정치적 변수 가운데 어떤 것을 우선적으로 고려하느냐에 따라 좌우되는 것이다.

(3) 정치의 사법화의 양면성

정치문제를 사법권력의 판단에 맡기는 경향을 '정치의 사법화'(judicialization of politics)

라고 한다. 우리나라의 대통령 탄핵제도는 헌법보장을 위하여 정치문제에 대한 사법통제를 제도화한 것이다. 두 차례의 대통령 탄핵심판을 통해 헌재는 정치의 사법화가 한 방향만으로 작동하지는 않는다는 것을 실제로 보여주었다.

헌재는 「공직선거 및 선거부정방지법」의 공무원 선거중립의무 위반, 중앙선거관리위원회에 대한 폄하발언, 위헌인 재신임국민투표의 제안이라는 3가지 사유에 대하여 노무현 대통령의 헌법 및 법률위반사실을 인정하였으나 그 위반의 중대성이 탄핵에 이를 정도에 이르지 않는다는 이유로 탄핵소추를 기각하였다(헌재 2004. 5. 14. 2004헌나1). 한편 박근혜 대통령의 경우 특정민간인의 국정 개입을 허용하고 국민으로부터 위임받은 권한을 남용하여 특정민간인의 사익 추구를 도와주는 한편 이러한 사실을 철저히 은폐한 것은, 대의민주제의 원리와 법치주의의 정신을 훼손한 행위로서 대통령으로서의 공익실현의무를 중대하게 위반한 것이고 국민의 신임을 배반한 행위로서 헌법수호의 관점에서 용납될 수 없고 헌법수호의 이익이 대통령 파면에 따르는 국가적 손실을 압도할 정도로 크다고 보아 파면하였다.

이 두 사건 자체를 정치적 이해관계에 따라 현상적으로만 보면 의회권력과 행정권력 간의 정치적 분쟁이 정치과정 속에서 대화와 타협으로 해소되지 못하고 탄핵심판이라는 특수한 사법과정에 의해 해소되는 사법권력 우위현상의 단면을 보여주는 것인데 그 구체적 결과는 노무현탄핵의 경우 의회권력이 패배했고 박근혜탄핵의 경우는 그 반대였다. 단순화법에 의하면 민주주의 원칙에 따른 정치적 결정이 법치주의를 내세운 사법적 결정에 의해 부인되거나 승인된 것이다.

그러나 헌법원리에 입각하여 재구성되는 실상은 훨씬 복잡다단하다. 의회권력이 스스로의 판단에 따라 법치주의를 위반하였음이 분명한 행정부의 수반의 탄핵을 민주주의의 원칙에 근거하여 탄핵소추를 발의한 것이고 이를 헌재가 법치주의와 민주주의 원칙에 입각하여 최종심판권을 행사하는 구조이다. 한국의 헌정구조에서 대통령제 정부형태를 취함에 따라 정치과정에서 국민의 대표성은 이중적으로 인정되어 의회권력뿐만 아니라 행정권력의 수반인 대통령에게도 인정된다. 그런 헌법적 지위를 가지는 대통령을 그 직에서 파면하는 결정은 선거를 통한 국민의 직접적인 의사결정을 번복하는 실질을 가지는 것이므로 의회의 탄핵소추는 국민의 민주적 의사와의 충돌을 내연하고 있는 셈이다.

이에 대하여 헌재는 국민이 직접 선출한 대통령을 그 직에서 파면할 수 있는 위법행위는 헌법질서에 역행하고자 하는 적극적인 의사하에 자유민주적 기본질서에 대한 위협을 구성하는 정도나 국민이 신임을 저버린 수준에 이르러야 한다는 법리를 제시함으로써 법익형량을 통해 대통령 파면여부를 스스로 결정하겠다는 입장을 취했다(헌재 2004. 5. 14. 2004헌나1, 판례집 16-1, 609, 658; 헌재 2017. 3. 10. 2016헌나1, 판례집 29-1, 1, 59-60 참조). 의회권력과 행정권력 사이의 민주성에 대한 개별적 주장에 대한 제3자적 결론은 법치주의에서 요구하는 법익교량의 원칙을 통해 정책적으로 내려졌지만, 이러한 정책적 결론은 민주주의의 원리를 부정하는 방식이 아니라 상호교차하는 민주성의 주장에 대하여 일방의 주장에 상대적 우월성을 인정하는, 즉 민주주의의 다양한 가치를 헌법적 이성의 이름으로 형량한 것이다. 전통적으로 사법권력은 정치적 중립성을 그 정당성의 근거로 제시하여 왔다. 그러나 정파적(partisan)이라는 의미를 배제하는 한 사법권력이 정치적 지배에 영향을 미친다는 의미에서의 정치적(political) 성향은 완전히 부정할 수 없다. 그 방식이 (헌)법해석과 그에 기반한 가치형량이라는 외형을 가진다는 점에서 다른 국가권력과 본질적 차이가 있을 뿐이다.

따라서 정치적 과제를 사법권력을 통해 해소하는 현상 즉 '정치의 사법화'의 헌법원론적 문제는 민주주의와 법치주의라는 이념들의 충돌의 문제가 아니라 헌법분쟁을 해결하는 정책적 판단의 주체를 정치적 책임성을 담보하는 권력이 아닌 사법권력으로 하는 것이 정당한가, 정당하다면 어느 정도까지 정책적 판단의 여지를 행사할 수 있는가의 문제로 환원되어야 할 문제이다. 즉 정치의 사법화는 민주주의와 법치주의의 갈등의 문제라는 단순한 시각에서 바라볼 수 없고 권력분립에 의한 국가관리체계를 민주적으로 운영함에 있어 사법권력의 역할과 기능을 어떻게 설정할 것인가의 시각에서 바라보아야 한다. 이 문제는 정치의 사법화 현상의 본질은 법치주의와 민주주의의 갈등이라기보다는 민주주의 원칙을 어떻게 이해하고 실현할 것인가의 문제임을 의미한다.

(4) 민주주의와 법치주의의 조화로운 관계

이렇듯 민주주의와 법치주의는 서로 충돌할 수 있는 여지를 가지고 있으나 그렇다고 양자를 본질적인 갈등관계로만 볼 것은 아니다. 둘 다 자유롭고 합리적인 인간의 공동생활을 추구하기 위한 공동체의 기본적인 운영원리로서 독자적인 가치를 가지고 있으며, 또한 서로 의존할 수밖에 없는 상호의존관계이기도 하다.

민주주의는 법이라는 규범의 통제를 벗어나서는 안정적으로 공동선을 성취할 수 없다. 법치주의적 통제장치가 없는 민주주의는 입헌주의가 극복하고자 하였던 권력자의 자의적인 지배, 원칙없는 지배, 불합리한 지배를 의미하며 공동체의 불안정을 낳을 뿐이다. 또한 법치주의는 법이 그 적용대상이 되는 수범자인 개인들의 의사를 제대로 반영하여 현실적인 수준에 이르게 되어 법을 제대로 준수해 줄 때에만 그 실효성을 확보할 수 있다.

결국 우리의 지향점은 민주주의와 법치주의 조화적 관계, 즉 민주적 법치주의를 통해 국가권력의 민주적 정당성이 유지되면서도 소수자의 인권을 다수의 이름으로 자의적으로 침탈하지 않는 법적 통제의 기제가 안정화되는 체제이다.

V. 복지국가원리

1. 민주적 법치국가 실현의 전제조건으로서의 복지국가

기본적 인권과 민주공화제의 가치실현, 즉 민주적 법치국가로의 발전은 공동체 구성원들이 그러한 가치 실현에 관심을 기울일 수 있는 경제·사회·문화적 조건을 갖춘 경우라야 가능하다. 기본적 인권을 추구하는 체제가 경제적 빈곤의 악순환을 낳고 연쇄적으로 사회생활과 문화생활에서의 불평등을 심화시킨다면 그 자유와 권리는 가진 자의 것만을 의미하고 가지지 못한 자는 그 자유와 권리의 혜택에서 소외될 수밖에 없다. 이런 관계는 입헌주의가 근대적 의미에서 현대적 의미로 변화하는 과정에 대한 설명에서 이미 언급된 바 있다. 결국 시민적 자유와 권리 실현의 전제조건은 경제·사회·문화적 조건의 평등이다.

경제·사회·문화적 조건의 평등은 공동체의 구성원들이 경제·사회·문화생활에서 최소한의 인간다운 생활을 영위할 수 있도록 물적 조건을 마련해 줄 때에 가능하다. 이러한 복지생활을 위한 조건의 형성은 결국 공동체의 질서유지자로서 국가권력이 담당할 수밖에 없다. 결국 국가기능은 단순한 치안유지 및 국방기능과 같은 억압적 기능에서 벗어나 사회적 부조를 제공하고 기초생활의 안정을 위한 제도마련에 나서는 급부기능과 조절기능으로 확대되게 된다. 개인은 국가로부터 간섭을 받지 아니하는 것에 국가와의 관계의 중심을 두던 체제에서 국가를 통하여 사회관계의 기초를 형성하는 것이 새로운 국가의 역할이 되었다.

2. 복지국가원리의 실현 방식

복지 혹은 국가를 통한 사회관계의 물적 기초를 형성하는 과제는 대한민국 헌법에서 여러 차원에서 전개된다. 첫째로 개인은 국가에 대하여 그러한 물적 조건의 형성을 위해 노력할 것을 요구하는 인권을 보장받게 된다. 우리 헌법도 인간다운 생활을 할 권리를 필두로 균등한 교육을 받을 권리, 근로의 권리, 노동3권 등 각종 사회권을 보장하고 있다.

둘째로 사회관계형성의 주요한 토대가 되는 재산권은 그 내용과 한계가 국민의 민주적 의사결정의 과정에 따라 결정되는 유동적이고 가변적인 지위를 가질 뿐만 아니라 그 행사도 공공복리에 적합하도록 행사할 의무(사회적 기속성)를 부여받게 된다. 나아가 국가는 경제주체들 간의 부의 편중현상을 해소하는 국민경제의 균형있는 발전을 위하여 적극 노력할 헌법적 의무를 부담한다. 대한민국 헌법은 이러한 요구를 경제에 관한 특별한 장(章)에서 상세히 규정하고 있다. 이러한 장을 일반적으로 경제헌법이라고 부르는데 그 골자는 개인과 기업의 자율과 창의를 바탕으로 경제질서가 형성되지만 경제주체 간의 조화를 통한 경제의 민주화를 통해 국민경제의 균형있는 성장과 안정을 도모할 의무가 국가권력에 주어진다는 것이다. 국가는 이러한 목표를 위하여 노동조합, 농어민자조조직, 중소기업자조조직, 소비자운동을 보호하는 한편 지역경제의 균형발전을 위한 노력도 요구받는다.

이 모든 요구는 궁극적으로 대한민국이라는 헌법공동체가 개인의 욕망을 무한경쟁적 사회관계 속에서 실현하는 것이 아니라 모두가 더불어 잘 사는 체제를 지향하되 개인의 자유와 창의를 절제된 경쟁관계 속에서 실현하는 것을 추구하는 복지공동체임을 분명히 한 것이다(헌재 1989. 12. 22. 88헌가13).

민법

민법의 의의

　민법(民法)은 '사법(私法)의 일반법'이다. 일반적으로 사법은 대등한 개인 사이의 법률관계를 다루는 법인데, 민법은 이러한 사법의 영역에 속하는 법분야이며, 그 중 가장 기본이 되는 일반법이다. 한국은 일제 강점기에는 '조선민사령'에 의해 일본민법(구민법)의 적용을 받다가 해방후 우리 민법을 제정하여 1960.1.1.부터 시행하게 되었고 이것이 현행 민법전이다. 현행 민법전은 구민법을 기초로 하되 서구의 여러 민법전에 들어있는 내용을 대폭 참조하고 한국의 현실을 반영하여 만들어졌으며, 제정 이후 주로 가족관계 관련 규정을 중심으로 하여 10여 차례 개정이 되어 오늘에 이르고 있다. 민법전의 편별(編別)방식 중 우리 민법이 채택한 것은 이른바 '판덱텐'(Pandekten – 로마법대전 중 학설모음집을 의미함) 체계라고 부르는데, 이는 주로 19세기 독일민법학의 학문적 성과로서 만들어진 것이다. 현행 민법전은 제1편 총칙, 제2편 물권, 제3편 채권, 제4편 친족, 제5편 상속의 5편으로 구성되어 있다. 총칙은 각 편에 공통적으로 적용되는 규정을 모아놓은 것이며, 물권과 채권편은 재산관계를, 친족과 상속편은 가족관계를 다룬다. 민법의 적용영역은 크게 재산관계와 가족관계의 법으로 양분할 수 있다. 재산관계란 재산의 소유와 처분 등의 법률관계를 다루며, 가족관계란 혼인과 혈연에 기초해 이루어지는 법률관계를 다루는데 이를 각각 재산법과 가족법이라고도 부른다. 이하에서는 민법의 편제방식에 따라 총칙, 물권, 채권, 친족, 상속 순서로 설명한다.

총 칙

현행 총칙규정은 184개의 조문으로 되어 있고 통칙, 인(人), 법인, 물건, 법률행위, 기간, 소멸시효 총 7개의 장으로 구성되어 있다. 총칙은 권리의 개념을 기초로 하여 권리의 주체(자연인과 법인), 권리의 객체(물건), 권리의 변동(법률행위) 그리고 기타의 규정들로 구성되어 있다. 즉 민법총칙은 자연인 또는 법인과 같은 권리의 주체들이 법률행위라는 수단을 통하여 물건 등과 같은 권리의 객체를 취득하는 등 원하는 권리의 변동을 만들어 나가는 기초적인 규정을 의미한다.

I. 민법의 법원(法源)

민법 제1조는 "민사에 관하여 법률에 규정이 없으면 관습법에 의하고 관습법이 없으면 조리에 의한다"고 하여 민법의 '법원'(sources of law)에 대하여 규정하고 있다.

법원이라 함은 법의 존재형식을 말한다. 즉 민법은 어디에 어떠한 형태로 존재하는가를 말한다. 민법 제1조는 민사에 관하여 1차적으로 의거할 것은 법률임을 밝히고 있다. 이를 성문법주의라고 하는데, 이는 법률로 만들어진 법을 가장 중요한 법원으로 보는 입장을 말한다. 민사에 관하여 적용할 만한 마땅한 법률의 규정이 없다면 2차적으로 관습법이 적용된다. 즉 관습법은 성문의 법률을 보충하는 효력을 갖는다. 마지막으로 관습법도 존재하지 않는 경우에는 '조리(條理)'에 의하여 판단할 것을 정하고 있다. 조리란 흔히 사물의 본성이라고 설명된다. 법원은 법률 및 관습법이 존재하지 않는다는 이유로 재판을 거부할 수 없으므로 '조리'에 따라 재판하게 된다.

Ⅱ. 신의성실의 원칙

1. 권리의 행사

개인 간의 법률생활은 그들 간에 법적으로 의미있는 관계를 형성해 나가는 것이라고 할 수 있는데, 이러한 당사자 간의 관계를 '법률관계'라고 한다. 법률관계는 대체적으로 권리·의무관계라고도 할 수 있는데, 일방이 권리를 행사하고 그에 대응하여 상대방은 의무를 이행하는 관계이기 때문이다. 법률관계는 주로 권리중심으로 파악한다는 점에서 보통 권리관계라고 한다. 따라서 법률관계의 핵심은 권리자가 어떤 권리를, 어떻게 행사할 수 있는지에 있다.

권리의 행사는 권리의 종류에 따라 다양하게 이루어진다. 권리는 다양한 방법으로 설명되는데 그중에서도 권리의 작용에 따라 분류되는 지배권, 청구권, 형성권, 항변권을 잘 이해하는 것이 중요하다. 지배권은 소유권과 같이 권리의 객체를 직접적이고 배타적으로 사용하고 처분하는 것이다. 주로 물권편의 권리들이 이에 속한다. 청구권은 특정인이 특정의 상대방에게 일정한 행위를 요구할 수 있는 권리이다. 청구권의 실현은 상대방인 의무자가 권리에 상응하는 자신의 의무를 이행함으로써 이루어진다. 채권편의 권리들이 주로 이에 속한다. 형성권은 권리자가 일방적인 의사표시만으로 권리가 발생하거나 변경 또는 소멸하는 법적 효과가 생기는 권리이다. 다른 사람의 의사표시와는 무관하게 일방의 의사표시만으로 법률효과를 낳을 수 있으므로 원칙적으로 법률이 형성권을 부여하는 경우에만 행사할 수 있다. 항변권은 일방의 권리행사에 상대방이 대항할 수 있는 특수한 성격의 권리이다.

2. 신의칙에 기한 권리의 행사

민법은 제2조 1항에서 "권리의 행사와 의무의 이행은 신의에 좇아 성실히 하여야 한다."고 하여 법률관계의 핵심인 권리의 행사와 의무의 이행에 공통적으로 적용되어야 할 대원칙으로서 신의성실(good faith)의 원칙을 선언하고 있다. 민법의 여러 규정은 결국 신의칙의 내용을 구체화한 것이라 할 수 있다. 빌려간 돈은 갚아야 하고, 다른 사람의 물건을 사용할 때 용도에 맞게 사용해야 하며 잘못 사용하여 손해가 발생하면 손해를 배상해야 할 의무가 발생하는 논리의 근거에 신의칙이 자리잡고 있다. 권리자라도 자신의 권리를 행사함에 있어 신의성실의 원칙에 맞게 해야 한다. 또한 의무자는 자신의 의무를 이행함에 있어서 '신의에 좇아 성실히' 하여야 한다. 예를 들어 1억원을 빌린 사람이 돈을 갚을 때 10원짜리 동전으로 빌린 돈을 갚는다면 채무를 이행한 것으로 볼 수 있을까? 만약 빌린 돈이 1만 원이었던 경우는 어떠할까? 그 중간의 다양한 경우까지 포함하여 채무이행이 있다고 볼 것인지를 판단하는 최후의 기준이 신의칙이라 할 수 있다. 신의성실의 원칙은 줄여서 신의칙이라고도 하는데 '신의에 좇아 성실히'라는 표현에 담긴 뜻은, 법률관계의 당사자는 상대방의 이익을 배려하여 믿음을 저버리는 내용이나 방법으로 권리의 행사나 의무의 이행을 하여서는 안 된다는 것을 말한다.

신의칙의 핵심은 상대방에 대한 배려의 정신이라고 할 수 있다. 다만 신의칙을 적용하는 경우에는 다음의 두 가지 점을 준수해야 한다.

첫째, 신의칙은 법률상 개별적인 규정이 없거나 그것을 적용하는 것이 매우 부당할 때 최후적으로 적용되는 규정이어야 한다. 분쟁해결에 필요한 구체적인 법규정이 존재하는 때에는 그것이 우선적으로 적용되어야 하고('개별 규정 우선 적용'의 원칙), 그러한 법규정의 유추해석이나 보충적 해석을 통해 개별 법제도의 정신을 먼저 살려나가야 한다. 개별규정이 있음에도 불구하고 신의칙에 기대는 것은 이른바 '일반조항으로의 도피'로서 법리의 발전을 저해한다.

둘째, 신의칙은 예외적으로 적용되어야 한다. 당사자들의 권리의 행사나 의무의 이행이 신의칙을 위반했다고 하여 그 효과가 부정되는 것은 매우 예외적인 현상이다. 판례가 "신의성실의 원칙에 위배된다는 이유로 그 권리의 행사를 부정하기 위하여서는 상대방이 정당하게 가지게 된 신의에 반하여 권리를 행사하는 것이 정의관념에 비추어 용인될 수 없는 정도에 이르러야 한다"라고 한 것도 이러한 이유에서이다.

3. 신의칙에 기한 파생원칙

신의칙 적용에 있어 가장 필요한 것은 판례의 집적(集積)을 통하여 신의칙을 유형화해 나감으로써 법관의 막연한 형평감각을 구체적 규범으로 확립시켜 나가는 작업이라 할 수 있다. 신의칙이 구체화된 하부원칙들로는 모순행위금지의 원칙, 사정변경의 원칙, 실효(失效)의 원칙, 권리남용금지의 원칙이 있다.

(1) 모순행위금지의 원칙

어떤 행위가 그의 선행하는 행위와 모순된 것이어서 그러한 후행행위에 원래대로의 법효과를 인정하게 되면 그 선행행위로 생긴 다른 사람의 신뢰를 부당하게 침해하는 경우에 그 후행행위의 효력이 제한되는 법원칙을 말한다. 예컨대 임차인이 거주하는 주택이 경매에 들어가자 임대계약서를 제시하며 배당요구를 하였는데 그 후 낙찰되자 이를 번복하여 배당을 받는 대신에 낙찰자에 대하여 임차인으로서 대항력을 행사하여 계약만료시까지 거주하겠다고 주장한다면, 임차인의 선행행위(배당요구)를 신뢰한 낙찰자는 예측하지 못한 손해를 입게 된다. 따라서 임차인의 이러한 주장은 모순행위금지의 원칙에 위배되어 허용될 수 없다.

(2) 사정변경의 원칙

계약 당시에 당사자가 미리 알 수 없었던 중대한 사정의 변경이 발생하였고 이러한 사정의 변경이 당사자에게 책임 없는 사유로 생긴 경우에, 원래의 계약내용대로의 구속력을 강제하면 정의관념에 반하는 결과가 발생할 것으로 예상되는 경우 당사자들은 그 계약의 구속력으로부터 벗어날 수 있다는 원칙이다. 즉 계약의 기초를 이루었던 근본적인 사정의 변경이 일어났다면 그러한 상황변화에 대처하기 위하여 당사자 사이에 사전 합의가 없더라도 계약의 내용은 일부 수정되거나 효력을 잃도록 하는 원칙이다. 새로운 상황에서도 원래대로의 계약내용의 준수를 요구하는 것이 신의칙에 반할 수 있다는 원칙의 논거로 제시된다. 그러나 이러한 사정변경의 원칙을 쉽게 인정하면 '약속은 지켜져야 한다'는 보다 중요한 원칙이 위태로워지므로 매우 엄격한 요건하에서만 예외적으로 인정되어야 한다.

(3) 실효(失效)의 원칙

실효의 원칙이란 권리자가 권리를 행사할 수 있었음에도 불구하고 상당한 기간 동안 권리를 행사하지 아니하여 의무자인 상대방으로 하여금 더 이상 권리행사는 없을 것이라는 정당한 기대가 형성된 후에 그 권리를 행사하는 경우, 그 권리의 행사가 실효되었다고 보아 권리행사를 허용하지 않는 원칙이다. 예컨대 어떤 근로자가 부적법한 절차에 의해 의원면직되었음에도 불구하고 아무런 이의제기 없이 정상적으로 퇴직금을 수령한 후에 의원면직일로부터 약 5년이 경과한 후에 이를 다투는 소를 제기한 경우를 생각해보자. 사용자측은 설사 면직절차가 부적법했더라도 근로자가 퇴직금을 수령했고 또 상당한 기간인 5년이 경과했다면 근로자는 절차의 불법에 대하여 더 이상 다투지 않을 것이라고 신뢰할 것이고, 그러한 신뢰는 정당한 것으로 보호되어야 할 필요가 있다. 이러한 요건이 갖추어지면, 근로자의 소제기는 실효의 원칙에 의해 제한될 수 있다.

(4) 권리남용금지의 원칙

민법은 제2조 2항에서 "권리는 남용하지 못한다"고 하여 권리남용금지의 원칙을 선언하고 있다. 이것은 신의칙의 세부원칙으로 인식되고 있으며 판례도 신의칙위반과 권리남용을 같이 인용하는 경우가 많다. 실제로 신의칙에 반하는 권리행사와 권리의 남용을 구별하는 것은 별로 의미가 없다. 법적 효과에 있어서 차이가 없을 뿐만 아니라 그 요건도 추상적이라는 점에서 커다란 차이가 없기 때문이다. 그럼에도 불구하고 민법전에 권리남용금지의 원칙이 신의칙과 별개로 항을 달리하여 명문화된 것은 신의칙과는 별개로 발전되어온 역사적 배경을 갖고 있기 때문이다.

권리남용이 인정되기 위한 요건으로 주관적으로는 권리행사가 오직 상대방에게 고통을 주고 손해를 입히려는 목적만 있고, 권리행사자에게는 아무런 이익이 없어야 한다. 또한 권리행사가 객관적으로도 사회질서에 위반되어야 한다. 보통의 경우 객관적 요건이 갖추어지면, 주관적 요건은 충족되었다고 볼 수 있는 경우가 많다. 예컨대 외국에 거주하는 딸이 고령과 지병으로 고통을 겪으며 달리 거처가 없는 아버지를 상대로 별다른 이유 없이 자기 소유 주택으로부터의 퇴거를 구하는 소송에서, 법원은 부양의무를 지고 있는 딸의 이러한 청구는 부자간의 인륜을 파괴하는 행위로서 권리남용에 해당한다고 보았다. 그러나 권리의 행사에 의하여 권리자가 얻는 이익보다 상대방이 잃을 손해가 현저히 크더라도 그러한 사정만으로는 권리남용이 인정되는 것은 아니다. 권리행사 방법의 선택은 권리자의 자유임이 원칙이고, 권리행사를 제한하는 것은 예외이기 때문이다.

Ⅲ. 법률행위의 무효와 취소

1. 법률행위

법률행위는 '의사표시를 본질적 요소로 하여 일정한 법률효과 발생을 의욕하는 법률요건'으로 정의된다. 법률요건을 구성하는 개개의 요소들을 법률사실이라고 한다. 하나 또는 여러 개의 법률사실이 결합하여 법률요건이 되고 그에 따른 법률효과가 생긴다. 법률사실에는 사람의 사망이나 기간의 경과나 채무의 불이행 등 다양한 성격의 것이 있는데, 법률행위가 이런 것들과 구별되는 것은 의사표시의 내용이 원하는 대로 법률효과가 발생한다는 점이다. 의사표시로 이루어지지 않은 법률행위는 인정되지 않는다.

법률행위를 통하여 권리 또는 법률관계가 창설되거나 변경 또는 소멸되는 효과가 발생한다. 법률행위는 법률요건이므로 법률효과를 가져오는 것을 목적으로 한다. 권리의 주체가 법률행위를 하는 이유는 이를 통해 일정한 법률효과를 얻을 수 있기 때문이다. 이 법률행위의 본질적인 요소를 이루는 것이 의사표시이다.

　법률행위는 최소한 당사자, 목적, 의사표시를 일단 갖추어야 성립할 수 있는데 이를 성립요건이라고 한다. 이와 구별되어야 할 것으로 법률행위의 유효요건이 있는데, 이는 법률행위가 효력을 갖는 데 필요한 요건이다. 중요한 성립요건으로는 법률행위의 목적이 확정할 수 있고, 가능하고, 적법하고, 사회적 타당성을 갖고 있어야 할 것이 제시된다. 이와는 달리 당사자의 권리능력, 의사능력, 행위능력, 하자 없는 의사표시, 반사회질서행위가 아니라는 점 등은 법률행위의 유효요건이다.

　법률관계의 대표적인 유형인 계약의 경우, 원래 계약을 체결하면 구속력이 발생하여 당사자들은 그 계약내용이 자신에게 불리하게 변하여도 계약상의 의무를 이행하여야 한다(pacta sunt servanda). 그러나 그 법률행위가 무효이거나 취소된 경우에는 이행할 의무가 없게 된다. 예컨대 의사무능력자가 한 법률행위는 무효(void)이며 미성년자가 한 법률행위는 취소할 수 있다.

2. 법률행위의 유형

　법률행위는 이를 구성하는 의사표시의 수에 따라 크게 단독행위와 계약으로 나뉜다. 단독행위는 한 개의 의사표시만으로 성립하는 법률행위이고 그에 따른 효과가 발생한다. 채무면제, 취소, 해제 등이 이에 해당한다. 하나의 의사표시만으로 법률관계의 관계자에게 영향을 주게 되므로 의사표시자에게 그러한 단독행위를 할 수 있는 권한이 있어야 한다. 따라서 단독행위는 법률에 특별한 규정이 있는 경우에만 허용되는 '법정주의'가 지배한다.

　반면 계약은 '두 개의 대립하는 의사표시의 합치'로 성립하는 법률행위이다. 계약은 상대방과 의사의 합치만 이루어내면 효과가 생기는 것이므로 제3자의 권리를 해하는 것이 아닌 이상 당사자들은 자유롭게 계약을 통해 법률관계를 형성해 나갈 수 있다. 이를 '계약자유의 원칙'이라고 한다.

3. 법률행위의 무효와 취소의 구별

　법률행위의 무효, 즉 효력이 없다는 것은 그 법률행위를 통하여 행위자가 달성하고자 한 법률효과가 발생하지 않는다는 것을 의미한다. 한편 법률행위의 취소는 행위자가 해당 법률행위를 확정적으로 무효로 만드는 의사표시를 말한다. 취소는 단독행위이자

형성권이므로 법이 정한 취소권자에게 취소한다는 의사표시를 통하여 그 법률행위를 확정적으로 무효로 만들 수 있다. 이를 취소권이라 한다. 취소권자는 취소권을 행사하지 않고 그대로 유효하게 할 수도 있다. 그러므로 취소할 수 있는 법률행위는 취소의 의사표시를 통하여 확정적으로 무효가 될 수 있지만, 취소 전까지는 여전히 유효인 상태에 있다는 점에서 매우 불안정한 상태에 있다.

(1) 법률행위 취소의 효과

취소권자가 취소권을 행사하면 법률행위의 효과는 어떻게 될까? 민법은 "취소된 법률행위는 처음부터 무효인 것으로 본다"(141조)라고 규정하고 있다. 취소되면 취소된 시점부터가 아니라, 처음 법률행위를 한 시점으로 거슬러 올라가 무효가 된다. 즉 법률행위가 취소되면 무효와 동일한 결과가 된다. 이처럼 취소는 취소권자에게 선택권을 주는 이점이 있지만 상대방은 취소권자의 일방적 의사에 의하여 자신이 관여한 계약의 효력이 무효가 될 수도 있는 매우 불안정한 입장에 놓이게 된다. 따라서 상대방은 다른 방법으로 보호해 줄 필요가 있다. 예를 들어, 제한능력자가 한 행위는 취소할 수 있으므로(5조), 제한능력자와 거래한 상대방을 보호하기 위해 민법은 그 상대방에 대하여 확답촉구권, 철회권 등의 권리를 주고 있다. 제한능력자의 상대방은 법정대리인 또는 능력자가 된 행위자에게 1개월 이상의 기간을 정하여 취소할 것인지 여부의 확답을 촉구할 수 있다. 만일 이 기간 내에 확답이 없다면 추인한 것으로 보게 된다(15조). 또한 추인이 있을 때까지 상대방은 제한능력자와 맺은 계약을 철회할 수 있다(16조). 아울러 제한능력자가 속임수로써 자기를 능력자로 믿게 하였다면 그 행위를 취소할 수 없도록 하고 있다(17조).

한편 취소할 수 있음에도 불구하고 더 이상 취소하지 않겠다는 의사표시를 통하여 취소할 수 있는 법률행위는 확정적으로 유효하게 할 수 있다. 이를 추인의 의사표시라고 한다. 추인 후에는 취소하지 못한다(143조①). 또 추인은 취소의 원인이 소멸된 후에 하여야만 효력이 있으며(144조①), 취소권자가 채무의 전부나 일부를 이행하거나 상대방에게 이행을 청구하는 등의 행위를 하면 취소권자가 해당 법률행위를 추인한 것으로 본다. 이를 법정추인이라 한다(145조). 취소권은 또 추인할 수 있는 날로부터 3년, 법률행위를 한 날로부터 10년 내에 행사하여야 한다(146조).

(2) 부당이득반환문제

법률행위가 무효로 판정되거나 취소되었을 때 남는 문제는 그 법률행위에 기초해 이미 당사자들이 주고 받은 급부(물건이나 서비스나 금전 등)는 어떻게 처리할 것인가이다. 이에는 채권법상의 부당이득의 법리(741조 이하)가 적용되어 각 당사자들은 자신이 받은 급부를 상대방에게 반환하여 이행 이전의 상태로 되돌려야 한다. 상대방으로터 받은 급부를 계속 보유할 법적 근거가 없기 때문이다. 이 경우 반환의 범위는 상대방으로부터 받은 것 전부를 원칙으로 한다. 그런데 민법은 제한능력자와의 거래가 취소된 경우에는 반환의무를 경감하여 "제한능력자는 그 행위로 인하여 받은 이익이 현존하는 한도에서 상환할 책임이 있다"(141조 단서)고 한다. 반환당시에 제한능력자에게 남아있는 것(현존이익)만을 반환하면 된다는 것이다.

예컨대 시계의 매매계약에 따라 매수인이 매매대금을 지급하고 매도인이 매수인에게 시계의 소유권을 이전한 뒤에 매매매계약이 취소되었다면 부당이득반환의 법리가 적용된다. 즉, 매도인은 매수인에게 넘겨준 시계를 돌려받고 매수인은 시계값으로 지급한 대금을 돌려받게 된다.

4. 법률행위의 일부무효 · 일부취소

법률행위의 무효와 취소에 관한 일반적인 내용은 앞에서 설명하였다. 그 외 무효와 취소와 관련된 특수문제에 대하여 민법은 몇 개의 규정을 두고 있다.

법률행위의 일부분만이 무효인 경우(일부무효)에는 법률행위 전부가 무효로 되는지, 아니면 무효인 부분을 제외한 나머지 부분은 여전히 유효인가? 민법은 전부 무효를 원칙으로 하고, 나머지 부분만으로 당사자들이 법률행위를 하였으리라고 인정될 때에 한하여 그 나머지 부분만으로 유효하다고 규정하고 있다(137조). 일부무효가 인정되려면 법률행위의 내용을 분할할 수 있어야 한다. 법률행위의 내용이 불가분인 경우에는 그 일부분이 무효일 때에도 일부무효의 문제는 생기지 않는다. 또 법률행위의 일부분이 무효임을 법률행위 당시에 알았다면 당사자 쌍방이 이에 대비하여 의욕하였을 가정적(假定的) 의사를 기준으로 판단하여야 한다(이러한 입법태도에 대해서 일부 무효시 나머지 부분의 유효를 원칙으로 하고 예외적인 경우에만 전부무효로 규정해야 한다는 법개정론이 강하게 주장된다).

하나의 법률행위의 일부분에 취소사유가 있는 경우(일부취소)에도 제137조를 유추적용할 수 있다. 판례도 그 법률행위가 가분적이거나 그 목적물의 일부가 특정될 수 있다면, 그 나머지 부분이라도 이를 유지하려는 당사자의 가정적 의사가 인정되는 경우 그 일부만의 취소도 가능하다고 해석한다.

5. 무효행위의 전환과 추인

'무효행위의 전환'이란 무효인 법률행위가 다른 법률행위의 요건을 구비했고, 또한 당사자가 무효를 알았다면 다른 법률행위를 의욕했을 것이라는 가정적 의사가 있는 때에는 그 '다른 법률행위'로서 효력이 인정되는 것을 말한다(138조). 예컨대 아이를 입양했으나 입양신고 대신에, 친자식으로 출생신고를 한 경우에 출생신고로서의 효력은 무효이나 무효행위 전환의 법리에 따라 입양신고로서의 효력이 인정될 수 있다.

한편 무효행위는 취소할 수 있는 행위와는 달리, 법률효과가 발생하지 않는 것으로 확정되어 있다. 따라서 당사자들이 이를 추인해도 그 효력이 생기지 않음이 원칙이다. 그러나 당사자가 그 무효임을 알고 추인한 때에는 별도로 새로운 법률행위가 있는 것으로 본다(139조).

Ⅳ. 제한능력자의 법률행위

1. 권리능력

민법 제3조는 "사람은 생존한 동안 권리와 의무의 주체가 된다"라고 규정하고 있다. 권리와 의무의 주체가 될 수 있는 능력, 즉 '권리능력'은 사람이면 가질 수 있음을 천명하고 있다. 따라서 사람이 아닌 동물이나 사물은 권리능력이 없어 물건의 소유자가 되거나 상속을 받거나 권리의 주체가 될 수 없다. 그렇다면 '생존하는 동안'이란 무슨 의미인가? 생존이 시작되는 시점과 생존이 종료되는 시점은 어떻게 정할 것인가?

출생을 통하여 생존이 시작된다. 그렇다면 아직 출생전 상태인 태아는 권리능력이 없다는 의미인가? 태아의 권리능력은 오랫동안 많은 논의를 일으켜 온 어려운 문제이다. 태아는 아직 모체에 있지만 장차 자연인으로 출생할 것이 기대되는 존재이기 때문이다. 우리 민법은 태아에게는 권리능력이 없음을 원칙으로 하되, 중요한 법률관계에서 태아는 이미 출생한 것으로 인정하는 규정을 두어 보호하는 원칙, 이른바 개별보호주의를 택하고 있다. 불법행위에 의한 손해배상청구(762조), 상속(1000조③) 등에서는 태아를 이미 출생한 것으로 보는 방법을 통해 태아의 권리능력을 인정한다. 이미 출생한 것으로 '본다'는 의미에 대하여는, 살아서 출생하면 비로소 권리능력 취득의 효과가 문제의 사건의 발생시로 소급한다고 보는 설(정지조건설)과 태아시기에 이미 권리능력을 가지지만 사산

(死産)될 때에는 권리능력 취득의 효과가 문제의 사건의 발생시로 소급하여 소멸한다는
설(해제조건설)이 나누어져 있다.

2. 행위능력과 제한행위능력자

권리능력과 구별되는 개념으로 '행위능력'이 있다. 이는 단독으로 유효한 법률행위
를 할 수 있는 능력이다. 즉 행위능력자는 법률행위인 계약을 단독으로 체결할 수 있다.
민법에서 단순히 '능력'이라고 표현된 것은 보통 행위능력을 말한다.

종전에는 행위무능력자 제도를 두어 '심신상실(心神喪失)의 상태(常態)에 있는 자'에
게는 금치산(禁治産)선고를 내릴 수 있고 그의 행위는 항상 취소할 수 있으며, 심신이 박
약하거나 낭비벽이 있는 자는 한정치산 선고를 내려 미성년자에 준하는 능력을 인정하
였다. 그러나 이러한 한정·금치산 제도는 사법상의 거래능력을 박탈하고 제한하는데 치
중하는 것이어서 정신능력이 불완전한 사람들이 적극적으로 필요한 물자나 도움을 얻는
데에는 도움이 되지 못했다. 또한 무능력자라는 표현도 자존감을 해칠 뿐만 아니라, 이
러한 선고를 받는 것을 불명예스럽게 여겨 그 이용도가 매우 낮았다. 이에 한정·금치산
제도를 대신하여 2013.7.1.부터 시행되는 민법에는 그 틀을 바꾸어 성년후견제도를 도입
하였다.

3. 제한행위능력자의 법률행위

의사능력이란 자신의 행위의 의미나 결과를 합리적으로 판단할 수 있는 정신적 능
력 내지 지능을 말한다. 의사능력이 없는 상태에서 이루어진 법률행위는 무효이다. 의사
능력의 유무는 구체적인 법률행위와 관련하여 개별적으로 판단한다. 반면 민법은 일정
한 기준에 의하여 획일적으로 행위능력을 제한하는 '제한(행위)능력'제도를 도입하였다.
즉 연령과 정신능력 등을 기준으로 제한능력자의 기준을 정하고 있다.

민법에 따르면 먼저 만 19세에 미치지 못하는 자는 미성년자로서 제한행위능력자이
다(4조). 또한 가정법원으로부터 성년후견, 한정후견의 심판을 받은 피후견인도 제한능
력자이다(피한정후견인은 가정법원이 정한 범위에서만 행위능력이 제한된다는 점에서 제한능력
자라고 할 수 없다는 견해가 유력하다). 성년후견은 질병, 장애, 노령, 그 밖의 사유로 인한
정신적 제약으로 사무를 처리할 능력이 '지속적으로 결여된 사람'에 대한 심판을 말한다
(9조①). 한정후견은 이보다는 정도가 낮아 이러한 사무처리능력이 '부족한 사람'에 대한
심판을 말한다(12조①). 위 요건을 갖추고 있는 경우에 가정법원의 후견개시의 심판을
통해 각각 피성년후견인, 피한정후견인이 된다. 가정법원의 후견개시심판을 받지 않는

한 사무처리능력이 결여되어 있거나 부족한 경우에도 법적으로는 제한능력자가 아니다.

제한능력자는 단독으로는 유효한 법률행위를 할 수 없다. 피성년후견인은 정신적 제약이 매우 심하므로 행위능력을 제한해야 할 필요가 크기 때문에 피성년후견인이 한 법률행위는 원칙적으로 취소의 대상이 된다(10조①). 후견인의 동의 없이 한 행위뿐만 아니라, 후견인의 동의를 받고 한 행위일지라도 취소할 수 있다. 피한정후견인은 가정법원에 의해 한정후견인의 동의를 받아야 하는 행위로 특정되지 않는 한 단독으로 유효하게 법률행위를 할 수 있다(13조①). 미성년자가 법률행위를 함에는 법정대리인의 동의를 얻어야 한다(5조①). 만약 동의를 얻지 않고 한 법률행위는 취소할 수 있다(5조②). 다만 미성년자의 사회생활의 보호, 거래안전 등을 위하여 예외적으로 동의없이 단독으로 유효한 법률행위를 할 수 있는 경우를 민법에서 정하고 있다. 첫째, 미성년자가 권리만을 얻거나 의무만을 면하는 행위는 단독으로 할 수 있다(5조①). 둘째, 법정대리인이 범위를 정하여 처분을 허락한 재산은 미성년자가 임의로 처분할 수 있다(6조). 셋째, 미성년자가 법정대리인으로부터 허락을 얻은 특정한 영업에 관하여는 성년자와 동일한 행위능력이 있다(8조). 미성년자와 마찬가지로 피한정후견인이 후견인의 동의 없이 한 법률행위는 취소할 수 있다. 다만 일용품의 구입 등 일상생활에 필요하고 그 대가가 과도하지 아니한 법률행위는 예외로 한다(13조).

V. 사회질서 위반의 법률행위

1. 반사회질서 행위

개인이 의사표시를 통해 일정한 법률효과를 원한다고 하더라도 법률이 그러한 의사의 실현에 언제나 조력할 수 있는 것은 아니다. 민법은 사적 자치의 실현에 조력함을 원칙으로 하지만 공동체를 유지하기 위한 법질서의 기본정신을 유지해야 하는 임무도 갖고 있다. 개인의 의사와 법질서의 관계에 대하여는 어려운 철학적 논의가 있다.

가장 중요한 쟁점으로는 개인의 의사가 이러한 법질서의 기본정신과 충돌할 때에는 무엇을 우선해야 하는가? 개인의 의사를 존중하는 사적 자치가 우선하는 경우와 법질서의 존중을 우선해야 하는 경우가 각각 있다면 그 판단의 기준은 무엇인가? 이러한 개인의 의사와 법질서의 충돌 및 그 한계를 표현한 규정이 민법 제103조이다. 제103조는 '반사회질서의 법률행위'라는 제목하에 "선량한 풍속 기타 사회질서에 위반한 사항을 내용으로 하는 법률행위는 무효로 한다"라고 규정하고 있다. 판례는 법률행위의 내용 자체가 반사회질서인 경우뿐만 아니라 이를 법적으로 강제함으로써 또는 반사회질서적인 조건이나 금전적 대가가 결부됨으로써 반사회적인 성질을 띠게 되는 경우 또는 표시되거나 상대방에게 알려진 법률행위의 동기가 반사회질서적인 경우에도 제103조 위반으로 보아 그 법률행위를 무효로 본다.

2. 사회질서 위반의 기준

어떠한 내용의 법률행위가 사회질서 위반으로 평가될 것인가? 이에 대한 판단 기준은 사회에 따라 또는 시대에 따라 변천할 것이다. 결국 법원이 구체적 사안의 판단에서 국민의 법감정을 고려하여 그 기준을 세워나갈 수밖에 없다. 예컨대 타인의 소송에서 증인이 그 증언을 조건으로 그 소송의 일방 당사자 등으로부터 통상적으로 용인될 수 있는 수준(예컨대 증인에게 일당 및 여비가 지급되기는 하지만 증인이 증언을 위하여 법원에 출석함으로써 입게 되는 손해에는 미치지 못하는 경우 그러한 손해를 전보하여 주는 정도)을 넘어서는 대가를 제공받기로 하는 약정은 반사회적 법률행위에 해당하여 무효이다. 국민의 사법참여행위가 부당한 대가와 결부됨으로써 사법작용의 매수불가성 내지 대가무관성이 본질적으로 침해되기 때문이다.

3. 사회질서 위반의 효과

법률행위가 사회질서에 반한다고 판정되면 그 법률행위는 무효가 된다. 따라서 당사자가 그 법률행위에 따른 의무를 이행하기 전이라면 당사자는 그러한 의무로부터 해방된다. 계약이 무효가 되어 어느 일방이 받는 손해는 원칙적으로 배상의 대상이 되지 않는다. 반면에 일방 또는 쌍방의 이행이 이루어진 경우에는, 제한능력자의 법률행위에서와 마찬가지로, 이행의 결과 각자가 받은 것은 부당이득이 된다. 이득의 원인이 무효라는 점에서 법률상 원인 없이 이득을 취득한 것이기 때문이다. 부당이득은 정당하게 이득이 귀속되어야 할 사람에게 귀속되어야 한다. 즉 의무가 이행되기 전 상태로의 회복(원상회복)이 강제되어야 함이 원칙이다. 어려운 문제는 반환의무자가 자발적으로 반환하지 않는 경우에 반환의무의 이행의 실현을 법원에 청구하면 어떻게 되는가이다. 아직 의무가 이행되지 않은 경우에는 법원이 의무이행을 하도록 도와주지 않는다. 그 의무발생의 원인인 법률행위가 사회질서에 반한 것이기 때문이다. 그런데 의무이행된 이후에는 그 이전상태로의 회복을 구할 수 없도록 하고 있다. 의무를 이행한 사람뿐만 아니라 의무이행으로 이익을 얻는 상대방도 모두 반사회질서의 행위를 한 사람인데 어느 한사람을 법이 도와주는 것은 결국 부정한 사람을 돕는 결과가 되기 때문에 법은 더 이상 개입하지 않는다는 생각을 하고 있다. 그리하여 우리 민법은 반사회질서행위(103조 위반의 행위)로 무효가 되는 경우에는 원상회복에도 조력하지 않겠다는 원칙을 선언하고 있는데 이것이 채권편 부당이득법에서 규정하는 이른바 '불법원인급여'제도(746조)이다. 자세한 내용은 관련되는 부분에서 다루겠으나 사회질서 위반의 법률행위에 기하여 이루어진 급부를 나중에 다시 반환받는 것은 법적으로 확실히 보장되는 것이 아니며 그만큼 위험이 따르는 행위라고 할 수 있다.

예컨대 영리를 목적으로 윤락행위를 하도록 권유·유인·알선 또는 강요하거나 이에 협력하는 것은 선량한 풍속 기타 사회질서에 위반된다. 따라서 그러한 행위를 하는 자가 영업상 관계있는 윤락행위를 하는 자에 대하여 갖는 채권은 계약의 형식에 관계없이 제103조 위반으로 무효가 된다. 결국 성매매의 유인·강요의 수단으로 이용되는 선불금 등 명목으로 제공한 금품이나 그 밖의 재산상 이익 등은 불법원인급여에 해당하여 그 반환을 청구할 수 없다.

4. 불공정한 법률행위

민법은 사회질서 위반의 법률행위의 예시조항으로 '불공정한 법률행위'라는 제목하에 "당사자의 궁박, 경솔 또는 무경험으로 인하여 현저하게 공정을 잃은 법률행위는 무효로 한다"(104조)라고 선언한다. 이 규정은 약자의 위치에 있는 자의 약점을 이용한 폭리행위를 규제하려는 데 있다. 즉 제104조는 교환경제 하에서 일방의 약점으로 인한 지나친 급부의 불균형을 조정하여 경제적 정의를 실현하는 데 있다. 이러한 폭리행위를 규제하려는 사고는 민법의 여러 부분에서 구체화되어 있다. 예컨대 금전대차시 담보로 제공된 동산에 대해 차용금을 반환하지 못하면 차용금이 담보된 동산의 가액에 현저히 못 미치는 경우에도 이를 채권자의 소유로 한다는 약정, 이른바 '유질(流質)계약'은 금지된다(339조). 또 채무불이행에 대비해 미리 정한 위약금의 액수가 과다할 경우에는 법원이 감액할 수 있다(398조). 제104조는 이러한 폭리행위 금지의 원칙을 선언한 일반조항으로서의 성격을 갖는다.

제104조의 폭리행위가 되기 위해서는 당사자의 궁박(窮迫), 경솔, 무경험이라는 주관적 요건이 필요하다. 이 세 가지 사유 중 일부만 갖추어져도 충분하다. 또한 객관적으로 급부와 반대급부 간에 현저한 불공정성이 있어야 한다. 나아가 판례에 따르면 폭리자가 피해 당사자측의 사정을 알면서 이를 이용하려는 폭리행위의 악의를 가지고 있어야 한다. 예컨대 한 번도 토지거래를 해본 적이 없는 순박한 시골 노인이 시가보다 현저히 낮은 가격으로 자기 토지를 거래한 경우에 그 매매계약은 불공정한 법률행위로 무효가

될 수 있다.

　한편 이와 같이 폭리를 취한 쪽에만 불법이 있다고 인정되면 제746조 단서가 적용되어 폭리자가 취한 이득의 반환을 인정하고 있다. 불공정 법률행위에 기하여 이루어진 급부를 후에 반환받는 것은 법적으로 보장하더라도 법질서의 모순은 발생하지 않기 때문이다.

Ⅵ. 강행규정 위반의 법률행위

　'선량한 풍속 기타 사회질서'를 구체화하는 규정을 강행규정이라 하고, 반대로 이와 관계없는 규정을 임의규정(105조)이라고 한다. 강행규정은 당사자의 의사로 그 적용을 배제할 수 없으나, 임의규정은 배제할 수 있다. 법문상으로 '다른 의사표시가 없으면'이라고 하여 임의규정임을 명시하는 경우도 있으나, 그렇지 않은 경우에는 해석을 통하여 그 조항의 성격을 판별하여야 한다. 한편 법률에서 특정한 법률행위를 금지하고 있는 경우에 금지규정을 위반한 법률행위의 효력 또한 그 법률의 규정이 가지는 성격에 따라 달라진다.

1. 효력규정과 단속규정

　사법(私法)의 영역에서 어떤 규정이 강행규정인지 임의규정인지를 밝혀야 하는 이유는 당사자의 의사로 법령의 적용을 배제할 수 있는지 여부, 즉 법령에 충돌하는 당사자의 의사가 먼저 적용될 수 있는지가 달라지기 때문이다. 강행규정에 위반한 당사자의 의사는 존중되지 않으며 강행규정에 의하여 법률효과가 발생한다. 보통 물권의 규정이나 사회경제적 약자를 보호하기 위한 규정이 강행규정에 해당된다. 임의규정은 당사자의 의사표시가 없거나 명확하지 않을 때 이를 명확히 하기 위한 규정으로 채권법상 계약법의 여러 규정들이 임의규정에 해당된다.

　그런데 행정법적 법령에서도 사인 간의 일정한 법률행위를 제한하거나 금지하는 경우가 있다. 이러한 일련의 규정을 통칭 '금지규정'이라고 한다. 금지규정에는 대개 이를 위반한 법률행위가 있는 경우에 일정한 행정법적 또는 형법적 제재가 동반되어 있다. 국가는 공적인 목적달성을 위해서 사인 간의 활동을 일정한 방향으로 유도하거나 통제하고자 금지규정을 만들고 있다. 이러한 금지규정은 대부분 "…한 거래를 하지 못한다. 이에 위반한 자는 …의 벌금에 처한다" 등의 형식을 띠고 있으며, 일정한 제재 등 불이익만 예고하고 있을 뿐, 그것의 사법상의 효력에 대하여는 언급하고 있지 않다. 오늘날 행정작용이 사인 간의 경제활동 등에 미치는 범위는 확대되고 있어 금지규정을 위반한 개인의 법률행위를 어떻게 처리할 것인가는 현대 민법에 주어진 어려운 과제이다. 따라서 이 경우에 사법이 취할 수 있는 태도에는 두 가지의 선택이 있다. 첫째는 공법상의 제재와는 별개로 거래의 사법상의 효력에는 아무 영향을 미치지 못한다고 판단하는 것이다. 이에 따르면 당사자들은 금지규정에 위반한 계약을 체결했더라도 계약상의 의무를 이행해야 하며, 불이행시에는 법원에 구제를 청구할 수 있다. 둘째는 금지규정의 위반만으로 사법상의 효력도 부인하는 것이다. 우리 판례는 전자에 해당하는 금지규정을 '단속규정', 후자를 '효력규정'(때로는 이를 강행규정이라는 용어와 혼용하기도 한다)이라고 부른다.

2. 효력규정과 단속규정의 구별

우리 판례는 대체로 금지규정을 위반한 법률행위에 사법상의 효력을 인정하고 있다. 비록 사인 간의 거래를 금지하는 금지규정에 저촉된 경우에도 이를 단속규정에 불과하다고 선언하여 그 사법상의 효력을 인정하고 당사자의 의사의 실현에 조력하고자 한다. 이는 자의적(恣意的)으로 또는 단순한 정책판단에 기초하여 사인 간의 거래에 간섭하고자 하는 경향에 대하여 사적 자치의 범위를 넓혀나가기 위한 노력이라고 볼 수 있다.

한편 판례가 효력규정으로 본 대표적인 사안은 중개업자가 부동산중개업법 등에서 정한 한도를 초과하여 중계수수료를 받은 경우이다. 즉 판례는 "중개업자가 부동산중개업법 관련 법령 소정의 한도를 초과하여 수수료를 받는 행위는 물론 위와 같은 금지규정 위반 행위에 의하여 얻은 중개수수료 상당의 이득을 그대로 보유하게 하는 것은 투기적·탈법적 거래를 조장하여 부동산거래질서의 공정성을 해할 우려가 있다. 또한 부동산중개업법 관련 법령의 주된 규율대상인 부동산의 거래가격이 높고 부동산중개업소의 활용도 또한 높은 실정에 비추어 부동산 중개수수료는 국민 개개인의 재산적 이해관계 및 국민생활의 편의에 미치는 영향이 매우 커 이에 대한 규제가 강하게 요청된다. 그렇다면 부동산 거래질서의 확립이라는 입법목적을 달성하기 위해서는 고액의 수수료를 수령한 부동산 중개업자에게 행정적 제재나 형사적 처벌을 가하는 것만으로는 부족하고 부동산중개업법 관련 법령 소정의 한도를 초과한 중개수수료 약정에 의한 경제적 이익이 귀속되는 것을 방지하여야 할 필요가 있다고 할 것이다. 부동산 중개수수료에 관한 위와 같은 규정들은 중개수수료 약정 중 소정의 한도를 초과하는 부분에 대한 사법상의 효력을 제한하는 효력규정에 해당한다고 보아야 한다."고 판단하였다(대법원 [전합] 2007. 12. 20. 선고 2005다32159 판결). 위 판례에 따라 부동산중개업법 등에서 정한 한도를 초과하는 부동산 중개수수료 약정은 그 한도를 초과하는 범위 내에서 무효이다.

Ⅶ. 하자 있는 의사표시에 기한 법률행위

법률행위는 '의사표시를 요건으로 하는 법률요건'이므로 의사표시가 핵심이라 할 수 있다. 의사표시는 세분하면 표의자(表意者)가 내심에서 원하고 있는 '내심의 효과의사' 또는 '진의(眞意)'가 있고 이를 외부에 나타내려는 '표시의사'와 실제 외부로 나타내는 '표시행위'가 있다. 의사표시의 상대방은 표시행위를 보고 표의자의 진의를 추단하게 된다. 이를 '표시상의 효과의사'라고 하는데 정상적인 의사표시는 내심의 효과의사와 표시상의 효과의사가 일치하는 것이다. 그런데 의사표시의 교환과정에서 여러 가지 이유로 이것이 일치하지 못하는 경우(하자 있는 의사표시)가 발생하는데 이런 경우에 어떠한 효력을 인정할 것인지 문제된다. 민법은 제107조−제110조에서 비진의표시, 통정허위표시, 착오에 의한 의사표시, 사기·강박에 의한 의사표시에 대하여 규정하고 있다.

1. 비진의표시(107조)

비진의표시 또는 진의 아닌 의사표시라 함은 표의자 스스로 자신이 하는 표시행위가 내심의 진의와 다르다는 것을 알면서 행한 의사표시를 말한다. 예컨대 사회적 물의를 일으킨 사람이 그 순간을 모면하기 위하여 사직의 의사도 없이 사직서를 제출한 경우가 이에 해당한다. 내심의 효과의사(사직의 의사)가 없다고 하여 그 의사표시를 무효로 한다면 표의자의 진의를 알지 못하고 이를 신뢰한 상대방에게 불측의 손해를 끼치게 되어 거래안전을 해할 수 있다. 이에 민법은 비진의표시라도 거래안전을 위해 표시대로의 효력을 인정하여 표의자(의사표시를 한 사람)를 희생해서라도 상대방을 보호하고자 한다. 다만 상대방도 표의자의 진의가 아님을 알았거나 알 수 있었을 경우에는 상대방 보호의 필요가 없으므로 진의에 반하는 의사표시이므로 무효로 한다.

2. 통정허위표시(108조)

통정허위표시란 표의자가 상대방과 통정(通情), 즉 짜고서 한 허위의 의사표시이다. 가장행위라고도 한다. 채무자가 채권자의 강제집행을 피하기 위하여 제3자와 통모하여 자기 소유의 부동산을 매도한 것처럼 하고 소유권을 이전하는 것이 대표적인 예이다. 상대방과 통정하였다는 점에서 진의 아닌 의사표시와 구별된다. 민법은 허위표시는 내심의 효과의사가 없기 때문에 이를 무효로 하고 있으며(108조①), 상대방은 통정하였으므로 무효로 하더라도 그를 부당하게 해하는 것도 아니다.

허위표시에서 중요한 문제는 제3자의 보호이다. 즉 당사자 간에 이루어진 표시행위의 외관을 믿고 거래에 관여한 제3자는 그 거래가 허위표시로서 무효가 된다면 예측하지 못한 손해를 입게 된다. 따라서 거래안전을 위하여 민법은 "허위표시의 무효는 선의의 제3자에게 대항하지 못한다"(108조②)라고 규정하고 있다. 선의란 허위표시임을 알지 못한 것을 의미한다. 제3자의 선의여부에 대하여는 적극적으로 허위표시의 당사자들이 제3자의 악의를 증명해야 한다.

3. 착오에 의한 의사표시

착오로 인한 의사표시란 표의자의 착오, 즉 사실과 다른 관념에 기초하여 표시행위를 하였고 그로부터 추측되는 효과의사와 표의자의 진의가 일치하지 않는 것을 말한다. 인간은 불완전하고 제한된 정보에 의지할 수밖에 없어 착오에 빠져 거래하는 경우는 흔히 일어난다. 표의자에게 언제나 표시된 대로의 법률효과를 귀속시키는 것이 때로 가혹할 수 있다. 반대로 착오를 이유로 그 의사표시를 취소할 수 있게 한다면 그와 거래한 상대방이 예측하지 못한 손해를 입을 수 있다. 그리하여 착오로 인한 의사표시에서 표의자와 상대방의 이익을 어떻게 조정할 것인지를 결정해야 한다.

제109조는 「의사표시는 법률행위의 중요부분에 착오가 있는 때에는 취소할 수 있다. 그러나 그 착오가 표의자의 중대한 과실로 인한 때에는 취소하지 못한다」라고 규정하고 있다. 착오로 인한 의사표시의 경우 민법은 일정한 요건하에서 착오자에게 취소할 수 있도록 하고 있다. 이에 따를 때 취소를 위한 첫 번째 요건은 그 착오가 법률행위의 중요부분에 관한 것이어야 한다. 표의자가 그러한 착오가 없었더라면 그러한 의사표시를 하지 않았을 정도로 중요한 것이어야 하고, 일반인도 표의자의 처지라면 역시 그러한 의사표시를 하지 않았을 정도로 중요하여야 한다. 두 번째 요건은 표의자에게 중대한 과실이 없어야 한다. '중대한 과실'이라 함은 표의자의 직업, 행위의 종류, 목적 등에 비추어 요구되는 주의를 현저히 결여한 것을 말한다. 중대한 과실의 존재에 관한 주장과 증명책임은 착오자가 아니라 의사표시의 취소를 막으려는 상대방에게 있다.

(1) 동기의 착오문제

의사표시의 착오는 일반적으로 의사표시의 내용의 착오를 의미하는데 이는 표시행위가 가지는 의미를 잘못 이해하는 것이다. 예컨대 A가 B에게 증여를 하고자 하였으나 동명이인인 다른 B에게 증여의 의사표시를 하는 경우이다. 이에 비해 실무적으로 중요하고 가장 자주 발생하는 착오의 유형은 이른바 '동기(動機)의 착오'이다. 동기의 착오란 의사표시의 내용 자체가 아니라 의사의 형성과정에 착오가 있는 경우이다. 예컨대 농지를 공장용지로 전용할 수 있는 것으로 잘못 알고 매입한 경우이다. 이러한 동기의 착오의 경우 취소여부가 논해지기 위하여는 먼저 이것이 내용의 착오로 전환되어야 한다. 즉 그 동기를 당해 의사표시의 내용으로 삼을 것을 상대방에게 표시하거나 상대방이 그러한 동기의 착오를 유발하여 의사표시의 해석상 그 동기가 법률행위의 내용으로 되었다고 인정되어야 한다. 예컨대 A가 공장의 신축부지로 사용하기 위하여 B의 X토지를 매입했는데 그 토지는 이미 법령에 의하여 공장을 지을 수 없는 토지였던 경우, 매수인이 이를 알지 못하였다며 착오를 이유로 토지매매계약을 취소하고자 할 수 있는지가 바로 동기착오의 문제이다. 판례에 따르면 거래 전체를 종합적으로 고찰할 때, 매수인 A의 토지구입의 동기가 묵시적으로라도 표시되어 법률행위의 내용이 되었다고 판단되면 착오를 이유를 이유로 취소할 수 있다.

(2) 착오의 효과

착오의 대상이 법률행위의 중요부분이라는 점, 표의자에게 중대한 과실이 없었다는 요건이 충족되면 표의자는 자신의 의사표시를 착오를 이유로 취소할 수 있다. 취소되면 의사표시는 소급적으로 무효가 됨이 원칙이다. 따라서 당사자가 아직 이행하지 않은 급부는 이행할 필요가 없으며 자신이 이행한 부분은 반환을 청구할 수 있고 이행을 받은 부분은 반환해야 한다. 이로써 상대방이 예상하지 못한 손해를 입게 되었더라도 상대방은 착오취소자에게 불법행위 등을 이유로 별도의 손해배상을 청구할 수 없다.

4. 사기·강박에 의한 의사표시

사기나 강박에 의한 의사표시는 취소할 수 있다(110조). 취소할 수 있는 근거로는 의사와 표시가 불일치한 것은 아니지만 사기나 강박에 의한 의사표시는 의사표시의 형성과정에 불법적인 외부요소가 영향을 미쳐 일어난 것이기 때문이다.

(1) 사기에 의한 의사표시

사기란 상대방을 착오에 빠뜨려 일정한 의사표시를 하게 하는 것이다. 착오와 사기는 매우 밀접한 관계에 있는데, 사기는 상대방을 착오에 빠뜨리겠다는 고의성을 요하는 것이므로 고의가 없는 유발된 착오와 구별된다. 한편 사기는 고의로 상대방을 기망하여 의사표시를 하려는 동기에 착오를 유발한다는 점에서 사기에 의한 의사표시는 동기착오에 기한 의사표시와 경합되는 경우가 많다. 기망행위의 여부를 판단하는 데 있어 자주 문제가 되는 것은 이른바 부작위 또는 침묵에 의한 기망행위이다. 기망은 명시적이고 적극적으로도 이루어지지만 선행행위 및 신의칙 등에 의해 상대방에게 그 사실을 알려야 할 고지의무가 있다면 부작위에 의해서도 기망행위가 인정될 수 있다. 기망행위와 의사표시 사이에는 인과관계가 있어야 한다. 그리고 기망행위는 법질서 전체의 입장에서 관용하기 힘든 정도인가라는 위법성 판단을 받게 된다. 다소의 과장이나 속임수는 현실거래에서는 어느정도 용인될 수 있는 한 부분이기 때문이다. 예컨대 상품의 선전·광고에 있어 다소의 과장이나 허위가 수반되었다고 하더라도 일반 상거래의 관행과 신의칙에 비추어 시인될 수 있는 정도의 것이라면 이를 가리켜 기망하였다고는 할 수가 없지만, 거래에 있어 중요한 사항에 관한 구체적 사실을 신의성실의 의무에 비추어 비난받을 정도의 방법으로 허위로 고지한 경우에는 기망행위에 해당한다고 할 것이다.

(2) 강박에 의한 의사표시

강박이란 상대방에게 해악을 고지하여 공포심을 일으켜 일정한 의사표시를 하게 하는 것이다. 강박행위의 여부는 강박에 사용되는 수단과 이를 통해 달성하려는 목적 등을 종합적으로 고려하여 판단한다. 일반적으로 고소 등을 하겠다는 것은 권리행사의 일환이므로 강박행위가 되지 않음이 원칙이다. 상대방의 강박의 정도가 단순한 불법적 해악의 고지로 상대방으로 하여금 공포를 느끼도록 하는 정도가 아니고, 의사표시자로 하여금 의사결정을 스스로 할 수 있는 여지를 완전히 박탈한 상태에서 의사표시가 이루어져 단지 법률행위의 외형만이 만들어진 것에 불과한 정도라면 이러한 법률행위는 의사무능력자의 의사표시로 보아 무효라고 보아야 한다.

(3) 제3자에 의한 사기·강박

사기나 강박의 경우에는 제3자에 의한 사기나 강박이 문제되는 경우도 있다. 민법은 제3자의 사기나 강박시에는 피사기자 또는 피강박자와 거래하는 상대방이 그 사실을 알았거나 알 수 있었을 경우에 한하여 그 의사표시를 취소할 수 있게 함으로써(110조②), 피사기자나 피강박자의 보호와 상대방 내지 거래안전의 보호를 적절하게 중용하고 있다.

VIII. 법률행위의 대리

1. 대리제도의 의의

권리주체가 법률행위를 통하여 일정한 법률효과를 얻고자 함에 있어 직접 법률행위를 하여야만 한다면 그 활동범위는 시간적·공간적으로 매우 제한될 것이다. 권리주체는 대리제도를 통하여 타인을 대리인으로 세우고 그의 활동을 통하여 법률효과를 얻음으로써 개인의 활동범위는 무한대로 확장된다. 한편 개인 간의 수권(授權)에 의한 대리(임의대리)는 물론이고 제한능력자들은 법정대리인에 의한 대리행위(법정대리) 법률효과를 받음으로써 거래계의 주체로 등장할 수 있게 된다. 이처럼 대리제도를 통해 민법의 기본이념인 사적 자치의 원칙은 확장되고 보충된다.

이러한 편리한 대리제도는 또한 많은 법률문제를 일으킨다. 기본적으로 본인과 대리인 사이의 신뢰관계에 기초해 운영되는 대리제도는 그러한 관계성에 문제가 생길 위험을 안고 있기 때문이다. 대리에 관한 민법규정은 이러한 대리에 관한 사고의 적절한 해결기준을 제시함으로써 대리제도가 안전하고 활발하게 작동할 수 있는 기반을 제공한다.

2. 대리의 삼면관계

대리에서는 본인과 대리인 그리고 상대방이라는 세 주체 사이의 삼면관계가 문제된다. 임의대리를 기준으로 판단하면 본인은 대리인에게 대리권을 수여하고 대리인은 상대방과 대리행위를 하며 그 효과는 본인에게 귀속한다.

(1) 본인과 대리인, 복대리인

대리관계의 가장 핵심이 되는 것은 본인과 대리인 사이의 관계이다. 대리인이 본인을 대리하여 활동할 수 있는 근거는 본인이 대리인에게 '수권행위'(授權行爲)를 통해 그러한 대리권을 수여하였기 때문이다. 따라서 대리인의 대리권 유무나 대리권의 범위나 내용의 근거는 일차적으로 수권행위의 해석에서 나올 수밖에 없다. 민법은 보조적으로 수권행위에서 대리권의 범위를 정하지 않은 경우에 보존행위와 일정범위의 개량행위를 할 수 있도록 규정한다(118조).

한편 수권행위는 여러 형식으로 이루어지는데 위임장을 교부하는 방식이 가장 많이 이용된다. 그 밖에 여러 묵시적인 방법으로 수권행위가 이루어질 수 있는데 이때에는 해석의 문제가 따른다. 보통 인장이나 인감증명이나 명판의 보관 등은 수권행위가 있었던 것으로 해석되는 경우가 많다. 또한 수권행위는 대개 포괄적인 위임계약의 일부로서 포섭되는 경우도 많다. 이때 위임계약 등을 '기초적 법률관계'라고 하여 이를 수권행위와 구별한다.

복대리란 대리인의 수권행위에 의한 대리이고 복대리인은 대리인이 자신의 이름으로 선임한 '본인의 대리인'이다. 대리인이 복대리인을 선임할 수 있는 권한을 '복임권'이라고 한다. 법정대리에 있어서는 아무 제한 없이 복대리인을 선임할 수 있으나(122조), 임의대리에 있어서는 본인의 대리인에 대한 인적 신뢰관계를 고려하여 본인의 허락이 있거나 기타 부득이한 사유가 있는 때에 한하여 복대리를 허용하고 있다(120조). 원래 대리인의 복임권은 법률에 의하여 특별히 인정되는 예외적인 권능이라기보다는 대리권의 당연한 내용의 하나로 볼 수 있다. 판례도 이러한 취지에서 "대리의 목적인 법률행위의 성질상 대리인 자신에 의한 처리가 필요하지 아니한 경우에는 본인이 복대리금지의 의사를 명시하지 아니하는 한 복대리인의 선임에 관하여 묵시적 승낙이 있는 것으로 본다"라고 보아 복대리를 적극적으로 인정한다. 다만 판례는 오피스텔 분양 업무와 같이 전문성을 필요로 하는 업무에 대해서는 복대리인 선임을 묵시적으로 승낙했다고 보지 않는다.

(2) 대리인과 상대방

대리인과 상대방 사이의 관계에서는 대리인은 상대방에게 자신이 본인의 대리인임을 밝혀야 한다. 즉 행위는 자신이 하지만 법률효과는 본인에게 귀속한다는 것을 밝혀야 한다. 이처럼 대리인이 본인을 위하여 행위를 하는 것임을 밝혀야 한다는 것을 '현명주의'(顯名主義)라고 부르며 제114조 1항에 명문화되어 있다. 다만 상대방이 대리인으로서 하는 것을 알았거나 알 수 있었을 경우에는 예외로 한다(115조 단서). 현명하지 않은 경우에는 대리인의 의사표시는 자기를 위한 것으로 간주되어 행위자인 대리인에게 법률효과가 귀속한다(115조 본문). 비록 대리행위의 법률효과는 본인에게 귀속하지만 법률행위자는 대리인이므로 대리행위에 관한 하자(瑕疵), 즉 의사의 흠결, 사기, 강박, 선의, 과실 여부 등의 문제는 대리인을 기준으로 하여 결정한다(116조). 예컨대 대리행위의 하자의 유무는 대리인을 표준으로 판단하게 되므로, 본인은 대리인의 착오를 이유로 대리행위를 취소할 수 있을지언정 본인 자신의 착오를 이유로 취소할 수는 없다.

(3) 상대방과 본인

법률효과가 본인에게 귀속하여 본인과 상대방 사이에 법률관계가 형성되고 각자는 그에 따르는 권리와 의무를 취득한다. 대리제도의 핵심은 행위는 대리인이 하지만 그 효과는 본인에게 '직접' 귀속한다는 것으로서 행위의 주체와 효과귀속의 주체가 분리된다는 데에 있다.

3. 무권대리와 표현대리(表見代理)

(1) 무권대리

무권대리란 본인으로부터 수권을 받지 못했거나 법률의 규정이 없어서 대리권이 없음에도 대리행위를 한 경우이다. 자칭 대리인이라고 하는 자가 실제로는 본인으로부터 아무런 수권도 받지 못했다면 그것이 본인에게 아무런 영향을 끼칠 수 없음은 당연하다. 비록 대리권이 있다고 믿은 선의의 상대방이 있을지라도 거래안전이란 이름으로 아무 책임없는 본인에게 부담을 줄 수 없다. 따라서 이러한 경우에 무권대리행위로 인한 모든 책임은 무권대리인이 져야 한다. 민법은 무권대리인에게 엄중한 책임을 묻고 있다. 즉 무권대리인은 상대방의 선택에 따라 계약의 이행 또는 손해배상의 책임을 진다(135조①). 무권대리인이 본인이 되어 대리행위로 인해 발생한 계약상의 모든 의무를 이행하든지 또는 이행에 갈음하는 손해배상을 상대방에게 해야 하는 것이다. 무권대리인의 책임은 무과실책임에 해당하므로 무권대리인에게 과실이 없는 경우에도 무권대리인은 상대방에 대해 책임을 져야 한다. 다만 상대방이 대리권 없음을 알았거나 알 수 있었을 경우에는 예외로 함으로써(135조②) 이해관계를 조정하고 있다.

반면 무권대리행위가 있은 후 본인이 자발적으로 그 효과를 받기 원하는 경우에는 이를 막을 필요가 없다. 즉 본인은 무권대리를 추인함으로써 그 효력을 받을 수 있다(130조). 따라서 무권대리가 있은 후의 법률행위는 일단 무효이지만 본인이 추인하는 경우에는 효력이 부활될 수도 있는 유동적 상태에 있게 된다. 그래서 이를 '유동적 무효'라는 용어로 부르기도 한다. 유동적 상태는 상대방을 불안정한 위치에 빠뜨리는 것이므로 상대방은 상당한 기간을 정하여 본인에게 추인여부의 확답을 최고할 수 있는 최고권(131조), 추인이 있을 때까지 계약을 철회할 수 있는 철회권(134조) 등을 갖는다.

한편 무권대리임에도 불구하고 표현대리가 인정되면 본인은 상대방에 대해 책임을 져야 한다.

(2) 표현대리

표현대리(또는 표견대리)란 실제로는 대리권이 없으나 외관(外觀)상 대리권이 있는 것으로 보이고 그러한 외관의 창출에 본인이 기여한 경우를 말한다. 무권대리는 무효이므로 원칙적으로 본인은 책임을 지지 않는 것이 원칙이나 본인이 대리행위자에게 대리권이 있는 듯한 외관창출에 기여한 바가 있으므로 표현대리책임의 규정을 두어 본인에게 외관책임을 물어 거래안전을 도모한다. 판례 또한 "표현대리의 법리는 거래의 안전을 위하여 어떠한 외관적 사실을 야기한데 원인을 준 자는 그 외관적 사실을 믿음에 정당한 사유가 있다고 인정되는 자에 대하여는 책임이 있다는 일반적인 권리외관 이론에 기초를 두고 있다"라고 설명한다.

민법이 규정하는 표현대리의 유형은 3가지인데, 제125조의 대리권수여의 표시에 의한 표현대리, 제126조의 권한을 넘은 표현대리, 제129조의 대리권소멸 후의 표현대리이다.

첫째, 제125조는 어떤 자가 본인을 대리하여 제3자와 법률행위를 했는데 본인이 그 자에게 대리권을 수여하지는 않은 채 대리권을 수여하였다는 표시만을 제3자에게 한 경우에 성립하는 표현대리이다.

둘째, 제129조의 표현대리는 기존에 존재한 대리권이 이미 소멸되었음에도 그 외관을 제거하지 않아 제3자가 여전히 대리권이 있는 것으로 알고 거래한 경우에 문제된다. 예컨대 A가 자기 소유인 X부동산의 처분권한을 B에게 위임하였는데 그 후 A가 사망하였으나 B가 X를 C에게 처분한 경우, 본인인 A의 사망으로 B의 대리권은 소멸하므로(127조 1호) B와 C의 매매계약은 대리권 소멸 후에 체결되었는데, 대리권의 소멸은 선의·무과실의 제3자에게 대항하지 못하므로 C가 대리권소멸사실을 알지 못하여 B에게 적법한 대리권이 있는 것으로 믿었고 그와 같이 믿은데 과실이 없다면 제129조에 의한 표현대리가 성립할 수 있다.

셋째, 실거래에서 가장 빈번히 발생하고 적용범위가 넓은 경우인 제126조의 권한을 넘은 표현대리이다. 본인이 일정한 기본대리권을 주었는데 대리인이 주어진 대리권의 범위를 넘어 대리행위를 했을 때 제126조의 표현대리가 적용된다. 이 경우에 본인과 상대방의 이익을 어떻게 조정할 것인가가 문제된다. 민법은 "…제3자가 권한이 있다고 믿을만한 정당한 이유가 있는 때에는 본인은 그 행위에 대하여 책임이 있다"라고 규정함으로써 '정당한 이유'라는 요소를 판단기준으로 삼고 있다. 즉 제3자의 신뢰에 정당한 이유가 있는지 여부에 따라 본인의 책임여부가 결정되는 것이다. 제126조의 정당한 이유는 제125조나 제129조의 선의나 무과실보다는 엄격한 개념이다. 즉 권한을 넘은 대리에 있어서는 다른 유형보다 더욱 넓게 본인을 보호하여야 한다는 의미가 된다.

4. 대리권의 남용

대리권의 남용이란 대리인이 대리권을 가지고 있는 것을 기회삼아 본인에게 불이익하지만 본인의 불이익으로 자기 이익을 위하는 행위, 즉 배임행위를 하는 것으로 배임적 대리행위라고도 한다. 이러한 대리권남용은 권리남용 이론을 적용하여 대리의 효과를 부인할 수 있는가가 문제된다. 판례는 대리인의 배임행위에 대해 대리인과 법률행위를 한 상대방이 이러한 배임행위를 알았거나 알 수 있었던 경우에 대리권을 부정한다. 이를 위해 판례는 제107조 1항 단서를 유추적용하여 "진의 아닌 의사표시가 대리인에 의하여 이루어지고 그 대리인의 진의가 본인의 이익이나 의사에 반하여 자기 또는 제3자의 이익을 위한 배임적인 것임을 그 상대방이 알았거나 알 수 있었을 경우에는 민법 제107조 1항 단서의 유추해석상 그 대리인의 행위에 대하여 본인은 아무런 책임을 지지 않는다"고 한다. 더 나아가 선의의 제3자는 표현대리책임을 본인에게 물을 수 있다. 반대로 표현대리책임이 성립하는 경우에는 본인이 대리권 남용을 항변할 수 있다.

5. 법인과 법인의 대표

(1) 법인(法人)제도의 의의

법인이란 법률에 의하여 권리능력이 인정된 단체 또는 재산을 말한다. 단체에 대하여 구성원으로부터 독립된 법인격을 부여함으로써 단체의 법률관계를 간편하게 취급하기 위한 법기술이 사단(社團)법인이고, 일정한 목적을 위하여 제공된 재산의 집합에 대하여 독립된 인격을 부여한 것이 재단(財團)법인이다. 비영리법인으로서의 사단법인과 재단법인만이 민법의 규율을 받으며, 영리법인에 대하여는 상법 또는 특별법이 우선 적용된다.

사적자치로부터 단체자치가 도출되므로 누구든 자유롭게 단체를 구성할 수 있다. 그러나 민법은 비영리법인에 대하여 허가주의를 취하고 있고(32조), 판례 역시 비영리법인의 설립허가는 주무관청의 정책적 판단에 따른 재량에 맡기고 있어 단체자치가 활성화되지 못하고 있다. 반면에 상법은 준칙주의를 취하여 단체자치를 장려하고 있다.

(2) 법인의 설립

비영리사단법인을 설립하기 위하여는 네 가지 요건이 필요하다. 첫째로 목적이 학술·종교·자선 등 비영리적이어야 한다. 비영리사업의 목적을 달성하기 위해서 필요한 한도에서 그 본질에 반하지 않는 정도의 영리행위를 하는 것은 가능하다. 둘째로 정관(定款)을 작성하여야 한다. 법인의 근본규칙을 정하여 기재하고 기명날인한 서면을 정관이라고 한다. 정관에는 목적, 명칭, 자산에 관한 규정, 이사의 임면에 관한 규정 등 필요적 기재사항을 담아야 한다(40조). 셋째로 주무관청의 허가를 얻어야 한다. 넷째로 주된 사무소의 소재지에서 설립등기를 하여야 한다. 이 설립등기를 함으로써 법인이 성립한다(33조). 비영리재단법인의 설립은 비영리사단법인과 같되 정관을 작성하는 외에 재산을 출연하여야 한다(43조).

(3) 법인의 기관

법인은 자연인과 달리 업무에 관한 활동을 하기 위하여 일정한 조직을 필요로 하는데 이를 법인의 기관이라고 한다. 대표기관이자 집행기관인 '이사'(理事)는 모든 법인이 두어야 하는 필요기관이다(57조). 이사의 감독기관인 '감사'는 민법상의 법인에서는 임의기관이다. 법인의 최고의사결정기관인 '사원총회'는 사단법인에서는 필요기관이고 재단법인에서는 존재할 수 없다.

이사는 법인의 사무를 집행하며(58조), 선량한 관리자의 주의로 그 직무를 행하여야 한다(61조). 이사는 법인의 사무에 관하여 각자 법인을 대표한다(59조①). 이사의 대표에 관하여는 대리에 관한 규정을 준용한다(59조②). 즉 이사가 법인을 대표한다는 것은 이사가 법인의 대리인이 되어 활동하는 것과 유사하다. 그래서 대리에 관한 법리 예컨대 현명주의나 표현대리 또는 무권대리의 법리 등은 이사의 대표행위와 관련하여서 준용될 수 있다. 이사의 대표권은 정관에 의해 제한될 수 있고(41조), 총회의 의결에 의해 제한될 수 있으며, 법인과 이사의 이익이 상반하는 사항에 관해서는 이사에게 대표권이 없으므로 특별대리인을 선임하여야 한다(64조). 이사가 여러 명 있는 경우에는 정관에 다른 규정이 없으면 법인의 사무집행은 이사의 과반수로써 결정한다(58조②).

(4) 법인의 능력과 책임

법인은 법률에 의하여 법인격이 주어진 것이므로 민법은 법인의 권리능력에 관하여 "법률의 규정에 좇아 정관으로 정한 목적의 범위 내에서 권리와 의무의 주체가 된다"(34조)라고 규정하고 있다. 법인의 권리능력은 성질·법률·목적에 의한 제한을 받는다. 법인은 자연인을 전제로 하는 권리를 가질 수 없다. 예컨대 생명권이나 친권 등은 가질 수 없지만 재산권이나 명예권 등은 가질 수 있다. 또 법인의 권리능력은 법률의 규정에 의해 제한될 수 있다. 예컨대 해산한 법인, 즉 청산법인은 청산의 목적범위 내에서만 권리가 있고 의무를 부담한다(81조). 또 법인의 권리능력은 정관으로 정한 목적의 범위 내로 제한된다.

민법은 법인의 불법행위능력, 즉 손해배상책임에 대하여 정하고 있다. "법인은 이사 기타 대표자가 그 직무에 관하여 타인에게 가한 손해를 배상할 책임이 있다"(35조①). 법인의 불법행위가 성립하려면 첫째 대표기관의 행위여야 한다. 둘째 대표기관이 '직무에 관하여' 타인에게 손해를 입혔어야 한다. 외형상 기관의 직무수행행위라고 볼 수 있으면 된다. 셋째로 불법행위에 관한 일반적 요건이 충족되어야 한다(750조 참조). 법인이 배상책임을 지는 경우에도 이사 기타 대표자는 책임을 면하지 못한다. 즉 피해자는 법인 또는 대표기관의 어느 쪽에 대해서도 배상을 청구할 수 있다.

(5) 권리능력 없는 사단

권리능력 없는 사단이라 함은 사단의 실질을 가지고 있으나 법인등기를 하지 아니하여 권리능력을 가지지 않는 단체를 말한다. 이를 '법인격 없는 사단' 또는 '비법인사단'이라고도 한다. 설립허가를 받지 못하였다든가 허가받기를 원치 아니하여 권리능력 없는 사단으로 존재하는 경우가 많다. 권리능력 없는 사단 중 중요한 것으로는 종중(宗中), 교회 등이 있다. 비법인사단이 집합체로서 물건을 소유할 때에는 총유(總有)로 된다(275조①). 총유물의 관리와 처분은 구성원총회의 결의에 의하고 구성원들은 구성원의 지위를 유지하는 동안에는 총유물을 규약에 따라 사용·수익할 수 있다. 이외에 민법은 권리능력 없는 사단에 대하여 아무런 규정을 두고 있지 않으므로 법인격이나 등기를 전제로 하는 것을 제외하고는 민법의 사단법인의 규정을 유추적용할 수밖에 없다. 예컨대 법인의 이사의 대표권을 제한하는 경우에도 법인은 이를 등기함으로써 제3자에게 대항할 수 있지만(60조), 비법인사단의 경우에는 이를 등기할 방법이 없어, 상대방이 그러한 대표권 제한사실을 알았거나 알 수 있었다는 것을 비법인사단측이 적극적으로 입증하지 못하는 한, 대표권에 대한 제한을 무시한 대표자의 거래행위라도 유효하다. 민사소송법 제52조는 법인이 아닌 사단 등의 당사자능력을 인정하여 법인이 아닌 사단이라도 사단으로서 실체를 갖추고 대표자를 통하여 사회적 활동이나 거래를 하는 경우에는, 그로 인하여 발생하는 분쟁은 그 단체의 이름으로 당사자가 되어 소송을 통하여 해결하게 하고 있다.

IX. 법률행위의 부관

일반적으로 법률행위가 성립하면 즉시 효력을 발생하는 것이 원칙이나, 법률행위의 효력의 발생·소멸을 장래의 일정한 사실에 의존케 하는 것을 당사자들이 의욕하는 경우, 일정한 사실이 발생하는 때에 법률행위의 효력이 발생 또는 소멸한다. 이 중 '변호사시험에 합격하면…'과 같이 그 사실의 발생이 불확실한 것으로 하는 경우를 조건이라고 하고, '내년 1월 1일부터' 또는 '첫눈이 오는 날'과 같이 그 사실의 발생이 확실한 것으로 하는 경우를 기한이라고 한다. 조건과 기한은 법률행위의 효력을 제한하는 것을 목적으로 하는 법률행위의 내용의 일부로서 부가되는 약관이라는 의미에서 법률행위의 '부관'(附款)이라고도 한다.

1. 조건

조건은 해당 법률행위를 구성하는 의사표시의 일체적인 내용을 이루는 것이므로, 의사표시의 일반원칙에 따라 조건을 붙이고자 하는 의사, 즉 조건의사와 그 표시가 필요하다. 조건의사가 있더라도 그것이 외부에 표시되지 않으면 법률행위의 동기에 불과할 뿐이고 그것만으로는 법률행위의 부관으로서의 조건이 되는 것은 아니다. 조건부 법률행위에 있어 조건의 내용 자체가 불법적인 것이어서 무효일 경우 또는 조건을 붙이는 것이 허용되지 아니하는 법률행위에 조건을 붙인 경우, 원칙적으로 그 조건만을 분리하여 무효로 할 수는 없고 그 법률행위 전부가 무효로 된다고 보아야 한다.

조건은 여러 방법으로 분류되는데 가장 중요한 것은 정지조건과 해제조건이다. 정지조건은 법률행위의 효력의 발생에 관한 것으로서 '발생조건'이라고도 하고 해제조건은 그 효력의 소멸에 관한 것으로 '소멸조건'이라고도 한다. 즉 정지조건이 성취되면 그 조건부 법률행위는 그 때부터 효력이 생기고, 해제조건이 성취되면 그 조건부 법률행위는 그 때부터 효력을 잃는다(147조). 동산을 할부로 매도하면서 대금이 모두 지급될 때까지 목적물의 소유권은 매도인에게 유보된다는 소유권유보부(所有權留保附) 매매에 대하여 판례는 "목적물의 소유권을 이전한다는 당사자 사이의 물권적 합의는 매매계약을 체결하고 목적물을 인도한 때 이미 성립하지만 대금이 모두 지급되는 것을 정지조건으로 하는 정지조건부의 법률행위"라고 설명한다. 반면에 판례는 약혼예물을 주고받는 행위를 "혼인의 불성립을 해제조건으로 하는 해제조건부 증여계약"으로 본다.

조건부법률행위의 경우에 당사자는 조건의 성부가 확정되기 전에 이미 조건부권리를 취득하게 되므로 보호되어야 한다(148조). 조건부권리를 침해한 것에 대하여 배상책임을 물을 수도 있다. 또한 당사자가 신의칙에 반하여 조건의 성취를 방해하는 경우에는 상대방이 조건의 성취를 주장할 수 있다(150조).

2. 기한

시기(始期)있는 법률행위는 기한이 도래한 때로부터 효력이 생기고, 종기(終期)있는 법률행위는 기한이 도래한 때로부터 효력을 잃는다(152조). 기한은 원래 채무자의 이익을 위한 것으로 추정된다. 즉 채무자에게 기한이 도래할 때까지 채무이행의 유예를 정당화시켜 주는 것이다. 이것을 '기한의 이익'이라고 하는데 채무자는 이를 포기하고 기한 도래 전이라도 자신의 채무를 이행할 수 있다. 그러나 이것이 상대방에게 불이익이 되는 경우도 있을 수 있으므로 상대방의 이익을 침해하지 못한다(153조). 기한부권리도 조건부권리와 마찬가지로 침해되어서는 안 되고 또한 처분의 대상이 될 수 있다(154조).

X. 소멸시효

1. 시효제도의 의의

시효제도란 사실상태가 오랫동안 계속된 경우에 그 상태가 진실한 권리관계에 합치하지 않더라도 법적 안정성이라는 공익을 위하여 그 사실상태대로 권리관계를 인정하는 제도이다. 사실상태가 일정기간 계속된 경우에 권리의 취득을 인정하는 것이 취득시효이고 권리불행사의 상태가 일정기간 계속된 경우에 권리의 소멸을 인정하는 것이 소멸시효이다. 소멸시효는 채권과 물권에 두루 적용되므로 총칙편에 규정되어 있고 취득시효는 물권에만 적용되어 물권편에 규정되어 있다.

시효제도의 존재이유에 대하여는 여러 가지 측면에서 설명되고 있다. 하나는 일정한 사실상태의 계속으로 쌓아올려진 질서를 존중함으로써 법률생활의 안정과 평화를 달성하려는 것이라고 한다. 또한 사실상태의 오랜 계속으로 정당한 권리관계에 관한 증거 등이 없어지기 쉬우므로 이러한 입증곤란으로부터 당사자를 구제하고자 하는 것이다. 또 오랫동안 자기의 권리를 주장하지 않는 자는 이른바 '권리 위에 잠자고 있었던 자'로서 보호할 가치가 떨어진다는 사고도 깔려있다.

한편 일정한 기간의 경과로 권리가 소멸하는 점에서는 소멸시효와 비슷하나, 제도의 취지와 성질에 비추어 소멸시효와는 구별되어야 한다. 예컨대 취소권은 추인할 수 있는 날로부터 3년 내에, 법률행위를 한 날로부터 10년 내에 행사하여야 하는데(146조), 이 것은 제척기간을 정한 것으로 해석되고 있다. 소멸시효는 일정한 기간의 경과와 권리의 불행사라는 사정에 의해 권리소멸의 효과를 가져오는 것인데 비해, 제척기간은 권리자로 하여금 해당 권리를 신속하게 행사하도록 함으로써 법률관계를 조속히 확정시키려는 데 취지가 있다. 그리하여 소멸시효의 기산점(起算點)은 권리를 행사할 수 있는 때임에 반하여 제척기간의 기산점은 권리가 발생한 때이다. 또 제척기간에는 소멸시효에서 인정되는 기간의 중단이 있을 수 없다. 따라서 시간의 경과로 권리를 소멸하게 하는 제도에서는 그 기간의 성질이 소멸시효기간인지 제척기간인지 판별하여야 한다. 원칙적으로 조문에 "시효로 인하여 소멸한다"라고 하면 소멸시효로 볼 수 있다.

채무자가 소멸시효의 완성으로 인한 채무의 소멸을 주장하는 것이 신의칙에 위반하는 경우 허용되지 않을 수 있다. 그러나 법률관계의 주장에 누구에게나 무차별적·객관적으로 적용되는 시간적 한계를 설정함으로써 그에 관한 당사자 사이의 다툼을 종식시키려는 소멸시효제도의 취지를 생각하면 법적 안정성을 생각하여 소멸시효에 관하여 신의칙을 원용함에는 신중을 기하여야 한다.

2. 소멸시효의 요건

첫째로 권리가 소멸시효의 목적이 될 수 있는 것이어야 한다. 민법은 채권과 소유권 이외의 재산권이 시효로 소멸함을 정하고 있는바(162조), 소유권은 소멸시효의 목적이 되지 않음을 밝히고 있다. 소유권은 그 본질상 '항구적'(恒久的)인 권리이기 때문이다. 한편 판례는 소유권에 기한 물권적 반환청구권에 대해서도 소멸시효를 인정하지 않는데, 이는 소유권은 있는데 반환청구를 할 수 없는 결과로 인하여 소유권을 허유권(虛有權)으로 만들 수 없다는 사고에 기인한다. 형성권에 대하여 정해진 기간은 원칙적으로 제척기간을 정한 것으로 해석된다.

둘째로 일정기간 권리를 행사하지 않고 있어야 한다. 이 기간을 언제부터 산정해야 하는가, 즉 기산점의 문제가 제기된다. 민법은 "소멸시효는 권리를 행사할 수 있는 때로부터 진행한다"(166조)고 한다. 그러므로 권리를 행사할 수 없는 사정이 있는 때에는 소멸시효가 진행하지 않는다. 권리를 행사할 수 없는 때라 함은 법률상의 장애사유, 예컨대 기간의 미도래나 조건불성취 등이 있는 경우를 말하고 사실상 그 권리의 존부나 권리행사의 가능성을 알지 못했다거나 알지 못함에 과실이 없다고 하여도 이는 법률상 장애사유에 해당하지 않는다고 한다.

셋째로 권리의 불행사의 상태가 일정기간 동안 계속되어야 한다. 일반채권의 소멸시효기간은 10년이다. 상행위로 생긴 채권은 상법상 5년의 소멸시효가 인정되어 있다. 그 외 민법은 3년 또는 1년의 단기소멸시효가 적용되는 채권에 대해 규정하고 있다(163조, 164조).

3. 소멸시효의 중단 및 정지

권리의 불행사와 부딪히는 사실이 생기면 소멸시효의 진행은 중단되어 이미 경과된 시효기간의 효력은 소멸하고, 소멸시효는 중단사유가 종료한 때로부터 새로이 다시 진행한다(178조). 시효의 중단은 시효기간의 진행을 일시적으로 멈추게 하고 그러한 사정이 없어졌을 때 나머지 기간을 진행시키는 '시효의 정지'제도와 구분된다(179~182조).

시효의 중단사유로는 재판상의 청구와 이에 준하는 것, 압류 또는 가압류 · 가처분, 채무자의 승인이 있다(168조). 채무자에 대하여 이행을 청구하는 채권자의 '의사의 통지'인 최고(催告)는 최고 후 6개월 내에 위의 중단사유와 같은 강력한 방법을 취하지 않으면 시효중단의 효력이 생기지 않는다(174조).

4. 소멸시효의 효력

소멸시효의 효력에 관하여 민법의 규정은 "···소멸시효가 완성한다"고만 되어 있어 완성한다는 말의 뜻이 무엇인지를 둘러싸고 논쟁이 있다. 이른바 절대적 소멸설은 소멸시효의 완성으로 권리가 당연히 소멸한다고 보는 것이고, 상대적 소멸설은 시효의 이익을 받을 자에게 '권리의 소멸을 주장할 권리가 생길 뿐'이라고 한다. 판례는 절대적 소멸설을 따르고 있다. 양 설의 차이점은 당사자가 재판에서 소멸시효를 원용하지 않아도 법원이 직권으로 소멸시효를 고려할 수 있는가라는 쟁점에 잘 나타난다. 상대적 소멸설은 이를 부정할 것이고 절대적 소멸설은 실체적으로는 가능할 것이나 소송절차상 변론주의 ― 민사소송에서는 당사자가 주장하거나 제출한 소송자료만을 재판의 기초로 삼아야 한다는 원칙 ―를 취하고 있어 당사자의 주장이 없이는 고려되지 못한다고 한다.

소멸시효는 그 기산일에 소급하여 효력이 생긴다(167조). 소멸시효의 완성으로 권리가 소멸하는 시기는 시효기간이 끝난 때이지만 그 효과는 시효기간이 개시한 때로 거슬러 올라간다. 시효기간 동안 계속된 사실상태를 보호하여야 하기 때문이다.

5. 시효이익의 포기

소멸시효의 이익은 미리, 즉 '시효기간 완성 전'에 포기하지 못한다(184조①). 개인의 의사에 의하여 소멸시효제도를 배척할 수 있게 한다면 계속된 사실상태의 존중이라는 공익적 취지에 반하고 또 채권자가 채무자의 궁박을 이용하여 미리 시효이익을 포기하도록 강요할 수 있기 때문이다. 마찬가지로 소멸시효의 완성을 더 어렵게 만드는 특약도 무효이다(184조②). 반대로 소멸시효 완성 후에 시효이익을 포기하는 것은 유효하다(184조①의 반대해석). 포기는 묵시적으로도 가능하므로, 예컨대 소멸시효가 완성된 후 채무의 전부나 일부를 변제하는 것은 시효이익을 포기한 것으로 볼 수 있다. 절대적 소멸설의 입장에서는 소멸시효 이익의 포기를 설명하기에 곤란하다는 점이 지적된다.

물권

총칙편에서 기술된 바와 같이 민법은 형식적 의미의 민법과 실질적 의미의 민법으로 구분될 수 있다. 이러한 구분에 상응하여 물권법도 민법전 제2편 물권 제185조-제372조에 규정된 형식적 의미의 물권법과 사람이 물건을 지배하여 이익을 얻는 배타적인 권리('물권') 내지 그 지배관계('물권관계')를 규율하는 실질적 의미의 물권법으로 나누어진다.

I. 물권법 일반론

1. 물권의 객체

물권은 권리의 주체인 사람이 특정·독립한 물건을 직접 지배하여 재산적 이익을 얻는 배타적인 권리이므로, 물권의 객체는 원칙적으로 물건이어야 한다. 물건은 총칙편 제4장 물건 제98조-제102조에서 규율되고 있는데, 민법상 물건은 유체물(有體物) 및 전기 기타 관리할 수 있는 자연력을 말한다(98조). 따라서 유체물은 모두 물건이 되지만, 무체물(無體物)은 전기나 관리가능한 자연력에 한하여 민법상 물건에 포함된다. 물권은 물건에 대한 배타적 지배를 그 내용으로 하므로, 유체물이라 하더라도 '관리가능성'이 없는 것(예: 해, 달, 별 등)은 물건이 될 수 없다. 뿐만 아니라 인격절대주의를 근간으로 하는 민법에서는 사람의 신체나 신체의 일부는 인격권의 대상일 뿐 물건은 아니다. 따라서 신체에서 분리된 혈액, 머리카락 등은 물건이지만, 신체에 부착되어 있는 의안, 의치 등은 신체의 일부로서 민법상 물건에 해당하지 않는다.

물권은 물건에 대한 배타적인 지배를 그 내용으로 하므로, 물권의 객체는 '특정물' 이어야 한다. 뿐만 아니라 일물일권주의(一物一權主義)에 따라서 하나의 독립한 물건 위에 하나의 독립한 물권이 성립하므로, 물권의 객체는 원칙적으로 '독립한 물건'이어야 한다. 다만 1동의 건물의 일부(215조, '집합건물의 소유 및 관리에 관한 법률'), '공장 및 광업재단 저당법'상 공장재단 또는 광업재단과 같이, 물건의 일부 또는 집단 위에 하나의 물권을 인정할 사회적 필요성이 있고 이에 대한 공시방법이 마련되어 있는 경우에는, 물건의 일부 또는 집단도 독립하여 물권의 객체가 된다.

(1) 부동산과 동산

민법상 물건의 구분(부동산·동산, 주물·종물, 천연과실·법정과실) 가운데 가장 중요하게 다루어지는 것은 부동산과 동산의 구분이다. 양자는 경제적 가치(일반적으로 부동산이 경제적 가치가 큼), 공시방법(부동산은 부동산등기, 동산은 점유의 이전), 공신의 원칙의 인정 여부(동산거래에서만 공신의 원칙 인정), 용익물권과 저당권의 설정여부(부동산에만 설정 가능) 등에서 차이가 있기 때문이다.

부동산은 토지 및 그 정착물이다(99조①). '토지의 정착물'은 토지에 고정적으로 부착되어 쉽게 이동할 수 없는 물건을 말한다. 이러한 토지의 정착물에는 육교, 다리 등과 같이 토지의 일부에 불과한 것도 있고, 건물, 수목의 집단, 미분리의 과실, 농작물과 같이 토지와는 별개의 부동산으로 인정되는 것도 있다. 독립한 부동산으로서의 건물은 일정한 면적, 공간의 이용을 위하여 지상, 지하에 건설된 구조물을 말하는 것으로서, 건물의 개수는 — 토지와 달리 공부상의 등록에 의하여 결정되는 것이 아니라 — 사회통념 또는 거래관념에 따라 물리적 구조, 거래 또는 이용의 목적물로서 관찰한 건물의 상태 등 객관적 사정과 건축한 자 또는 소유자의 의사 등 주관적 사정을 참작하여 결정된다. 건축 중인 건물이 토지와는 별개의 독립한 부동산으로 인정되려면 최소한의 기둥과 지붕 그리고 주벽(主壁)이 이루어져야 한다.

부동산 이외의 물건은 모두 동산이다(99조②). 다만 자동차, 20톤 이상의 선박, 항공기 등과 같이 경제적 가치가 크고 법률(자동차관리법, 선박등기법, 항공법)에 공시방법(등기, 등록 등)이 법정되어 있는 물건은 부동산처럼 다루어진다('의제부동산').

(2) 주물과 종물

배와 노, 자물쇠와 열쇠 등과 같이 물건의 소유자가 그 물건의 일상적인 사용에 제공하기 위하여 자기 소유인 다른 물건을 이에 부속하게 한 경우에, 그 본래의 물건('배'와

'자물쇠')을 주물(主物), 이 물건에 부속된 다른 물건('노'와 '열쇠')을 종물(從物)이라고 한다
(100조①). 한편 판례는 주물과 종물의 소유자는 동일인이어야 한다고 본다. 따라서 소유
권을 달리하는 물건에 대해서는 주물과 종물의 관계가 성립될 수 없다.

종물은 주물의 처분에 따른다(100조②). 다만 이 규정은 임의규정이므로, 당사자는
주물을 처분할 때에 특약으로 종물을 제외할 수 있고 종물만을 처분할 수도 있다.

이러한 주물·종물이론은 권리 상호 간에도 유추적용되어, 원본채권이 양도되면 이
자채권도 이전하고, 건물이 양도되면 그 건물의 소유를 목적으로 한 토지의 임차권도 건
물양수인에게 이전한다.

(3) 천연과실과 법정과실

과실(果實)은 물건으로부터 생기는 경제적 이익을, 원물(元物)은 그 과실을 생기게
하는 물건을 각각 의미한다. 과실에는 물건의 용법에 따라서 수취되는 산출물인 천연과
실(과일, 우유, 양모 등)과 물건의 사용대가로 받는 금전 기타의 물건인 법정과실(이자, 임
대료 등)이 있다(101조).

천연과실은 ―명인방법을 갖추지 않는 한― 원물로부터 분리되기 전에는 원물의 구
성부분에 불과하지만, 분리된 때는 독립한 물건으로 된다(102조①). 다만 이 규정은 임의
규정이므로, 당사자가 이와 다르게 약정할 수 있다. 천연과실의 수취권자는 일반적으로
원물의 소유자이지만(211조), 예외적으로 선의의 점유자(201조), 지상권자(279조), 전세권
자(303조), 유치권자(323조), 질권자(343조), 저당권자(359조) 등에게도 수취권이 인정된다.

법정과실은 수취할 권리의 존속기간 일수의 비율로 취득한다(102조②). 이 규정도
임의규정이다.

2. 물권의 종류

(1) 물권법정주의

물권의 종류와 내용은 법률이 정하는 것으로 한정되고, 당사자들이 기타의 물권을
자유롭게 창설하는 것은 금지된다('물권법정주의'). 배타성을 가지는 물권은 외부에 공시
되어야 하는데, 이 공시의 실효성을 확보하려면 물권의 유형 및 내용을 미리 한정해 두
고 당사자로 하여금 그 가운데 선택하도록 하는 것이 바람직하다는 점도 이 원칙을 인
정하는 근거이다. 우리 민법도 제185조에서 「물권은 법률 또는 관습법에 의하는 외에는
임의로 창설하지 못한다」라고 규정하여 이 원칙을 선언하고 있다. 이와 같이 관습법에

의한 물권의 창설도 인정하는 것이 우리 법의 특색인데, 이는 해방 후에 우리의 고유한 물권에 대한 조사를 할 여유가 없는 상태에서 서양의 물권법을 계수한 데 따른 부득이 한 결과라고 할 수 있다. 물권법의 강행법규성은 바로 이 물권법정주의에서 비롯되므로, 법(성문법과 관습법)이 인정하지 않는 새로운 종류의 물권을 창설하는 것은 허용되지 않 는다.

(2) 민법상의 물권

민법전에는 8가지의 물권(점유권, 소유권, 지상권, 지역권, 전세권, 유치권, 질권, 저당권) 이 법정되어 있다. 이 민법상 물권은 우선 물건을 사실상 지배하고 있는 경우에 인정되 는 점유권과 물건을 지배할 수 있는 (관념적인) 권리인 본권(本勸)으로 구분된다.

본권은 물건을 전면적으로 지배할 수 있는 권리인 소유권과 물건의 가치의 일부만 을 지배할 수 있는 제한물권으로 분류한다. 제한물권은 다시 물건이 가지는 사용가치의 지배를 목적으로 하는 용익물권(지상권, 지역권, 전세권)과 교환가치의 지배를 목적으로 하는 담보물권(유치권, 질권, 저당권)으로 나누어진다. 다만 전세권은 용익물권으로 구분 되기는 하나, 담보물권적 성질도 가지고 있다.

```
 ┌ 점유권
 │
본   권 ┌ 소유권
 └ 제한물권 ┌ 용익물권(지상권, 지역권, 전세권)
 └ 담보물권(유치권, 질권, 저당권)
```

(3) 특별법상의 물권

특별법에서 법정하고 있는 물권으로는 입목저당권, 자동차저당권, 항공기저당권, 공 장재단저당권, 광업재단저당권, 가등기담보권, 양도담보권, 채권담보권 등이 있다.

(4) 관습법상의 물권

관습법상의 물권으로는 이미 의용민법하에서 판례에 의하여 확인된 분묘기지권(墳 墓基地權)을 들 수 있다. 분묘기지권은 분묘를 수호하고 봉제사하는 목적을 달성하는 데 필요한 범위 내에서 타인의 토지를 사용할 수 있는 지상권 유사의 권리이다. '분묘'란 그 내부에 사람의 유골, 유해, 유발 등 시신을 매장하여 사자를 안장한 장소를 말하고, 그 내부에 시신이 안장되어 있지 않은 것(예: 장래의 묘소로서 설치한 가묘)은 분묘라고 할 수 없다.

3. 물권의 효력

민법은 8가지의 물권에 대하여 공통적인 효력(우선적 효력, 물권적 청구권)과 특유한 효력(사용·수익권, 전전세권, 우선변제권 등)을 인정하고 있다. 물권의 공통적 효력을 살펴보면 다음과 같다.

(1) 우선적 효력

우선적 효력이라 함은 어떤 권리가 비교 대상이 되는 다른 권리에 우선하는 효력을 말한다. 물권은 물건에 대한 직접적인 지배권이지만 채권은 채무자의 행위를 통하여 간접적으로 물건을 지배하는 데 그치므로, 특정의 물건이 물권과 채권 쌍방의 목적이 되어 있는 때에는 그 성립의 선후와는 관계없이 물권이 채권에 우선한다('채권에 대한 우선적 효력').

동일한 물건 위에 내용이 다른 물권이 둘 이상 병존하는 경우에는 이러한 물권 상호 간의 우선순위를 정해야 한다. 먼저 동일한 물건 위에 소유권과 제한물권이 양립하는 경우에는, 소유권이 우선한다. 왜냐하면 제한물권은 소유권의 내용을 제한하면서 설정되는 물권이므로, 제한물권이 존속하는 동안에는 소유권의 내용이 제한되기 때문이다. 그 밖의 경우에는 가령 동일한 부동산에 여러 개의 제한물권이 설정되어 있는 경우에는, 이들 물권 상호 간의 우선순위는 시간적으로 먼저 성립한 물권이 후에 성립한 물권에 우선한다('다른 물권에 대한 우선적 효력').

(2) 물권적 청구권

물권적 청구권이라 함은 물권 내용의 실현이 방해당하고 있거나 방해당할 우려가 있는 경우에 피방해자인 물권자가 방해자를 상대로 그 방해의 제거 또는 예방에 필요한 행위를 청구할 수 있는 권리를 말한다. 이 물권적 청구권은 목적물에 대한 직접지배권으로 물권의 실효성을 확보하기 위하여 인정되는 권리이다. 민법은 점유권(204-207조)과 소유권(213-214조)에 관하여 이를 법정하고 있고, 소유권에 근거한 물권적 청구권의 규정을 지상권(290조), 지역권(301조), 전세권(319조), 저당권(370조)에도 준용하고 있다.

물권적 청구권은 그 방해의 모습에 따라서 반환청구권, 방해제거청구권, 방해예방청구권으로 구분된다. 먼저 '반환청구권'은 타인이 정당한 권원 없이 물권의 목적물인 물건의 전부를 점유하고 있는 경우에 그 물건의 반환을 청구할 수 있는 권리이다. 예컨대 임차인은 임대차계약이 종료한 경우에는 임차목적물을 원상회복하여 임대인에게 반환할 의무가 있다. 그런데 계약이 종료하였음에도 불구하고 임차인이 임차목적물을 계속 점유하고 있다면, 이는 정당한 권원 없이 타인의 물건 전부를 점유하고 있는 경우에 해당한다. 따라서 임차목적물의 소유자는 제213조에 근거하여 정당한 권원 없이 건물 전부를 점유하고 있는 임차인에게 그 목적물을 자신에게 반환하라고 청구할 수 있다. '방해제거청구권'은 타인이 물건의 전부를 점유하는 것 이외의 방법으로 물권의 내용 실현을 방해하고 있는 경우에 그 방해의 제거를 청구할 수 있는 권리이다. 그리고 '방해예방청구권'은 현재 물권의 내용 실현이 방해당하고 있지는 않지만 장차 방해받을 염려가 있는 경우에 그 방해의 예방에 필요한 행위를 청구할 수 있는 권리이다.

Ⅱ. 물권의 변동

1. 물권변동의 의의

물권의 변동이란 물권의 발생, 변경, 소멸을 일컫는다. 이는 곧 물권의 주체인 사람이 물권을 취득, 변경, 상실하는 것을 의미하므로, 이를 물권의 득실변경(得失變更)이라고 부르기도 한다. 이 물권변동은 변동하는 '물건'이 무엇인가에 따라서 부동산 물권변동과 동산 물권변동으로 나뉘며, 물권변동을 일으키는 '법률요건'이 무엇인가에 따라서 법률행위로 인한 물권변동(186조, 188조)과 법률규정에 의한 물권변동(187조)으로 나뉜다.

이러한 물권변동이 발생하면 물권거래의 안전을 위하여 그 변동사항이 외부에 공시되어야 한다. 전술한 바와 같이 부동산 물권은 부동산등기에 의하여, 동산 물권은 점유 내지 점유의 이전, 즉 인도(引渡)에 의하여 공시된다. 그리고 동산이라 하더라도 항공기, 자동차 등 이른바 특수동산은 등기나 등록에 의하여 공시된다.

2. 공시의 원칙과 공신의 원칙

공시제도가 그 기능을 제대로 수행하려면 공시의 원칙과 공신의 원칙이 모두 인정되거나 최소한 이 둘 중 하나가 인정되어야 한다.

(1) 공시의 원칙

공시의 원칙이라 함은 물권변동은 외부에서 인식할 수 있는 어떤 표상(공시방법)을 수반해야 한다는 원칙이다. 이 원칙을 관철시키기 위하여 우리 민법은 동산거래와 부동산거래 모두에서 이른바 '성립요건주의'를 채택하여 공시방법(부동산등기, 인도 등)을 갖추지 않으면 제3자와의 관계에서는 물론이고 당사자 사이에서도 물권변동이 성립하지 않도록 하고 있다(186조, 188조). 이와 같이 공시방법이라는 형식을 갖추어야 비로소 물권변동을 인정하므로 이를 '형식주의'라 부르기도 한다.

(2) 공신의 원칙

공신(公信)의 원칙은 공시방법에 의하여 공시된 내용을 믿고 거래를 한 경우에는 설령 그 공시방법이 진실한 권리관계와 부합하지 않는다 하더라도, 그 공시방법을 신뢰한 자의 믿음을 보호해야 한다는 원칙이다. 그리고 공시방법에 의하여 공시된 내용을 신뢰하여 거래한 자가 믿은대로 법적 효력을 발생시키는 힘을 공신력(公信力)이라고 한다.

이 원칙을 채택하게 되면 무권리자로부터도 물권을 취득할 수 있게 되어 거래의 안전이 보호되지만('동적 안전의 보호'), 진정한 권리자의 권리는 박탈된다('정적 안전의 희생'). 이러한 장·단점 때문에 민법은 거래가 빈번하게 발생하여 동적 안전을 보호할 필요성이 비교적 큰 동산거래에 국한하여 이 원칙을 채택하고 있다('선의취득')(249조). 부동산거래에서는 무권리자에 의한 등기가 사회적 문제가 되고 있는 현실을 감안하여 정적 안전(진정한 권리자) 보호를 지향하는 공신의 원칙을 인정하지 않고 있다.

3. 물권변동의 공시방법

물권변동의 공시방법으로는 전술한 바와 같이 부동산등기, 인도, 명인방법, 등록 등이 있으나 이하에서는 부동산등기와 인도에 대하여 살펴보기로 한다.

(1) 부동산등기

부동산등기란 등기관이 부동산등기법(이하 부등법) 및 부동산등기규칙(이하 부등규칙)에서 정한 절차에 따라 공적 기록('부동산등기부')에 부동산에 관한 권리관계와 부동산의 표시에 관한 사항을 기록하는 것 또는 그러한 기록 자체를 말한다. 부동산등기부는 토지등기부와 건물등기부의 2가지가 있고(부등법 14조①), 등기부에는 1필의 토지 또는 1동의 건물에 대하여 1개의 등기기록을 사용한다(부등법 15조①)('물적편성주의' 또는 '1부동산 1등기기록의 원칙'). 등기기록은 표제부, 갑구, 을구로 구성되어 있는데, 표제부(表題部)에는 토지나 건물의 표시와 그 변경에 관한 사항을, 갑구(甲區)에는 소유권에 관한 사항을, 을구(乙區)에는 소유권 이외의 권리에 관한 사항을 각각 기록한다.

법률에 다른 규정이 없는 한, 등기는 당사자의 신청 또는 관공서의 촉탁에 의해서만 할 수 있고('신청주의')(부동법 22조①), 등기신청은 등기권리자(가령 매수인과 같이, 신청된 등기가 행하여짐으로써 소유권을 취득하는 사람이라는 것이 등기부상 형식적으로 표시되는 사람)와 등기의무자(가령 매도인과 같이, 신청된 권리가 행해짐으로써 소유권을 상실하는 사람이라는 것이 등기부상 형식적으로 표시되는 사람)가 공동으로 하는 것이 원칙이다('공동신청주의')(부동법 23조①). 소유권보존등기의 경우에는 등기권리자만 있으므로, 등기권리자가 단독으로 등기를 신청할 수 있다. 이와 같이 부동산등기법은 공동신청주의를 원칙으로 하고 있기 때문에, 부동산매매가 이루어졌으나 매도인이 등기에 협력하지 않으면 매수인이 단독으로 등기를 신청할 수 없다. 따라서 매수인이 매도인에게 등기신청에 협력해 줄 것을 청구할 수 있는 권리('등기청구권')가 인정되고, 만일 매도인이 등기신청에 협력하지 않는 경우에는 등기권리자는 판결을 얻어 단독으로 등기를 신청할 수 있다(부동법 23조④).

등기관이 당사자들이 등기신청시 제출한 서류 등을 형식적으로 심사하여 등기를 마친 경우, 그 등기는 당사자들이 등기를 접수한 때부터 효력을 발생한다('권리변동적 효력')(부동법 6조②).

일단 등기가 되어 있으면 - 무효인 등기라 하더라도 - 등기된 대로의 권리관계가 존재하리라는 추정을 일으킨다('추정적 효력'). 따라서 등기명의인은 자신이 권리자라고 주장하고 그 권리가 등기된 등기부를 증거로 제출하면 적법한 권리자로 일단 추정되고, 등기명의인의 물권취득을 부인하는 자가 등기와 실체관계가 일치하지 않는다는 사실을 증명해야 한다. 이와 같은 등기의 추정적 효력으로 말미암아 등기의 내용을 신뢰하면 선의인데 과실이 없었던 것으로('무과실로') 추정된다. 반면에 아파트 등 부동산을 취득하려는 사람은 부동산등기부를 열람 내지 조사하는 것이 일반적이므로, 등기의 내용은 알고 있었던 것으로('악의로') 추정된다.

동일한 부동산에 관하여 여러 개의 권리가 등기된 경우에 그 권리 상호 간의 순위는 - 법률에 다른 규정이 없으면 - 등기의 전후에 의한다('순위확정적 효력'). 즉 등기의 순위는 등기기록 중 같은 구(區)에서 한 등기 상호 간에는 순위번호에 따르고, 다른 구에서 한 등기 상호 간에는 접수번호에 따르며(부동법 4조), 부기등기의 순위는 주등기의 순위에 따른다(부동법 5조).

아울러 등기원인에 권리의 소멸에 관한 약정이 있을 경우 신청인은 그 약정에 관한 등기를 신청할 수 있다(부등법 54조). 이러한 사항을 등기하지 않으면 당사자 사이에서만 채권적 효력을 가질 뿐이나, 이를 등기한 때에는 당사자 이외의 제3자에 대하여도 대항할 수 있게 된다('대항적 효력').

(2) 인도

동산물권 변동의 요건인 인도(引渡)는 물건에 대한 사실상의 지배를 실제로 이전하는 '현실(現實)의 인도'를 원칙으로 한다(188조①). 물건의 인도가 이루어졌는지 여부는 사회관념상 목적물에 대한 양도인의 점유(사실상의 지배)가 동일성을 유지하면서 양수인에게 이전되었다고 평가할 수 있는지 여부에 달려있다. 따라서 현실의 인도가 있었다고 하려면 양도인의 물건에 대한 사실상의 지배가 동일성을 유지한 채 양수인에게 완전히 이전되어 양수인은 목적물에 대한 지배를 계속적으로 확고하게 취득해야 하고, 양도인은 물건에 대한 점유를 완전히 종결해야 한다. 예컨대 인터넷으로 주문받은 물건을 집까지 배달하는 것은 현실의 인도에 해당한다.

현실의 인도 외에 '간이인도(簡易引渡)'에 의해서도 물권변동이 발생한다(188조②). 양수인이 이미 거래목적물인 동산을 점유하고 있는 때에는 ― 현실의 인도를 할 필요 없이 ― 당사자의 의사표시만으로 소유권의 이전이 발생하는데, 이때의 인도를 간이인도라고 한다.

점유개정(占有改定), 즉 동산에 관한 물권을 양도하면서도 양도인이 그 동산의 점유를 계속하기로 약정한 때에도 양수인이 인도받은 것으로 간주된다(189조). 점유개정은 공시방법으로는 대단히 불완전하다.

제3자가 점유하고 있는 동산에 관한 물권을 양도하는 경우에는 양도인이 그 제3자에 대한 반환청구권을 양수인에게 양도함으로써 동산을 인도한 것으로 본다('목적물 반환청구권의 양도')(190조). 예를 들면 A가 친구 B에게 빌려준 노트북을 C에게 팔고 소유권을 이전하는 때에는, A가 B에게 가지고 있는 노트북에 대한 반환청구권을 C에게 양도하면 ― 노트북에 대한 현실의 인도 없이도 ― 소유권은 C에게 이전된다.

4. 부동산물권의 변동

부동산물권의 변동은 법률행위에 의한 변동(186조)과 법률규정에 의한 변동(187조)으로 구분된다.

(1) 법률행위에 의한 부동산물권의 변동

매매, 증여 등 부동산에 관한 법률행위로 인한 물권변동에 관하여는 성립요건주의
가 적용되므로 물권행위(물권변동을 일으키는 법률행위)와 공시방법(부동산등기)을 갖췄을
때 비로소 물권변동이 발생한다(186조). 다만 그 등기가 유효인 경우에 한하여 물권변동
의 효력이 발생한다. 즉 등기는 부동산등기법이 정하는 절차에 따라서 적법하게 등기가
이루어져야 할 뿐만 아니라('형식적 유효요건') 물권행위와 등기의 내용적 일치, 등기원인
의 일치 등 등기와 실체관계가 일치해야 한다('실질적 유효요건').

(2) 법률규정에 의한 부동산물권의 변동

제187조(등기를 요하지 아니하는 부동산물권취득)는 「상속, 공용징수, 판결, 경매 기타
법률의 규정에 의한 부동산물권에 관한 물권의 취득은 등기를 요하지 아니한다. 그러나
등기를 하지 아니하면 이를 처분하지 못한다」라고 규정하고 있다. 예컨대 상속의 경우
에 성립요건주의를 적용하게 되면 피상속인의 사망시부터 상속인 명의로 상속등기를 할
때까지 권리의 공백상태가 있게 되는바, 이러한 문제점을 해결하기 위하여 피상속인이
사망하여 상속이 개시되면 일단 등기 없이도 상속인이 상속부동산을 취득하는 것으로
명문규정을 둔 것이다. 다만 상속인이 그 상속받은 부동산을 처분하려면 먼저 자신의 이
름으로 등기를 해야 한다.

5. 동산물권의 변동

동산물권의 변동도 법률행위에 의한 변동과 법률규정에 의한 변동으로 구분된다.
후자는 주로 소유권에 관한 것이어서 제4장 소유권에서 기술하기로 하고, 여기에서는
전자만 다루기로 한다. 전술한 바와 같이 동산거래의 경우에는 공신의 원칙이 인정되므
로, 권리자뿐만 아니라 무권리자로부터도 법률행위를 통하여 동산물권을 취득할 수 있
다(선의취득).

(1) 권리자로부터의 취득

매매, 증여 등 법률행위로 인한 동산물권의 변동(물권의 양도)에 관하여도 성립요건
주의가 적용되므로, 물권행위와 인도가 있을 때 비로소 물권변동이 발생한다(187조).

(2) 선의취득 – 무권리자로부터의 취득

제249조(선의취득)에서는 「평온, 공연하게 동산을 양수한 자가 선의이며 과실 없이 그 동산을 점유한 경우에는 양도인이 정당한 소유자가 아닌 때에도 즉시 그 동산의 소유권을 취득한다」라고 규정하여 공신의 원칙을 선언하고 있다. 선의취득제도는 동산을 점유하는 자의 권리외관을 중시하여 이를 신뢰한 자의 소유권 취득을 인정하고 진정한 소유자의 추급(追及)을 방지함으로써 거래의 안전을 확보하기 위하여 마련된 제도이다.

선의취득의 객체는 점유를 공시방법으로 하는 동산에 한정된다. 따라서 부동산 및 20톤 이상의 선박, 항공기, 자동차, 수목의 집단 등과 같이 등기, 등록, 명인방법 등으로 공시되는 동산은 선의취득의 대상이 되지 않는다.

선의취득은 점유에 공신력을 인정하는 제도이므로 양도인이 선의취득의 목적물인 동산에 대한 처분권한이 없는 무권리자이어야 하고 반드시 당해 동산을 점유하고 있어야 한다.

양수인은 거래시에 양도인이 무권리자임을 알지 못하고('선의'), 무권리자임을 모르는 데 부주의함이 없어야 하며('무과실'), 법률상 용인할 수 없는 강폭행위를 사용하지 않고('평온'), – 은비(隱秘)하지 않고 – 공공연하게('공연') 동산의 점유를 취득했어야 한다. 여기에서의 점유취득은 현실의 인도, 간이인도, 목적물 반환청구권의 양도에 의한 것이어야 한다. 반면, 점유개정의 경우에는 물권양도 전후에 양도인이 계속하여 점유를 하므로 진정한 권리자의 입장에서는 무권리자가 자신의 물건을 양도했다는 사실을 알 수 없기 때문에 진정한 권리자의 보호를 위하여 점유개정에 의한 선의취득을 인정하지 않는 것이 일반적이다. 예컨대 사촌형에게 노트북을 빌려서 학교 도서관에서 과제물을 작성하던 A에게 친구 B가 다가와서 자신에게 노트북을 팔라고 했고, A가 80만원에 노트북을 B에게 팔기로 하고 대금을 받았지만 이 노트북으로 과제물을 작성해야 하니까 노트북은 이달 말에 B게 넘겨주기로 하였다면, B는 점유개정의 방법으로 노트북을 인도받았으므로 '점유의 취득'이라는 선의취득의 요건이 충족되지 않아 선의취득에 의해 소유권을 취득할 수 없다. 양도인과 양수인 사이에 동산물권 취득에 관하여 유효한 거래행위가 있어야 한다. 즉 동산의 선의취득은 양도인이 무권리자라고 하는 점을 제외하고는 아무런 흠이 없는 거래행위이어야 성립한다. 가령 매매가 무효이거나 취소된 때에는 선의취득은 인정되지 않는다.

(3) 선의취득의 효과

선의취득의 요건이 모두 구비되면 양수인은 동산에 대한 물권(소유권, 질권)을 취득한다('법률규정에 의한 동산물권의 취득')(249조, 343조). 이때 양수인은 양도인의 점유는 승계하지만 권리를 승계하지는 않으므로, 선의취득으로 인한 소유권 취득의 성질은 원시취득(原始取得)이다. 다만 선의취득의 요건을 모두 갖춘 경우에도 선의취득의 목적인 동산이 훔친 물건('도품')이나 잃어버린 물건('유실물')인 때에는, 피해자나 유실자는 도난당한 날 또는 유실한 날로부터 2년 동안은 그 물건의 반환을 청구할 수 있다(250조 본문). 다만 양수인이 도품 또는 유실물을 경매나 공개시장에서 또는 동종의 물건을 판매하는 상인에게서 선의로 매수한 때에는, 피해자 또는 유실자는 양수인이 지급한 대가를 변상하여야 그 물건의 반환을 청구할 수 있다(251조).

6. 물권의 소멸

물권의 소멸원인에는 8가지의 물권에 공통한 것(목적물의 멸실, 소멸시효, 포기, 혼동, 공용징수, 몰수 등)과 개별 물권마다 특유한 것(존속기간의 만료, 피담보채권의 소멸 등)이 있다. 민법전 물권편에서는 전자 가운데 혼동에 대한 규정을 두고 있지만, 점유권은 다른 물권(본권)과 병존할 수 있는 권리이기 때문에 혼동으로 소멸하지 않는다(191조③).

혼동(混同)은 서로 대립하는 법률상의 지위 또는 자격이 동일인에게 귀속하는 사실을 말한다. 가령 X건물의 전세권자 A가 건물주인 B로부터 그 건물에 대한 소유권을 취득한 경우와 같이, 소유권과 제한물권(전세권)이 동일인에게 귀속하는 경우에는 원칙적으로 그 제한물권(전세권)은 혼동으로 소멸한다(191조① 본문). 그러나 그 제한물권이 제3자의 권리의 목적이 된 때에는 제한물권은 소멸하지 않는다(191조① 단서). 예컨대 X건물의 전세권자 A가 건물주인 B로부터 건물에 대한 소유권을 취득했으나 그 전에 A가 B은행에서 1억원을 차용하면서 전세권을 목적으로 저당권을 설정했다면, 저당권자인 C은행을 보호하기 위하여 전세권은 혼동으로 소멸하지 않는다.

Ⅲ. 점유권

1. 점유권의 의의

민법은 물건에 대한 사실상의 지배가 있으면 – 점유할 수 있는 권리(본권)가 있는 가를 묻지 않고 – 점유권을 인정한다(192조①).

이와 같이 민법상 점유는 물건에 대한 사실상의 지배만 있으면 성립한다. 여기에서 의 '사실상의 지배'는 반드시 물건을 물리적, 현실적으로 지배하는 것만을 의미하는 것은 아니다. 물건과 사람과의 시간적, 공간적 관계와 본권관계, 타인지배의 배제 가능성 등 을 고려하여 사회통념에 따라 합목적적으로 판단해야 한다.

한편 점유는 임대차 등 점유매개관계에 기하여 타인(점유매개자 또는 직접점유자)으로 하여금 물건을 점유하게 하는 간접점유를 통해서도 할 수 있다(194조). 즉 민법은 직접 점유자는 물론이고 간접점유자에게도 점유권을 인정하고 있다.

2. 점유권의 효력

(1) 점유의 추정적 효력

점유자가 점유물에 대하여 행사하는 권리는 적법하게 보유하고 있는 것으로 추정된 다(200조). 제200조는 동산에 한하여 적용되고, 등기된 부동산에 관하여는 전술한 바와 같이 추정력이 인정된다. 이 권리의 적법 추정은 소유자와 그로부터 점유를 취득한 자 사이에서는 인정되지 않는다.

(2) 점유와 과실취득

본권 없이 타인의 물건을 점유하는 자는 본권자(점유 회복자)가 그 점유물의 반환을 청구하면 그에게 점유물을 돌려주어야 한다. 점유물의 반환과 더불어 그가 점유 중에 취 득한 과실도 회복자에게 반환해야 하는지가 문제되는데, 민법은 점유자가 선의인지 악 의인지에 따라 다르게 규율하고 있다.

1) 선의점유자의 과실취득권

선의의 점유자는 과실(果實)을 취득하여 소비하는 것이 일반적인데 나중에 본권자로 부터 원물의 반환을 청구당한 경우에 과실까지도 전부 반환하는 것은 가혹하므로, 선의 의 점유자에게는 과실취득권이 인정된다(201조①). 여기서 선의의 점유자라 함은 과실수취권을 포함하는 본권(소유권, 지상권, 전세권 등)이 있다고 오신한 점유자를 말한다. 다만 그와 같은 오신에는 오신할 만한 정당한 근거가 있어야 한다. 물건을 사용함으로써 얻는 이득(사용이익)도 물건의 과실에 준하는 것이므로, 선의의 점유자는 법률상 원인 없이 타인의 물건을 사용했다 하더라도 그 점유·사용으로 인한 이득을 취득한다.

  2) 악의점유자의 과실반환의무

  악의의 점유자는 수취한 과실을 회복자에게 반환해야 하고, 소비했거나, 과실로 훼손 또는 수취하지 못한 경우에는 그 과실의 대가를 보상해야 한다(201조②). 폭력 또는 은비에 의한 점유자도 악의의 점유자와 마찬가지로 과실취득권이 없다(201조③). 나아가 전술한 바와 같이 선의의 점유자라 하더라도 본권에 관한 소에서 패소한 때에는 그 소가 제기된 때로부터 악의의 점유자로 간주되므로(197조②), 제소된 때로부터는 과실취득권이 인정되지 않는다.

(3) 점유자의 비용상환청구권

  점유자가 회복자에게 점유물을 반환할 때 자신이 점유물을 보존하기 위하여 지출한 금액 기타 필요비(보존비, 수선비, 공과금 등)가 있는 경우에는 — 선의·악의를 불문하고 — 그 비용의 상환을 청구할 수 있다(203조① 본문). 다만 점유자가 과실을 취득한 경우에는 필요비 가운데 통상의 필요비는 상환을 청구할 수 없다(203조① 단서). 이에 비하여 점유자가 점유물을 개량하기 위하여 지출한 금액 기타 유익비는 그 가액의 증가가 현존한 경우에 한하여 회복자의 선택에 좇아 그 지출금액이나 증가액의 상환을 청구할 수 있다(203조②). 유익비 상환의 경우에 법원은 회복자의 청구에 의하여 상당한 상환기간을 부여할 수 있다(203조③).

(4) 점유보호청구권

  점유보호청구권은 점유자가 점유의 침해를 받거나 침해받을 염려가 있는 경우에 점유 자체를 보호하기 위하여 인정되는 권리이다. 이 점유보호청구권은 일종의 물권적 청구권이므로, 전술한 물권적 청구권에서 기술한 내용이 여기에도 적용된다.

  점유물 반환청구권은 점유자가 점유의 침탈을 당한 경우에 그 물건의 반환 및 손해의 배상을 청구할 수 있는 권리를 말한다(204조①). 다만 이 청구권은 침탈을 당한 날로부터 1년 내에 행사해야 한다(204조③).

  점유물 방해제거청구권은 점유자가 점유침탈 이외의 방법으로 점유를 방해받은 경우에 그 방해의 제거 및 손해의 배상을 청구할 수 있는 권리이다(205조①). 이 청구권도 방해가 종료한 날로부터 1년 내에 행사해야 한다(205조②). 공사로 인하여 점유의 방해를 받은 경우에는 공사 착수 후 1년을 경과하거나 그 공사가 완성한 때에는 방해의 제거를 청구하지 못한다(205조③).

점유물 방해예방청구권은 점유자가 점유의 방해를 받을 염려가 있는 경우에 그 방해의 예방 또는 손해배상의 담보를 청구할 수 있는 권리이다(206조①). 공사로 인하여 점유의 방해를 받을 염려가 있는 경우에는 - 방해제거청구권과 마찬가지로 - 공사 착수 후 1년을 경과하거나 그 공사가 완성한 때에는 방해의 제거를 청구하지 못한다(206조②에 의한 205조③의 준용).

Ⅳ. 소유권

1. 소유권의 의의 및 법적 성질

소유권은 법률의 범위 내에서 소유물을 사용, 수익, 처분할 수 있는 권리를 말한다(211조). 여기에서 '사용, 수익'이란 - 가령 아파트를 직접 사용하거나 이를 타인에게 빌려주고 임대료를 받는 것과 같이 - 물건이 가지는 사용가치를 실현하는 것을 말한다. '처분'이란 - 아파트를 개조하거나 이를 담보로 돈을 차용하는 경우와 같이 - 물건이 가지는 교환가치를 실현하는 것을 말한다.

소유권은 다른 물권에 비하여 다음과 같은 성질을 가진다. 첫째 소유권은 점유권과는 달리 물건을 현실적으로 지배하는 권리가 아니고 지배할 수 있는 권리이다('관념성'). 둘째 소유권은 제한물권과는 달리 물건이 가지는 여러 가치를 전면적으로 지배할 수 있는 권리이다('전면성'). 셋째 소유권은 사용, 수익, 처분권능이 융화된 권리이므로('혼일성'), 소유권과 제한물권이 동일인에게 귀속되면 제한물권은 혼동으로 소멸한다. 넷째 제한물권이 설정되면 소유권은 일시적으로 그 권능의 일부를 사용할 수 없지만, 그 제한이 소멸하면 소유권은 본래의 모습으로 회복된다('탄력성'). 다섯째 소유권은 존속기간의 제한을 받지 않고 소멸시효의 대상도 되지 않는다('항구성').

2. 소유권의 취득

소유권은 - 다른 물권과 마찬가지로 - 법률행위(186조, 188조) 또는 법률의 규정(187조)에 의하여 취득된다. 그 밖에도 민법은 소유권에 특유한 취득원인으로 취득시효, 선의취득, 선점, 습득, 발견, 첨부(부합, 혼화, 가공) 등을 법정하고 있는데, 이 규정들은 대부분 법률규정에 의한 동산물권의 변동에 해당한다.

(1) 취득시효

취득시효는 무권리자가 권리자인 것처럼 권리를 행사하고 있는 사실상태가 일정기간 계속된 경우에 이 무권리자가 점유개시시부터 권리자였던 것으로 인정해 주는 제도이다. 취득시효제도는 권리 위에 잠자는 진정한 권리자를 배제하고 점유사용의 현실적 상황을 존중하는 제도이다. 그러나 이를 지나치게 넓게 인정하게 되면 타인(권리자)의 재산권을 부당하게 침해하게 된다. 따라서 이 제도는 극히 예외적인 상황하에서만 인정되어야 하는바, 민법은 엄격한 요건하에 부동산 소유권의 취득시효(245조), 동산 소유권의 취득시효(246조) 및 소유권 이외의 재산권의 취득시효(248조)를 규정하고 있다.

1) 부동산 소유권의 취득시효

부동산 소유권의 취득시효에는 점유취득시효와 등기부취득시효가 있다. 먼저 점유취득시효는 20년간 소유의 의사로 평온, 공연하게 부동산을 점유하는 자가 등기함으로써 그 소유권을 취득하는 것을 말한다(245조①). 이 점유취득시효는 법률규정에 의한 물권변동의 원인이므로 등기 없이도 점유자가 소유권을 취득해야 하지만(187조), 민법은 − 제187조의 예외로 − 등기를 해야 소유권을 취득하는 것으로 법정하고 있다. 따라서 이미 등기가 되어 있는 부동산을 시효로 취득하는 경우에, 등기를 제외한 시효취득의 요건이 모두 갖추어지면 점유자(취득시효 완성자)는 등기청구권을 취득하고, 이 청구권을 행사하여 자신의 이름으로 소유권이전등기를 해야만 비로소 소유권을 취득하게 된다. 이 경우 시효취득은 원시취득이어서 소유권보존등기를 해야 하지만, 이미 그 부동산에 대하여 보존등기가 되어 있는 상태이므로 형식상 이전등기를 하게 된다. 이에 비하여 미등기부동산을 시효로 취득하는 경우에는 등기청구권은 문제되지 않으므로, 등기를 제외한 시효취득의 요건이 모두 갖추어지면 취득시효 완성자는 곧바로 자신의 이름으로 보존등기를 할 수 있다. 이렇게 시효완성자가 자신의 명의로 등기를 하게 되면 점유를 개시한 시점으로 소급하여 소유권을 취득하므로('취득시효의 소급효'), 점유자가 취득시효기간 동안에 얻은 과실, 기타 이익이 있다면 이는 정당한 권원에 의하여 얻은 것이기 때문에, 등기명의인에게 이를 부당이득으로 반환할 필요가 없다.

이에 비하여 등기부취득시효는 부동산의 소유자로 등기한 자가 10년간 소유의 의사로 평온, 공연하게 선의이며 과실 없이 그 부동산을 점유한 때에 소유권을 취득하는 제도이다(245조②). 등기부취득시효의 경우에는 − 점유 취득시효와는 달리 − 점유자가 이미 부동산에 대하여 소유자로 등기되어 있기 때문에 시효완성자 명의로 등기를 해야 하는 문제는 발생하지 않는다. 민법은 부동산거래에 선의취득을 인정하지 않기 때문에, 가령 A가 원인무효인 등기를 신뢰하여 평온·공연하게 그 등기명의인 B로부터 X건물을 구입하고 자신의 이름으로 소유권이전등기를 마치고 난 후 그 건물에 입주하여 살고 있다 하더라도, A가 X건물에 대한 소유권을 취득하지는 못한다. 그렇지만 이 사례에서 A가 자신의 명의로 소유권이전등기(무효의 등기)를 하고 10년이 지나 등기부 취득시효의 요건을 모두 충족하는 때에는 A가 — 자신 명의로 다시 등기를 할 필요 없이 — 곧바로 X건물에 대한 소유권을 취득하고, 이 시효로 인한 소유권 취득의 효력은 점유취득시효와 마찬가지로 점유개시시로 소급하여 발생한다.

2) 동산소유권 및 소유권 이외의 재산권의 취득시효

10년간 소유의 의사로 평온·공연하게 동산을 점유한 자는 그 소유권을 취득한다(246조①)('법률규정에 의한 동산 소유권의 취득'). 그리고 점유가 선의이며 과실 없이 개시된 경우에는 5년을 경과함으로써 그 소유권을 취득한다(246조②). 이 부동산과 동산 소유권의 취득시효에 관한 규정은 소유권 이외의 재산권의 취득에 준용된다(248조).

(2) 첨부

첨부(添附)는 어느 물건에 타인의 물건 또는 노력이 결합하여 사회관념상 분리할 수 없는 하나의 물건으로 되는 것을 말한다. 따라서 첨부로 구물건의 소유권은 소멸하고, 새로이 생긴 합성물, 혼화물 또는 가공물에 대하여는 소유권 등 권리관계를 새로이 정해야 한다.

첨부로 구물건의 소유권이 소멸한 때에는 그 동산을 목적으로 한 다른 권리도 소멸한다(260조①). 그러나 동산의 소유자가 합성물 등의 단독소유자가 된 때에는 그 동산을 목적으로 한 다른 권리는 합성물, 혼화물 또는 가공물에 존속하고, 공유자가 된 때에는 그 지분에 존속한다(260조②). 첨부로 손해를 받은 자는 첨부로 이득을 얻은 자에게 부당이득에 관한 규정에 의하여 보상을 청구할 수 있다(261조). 민법상 첨부에는 부합, 혼화, 가공이 있다.

1) 부합

부합(附合)은 소유자를 달리하는 여러 개의 물건이 결합하여 1개의 물건으로 되는 것을 말한다. 부합에는 부동산에 동산이 결합하는 경우와 동산과 동산이 결합하는 경우가 있다. 먼저 부동산에 동산이 결합한 경우에는(예: 주유소 지하에 설치된 유류저장탱크) 부동산의 소유자가 그 부동산에 부합한 물건(동산)의 소유권을 취득한다(256조 본문). 다만 부동산 이용자(전세권자, 임차인 등)가 권원에 근거하여 부속시키고 독립성이 여전히 유지되는 물건(예: 전세권자가 부속시킨 보일러, 벽걸이 에어컨 등)은 부속시킨 자의 소유로 남는다(256조 단서).

동산과 동산이 부합하여 훼손하지 않으면 분리할 수 없거나 그 분리에 과다한 비용이 드는 경우에는, 그 합성물은 주된 동산의 소유자에게 귀속된다('법률규정에 의한 동산 소유권의 취득')(257조 1문). 부합한 동산 사이에 주종을 구별할 수 없는 경우에는, 동산의 소유자는 부합당시의 가액의 비율로 합성물을 공유한다(257조 2문).

2) 혼화

혼화(混和)는 동산에 동산이 섞여서 식별할 수 없는 것을 말한다. 가령 김포쌀과 이천쌀이 섞이는 경우, 올리브유와 참기름이 섞이는 경우 등이 여기에 해당한다. 혼화에는 동산과 동산의 부합에 관한 규정이 준용된다('법률규정에 의한 동산 소유권의 취득')(258조에 의한 257조의 준용).

3) 가공

가공(加工)은 타인의 재료를 써서 혹은 타인의 물건에 변경을 가함으로써 새로운 물건을 제작하는 것을 말한다(예: 타인 소유의 진주로 진주반지를 제작하는 경우). 가공물의 소유권은 원칙적으로 원재료의 소유자가 취득한다('재료주의')(259조① 본문). 다만 가공으로 인한 가액의 증가가 원재료의 가액보다 현저하게 다액인 경우에는 가공물은 가공자의 소유로 되고('가공주의')(259조① 단서), 가공자가 재료의 일부를 제공하였을 때에는 그 가액은 증가액에 가산해서 계산한다(259조②). 예컨대 유명 금속공예 디자이너 A가 대학생인 조카 B가 받았던 돌반지, 팔찌 등을 녹여서 팔찌를 만든 경우에 가공한 물건의 소유권은 원칙적으로 원재료의 소유자인 B에 속하지만(259조① 본문), 디자이너 A가 만든 팔찌가 작품으로 인정받아 그 가격이 재료비(돌반지, 팔찌 등)보다 현저하게 높게 책정된다면 그 팔찌는 디자이너 A소유로 되고(259조① 단서), 조카 B는 A에게 부당이득에 관한 규정에 의하여 보상을 청구할 수 있을 뿐이다(261조).

3. 소유권에 기한 물권적 청구권

(1) 소유물반환청구권

소유물반환청구권은 현재 자신의 소유물을 점유하고 있지 않은 소유자가 점유할 권원 없이 그의 소유물을 전부 점유하고 있는 자에게 그 물건의 반환을 청구할 수 있는 권리이다(213조). 소유물반환청구권을 행사할 수 있는 소유자는 '법률상 소유자'이어야만 한다.

(2) 소유물방해제거청구권

소유물방해제거청구권은 점유침탈 이외의 방법으로 인한 소유권 방해가 있는 경우에 그러한 방해를 받고 있는 소유자(피방해자)가 현재 방해상태를 지배하는 자(방해자)를 상대로 방해의 제거를 청구할 수 있는 권리이다(214조 전단). 소유자가 자신의 소유권에 기하여 실체관계에 부합하지 않는 등기의 명의인을 상대로 그 등기말소나 진정명의회복 등을 청구하는 경우에, 그 권리는 이 방해제거청구권의 성질을 가진다.

(3) 소유물방해예방청구권

소유물방해예방청구권은 소유권 방해의 염려가 있는 경우에 피방해자인 소유자가 방해자를 상대로 그 방해의 예방이나 손해배상의 담보를 청구할 수 있는 권리이다(214조 후단). 방해예방청구권은 방해의 발생을 기다리지 않고 현재 예방수단을 취할 것을 인정하는 것이므로, 방해의 염려가 있다고 하려면 객관적으로 근거 있는 상당한 개연성이 존재해야 한다.

Ⅴ. 지상권

1. 지상권의 의의 및 법적 성질

지상권(地上權)은 타인의 토지에 건물 기타 공작물이나 수목을 소유하기 위하여 그 토지를 사용하는 권리이다(279조). 이와 같이 지상권은 물권으로 되어 있는 일종의 임차권이지만, ─ 토지 임대차와는 달리 ─ 지료(토지의 사용대가)는 지상권의 요소가 아니다. 따라서 무상의 지상권도 가능하다.

나아가 토지의 지하에 지하철을 건설하거나 공중에 고가도로를 설치할 때에는, 지하 또는 지상의 공간을 상하의 범위를 정하여(예: 토지의 남쪽 끝지점을 포함한 수평면을 기준으로 하여 지하 20m로부터 40m 사이) 지상권의 목적으로 할 수 있다('구분지상권')(289조의 2①).

2. 지상권의 취득

(1) 약정지상권

지상권도 토지 소유자(지상권설정자)와 지상권자 사이의 법률행위(지상권설정계약)와 등기(지상권설정등기) 또는 상속, 공용징수, 판결, 경매 기타 법률의 규정에 의해서 취득될 수 있다(186조, 187조).

(2) 법정지상권

토지와 건물을 각각 별개의 부동산으로 다루고 있는 우리 법제의 특수성을 고려하여 민법 및 특별법에서는 건물의 소유자에게 토지에 대한 사용권을 확보해 주는 '법정지상권'을 규정하고 있다. 이에는 다음의 4가지가 있다. ⅰ) 토지와 그 지상건물이 동일인에게 속하는 경우에 건물에 대해서만 전세권을 설정하고 나서, 토지 소유자가 변경된 때(305조①), ⅱ) 토지와 그 지상건물이 동일인에게 귀속하는 경우에 토지와 건물 중 어느 하나 또는 둘 모두에 저당권이 설정된 후, 저당권의 실행으로 경매됨으로써 토지와 건물의 소유자가 다르게 된 때(366조), ⅲ) 토지 및 그 지상건물이 동일한 소유자에게 속하는 경우에 그 토지 또는 건물에 대해서만 가등기담보권이 설정된 후, 이 담보권의 실행으로 토지와 건물의 소유자가 다르게 된 때('가등기담보 등에 관한 법률' 10조), ⅳ) 토지와 입목이 동일인에게 속하는 경우에 경매 기타의 사유로 토지와 입목이 각기 다른 소유자에게 속하게 된 때('입목에 관한 법률' 6조①)가 그러하다.

그 밖에도 판례는 — 이미 관습법상의 물권에서 다루었던 분묘기지권 외에 — 동일인에게 속하였던 토지 및 건물이 매매 기타의 원인으로 소유자가 다르게 된 경우, 그 건물을 철거한다는 특약이 없으면, 건물 소유자가 관습법상의 법정지상권을 취득하는 것으로 본다.

3. 지상권의 존속기간

(1) 존속기간을 약정한 경우

당사자들이 계약으로 지상권의 존속기간을 정하는 경우에는 임의로 기간을 설정할 수 있다. 다만 석조, 석회조, 연와조 또는 이와 유사한 견고한 건물이나 수목의 소유를 목적으로 하는 때에는 30년, 그 밖의 건물의 소유를 목적으로 하는 때에는 15년, 건물 이외의 공작물의 소유를 목적으로 하는 때에는 5년의 기간보다 단축할 수 없다(280조①). 당사자들이 이 기간보다 짧은 기간을 약정한 때에는 이 최단기간까지 기간이 연장된다(280조②).

(2) 존속기간을 약정하지 않은 경우

당사자들이 설정계약으로 지상권의 존속기간을 정하지 않은 때에는, 그 기간은 전술한 ‒ 지상물의 종류와 구조에 따른 ‒ 최단존속기간으로 한다(281조①). 다만 지상권 설정 당시에 공작물의 종류와 구조를 정하지 않은 때에는 지상권은 건물의 소유를 목적으로 한 것으로 보고, 존속기간은 15년으로 된다(281조②).

(3) 계약의 갱신과 존속기간

지상권의 존속기간이 만료된 경우에 당사자들은 ‒ 계약자유의 원칙상 ‒ 이전의 지상권설정계약을 갱신할 수 있다. 이때 지상권의 존속기간은 갱신한 날로부터 최단존속기간보다 단축하지는 못하지만, 이보다 장기의 기간을 정할 수는 있다(284조).

지상권이 존속기간의 만료로 소멸한 경우에 건물 기타 공작물이나 수목이 현존한 때에는 지상권자는 계약의 갱신을 청구할 수 있다(283조①). 이 권리는 청구권이므로 지상권설정자가 이 청구를 거절하면 계약은 갱신되지 않는다.

지상권설정자가 계약의 갱신을 원하지 않는 때에는 지상권자는 상당한 가액으로 현존하는 공작물이나 수목의 매수를 청구할 수 있다(283조②). 지상권은 건물 기타 공작물의 소유 등을 목적으로 한 것이므로, 매수청구권을 행사하려면 존속기간이 만료되어야 하고, 또한 건물 기타 지상시설이 현존해야만 한다. 이 지상물매수청구권은 형성권이므로, 지상권자가 이 권리를 행사하면 매매계약이 성립한다.

4. 지상권의 효력

(1) 지상권자의 토지사용권

지상권자는 등기되어 있는 지상권 설정 목적의 범위 내에서(부등법 69조 1호) 타인의 토지를 사용할 권리가 있다. 지상권설정자는 ‒ 토지의 임대인과는 달리 ‒ 자신의 토지를 지상권자가 사용하기에 적합한 상태로 만들어 줄 적극적인 의무를 부담하지는 않지만, 지상권자의 사용을 방해하지 말아야 할 소극적인 인용의무는 부담한다.

지상권은 타인의 토지를 점유할 권리를 포함하므로, 지상권자가 토지 점유를 침해당하는 등의 경우에는 점유자로서 점유보호청구권(점유물반환청구권, 점유물방해제거청구권, 점유물방해예방청구권)을 행사할 수 있다(204-206조). 아울러 본권인 지상권의 내용 실현이 방해를 받는 경우 등에는 – 소유권의 경우에서와 마찬가지로 – 물권적 청구권(반환청구권, 방해제거청구권, 방해예방청구권)도 가진다(290조에 의한 213조, 214조의 준용).

(2) 지상권의 처분

지상권자는 투하자본을 회수하기 위하여 타인에게 지상권을 양도하거나 그 권리의 존속기간 내에서 그 토지를 임대할 수 있다(282조). 뿐만 아니라 지상권자는 지상권을 목적으로 하는 저당권을 설정할 수 있다(371조①).

(3) 지료지급의무

지료는 지상권의 요소가 아니므로, 당사자들이 지료에 관한 별도의 약정을 하지 않은 경우에는 무상의 지상권을 설정한 것으로 인정된다. 물론 당사자들이 지료의 지급을 약정한 경우에는 지상권자는 지상권설정자에게 지료를 지급할 의무를 부담하고, 지료와 지급시기에 관한 약정은 등기를 해야(부등법 69조 4호) 제3자(토지소유권 또는 지상권을 양수한 사람 등)에게 대항할 수 있다('등기의 대항적 효력').

지료가 토지에 관한 조세 기타 부담의 증감이나 지가(地價)의 변동으로 인하여 상당하지 않게 된 때에는 당사자는 그 증감을 청구할 수 있다(286조). 이 지료증감청구권은 형성권이므로 당사자 일방이 증액 또는 감액을 청구하면 지료가 증액 또는 감액된다. 그러나 그 증액 또는 감액에 대하여 상대방이 다투는 경우에는 법원이 이를 정하게 된다. 특정 기간에 대한 지료가 법원에 의하여 결정되었다면 그 당사자 사이에서는, 그 후 민법규정에 의한 지료증감의 효과가 새로 발생하는 등의 특별한 사정이 없는 한, 그 후의 기간에 대한 지료 역시 종전 기간에 대한 지료와 같은 액수로 결정된 것이라고 보아야 한다.

지상권자가 2년 이상의 지료를 지급하지 않은 때에는 지상권설정자는 지상권의 소멸을 청구할 수 있다(287조). 여기서 '2년 이상의 지료를 지급하지 않은 때'라 함은 연체된 지료액이 2년분 이상이 되는 것을 말하며, 그 연체된 기간이 2년 이상이 되어야 하는 것은 아니다. 지상권이 저당권의 목적인 때에는 이 지상권소멸청구는 저당권자에게 통지한 후 상당한 기간이 경과함으로써 그 효력이 생긴다(288조).

5. 지상권의 소멸

(1) 지상권의 소멸사유

일반적 물권소멸사유(토지의 멸실, 존속기간의 만료, 혼동 등) 외에도 전술한 지료체납으로 지상권설정자가 지상권의 소멸을 청구하거나(287조) 지상권자가 지상권을 포기한 경우에도 지상권은 소멸한다. 뿐만 아니라 등기되어 있는 약정 소멸사유가 발생한 때 (예: 지상권자가 사망한 경우에 지상권은 소멸하는 것으로 특약을 맺었는데, 지상권자가 사망한 경우)에도 지상권은 소멸한다(부등법 54조).

(2) 지상권 소멸의 효과

1) 토지반환의무

지상권이 소멸하면 지상권자는 토지를 지상권설정자에게 반환해야 한다.

2) 지상물수거권

지상권이 소멸한 때에는 지상권자는 건물 기타 공작물이나 수목을 수거(收去)하여 토지를 원상에 회복해야 한다(285조①).

3) 지상물매수청구권

지상권이 소멸한 경우에 지상권설정자가 상당한 가액을 제공하여 그 공작물이나 수목의 매수를 청구한 때에는 지상권자는 정당한 이유 없이 이를 거절하지 못한다(285조②). 이 지상물매수청구권은 형성권이며, 여기서 '상당한 가액'이란 매수청구권을 행사할 당시의 시가 상당액을 말한다.

4) 유익비상환청구권

지상권의 경우에는 비용상환청구권에 관한 명문규정이 없지만 — 임차인의 유익비상환청구권 규정(626조)을 유추적용하여 — 지상권자에게도 이러한 권리를 인정하는 것이 일반적이다. 따라서 지상권자가 유익비(목적물을 개량하기 위하여 지출한 금액)를 지출한 경우에는 지상권설정자는 — 지상권 소멸시에 그 가액의 증가가 현존하는 경우에 한하여 — 지상권자가 지출한 금액이나 그 증가액을 상환해야 한다.

Ⅵ. 지역권

1. 지역권의 의의 및 법적 성질

지역권(地役權)이란 설정행위에서 정한 일정한 목적을 위하여 타인의 토지를 자기 토지의 편익에 이용하는 권리를 말한다(291조). 예컨대 X토지는 도로와 맞닿은 부분이 전혀 없는 이른바 맹지(盲地)인데, 지역권을 설정하여 도로와 맞닿은 위치에 있는 Y토지를 통행 목적으로 사용할 수 있게 되면, X토지의 사용가치가 증가하게 된다. X토지와 같이 편익을 받는 토지를 요역지(要役地), Y토지와 같이 편익을 제공하는 토지를 승역지(承役地)라고 한다. 이와 같이 지역권은 요역지의 편익을 위하여 설정되는 권리이므로, 요역지와 승역지의 소유자는 물론이고, 지역권이 설정된 후에 요역지와 승역지에 대한 사용권을 취득한 사람들(가령 지상권자, 전세권자, 임차인 등)에게도 지역권이 인정된다.

　　지역권은 요역지와는 별개의 독립한 물권이지만 요역지의 편익을 위하여 설정되는 권리이므로, 요역지와 분리하여 양도하거나 다른 권리의 목적으로 하지 못한다('부종성')(292조②). 다른 약정이 없는 한, 요역지의 소유권이 이전되거나 요역지가 다른 권리의 목적이 된 때(예: 요역지에 저당권이 설정된 경우)에는 지역권도 함께 이전한다('수반성')(292조①). 나아가 지역권은 공유관계, 일부양도, 취득 및 소멸에서 불가분성(不可分性)을 나타낸다. 먼저 토지가 여러 사람의 공동소유인 경우 토지공유자의 1인은 지분에 관하여 그 토지를 위한 지역권 또는 그 토지가 부담한 지역권을 소멸하게 하지 못한다(293조①). 토지의 분할이나 토지의 일부양도의 경우에는 — 토지의 일부분에만 지역권이 설정된 경우를 제외하고 — 지역권은 요역지의 각 부분을 위하여 또는 그 승역지의 각 부분에 존속한다(293조②). 공유자 1인이 지역권을 취득한 때에는 다른 공유자도 이를 취득하고, 점유로 인한 지역권 취득시효의 중단은 지역권을 행사하는 모든 공유자에 대한 사유가 아니면 효력이 없다(295조). 요역지가 여러 명의 공유인 경우에 그 1인에 의한 지역권소멸시효의 중단 또는 정지는 다른 공유자를 위해서도 효력이 있다(296조).

2. 지역권의 효력

(1) 지역권자의 권리

　　지역권자는 등기되어 있는 지역권 설정 목적의 범위 내에서 승역지를 요역지의 편익에 이용할 권리가 있다.

　　지역권은 일정한 목적을 위하여 승역지를 사용하는 것을 본질로 하지만(용익물권), 요역지와 승역지 사이의 토지 이용을 조절하는 기능도 담당하므로, 지역권자의 승역지 사용권은 그 지역권의 목적을 달성하는 데 필요하고, 승역지 이용자에게 가장 부담이 적은 범위로 한정된다.

　　지역권에 대한 방해가 발생하거나 발생할 염려가 있으면 그러한 방해를 받는 지역권자(피방해자)는 현재 그러한 방해를 하고 있는 자(방해자)를 상대로 지역권에 근거하여 방해상태의 제거 내지 예방을 청구할 수 있다(301조에 의한 214조의 준용). 다만 지역권은 승역지를 점유할 권리를 수반하지 않으므로 지역권자에게 목적물 반환청구권은 인정되지 않는다.

(2) 승역지 이용자의 의무

승역지 소유자를 비롯한 승역지 이용자는 지역권자의 토지이용행위(가령 통행행위, 용수행위 등)를 인용하고 일정한 이용을 하지 않을 부작위의무를 부담한다. 물론 계약자유의 원칙상 승역지 소유자가 자기의 비용으로 지역권의 행사를 위한 공작물의 설치 또는 수선의무를 부담하는 것으로 정할 수도 있다. 이러한 약정을 한 경우에는 승역지 소유자로부터 당해 승역지를 구입한 특별승계인도 수선의무의 부담을 승계하는데(298조), 지역권자가 승역지의 특별승계인에게 대항하려면 이 약정이 등기되어 있어야 한다(부등법 70조 4호).

이러한 공작물의 설치의무 또는 수선의무를 지는 것이 승역지 소유자에게 부담이 되는 경우에는, 승역지 소유자는 지역권에 필요한 부분의 토지소유권을 지역권자에게 위기(委棄)하여 그 의무를 면할 수 있다(299조). 이 위기는 승역지의 소유자가 승역지 가운데 지역권에 필요한 부분의 토지소유권을 지역권자에게 무상으로 이전하는 물권적 단독행위이다.

3. 지역권의 소멸

지역권은 일반적 물권소멸사유(토지의 멸실, 존속기간의 만료, 소멸시효, 혼동 등)가 발생하면 소멸한다. 뿐만 아니라 승역지가 제3자에 의하여 시효취득되는 경우에도 ─ 시효취득은 원시취득이므로 ─ 지역권은 소멸한다. 다만 승역지의 점유자가 지역권의 존재를 인정하면서 점유했거나 취득시효가 진행되는 동안 지역권자가 그의 권리를 행사한 때에는 시효취득자는 지역권의 제한이 있는 소유권을 취득하는바, 지역권은 시효로 소멸하지 않는다.

VII. 전세권

1. 전세권의 의의 및 성질

전세권은 전세금을 지급하고 타인의 부동산을 점유하여 그 부동산의 용도에 좇아 사용·수익하며, 그 부동산 전부에 대하여 후순위권리자 기타 채권자보다 전세금의 우선변제를 받을 권리를 말한다(303조①). 이와 같이 전세권은 타인의 부동산을 사용·수익할 수 있는 권능을 근간으로 하므로 용익물권으로 구분되지만, 담보물권적 효력(전세금의 우선변제를 받을 권리)도 일부 가지고 있다. 따라서 전세권의 존속기간이 만료되면 전세권의 용익물권적 권능은 전세권설정등기의 말소 없이도 당연히 소멸한다. 단지 전세금반환채권을 담보하는 담보물권적 권능의 범위 내에서 전세금의 반환 시까지 그 전세권설정등기의 효력이 존속한다.

전세권은 타인의 부동산에 대한 권리이므로, 1필의 토지의 일부 또는 1개의 건물의 일부에 대하여도 전세권을 설정할 수 있다. 다만 부동산 가운데 농경지는 전세권의 목적으로 하지 못한다(303조②).

2. 전세권의 취득

전세권은 전세권설정자(부동산 소유자)와 전세권자 사이의 전세권설정계약과 전세권설정등기에 의하여 취득되는 것이 일반적이지만(186조), 상속 기타 법률의 규정에 의해서도 취득될 수 있다(187조).

이와 같이 제한물권으로서 전세권은 설정등기가 있어야 비로소 취득되는데, 실거래에서는 주택전세의 경우 미등기전세(이른바 채권적 전세권)가 많이 이용된다. 이 미등기전세는 명칭은 '전세'이지만 채권이므로 주택임대차보호법의 적용을 받고, 이때 '전세금'은 '임대차의 보증금'으로 본다(주택임대차보호법 12조).

나아가 지상권 및 지역권과는 달리 전세권은 전세금의 지급을 요소로 하므로, 전세금을 지급하지 않기로 특약을 맺은 경우에는 전세권 자체가 성립하지 않는다. 전세금(또는 전전세금)은 전세권자가 설정자에게 교부하는 금전으로, 그 이자가 목적부동산의 사용대가로서의 성질을 가진다. 그리고 전세권자의 귀책사유로 인한 목적물 멸실 등의 경우에는 계약시에 받은 전세금으로 전세권자가 부담하는 손해배상채무를 담보하게 되므로(315조②), 전세금은 일종의 보증금으로서의 성질도 가진다. 이러한 전세금이 목적 부동산에 관한 조세·공과금 기타 부담의 증감이나 경제사정의 변동으로 인하여 상당하지 않게 된 때에는 - 사정변경의 원칙, 공평의 원칙 내지 신의칙에 따라 - 당사자는 장래에 대하여 그 증감을 청구할 수 있다(312조의2 본문). 그러나 증액의 경우에는 대통령령이 정하는 기준에 따른 비율(당초 약정한 전세금의 20분의 1)을 초과하지 못한다(312조의2 단서, '민법 312조의2 단서의 시행에 관한 규정' 2조).

3. 전세권의 존속기간

(1) 존속기간을 약정한 경우

당사자들이 계약으로 전세권의 존속기간을 정하는 경우에는 임의로 기간을 설정할 수 있다. 그러나 전세권의 존속기간은 최장 10년을 넘지 못하므로 당사자들이 정한 약정기간이 10년을 넘는 때에는 그 기간은 10년으로 단축된다(312조①). 건물에 대한 전세권의 경우에는 전세권자의 보호를 위하여 최단기간의 제한을 두고 있는데, 당사자들이 존속기간을 1년 미만으로 정한 때에는 그 기간은 1년으로 된다(312조②). 전세권의 존속기간은 등기된 경우에 한하여 제3자에게 대항할 수 있다(부등법 72조① 3호). 전세권의 존속기간이 만료된 경우, 당사자들은 이전의 전세권설정계약을 갱신할 수 있다. 이때 전세권의 존속기간은 갱신한 날로부터 10년을 넘지 못한다(312조③).

전세권의 법정갱신(묵시적 갱신)은 원칙적으로 허용되지 않지만, 예외적으로 토지가 아니라 건물전세의 경우에는 엄격한 요건하에 법정갱신이 허용된다. 즉 건물의 전세권설정자가 전세권의 존속기간 만료 전 6월부터 1월까지 사이에 전세권자에 대하여 갱신거절의 통지 또는 조건을 변경하지 않으면 갱신하지 않는다는 뜻의 통지를 하지 않은 경우에는, 그 기간이 만료된 때에 전(前)전세권과 동일한 조건으로 다시 전세권을 설정한 것으로 본다. 이 경우 전세권의 존속기간은 그 정함이 없는 것으로 간주한다(312조④). 이와 같이 건물전세권이 법정갱신된 경우 이는 법률의 규정에 의한 물권의 변동이므로 전세권갱신에 관한 등기를 필요로 하지 않고, 전세권자는 등기 없이도 전세권설정자나 그 목적물을 취득한 제3자에 대하여 갱신된 권리를 주장할 수 있다.

(2) 존속기간을 약정하지 않은 경우

당사자들이 설정계약으로 전세권의 존속기간을 정하지 않은 때에는 각 당사자는 언제든지 상대방에 대하여 전세권의 소멸을 통고할 수 있고, 상대방이 이 통고를 받은 날로부터 6월이 경과하면 전세권은 소멸한다(313조). 당사자들이 존속기간을 약정은 했으나 이를 등기하지 않은 경우에도 마찬가지이다.

4. 전세권의 효력

(1) 전세권자의 사용·수익의 권리와 의무

1) 전세권자의 점유권, 사용권, 수익권과 현상유지·수선의무

전세권자는 타인의 부동산을 점유하여 전세권설정계약 또는 그 목적물의 성질에 의하여 정해진 용법으로 그 부동산을 사용·수익할 권리가 있다(303조①). 반면에 전세권설정자는 전세권의 존속기간 동안 전세권자가 자신의 부동산을 사용·수익하는 것을 인용할 의무를 부담할 뿐이다. 전세권자가 사용하기에 적합한 상태로 만들어 줄 적극적 의무는 없다. 따라서 오히려 전세권자가 전세기간 동안 스스로 목적물의 현상을 유지하고 그 통상의 관리에 속한 수선을 할 의무를 부담한다(309조).

2) 건물전세권의 지상권, 임차권에 대한 효력

타인의 토지에 있는 건물을 소유한 자가 건물의 존립에 필요한 지상권 또는 임차권과 같은 토지사용권을 가지고 있는 상태에서 — 토지를 제외하고 — 건물에만 전세권을 설정한 때에는, 건물전세권의 효력은 그 건물의 소유를 목적으로 한 지상권 또는 임차권에 미친다(304조①). 따라서 이러한 경우 건물전세권자는 토지소유자에 대하여 건물소유자의 토지사용권을 원용할 수 있게 된다. 그 결과 토지소유자 기타 토지에 대하여 권리를 가지는 사람에 대한 관계에서 건물전세권자가 보다 '안전한' 지위에 있게 된다. 나아가 이러한 경우에 건물에만 전세권을 설정한 자는 전세권자의 동의 없이는 지상권 또는 임차권을 소멸하게 하는 행위를 하지 못한다(304조②). 따라서 포기, 기간단축약정 등 지상권을 소멸하게 하거나 제한하여 건물전세권자의 지위에 불이익을 미치는 전세권설정자의 행위는 허용되지 않는다.

3) 법정지상권

전술한 바와 같이 토지와 그 지상건물이 동일인에게 속하는 경우에 건물에 대해서만 전세권을 설정하고 나서 토지 소유자가 변경된 때에는, 그 토지소유자의 특별승계인은 전세권설정자에 대하여 지상권을 설정한 것으로 본다(305조① 본문). 이 경우 지료는 당사자의 청구에 의하여 법원이 정하고(305조① 단서), 대지소유자는 타인에게 그 대지를 임대하거나 이를 목적으로 한 지상권 또는 전세권을 설정하지 못한다(305조②).

4) 물권적 청구권

전세권은 타인의 부동산을 점유할 권리를 포함하므로, 목적부동산의 점유를 침해당하는 등의 경우에는 전세권자는 점유보호청구권(점유물반환청구권, 점유물방해제거청구권, 점유물방해예방청구권)을 행사할 수 있다(204-206조). 아울러 본권인 전세권의 내용 실현

이 방해를 받는 경우 등에는 전세권에 기한 물권적 청구권(반환청구권, 방해제거청구권, 방해예방청구권)도 가진다(319조에 의한 213조, 214조의 준용).

(2) 전세권의 처분

전세권자는 — 설정행위에서 금지하지 않는 한 — 전세금을 회수하기 위하여 전세권을 타인에게 양도 또는 담보로 제공할 수 있고, 그 존속기간 내에서 그 목적물을 타인에게 전전세 또는 임대할 수 있다(306조 본문). 다만 지상권의 경우에는 지상권의 양도 및 임대를 규정하는 제282조가 편면적 강행규정이어서(289조) 당사자들이 지상권의 양도를 금지하는 특약을 맺었다 해도 그 약정은 무효이다. 그러나 전세권의 경우에는 설정행위에서 이러한 전세권의 처분을 금지시키는 것이 가능하다(306조 단서). 이러한 특약이 있는 경우에는 이를 등기해야(예: 전세권자는 전세권설정자의 승낙 없이 전세권을 타인에게 양도, 담보제공, 전전세 또는 임대하지 못한다) 제3자에게 대항할 수 있다(부등법 72조① 5호).

1) 전세권의 양도

전세권자는 원칙적으로 전세권을 타인에게 양도할 수 있다(306조 본문). 전세권의 양도가 있으면(전세권이전의 약정과 부기등기) 전세권은 동일성을 유지하면서 양수인(새로운 전세권자)에게 이전하므로, 전세권양수인은 전세권설정자에 대하여 전세권양도인과 동일한 권리의무를 부담하게 된다(307조).

2) 전세권의 담보제공

전세권자는 전세권을 목적으로 하는 저당권을 설정할 수 있다(306조 본문, 371조① 조). 예컨대 전세권자 A가 X건물에 대한 전세권을 담보로 제공하고 B은행에서 돈을 대출받는 경우가 이에 해당한다. 이러한 경우에는 저당권자(B은행)를 보호하기 위하여 저당권설정자는 저당권자의 동의 없이는 전세권을 소멸하게 하는 행위를 하지 못한다(371조②).

이와 같이 전세권에 대하여 저당권이 설정된 경우 그 저당권의 목적물은 물권인 전세권 자체이고, 전세금반환채권은 그 목적물이 아니다. 따라서 전세권의 존속기간이 만료되면 전세권은 소멸하므로, 저당권자는 더 이상 전세권 자체에 대하여 저당권을 실행할 수 없게 된다. 이러한 경우에 저당권자는 물상대위(物上代位)에 따라(342조) 저당권의 목적물인 전세권에 갈음하여 존속하는 것으로 볼 수 있는 전세금반환채권에 대하여 추심명령 또는 전부명령을 받거나, 제3자가 전세금반환채권에 대하여 실시한 강제집행절차에서 배당요구를 하는 등의 방법으로 자신의 권리를 행사할 수 있을 뿐이다.

3) 전전세

전전세(轉傳貰)는 전세권자의 전세권은 그대로 존속하면서 그 전세권을 목적으로 하는 전세권을 다시 설정하는 것을 말한다. 설정행위에서 전전세를 금지하는 않는 한, 전세권자는 전세권의 존속기간 내에서 자유롭게 전전세를 할 수 있다(306조 본문). 다만 전세권자의 책임이 가중되어, 전세권자는 전전세를 하지 않았더라면 면할 수 있는 불가항력으로 인한 손해에 대하여도 책임을 진다(308조).

전전세권이 설정되어도 원전세권은 소멸하지 않고, 전전세권자는 그의 권리의 범위 내에서 목적부동산에 대하여 전세권자로서의 모든 권리를 향유한다. 이러한 전전세권자의 권리를 확보해 주기 위하여 전전세가 설정되면 전세권자는 - 전세권의 포기와 같이 - 전전세권의 기초가 되는 전세권을 소멸시키지 못한다.

전전세권은 전세권을 기초로 하는 권리이기 때문에 전세권이 소멸하면 전전세권도 소멸한다. 이 경우 전전세권자는 원전세권자에게 전전세금의 반환을 청구할 수 있고(317조 참조), 원전세권자가 전전세금의 반환을 지체한 때에는 민사집행법 제264조 이하('담보권 실행을 위한 경매')에서 정한 바에 따라 목적부동산의 경매를 청구할 수 있으며(318조 참조), 그 매각대금으로부터 후순위권리자 기타 채권자보다 우선하여 전전세금을 변제받을 수 있다(303조② 참조).

4) 목적물의 임대

전세권자는 전세권의 존속기간 내에서 전세권설정자의 동의 없이도 목적물을 타인에게 임대할 수 있다(306조 본문). 다만 이 경우에도 전전세와 마찬가지로 전세권자의 책임이 가중되는바, 전세권자는 임대하지 않았으면 면할 수 있는 불가항력으로 인한 손해에 대하여도 책임을 진다(308조).

5. 전세권의 소멸

(1) 전세권의 소멸사유

일반적 물권소멸사유(존속기간의 만료, 소멸시효, 혼동 등)가 발생하면 전세권은 소멸한다. 그 밖에 전세권에 특유한 소멸사유로 전세권자가 전세권설정계약 또는 그 목적물의 성질에 의하여 정해진 용법으로 목적부동산을 사용, 수익하지 않은 때에는 전세권설정자는 전세권자에게 전세권의 소멸을 청구할 수 있고(311조①), 원상회복 또는 손해배상도 청구할 수 있다(311조②). 전세권의 존속기간을 약정하지 않은 때에는 각 당사자는 언제든지 상대방에 대하여 전세권의 소멸을 통고할 수 있다. 상대방이 이 통고를 받은 날로부터 6월이 경과하면 전세권은 소멸한다(313조).

전세목적물의 전부 또는 일부가 불가항력으로 멸실된 때에는 그 멸실된 부분의 전세권은 소멸하고(314조①), 일부멸실의 경우에 전세권자가 그 잔존부분으로 전세권의 목적을 달성할 수 없는 때에는 전세권설정자에 대하여 전세권전부의 소멸을 통고하고 전세금의 반환을 청구할 수 있다(314조②). 이에 비하여 전세목적물의 전부 또는 일부가 전세권자의 책임 있는 사유로 멸실된 때에는 전세권자는 손해를 배상할 책임이 있고(315조①), 이 경우 전세권설정자는 전세권이 소멸된 후 전세금으로써 손해의 배상에 충당하고 남은 것이 있으면 반환해야 하며 부족이 있으면 다시 청구할 수 있다(315조②).

(2) 전세권소멸의 효과

1) 전세금의 반환 및 목적부동산의 인도

전세권이 소멸한 때에는 전세권설정자는 전세권자로부터 그 목적물의 인도 및 전세권설정등기의 말소등기에 필요한 서류의 교부를 받는 동시에 전세금을 반환해야 한다(317조). 즉 전세권자의 전세목적물 인도의무 및 전세권설정등기 말소등기의무와 전세권설정자의 전세금반환의무가 동시이행의 관계에 있다.

전세권이 성립한 후 전세권이 양도되거나 전세목적물의 소유권이 이전된 경우에는 누가 이러한 의무를 부담하는지가 문제된다. 전세권이 양도된 경우에는 양수인이 전세권설정자에게 전세권양도인과 동일한 의무를 부담하므로(307조), 전세목적물을 전세권설정자에게 인도할 의무 및 전세권설정등기를 말소할 의무는 양수인에게 귀속된다. 이에 비하여 전세목적물의 소유권이 이전된 경우에 신소유자가 전세권설정자의 지위를 승계하는지에 대한 명문규정은 없으나, 판례는 전세권설정자의 지위를 승계한 신소유자가 전세금의 반환의무를 부담하는 것으로 해석한다.

2) 전세금의 우선변제권

전세권설정자가 전세금의 반환을 지체한 때에는 전세권자는 민사집행법 제264조 이하('담보권 실행을 위한 경매')에서 정한 바에 따라 목적부동산의 경매를 청구할 수 있고(318조), 그 매각대금으로부터 후순위권리자 기타 채권자보다 우선하여 전세금을 변제받을 수 있다(303조②).

전세권자의 전세목적물 인도의무 및 전세권설정등기 말소등기의무와 전세권설정자의 전세금반환의무는 서로 동시이행관계에 있으므로, 전세권자인 채권자가 전세목적물에 대한 경매를 청구하려면 전세권설정자에 대하여 전세목적물의 인도의무 및 전세권설정등기말소의무의 이행제공을 완료하여 전세권설정자를 이행지체에 빠뜨려야 한다.

전세권이 저당권이나 일반채권과 경합하는 경우에는 이들 사이의 우선순위가 문제된다. 전세권자는 물권자이므로 일반채권자에 우선한다('채권에 대한 물권의 우선적 효력'). 전세권과 저당권이 경합할 때에는 성립시기(즉 설정등기의 선후)에 따라 우선순위 및 배당순위가 달라진다('다른 물권에 대한 우선적 효력'). 가령 전세권이 먼저 성립하고 그 후에 저당권이 설정된 때에는, 선순위자인 전세권자가 경매를 신청하면 두 권리는 모두 소멸하고, 배당순위는 등기의 선후(같은 을구에서 한 등기 상호 간의 관계가 문제되므로 원칙적으로 순위번호의 선후)에 의한다(민사집행법 145조, 부등법 4조②). 이 경우에 저당권자가 경매를 신청하면 선순위인 전세권은 소멸하지 않지만(민사집행법 91조④ 본문), 전세권자가 배당을 요구하면 전세권은 매각으로 소멸한다(민사집행법 91조④ 단서). 이에 비하여 저당권의 순위가 전세권보다 앞선 경우에는 누가 경매를 청구하든 두 권리는 모두 소멸하고('소제주의')(민사집행법 91조②, ③) 배당순위는 등기의 선후에 따른다.

3) 부속물수거권 및 부속물매수청구권

전세권이 존속기간의 만료로 소멸한 때에는 전세권자는 그 목적물을 원상에 회복해야 하며, 그 목적물에 부속시킨 물건(가령 벽걸이 에어컨, 조명 등)을 수거할 수 있다(316조① 본문). 그러나 전세권설정자가 그 부속물건의 매수를 청구한 때에는 전세권자는 정당한 이유 없이 거절하지 못한다(316조① 단서).

그런가 하면 전세권설정자의 동의를 얻어 부속시킨 물건 또는 전세권설정자로부터 매수한 부속물건에 대하여는 오히려 전세권자가 전세권설정자에게 그 물건의 매수를 청구할 수 있다(316조②).

4) 유익비상환청구권

전세권자는 목적물의 현상유지의무와 수선의무를 부담하므로(309조), 필요비의 상환을 청구할 수 없다. 그렇지만 전세권자가 목적물을 개량하기 위하여 지출한 금액 기타 유익비에 관하여는 − 그 가액의 증가가 현존한 경우에 한하여 − 소유자의 선택에 좇아 그 지출액이나 증가액의 상환을 청구할 수 있다(310조①). 이 경우에 법원은 소유자의 청구에 의하여 상당한 상환기간을 부여할 수 있다(310조②).

Ⅷ. 유치권

1. 유치권의 의의 및 성질

유치권(留置權)은 타인의 물건 또는 유가증권을 점유한 자가 그 물건이나 유가증권에 관하여 생긴 채권이 변제기에 있는 경우에 변제를 받을 때까지 그 물건 또는 유가증권을 유치할 수 있는 권리이다(320조①). 가령 시계수리업자가 시계를 수선하였으나 수선비를 받지 않은 채 그 시계를 주인에게 인도해야 한다면, 수선업자는 수선비를 받기가 어렵게 된다. 따라서 이런 경우에는 형평의 원칙상 수선업자의 수선비채권을 확보해 줄 필요가 있다. 민법은 수선업자가 수선비를 전부 받을 때까지 그 시계의 점유를 계속하면서 인도를 거절할 수 있도록 함으로써 사실상 수선업자가 다른 채권자보다 우선하여 변제받을 수 있도록 하고 있다.

유치권은 단순히 점유를 계속하면서 인도를 거절할 수 있는 권능이 아니라 객체를 지배할 수 있는 물권이고, 그 가운데에서도 타인의 물건 또는 유가증권을 객체로 하는 제한물권이다. 따라서 유치권자는 채무의 전부를 변제받을 때까지 채무자는 물론이고 물건의 소유자, 양수인에 대하여도 유치권을 행사할 수 있다. 다만 유치권은 물건에 대한 점유를 성립 및 존속요건으로 하므로, 유치권자가 점유를 상실하면 유치권은 소멸한다(328조).

유치권은 일정한 요건이 갖추어지면 — 등기 등 공시방법을 갖추지 않아도 — 법률상 당연히 성립하는 법정담보물권이다. 그렇지만 유치권도 — 약정담보물권과 마찬가지로 — 담보물권에 공통하는 특성인 부종성, 수반성, 불가분성을 갖는다. '부종성(附從性)'은 피담보채권의 존재를 전제로 해서만 담보물권이 성립할 수 있는 성질을 말한다. 부종성 때문에 피담보채권이 성립하지 않으면 담보물권도 성립하지 않고, 피담보채권이 소멸하면 유치권도 소멸한다. '수반성(隨伴性)'은 피담보채권이 이전하면 담보물권도 함께 이전하는 성질을 말한다. '불가분성(不可分性)'은 피담보채권의 전부를 변제받을 때까지 목적물의 전부에 대하여 담보물권자가 권리를 행사할 수 있는 성질이다. 다만 유치권은 약정담보물권과는 달리 목적물의 교환가치를 평가하여 설정된 담보물권이 아니므로 경매권은 있어도 우선변제권은 없다. 따라서 유치권에는 담보목적물의 멸실, 훼손, 공용징수로 인하여 그에 갈음하는 금전 기타의 물건이 목적물의 소유자에게 귀속하게 된 경우에 담보권이 그 물건에 존속하는 성질('물상대위성')은 인정되지 않는다.

2. 유치권의 성립

유치권은 ─ 당사자들의 설정행위에 기초하여 취득되는 약정담보물권이 아니라 ─ 법정담보물권이므로, 이하의 요건이 갖추어지면 법률상 당연히 성립된다.

(1) 목적물

유치권은 물건(동산 및 부동산)과 유가증권을 목적물로 한다. 그리고 법률의 규정에 근거하여 성립하는 법정담보물권이기 때문에, 부동산이나 유가증권이 목적물인 경우에도 부동산등기나 배서 등의 공시방법을 필요로 하지 않는다. 다만 유치권도 ─ 지상권, 지역권, 전세권과 마찬가지로 ─ 타인의 물건에 설정되는 것이므로, 유치권의 목적물은 타인의 소유이어야 한다.

(2) 목적물의 점유

유치권이 성립하기 위해서는 목적물에 대한 점유가 있어야 한다. 아울러 전술한 바와 같이 유치권자가 점유를 상실하면 유치권은 소멸하므로(328조), 목적물에 대한 점유(직접점유 또는 간접점유)가 계속되어야 한다. 다만 유치권자가 목적물의 점유를 일시 상실했다가 다시 점유하게 된 경우에는 ─ 점유상실 당시 유치권을 포기하는 등 특별한 사정이 없는 한 ─ 유치권이 되살아난다.

나아가 목적물에 대한 점유가 불법행위에 의하여 시작되지 않았어야 한다(320조②). 따라서 불법점유(예: 점유를 침탈한 경우, 적법한 권원 없이 점유한 경우 등)에는 유치권이 인정되지 않는다.

(3) 점유자의 채권의 변제기 도래

목적물의 점유자가 ─ 그 발생원인을 불문하고 ─ 채권을 가지고 있어야 하고, 그 채권이 변제기에 있어야 한다(320조①). 왜냐하면 아직 채권의 변제기가 도래하지 않았는데도 불구하고 유치권을 인정하게 되면, 상대방의 채무의 이행을 간접적으로 강제하는 결과가 되기 때문이다.

(4) 채권과 목적물의 견련관계

유치권이 성립하기 위해서는 채권과 유치권의 목적물 사이에 견련관계(牽聯關係)가 있어야 한다. 즉 채권이 목적물로부터 생긴 것이어야 하는데, 여기에는 ─ 유치권제도

본래의 취지인 공평의 원칙에 특별히 반하지 않는 한 — 채권이 목적물 자체로부터 생긴
경우(예: 목적물에 지출한 비용의 상환청구권)뿐만 아니라 채권이 목적물의 반환청구권과
동일한 법률관계나 동일한 사실관계로부터 생긴 경우(예: 매매계약이 취소된 경우의 매매대
금반환청구권과 목적물의 반환의무)도 포함된다. 판례는 도급계약에서 수급인의 공사대금
채권과 완성목적물, 임차인이 임대인에게 가지는 비용상환청구권과 임대목적물 간의 견
련관계를 인정한다. 예컨대 A가 B와의 도급계약에 기하여 10층짜리 연립주택을 완공했
는데 공사대금을 받지 못하였다면 A는 공사대금을 담보하기 위하여 완공된 연립주택을
점유하면서 유치권을 행사할 수 있다.

(5) 유치권 배제 특약의 부존재

유치권의 발생을 배제하는 특약을 맺는 것도 가능하므로, 이러한 특약이 있는 경우
에는 유치권은 성립하지 않는다. 따라서 당사자 사이에 유치권 발생 배제의 특약이 없어
야 한다.

3. 유치권의 효력

(1) 유치권자의 권리

1) 목적물을 유치할 권리

유치권자는 채권전부의 변제를 받을 때까지 유치물 전부를 점유하면서 인도를 거절
할 수 있다('불가분성')(321조). 그렇지만 물건의 인도를 청구하는 소송에서 피고(유치권자)
의 유치권 항변이 인용되는 경우에, 법원은 원고패소의 판결을 하는 것이 아니라— 일
부인용판결로서 상환이행(相換履行)의 판결, 즉 '물건에 관하여 생긴 채권의 변제와 상환
으로 물건을 인도하라'는 판결을 한다.

2) 경매권과 우선변제권

유치권자는 채권의 변제를 받기 위하여 유치물을 경매할 수 있다(322조①, 민사집행
법 274조). 이 경우 유치권자는 채무의 변제 또는 다른 담보를 제공할 기회를 주기 위하
여 채무자에게 이행을 최고하고 경매에 붙일 것을 통지해야 한다. 그러나 유치권자가 경
매를 신청하면 그 경매에 의해 유치권은 소멸하므로 유치목적물을 매수한 자에게 유치
권의 인수를 주장할 수 없다.

반면에 제3자가 신청한 경매가 진행된 경우에는 유치권은 경매로 인하여 소멸되지
않고 인수되므로(민사집행법 91조⑤), 유치권자는 매수인에 대하여 그 피담보채권의 변제

가 있을 때까지 유치목적물인 부동산의 인도를 거절할 수 있다. 즉 매수인이 유치권자로부터 목적물을 인도받으려면 유치권자에게 피담보채권을 변제해야 하기 때문에, 실제에 있어서 유치권자는 사실상 우선변제를 받게 되는 결과를 가져온다.

또한 정당한 이유가 있는 때에는 유치권자는 - 미리 채무자에게 통지하고 - 감정인의 평가에 의하여 유치물로 직접 변제에 충당할 것을 법원에 청구할 수 있다('간이변제충당')(322조②). 간이변제충당을 허가하는 법원의 결정이 있으면 유치권자는 유치물의 소유권을 취득하고('법률규정에 의한 물권변동'), 평가액의 한도에서 변제를 받는 것이 된다. 만일 평가액이 채권액을 초과하는 경우에는 유치권자는 그 초과액을 그 물건의 구소유자에게 반환해야 한다.

3) 과실수취권

유치권자는 유치물의 과실(천연과실 및 법정과실)을 수취하여 다른 채권보다 먼저 그 채권의 변제에 충당할 수 있고(323조① 본문), 이 경우 과실은 우선 채권의 이자에 충당하고 그 잉여가 있으면 원본에 충당한다(323조②). 다만 과실이 금전이 아닌 때에는 경매해야 한다(323조① 단서).

4) 유치물 사용권

유치권자는 원칙적으로 유치물을 사용할 수 없다. 다만 채무자의 승낙을 받고 유치물을 사용하거나 유치물에 대한 보존행위로서 유치물을 사용하는 것(예: 기계가 녹슬지 않게 적당하게 가동하는 것)은 허용된다(324조②). 그러나 이때에도 사용으로 인한 이득은 유치권자가 소유자에게 부당이득으로 반환해야 한다.

5) 비용상환청구권

유치권자가 유치물에 관하여 필요비(예: 공과금, 누수공사비 등)를 지출한 때에는 소유자에게 그 상환을 청구할 수 있다(325조①). 유치권자가 유치물에 관하여 유익비(예: 보일러교체비)를 지출한 때에는 그 가액의 증가가 현존한 경우에 한하여 소유자의 선택에 좇아 그 지출한 금액이나 증가액의 상환을 청구할 수 있고, 법원은 소유자의 청구에 의하여 상당한 상환기간을 부여할 수 있다(325조②).

(2) 유치권자의 의무

유치권의 목적물은 타인의 소유이어야 하므로, 유치권자는 유치물을 - 자기재산과 동일한 주의가 아니라 - 선량한 관리자의 주의로 점유해야 한다(324조①). 아울러 유치권자는 채무자의 승낙 없이는 유치물을 사용, 대여 또는 담보로 제공하지 못한다(324조② 본문).

4. 유치권의 소멸

물권 일반에 공통적인 소멸사유(목적물의 멸실, 포기, 혼동 등)와 담보물권에 공통한 소멸사유(피담보채권의 소멸, 유치권의 실행 등)가 발생하면 유치권은 소멸한다. 그 밖에도 전술한 바와 같이 유치권은 목적물의 점유를 성립 및 존속요건으로 하므로, 유치권자가 점유를 상실하면 유치권은 소멸한다(328조). 나아가 유치권자가 전술한 의무를 위반한 경우, 즉 선량한 관리자의 주의의무로 유치물을 점유하지 않았거나 채무자의 승낙 없이 유치물을 사용, 대여 또는 담보로 제공한 때에도 채무자의 유치권 소멸 청구로 유치권은 소멸한다(324조③). 그런가 하면 채무자는 상당한 담보를 제공하고 유치권의 소멸을 청구할 수 있다(327조).

IX. 질권

1. 질권의 의의 및 성질

질권(質權)은 채권의 담보로 채무자 또는 제3자가 제공한 동산 또는 재산권을 점유하고 그 동산 또는 재산권에 대하여 다른 채권자보다 자기채권의 우선변제를 받는 권리이다(329조). 가령 노트북, 핸드백 등을 담보로 잡히고 전당포에서 금전을 차용하는 경우가 이에 해당한다. 민법상 질권은 크게 목적물을 기준으로 동산질권(329-344조)과 권리질권(345-355조)으로 구분되고, 발생원인을 기준으로 약정질권과 법정질권으로 나누어진다. 이하에서는 동산질권을 중심으로 살펴보기로 한다.

질권은 유치권과 마찬가지로 객체를 지배할 수 있는 물권이고, 그 중에서도 타인의 동산 또는 재산권을 객체로 하는 제한물권이며, 목적물이 가지는 교환가치를 배타적으로 지배할 수 있는 담보물권이다. 따라서 질권은 담보물권에 공통하는 성질(부종성, 수반성, 불가분성, 물상대위성)을 갖는다.

2. 동산질권의 취득

동산질권은 원칙적으로 약정담보물권이므로 질권설정계약과 목적동산의 인도에 의하여 취득되는 것이 일반적이지만(188조), 상속 기타 법률의 규정에 의해서도 취득될 수 있다.

(1) 법률행위에 의한 취득

1) 질권설정계약

동산질권은 원칙적으로 약정담보물권이므로 피담보채권의 존재를 전제로, 이 채권을 담보하는 질권설정계약과 질물(質物)인 동산의 인도에 의하여 취득된다(188조①).

질권설정자는 원칙적으로 질물에 대한 처분권한이 있어야 한다. 다만 질권에도 선의취득이 인정되므로(343조에 의한 249조의 준용), 질권설정자에게 목적동산에 대한 처분권한이 없더라도 채권자가 설정자에게 처분권한이 있다고 믿고(선의, 무과실) 평온 및 공연하게 그 동산의 점유를 취득한 때에는, 채권자는 즉시 질권을 취득한다('법률규정에 의한 동산취득').

2) 목적 동산의 인도

동산에 관한 물권변동이 성립하려면 반드시 공시방법(동산의 인도)을 갖추어야 하므로(188조①), 동산질권의 설정도 질권자에게 목적물을 인도(현실의 인도, 간이인도, 목적물반환청구권의 양도)함으로써 그 효력이 생긴다(330조). 다만 질권은 질권자가 질물을 점유함으로써 설정자의 질물에 대한 사용·수익을 금지하는 유치적 효력을 가지므로, 이 효력을 확보하기 위하여 점유개정에 의한 질권설정은 금지된다(332조).

3) 동산질권의 목적물

동산질권에는 질권자가 피담보채권의 변제를 받지 못한 경우에 채무의 담보로 맡은 질물을 환가하여 우선변제를 받을 수 있는 효력('우선변제적 효력')이 인정된다. 따라서 질물은 반드시 환가가능성이 있는, 즉 양도할 수 있는 물건이어야 한다(331조). 위조통화, 아편 등 양도가 금지되는 금제물(禁制物)은 질물로 될 수 없다. 그런가 하면 양도가능성은 있으나 등기 또는 등록으로 공시되는 특수동산(20톤 이상의 선박, 항공기, 자동차 등)도 질권의 목적물이 되지 않는다.

4) 피담보채권

피담보채권(被擔保債權)은 질권을 설정하여 담보할 수 있는 채권을 말한다. 질권은 이 피담보채권에 부종하므로, 질권이 성립하려면 이 피담보채권이 존재하고 있어야 한다. 다만 피담보채권의 발생원인은 불문하므로, 금전소비대차계약과 같은 법률행위는 물론이고 불법행위로 발생한 채권도 피담보채권이 될 수 있다. 일정한 계속적인 거래관계로부터 장래에 발생하게 될 불특정채권을 담보하기 위하여 질권을 설정하는 것도 가능하다.

(2) 법률의 규정에 의한 취득

질권은 법률의 규정에 의해서도 취득될 수 있다(예: 선의취득). 뿐만 아니라 일정한 경우에는 법률상 당연히 질권이 성립하기도 한다('법정질권'). 가령 토지임대인이 임대차에 관한 채권에 의하여 임차지에 부속 또는 그 사용의 편익에 공용한 임차인의 소유동산 및 그 토지의 과실을 압류한 때에는 질권과 동일한 효력이 있으므로(648조), 토지임대인은 법률상 당연히 그 압류한 물건에 대한 질권을 취득한다. 아울러 건물 기타 공작물의 임대인이 임대차에 관한 채권에 의하여 그 건물 기타 공작물에 부속한 임차인소유의 동산을 압류한 때에도 질권과 동일한 효력이 있는바(650조), 이 경우에도 임대인은 법률상 당연히 그 압류한 물건에 대한 질권을 취득한다.

3. 동산질권의 효력

(1) 유치적 효력

질권자는 피담보채권을 전부 변제받을 때까지 질물을 점유하면서 인도를 거절(유치)할 수 있다(335조 본문). 질권자는 이 유치적 효력을 질물의 양수인, 일반채권자 또는 후순위 담보권자는 물론 질물을 경매에서 매수한 자에 대하여도 주장할 수 있다.

이와 같이 질권도 유치권과 마찬가지로 물건에 대한 유치적 효력을 가지지만, 물건을 점유하면서 인도를 거절하는 것을 중심적 효력으로 하는 유치권과는 달리 질권은 유치적 효력과 우선변제적 효력을 모두 갖는다. 그러나 질권자는 자기보다 우선권이 있는 채권자에게는 이 유치적 효력으로 대항하지 못한다(335조 단서). 따라서 선순위 질권자나 선순위 압류채권자의 청구로 경매가 개시되면 후순위 질권자는 질물의 인도를 거절하지 못하고, 매각대금에서 배당을 받을 수 있을 따름이다.

(2) 우선변제적 효력

1) 질권의 실행

채무자의 이행지체가 있는 경우에는 질권자는 피담보채권의 변제를 받기 위하여 민사집행법 제271조, 제272조에서 정하는 유체동산에 대한 경매절차에 따라서 채권의 담보로 채무자 또는 제3자가 제공한 동산(질물)을 경매할 수 있다(338조①). 그 매각대금으로부터 다른 채권자보다 자기채권의 우선변제를 받을 수 있다(329조).

나아가 정당한 이유가 있는 때에는 - 유치권자와 마찬가지로 - 질권자는 미리 채무자 및 질권설정자에게 통지하고 감정인의 평가에 의하여 질물로 직접 변제에 충당할 것을 법원에 청구할 수 있다('간이변제충당')(338조②).

질권설정계약의 당사자들이 이러한 복잡한 방법(경매, 간이변제충당)에 의하지 않고 질물의 처분 또는 변제에 갈음하여 질권자가 질물의 소유권을 취득하기로 약정한 경우에는, 이러한 유질계약(流質契約)의 유효성이 문제된다. 민법은 채무변제기 전에 이러한 유질계약을 체결하는 것을 금지하고 있다(339조). 이러한 유질계약을 허용하게 되면 채무자가 급하게 돈이 필요하여 고가의 동산을 담보로 잡히고 금전을 차용했으나 변제를 하지 못한 경우에, 채무자가 차용금을 훨씬 상회하는 고가의 질물의 소유권을 잃게 되어 채무자에게 불리하기 때문이다. 그렇지만 변제기 후의 유질은 일종의 대물변제로 볼 수 있기 때문에, 당사자들이 변제기가 도래한 후에 유질계약을 체결하는 것은 허용된다.

2) 질권자의 우선순위

질권자는 물권자이므로 일반채권자에 우선한다('채권에 대한 물권의 우선적 효력'). 그렇지만 질권과 질권 또는 질권과 기타 우선변제권을 가지는 권리가 경합할 때에는 그 설정시기에 따라 우선순위 및 배당순위가 달라진다('다른 물권에 대한 우선적 효력')(333조).

(3) 동산질권자의 의무

동산질권자는 유치권자와 마찬가지로 선량한 관리자의 주의로 질물을 점유해야 하고(343조에 의한 324①의 준용), 설정자의 승낙 없이는 질물을 사용, 대여하거나 담보로 제공하지 못한다(343조에 의한 324②의 준용). 질권자가 이러한 의무를 위반한 때에는 질권설정자는 질권의 소멸을 청구할 수 있다(343조에 의한 324조③의 준용). 질권이 소멸하면 동산질권자는 질물을 질권설정자에게 반환해야 한다.

4. 동산질권의 소멸

동산질권은 일반적 물권소멸사유(목적물의 멸실, 포기, 혼동 등)와 담보물권에 공통한 소멸사유(피담보채권의 소멸, 질권의 실행 등)가 발생하면 소멸한다. 그 밖에도 질권자가 질물을 설정자에게 반환한 때와 전술한 바와 같이 질권자의 선관의무 위반 등을 이유로 질권설정자가 질권의 소멸을 청구한 때도 질권은 소멸한다(343조에 의한 324조③의 준용).

X. 저당권

1. 저당권의 의의 및 성질

저당권은 채무자 또는 제3자가 점유를 이전하지 않고 채무의 담보로 제공한 부동산을 관념적으로 지배하다가, 채무의 변제가 없는 경우에 그 목적물로부터 다른 채권자보다 자기 채권의 우선변제를 받는 권리이다(356조). 저당권은 원칙적으로 질권과 같이 (약정)담보물권이지만, 그 목적물이 부동산이라는 점과 목적 부동산의 점유를 저당권자에게 이전하지 않는다는 점에서 질권과 다르다.

저당권은 지상권, 질권 등과 마찬가지로 객체를 지배할 수 있는 물권이고, 그 중에서도 부동산을 객체로 하는 제한물권이며, 목적물이 가지는 교환가치를 배타적으로 지배할 수 있는 담보물권이다. 따라서 저당권도 담보물권에 공통하는 성질(부종성, 수반성, 불가분성, 물상대위성)을 가진다.

2. 저당권의 취득

저당권은 원칙적으로 약정담보물권이므로 저당권설정계약과 설정등기에 의하여 취득되는 것이 일반적이지만(186조), 상속 기타 법률의 규정에 의해서도 취득될 수도 있다(187조, 649조).

(1) 법률행위에 의한 취득

1) 저당권설정계약과 저당권설정등기

저당권은 원칙적으로 — 질권과 마찬가지로 — 약정담보물권이므로 피담보채권의 존재를 전제로 이 채권을 담보하는 저당권설정계약과 부동산등기에 의하여 취득된다(186조). 원칙상 저당권자는 피담보채권의 채권자(대주)이어야 하나, 저당권설정자는 채무자(차주)뿐만 아니라 제3자(물상보증인)여도 무방하다.

2) 저당권의 목적

저당권의 객체는 원칙적으로 부동산이지만(356조), 지상권과 전세권도 저당권의 목적일 수 있다(371조). 동산이라 하더라도 등기 또는 등록으로 공시되는 특수동산(20톤 이상의 선박, 항공기, 자동차 등), 토지와는 별개의 부동산으로 간주되는 '입목에 관한 법률'에 따라 등기된 수목의 집단(동법 3조②) 등도 저당권의 객체가 될 수 있다.

3) 피담보채권

저당권은 피담보채권에 부종하므로 저당권이 성립하려면 피담보채권이 존재해야 한다. 다만 피담보채권의 발생원인은 불문하므로, 법률행위는 물론이고 불법행위로 발생한 채권도 피담보채권이 될 수 있다. 일정한 계속적인 거래관계(예: 당좌대월계약)로부터 장래에 발생하게 될 불특정채권을 담보하기 위하여 근저당(根抵當)을 설정하는 것도 가능하다(357조).

(2) 법률의 규정에 의한 취득

저당권은 상속, 판결, 경매 기타 법률의 규정에 의하여 취득될 수 있다(187조). 뿐만 아니라 토지임대인이 변제기를 경과한 최후 2년의 차임채권에 의하여 그 지상에 있는 임차인소유의 건물을 압류한 때에는 법률상 당연히 저당권이 성립된다('법정저당권')(649조).

3. 저당권의 효력

(1) 저당권의 효력이 미치는 범위

1) 목적물의 범위

법률에 특별한 규정 또는 설정행위에 다른 약정이 없는 한, 저당권의 효력은 저당부동산과 이에 부합된 물건(예: 건물의 증축부분, 상가 및 지하주차장 내에 설치된 발전설비 등)과 종물에 미친다(358조). 여기에서 저당부동산에 부합한 물건과 종물은 제256조에서 규정하는 부합물, 제100조에서 법정하는 종물과 같은 의미이다. 나아가 제358조는 저당부동산에 종된 권리에도 '유추적용'되어 건물에 대한 저당권의 효력은 그 건물의 소유를 목적으로 하는 지상권에도 미친다. 또한 건물의 소유를 목적으로 토지를 임차한 사람이 그 건물에 저당권을 설정한 때에는 저당권의 효력은 그 건물의 소유를 목적으로 한 토지의 임차권에도 미친다.

저당부동산으로부터 생기는 과실(천연과실과 법정과실)은 원칙적으로 그 부동산을 사용·수익하고 있는 저당권설정자에게 속한다. 그러나 저당부동산에 대한 압류가 있은 후에 저당권설정자가 그 부동산으로부터 수취한 과실 또는 수취할 수 있는 과실에는 저당권의 효력이 미친다(359조 본문). 한편 그 부동산에 대한 소유권, 지상권 또는 전세권을 취득한 제3자에 대하여는 저당권자가 압류한 사실을 통지한 후가 아니면 이로써 대항하지 못한다(359조 단서).

저당권은 − 질권과 마찬가지로 − 저당목적물의 교환가치를 목적으로 하는 담보물권이므로 물상대위성을 가지는바, 저당목적물이 멸실, 훼손 또는 공용징수로 인하여 저당권설정자가 받을 금전 기타 물건에 대하여도 저당권을 행사할 수 있다(379조에 의한 342조 본문의 준용). 이 경우에 그 금전을 지급받거나 물건을 인도받기 전에 압류해야 한다(379조에 의한 342조 단서의 준용).

2) 피담보채권의 범위

저당권은 원본, 이자, 위약금, 채무불이행으로 인한 손해배상 및 저당권의 실행비용을 담보하지만, 지연배상에 대하여는 원본의 이행기일을 경과한 후의 1년분에 한하여 저당권을 행사할 수 있다(360조). 저당권도 유치권, 질권과 마찬가지로 불가분성이 있으므로, 저당권자는 피담보채권의 전부를 변제받을 때까지 저당부동산 전부에 대하여 저당권을 행사할 수 있다(370조에 의한 321조의 준용).

(2) 우선변제적 효력

1) 저당권의 실행

채권자는 특단의 사정이 없는 한 변제기가 도래하기 전에 채무자에게 채무의 이행을 청구할 수 없다. 따라서 저당권자는 피담보채권의 변제기 도래 전에 저당권실행을 위한 경매를 신청할 수 없다. 즉 채무자가 이행을 지체한 경우에 비로소 저당권자는 피담보채권의 변제를 받기 위하여 민사집행법에서 정하는 담보권 실행 경매 절차에 의거하여 담보목적물인 부동산의 경매를 청구할 수 있고(363조①), 그 매각대금으로부터 다른 채권자보다 자기채권의 우선변제를 받을 수 있다(356조).

피담보채무의 변제기가 되기 전에 저당채무의 불이행이 있으면 저당권자가 저당부동산의 소유권을 취득하는 것으로 하거나 담보권실행경매가 아닌 방법으로 저당부동산을 환가 내지 현금화하기로 약정하는 것도 가능하다('유저당계약'). 동산질권의 경우에는 유질계약을 금지하는 명문규정이 있지만(339조) 유저당계약을 금지하는 규정은 없으므로, 이러한 유저당계약은 원칙적으로 유효하다.

2) 저당권자의 우선순위

저당권자는 물권자이므로 일반채권자에 우선한다('채권에 대한 물권의 우선적 효력'). 다만 주택임대차보호법상 공시방법(주택의 인도, 주민등록이전)을 갖춘 주택 임차인과 미등기전세권자는 보증금의 일정액에 한하여 저당권자보다 우선하여 변제를 받는다('최우선변제권')(주택임대차보호법 8조①, 12조, 동시행령 10조, 11조). 그리고 ― 전세권의 우선순위에서 살펴본 바와 같이 ― 저당권과 기타 우선변제권을 가지는 권리가 경합할 때에는 성립시기(즉 설정등기 또는 임대차계약증서상의 확정일자의 선후)에 따라 우선순위 및 배당순위가 달라진다('다른 물권에 대한 우선적 효력').

(3) 일괄경매청구권

토지(나대지)에 저당권을 설정한 후 설정자가 그 토지에 건물을 축조한 때에는, 토지 저당권자가 토지와 함께 그 건물에 대하여도 경매를 청구할 수 있다(365조 본문). 이와 같이 일괄경매청구권을 인정하는 취지는, 저당권설정자로서는 저당권 설정 후에도 그 지상에 건물을 신축할 수 있는데 나중에 저당권 실행으로 토지가 제3자에게 매각될 경 우에 건물을 철거해야 한다면 사회경제적으로 현저한 불이익이 생기게 되므로 이를 방 지할 필요가 있고, 저당권자에게도 건물의 존재로 인하여 생기게 되는 저당토지의 경매 의 어려움을 해소하여 저당권 실행을 쉽게 할 수 있도록 한 데 있다.

저당권설정자가 건물을 신축한 경우뿐만 아니라 저당권설정자가 제3자로부터 그 건 물을 매수한 경우에도 대지에 대한 저당권실행 시점에 건물의 소유자가 저당권설정자이 면 저당권자의 일괄경매청구권이 인정된다.

다만 이렇게 일괄경매청구권을 행사한 경우에도 토지저당권의 우선변제적 효력은 건물에는 미치지 않는다. 따라서 토지 저당권자는 그 건물의 매각대금으로부터 우선변 제를 받을 권리는 없다(365조 단서). 이러한 경우 토지의 저당권자가 건물의 매각대금에 서 배당을 받으려면 민사집행법 제268조, 제88조의 규정에 의한 적법한 배당요구를 했 거나 그 밖에 달리 배당을 받을 수 있는 채권으로서 필요한 요건을 갖추고 있어야 한다.

(4) 저당권의 침해에 대한 효력

1) 물권적 청구권

저당권의 침해란 저당권자가 저당목적물의 교환가치로부터 우선변제를 받는 것을 위태롭게 하는 것을 말한다. 이러한 저당권의 침해가 발생했거나 발생할 염려가 있는 경 우에는 저당권자는 물권적 청구권을 행사하여 방해행위의 제거나 예방을 청구할 수 있 다(370조에 의한 214조의 준용). 다만 저당권은 점유를 수반하는 권리가 아니기 때문에 제 3자가 불법으로 저당목적물을 점유하고 있다 하더라도, 저당권자가 저당권에 근거하여 목적물 반환청구권을 행사할 수는 없다.

2) 손해배상청구권

고의 또는 과실로 인한 저당권 침해로 손해가 발생한 때에는 저당권자는 저당권 실 행을 기다리지 않고 가해자(저당부동산의 소유자, 제3자)를 상대로 불법행위를 이유로 손 해배상을 청구할 수 있다(750조).

3) 담보물보충청구권

저당권설정자의 책임 있는 사유로 저당물의 가액이 현저히 감소된 때에는, 저당권자는 저당권설정자에 대하여 그 원상회복 또는 상당한 담보의 제공을 청구할 수 있다(362조). 이 담보물보충청구권을 행사할 때는 손해배상청구권이나 즉시변제청구권을 행사할 수 없다.

4) 즉시변제청구권

채무자가 저당목적물을 손상, 감소 또는 멸실하게 한 때에는 채무자는 기한의 이익을 주장하지 못하므로(388조 1호), 저당권자는 곧바로 채무를 변제할 것을 청구할 수도 있고, 저당권을 실행할 수도 있다.

4. 저당권의 처분과 소멸

저당권은 피담보채권과 분리하여 타인에게 양도하거나 다른 채권의 담보로 하지 못한다(361조). 따라서 저당권자는 저당권을 피담보채권과 함께 양도하거나 입질해야 한다.

저당권은 일반적 물권소멸사유(목적물의 멸실, 포기, 혼동 등)와 담보물권에 공통한 소멸사유(피담보채권의 소멸, 저당권의 실행 등)가 발생하면 소멸한다.

채 권

채권은 흔히 채권관계라는 표현을 더 자주 쓰는데, 채권은 항시 두 당사자 사이의 관계성을 전제로 성립하는 개념이기 때문이다. 채권을 정의하면 "특정인이 특정인에게 특정한 행위를 할 것을 청구할 수 있는 권리"라고 한다. 이때 급부를 청구하는 당사자를 채권자, 급부의 이행을 청구당하는 당사자를 채무자라고 하며 청구의 대상이 되는 특정한 행위를 '급부'(給付)라고 한다. 채권은 권리의 성질상 분류에서 청구권에 속하며 지배권의 성질을 가지는 물권과 대비된다.

채권편의 제1장 총칙에서는 이미 성립한 채권관계를 전제로 공통적으로 적용될 수 있는 규정들을 정리해 놓았다. 제2절 '채권의 효력'은 채권총칙에서 중심되는 부분인데 이는 채무불이행과 손해배상의 법리를 축으로 하고 있다. 그리고 채권관계의 당사자가 다수인 경우(3절), 채권관계의 주체의 변동이 있는 경우 즉 채권의 양도(제4절)와 채무의 인수(제5절), 그리고 마지막으로 채권의 소멸원인에 대하여 규정하고 있다(제6절).

제2장에서 제5장까지는 채권관계의 발생원인에 따라 나누어 규정한다. 제2장 '계약'은 당사자 간의 약정에 의한 채권관계의 발생인 계약상 채권관계에 대해 규정한다. 제3장 이하의 사무관리, 부당이득, 불법행위는 모두 법정채권관계의 발생원인이다.

즉 채권관계의 발생은 크게 약정에 의한 것과 법정에 의한 것으로 나눌 수 있는데, 같은 채권관계라도 그것이 계약, 즉 당사자 간의 약정에 의한 것인가 아니면 법률의 규정에 의한 것인가에 따라 내용은 큰 차이를 보인다.

I. 계약의 성립

약정에 기한 채권은 일반적으로 법률행위에 의해 발생하는데, 법률행위 중 주로 계약에 의해 발생한다. 계약의 성립은 일방의 청약과 그에 대한 상대방의 승낙의 의사표시로 이루어진다. 일방이 청약, 즉 계약의 핵심 내용을 밝혀 계약을 체결할 것을 제안하면 상대방이 그에 대해 동의하는 승낙의 의사표시를 함으로써 청약의 내용대로의 계약이 성립한다는 것이다. 우리 민법은 청약과 승낙에 의하여 계약이 성립하는 구조에 관하여 제527조에서 제534조까지 비교적 상세한 조항을 두어 규율하고 있다.

민법이 제시하는 청약과 승낙의 합치에 의한 계약체결의 구조는 매우 엄격하고 경직되어 있는 감을 준다. 청약은 한번 의사표시를 하면 구속력이 있어 철회하지 못하며, 조금이라도 연착되거나 변경을 가한 승낙은 효력이 없어 계약을 성립시키지 못한다. 그러나 현대의 거래에서 청약과 승낙이란 당사자들의 합의여부를 판정하는 엄격한 규칙이 아니라 당사자들의 의사의 교환과정을 합리적으로 분석하는 하나의 도구로서 이해하고 있다. 이러한 점에서 오히려 계약체결의 전 과정을 통하여 나타나는 당사자들의 의사를 거래관행과 신의칙에 입각하여 합리적으로 해석하는 작업에 더 초점을 맞추고 있다.

1. 청약과 청약의 유인

청약은 상대방의 승낙에 의하여 곧바로 당사자 사이에 구속력있는 계약을 체결시키는 효력 이른바 승낙적격(承諾適格)을 갖고 있다. 따라서 청약은 그에 응하는 승낙만 있으면 곧 계약이 성립하는 의사표시여야 하므로 청약은 계약의 내용을 결정할 수 있을 정도의 사항을 포함시키는 것, 즉 내용의 확정성이 요구된다. 또한 청약자의 구속의사가 있어야 한다. 상대방의 승낙이 있으면 바로 계약을 체결시키겠다는 의사가 있어야 한다.

'청약의 유인(誘因)'이란 청약의 요건 중 구속의사가 없는 점에서 청약과 구별된다. 청약은 이에 대응하는 상대방의 승낙과 결합하여 일정한 내용의 계약을 성립시킬 것을 목적으로 하는 확정적인 의사표시인 반면, 청약의 유인은 합의를 구성하는 의사표시가 되지 못하므로 피유인자가 그에 대응하여 의사표시를 하더라도 계약은 성립하지 않는다. 이때에는 다시 유인한 자가 승낙의 의사표시를 함으로써 비로소 계약이 성립하는 것으로서 서로 구분된다. 예컨대 교섭단계에서 여러 제안이나 광고전단, 신문이나 방송의 대중광고 등에서는 비록 계약의 확정적인 내용이 표시되어 있더라도 표시자는 그것이 승낙의 대상이 된다기보다는 상대방과의 새로운 교섭의 단서가 되거나 상대방의 청약을 기다려 최종적인 승낙의 권한을 보유하려는 의사를 갖고 있는 경우가 많다.

2. 연착된 승낙 및 변경을 가한 승낙

승낙의 기간을 정한 청약은 그 기간 내에, 기간을 정하지 않은 청약은 상당한 기간 내에 승낙이 이루어지지 않으면 청약은 효력을 잃는다(528조, 529조). 따라서 연착된 승낙은 효력이 없으며 청약자는 그것을 무시할 수 있다. 다만 연착된 승낙에 대하여는 청약자는 그것을 새로운 청약으로 볼 수 있다(530조). 다시 말하면 연착된 승낙은 청약자에 의하여 유효한 승낙이 될 수 있다. 이 경우 청약자는 상대방에게 이를 지체없이 알려야 한다.

제534조는 승낙자가 청약에 대하여 조건을 붙이거나 변경을 가하여 승낙하면 이는 청약의 거절인 동시에 새로운 청약으로 본다. 따라서 청약자는 이에 대하여 다시 승낙여부의 결정권을 가지게 된다. 이것은 승낙은 청약을 있는 그대로 수용하는 것이어야 한다는 원칙(영미법상의 이른바 '거울이미지의 원칙' mirror image rule)을 나타내고 있다.

Ⅱ. 채권의 소멸

민법은 채권편 총칙에서 채권의 소멸이라는 제목하에 계약의 이행에 따르는 여러 기술적인 규정을 두고 있다. 이행을 채권의 소멸이라는 관점에서 고찰할 때에는 민법은 '변제'(辨濟)라는 용어를 쓰고 있다. 변제의 제공, 변제의 장소·시기·비용, 변제충당, 변제자대위 등 변제에 따르는 다양한 문제들을 다루고 있다. 그 외에 변제의 대용물인 대물변제, 변제에 준하여 다루어지는 공탁, 상계를 다루고, 그 외의 채권소멸원인으로서 경개, 혼동, 면제 등을 다루고 있다.

1. 변제

변제란 변제자(채무자 또는 제3자)가 급부의 내용을 실현하는 것을 말한다. 채무자가 변제를 하게 되면 채권은 만족을 얻어 소멸한다. 제460조-제461조는 변제의 전단계로서 변제제공의 방법과 효과에 대하여 정한다. 변제(이행)의 제공이란 변제자가 급부의 목적을 채권자가 수령할 수 있도록 내어놓는 것을 말한다. 달리 말하면 변제자가 급부가 실현될 수 있도록 자신의 위치에서 할 수 있는 최대치를 다하는 것을 말한다. 그리하여 변제의 제공의 효과로서 「변제의 제공은 그때로부터 채무불이행의 책임을 면하게 한다」

(461조)라고 한다. 채무자는 변제의 제공을 하면 채무이행이 필요한 행위를 다한 것이 되며 불이행에 관한 책임의 소재는 이제 채권자측으로 넘어가게 된다.

변제의 제공의 방법은 원칙적으로 현실제공으로 한다. 즉 변제자는 급부의 목적물을 상대방이 수령할 수 있는 상태로 준비시켜 놓아야 한다. 예컨대 목적물을 채권자의 주소지로 배달하거나, 상대방이 채무자의 주소지에 와서 수령해가는 것이라면 그 물건을 구별하여 놓고 상대방이 와서 가져갈 수 있도록 준비상태에 두면 된다. 그러나 채권자가 미리 변제받기를 거절한다거나 채무의 이행에 채권자의 행위를 필요로 하는 경우에는 구두제공으로도 충분하다. 구두제공이란 상대방에게 변제준비가 완료되었음을 통지하고 수령해 갈 것을 최고하는 것이다.

1차적 변제자는 채무자이다. 채무자는 변제의무도 있지만 변제권한도 있다. 그러나 채무자가 아닌 제3자도 원칙적으로 변제를 할 수 있다. 즉 제469조는 제3자의 변제에 관하여 정한다. 변제는 채권자에게 불이익하지 않기 때문이다. 그러나 채무의 성질상 제3자의 변제가 금지될 수 있다. 채무자가 직접 이행해야만 하는 이른바 일신전속적 급부이다. 예컨대 화가가 그림을 그려주는 것 등이다. 또 당사자 간의 의사표시로 제3자가 변제하는 것을 막을 수 있다. 또한 이해관계가 없는 제3자는 채무자의 의사에 반하여 변제하지 못한다. 반대해석하면 일정한 이해관계를 가지고 있는 제3자, 예컨대 보증인 등은 채무자의 의사와 상관없이 변제할 수 있다.

제470조-제472조는 변제수령자에 관한 것으로 채권자 이외의 자에 대한 변제를 다룬다. 변제의 수령자는 원칙적으로 채권자나 또는 그로부터 수령권한을 위임받은 자이다. 민법은 선의의 변제자와 거래안전을 보호하기 위해 일정한 경우에는 수령권한을 가진 것처럼 보이는 자, 이른바 표현(表見)수령권자에 대한 변제에도 일정한 경우에는 변제의 효력을 인정한다. 먼저 채권의 준점유자에 대한 변제는 변제자가 선의이며 과실없는 경우에 한하여 효력이 있다. 채권의 준점유자란 채권을 사실상 행사하는 자이다. 예컨대 예금증서와 인장을 소지한 자 등이다. 변제자는 준점유자에게 변제수령권한이 있다고 믿었고 그렇게 믿은 데에 과실이 없어야 한다. 이러한 채권의 준점유자에 대한 변제는 확정적으로 효력이 있게 되고 변제자는 준점유자에 대하여 변제한 것의 반환을 청구하지 못한다. 그 이외에 영수증소지자에 대한 변제는 그 소지자가 변제를 받을 권한이 없는 경우에도 효력이 있다. 그러나 변제자가 그 권한없음을 알았거나 알 수 있었을 경우에는 그러하지 아니하다. 영수증이란 변제의 수령을 증명하는 문서로서 진정한 것만을 가리키며 위조된 것은 포함되지 않는다.

2. 대물(代物)변제

원래 계약상의 채무와 다른 내용의 변제는 변제로서의 효과가 생기지 않는다. 그러나 채권자가 이를 수령하고 본래의 채무가 이행된 것으로 한다는 합의가 이루어지는 경우에는 변제의 효과가 생기는데 이를 대물변제라고 한다. 예컨대 A에게 B가 천만원의 채무를 지고 있는데 이를 대신해서 B가 자기 소유의 자동차를 A에게 넘겨주고 천만원의 금전채무가 이행된 것으로 하는 것이다. 제466조는 "채무자가 채권자의 승낙을 얻어 본래의 채무이행에 갈음하여 다른 급여를 한 때에는 변제와 같은 효력이 있다"고 정한다. 대물변제가 변제의 효과를 갖기 위한 요건으로는 채권자가 이를 승낙하여야 한다. 또한 변제의 일종이므로 현실적인 급부가 있어야 한다. 단지 장차 다른 물건으로 변제하겠다는 합의는 대물변제의 예약이라 하여 주로 채권담보의 목적으로 활용되고 있다. 가장 중요한 요건은 대물로 급부하면서 이로써 본래의 채무를 소멸시킨다는 즉 '변제에 갈음하여' 급부한다는 합의가 있어야 한다.

3. 공탁

민법은 채권을 소멸시키는 원인의 하나로서 공탁제도를 규정하고 있다(487-491조). 여기서의 공탁은 변제공탁 즉 변제대용으로서의 공탁을 말한다. 변제공탁이란 채무자가 변제를 하려고 하여도 채권자가 변제를 받지 아니하거나 변제를 받을 수 없는 경우 또는 과실없이 채권자가 누구인지 알 수 없는 경우에 채무자가 채무이행에 갈음하여 채무의 목적물을 국가기관(법원의 공탁소)에 맡김으로써 그 채무를 면할 수 있는 제도이다.

4. 상계

상계란 채권자와 채무자가 서로 같은 종류를 목적으로 하는 채권·채무를 가지고 있는 경우에 그 채무들을 대등액에서 소멸하게 하는 단독행위이다. 예컨대 A가 B에게 100만원의 금전채권을 가지고 있는데 B 또한 A에게 70만원의 금전채권을 가지고 있으며 양 채권의 이행기가 도래한 경우에 A 또는 B가 상계의 의사표시를 하면 양 채권이 70만원의 한도에서 소멸하고 A의 B에 대한 30만원의 채권만 남게 된다. 이 경우 A가 상계의 의사표시를 하였다면 A의 B에 대한 채권 즉 상계를 위하여 내어놓은 채권을 자동채권, 상계를 당하는 채권(B의 A에 대한 채권)을 수동채권이라고 한다.

상계는 일방이 상계권이라는 형성권을 행사함으로써 이루어지는데 당사자들이 상계하기로 합의하는 상계계약과 구별된다. 상계는 상대방에 대한 의사표시로 하는데, 이 의사표시로 각 채무가 상계할 수 있는 때에 대등액에 관하여 소멸한 것으로 본다(493조).

상계권자의 지위가 법률상 보호를 받는 것은, 원래 상계제도가 서로 대립하는 채권·채무를 간이한 방법으로 결제함으로써 양자의 채권채무관계를 원활하고 공평하게 처리함을 목적으로 하고 있고, 상계권을 행사하려는 자에 대하여는 수동채권의 존재가 사실상 자동채권에 대한 담보로서의 기능을 하는 것이어서 그 담보적 기능에 대한 당사자의 합리적 기대가 법적으로 보호받을 만한 가치가 있음에 근거하는 것이다. 한편 제496조는 고의의 불법행위로 인한 손해배상채권에 대한 상계를 금지하고 있다. 고의의 불법행위에 의한 손해배상채권에 대하여 상계를 허용한다면 고의로 불법행위를 한 자가 상계권 행사로 현실적으로 손해배상을 지급할 필요가 없게 됨으로써 보복적 불법행위를 유발하게 될 우려가 있고, 고의의 불법행위로 인한 피해자가 가해자의 상계권 행사로 인하여 현실의 변제를 받을 수 없는 결과는 사회정의관념에 맞지 않기 때문이다.

상계권 행사 또한 경우에 따라서는 권리남용에 해당되어 신의칙에 따라 인정되지 않을 수 있다.

5. 경개(更改)

경개는 채무의 중요한 부분을 변경함으로써 신채무를 성립시키는 동시에 구채무를 소멸시키는 계약이다(500조). 예컨대 1억 원의 금전채무를 소멸시키고 특정 물건의 소유권이전채무를 발생시키는 계약이다. 경개계약은 구채무를 소멸시키고 신채무를 성립시키는 처분행위로서 구채무의 소멸은 신채무의 성립에 의존하므로, 경개로 인한 신채무가 원인의 불법 또는 당사자가 알지 못한 사유로 인하여 성립되지 아니하거나 취소된 때에는 구채무는 소멸되지 않는다(504조).

6. 면제

채권자가 채무자에게 채무를 면제하는 의사를 표시한 때에는 채권은 소멸한다(506조). 면제는 채권자가 무상으로 채무자의 채무를 소멸시키는 행위로서 민법은 당사자 사이의 계약이 아니라 채권자의 단독행위로 규정하고 있다.

7. 혼동

채권과 채무가 동일한 주체에 귀속한 때에는 채권은 소멸한다(507조). 예컨대 채권자가 채무자를 상속하거나 채무자가 채권을 양수한 경우에 혼동이 일어난다.

Ⅲ. 계약의 동시이행

　　제536조 1항은 "쌍무계약의 당사자 일방은 상대방이 그 채무이행을 제공할 때까지 자기의 채무이행을 거절할 수 있다"라고 정한다. 계약 당사자 쌍방이 대가적 의미의 채무를 부담하는 쌍무계약에서 양 당사자가 동시이행관계에 있다는 것은 쌍방의 채무가 동시에 상호교환적으로 이행되어야 한다는 뜻이다. 따라서 자기의 채무를 이행하지 않으면서 상대방 채무의 이행만을 요구할 수는 없고 이 경우 상대방은 자신의 이행을 거절할 수 있다.

　　쌍무계약이 동시에 이행되어야 한다는 것은 소극적으로는 상대방의 이행을 받지 못하면서 자신만이 이행을 하는 사태를 막아 자신의 피해를 최소화할 수 있으며, 적극적으로는 상대방으로부터 채무를 꼭 얻고자 하는 자는 자신의 채무를 이행하여야 하므로 상대방의 성실한 이행에 대한 확실한 담보수단이라고 할 수 있다.

1. 동시이행관계의 발생

　　매매계약에서 매도인의 권리이전의무와 매수인의 대금지급의무는 동시이행관계에 있고 이것은 모든 유상계약에 준용되므로(567조) 대가적 교환이 이루어지는 모든 계약은 다른 약정이나 관습이 없는 한 동시이행관계가 원칙이다. 따라서 소송에서 동시이행의 항변을 하는 자는 쌍무·유상계약임을 입증하면 족하고 상대방이 선이행특약의 입증책임을 진다.

　　한편 민법은 여러 곳에서 제536조 1항을 준용하는 규정을 두고 있다. 대표적으로 계약이 해제되면 계약은 소급하여 효력을 잃게 되므로 당사자들이 서로에게 이행했던 부분을 반환함으로써 원상으로 회복할 의무를 지는데, 이 원상회복의무에도 넓은 의미에서 이행의 견련성이 존재하므로 제536조를 준용한다(549조).

　　한편 판례는 "당사자 쌍방이 부담하는 채무가 쌍무계약상의 고유의 대가관계에 있는 채무가 아니라고 하더라도 구체적 계약관계에서 각 당사자가 부담하는 채무 사이에 대가적 의미가 있어 이행상의 견련관계를 인정하여야 할 사정이 있는 경우에는 위 각 채무는 서로 동시이행관계에 있다고 볼 수 있다"고 하며 공평의 관점에서 동시이행항변권의 적용범위를 폭넓게 확장시키고 있다.

2. 동시이행관계의 내용

동시이행관계에서 단순청구, 즉 자기 채무의 이행의 제공없이 상대방에게 채무의 이행을 청구할 때 상대방은 이행청구한 자가 자신의 채무의 이행을 제공할 때까지 자기 채무의 이행을 거절할 수 있다. 동시이행항변권의 행사는 아무런 방식도 필요없고 묵시적으로도 족하다. 이행거절권이란 불이행의 상태를 그대로 유지하는 것에 불과하므로 상대방의 단순청구에 대응하지 않는 것은 그 자체로 이행거절권을 행사하는 것으로 추정될 수 있을 것이다. 또 이행거절권은 임시적 성격을 가지는 것으로 상대방의 이행의 제공(변제의 제공)이 있으면 소멸하고 채무자의 이행의무는 부활한다.

특히 쌍무계약에서 쌍방의 채무가 동시이행관계에 있는 경우 그 일방의 채무가 이행기에 도래하더라도 상대방의 채무의 이행제공이 있을 때까지는 그 채무를 이행하지 않아도 이행지체의 책임을 지지 않는다. 이는 이행거절권의 다른 측면이라고도 할 수 있다. 판례는 이행지체 저지의 효과는 이행지체의 책임이 없다고 주장하는 자가 반드시 동시이행의 항변권을 행사하여야만 발생하는 것은 아니라고 한다. 동시이행관계의 존재 자체로 이행지체 책임이 발생하지 않는다는 것은 곧 상대방의 단순청구에 대한 법적 보호의 거절을 의미한다. 따라서 당사자 일방이 동시이행의 항변을 하면 상대방은 자신의 채무의 이행을 제공함으로써 그 항변권을 소멸시켜야만 그를 이행지체에 빠뜨릴 수 있다.

Ⅳ. 채무불이행과 그 효과

1. 채무불이행의 의의

채무불이행이란 채무자가 채무의 내용에 좇은 이행을 하지 아니하는 것을 말한다. 쌍무계약에서 채무자의 채무불이행이 있으면 채권자는 이행거절권을 행사하여 자신의 채무의 이행을 보류할 수 있다. 나아가 계약의 목적달성이 어려울 때에는 계약을 해제하고 원상회복을 청구할 수 있다. 또한 채권자는 상대방의 채무불이행으로 입게 된 손해에 대해 배상을 청구할 수 있다. 제390조는 "채무자가 채무의 내용에 좇은 이행을 하지 아니한 때에는 채권자는 손해배상을 청구할 수 있다"고 정한다.

2. 채무불이행의 유형 및 요건

채무는 크게 급부의무와 보호의무로 나눈다. 급부의무란 목적물 인도의무에서 목적물의 인도와 같이 채무의 핵심적인 내용을 말한다. 급부의무는 다시 주된 급부의무와 부수적 급부의무로 나누어 볼 수 있다. 부수적 급부의무란 주된 급부의무를 보완하기 위하여 인정된 급부의무이다. 예컨대 매매계약에서 목적물의 인도 외에 사용법의 설명의무 같은 것이다. 보호의무는 채무자가 이러한 급부의무를 이행하는 과정에서 채권자와 접촉이 있게 되는데 채무자가 채권자의 생명이나 신체, 재산 등의 법익에 손해를 끼치지 않을 의무를 말하며 안전배려의무라고 불리기도 한다. 목적물을 배달하고 설치하는 과정에서 채권자의 집기를 훼손했다면 이는 보호의무를 다하지 못한 것이 된다. 채무를 제대로 이행했다는 것은 급부의무는 물론이고 보호의무를 다한 것을 말한다.

채무불이행책임에서는 제390조 단서에서 "채무자의 고의나 과실이 없이 이행할 수 없게 된 때에는 그러하지 아니하다"라고 규정되어 채무자에게 귀책사유가 없다면, 채무자는 채무불이행책임을 지지 않는다. 즉 채무불이행책임에서 귀책사유란 채무의 불이행으로 인한 불이익을 채무자에게 전가하는 것을 정당화하는 사유이다. 특히 제391조는 채무자가 타인을 사용하여 이행하는 경우에 그 타인 즉 피용자의 고의·과실은 채무자의 고의·과실로 본다. 채무자는 피용자를 사용함으로써 자신의 활동범위를 넓히고 더 많은 기회를 얻을 수 있으나 그에 따르는 위험도 부담하는 것이 공평하기 때문이다. 그리하여 채무자가 피용자를 선임하고 감독하는 데에 아무런 과실이 없더라도 피용자가 채무이행에 있어 과실이 있다면 이는 채무자의 과실로 간주되는 것이다. 이행보조자로서의 피용자라 함은 일반적으로 채무자의 의사관여 아래 그 채무의 이행행위에 속하는 활동을 하는 사람이면 족하고, 반드시 채무자의 지시 또는 감독을 받는 관계에 있어야 하는 것은 아니므로 채무자에 대하여 종속적인가 독립적인 지위에 있는가는 문제되지 않는다.

(1) 이행불능

채무자가 채무를 이행할 수 없게 된 경우이다. 채무의 이행이 불능이라는 것은 단순히 절대적·물리적으로 불능인 경우가 아니라 사회생활에 있어서의 경험법칙 또는 거래상의 관념에 비추어 볼 때 채권자가 채무자의 이행의 실현을 기대할 수 없는 경우를 말한다.

(2) 이행지체

채무자가 채무를 이행하지 않은 채로 이행기를 지나는 것을 이행지체라고 한다. 채무이행에 확정된 기한이 있다면 이 기한이 도래한 때부터 지체책임을 진다. 불확정기한

이 있는 경우에는 채무자는 기한이 도래함을 안 때로부터 지체책임이 있다(387조①). 채무이행의 기한이 없는 경우에는 채무자는 이행청구를 받은 때로부터 지체책임이 있다 (387조②).

(3) 불완전이행

채무자가 이행을 하기는 하였으나 그 이행이 '채무의 내용에 좋은 것'이 되지 못하는 경우를 말한다. 급부의무 자체를 불완전하게 이행하는 경우도 있고 또는 급부의무를 둘러싼 보호의무를 다하지 못하여 채권자에게 손해를 입힌 경우도 있다. 불완전이행이 있으면 채권자는 본래의 이행청구권의 연장선에서 이를 추완하여 완전하게 해줄 것을 요구할 수 있고 또한 손해배상을 청구할 수 있다.

3. 채무불이행의 효과

(1) 강제이행의 청구

"채무자가 임의로 채무를 이행하지 아니하면 채권자는 그 강제이행을 법원에 청구할 수 있다"(389조① 본문). 채무불이행시에 채권자는 원칙적으로 본래의 이행청구권을 관철시킬 수 있고 따라서 법원의 강제력을 빌려 채무자의 의사에 반하여 이행의 결과를 실현시킬 수 있다. "다만 채무의 성질이 강제이행을 하지 못할 것인 때에는 그러하지 아니하다"(389조① 단서). 예컨대 부부의 동거의무의 강제는 채무자의 인격을 침해하는 것이어서 강제이행의 대상이 될 수 없다.

(2) 손해배상책임

채무불이행이 있으면 채무자는 채권자에게 손해배상책임을 진다. 손해배상의 내용은 채무불이행의 유형에 따라 차이가 있다. 이행지체의 경우에 지체되었더라도 채무자기 이행을 하였다면 채권자는 지체에 대한 책임, 즉 지연배상을 청구할 수 있다. 공사도급계약에서 지체일수에 따라 산정되는 지체상금이나 금전채무의 연체이자 등이 지연배상액이다. 반면에 이행불능이나 이행거절과 같이 이행이 전혀 이루어지지 못한 경우에는 채권자는 '이행에 갈음한 배상' 즉 전보(塡補)배상을 청구할 수 있다. 채무자가 이행을 지체한 경우에 채권자는 상당한 기간을 정하여 이행을 최고하고 그 기간내에 여전히 이행하지 않는다면 이행받는 것을 포기하고 전보배상을 청구할 수 있다(395조). 또 계약해제에서 정기행위와 같이 이행기를 지키는 것이 결정적인 경우, 즉 지체후의 이행이 채권자에게 이익이 없는 때에는 늦어진 이행을 받는 것을 거절하고 역시 이행에 갈음한 손해배상을 청구할 수 있다(395조). 채무불이행책임에서 손해배상의 목적은 채무가 제대로 이행되었더라면 채권자가 있었을 상태를 회복시키는 것이므로, 계약을 위반한 채무자는 계약이 완전히 이행된 것과 동일한 경제적 이익을 배상하여야 한다. 불완전이행의 경우에는 나중에 추완이 되었다면 그에 따르는 부가적 손해에 대해 배상을 청구할 수 있을 것이다. 그 이외에 채권자의 신체나 재산에 끼친 손해에 대해서도 별도로 배상하여야 한다.

(3) 대상(代償)청구권

급부목적물의 가치변형물을 대상(代償)이라고 하는데 채권자는 본래의 목적물 대신에 대상을 인도해 줄 것을 청구할 수 있는가가 문제된다. 우리 민법은 이행불능의 효과로서 채권자의 전보배상청구권과 계약해제권 외에 별도로 대상청구권을 규정하고 있지 않았다. 그런데 판례는 해석상 대상청구권을 인정한다. 예컨대 A가 B에게 자기 소유의 X토지의 소유권이전등기의무를 부담하고 있었는데, X토지가 국유로 편입되었고 A는 서울시로부터 손실보상금을 받은 경우, B는 A가 지급받게 될 손실보상금에 대해 대상청구권을 행사할 수 있다.

(4) 계약의 해제

민법은 제544조-제546조에서 채무불이행이 있을 경우에 그 유형에 따라 해제의 요건을 정하고 있다. 이를 법정해제라고 한다. 그 공통적인 바탕을 이루는 것은 '계약의 목적을 달성할 수 없는 경우'(545조의 표현)라는 요건이다. 즉 계약의 해제는 다른 방법으로는 계약의 본래의 목적을 달성할 수 없는 경우에 '최후적 수단'의 성격을 갖는다. 판례도 "당해 채무가 계약의 목적 달성에 있어 필요불가결하고 이를 이행하지 아니하면 계약의 목적이 달성되지 아니하여 채권자가 그 계약을 체결하지 아니하였을 것이라고 여겨질 정도의 주된 채무이어야 하고 그렇지 아니한 부수적 채무를 불이행한 데에 지나지 아니한 경우에는 계약을 해제할 수 없다."고 한다. 주된 채무와 부수적 채무의 구별론을 제시하고 있지만, 그 실질은 계약의 목적달성 여부임을 보여준다.

1) 이행지체와 해제

이행지체의 경우에 가장 중요한 해제권 행사의 요건은 적법한 최고(催告)가 있어야 한다는 것이다. 최고의 요건은 이행지체의 경우에만 요구된다는 점에서 이행지체는 이행불능이나 이행거절과 차이가 있다. 이행지체시 채권자는 상당한 기간을 정하여 그 기간 내에 이행할 것을 최고하고 이 기간이 경과한 후에 해제할 수 있다.

2) 이행불능과 해제

제546조는 "채무자의 책임있는 사유로 이행이 불능하게 된 때에는 채권자는 계약을 해제할 수 있다"고 정한다.

정기행위에서 이행지체는 이행불능과 동일시되는 것이므로 채권자는 역시 최고없이 바로 계약을 해제할 수 있다. 예컨대 결혼식 때 입을 예복을 주문하였는데, 이행기인 결혼식 때에 예복이 도착하지 않은 경우에 주문자는 최고 없이 계약을 해제할 수 있다.

3) 이행거절과 해제

채무불이행의 한 유형으로서 이행거절이란 채무자가 자신의 채무를 이행할 뜻이 없음을 명백하고도 종국적으로 밝히는 것이다. 제544조 단서에서 이행지체의 경우와는 달리 채권자에게 최고가 필요 없는 해제권을 부여하고 있다.

4) 해제의 효과

판례는 계약해제로서 계약은 소급적으로 소멸하게 되고 따라서 그러한 계약에 의하여 이미 이행된 급부의 반환에 관하여는 법정채권관계인 부당이득법이 적용되어야 하는데 제548조의 원상회복의무는 이러한 부당이득반환의 특칙으로서의 의미를 가진다고 한다.

계약이 해제되면 계약은 구속력을 잃게 되고 당사자들은 계약으로부터 해방된다. 아직 이행하지 않은 부분에 대해서는 이행할 의무가 없어진다. 반면에 이미 이행한 부분이 있다면 이는 원상으로 회복되어야 한다. 제548조는 "당사자 일방이 계약을 해제한 때에는 각 당사자는 그 상대방에 대하여 원상회복의 의무가 있다"고 정한다. 계약이 소급적으로 소멸하기 때문에 이는 부당이득이 되어 반환되어야 한다는 것이 판례의 입장이다. 반환해야 할 것이 금전인 경우에는 제548조 2항에 의하여 그 받은 날로부터 이자를 붙여 반환해야 한다. 물건을 반환해야 하는 경우에는 원물을 반환하는 것이 원칙이다('원물반환'). 수령한 원물이 멸실 등으로 원물반환이 불가능할 경우에는 가액으로 반환해야 한다. 가액산정의 기준시기는 회복불능 당시의 시가이다. 또한 반환의무자는 목적물을 사용함으로써 얻은 사용이익도 반환하여야 한다. 노무 기타 물건의 이용 등 무형의 가치를 급부받은 경우에는 그 객관적 가격을 반환하여야 한다.

한편 제551조는 "계약의 해제 또는 해지는 손해배상의 청구에 영향을 미치지 아니한다"고 정한다. 따라서 채권자는 채무자의 채무불이행을 이유로 계약을 해제할 수 있으며, 해제와 별개로 손해배상을 청구할 수 있다.

5) 해제시 제3자의 보호

제548조 1항 단서는 해제로서 제3자의 권리를 해하지 못한다고 정한다. 이는 계약의 소급효를 제한하는 규정으로서 거래안전에 기여한다. 예컨대 A와 B의 X 토지에 대한

매매계약에 따라 매수인 B가 X 토지에 소유권이전등기를 마치고 제3자 C에게 매도하여 제3자가 이전등기를 마친 후, A가 B와의 매매계약을 해제하였다고 하더라도 그 해제의 효과를 제3자인 C에게 주장할 수 없다. 즉 A가 소유권에 기하여 C에게 등기의 말소를 주장할 수 없으며, A는 B에게 원상회복으로 가액반환을 주장할 수 있을 뿐이다.

V. 손해배상의 범위, 위약금 약정

1. 손해배상의 범위

제390조에 따라 채무불이행이 있는 경우에 채권자는 손해배상을 청구할 수 있는데 이때 배상하여야 할 손해는 채무불이행과 인과관계가 있어야 한다. 그리고 인과관계가 있는 모든 손해를 배상하는 것이 아니라 일정한 범위안의 손해만을 배상한다. 배상하여야 할 손해의 범위를 정하는 기준으로는 크게 인과관계의 상당성을 기준으로 하는 방법과 채무자의 예견가능성을 기준으로 하는 방법이 있는 바, 우리 민법은 후자를 택하고 있다. 즉 제393조는 1항에서 통상의 손해는 당연히 배상범위에 들어가는 것으로 하고, 2항에서 특별한 사정으로 인한 손해는 채무자가 그 사정을 알았거나 알 수 있었을 때에 한하여 배상책임이 있다고 한다.

배상범위를 정하기 위하여서는 먼저 손해가 통상의 손해인지 아니면 특별한 사정이 개입된 손해인지를 구별하는 작업이 선행되어야 한다. 통상의 손해란 사물의 통상적인 경과에 비추어 그러한 불이행이 있다면 그만한 손해가 발생할 것이라고 추정될 수 있는 손해를 말한다. 이러한 통상손해는 당연히 배상범위에 들어간다. 반면에 특별한 사정이 개입되어 일어난 손해, 즉 당사자들의 개별적, 구체적 사정에 따른 손해는 채무자가 이를 알 수 있었는지 심사를 거쳐야 한다. 예견가능성의 주체는 채무자이다. 채무자의 입장에서 예견할 수 있었는가를 판단한다. 그리고 예견의 대상은 손해 자체가 아니라 손해를 야기한 특별한 사정이다.

2. 금전채무의 불이행과 손해배상

금전채무를 불이행한 경우에 민법은 특칙을 두고(397조) 실손해를 따지지 않고 법정이율에 따라 손해액을 계산한다. 현재 법정이율은 연 5%로서 다른 법률의 규정이나 당사자간 약정이 없으면 이 이율이 적용된다(379조). 따라서 당사자들은 금전채무의 불이행시 별도의 연체이율에 대해 약정할 수 있음은 물론이다. 또한 금전채무의 불이행시에 채권자는 자신이 손해를 입었다는 것을 증명할 필요가 없을 뿐만 아니라 채무자는 자신에게 과실이 없다는 항변도 하지 못한다(397조②).

3. 과실상계에 의한 손해액의 조정

제396조는 "채무불이행에 관하여 채권자에게 과실이 있는 경우에는 법원은 손해배상의 책임 및 그 금액을 정함에 이를 참작하여야 한다"라고 정한다. 과실'상계'란 용어는 적절하지는 않으나 관습적으로 쓰이고 있다. '채무불이행에 관하여'라 함은 채무불이행의 성립 자체에 채권자의 과실이 있는 경우 뿐만 아니라 채무불이행이 생긴 후에 손해의 발생 또는 확대에 채권자의 과실이 있는 경우도 포함된다. 채권자의 과실이 있으면 법원은 반드시 이를 참작하여야 하고 채권자의 과실과 채무자의 과실을 비교하여 채무자의 책임을 감경할 수 있다.

특히 불이행으로 인하여 발생한 손해가 채권자의 적절한 경감조치가 있었다면 감소되거나 회피할 수 있었던 경우에 채권자의 '손해경감의무'가 인정되고 이는 과실상계와 구분하기도 한다. 채권자는 채무자가 불이행을 한 경우에 손해의 경감을 위하여 합리적인 조치를 취하여야 할 의무가 있다. 물론 채권자에게 지나친 긴장과 노력이나 희생을 요구하는 것이어서는 안된다. 채권자가 이러한 손해경감의무를 다하지 아니하였다면 경감조치를 취함으로써 피하거나 감소시킬 수 있었던 부분에 대해서는 손해배상을 청구할 수 없다.

4. 위약금-손해배상액의 예정

당사자들은 계약체결시 장차 계약위반에 대하여 위반한 당사자가 상대방에게 일정한 금원을 지급하기로 약정하는 경우가 많은데 이것을 위약금의 약정이라고 한다. 제398조 4항은 이러한 위약금의 약정은 손해배상액의 예정으로 추정한다. 이는 채무불이행의 경우에 채무자가 지급하여야 할 손해배상액을 미리 정해 둔 것으로 본다는 뜻이다. 채권자는 채무불이행 사실만 증명하면 손해의 발생 및 그 금액을 증명하지 아니하고 예정배상액을 청구할 수 있다. 그 목적은 손해의 발생사실과 손해액에 대한 입증곤란을 배제하고 분쟁을 사전에 방지하여 법률관계를 간이하게 해결하는 것 외에 채무자에게 심리적으로 경고를 줌으로써 채무이행을 확보하려는 데에 있다. 따라서 채무자가 실제로 손해발생이 없다거나 손해액이 예정액보다 적다는 것을 증명하더라도 채무자는 그 예정액의 지급을 면하거나 감액을 청구하지 못한다. 반대로 채권자도 실손해가 더 크다는 것을 증명하여 초과부분을 따로 배상을 받을 수도 없다. 또 채무자는 채권자와 사이에 채무불이행에 있어 채무자의 귀책사유를 묻지 아니한다는 약정을 하지 아니한 이상 자신의 귀책사유가 없음을 주장·증명함으로써 예정배상액의 지급책임을 면할 수 있다. 당사자의 통상의 의사는 채무자의 귀책사유로 인한 채무불이행에 대해서만 손해배상액을 예정한 것으로 보는 것이 합리적이기 때문이다.

실거래에서는 채권자는 채무자를 압박하기 위하여 지나치게 높은 손해배상액의 예정을 하는 경우가 많은데, 이런 경우를 대비하여 민법은 손해배상액의 예정이 부당히 과다한 경우에는 법원이 재량으로 적당히 감액할 수 있도록 하고 있다(398조②). '부당히 과다한 경우'인지 여부는 채권자와 채무자의 각 지위, 계약의 목적 및 내용, 손해배상액을 예정한 동기, 채무액에 대한 예정액의 비율, 예상 손해액의 크기 등 모든 사정을 참작하여, 그 예정액의 지급이 경제적 약자의 지위에 있는 채무자에게 부당한 압박을 가하여 공정성을 잃는 결과를 초래하는지를 판단하여 결정한다.

위약금 중 손해배상액의 예정으로 추정되지 않는 성격의 것으로는 위약벌이 있다. 위약벌은 어떠한 손해의 발생을 예상하여 그 배상의 법률관계를 간편하게 처리하려는 성격을 가진다기보다는, 상대방에 대하여 약정의 이행에 나아가도록 압박을 가하고 위약하였을 때에는 사적인 제재를 가하는 성격을 가진다. 채권자는 위약벌의 지급을 청구하면서 약정에 따른 이행을 청구할 수 있다. 위약벌의 약정은 채무의 이행을 확보하기 위하여 정해지는 것으로서 손해배상액의 예정과는 그 내용이 다르다. 따라서 손해배상액의 예정에 관한 제398조 2항을 유추 적용하여 그 액을 감액할 수도 없다고 한다. 다만 그 의무의 강제에 의하여 얻어지는 채권자의 이익에 비하여 약정된 벌이 과도하게 무거울 때에는 그 일부 또는 전부가 공서양속(公序良俗)에 반하여 제103조에 의해 무효로 된다.

Ⅵ. 다수당사자 사이의 채권관계

민법은 수인의 채권자 및 채무자 또는 다수당사자 사이의 채권관계라는 제목하에 분할채권관계, 불가분채권, 불가분채무, 연대채무, 보증채무 등의 유형을 다루고 있다. 민법의 채권관계의 기본형은 채권자와 채무자가 각각 1인임을 전제로 하고 있으므로 어느 당사자가 다수인 경우에는 여러 특수한 문제가 발생한다. 민법은 주로 채무자가 다수인 경우를 중심으로 규율하고 있는데 채권자가 다수인 경우에는 이를 유추하여 해결하여야 할 것이다. 이 중 보증채무는 보증계약이라는 별도의 당사자 사이의 약정에 따라 성립하여 인적 담보의 하나로서 기능하는 것이나, 민법은 보증에 의하여 채무자가 다수가 되는 데에 중점을 두어 다수당사자 사이의 채권관계에서 다루고 있다.

1. 분할채무

채무자가 다수인 경우에 민법은 분할채무를 원칙으로 하고 있다(408조). 각 채무자는 자기의 부담부분의 채무를 부담하며 부담부분은 균등한 것으로 추정된다. 채권자는 각 채무자에게 그의 부담부분의 이행을 각각 청구하여 이행받아야 하며 채무자들 간에는 아무런 상호관계가 없다. 예컨대 A와 B가 C에게 200만원의 채무를 지고 있고 이것이 분할채무라면 A와 B는 각각 C에게 100만원을 지급함으로써 채무를 면한다. 어느 한 채무자가 자력이 없어 이행하지 못하여도 다른 채무자들과는 무관한 일이 되어 결국 채권자가 채권을 만족하지 못하는 위험을 지게 된다. 이러한 분할채무는 채권자에게는 매우 불편하고 채권의 효력도 떨어지는 것이어서 거래계에서는 이와 대립되는 구조를 갖는 연대채무가 자주 이용된다.

2. 불가분채권 · 채무

불가분채무란 채권의 목적이 성질상 또는 당사자의 의사에 의하여 불가분인 경우를 말하며 여기에는 연대채무의 규정을 준용하여(411조), 1인의 채무자에게 불가분채무의 전부에 대하여 이행의무를 지움으로써 채권자의 채권을 강화시키는 역할을 한다. 이때 '성질상' 불가분채무인지에 관하여 판례는 이를 넓게 해석한다. 즉 물리적으로 가분이더라도 채무자 상호간의 밀접한 신분관계 등의 여러 사정을 고려하여 채무의 이행에 관하여 전원의 의사나 능력이 일체로서 고려되었다고 볼 수 있는 경우에는 이를 불가분채무로 본다.

3. 연대채무

연대채무란 수인의 채무자가 각자 채무 전부를 이행할 의무가 있으며 채무자 1인의 이행으로 다른 채무자도 그 의무를 면하게 되는 것이다(413조). 이 경우 채권자는 수인의 연대채무자 중 임의로 한 채무자에 대하여 또는 모든 채무자에 대하여 동시로 또는 순차로 채무의 전부나 일부의 이행을 청구할 수 있으므로(414조) 채권자로서는 매우 편리하고 그만큼 채권의 효력은 강화되는 것이다. 예컨대 A와 B가 C에게 연대하여 200만원의 채무를 부담하고 있다면 C는 A와 B 중 아무에게나 채권액 전부의 지급을 청구할 수 있다.

연대채무는 우선 당사자의 의사에 의하여 성립한다. 매매나 임대차같은 기본계약을 체결하면서 대금이나 차임의 지급 등에 관하여 연대의 특약을 하는 것이다. 명시적 의사가 없더라도 묵시적으로 연대의 의사가 표시된 것으로 해석되어야 할 경우도 있으나 함부로 연대의 추정이 이루어져서는 안 된다. 또한 법률의 규정에 의하여 연대채무가 발생하는 경우도 있다. 법인의 사원·이사 및 기타 대표자의 연대책임(35조②), 공동차주의 연대채무(616조), 공동임차인의 연대채무(654조) 등이다. 예컨대 수인이 공동으로 주택을 임차한 경우 그 차임의 지급에 관하여는 민법이 연대채무를 지는 것으로 추정을 하고 있으므로 임대인은 각 임차인에 대하여 차임 전부의 지급을 청구할 수 있다.

거래의 실제에서 연대채무가 나타나는 모습은 담보수단으로서 기능하는 보증채무와 결합된 연대보증채무, 또 공동불법행위 등 다수의 가해자가 부담하는 손해배상채무에 적용되는 부진정연대채무 등이다. 이러한 개념을 이해하기 위해서도 연대채무의 법리를 정확히 이해하는 것이 중요하다.

(1) 연대채무자 1인에 관하여 생긴 사유의 효력

채권자와 연대채무자 중 1인의 사이에 생긴 사유는 다른 연대채무자에게 효력이 없다(423조). 이를 효력의 상대성의 원칙(연대채무의 상대효)이라고 한다. 그러나 민법은 제416조~제422조에서 이행청구, 경개, 상계, 면제, 혼동, 소멸시효, 채권자지체 등 7가지 사유에 대하여는 절대적 효력, 즉 다른 채무자에게도 효력이 있다고 정한다. 대부분 채권의 소멸과 관련된 중요한 사유들에 절대적 효력을 인정하는 외에도 민법전에 절대효를 인정하는 사유를 여러 개 두고 있는데 이것은 그만큼 연대채무의 효력이 약화된다는 것을 의미한다.

예컨대 채권자가 특정한 연대채무자에 대하여 그의 채무만을 면제해 주었더라도, 면제를 받은 채무자의 부담부분에 한하여 다른 연대채무자의 이익을 위하여 효력이 있다(419조). 따라서 채권자는 다른 연대채무자에 대하여 청구할 때 면제받은 채무자의 부담부분을 제외한 만큼만을 청구할 수 있다.

(2) 연대채무자 상호 간의 관계

연대채무관계에서는 각자는 자기의 고유의 부담부분이 있고 이것은 균등한 것으로 추정된다(424조). 연대채무는 이러한 부담부분과 이를 넘은 다른 채무자의 부담부분에 대해 보증을 서는 담보부분으로 구성되어 있다고 설명된다. 그래서 어느 연대채무자가 자기의 출재(出財)로 변제하고 이것이 모든 채무자에게 효력을 미쳐 공동면책이 되면 다른 연대채무자의 부담부분에 대하여 구상권을 행사할 수 있다(425조①). 이때 연대채무자의 출재가 자기의 부담부분을 넘어야 하는가에 대하여는 논의가 있으나, 연대채무자 사이의 공평을 기하는 관점에서 이를 넘을 필요는 없다고 해석된다. 따라서 부분공동면책에 대해서도 부담부분의 비율로 구상권을 행사할 수 있다. 출재하는 연대채무자는 사전 또는 사후에 다른 연대채무자에게 통지하여야 하며 이를 게을리 한 경우에 일정한 불이익을 입을 수도 있다(426조). 연대채무자 중에 상환할 자력이 없는 자가 있다면 그 채무자의 부담부분은 변제한 채무자, 즉 구상권자 및 다른 자력이 있는 채무자가 그 부담부분에 비례하여 분담한다(427조①).

4. 보증채무

(1) 보증제도의 의의와 기능

보증채무에 관하여 민법은 제428조-제448조에서 다수당사자 사이의 채권관계의 일종으로서 상세한 규정을 두고 있다. 보증은 인적 담보의 한 형태로서 거래계에서 널리 이용되고 있다. 보증은 당사자 간의 합의만으로 성립하므로 간편한 점이 있다. 그러나 저당권 등과 같은 목적물의 교환가치를 파악하는 물적 담보에 비해 보증은 보증인의 가감하는 책임재산으로 인한 불확실성으로 인해 담보의 질이 떨어지는 단점이 있다. 이러한 문제는 신용사회의 정착과 더불어 여러 방법을 통하여 보완되고 있다. 상거래에 있어서는 지불능력이 보장되어 있는 정부나 금융기관이 보증인이 됨으로써 기업에의 대출이나 국제적인 차관 등이 안정적으로 이루어지고 있다. 특히 수출입거래에 있어서 은행의 기업에 대한 보증을 의미하는 신용장제도 등은 국제무역에 있어 핵심적인 역할을 하고 있다. 일반 소비자신용에 있어서도 개인신용제도의 정착과정에서 개인신용의 보증이 보증보험 등으로 상품화되고, 보증의 영역도 단순한 채권회수에서 보석보증, 공탁보증, 도난보증 등으로 그 영역을 넓혀가고 있다.

그러나 민법의 보증에 관한 규정들은 실거래의 발전에 따라가지 못하여 상당한 간격을 보이고 있다. 예컨대 실거래에서는 확정보증 외에 장래의 불특정한 채무를 담보하는 근보증(根保證)이나 계속적 보증 등이 널리 쓰이고 있다. 그럼에도 불구하고 민법은 "보증은 장래의 채무에 대하여서도 할 수 있다"(428조②)는 규정만을 두고 있어 계속적 보증에 따르는 보증인의 보호 등 많은 문제가 판례법에 의해 해결되고 있다. 또 보증채무의 보충성을 내용으로 하는 단순보증은 거래계에서 거의 사용되지 않고 보충성이 제거된 연대보증만이 사용된다(연대보증은 단순보증과는 달리 보증인에게 '최고·검색의 항변권'

이 없다). 또한 거래계에서는 단순한 금전채권의 보증 외에 공사이행보증 등과 같은 특정 결과의 달성을 보증하는 형태도 널리 활용되고 있다. 그 이외에도 국제거래에서는 채권 자의 채권회수의 확실성에 중점을 두어 보증인이 주채무에 기한 각종 항변권이나 이행 거절권 등을 행사할 수 없는, 즉 주채무로부터 독립된 보증이 널리 쓰이고 있다.

한편 민사거래에서는 개인신용이 정착되지 못하고 사인 간의 보증제도가 남용되어 '자본주의의 연좌제'로서 대가없이 호의(好意)나 인간관계에 기초해 이루어지는 보증이 아직도 많다. 이로 인해 선량한 보증인의 피해사례가 속출하고 있다. 최근에는 이에 대 응하여 '보증인 보호를 위한 특별법'이 제정되기도 하였다. 민사거래에 있어 보증제도를 운영함에 있어서는 보조채무자인 보증인의 보호를 강화함으로써 보증제도가 남용되는 것을 방지하고 신용사회가 촉진되도록 하는데 관심을 가져야 할 것이다.

(2) 보증채무의 기본법리

제428조 1항은 "보증인은 주채무자가 이행하지 아니하는 채무를 이행할 의무가 있 다"라고 규정하고 있다. 보증채무는 주채무를 전제로 하여 성립하는 것으로서 보증인은 주채무자가 이행하지 않을 때 비로소 그를 대신하여 이행하는 보조적인 채무자이다. 보 증채무는 채권자와 보증인 사이의 보증계약에 의하여 성립한다. 보증계약의 내용은 보 증인이 채권자에게 위와 같은 보증의사를 밝히는 것이다.

보증채무는 주채무에 대하여 부종성(附從性)을 갖는다. 주채무가 소멸하면 보증채무 도 소멸하며 주채무의 목적이나 형태보다 무거운 보증채무는 주채무의 한도로 감축된다 (430조). 또한 보증인은 주채무자가 가진 항변을 가지고 채권자에게 대항할 수 있다(433 조①). 주채무자의 상계권을 가지고 보증인이 채권자에게 대항할 수 있으며(434조), 주채 무자가 가진 취소권이나 해제권 등에 기해 이행거절권을 행사할 수 있다(435조). 또 주 채무자에 대하여 시효중단이 인정되면 이는 보증인에 대하여도 그 효력이 있다(440조). 이는 제169조에서 「시효의 중단은 당사자 및 그 승계인 간에만 효력이 있다」고 정한 민 법총칙규정에 대한 예외를 인정한 것이다. 즉 주채무자에 대한 시효중단의 사유가 발생 하였을 때는 그 보증인에 대한 별도의 중단조치가 이루어지지 아니하여도 동시에 시효 중단의 효력이 생기도록 한 것이다.

보증채무의 또 하나의 특성은 보충성인데 이는 보증인이 주채무자의 보조채무자임 에 기인하는 것이다. 그래서 채권자가 먼저 보증인에게 이행을 청구하는 경우에 보증인 은 주채무자에게 자력이 있음을 증명하여 그에게 먼저 청구할 것을 항변할 수 있다. 이 를 최고의 항변이라고 한다. 또 채권자가 먼저 보증인의 재산에 강제집행하려고 하면 주채무자의 재산에 대한 집행이 용이하다는 것을 증명하여 먼저 주채무자의 재산에 집행할 것을 항변할 수 있다. 이를 검색(檢索)의 항변이라고 한다(437조 본문). 그러나 보증인이 주채무자와 연대하여 채무를 부담한 때, 즉 연대보증을 한 경우에는 그러하지 아니하다(437조 단서). 요컨대 연대보증에서는 이러한 최고·검색의 항변이 인정되지 않고 연대의 법리가 적용되어 채권자는 먼저 연대보증인에게 채무의 이행을 청구할 수 있다.

(3) 보증에서의 구상관계

보증인이 주채무자를 대신하여 채무를 변제하면 당연히 주채무자에 대하여 구상권을 갖게 된다. 채무자의 부탁을 받아 보증인이 된 자, 이른바 수탁(受託)보증인은 주채무를 소멸케 한 후에 구상권을 취득하는 사후구상이 원칙이나 일정한 경우에는 사전구상권을 행사할 수도 있다(442조). 주채무자의 부탁없이 보증인이 된 자의 구상권은 일정한 제한을 받는다(444조). 또 온전한 구상권을 취득하기 위하여는 보증인은 보증채무의 이행 전후에 주채무자에게 적절히 통지를 하여야 하는 것은 연대채무와 같다(445조). 즉 보증인은 변제를 하고자 할 때 주채무자에게 통지하고, 변제한 후에는 그 사실을 통지하여야 한다. 즉 사전과 사후에 두 번의 통지의무를 진다. 주채무자도 자신의 변제로 면책되었을 때에는 보증인에게 이를 통지하여야 할 의무가 있다(446조). 그런데 주채무자는 변제한 후에 사후통지의무만을 진다. 주채무자나 보증인이 이러한 통지의무를 소홀히 하여 채무소멸사실을 모르고 이중변제가 이루어진 경우에는 통지의무를 위반한 변제자는 그로 인한 위험을 부담할 수 있다.

(4) 공동보증

민법은 "수인의 보증인이 각자의 행위로 보증채무를 부담한 경우에도 제408조의 규정을 준용한다"(439조)라고 규정하고 있다. 즉 공동보증인의 채무에는 분할채무의 법리가 적용되어 각자가 균등한 비율로 보증채무를 분담한다. 이를 공동보증인이 '분별(分別)의 이익'을 누린다고 표현한다. 예컨대 A와 B가 C의 채무 200만원에 대하여 공동보증인이 되었다면 A와 B는 각각 100만원의 보증채무를 부담한다.

그러나 이에는 많은 예외가 있다. 제448조는 공동보증인 간의 구상권에 대하여 정하면서 3가지의 경우, 즉 '주채무가 불가분이거나 각 보증인이 상호연대로 또는 주채무자와 연대로 채무를 부담한 경우'에는 구상에 있어 연대채무의 법리를 적용한다고 하는바, 이는 공동보증인 간에 분별의 이익이 적용되지 않음을 말하는 것이다. 즉 공동보증인 간에 상호연대의 특약을 맺거나('보증연대'), 보증인과 주채무자가 연대로 채무를 부담하는, 즉 연대보증인이 되는 공동보증인은 연대의 법리가 우선하여 적용된다.

(5) 계속적 보증

계속적 보증은 일정기간 또는 부정기간 동안 계속하여 채무를 보증하는 것이다. 특히 채권자와 주채무자 사이의 당좌대월계약이나 어음할인계약 등 계속적 거래관계로부터 발생하는 불확정의 채무를 보증하는 것을 근보증(根保證)이라고도 한다. 이러한 근보증은 미리 채무의 최고액을 정하고 그 범위 내에서 보증채무가 증감변동하다가 장래의 일정한 시기에 채무액이 확정된다. 계속적 거래관계에서는 당사자 간의 신뢰가 중요하므로 계속적 보증에서도 이러한 신뢰관계가 깨진 경우에 판례는 사정변경의 원칙을 적용하여 보증인에게 일방적인 해지권을 주는 경우가 있다. 또 판례에 따르면 보증인의 부담으로 돌아갈 주채무의 액수가 보증인이 보증 당시에 예상하였거나 예상할 수 있었던 범위를 훨씬 상회하고, 주채무 과다 발생의 원인이 채권자가 주채무자의 자산상태가 현저히 악화된 사실을 익히 알면서도, 보증인에게 아무런 통보나 의사타진도 없이 고의로 거래규모를 확대함에 비롯되는 등 신의칙에 반하는 사정이 인정되는 경우에는 보증인의 책임을 합리적인 범위 내로 제한할 수 있다.

(6) 보증인 보호를 위한 특별법

민사거래에 있어 보증은 아무런 대가없이 호의로 이루어지는 경우가 많고 선량한 보증인의 피해가 자주 발생하고 있어 '보증인의 보호를 위한 특별법'이 2008.3.에 제정되어 시행되고 있다. 핵심적인 내용은 보증계약은 반드시 서면으로 해야 효력이 발생하도록 하고, 보증하는 채무의 최고액을 서면으로 특정하여야 하고 이를 하지 않으면 무효로 선언하고 있다. 주채무자가 3개월 이상 이행하지 아니하는 등 주채무자의 신용에 문제가 있을 때는 채권자는 지체없이 이를 보증인에게 알릴 통지의무를 부담하며, 약정없는 보증계약의 최장기간을 3년으로 하고 있다.

Ⅶ. 채권양도와 채무인수

민법상의 채권관계는 그 성립부터 소멸까지 동일한 채권자와 채무자 간의 지속적 관계를 기본으로 하고 있다. 그러나 실거래에서는 채권관계의 동일성을 유지하면서도 채권자와 채무자의 교체가 이루어지는 경우가 많다. 특히 채권양도는 매우 활발하게 이루어지면서 자본주의 경제의 중요한 역할을 하고 있다.

1. 채권양도

(1) 의의와 기능

민법은 "채권은 양도할 수 있다"(449조① 본문)라고 정하여 채권의 양도성을 인정하고 있다. 채권관계에서 채권자는 채무자의 의사와 상관없이 자유롭게 자신의 채권을 제3자에게 양도하고 자신은 채권관계에서 탈퇴할 수 있다. 이러한 경우에 동일한 채권관계가 양수인과 채무자 사이에서 존속하게 된다. 종래에는 채권관계는 '법의 쇠사슬'이란 표현처럼 채권관계가 소멸할 때까지 양당사자를 묶어두는 의미가 강했다. 그러나 근대에 들어와 채권의 재산권성이 중요해지고 이는 채권의 자유로운 처분, 즉 양도의 필요성을 증가시켜왔다. 채권은 물권과는 달리 그 완전한 실현이 장래에 이루어지는 기대권의 성격이 강한 것이므로 이를 채권의 상태에서 처분하여 투하자본을 회수할 수 있다는 것은 그만큼 자본의 회전을 극대화할 수 있다는 것을 의미한다. 더구나 채권양도가 현재 채권의 양도에서 장래채권의 양도로 비중이 옮아감에 따라 이러한 자본회전의 속도는 더욱 중요하게 되었다.

민법이 채권양도의 절에서 다루는 내용 중에서 중요한 것은 지명채권에 대한 것이다. 지명채권이란 채권자가 특정되어 있는 채권이며 일반적으로 채권이라 하면 지명채권을 가리킨다. 지명채권은 증권적 채권과 달리 채권의 성립이나 행사·양도 등에 증서 또는 증권의 작성·교부가 필요치 않다. 증서가 작성되었더라도 이는 채권의 증거방법에 불과하다. 증권적 채권이란 채권의 성립이나 양도 등을 그 채권이 화체(化體)되어 있는 증권에 의하여 하여야 하는 채권이다. 민법은 증권적 채권에 대하여는 지시(指示)채권 (508-522조)과 무기명채권(523-526조)에 대하여 자세히 규정을 두고 있다. 지시채권은 그 증권에 배서(背書)하여 교부하는 방식으로 양도되는 채권이고, 무기명채권은 양수인에게 그 증서 자체를 교부함으로써 양도가 이루어지는 채권이다. 이러한 증권적 채권은 어음이나 수표를 비롯한 각종 유가증권에서 활용되는 것으로서 상법에서 별도의 규정을 두고 있다.

(2) 채권양도의 요건

1) 양도할 수 있는 채권
민법은 모든 채권은 양도할 수 있다는 채권의 양도성을 원칙으로 선언하고 있다. 그러나 이에 대해 몇 가지의 예외를 정하고 있다.

첫째로 채권의 성질이 양도를 허용하지 아니하면 양도할 수 없다(449조① 단서). 특히 '하는 채무'와 관련하여 문제가 된다. 이는 채권자가 변경되면 급부의 내용이 크게 달라지는 채권, 예컨대 특정인의 초상을 그리게 하는 채권 등이다. 판례는 매매로 인한 소유권이전등기청구권도 권리의 성질상 양도가 제한된다고 한다.

둘째로 "채권은 당사자가 반대의 의사를 표시한 경우에는 양도하지 못한다"(449조② 본문). 즉 당사자들이 미리 양도금지의 특약을 맺었다면 당사자 사이에서 이는 효력이 있으므로 채권자는 임의로 채권을 양도할 수 없다. 양도금지특약의 효력을 폭넓게 인정하면 이는 채권 양도성의 원칙을 크게 훼손하게 될 수 있다. 특히 금전채권과 같이 채무자에게 특별한 부담을 주지 않는 채권의 경우에는 양도성이 더욱 확보되어야 한다. 이런 점에서 양도금지의 특약의 해석과 운용은 채권의 양도성의 근간을 훼손하지 않는 기초 위에서 이루어져야 할 것이다.

양도금지의 특약에도 불구하고 채권자가 임의로 채권을 양도하였다면 어떻게 되는가? 민법은 그 의사표시로써 선의의 제3자에게 대항하지 못한다고 한다(449조② 단서). 즉 양도금지의 특약이 있다는 사실을 알지 못하고 채권을 양수받은 자에게 채무자는 금지특약을 들어 대항할 수 없게 되어 양수인은 채권자로서 권리를 행사할 수 있게 된다. 금지특약을 어긴 채권자에게 책임을 물을 수 있을 뿐이다. 그리고 채권양도의 효력을 부인하려는 채무자가 제3자의 악의를 입증하여야 한다. 또한 선의이지만 과실이 있는 양수인도 보호를 받는다. 판례는 특약의 존재를 알지 못함에 중대한 과실이 있는 경우에도 악의와 같이 취급하여 채무자가 양수인에게 대항할 수 있는 것으로 해석하고 있다.

셋째로 법률에 의한 양도의 금지이다. 법률이 본래의 채권자에게 변제하게 할 목적으로 채권의 양도를 하기도 한다. 주로 사회보장적 차원에서 마련된 것인데, 부양청구권(민법 979조), 각종 연금청구권(공무원연금법 32조 등), 재해보상청구권(근로기준법 86조) 등이다.

채권의 양도성과 관련하여 장래채권의 양도가 중요한 쟁점으로 논의되고 있다. 장래채권이란 채권의 발생요건 전부 또는 일부가 장래에 갖추어질 것으로 예정되어 있는 채권이다. 이미 성립하였으나 효력의 발생만이 유보되어 있는 정지조건부채권과 개념상으로는 구분된다. 이러한 장래채권의 양도에 관하여 민법에 명문의 규정은 없고 채권의 양도성의 원칙만을 선언하고 있으나 가능한 한 적극적으로 해석하여야 할 것이다. 다만 법률행위의 유효요건으로서 목적의 확정성이 요구되므로 채권의 확정성 내지 확정가능성은 갖추어야 할 것이다. 판례도 "채권양도 당시 양도목적채권의 채권액이 확정되어 있지 아니하였다 하더라도 채무의 이행기까지 이를 확정할 수 있는 기준이 설정되어 있다면 그 채권의 양도는 유효한 것으로 보아야 할 것"이라고 적극적으로 해석하고 있다. 특히 담보목적의 채권양도를 인정함으로써 현재의 채권에서 장래의 채권으로 그 중심이 옮겨가고 있는데 이것은 그만큼 현대 자본주의 경제에서 자본의 회전이 빨라지고 시간적 한계를 극복해나간다는 것을 의미한다. 예컨대 건설 중인 아파트를 장차 완공하여 분양했을 때 얻게 될 분양대금채권을 담보로 양도하고 은행으로부터 건설자금을 대출받는 경우가 그러하다.

또한 채권의 일부양도도 가능하다. 예컨대 A가 B에게 가진 일천만원의 금전채권 중 5백만원의 채권을 떼어서 C에게 양도하는 것이다. 그러나 이때에는 다수의 채권자에게 분할하여 지급하여야 하는 채무자에게 번거로움을 야기할 수 있으므로 신의칙상 채무자에게 지나친 부담이 되지 않도록 하여야 할 것이다.

2) 채권양도와 채권양도계약

채권이 양도되기 위해서는 채권자, 즉 양도인과 양수인 사이에 채권양도에 관한 합의가 있어야 한다. 채권의 양도라 함은 채권의 귀속주체가 법률행위에 의하여 변경되는 것, 즉 법률행위에 의한 이전을 의미한다. 여기서 '법률행위'란 채권이 양도인에게서 양수인으로 이전하는 것 자체를 내용으로 하는 그들 사이의 합의(채권양도계약)를 가리킨다. 이는 이른바 준물권행위(準物權行爲, 물권편에서 다루는, 직접 물권의 변동을 가져오는 '물권행위'에 준한다는 뜻의 개념) 또는 처분행위로서의 성질을 가진다. 즉 채권양도계약은 일반적인 계약과는 달리 당사자 사이에서 계약의 이행이라는 문제를 남기지 아니하고, 양도합의가 이루어지는 시점에 바로 채권의 이전이라는 효력이 발생한다는 뜻이다.

이와 구별되는 것으로서 채권양도의 의무를 발생시키는 것을 내용으로 하는 계약(양도의무계약)은 채권행위 또는 의무부담행위의 일종이다. 이는 구체적으로는 채권의 매매나 증여, 채권을 대물변제로 제공하기로 하는 약정, 담보를 위하여 채권을 양도하기로 하는 합의인 채권양도담보계약 등 다양한 형태를 갖는다. 비록 채권양도계약과 양도의무계약은 실제의 거래에서는 한꺼번에 일체로 행하여지는 경우가 적지 않으나, 그 법적 의미에 있어서는 역시 구별되어야 하는 별개의 독립한 행위이다.

(3) 채권양도의 효과 – 대항요건주의

지명채권의 양도에 관하여 민법은 이른바 대항요건주의를 취하고 있다. "지명채권의 양도는 양도인이 채무자에게 통지하거나 채무자가 승낙하지 아니하면 채무자 기타 제3자에게 대항하지 못한다"(450조①). 즉 채권자와 양수인 사이에 채권양도의 합의를 한 경우, 그 효력은 양도합의의 당사자 사이에서만 있을 뿐이다. 양수인은 채권자가 채무자에게 양도사실을 통지할 때까지 채권양도의 효력을 채무자나 제3자에게 대항할 수 없는 것이다. 이는 채무자가 채권양도 사실을 알도록 함으로써 채무자를 보호한다. 그러나 대항요건주의는 법률관계를 분열시켜 복잡하게 만드는 난점이 있다. 즉 통지되지 않은 채권의 양도는 채권자와 양수인 사이의 대내적 관계에서는 이미 양도되었지만 채무자나 제3자와의 대외적 관계에서는 아직 양도되지 않은 것으로 되는 것이다.

또한 대항요건주의하에서는 채권자는 일단 채권을 양도하였어도 채무자에게 통지를 하기 전까지는 자유로이 제2의 양수인에게 이중으로 양도할 수 있게 된다. 원래 채권양도란 처분행위여서 일단 양수인에게 양도하면 채권자는 더 이상 채권자가 아닌데도 이를 다시 양도하는 것이 가능하다는 설명은 논리적 모순을 가져온다는 비판이 있다. 또 일단 양도한 채권자가 채무자에게 양도사실의 통지를 성실히 이행하지 않을 경우에는 양수인은 불안정한 상태에 처하게 된다. 그래서 양수인에게도 통지권을 주어야 한다는 주장도 있는데, 이 경우에는 허위의 양수인이 통지를 하는 일을 막는 것이 문제가 된다. 실무적으로는 양수인이 양도인으로부터 채권양도통지에 관한 대리권을 부여받아 통지하는 방법이 가능할 것이다. 판례도 채권양도의 통지는 양도인이 채무자에게 당해 채권을 양수인에게 양도하였다는 사실을 알리는 이른바 관념의 통지라 할 수 있다. 여기에는 법률행위의 대리에 관한 규정이 유추적용될 수 있으므로 양도통지를 대리인이 하여도 무방하다고 한다.

대항요건으로서 채무자의 승낙은 채권양도 사실을 채무자가 승인하는 의사를 표명하는 채무자의 행위라고 할 수 있다. 채무자는 채권양도를 승낙하면서 조건을 붙여서 할 수도 있다. 채권양도 통지가 채무자에 대하여 이루어져야 하는 것과는 달리, 채무자의 승낙은 양도인 또는 양수인 모두가 상대방이 될 수 있다. 채무자는 양도인에 대하여 항변사유를 가지고 있는 경우에는 이를 밝히면서 '이의를 보류한 승낙'을 할 수 있다. 이의를 보류하지 않고 승낙을 하면 양도인에게 대항할 수 있는 사유로써 양수인에게 대항하지 못한다(451조①).

채권양도를 채무자 이외의 제3자에게 대항하기 위하여는 통지나 승낙이 확정일자 있는 증서에 의하여야 한다(450조②). 확정일자 있는 증서라 함은 증서의 작성일자에 대하여 완전한 증거가 될 수 있는 것으로 법률상 인정되는 일자로서, 당사자가 후에 변경하는 것이 불가능한 일자가 기재된 증서를 말한다. 우체국의 내용증명우편 등이 대표적인 확정일자있는 증서이다. 채권의 이중양도가 행해진 경우를 살펴보면, 각 양도에 대해 단순히 통지만이 행해진 경우라면 각 양수인은 서로 간에 대항할 수 없다. 그 결과 채무자에 대해서도 대항할 수 없다. 다만 채무자측에서 양수인 중의 한 사람을 임의로 선택하여 변제하면 유효한 변제가 된다. 이중양도가 행하여지고 그 중 한 양수인에 대해서만 확정일자 있는 통지가 행해진 경우에는 그 양수인만이 권리자가 된다. 이중양도가 행하여지고 각 양도에 대하여 모두 확정일자 있는 증서에 의한 통지가 있다면 그 일자가 빠른 쪽이 권리자가 된다. 판례는 "채권이 이중으로 양도된 경우의 양수인 상호간의 우열은 채권양도에 대한 채무자의 인식, 즉 확정일자 있는 양도통지가 채무자에게 도달한 일시의 선후에 의하여 결정하여야 할 것"이라고 한다.

한편 채권양도로써 채무자는 양도 이전보다 더 불리한 위치에 처해져서는 안 된다. 그래서 채무자는 양도통지를 받은 때까지 양도인에 대하여 생긴 사유로써 양수인에게 대항할 수 있다(451조②). 예컨대 양도인에게 상계할 수 있는 반대채권을 가지고 있었다면 이를 가지고 양수인에게 대항할 수 있다. 그러나 양도통지를 받은 이후 취득한 것이라면 대항할 수 없다. 또 제452조는 '양도통지와 금반언(禁反言)'이라는 제목 아래 1항에서 "양도인이 채무자에게 채권양도를 통지한 때에는 아직 양도하지 아니하였거나 그 양도가 무효인 경우에도 선의인 채무자는 양수인에게 대항할 수 있는 사유로 양도인에게 대항할 수 있다"고 하여 채권양도가 불성립 또는 무효인 경우에 선의인 채무자를 보호하는 규정을 두고 있다. 예컨대 채권양도가 해제되어 소급적으로 무효가 된 경우에 이를 알지 못한 채무자가 양수인에게 상계할 수 있는 반대채권을 취득하게 되었다면 상계로 양도인에게 대항할 수 있다.

2. 채무인수

(1) 채무인수의 의의

채무인수는 채무의 동일성을 유지하면서 채무를 제3자인 인수인에게 이전시키는 계약을 말한다. 채무인수로 종래의 채무자는 채무자의 지위를 잃는다. 이를 면책적 채무인수라고 부르는데 이는 채무인수의 기본형이다. 저당권이 설정된 부동산을 매수하면서 저당권의 피담보채무를 매수인이 인수하는 경우, 또는 점포를 인수하면서 구매물품 외상대금을 인수하는 등 거래계에서의 쓰임새는 다양하다. 아울러 거래계에서는 중첩적 내지 병존적 채무인수라 하여 새로운 채무자가 추가적으로 채무를 인수하여 담보적 의미를 강하게 갖는 형태도 자주 활용되고 있다. 또 이행인수는 인수인이 채무자에 대하여 그 채무를 이행할 것을 약정하는 채무자와 인수인 사이의 계약을 말한다. 이행인수에 있어서는 인수인이 직접 채권자에 대하여 채무를 부담하지 않고 단지 채무자에 대하여만 변제의무를 부담한다. 이행인수에 불과한지 아니면 병존적 채무인수인지의 판별 기준은, 계약 당사자에게 채권자가 계약 당사자 일방 또는 채무인수인에 대하여 직접 채권을 취득케 할 의사가 있는지 여부에 달려 있다.

한편 계약당사자로서의 지위승계를 목적으로 하는 계약인수는 계약으로부터 발생하는 채권·채무 이전 외에 계약관계로부터 생기는 해제권 등 포괄적 권리의무의 양도를 포함한다. 계약인수가 적법하게 이루어지면 양도인은 계약관계에서 탈퇴하게 되고, 계약인수 후에는 잔류당사자와 양도인 사이에는 계약관계가 존재하지 않게 되며 그에 따른 채권채무관계도 소멸한다. 이러한 계약인수는 양도인과 양수인 및 잔류당사자의 합의에 의한 삼면계약으로 이루어지는 것이 통상적이며 관계당사자 3인 중 2인의 합의가 선행된 경우에는 나머지 당사자가 이를 동의하거나 승낙하여야 그 효력이 생긴다.

(2) 채무인수의 기본법리

채무인수는 채권양도보다 상당히 제한적이다. 채권의 가치는 채무자의 신용에 기초하고 있는 경우가 많으므로 채권자는 채무자가 변경되는 것에 매우 중요한 이해관계를 갖기 때문이다. 따라서 채무인수가 채권자와의 계약에 의해 이루어지는 경우에는 별로 문제될 것이 없다(453조①). 그러나 좁은 의미의 채무인수는 채무자와 인수인 사이의 채무인수의 합의에 의해 이루어지는 경우를 말한다. 이 경우 민법은 채권자의 승낙에 의하여 효력이 생긴다고 정한다(454조①). 즉 채무자와 인수인 사이의 합의는 당사자 사이의 단순한 채권계약에 불과하고 채권자의 승낙에 의하여 비로소 채무의 인수가 일어난다고 본다. 채권자의 승낙이 없는 경우에는 채무자와 인수인 사이에서 면책적 채무인수 약정을 하더라도 이는 이행인수 등으로서의 효력밖에 갖지 못한다.

3. 이행인수

부동산의 매수인이 매매목적물에 관한 채무를 인수하는 한편 그 채무액을 매매대금에서 공제하기로 약정한 경우, 그러한 약정은 특별한 사정이 없는 한 매도인을 면책시키는 채무인수가 아니라 이행인수로 보아야 한다. 면책적 채무인수로 보기 위하여는 이에 대한 채권자의 승낙이 있어야 한다.

한편 이행인수는 인수인이 채무자에 대하여 그가 부담하는 채무를 이행할 것을 약정하는 채무자와 인수인 간의 계약을 말한다. 인수인은 채무자에 대하여 그가 채권자에게 부담하는 채무를 이행할 의무를 부담하는 데 그치고 직접 채권자에 대하여 채무를 부담하는 것이 아니다. 따라서 채권자는 직접 인수인에게 채무를 이행할 것을 청구할 수 없다. 채무자는 인수인이 그 채무를 이행하지 아니하는 경우 인수인에 대하여 채권자에게 이행할 것을 청구할 수 있고, 그에 관한 승소판결을 받은 때에는 금전채권의 집행에 관한 규정을 준용하여 강제집행을 할 수도 있다. 요컨대 인수인은 채권자에 대한 채무자가 아니므로, 인수인의 채권자에 대한 변제는 제3자의 변제가 되게 된다.

VIII. 계약의 유형

채권편 제2장 계약은 제1절에 총칙을 두고 제2절−제15절까지 개별계약에 대하여 규정하고 있다. 제2절의 증여계약부터 제15절의 화해계약까지 민법전에 이름을 갖고 규정되어 있는 14개의 계약을 전형(典型)계약이라고 한다. 거래계에서 행해지는 다양한 계약 중 가장 대표성을 띠는 계약이라는 뜻이다. 이 전형계약을 몇 가지 그룹으로 나누어본다.

첫째 양도형 계약이다. 이른바 '주는 채무'를 내용으로 하는 것으로서 증여 · 매매 · 교환계약이 이에 속한다. 즉 일방이 목적물의 소유권을 상대방에게 이전하는 것을 급부의 내용으로 한다. 증여는 일방이 대가없이, 즉 무상으로 상대방에게 재산을 주는 것이고 교환은 쌍방이 재산권을 상호이전할 것을 약정하는 계약이다. 양도형 계약을 대표하는 매매는 일방이 재산권을 상대방에게 이전하면 상대방이 대가로서 그 대금을 지급하기로 하는 계약이다.

둘째로 대차형(貸借型) 계약으로 소비대차 · 사용대차 · 임대차가 여기에 속한다. 이는 일방이 상대방에게 목적물을 빌려주어 사용케 하는 유형의 계약이다. 이는 일정한 대여기간을 전제하게 되고 사용 후에는 반환의 문제가 남는다. 소비대차는 목적물이 대체물이어서 사용한 후에 동종의 물건으로 반환하면 되는 것이고 특히 금전의 소비대차가 주를 이룬다. 사용대차와 임대차는 빌린 물건 자체를 반환하여야 한다. 사용대차는 무상계약인데 비해 임대차는 목적물을 사용 · 수익하는 데 대한 대가, 즉 차임을 지급하여야 한다.

셋째로 노무형(勞務型) 계약이다. 이는 '하는 채무'를 내용으로 하는 것으로서 일방이 상대방에게 일정한 서비스(노무)를 제공하고 상대방은 그에 대해 대가로서 보수(報酬)를 지급하는 계약이다. 고용 · 도급 · 위임 · 임치 · 현상광고 등이 여기에 속한다. 고용은 일방이 노무를 제공하고 상대방이 그에 대한 보수를 지급하기로 하는 노무형 계약의 기본이 되는 계약형태이다. 도급은 일방이 어떠한 일을 완성하기로 하고 상대방이 그 결과에 대하여 보수지급을 약속하는 계약이다. 위임은 일정한 사무의 처리를 위탁하고 받는 관계의 계약이다. 임치는 보관서비스를 제공하는 계약이며 현상광고는 노무를 제공하고 받는 방식이 현상광고라는 특수한 모습을 띠는 계약이다.

그 밖에 조합계약, 화해계약 등 별도로 분류하기에 어려운 계약들도 있다. 이하에서 이들 중 중요한 계약유형으로 무상계약인 증여계약을, 유상계약인 매매계약, 임대차계약과 도급계약을 기술한다.

1. 증여계약

증여는 당사자 일방이 무상으로 재산을 상대방에게 수여하는 의사표시를 하고 상대방이 이를 승낙함으로써 효력이 생긴다(554조). 증여는 계약이다. 일방(증여자)의 증여의 의사표시에 대하여 상대방(수증자)이 승낙하여 성립한다. 증여는 강제될 수 없는 것이다. 또 증여는 무상계약이어서 아무런 대가없이 재산을 주기로 하는 약정이다. 다만 '부담부증여' 또는 '상대부담있는 증여'는 수증자가 증여를 받으면서 일정한 급부를 하기로 하는 증여이다. 부담부증여는 수증자도 급부의무를 지기는 하나 그것이 증여자의 증여와 대가관계에 있지는 않으므로 무상계약이다. 부담부증여에는 쌍무계약에 관한 규정이 적용되어(561조) 부담의무 있는 수증자가 자신의 의무를 이행하지 않는다면 비록 증여계약이 이행되었더라도 그 계약을 해제할 수 있다.

증여자는 증여의 약속을 하였더라도 다음 3가지의 경우에는 증여계약을 해제할 수 있다. 증여의 의사가 서면으로 표시되지 아니한 경우(555조), 수증자의 망은(忘恩)행위가 있는 경우(556조), 증여계약 후 증여자의 재산상태가 현저히 악화되어 증여의 이행으로 생계에 중대한 영향을 받을 경우(557조)이다. 그러나 이러한 경우에도 이미 이행된 부분에 영향을 미치지는 않는다(558조). 제555조에서 서면으로 표시되지 않은 증여는 각 당사자가 자유로이 해제할 수 있도록 한 입법취지는 증여자가 경솔하게 증여하는 것을 방지함과 동시에 증여자의 의사를 명확히 하여 후일에 분쟁이 생기는 것을 피하려는 데 있다. 증여계약에서 말하는 해제는 제543조 이하에서 말하는 본래 의미의 해제와는 성격을 달리하는 특수한 철회라고 본다. 상대방의 채무불이행을 전제로 하는 것이 아니기 때문이다.

증여자는 매매와는 달리 자신이 증여한 물건이나 권리의 하자나 흠결에 대하여 지는 책임, 즉 담보책임을 지지 않는다. 단 하자나 흠결을 알고서도 수증자에게 고지하지 아니한 경우에는 예외이다(559조①). 또 부담부증여자는 그 부담의 한도에서 매도인과 같은 담보책임을 진다(559조②).

2. 매매계약

매매계약이란 당사자 일방(매도인)이 상대방에게 재산권을 이전할 것을 약정하고 상대방(매수인)이 대금을 지급할 것을 약정함으로써 효력이 생긴다(563조). 매매계약이 체결되면 매도인은 매수인에 대하여 매매의 목적이 된 권리를 이전하여야 하고 매수인은 매도인에게 그 대금을 지급하여야 한다(558조①). 매매는 매도인의 재산권이전의무와 매수인의 대금지급의무가 견련관계에 있는 쌍무계약이고 또한 유상계약이다. 매매에 관한 규정은 다른 유상계약에 준용된다(567조). 그리고 양 당사자의 의무의 이행은 동시이행 관계에 있다(568조②).

민법은 계약의 성질이 허용하는 한 매매에 관한 규정을 매매 이외의 유상계약에 준용한다(567조). 즉 매매계약을 유상계약의 특질을 가장 잘 대표하는 계약으로 보고 있다. 특히 매매총칙에서 규정된 예약이나 해약금 제도 등은 모든 유형의 계약에 적용될 수 있는 계약총칙적 성격을 갖는다.

(1) 계약금

계약체결시에 당사자 일방이 상대방에게 교부하는 금원을 지칭하는 말로 계약금, 선금, 보증금 등 여러 용어가 쓰이지만 가장 일반적인 용어는 계약금이다. 계약금에 어떠한 의미를 줄 것인가는 당사자들이 정할 문제이다. 당사자들이 이에 대해 명확히 하지 않는 경우가 많아 계약금의 처리를 둘러싸고 많은 분쟁이 발생한다. 더욱이 제565조는 계약금을 해약금으로 추정한다는 규정을 두어 그와 관련한 해석론도 어려움을 가중시키고 있다.

계약금에는 다음과 같은 효력이 있다. 첫째로 계약금이 단순히 계약이 확실히 체결되었다는 증표로서의 성격을 갖는 경우이다. 오늘날은 낙성계약의 원칙에 따라 당사자의 의사표시의 합치만으로 유효한 계약이 체결되는 것이지만 계약금의 수수는 이러한 계약 체결 사실의 증명에 도움이 된다.

둘째로 당사자가 약정하여 계약금을 위약금으로 정할 수 있다. 이때 계약금의 교부자가 불이행에 빠지면 계약금은 위약금으로서 상대방에게 귀속된다. 위약금은 손해배상액의 예정으로 추정되므로 상대방은 귀속된 계약금 이외 별도의 손해배상을 청구하지 못한다. 반면에 계약금의 수령자가 불이행에 빠지면 교부자는 지급한 계약금의 반환과 같은 액수의 위약금의 지급, 즉 계약금의 배액상환을 청구할 수 있다. 실거래에서는 보증금, 계약보증금, 이행보증금 등의 명목으로 수수되는 경우도 많은데, 이런 경우는 대부분 보증금의 교부자가 불이행에 빠진 경우에 이를 상대방이 단순 몰취하는 것으로 종결된다.

셋째로 계약금이 해약금(解約金)으로 기능하는 경우이다. 이에 대하여 제565조가 해석의 기준이 되는 규정을 두고 있다. 즉 계약금이 교부된 경우 일방이 이행에 착수하기 전이라면 상대방이 교부자일 경우에는 이를 포기하고 수령자일 경우에는 배액을 상환하면서 계약을 임의로 해제할 수 있다. 즉 계약체결 후 초기단계에서 이유없이 계약해제권을 행사하는 대가로 상대방에게 지불해야 하는 금액이 해약금이다. 이것은 거래계의 관습을 반영한 것이라고도 하나, 그 존재의미에 대하여는 많은 논란이 있다. 계약이란 일단 체결되면 구속력을 갖는 것이 원칙인데 해약금제도는 이러한 계약의 구속력을 약화시키고 일단 성립한 계약도 불안정한 상태에 빠뜨리는 부작용이 있기 때문이다. 심지어 거래계에서는 계약금이 수수되지 않은 한 계약은 당사자들이 자유로이 이를 파기할 수 있는 것이라는 잘못된 인식마저 있는 실정이다.

계약금이 어떠한 성격을 갖든 계약이 정상적으로 이행되는 경우라면 대가를 지급하는 측에서 교부한 계약금은 대금의 일부로서 산입된다.

(2) 매도인의 물건하자담보책임

민법은 매매의 효력에 대하여 상세한 규정을 두고 있는데 그 중 대부분을 차지하는 것은 매도인의 담보책임에 관한 것이다. 매도인의 담보책임이란 자신이 넘겨준 목적물의 권리관계나 성질·상태와 관련하여 그 완전성에 대하여 책임을 져야 한다는 것이다. 매도인은 매수인으로부터 목적물이 완전할 것을 전제로 하여 대금을 받는 것이므로 인도된 목적물이 불완전, 즉 하자(瑕疵)가 있다면 그에 상응하는 책임을 져야 하는 것이 합리적이다. 즉 매도인의 담보책임이란 유상계약인 매매에서 급부와 반대급부의 등가성(等價性)을 회복하는 것을 목적으로 하는 제도이다. 담보책임은 크게 목적물의 권리관계에 하자가 있는 경우와 물건 자체에 하자가 있는 경우로 나뉘는데 먼저 물건의 성상에 하자가 있는 물건하자담보책임에 관하여 본다.

1) 하자담보책임과 채무불이행책임

매도인이 인도한 물건에 하자가 있다는 것은 채무자로서 채무의 내용에 좇은 이행을 하지 아니하였다는 것이 된다. 여기에서 하자담보책임과 채무불이행책임과의 관계가 문제된다. 전통적으로 대륙법계의 민법전은 총칙에는 일반채무불이행책임에 관한 규정을, 각칙에는 로마법의 전통에 따른 별개의 하자담보책임 규정을 두었으며 개별계약에 따라 하자담보책임의 내용은 다소의 차이를 보인다. 입법자의 기본적인 생각은 이행불능이나 이행지체와 같은 소극적 불이행의 유형에 대해서는 채무불이행법으로 포섭하고 이행이 불완전한 경우는 개별계약마다 다양하게 일어나므로 이는 하자담보책임으로 다루고자 하였다. 그러나 일반채무불이행책임에 관한 규정에 특정된 유형을 전제로 하지 않고 포괄적으로 규정되고 따라서 불완전이행도 불이행의 한 유형으로 다루어지게 되었다. 특히 불완전이행과 하자담보책임과의 관계 내지 역할분담을 중심으로 논쟁이 되어 왔다.

앞에서 설명한 바와 같이 제390조가 채무불이행책임을 과실책임으로 구성함에 따라 채무불이행이 있으면 채무자의 과실을 근거로 하여 채무자에게 그로 인한 손해의 배상을 구할 수 있다. 그에 비해 하자담보책임은 매수인과 매도인이 서로 교환하는 급부의 등가성의 회복을 목적으로 하는 것이므로 매도인의 과실은 요건이 되지 않으며, 손해의 배상이 아니라 양자의 이해관계의 조정이 목적이 된다. 그리하여 실무적으로는 매수인은 일차적으로 하자담보책임제도를 근거로 하여 등가성의 회복을 시도하고 여전히 남은 손해가 있으면 이는 매도인의 과실을 기초로 하여 채무불이행책임을 묻게 된다. 특히 하자는 하자자체손해로 남지 않고 하자로 인한 2차적 손해, 이른바 하자확대손해 내지 하자결과손해를 야기시키는 경우가 적지 않으므로 하자담보책임과 채무불이행책임은 서로 역할을 분담하게 되는 것이다.

2) 물건하자담보책임의 내용

우선 물건의 하자가 무엇인가에 대해 판례는 "매매의 목적물이 거래통념상 기대되는 객관적 성질·성능을 결여하거나, 당사자가 예정 또는 보증한 성질을 결여한 경우"라고 한다. 즉 객관적 기준과 주관적 기준을 다 살펴보아야 하는데 당사자들이 정한 기준이 1차적인 판단기준이 될 것이다.

물건하자담보책임에 대하여는 제580조-제584조까지 규정을 두고 있다. 매매의 목적물에 하자가 있는 때에는 제575조 1항의 규정을 준용하도록 되어 있다(580조①). 하자로 인하여 계약의 목적을 달성할 수 없는 경우에 한하여 매수인은 계약을 해제할 수 있고, 기타의 경우에는 손해배상만을 청구할 수 있다(575조①). 또 매매의 목적물이 종류물인 경우에는 매수인이 하자없는 물건을 청구할 수 있다(581조②). 이상의 규정을 기초로 하자담보책임의 내용을 매수인의 권리를 중심으로 분석해보면 다음과 같다.

첫째로 목적물에 하자가 있을 때 매수인은 하자없는 물건으로의 교환을 청구할 수 있다. 강학상 이를 완전물급부청구권이라고 부른다. 이때 목적물은 특정물이 아니어서 교환이 가능한 물건이어야 함은 물론이다. 또 교환에 드는 비용도 매도인이 부담해야 한다.

둘째로 법문에 규정은 없지만 해석상 치유가 가능한 하자라면 매수인이 매도인에게 하자를 보수해 줄 것을 청구할 수 있는 보수(補修)청구권이 인정되어야 한다. 이때는 매도인에게도 보수할 능력이 있어야 할 것이다.

셋째로 매수인에게 손해배상청구권이 인정되는데 이것의 의미를 둘러싸고 많은 논란이 있다. 하자담보책임을 등가성회복을 위한 무과실책임으로 파악하는 한 이때의 손해배상이 제390조의 채무불이행으로 인한 손해배상이 될 수는 없기 때문이다. 결국 하자 자체로 인한 손해배상이란 하자로 인한 물건의 가치감소분이 될 것이고, 매수인에게 인정되는 것은 그러한 가치감소분만큼 대금의 감액을 청구할 수 있는 권리가 될 것이다 (572조① 참조).

넷째로 하자로 인하여 계약의 목적을 달성할 수 없는 경우에는 매수인에게 계약해제권이 인정된다. 하자가 중대하고 보수나 교환 또는 감액의 방법으로는 해결되지 않는 경우 최후의 수단으로서 인정되는 해법이다. 이때의 계약해제는 '담보해제'라고 부르기도 하는데 엄밀한 의미에서 제543조 이하의 일반적인 해제와는 구별되는 개념이다. 매수인은 하자 있는 목적물을 돌려주고 매도인도 이미 지급받은 대금을 반환하여야 할 것이다. 이에 따르는 부수비용은 매도인이 부담해야 할 것이다.

요약하면 하자있는 물건이 인도되었을 때에 ⅰ) 매수인은 하자없는 물건으로 교환하거나 ⅱ) 하자를 제거해 줄 것을 청구하거나 ⅲ) 하자만큼 대금을 깎아줄 것을 청구할 수 있고 이러한 방법으로는 해결되지 않는 경우라면 마지막으로 물건을 반품하고 대금을 환불받을 수 있다.

그리고 담보책임에 있어 매수인의 과실은 어떻게 고려되는가? 제580조 1항 단서는 매수인이 하자있는 것을 알았거나 과실로 인하여 이를 알지 못한 때에는 담보책임상의 권리를 행사할 수 없다고 정한다. 즉 매수인에게 하자담보책임을 묻기 위한 요건으로 매수인의 선의·무과실을 요구하고 있다. 이것은 물건의 수령시에 매수인에게 물건의 하자 여부를 조심해서 살펴볼 의무를 부과하고 있다는 뜻이 된다. 그러나 상대방에게 책임을 묻기 위한 요건으로 매수인에게 무과실까지 요구하는 것은 너무 지나치다는 비판이 있다. 판례는 이를 과실상계의 의미로 축소하여 적용하고 있다. 즉 매수인이 물건의 수령시 쉽게 확인할 수 있는 하자를 간과하였다면 이는 매도인의 하자담보책임을 정하는데 참작사유가 된다.

3) 물건하자담보책임의 권리행사기간

제582조에 따르면 매수인은 하자가 있는 사실을 안 날로부터 6월 내에 담보책임상의 권리를 행사하여야 한다. 이때 권리행사기간은 재판상 또는 재판 외에서의 권리행사에 관한 기간이므로 매수인은 소정 기간 내에 재판 외에서 권리행사를 함으로써 그 권

리를 보존할 수 있다. 재판 외에서의 권리행사는 특별한 형식을 요구하는 것이 아니므로 매수인이 매도인에 대하여 적당한 방법으로 물건에 하자가 있음을 통지하고, 계약의 해제나 하자의 보수 또는 손해배상을 구하는 뜻을 표시함으로써 충분하다.

(3) 매도인의 권리하자담보책임

매매의 목적물의 권리관계에 하자가 있는 경우에 매도인은 이에 대해 담보책임을 진다. 한편 경매에서 목적물을 매수한 경우에도 매수인은 권리의 하자가 있는 경우 채무자 또는 배당 받은 채권자에게 담보책임을 주장할 수 있다(578조).

1) 매매의 목적물의 전부 또는 일부가 타인에게 속하는 경우(569-573조)

타인의 소유인 목적물을 매도하였다면 매도인은 그 권리를 취득하여 매수인에게 이전하여야 하고 이를 이행하지 못하면 매수인에게 손해를 배상하여야 한다. 다만 매도인도 타인의 물건임을 알지 못하였다면 책임이 경감된다. 권리의 일부가 타인에게 속한 경우에는 매수인은 그 부분의 비율로 대금의 감액을 청구할 수 있고, 일부만으로 계약의 목적을 달성할 수 없다면 계약을 해제하고 손해배상을 청구할 수 있다. 이러한 권리는 사실을 안 날로부터 1년 내에 행사하여야 한다.

2) 수량부족이나 일부멸실의 경우(574조)

수량을 지정한 매매에서 목적물의 수량이 부족한 경우에는 어떻게 되는가? 사과 100개들이 1상자를 보냈는데 실제 사과의 개수가 95개인 경우를 생각해보라. 이것은 권리의 하자인지 사과 1상자라는 물건의 하자인지가 문제된다. 전자의 경우 제574조가 적용되나, 후자의 경우 제581조가 적용되기 때문이다. 전제가 되는 것은 수량을 지정한 매매인지 여부를 판단하는 기준이다. 예컨대 목적물이 일정한 면적(수량)을 가지고 있다는 데 주안을 두고 대금도 면적을 기준으로 하여 정하여지는 아파트분양계약은 이른바 수량을 지정한 매매라고 할 수 있다. 그러나 토지의 매매에 있어 목적물을 등기부상의 면적에 따라 특정한 경우라도 당사자가 그 지정된 구획을 전체로서 평가하였고 면적에 의한 계산이 하나의 표준에 지나지 아니하였다면 수량을 지정한 매매라고 보기 어렵다. 수량이 부족한 경우는 대금감액이 가장 적절한 구제수단이 될 것이며 경우에 따라 손해배상이나 계약해제에까지 이를 수도 있다. 이에 따르면 위의 예에서는 물건의 하자로 보는 것이 타당하다. 계약체결시 이미 목적물이 일부멸실되어 있던 경우도 마찬가지다.

3) 매매의 목적물에 제한물권이 설정되어 있는 경우(575-577조)

매매의 목적물이 특히 부동산인 경우에 그 위에 지상권, 지역권, 전세권, 대항력 있는 임대차 등의 제한물권이 존재하게 되면 매수인의 권리는 그에 따른 제한을 받게 되므로 매도인에게 권리하자담보책임을 물을 수 있다. 이러한 제한물권의 존재로 인하여 부동산의 매입목적을 달성할 수 없다면 계약을 해제할 수 있고 그 밖의 경우에는 손해배상을 청구할 수 있다.

특히 목적부동산에 저당권이나 전세권이 설정된 경우에 후에 이 설정된 권리가 행사되어 매수인이 취득한 소유권을 잃게 되는 경우도 발생한다. 소유권을 잃은 매수인은 계약을 해제할 수 있고, 소유권을 잃는 것을 막기 위해 자신의 출재로 소유권을 보존한 매수인은 그 부동산 매수시 저당권이 설정되었는지 여부를 알았든 몰랐든 관계없이 매도인에게 그 출재의 상환을 청구할 수 있다. 또 소유권을 취득한 후에 이미 설정되어 있던 가등기에 기한 본등기가 이루어져 소유권을 상실하게 된 때에도 저당권의 행사로 소유권을 상실한 경우와 유사하므로 매수인은 매도인에게 담보책임을 물을 수 있다.

3. 임대차계약

민법은 제618조-제654조에서 임대차에 대하여 자세한 규정을 두고 있다. 임대차계약은 당사자 일방, 즉 임대인이 상대방 즉 임차인에게 목적물을 사용·수익케 할 것을 약정하고 상대방이 그에 대하여 차임을 지급할 것을 약정함으로써 효력이 생긴다(618조). 임대차는 그 목적물이 동산인가 부동산인가에 따라 동산임대차와 부동산임대차로 나누어진다. 그러나 실거래에서는 주로 부동산임대차가 문제되며 민법의 규정들도 주로 부동산임대차에 적용되는 것이다.

오늘날 부동산이라는 자산의 소유와 이용이 일치하지 않는 경우가 많아서 타인의 부동산, 즉 토지나 건물 등을 임대하는 계약은 경제활동의 핵심부분을 이루고 있다. 임대부동산에 많은 투자를 하거나 그에 기반한 장기적인 경제활동을 하게 되는 임차인들을 적절히 배려하는 것은 임대차법의 중요한 과제이다. 특히 주거용 건물의 임대차는 입주자들의 생존권과도 관련되고 있어 특별한 배려가 필요하다. 이를 위해 별도의 민사특별법으로 '주택임대차보호법', '상가건물임대차보호법' 등이 시행되고 있다.

임대차에 관한 규정들은 다른 계약보다 경제적 약자인 임차인의 보호라는 사회법적인 접근이 강하게 나타난다. 예컨대 제652조는 다수의 임대차규정들에 대하여 "이에 위반하는 약정으로 임차인이나 전차인에게 불리한 것은 그 효력이 없다"고 정한다. 이른바 일방적 강행규정이라고 불리는 것으로서 임차인보호라는 임대차법의 특성을 잘 보여주고 있다.

(1) 임대차의 기본법리

1) 임대인의 의무

임대차는 임차인에게 목적물을 사용·수익케 하는 것을 내용으로 하는 계약이다. 임대인은 목적물을 임차인에게 인도하여야 하고 계약존속 중 그 사용·수익에 필요한 상태를 유지할 의무, 즉 상태유지의무 내지 수선(修繕)의무를 부담한다(623조). 임차목적물의 중요부분에 대해 적시에 보수 등을 하여 임차인의 사용에 지장을 주지 말아야 한다. 또 임대인은 목적물의 하자에 대하여 담보책임을 진다. 목적물의 일부에 하자가 있어 사용·수익할 수 없게 되었다면 과실과 상관없이 임차인은 그 부분의 비율에 의한 차임감액청구를 할 수 있고, 나머지 부분만으로는 임대차의 목적을 달성할 수 없다면 계약을 해제할 수 있다(627조).

2) 임차인의 의무

임차인의 의무 중 가장 중요한 것은 차임지급의무이다. 임차인의 차임연체액이 2기의 차임액에 달한 때에는 임대인은 계약을 해지할 수 있다(640조). 또 임차물이 수리를 요하거나 권리를 주장하는 자가 있는 때에는 즉시 이를 임대인에게 알려 임대인이 피해를 예방하거나 최소화할 수 있도록 하여야 한다(634조). 임차인은 임차목적물을 계약 또는 그 목적물의 성질에 의하여 정하여진 용법으로 사용·수익하여야 한다(654조, 610조①). 주거용으로 건물을 임대하여 상업용으로 사용한다면 임대인은 그로 인해 생긴 손해의 배상을 청구하거나 계약을 해지할 수 있다.

3) 임대차계약의 존속기간 및 갱신과 해지통고

임대차의 기간은 갱신(更新)될 수 있다. 우선 당사자들이 약정에 의해 기간을 연장할 수 있으며 그 기간은 갱신한 날로부터 10년을 넘지 못한다(651조②). 임대차기간이 만료하더라도 임차인이 임차물의 사용·수익을 계속하고 임대인이 상당한 기간 내에 이의를 제기하지 않는다면 전 계약과 동일한 조건으로 기간약정 없는 임대차가 체결된 것으로 본다(639조).

임대차계약에는 일반적인 해지 외에 해지통고제도가 있다. 해지통고를 하면 일정기간이 경과하여야 비로소 해지의 효력이 생긴다. 이는 상대방에게 계약의 해지에 대비하여 준비할 수 있는 시간을 확보해 주려는 데 있다. 따라서 이는 강행규정이다. 기간의 약정없이 체결된 임대차계약은 당사자가 언제든지 계약해지의 통고를 할 수 있다. 임대인이 통고한 경우에는 6월, 임차인이 통고한 경우에는 1월의 기간이 경과하여야 해지의 효력이 생긴다(635조). 기간의 약정을 한 경우에도 일방 또는 쌍방이 기간 내에 해지할 권리 즉 약정해지권을 유보한 경우에 해지통고제도가 준용된다(636조).

4) 임대차관계 종료시의 법률관계

임대차가 종료되면 임차인은 목적물을 원래의 상태대로 만들어 회복하여 반환하여야 하며 자신이 부속시킨 물건은 철거할 수 있다(654조, 615조). 다른 한편으로는 임차인은 사용의 편익을 위하여 임대인의 동의를 얻어 임차건물 등에 부속시킨 물건에 대하여 임대인에게 매수해 줄 것을 청구할 수 있다(646조①). 또 임차인이 임차물을 보존하기 위하여 필요비를 지출하였거나 임차물의 가치를 증가시킨 유익비를 지출한 경우에는 임차인은 임대인에게 이러한 비용의 상환을 청구할 수 있다(626조). 이러한 규정들은 서로 충돌할 수 있으므로 조화로운 해석이 필요하다. 예컨대 임차인이 설치한 시설에 대해 그 비용청구를 포기하는 대신 원상회복의무도 부담하지 않는 것으로 보아야 할 경우도 있을 것이다. 또 건물 소유 등을 목적으로 한 토지임대차에서 기간만료시 건물 등이 현존하는 경우에는 임차인은 계약의 갱신을 청구할 수 있고 임대인이 이를 원치 않으면 상당한 가격으로 이를 매수해 줄 것을 청구할 수 있다(643조, 283조).

5) 임차권의 양도와 전대

임대차는 당사자의 개인적인 신뢰관계를 기본으로 하는 계속적 법률관계이므로 임차인이 임대인의 동의없이 임차권을 타인에게 양도하거나 임차물을 전대(轉貸)하지 못한다. 만일 임차인이 무단으로 양도 혹은 전대하는 경우 임대인은 계약을 해지할 수 있다(629조). 그러나 임대차에 자본을 투하한 임차인이 필요에 따라 이를 회수할 수 있는 길도 열어줄 필요가 있으므로, 당사자 간의 신뢰관계를 깨뜨리지 않는다면 이러한 금지규정의 내용은 융통적으로 해석해야 할 것이다. 판례도 임차인의 변경이 임대차를 더 이상 지속시키기 어려울 정도로 당사자 간의 신뢰관계를 파괴하는 임대인에 대한 배신행위가 아니라면 임대인은 자신의 동의없이 임차권이 이전되었다는 것만을 이유로 임대차계약을 해지할 수는 없다고 한다.

임차인이 임대인의 동의를 얻어 임차물을 전대하면 전차인은 직접 임대인에 대하여 의무를 부담한다. 즉 차임을 직접 임대인에게 지급하여야 하고 전대인에게 지급하였다는 사실로 임대인에게 대항하지 못한다(630조). 반면에 전차인의 권리도 보호해줄 필요가 있으므로 임차인과 임대인의 합의로 계약을 종료시켜도 전차인의 권리는 소멸하지 않는다(631조). 즉 잔여계약기간 동안 목적물을 사용·수익할 수 있다.

(2) 주택의 임대

주택의 임대에 관하여는 '주택임대차보호법'(이하 주임법)이 시행되고 있고 특별법이므로 민법의 규정보다 우선하여 적용된다. 자가주택보다 임차주택 거주인의 비율이 높은 도시생활에서 임차인의 안정된 거주권을 확보해 주는 것은 매우 중요한 법정책적 과제이다. 임차인이 필요로 하는 것은 크게 존속기간의 보장과 차임의 통제라고 할 수 있다. 적절한 차임을 대가로 지급하는 한 원하는 기간만큼 걱정없이 거주할 수 있도록 배려하는 것이 가장 바람직하다. 임대차기간을 2년 미만으로 정했다면 그 기간을 2년으로 간주한다(주임법 4조). 또한 임차인이 계약갱신을 요구한 경우 정당한 사유 없이 거절할 수 없으며 이때 추가된 임대차기간은 2년이다(주임법 6조의3). 결국 임차인은 임대인의 동의 없이도 2년의 임대차기간이 확보된다.

한편 주임법은 '보증금'의 회수도 중요하게 다루고 있다. 이것은 우리의 임대차시장이 오랜 관행인 '전세'(傳貰)라는 형태가 지배하기 때문이다. 즉 임차인은 임대차계약시 임대인에게 매매가의 70%를 넘나드는 고액의 전세보증금을 지급하고 계약종료시 이를 반환받으며 차임은 이 전세보증금의 이자와 상계하는 것이다. 영세한 임차인의 전재산이라 할 수 있는 보증금을 계약종료시 어떻게 안전하게 반환받을 것인가가 사회적 관심사로 부각되어 왔고 주임법은 이에 부응하여 만들어지고 개정되어 왔다. 보호의 핵심은 전세계약을 체결하고 등기를 하지 않더라도 주택인도 및 전입신고를 하고 임대차계약서에 확정일자만 받으면, 등기를 한 물권적 권리인 전세권과 가능한 한 동일하게 취급하여 줌으로써 임차주택의 경매시에도 우선적으로 배당받을 수 있게 배려한 것이다. 또한 보증금 중 일정액에 대하여는 이른바 최우선변제권을 주어 강력하게 보호하고 있다.

4. 도급계약

(1) 도급계약의 의의

도급계약은 수급인이 어느 일을 완성할 것을 약정하고 도급인은 그 일의 결과에 대하여 보수를 지급할 것을 약정하는 계약이다(664조). 즉 수급인이 노무를 제공하되 약정한 결과를 만들어내야 하고 보수는 그 결과에 대한 반대급부로 지급되는 것이다. 따라서 일정한 주의의무를 다하여 맡겨진 일을 처리하면 급부를 이행한 것이 되는 다른 노무제공계약과 구별된다. 결과는 반드시 유형적인 것일 필요는 없고 무형의 것일 수도 있다. 보수는 일의 완성 또는 인도가 필요한 경우 완성된 목적물의 인도와 동시에 지급하는 것이 원칙이다(665조①). 목적물의 인도는 완성된 목적물에 대한 단순한 점유의 이전만을 의미하는 것은 아니라 도급인이 목적물을 검사한 후 그 목적물이 계약내용대로 완성되었음을 인정하는 것까지 포함된다. 특히 공사도급의 형태가 도급의 대다수를 이루고 있으며 건물이나 공작물 등에 대하여는 수급인에게 장기에 걸친 담보책임을 부과하는 등 특별한 법리가 적용된다.

오늘날 도급계약은 주문을 받은 수급인이 자기 소유의 재료를 사용하여 독자적으로 물건을 만들어 납품하는 경우가 대부분이다. 이러한 계약유형을 특히 제작물공급계약이라고도 하는데 이는 제작의 측면에서는 도급의 성질이 있고 공급의 측면에서는 매매의 성질도 아울러 가진다. 적용법률도 제작·공급하는 물건이 대체물인 경우에는 매매에 관한 규정이 적용되지만, 물건이 특정의 주문자의 수요를 만족시키기 위한 부대체물인 경우에는 당해 물건의 공급과 함께 그 제작이 계약의 주목적이 되어 도급에 관한 규정이 적용된다.

(2) 수급인의 담보책임

도급계약의 효력 중 가장 중요한 것은 수급인의 담보책임으로 이는 매매에서 매도인의 담보책임에 상응하는 것이다. 수급인은 도급계약의 이행으로 완성된 목적물에 하자가 있는 때에는 그에 대해서 담보책임을 진다. 이는 수급인이 일의 완성의 대가로 받은 보수와 등가성을 유지하기 위한 것이며 수급인의 과실여부는 문제되지 않는다. 완성된 결과물에 하자가 있는 경우에 이를 아직 일이 완성되지 않은 것으로 볼 여지도 있다. 일의 미완성인지 일은 완성되었으나 완성된 일에 하자가 있는 것인지는 중요한 의미가 있다. 전자는 전형적으로 채무불이행책임을 발생시키지만 후자는 담보책임이 문제되기 때문이다. 수급인의 입장에서는 채무불이행으로 인정되면 대부분의 도급계약에 들어가는 위약금, 즉 지체상금의 약정에 따라 고율의 손해배상을 하여야 한다. 도급인이 사소한 하자를 이유로 일의 미완성을 주장하는 경우에는 수급인에게는 너무 가혹한 결과가 될 수 있으므로 일의 완성여부에 대한 판단기준은 가능한 한 완화시키는 것이 중요하다. 이렇게 해석함으로써 수급인의 보수(報酬)청구권을 인정하되 목적물의 하자에 대해 수급인에게 엄격한 무과실의 담보책임을 지워 도급인도 보호되어 균형을 유지할 수 있게 된다. 판례도 "공사가 도중에 중단되어 예정된 최후의 공정을 종료하지 못한 경우에는 공사가 미완성된 것으로 볼 것이지만, 공사가 당초 예정된 최후의 공정까지 일응 종료하고 그 주요 구조 부분이 약정된 대로 시공되어 사회통념상 일이 완성되었고 다만 그것이 불완전하여 보수를 하여야 할 경우에는 공사가 완성되었으나 목적물에 하자가 있는 것에 지나지 아니한다고 해석함이 상당하다"고 한다.

수급인의 담보책임의 중심을 이루는 것은 하자보수청구권이다. 완성물에 하자가 있으면 도급인은 상당한 기간을 정하여 그 하자의 보수를 청구할 수 있다(667① 본문). 일을 완성한 수급인은 하자를 보수할 능력을 갖는 것이 일반적이고, 도급인도 하자를 보수받음으로써 만족할 수 있기 때문에 보수청구권이 중요하다. 보수에 들어가는 비용은 수급인이 부담하여야 한다. 이 보수청구권은 손해배상과 다양하게 결합할 수 있다. 보수가 여의치 않은 경우에는 하자의 보수에 갈음한 손해배상을 청구할 수 있다. 보수를 하여도 여전히 목적물의 가치감소 등 손해가 남는 경우에는 보수와 함께 손해배상을 청구할 수 있다(667조②). 또 하자가 사소한데 비해 보수비용이 과다한 경우에는 보수 대신에 손해배상만을 청구할 수 있다. 그리고 수급인의 보수(補修)의무 혹은 손해배상채무의 이행과 도급인의 보수(報酬)지급은 동시이행관계에 있다(667조③). 다만 완성된 목적물에 하자가 있어 도급인이 하자보수에 갈음하여 손해배상을 청구한 경우, 도급인은 수급인이 보수할 때까지 그 손해배상액에 상응하는 보수액에 관하여만 자기의 채무이행을 거절할 수 있을 뿐이고 그 나머지 보수액은 지급을 거절할 수 없다. 즉 도급인의 손해배상채권과 동시이행관계에 있는 수급인의 공사대금채권은 공사잔대금채권 중 손해배상 채권액과 동액의 채권에 한한다.

"도급인이 완성된 목적물의 하자로 인하여 계약의 목적을 달성할 수 없는 때에는 계약을 해제할 수 있다"(668조). 즉 계약해제권은 보수청구나 손해배상으로 해결되지 못할 때 최후의 수단으로서 기능한다. 이러한 하자보수청구, 손해배상, 계약해제 등 담보책임상의 권리행사는 목적물의 인도를 받은 날로부터 1년 이내에 행사하여야 한다(670조①). 법률관계를 조속히 안정시키기 위하여 단기의 권리행사기간을 정한 것이다. 도급인의 손해배상청구권에 대하여는 매매에서와 마찬가지로 그 권리의 내용·성질 및 취지에 비추어 제162조 1항의 채권 소멸시효의 규정이 적용되고, 제척기간 규정으로 인하여 소멸시효 규정의 적용이 배제된다고 볼 수 없다.

주의할 것은 권리행사기간의 기산점은 매매에서와는 달리, 물건을 인도받은 시점이다. 그리고 완성물이 토지나 건물 기타 공작물인 경우에는 담보책임의 존속기간에 관한 특칙을 두어 인도 후 5년간, 특히 석조 등으로 조성된 경우에는 인도 후 10년간 담보책임을 진다(671조①). 석조나 콘크리트 건물 등에 대하여 이처럼 장기의 담보책임 존속기간을 두는 것은 이러한 건물의 하자는 그 발견이 용이하지 않고 상당한 기간이 지난 후에 발견되는 경우가 많기 때문이다. 이는 수급인이 목적물의 하자보수에 대하여 보증책임을 지는 기간이라고 할 수 있다. 이런 점에서 법률관계의 조속한 안정을 목적으로 하는 담보책임의 권리행사기간의 제한과 의미를 달리한다. 예컨대 같은 하자로 인하여 건물이 멸실 또는 훼손된 경우에는 역시 멸실·훼손된 날로부터 1년 내로 권리행사를 제한하고 있음과 비교된다(671조②).

IX. 사무관리

채권은 법률행위(특히 계약)뿐만 아니라, 법률의 규정에 의해서 발생하는데, 그 중 하나가 사무관리이다. 일반적으로 법률상 또는 계약상의 의무가 없는 상태에서 타인을 위하여 사무를 처리해 준 관리자와 그 타인(본인) 사이의 법정채권관계를 사무관리라고 한다. 이러한 사무관리는 사회공동체의 이익을 고려하여 행동하는 사람의 보호를 방치하지 않음으로써 사회부조행위를 권장하기 위해 인정되는 제도로 보기도 하고, 관리인과 본인 사이의 재산관계를 조정하기 위한 목적으로 그 비용과 이익의 귀속주체를 교정하기 위해 필요한 제도로 설명하기도 한다. 사무관리는 법률효과 면에서 위임과 유사한 점이 많으므로 많은 경우 위임규정을 준용한다(738조, 739조②).

1. 성립요건

(1) 타인의 사무일 것

사무의 타인성은 객관적 기준에 의해 판단한다. 예컨대 객관적으로 보아도 명백히 자기의 사무인 것을 관리자가 타인의 사무로 오신한 때에는 그것은 타인사무가 되지 않는다. 더 나아가 본인만이 할 수 있는 일신전속적인 사무라면 관리자가 할 수 없다는 점에서 사무는 관리자도 할 수 있는 대체성 있는 사무이어야 한다. 객관적으로 누구를 위한 사무인지를 알 수 없다면, 외부적으로 관리의사가 명백히 인식되거나 추단되어야 사무관리가 성립된다.

(2) 타인을 위하여 관리할 것(관리의사의 존재)

판례는 사무관리가 인정되기 위해서는 관리자가 관리를 통한 사실상의 이익을 타인에게 귀속시키려는 의사를 의미하는 '관리의사'가 필요하다고 본다. 타인의 사무를 자기의 사무로 잘못 알고 처리하거나, 타인사무인 줄 알면서 자기의 사무로 처리한 경우에는 사무관리가 성립하지 않는다. 그러나 타인을 위한 의사가 있으면 동시에 자신의 이익을 위한 의사가 병존하는 것은 가능하다. 타인사무의 관리에는 보존·이용·개량행위라는 의미를 넘어 처분행위도 포함된다. 또한 관리행위는 법률행위일 수도 있고 사실행위일 수도 있다.

(3) 타인의 사무를 관리해야 할 의무가 없을 것

사무관리가 성립하려면, 관리자가 본인의 사무를 처리할 법률상·계약상 의무가 없어야 한다. 그러한 의무가 있다면, 계약에 따른 채무이행에 불과하기 때문이다. 의무가 없는데도 의무가 있다고 보고 타인을 위한다는 의사로 타인의 사무를 관리한 자는 사무관리가 인정된다. 반대로 의무가 있는데 의무가 없다고 생각하고 관리한 경우에는 사무관리가 인정되지 않는다.

(4) 본인의 의사에 반하거나 본인에게 불리함이 명백하지 않을 것

통설과 판례는 사무관리가 처음부터 본인의 의사에 반하거나 본인에게 불리함이 명백한 때에는 사무관리는 성립하지 않는다고 본다(737조 단서). 그러나 본인의 의사가 사회질서 위반 및 강행법규에 위반하는 내용이라면, 이와 반하는 관리행위를 하였다 하더라도 사무관리가 인정된다(734조③ 단서). 예컨대 자살하려는 사람을 제3자가 구조하거나, 소유자가 스스로 방화한 건물을 제3자가 소화(消火)하는 것 등도 사무관리에 해당한다.

2. 효과

사무관리가 성립하면 관리자는 본인에 대한 법정채권을 가지게 된다. 사무관리가 인정되면, 관리자의 관리행위는 적법한 것이 되므로 위법성이 조각되어 결과적으로 본인에게 손해가 있다고 하더라도 불법행위가 되지 않는다. 다만 그것은 민법이 정한 기준에 따른 것을 전제로 하는 것이고, 이를 위반한 경우에 관리자로서의 책임은 별개이다. 예컨대 사무관리가 인정된다 하더라도 관리자로서 의무를 위반한 경우에 대한 책임규정을 마련해 두고 있다면, 그 규정에 따라 관리자는 책임을 지게 된다. 주의할 것은 사무관리는 본인과 관리자 사이에서만 법정채권관계를 인정한 것이므로, 관리자가 사무관리를 하면서 제3자와 체결한 계약 등은 본인에게 미치지 않는다고 보아야 한다. 그것은 본인과 관계없는 관리자와 제3와의 계약에 불과하기 때문이다.

(1) 관리자의 의무

관리자는 사무의 성질에 좇아 가장 본인에게 이익되는 방법으로 이를 관리하여야 하며(734조①), 본인의 의사를 알거나 알 수 있는 때에는 그 의사에 적합하도록 관리하여야 한다(734조②). 이를 위반하여 사무를 관리하였다면, 관리자에게 과실이 없는 때에도 본인에게 발생한 손해를 배상할 책임이 있다(734조③ 본문). 그러나 관리행위가 공공의 이익에 적합한 때에는 중대한 과실이 없으면 배상할 책임이 없다(734조③ 단서). 만약에 관리자가 타인의 생명, 신체, 명예 또는 재산에 대한 급박한 위해를 면하게 하기 위하여 그 사무를 관리하였다면('긴급사무관리'), 관리자에게 고의나 중과실이 없는 한 발생한 손해에 대해 책임질 필요가 없다(735조). 한편 관리자가 관리를 개시한 때에는 본인이 이를 알지 않는 한 지체없이 본인에게 통지하여야 할 의무가 있다(736조). 또한 관리자는 본인, 그 상속인이나 법정대리인이 그 사무를 관리하는 때까지 관리를 계속하여야 한다(737조①). 그러나 관리의 계속이 본인의 의사에 반하거나 본인에게 불리함이 명백한 때에는 그러하지 아니하다(737조②). 기타 수임인의 보고의무 및 취득물 인도·이전의무 등에 관한 위임규정이 사무관리에 준용된다(738조, 683조 내지 685조).

(2) 관리자의 권리

관리자가 본인을 위하여 필요비 및 유익비를 지출하였다면, 본인에게 이에 대한 상환을 청구할 수 있다(739조①). 예를 들면, 제3자가 유효하게 채무자의 채무를 변제한 경우, 채무자와 계약관계가 없으면 특별한 사정이 없는 한, 사무관리가 성립하여 변제한 제3자는 관리자로서 사무관리비용의 상환청구권에 따라 구상권을 취득한다. 관리자가 본인을 위하여 필요 또는 유익한 채무를 부담한 때에는 제688조 2항을 준용한다(739조②). 만약에 관리자가 본인의 의사에 반하여 관리한 때에는 본인의 현존이익의 한도에서 책임을 지면된다(739조③). 또한 관리자가 사무관리를 함에 있어서 과실없이 손해를 받은 때에는 본인의 현존이익의 한도에서 그 손해의 보상을 청구할 수 있다(740조).

X. 부당이득

법률상 원인 없이 타인의 재산 또는 노무로 인하여 이익을 얻고 이로 인하여 타인에게 손해를 가한 자는 그 이익을 반환해야 한다(741조). 원칙상 타인의 재화로부터 이익을 얻기 위해서는 그에 관한 정당한 권리가 있어야 한다. 만약 그러한 정당한 권리 없이 누군가 이득을 얻었다면, 이는 부당하게 이득을 취한 것이 되므로 재화의 정당한 귀속을 위해 민법은 부당이득반환제도를 마련해 두었다. 요컨대 수익자가 취득한 부당한 이득을 교정하여 재화의 정당한 귀속실현을 이루기 위해 마련된 것이 제741조 이하의 부당이득반환규정이다.

1. 성립요건

부당이득이 성립하기 위해서는 ① 법률상 원인 없이, ② 타인의 재화 등을 통해 수익을 얻고, ③ 그로 인하여 타인에게 손해를 가한 자라는 요건이 충족되어야 한다.

(1) 법률상 원인이 없을 것

수익자의 이득 취득의 원인에 정당한 법률상 원인이 있다면, 이는 부당이득이 되지 않는다. 왜냐하면 그 정당한 원인에 따른 이득의 취득을 회복 또는 교정할 필요는 없기 때문이다. 예컨대 지상권, 전세권을 취득하여 타인의 토지를 점유하는 자는 정당한 권원에 따라 토지를 점유하여 이득을 취한 것이므로 토지소유자에 대하여 부당이득이 성립하지 않는다. 마찬가지로 유효한 채권계약을 통해 채무자로부터 급부받은 목적물을 점유하여 이득을 취한 자는 채권을 통해 채무자가 급부한 것을 정당하게 보유할 수 있는 급부보유력을 가지므로, 부당이득이 되지 않는다.

(2) 이득의 취득(수익)

부당이득은 취득한 이득의 반환이므로, 당연히 이득을 취득한 자만이 반환할 의무를 진다. 통설과 판례는 수익자가 '실질적 이득'을 취득한 경우에 한하여, 부당이득이 성립한다고 보고 있다. 실질적 이득에 해당되면, 장래에 취득할 이득도 반환해야 할 이득으로 본다. 우리 판례는 실질적 이득을 취하였는지에 대해서 사회통념을 기준으로 판단한다.

(3) 손실(손해)의 발생

통설은 부당이득이 성립하기 위해서는 이득에 대응하는 손해의 발생이 필요하다고 본다. 따라서 누군가 정당한 권원 없이 이득을 취하였다 하더라도 그로 인하여 손해를 입은 자가 없다면, 부당이득을 이유로 취득한 이득의 반환을 청구할 수 없다. 판례 또한 "불법점유를 당한 부동산의 소유자로서는 불법점유자에 대하여 그로 인한 임료 상당 손해의 배상이나 부당이득의 반환을 구할 수 있을 것이나, 불법점유라는 사실이 발생한 바 없었다고 하더라도 부동산소유자에게 임료 상당 이익이나 기타 소득이 발생할 여지가 없는 특별한 사정이 있는 때에는 손해배상이나 부당이득반환을 청구할 수 없다"고 하여, 손해를 부당이득의 성립요건으로 본다.

(4) 손해와 이득 사이의 인과관계

부당이득이 성립하려면, 수익과 이득 사이에 인과관계가 있어야 한다. 인과관계는 사회통념상 그 연결이 인정되는 것이면 충분하고, 직접적일 필요는 없다.

2. 효과

(1) 반환대상

수익자가 취득한 이득이 원물이라면 수익자는 원물을 반환해야 한다. 그러나 수익자가 받은 목적물을 반환할 수 없는 때에는 그 가액을 반환하여야 한다(747조①). 즉 부당이득반환청구에 있어서 반환할 물건은 현물반환을 원칙으로 한다. 현물반환이 불능일 때에는 그 가액을 반환할 것이며(반환할 물건이 대체물인 경우에도 마찬가지이다), 그 반환의무의 범위는 특별한 사정이 없는 한 그 매각대금(또는 처분당시의 시가 상당액)이라 할 것이다. 그 후에 물건의 가격이 앙등하였다고 하여 앙등한 가격으로 가액반환할 것을 주장할 수 없다. 수익자가 반환해야 할 이득은 손실자의 손실한도 내로 제한된다. 요컨대 수익자의 이득이 아무리 크다 하더라도 손실자의 손실범위 내에서 이득을 반환하면 된다. 반대로 손실자의 손해가 아무리 크다 하더라도, 수익자는 부당이득으로 취득한 이득만 반환하면 된다.

(2) 반환범위

이득의 반환 범위는 수익자가 선의인 경우와 악의인 경우가 다르다.

먼저 법률상 원인이 없었다는 사실에 대해서 몰랐던 선의자는 이득 중에서 현존하는 이득만 반환하면 된다(748조①). 우리 판례는 금전(핸드폰과 같이 금전처럼 쉽게 처분하여 환가할 수 있는 대체물 포함)을 취득한 자는 원칙상 이득의 현존을 추정한다. 따라서 금전에 대해서는 수익자가 현존이익이 없음을 입증해야 한다. 반면에 금전 이외의 물건에 대해서는 손실자가 이득의 현존을 입증해야 한다.

한편 악의의 수익자는 그 받은 이익에 이자를 붙여 반환하고 손해가 있으면 이를 배상하여야 한다(748조②). 법률상 원인이 없음을 알면서 이득을 취한 자이므로 선의자보다 반환책임이 가중된다. 또한 수익자가 이익을 받은 후 법률상 원인 없음을 안 때에는 그때부터 악의의 수익자가 되며(749조①), 선의의 수익자가 패소한 때에는 그 소를 제기한 때부터 악의의 수익자가 된다(749조②).

3. 특수한 형태의 부당이득

(1) 비채변제

채무가 없는데도 불구하고 '채무자'로서 변제하는 것을 (협의의)비채변제라고 한다. 채무자가 아니라 '제3자'로서 변제하는 것은 비채변제가 아니라 제469조상의 제3자의 변제로 해결하면 된다. 원칙상 변제자가 채무가 없음에도 변제한 것이므로 수령자는 부당이득을 취득한 것으로 볼 수 있다. 그런데 우리 민법은 몇몇 조문을 통해 반환청구권 행사를 제한하고 있다. 논의의 편의를 위해 이하에서는 악의의 비채변제와 선의의 비채변제로 나누어서 판단해 보기로 한다.

1) 악의의 비채변제

민법은 변제자가 채무 없음을 알면서도 변제를 한 것이라면 반환을 청구할 수 없다고 규정한다(742조). 그러한 변제자라면 굳이 보호할 필요나 가치가 없다고 보았기 때문이다. 그러나 채무가 없음에도 불구하고 채무자로서 변제한 것이 제742조 소정의 비채변제가 되기 위해서는 지급자가 채무 없음을 알고 있었다고 하더라도 변제를 강제당한 경우나 변제거절로 인한 사실상의 손해를 피하기 위하여 부득이 변제하게 된 경우 등 그 변제가 변제자의 자유로운 의사에 반하여 이루어져서는 안 된다. 자유로운 의사를 강제당한 제742조상의 비채변제의 경우에는 변제자의 수령자에 대한 부당이득반환청구권을 보장해야 할 것이다.

2) 선의의 비채변제

제742조의 반대해석상, 채무 없음을 모르고 선의로 채무를 변제한 자라면, 당연히 수령자를 상대로 부당이득반환을 청구할 수 있다. 그러나 채무 없음을 모르고 한 변제라고 하더라도, 그 변제가 도의관념에 적합한 경우에는 반환을 청구할 수 없다(744조). 또한 채무자가 아닌 자가 착오로 타인의 채무를 변제하여, 수령받은 채권자가 선의로 증서를 훼멸하거나 담보를 포기하거나 시효로 인하여 그 채권을 잃은 때에는 그 반환을 청구하지 못한다(745조①). 채무자 아닌 자의 변제로 인하여 채권자가 오히려 손해를 입는 것을 막기 위한 규정이다. 만약 변제자가 이러한 이유에서 수령자에게 반환을 청구할 수 없다면, 변제자는 채무자에 대하여 구상권을 행사할 수 있다(745조②).

(2) 불법원인급여

당사자 일방이 원인된 법률행위를 기초로 상대방에게 법률행위의 내용대로 급부를 이행하였는데 그 원인된 법률행위가 무효 또는 취소되었다면, 당사자 일방의 출연을 통해 이익을 얻은 급부 수령자는 더 이상 그 이익을 보유할 정당한 권원이 없게 된다. 따라서 급부자는 수령자에게 부당이득으로 급부한 것에 대한 반환을 청구할 수 있다. 그러나 우리 민법은 그러한 급부가 불법의 원인으로 인하여 이루어진 경우에는 그 이익의 반환을 청구하지 못하게 하고 있다(746조 본문). 그러나 그 불법원인이 수익자에게만 있는 때에는 반환을 인정한다(746조 단서).

1) 불법원인급여의 의미

통설과 판례는 제746조와 제103조를 표리관계로 보고, 제746조의 불법이란 제103조 위반행위를 의미한다고 본다. 요컨대 선량한 풍속 기타 사회질서위반 행위를 통해 이루어진 급부를 제746조 불법원인급여라고 이해한다. 제104조는 제103조의 예시에 불과하므로, 제104조에 의해 무효가 된 법률행위 또한 제746조의 불법원인급여가 된다. 제746조의 불법원인급여가 되려면, 제103조 위반행위를 통해 급부가 종국적으로 이루어진 경우로 국한된다. 불법원인급여에 해당하면, 급부자는 무효를 주장하면서 급부에 대하여 부당이득으로 반환할 것을 청구할 수 없을 뿐만 아니라, 물권적반환청구권에 기한 반환을 청구할 수도 없다.

2) 제746조 단서의 적용 및 확대적용

제104조에 기한 불공정법률행위는 불법원인이 수익자에게만 존재하게 되는데, 이 경우에까지 급부자의 반환청구를 막는 것은 타당하지 않으므로, 민법은 제746조 단서에서 부당이득반환청구권을 행사할 수 있도록 하고 있다. 더 나아가 판례는 쌍방 모두에게 불법원인이 있지만, 일방의 불법성이 타방보다 현저히 큰 경우에는 제746조 단서를 유추적용하여 급부한 것의 반환청구를 인정하기도 한다(불법성비교형량론). 즉 판례는 불법의 원인으로 인한 재산 급여라고 볼 수 있는 경우에도, 불법원인이 수익자에게만 있는 경우이거나 수익자의 불법성이 급여자의 불법성보다 현저히 커서 급여자의 반환청구를 허용하지 않는 것이 오히려 공평과 신의칙에 반하게 되는 경우에는 급여자의 반환청구를 허용한다.

XI. 불법행위

고의 또는 과실로 인한 위법행위로 타인에게 손해를 가하는 행위를 불법행위라고 하며, 이로 인하여 피해자와 가해자 사이에 법정채권관계가 발생한다. 민법은 불법행위에 관하여 17개의 규정(750조 내지 766조)을 두고 있으며, 민법 이외에 다양한 특별법에서 특수한 형태의 불법행위 등(제조물책임, 자동차운행자책임, 환경오염책임)을 규율하고 있다. 불법행위법 또한 제750조를 통해 '과실 없으면 책임 없다'는 근대 시민법의 출발원리를 충실히 반영하고 있다. 그러나 현대사회의 다양한 위험원 등을 고려하여 제756조 이하에서 과실책임주의를 완화(증명책임의 완화 등)시키고 있으며, 특별법을 통해 특정한 영역에서는 위험원에 대한 무과실책임을 인정하고 있다.

1. 일반불법행위

(1) 고의 또는 과실행위

불법행위가 성립하기 위해서는 고의 또는 과실행위에 기한 행위로 손해가 발생해야 한다. 따라서 귀책사유 없이 타인에게 손해를 가한 자는 불법행위자가 아니게 된다. 고의는 손해발생을 인식하고 이를 인용하는 심리상태를 말하며, 미필적 고의도 고의로 본다. 고의가 위법함을 인식할 필요까지는 없다. 반면에 자신의 행위로 인한 결과발생을 예견할 수 있었고 또 그러한 결과발생을 회피할 수 있었음에도 사회생활상 요구되는 주의의무를 위반하는 행위를 과실행위라고 한다. 고의나 과실이 있다면 행위가 작위이든 부작위이든 관계없다. 부작위에 의한 불법행위는 계약 등을 통해 작위의무가 부여된 사람이 본인의 작위의무를 져버리고 아무런 조치를 하지 않은 경우에 인정된다. 원칙상 가해자의 귀책사유(고의·과실)에 대해서는 피해자에게 증명책임이 있다. 불법행위성립에 관한 한, 과실은 경과실이든 중과실(주의의무의 현저한 위반)이든 상관없다.

(2) 위법성

위법성은 '가해자의 행위가 법질서에 반한다'는 행위에 대한 평가를 의미한다. 그러나 이러한 평가는 대단히 어려운 문제이다. 판례는 위법성여부에 대해 침해된 법익의 종류(생명, 신체, 인격권 등은 재산권보다 강하게 보호받는다), 침해의 방법과 정도 등을 종합하여 '문제되는 행위마다 개별적·상대적'으로 판단한다. 일반적으로 판례는 소음 및 환경침해, 조망권 및 일조권 침해 등의 위법성을 평가할 때, 수인한도론을 기초로 판단한다. 즉 침해로 인한 유해의 정도가 사회통념상 통상의 수인한도를 넘는 경우에 한하여 위법하다고 본다. 또한 판례는 침해법익이 물권이나 인격권(절대권)인 경우와 채권(상대권)인 경우를 나누어서 판단한다. 즉 물권이나 인격권과 같은 절대권이 침해되는 경우에는 위법성 판단이 일응 위법한 것으로 평가되어서 사실상 위법성 조각사유의 존재여부가 주로 문제된다. 그러나 채권과 같은 상대권은 제3자가 채권의 실현을 방해할 적극적인 의도로써 침해한 경우에만 위법성을 인정한다. 상대권인 채권은 특정의 채무자에 대해서만 주장할 수 있는 권리로서, 배타성이 인정되지 않으며 채권자 상호 간 및 채권자와 제3자 사이에 자유경쟁이 허용되는 것으로서, 제3자는 원칙적으로 이에 구속되지 않는다. 만일 채권의 침해에도 위법성을 쉽게 인정하면 거래질서를 해친다는 점에서 채권의 상대성의 원칙에도 반한다. 이러한 이유에서 절대권과 상대권의 침해에서 위법성 판단은 다르다고 할 수 있다.

위법성은 정당방위(761조①), 긴급피난(761조②)에 의해 조각된다. 판례와 통설은 명문규정에는 없으나 그 이외에도 자력구제, 피해자의 승낙, 정당행위(의사의 치료행위, 운동경기 중 정당행위에 의한 상해)에 의해서도 위법성이 조각된다.

(3) 책임능력

행위자가 불법행위책임을 지기 위해서는 그 행위로 인한 결과에 대해서 법적 책임을 인식할 수 있는 능력이 있어야 한다. 행위자의 행위에 대한 비난가능성이 인정되려면 책임능력이 전제되어야 한다. 민법은 행위의 책임을 변식할 능력이 없는 미성년자와 심신상실자의 책임능력을 부인한다(753조, 754조 본문). 미성년자의 경우에는 원칙적으로 그의 변식능력을 개별적으로 판단해야 하나, 판례는 보통 연령을 기준으로 변식능력여부를 판단하기도 한다. 일반적으로 판례는 12세 미만자의 책임능력을 대체로 부정하고 있으며, 12세~14세 미만자에 대해서는 구체적 사정을 고려하여 사안별로 판단하고 있다.

(4) 손해가 발생할 것

우리는 명목적 손해를 인정하지 않으므로, 불법행위가 성립하기 위해서는 가해행위로 인하여 현실적인 손해가 발생해야 한다. 손해가 없다면 불법행위가 되지 않는다. 우리 판례는 '손해야기사건이 없었다면 있었을 법익의 현재의 상태와 법익침해로 인한 현재의 법익상태를 비교하여 발생한 재산상의 차이'를 손해로 본다. 그러나 일부 판례는 구체적 손해설에 따라 규범적 손해개념을 인정하기도 한다. 예컨대 "타인의 불법행위로 인하여 상해를 입은 피해자에게 신체장애가 생긴 경우에 그 피해자는 그 신체장애 정도에 상응하는 가동능력을 상실했다고 봄이 경험칙에 합치되고, 피해자가 종전과 같은 직종에 종사하면서 종전과 다름없는 수입을 얻고 있다고 하더라도 당해 직장이 피해자의 잔존 가동능력의 정상적 한계에 알맞은 것이었다는 사정까지 나타나지 않는 한, 피해자의 신체훼손에도 불구하고 바로 피해자가 재산상 아무런 손해를 입지 않았다고 단정할 수는 없다"고 하여 손해야기상태의 전후를 규범적으로 평가하여 파악된 불이익을 손해로 보기도 한다. 판례는 주로 차액설의 입장으로 손해를 판단하면서도 차액설에 의한 한계를 규범적 손해개념으로 보완하고 있는 것으로 판단된다. 손해가 인정된다 하더라도 그 손해가 가해자의 가해행위와 상당인과관계가 인정되어야 한다. 손해의 발생 및 인과관계에 대한 입증책임 또한 피해자가 진다. 그러나 현대의 다양한 사고형태(의료사고, 환경사고 등)를 감안하면, 피해자가 손해의 발생 및 인과관계를 입증한다는 것은 대단히 어려운 일이다. 이에 우리 판례는 이러한 사정을 감안하여 최근 인과관계의 입증을 완화시키는 방법을 모색하고 있다.

2. 특수불법행위

특수불법행위는 제750조에서 규정하는 일반불법행위의 성립요건과는 달리 특별한 성립요건이 정하여져 있는 불법행위이다. 일반불법행위에서는 손해의 발생, 가해자의 귀책사유, 가해행위와 손해 사이의 인과관계를 모두 피해자가 증명해야 하지만, 특수불법행위는 고의 또는 무과실의 증명책임을 가해자에게 전환한 중간책임의 성격을 띤다. 요컨대 가해자측에서 책임을 면하기 위해서는 본인에게 고의·과실이 없음(감독의무를 해태하지 않았음)을 입증해야 한다. 민법이 규정하고 있는 특수불법행위는 여섯 종류이다.

(1) 책임무능력자의 감독자의 책임(755조)

제753조 및 제754조에 의해 책임능력이 없는 자는 피해자에게 책임을 지지 않아도 된다. 이는 피해자의 입장에서 보면 지나치게 억울할 수 있다. 이에 민법은 책임무능력자를 감독하는 자에게 책임을 물을 수 있도록 한다(755조). 즉 무능력자가 책임을 지지 않는 경우에는 이를 감독할 법정의무있는 자(법정감독자) 또는 감독의무자를 갈음하여 무능력자를 감독하는 자(대리감독자)가 본인의 무과실을 입증하지 않는 한(감독의무를 해태하지 아니하였다는 사실), 그 무능력자의 제3자에게 가한 손해를 배상해야 한다. 물론 법정감독자 및 대리감독자가 책임무능력자의 불법행위에 대해 책임을 지려면, 가해자에게 책임능력이 없다는 것 이외에 다른 불법행위 성립요건(귀책사유, 위법성 등)은 충족되어야 한다. 법정감독자 및 대리감독자가 책임을 면하려면, 본인이 감독의무위반을 하지 않았다는 사실을 증명해야만 한다(755조① 단서. 중간책임).

책임무능력자가 미성년자인 경우에는 그의 친권자가 법정감독의무자이며, 취학 아동이라면 학교(유치원포함)의 교사나 교장 등이 감독의무자를 갈음하여 무능력자를 감독하는 자가 될 것이다. 다만 교사나 교장은 학교 내에서의 교육활동 및 이와 밀접 불가분의 관계에 있는 생활관계에 한하여 대리감독자로서 책임을 진다. 대리감독자가 있다는 사실만 가지고는 친권자의 법정감독책임이 면책되지는 않는다. 따라서 법정감독자와 대리감독자가 모두 있는 경우, 그들은 피해자에게 부진정연대책임을 부담한다.

책임무능력자의 법정감독자 및 대리감독자는 책임무능력자의 가해행위에 대한 손해에 대해서만 제755조의 책임을 지는 것이므로, 미성년자가 책임능력이 있다면 설령 그 자가 변제자력이 없다고 하더라도 제755조의 책임을 질 필요가 없다. 물론 피해자는 그들을 상대로 귀책사유 등을 입증하여 일반불법행위(750조)에 기한 손해배상을 청구할 수는 있다. 그러나 그들의 귀책사유(감독의무위반사실)를 입증한다는 것은 어려운 일이다.

(2) 사용자배상책임(756조)

우리 민법 제756조 1항은 타인을 사용하여 사무에 종사하게 한 사용자는 그 피용자가 사무집행에 관하여 제3자에게 가한 손해를 배상할 책임이 있지만, 사용자가 피용자의 선임 및 사무감독에 상당한 주의를 한 때 또는 상당한 주의를 하여도 손해가 있을 경우에는 책임을 면한다고 사용자책임을 규정하고 있다. 사용자에 갈음하여 사무를 감독하는 자(대리감독자)는 사용자와 같은 내용의 책임을 진다고 규정하고 있다(756조②). 사용자 및 대리감독자가 제756조에 기하여 피해자에게 손해배상을 하였다면, 그들은 피용자에 대하여 구상권을 행사할 수 있다(756조③). 구상권을 행사하는 경우 판례는 신의칙에 의해 사용자의 구상권을 제한하기도 한다. 한편 사용자배상책임이 인정되기 위한 성립요건은 다음과 같다.

1) 가해자가 사용자의 피용자일 것

사용자책임이 인정되기 위해서는 가해자(불법행위자)가 사용자의 피용자에 해당해야 한다. 피용자인지 여부는 일반적으로 사용자가 불법행위자를 실질적으로 지휘·감독하는 관계가 있으면 된다. 따라서 위임의 경우에도 위임인과 수임인 사이에 지휘·감독관계가 있고 수임인의 불법행위가 외형상 객관적으로 위임인의 사무집행에 관련된 경우에는 위임인은 수임인의 불법행위에 대하여 사용자책임을 진다. 실질적으로 지휘·감독관계가 있는지는 사용자가 실제적으로 그 자를 지휘·감독을 하였느냐의 여부에 관계없이, 객관적·규범적으로 보아 사용자가 그 불법행위자를 지휘·감독해야 할 지위에 있었느냐를 기준으로 판단한다.

2) 피용자의 행위가 사무집행관련성을 가질 것

피용자가 그 사무집행에 관하여 제3자에게 손해를 가하였어야 한다. 즉 피용자의 불법행위에 사무집행관련성이 인정되어야 한다. 판례는 일반적으로 '사무집행관련성여부'를 '외형이론'으로 판단한다. 요컨대 판례는 피용자의 불법행위가 외형상 객관적으로 사용자의 사업활동 내지 사무집행행위 또는 그와 관련된 것이라고 보여질 때에는 행위자의 주관적 사정을 고려함이 없이 이를 사무집행에 관하여 한 행위로 본다. 외형상 객관적으로 사용자의 사무집행에 관련된 것인지의 여부는 피용자의 본래 직무와 불법행위와의 관련정도 및 사용자에게 손해발생의 대한 위험창출과 방지조치 결여의 책임이 어느 정도 있는지를 고려하여 판단한다.

3) 피용자의 행위가 불법행위에 해당할 것

피용자의 행위가 불법행위의 일반성립요건을 구비하여야 한다. 제756조에서 명시적으로 이를 언급하고 있지만, 통설과 판례는 조문체계상 당연히 피용자가 제750조의 불법행위성립요건을 모두 구비한 것을 전제로 사용자가 책임을 지는 것으로 이해한다.

4) 사용자가 면책사유를 증명하지 못하였을 것

사용자에 의한 제756조 1항 단서의 면책사유의 증명이 없어야 한다. 사용자는 피용자의 선임 및 사무감독에 상당한 주의의무를 다하였다고 증명하거나 또는 상당한 주의를 하여도 손해가 발생하였을 것이라는 것을 증명하면 책임을 면할 수 있다. 그러나 우리 실무에서는 제756조 1항 단서에 의한 사용자의 면책을 인정하는 예가 거의 없다. 다만 예외적으로 피용자의 행위가 사무집행행위에 해당되지 않음을 피해자가 이미 알고 있었으나 중대한 과실로 몰랐다면, 사용자는 책임을 면한다. 이처럼 사무집행에서 외형이론과 같이 책임범위를 확대하는 이유는 사무집행이라는 인식에 대한 상대방의 신뢰보호에 있다는 규범목적을 고려할 때, 이러한 신뢰보호의 필요성이 없는 자에 대해서는 보호를 배제하겠다는 취지로 이해된다.

(3) 도급인의 책임(757조)

원칙상 도급인은 수급인이 그 일에 관하여 제3자에게 가한 손해를 배상할 책임이 없다(757조 본문). 도급인과 수급인은 피해자에게 별개의 주체이기 때문이다. 그러나 수급인의 불법행위가 도급 또는 지시에 관련되어 있고, 그러한 도급 및 지시에 관하여 도급인에게 중대한 과실이 있다면 도급인 또한 책임을 진다(757조 단서). 그런데 도급인이 수급인의 일의 진행 및 방법에 관하여 구체적인 지휘감독권을 갖기로 했다면, 수급인은 도급인의 피용자로 볼 수 있을 것이다. 따라서 도급인의 지휘감독을 받는 수급인이 제3자에게 손해를 가한 경우, 피해자는 도급인에게 제756조의 사용자 책임을 주장할 수 있다.

(4) 공작물 등의 점유자 · 소유자 책임(758조)

현대사회는 무수하게 많은 공작물들이 존재한다. 이로 인하여 누구나 피해를 받을 수 있는 위험사회에 살고 있다고 보아도 무리가 아니다. 이에 민법은 공작물의 설치 또는 보존의 하자로 인하여 타인에게 손해가 발생한 경우, 공작물점유자가 손해를 배상하도록 하고 있다(758조① 본문). 공작물점유자가 손해의 방지에 필요한 주의를 해태하지 아니한 때에는 그 공작물의 소유자가 손해를 배상할 책임이 있다(758조① 단서). 요컨대 공작물점유자가 1차로 책임을 지되, 점유자가 손해의 방지에 필요한 주의의무를 다한 것을 증명하여 책임을 면하면, 소유자가 2차로 책임을 져야 한다(소유자를 위한 면책규정은 없다)는 점에서, 공작물 소유자의 책임을 무과실 책임이라고 보기도 한다. 피해자에게 책임을 진 점유자 또는 소유자는 그 손해의 원인에 대한 책임있는 자에 대하여 구상권을 행사할 수 있다(758조③).

(5) 동물점유자 책임(759조)

동물의 점유자 또는 점유자에 갈음하여 동물을 보관한 자는 그 동물이 타인에게 가한 손해를 배상할 책임이 있다(759조① 본문, ②). 그러나 동물의 종류와 성질에 따라 그 보관에 상당한 주의를 다하였다면 책임을 면할 수 있다(759조① 단서).

(6) 공동불법행위(760조)

수인이 관여한 행위로 인해 하나의 손해가 발생하는 불법행위를 공동불법행위라고 한다. 민법은 이러한 공동불법행위의 유형을 세 가지로 나누어서 규율한다. 특히 민법은 공동불법행위자들 모두가 피해자에게 연대하여 손해 전체에 대하여 책임을 지도록 하여, 피해자를 두텁게 보호하고 있다. 판례는 '연대'의 의미를 부진정연대책임으로 이해한다. 피해자에게 손해를 배상한 공동불법행위자는 다른 공동불법행위자들에게 각자의 내부부담비율에 따라 구상권을 행사할 수 있다.

1) 협의의 공동불법행위

수인이 공동의 불법행위로 타인에게 손해를 가한 경우에 이를 협의의 공동불법행위라고 한다(760조①). 먼저 협의의 공동불법행위가 인정되기 위해서는 각자가 피해자에게 독립적으로 불법행위성립요건을 구비해야 한다. 그러한 독립적인 불법행위가 상호 간에 관련성이 인정되어 '공동'의 행위로 인정되면, 협의의 공동불법행위가 된다. 요컨대 '공동'으로 불법행위를 하였다는 점에서 다른 공동불법행위와 다르며, '공동'의 의미를 어떻게 이해할 것인지가 중요한 문제이다. 우리 판례는 가해행위가 객관적으로 관련성 및 공동성이 있으면 족하고 공모나 공동의 인식까지 있을 필요는 없다고 본다(객관적 행위공동설). 판례에 의하면 당사자 간의 공모 등이 없어도 공동성이 인정되게 되므로, 협의의 공동불법행위의 범주는 대단이 넓어진다. 피해자를 더 두텁게 보호하고자 하는 판례의 취지를 엿볼 수 있다.

2) 가해자 불명의 수인의 불법행위의 경합

공동 아닌 수인의 행위 중 어느 자의 행위가 그 손해를 가한 것인지를 알 수 없는 때에도, 그 수인은 피해자에게 불법행위책임을 진다(760조②). 제760조 2항은 여러 사람의 행위가 경합하여 손해가 생긴 경우 중 동조 1항에서 말하는 공동의 불법행위로 보기에 부족할 때, 증명책임을 덜어줌으로써 피해자를 보호하려는 입법정책상의 고려에 따라 각각의 행위와 손해 발생 사이의 인과관계를 법률상 추정한 것이다. 따라서 이러한 경우 개별 행위자가 자기의 행위와 손해 발생 사이에 인과관계가 존재하지 아니함을 증명하면 면책되고, 손해의 일부가 자신의 행위에서 비롯된 것이 아님을 증명하면 배상책임이 그 범위로 감축된다. 그런데 우리 판례는 제760조 1항의 공동의 의미를 객관적 행위공동설의 입장에서 보므로, 대부분이 협의의 공동불법행위로 인정된다. 실질적으로 제760조 2항이 문제된 사건은 많지 않다.

3. 불법행위의 효과

불법행위가 성립하면, 피해자는 손해배상(750조)을 통해 피해를 구제받는다. 명예훼손의 경우 피해자는 손해배상뿐만 아니라 명예회복에 적당한 처분을 통해 구제받을 수도 있다. 예컨대 가해행위자의 명예훼손행위에 대한 방해중지 및 예방청구를 하거나, 정정보도를 명할 수도 있다. 특히 인격권이 침해되는 경우에는 그 성질상 일단 침해된 후의 구제수단(금전배상이나 명예회복 처분 등)만으로는 그 피해의 완전한 회복이 어렵고 손해전보의 실효성을 기대하기 어려우므로, 인격권 침해에 대하여는 사전(예방적) 구제수단으로 침해행위 정지·방지 등의 금지청구권을 인정해야 할 것이다.

(1) 손해배상의 범위 등

제763조에 의해 제393조가 준용된다. 따라서 원칙상 불법행위에 의한 손해배상은 금전배상에 의한다(763조, 394조). 불법행위에 의해 인과관계가 인정되는 손해를 통상손해와 특별손해로 나누어서 배상범위를 결정한다(763조, 393조). 예컨대 통상손해라면 가해자가 반드시 배상해야 할 손해가 되며, 특별손해는 가해자가 특별한 사정을 알았거나

알 수 있었을 때에 한하여 배상하게 된다. 또한 제763조에 의해 제396조가 준용되므로 과실상계에 의해 손해배상액이 조정된다.

(2) 손해배상청구권의 소멸시효

불법행위로 인한 손해배상의 청구권은 피해자나 그 법정대리인이 그 손해 및 가해자를 안 날로부터 3년 내에 또는 불법행위를 한 날로부터 10년 내에 행사해야 한다(766조①, ②). 판례는 3년, 10년 모두 소멸시효기간으로 본다. 특히 불법행위에 기한 손해배상채권에 있어서 제766조 2항에 의한 소멸시효의 기산점이 되는 '불법행위를 한 날'이란 가해행위가 있었던 날이 아니라 현실적으로 손해의 결과가 발생한 날을 의미한다. 그 손해의 결과발생이 현실적인 것으로 되었다면 그 소멸시효는 피해자가 손해의 결과발생을 알았거나 예상할 수 있는가 여부에 관계없이 가해행위로 인한 손해가 현실적인 것으로 되었다고 볼 수 있는 때로부터 진행한다.

제
5
절

친 족

친족법은 혼인관계, 친자관계 등과 같은 친족, 가족생활관계를 규율하고 있다. 즉 친족법은 사람의 법률관계 가운데 특히 부모자녀관계, 부부관계, 친족관계, 상속관계 등과 같은 가족생활관계와 관련한 법률관계를 규율하는 법이다. 민법은 제4편 제767조 이하에서 친족편에 대한 규정을 두고 있는데, 제1장에서는 총칙, 제2장에서는 가족의 범위와 자의 성과 본, 제3장에서는 혼인, 제4장에서는 부모와 자, 제5장에는 후견, 제7장에서는 부양에 대해서 정하고 있다(제6장 친족회 부분은 삭제되었다).

Ⅰ. 친족과 가족, 자의 성과 본

1. 친족의 개념과 범위

(1) 친족의 개념

친족은 배우자, 혈족 및 인척을 말한다(767조). 즉 친족관계는 혈연과 혼인에 의해 성립하게 된다.

배우자란 혼인신고를 마친 법률상의 배우자를 의미하며, 사실상의 배우자는 제외한다. 배우자는 혈족이나 인척은 아니지만, 혼인을 통해 친족관계를 형성한다.

혈족이란 혈연으로 이루어진 친족관계를 말한다. 그런데 특별한 경우에는 법률에 의한 혈족관계도 인정하고 있다(예: 입양을 통해 형성된 양친자관계). 따라서 혈족은 자연혈족과 법정혈족으로 나뉘게 된다. 한편 혈족은 직계혈족과 방계혈족으로 나뉜다. 전자는 자기의 직계존속과 직계비속을 의미하고, 후자는 자기의 형제자매, 형제자매의 직계비속, 직계존속의 형제자매와 그 직계비속 등이다(768조).

인척은 혈족의 배우자, 배우자의 혈족, 배우자의 혈족의 배우자를 말한다(769조). 인척의 경우는 혈연과 혼인 모두가 그 친족관계를 형성하는 요소가 된다.

한편 1990년 개정전 민법에서는 계모자관계와 적모서자관계(혼인외의 출생자와 부(父)의 배우자 사이의 관계를 말한다)를 법정혈족관계로 보았으나, 1990년 개정되어 1991년 1월 13일부터 시행되는 개정민법에서 이를 폐지하여, 현재는 인척관계가 된다. 또한 1991년 시행된 개정법은 혈족의 배우자의 혈족(예: 매형의 부모)을 인척의 범위에서 삭제하였다.

(2) 친족의 범위

모든 범위의 친족이 법률적으로 의미를 갖는 것은 아니다. 즉 친족관계로 인한 법률상 효력은 특별한 사정이 없는 경우에는 8촌 이내의 혈족, 4촌 이내의 인척, 배우자에게만 미친다(777조).

직계혈족은 자기로부터 직계존속에 이르는 세수 또는 자기로부터 직계비속에 이르는 세수에 의해 정한다. 예컨대 자신과 부모는 1촌, 조부모는 2촌, 자기의 자녀는 1촌, 손자녀는 2촌이 되는 것이다(770조①). 방계혈족은 자기로부터 동원의 직계존속에 이르는 세수와 그 동원의 직계존속으로부터 그 직계비속에 이르는 세수를 통산한다(770조②). 예컨대 자기와 형제자매의 경우, 동원인 부모에 이르는 촌수가 1, 부모로부터 형제자매에게 이르는 촌수가 1이므로 통산하면 총 2촌의 관계에 있게 된다.

2. 자의 성과 본

(1) 부모를 모두 아는 경우(부성주의원칙)

원칙적으로 자는 부의 성과 본을 따른다(781조① 본문). 헌법재판소 또한 이러한 부성주의 자체는 헌법에 위반되지 않는다고 보았다(헌법재판소 2005. 12. 22. 선고 2003헌가5, 6(병합) 결정). 다만 부모가 혼인신고시 모의 성과 본을 따르기로 협의한 경우에는 모의 성과 본을 따를 수 있고(781조① 단서), 부가 외국인인 경우에도 자는 모의 성과 본을 따를 수 있다(781조②).

(2) 부 또는 부모를 알 수 없는 경우(성과 본의 창설)

부를 알 수 없는 경우에는 모의 성과 본을 따라야 하며(781조③), 부모를 모두 알 수 없는 자는 법원의 허가를 받아 성과 본을 창설하게 되나, 성과 본을 창설한 후 부 또는 모를 알게 된 때에는 부 또는 모의 성과 본을 따를 수 있다(781조④).

(3) 혼인외 출생자가 인지된 경우

혼인외 출생자가 인지(認知)된 경우 자는 부모의 협의에 따라 종전의 성과 본을 계속 사용할 수 있다. 다만, 부모가 협의할 수 없거나 협의가 이루어지지 아니한 경우에는 자는 법원의 허가를 받아 종전의 성과 본을 계속 사용할 수 있다(781조⑤).

(4) 자의 성과 본의 변경

2005년 민법이 개정되기 전에는 '자의 성과 본의 변경'을 인정하지 않았으나, 2005년 개정으로 이를 변경할 수 있도록 하였다. 즉 법원은 부, 모 또는 자가 성과 본의 변경을 청구하는 경우, '자의 복리'를 위하여 자의 성과 본을 변경할 필요가 있을 때에는 변경을 허가할 수 있다(781조⑥ 본문). 다만 자가 미성년자이고 법정대리인이 청구할 수 없는 경우에는 제777조의 규정에 따른 친족 또는 검사가 청구할 수 있다(781조⑥ 단서). 예컨대 자녀가 있는 어머니가 재혼하여 계부와 함께 생활하는 경우에 자녀가 계부의 성과 본을 따르게 하는 것이 자의 복리에 적합하다고 판단되는 경우 법원은 이를 변경하도록 허가할 수 있다.

Ⅱ. 약혼(約婚)

1. 약혼의 의의

약혼이란 장래에 혼인을 성립시키겠다는 남녀 사이의 계약을 말한다. 즉 약혼은 혼인예약이다. 약혼은 특별한 형식을 거칠 필요가 없이 장차 혼인을 체결하려는 당사자 사이의 합의가 있으면 성립한다. 이에 반하여 사실혼은 주관적으로 혼인의 의사가 있고, 객관적으로도 사회통념상 가족질서의 면에서 부부공동생활을 인정할 만한 실체가 있는 경우에 성립하는 것이어서, 양자는 구별된다. 일반적으로 결혼식(또는 혼례식)이라 함은 특별한 사정이 없는 한 혼인할 것을 전제로 한 남녀의 결합이 결혼으로서 사회적으로 공인되기 위하여 거치는 관습적인 의식이라고 할 것이므로, 당사자가 결혼식을 올린 후 신혼여행까지 다녀온 경우라면 단순히 장래에 결혼할 것을 약속한 정도인 약혼의 단계는 이미 지났다고 할 수 있다.

2. 약혼의 성립

약혼은 특별한 형식을 거칠 필요 없이 장차 혼인을 체결하려는 당사자 사이의 합의만으로 성립한다(특별한 의식이나 예물의 교환 등의 형식은 필요치 않다). 우선 성년에 달한 자는 자유롭게 약혼할 수 있다(800조). 미성년자 중, 18세가 된 사람은 부모나 미성년후견인의 동의를 받아 약혼할 수 있다(801조). 양자의 경우에는 친생부모가 있다 하더라도 양부모의 동의를 받아야 한다. 만약 18세 이상의 미성년자가 부모 등의 동의없이 약혼하였다면, 이는 취소할 수 있다(816조 1호 준용). 18세 미만인 사람은 부모나 미성년후견인의 동의가 있더라도 약혼을 할 수 없다. 피성년후견인도 부모나 성년후견인의 동의를 받아 약혼할 수 있다(801조). 미성년자나 피성년후견인이 부모의 동의를 받아 약혼함에 있어서 부모 중 한쪽이 동의권을 행사할 수 없는 때에는 다른 한쪽의 동의를 얻어야 하고, 부모가 모두 동의권을 행사할 수 없는 때에는 미성년후견인 또는 성년후견인의 동의를 얻어야 한다(801조, 802조, 808조). 반면에 피한정후견인은 한정후견인의 동의 없이도 약혼이 가능하다.

3. 약혼의 효과

약혼이 성립하면 당사자는 성실하게 교제하고 장차 부부공동체를 성립시킬 의무를 갖게 된다. 다만 이러한 의무는 강제적으로 이행을 구할 수 없다(803조). 따라서 일방이 부부공동체를 성립시키는 것에 협조하지 않고 약혼관계를 파탄시키더라도 이를 강제할 수는 없고, 정신적 손해 등을 이유로 하여 손해배상의 청구를 할 수 있을 뿐이다. 제3자가 약혼상의 권리를 침해한 경우에는 침해한 자에 대해서도 불법행위를 이유로 손해배상을 구할 수 있다. 약혼이 성립하였다 하더라도 약혼만으로는 친족법상 지위(배우자 관계 등)가 인정되지 않는다. 따라서 약혼관계 중에 아이를 출산하였다면 이 아이는 혼인 외의 출생자가 된다. 물론 이후 부모가 혼인하면 준정(準正)에 의해 혼인중의 출생자로 된다(855조②).

4. 약혼의 해제

(1) 약혼의 해제사유

민법은 약혼해제사유를 제804조에서 다음의 8가지로 열거하고 있다: 1. 약혼 후 자격정지 이상의 형을 선고받은 경우, 2. 약혼 후 성년후견개시나 한정후견개시의 심판을 받은 경우, 3. 성병, 불치의 정신병, 그 밖의 불치의 병질(病疾)이 있는 경우, 4. 약혼 후 다른 사람과 약혼이나 혼인을 한 경우, 5. 약혼 후 다른 사람과 간음(姦淫)한 경우, 6. 약혼 후 1년 이상 생사(生死)가 불명한 경우, 7. 정당한 이유 없이 혼인을 거절하거나 그 시기를 늦추는 경우, 8. 그 밖에 중대한 사유가 있는 경우. 따라서 제804조(1호부터 8호)의 약혼해제사유가 있으면 약혼 당사자는 약혼을 자유롭게 해제할 수 있다. 예컨대 약혼 후 상대방이 심한 정신질환을 가지게 되었거나 상대방에게서 비인격적인 면을 발견하였다면 기타 중대한 사유를 이유로 약혼을 해제할 수 있다(840조 8호). 그러나 임신불능 사실을 알았다는 것만으로는 중대한 사유를 이유로 하여 약혼을 해제할 수 없다. 요컨대 제804조상의 약혼해제 사유가 존재하지 않으면 함부로 약혼을 해제하는 것은 허용되지 않으며, 임의로 약혼을 해제하여 상대방에게 손해를 준 경우에는 손해를 배상할 책임이 있다.

약혼의 해제는 상대방에 대한 의사표시로 하지만, 가령 약혼 상대방이 1년 이상 생사가 불명하여 의사표시를 할 상대방이 없는 경우 등에 있어서는 그 해제의 원인있음을 안 때, 즉 생사불명이 1년 이상 진행된 사실을 안 때에 해제된 것으로 본다(805조).

(2) 약혼해제의 효과

약혼을 해제한 때에는 당사자 일방은 과실 있는 상대방에 대해 손해의 배상을 청구할 수 있는데, 이때의 손해배상의 내용에는 정신상 고통에 대한 배상(위자료)도 포함된다. 손해배상을 청구할 수 있는 자는 원칙적으로 약혼이 부당하게 파기되어 손해를 입은 약혼의 일방당사자이다. 그러나 경우에 따라서는 그 부모와 같은 자도 정신적 손해를 입었음을 입증하여 손해배상을 청구할 수 있다. 손해배상의 상대방도 원칙적으로 약혼을 부당하게 파기한 약혼의 상대방이지만, 경우에 따라서 약혼의 상대방이 아닌 제3자(예컨대 상대방의 부모)가 약혼파기에 가담한 경우에는 그러한 자에게도 손해배상책임을 주장할 수 있다.

한편 우리 판례는 약혼예물의 법적 성질을 혼인의 불성립을 해제조건으로 하는 증여로 본다. 따라서 혼인이 성립하였다면 약혼예물반환은 문제되지 않는다. 반면에 약혼이 해제되면 혼인이 불성립된 것이므로 해제조건이 성취되어 증여계약은 효력을 잃게 되고 이미 증여한 약혼예물은 부당이득이 된다. 약혼이 해제되면 쌍방은 받은 예물을 반환하여야 한다. 그러나 약혼관계가 해소됨에 대하여 귀책사유가 있는 당사자는 상대방에게 약혼예물의 반환을 구할 수 없다. 따라서 약혼이 해제된 경우, 귀책사유 없는 당사자만이 급부한 예물의 반환을 상대방에게 요구할 수 있을 뿐이다.

Ⅲ. 혼인(婚姻)

혼인이란 한 남녀가 평생 부부로서의 생활공동체를 형성하기로 하는 친족법상의 합의이다. 합의라는 점에서 혼인 또한 넓은 의미에서 계약으로 볼 수 있다. 그러나 친족법상의 계약이라는 점에서 채권계약과는 다른 특수성이 인정된다. 대표적으로 혼인은 가족관계의 등록 등에 관한 법률에 의하여 일정한 방식으로 신고하여야만 성립하는 요식행위이다(812조 이하).

1. 혼인의 성립

혼인이 성립하기 위해서는 실질적 요건과 형식적 요건을 갖추어야 한다. 형식적 요건은 위에서 언급한 것과 같이 가족관계의 등록 등에 관한 법률이 정하는 바에 의한 신고를 의미한다. 실질적 요건이란 당사자 간의 혼인의사의 합치를 의미한다.

(1) 실질적 성립요건

원칙상 혼인이 성립하기 위해서는 혼인의사의 합치가 있어야 한다. 따라서 당사자 간에 혼인의사의 합치가 없다면 혼인은 무효가 된다(815조 1호). 여기서의 혼인의사란 부부로서 정신적, 육체적으로 결합하여 생활공동체를 형성할 실질적 의사를 말한다. 따라서 가장(假裝)혼인 및 동거하지 않을 것을 조건으로 하는 혼인은 실질적인 혼인의사가 없다는 점에서 무효가 된다. 예컨대 A와 B가 단순히 초등학교의 교사직으로부터 면직당하지 않게 할 목적으로 가족관계등록부상 부부가 된 것으로 가장하기 위하여 혼인신고가 이루어졌다면, 혼인의 실질적 요건을 갖추지 못하여 혼인관계는 무효가 된다. 당사자 사이에 혼인의 합의 즉 정신적, 육체적 결합을 생기게 할 의사로서 혼인이 신고된 것이 아니기 때문이다. 또한 상대방 배우자가 의식불명인 상태에서 당사자 일방이 혼인신고한 경우, 판례는 원칙상 일방적으로 이루어진 혼인신고의 효력을 부인하였다. 혼인의 합의는 혼인신고서 작성시뿐만 아니라 이를 제출할 당시에도 존재하여야 한다.

(2) 형식적 성립요건

혼인은 가족관계의 등록 등에 관한 법률에 정한 바에 의하여 신고함으로써 그 효력
이 생긴다(812조①). 이때 신고는 당사자 쌍방과 성년자인 증인 2인의 연서한 서면으로
하여야 한다(812조②). 혼인신고가 수리되면 법령에 위반되더라도 일단 혼인성립이 인정
된다. 다만 무효, 취소의 문제가 발생할 뿐이다. 외국에서 혼인하는 경우 혼인거행지법
의 법률이 정하는 방식으로 혼인을 성립시킬 수 있다. 이러한 경우에는 그 나라의 법이
정하는 방식에 따른 혼인절차를 마침으로써 혼인이 유효하게 성립한다(국제사법 36조②
본문). 별도로 우리나라 법에 따른 혼인신고를 하지 않더라도 혼인의 성립에는 영향이
없다. 다만 대한민국에서 혼인을 거행하는 경우에 당사자 일방이 대한민국 국민인 때에
는 대한민국 법에 의해 혼인신고를 해야만 한다(국제사법 36조② 단서).

2. 혼인의 무효와 취소

(1) 혼인의 무효

당사자 간에 혼인의 합의가 없는 때, 혼인은 무효가 된다(815조 1호). 예컨대 가장혼
인은 혼인의 합의가 없다는 점에서 무효가 된다. 사실혼배우자 일방이 한 혼인신고의 경
우에도 혼인의 합의가 없어 무효가 된다. 혼인이 제809조 1항을 위반한 경우(815조 2호)
에도 혼인은 무효가 된다. 즉 8촌 이내의 혈족 사이에 혼인한 경우에는 그 혼인은 무효
이다. 또한 당사자 간에 직계인척관계에 있거나 있었던 때(815조 3호), 당사자 간에 직계
혈족관계에 있었던 때(815조 4호)에도 그 혼인은 무효이다. 혼인무효는 당연무효이며, 절
대적 무효로서 제3자 보호규정이 없다. 따라서 무효인 혼인에서 출생한 자녀는 혼인 외
의 자가 된다. 단 출생신고를 한 때에는 인지의 효과는 인정된다. 무효혼의 경우 배우자
가 사망하더라도 배우자상속권이 인정되지 않는다.

(2) 혼인의 취소

18세가 되지 않은 사람이 혼인한 경우, 당사자 및 그 법정대리인은 혼인을 취소할
수 있다(816조, 807조, 817조). 18세 이상의 미성년자가 혼인을 하는 경우 부모의 동의를
받아야 하며, 부모 중 한쪽이 동의를 할 수 없는 사정이 있으면 다른 한 쪽의 동의를 받
아야 하고, 모두가 동의할 수 없으면 미성년후견인의 동의를 얻어야 한다(808조①). 이를

위반하면 법원에 혼인의 취소를 청구할 수 있다(816조 1호). 미성년자가 아니라도 피성년후견인은 부모나 성년후견인의 동의를 받아서 혼인을 하여야 하는데(808조②), 이에 위반한 경우도 취소사유가 발생한다(816조 1호). 그러나 18세 이상의 미성년자가 혼인동의를 얻지 않고 혼인하거나 피성년후견인이 성년후견인의 동의를 얻지 않고 혼인한 경우에는(18세 미만자의 혼인은 해당 없음) 당사자가 19세가 된 후 또는 성년후견종료의 심판이 있은 후 3개월이 지나거나 혼인 중에 임신한 경우에 취소권이 배제된다(819조).

6촌 이내의 혈족의 배우자, 배우자인 6촌 이내의 혈족, 배우자인 4촌 이내의 혈족의 배우자인 인척이거나 이러한 인척이었던 자 사이의 혼인 및 6촌 이내의 양부모계(養父母系)의 혈족이었던 자와 4촌 이내의 양부모계의 인척이었던 자 사이의 혼인은 당사자, 그 직계존속 또는 4촌 이내의 방계혈족이 취소를 청구할 수 있다(816조, 809조② 및 ③). 그러나 이러한 취소사유가 있더라도, 당사자 간에 혼인중 포태하였다면 취소를 청구할 수 없다(820조).

혼인당시 당사자 일방에 부부생활을 계속할 수 없는 고치기 힘든 병 기타 중대한 사유가 있음을 알지 못한 때에는 그 혼인은 취소할 수 있다(816조 2호). 그러나 상대방이 그 사유있음을 안 날로부터 6월을 경과하면 취소청구권은 소멸한다(822조). 사기 또는 강박으로 인한 혼인은 취소할 수 있다(816조 3호). 다만 사기를 안 날 또는 강박을 면한 날로부터 3월을 경과한 때에는 그 취소를 청구하지 못한다(823조).

특히 문제되는 경우는 배우자 있는 자가 다시 혼인한 경우이다. 민법은 배우자 있는 자의 중혼을 금지하고 있으며(810조), 이를 위반하면 전혼의 배우자가 이를 취소할 수 있다(816조 1호). 중혼은 보통 담당공무원이 이중으로 혼인신고를 수리한 경우, 이혼 후 재혼하였는데 전혼의 이혼이 무효나 취소된 경우, 실종선고 후 재혼하였는데 실종선고가 취소되어 전혼이 부활한 경우, 국내와 국외에서 이중으로 혼인한 경우에 성립한다. 중혼의 경우, 당사자 및 그 배우자, 직계혈족, 4촌 이내의 방계혈족 또는 검사는 혼인의 취소를 청구할 수 있다. 이는 2010년 헌법재판소의 헌법불합치결정에 근거하여 2012년에 개정되었는데, 종래 '직계존속'으로 되어 있던 내용을 '직계혈족'으로 바꾸었다. 이에 따라 직계비속도 중혼의 취소를 구할 수 있는 청구권자에 포함되었다. 한편 중혼자가 사망한 후에라도 그 중혼으로 인하여 형성된 신분관계가 소멸하는 것은 아니므로, 전혼의 배우자는 생존한 중혼의 일방 당사자를 상대로 중혼의 취소를 구할 이익이 있다.

3. 혼인의 효과

(1) 일반적 효력

1) 친족관계의 발생

혼인을 통해 먼저 부부는 배우자로서 친족관계를 형성한다. 더 나아가 혼인을 통해 배우자의 혈족과 인척관계를 형성하게 된다.

2) 부부간의 의무 발생

혼인을 통해 부부가 되면, 양자는 부부로서 몇 가지 의무를 부담하게 된다(826조). 제826조 1항이 규정하고 있는 부부간의 동거·부양·협조의무는 정상적이고 원만한 부부관계의 유지를 위한 광범위한 협력의무를 구체적으로 표현한 것으로서 서로 독립된 별개의 의무가 아니다.

첫째, 부부 사이에는 동거의무가 있다(826조① 본문). 그러나 정당한 이유로 일시적으로 동거하지 아니하는 경우에는 서로 인용하여야 한다(826조① 단서). 동거장소는 부부의 협의에 의해 정하되, 협의가 이루어지지 않는 경우는 당사자의 청구에 의하여 가정법원이 정한다(826조②). 동거의무를 위반한 경우에는 이혼사유(840조 2호의 악의의 유기)가 될 수도 있다. 또한 동거, 부양, 협조의무는 서로 연관성이 있으므로, 부당하게 동거의무를 위반하는 자는 배우자에게 부양료를 청구하지 못한다. 동거의무를 이행하지 않는다고 하더라도, 인격존중의 귀중한 이념이나 부부관계의 본질 등에 비추어 간접강제를 포함하여 강제집행을 할 수 없다. 다만 동거의무 또는 그를 위한 협력의무 불이행으로 말미암아 발생한 정신적 손해 등에 대해서는 배상을 청구할 수 있다.

둘째, 부부간에는 협조의무가 있다. 이를 위반한 경우에 이혼사유가 될 수 있다(840조 6호).

셋째, 부부간에는 부양의무를 부담한다. 부부간의 부양의무는 1차적 부양(소위 '콩 한쪽도 나누어 먹는 부양')의무이다. 부부간의 부양의무는 자기의 생활수준을 유지하면서 여유가 있을 때 상대방의 최저한도의 생활을 보장하는 친족간의 2차적 부양(974조 이하)이 아니다. 부부간의 의식주 생활을 서로 보장하는 의무이다. 부양의무를 불이행하면 이혼사유가 된다(840조 2호 악의의 유기). 동거의무와 달리 부양의무에 대해서는 강제집행(직접강제, 간접강제)이 가능하다.

마지막으로 부부간에는 정조의무가 있다. 이를 어기면 부정행위에 해당하여 이혼사유가 되며(840조 1호), 의무위반을 이유로 손해배상을 청구할 수 있다(843조, 806조). 부정한 행위를 한 제3자도 배우자가 있음을 알고 한 경우에는 공동불법행위책임을 진다.

(2) 재산적 효과

혼인을 한 당사자가 혼인 당시에 재산을 가지고 있거나 혼인 후에 새롭게 재산을 취득하는 경우에는 그 재산이 귀속 및 관리가 문제될 수 있다. 민법은 먼저 당사자 간의 합의에 의하여 재산관계를 정하도록 하고 있고(829조. 부부재산계약), 합의가 없다면 민법이 규정하는 부부재산제(별산제)를 적용하고 있다(830조 이하).

1) 법정부부재산제(별산제)

부부의 일방이 혼인 전부터 가진 고유재산과 혼인 중 자기의 명의로 취득한 재산은 각자의 특유재산이 된다(830조①). 부부는 그 특유재산을 각자 관리, 사용, 수익한다(831조). 다만 부부의 누구에게 속한 것인지 분명하지 아니한 재산은 부부의 공유로 추정한다(830조②). 한편 제830조 1항에서 부부의 일방이 혼인 전부터 가진 고유재산과 혼인중 자기의 명의로 취득한 재산은 그 특유재산으로 한다. 이때 특유재산으로 한다는 의미는 특유재산으로 추정한다는 의미로 이해된다. 따라서 일정한 증명이 있으면 특유재산의 추정은 번복된다. 우리 판례는 '실질적으로 다른 일방 또는 쌍방이 그 재산의 대가를 부담하여 취득한 것이 증명'된 경우에 특유재산의 추정을 번복하여 일방의 소유이거나 쌍방의 공유로 인정한다. 예컨대 남편 명의의 아파트 분양대금을 처가 모두 부담한 경우에는, 명의와 상관없이 처의 단독소유가 된다. 부동산의 취득대가를 부부 쌍방이 부담한 경우에는 취득대가의 부담비율에 따라 부부가 공유하는 것으로 본다.

2) 일상가사대리

부부는 일상가사에 관하여 서로 대리권이 있으며(827조①), 일상가사에 대해 연대책임을 진다(832조). 즉 부부가 일상적인 생활을 영위하여 수행하는 사무에 대해서는 각자가 다른 사람을 대리할 권한이 있음과 배우자의 행위에 대하여 함께 책임을 져야 함을 규정한 것이다.

일반적으로 일상가사는 부부공동체의 생활을 유지하기 위한 통상의 사무를 말한다. 예컨대 식료품의 구입, 의복의 구입, 집세 등의 지급, 수도요금 등의 납부, 자녀의 교육에 관한 사무, 일용품 구입 등이 이에 해당한다. 판례는 부부가 공동으로 거주할 주택을 구입할 자금을 차용하는 행위는 일상가사의 범위에 해당한다고 보았다. 반면에 거액의 금전을 대출하는 행위 및 고가의 자가용을 구매하는 행위 등은 일상가사의 범위에 포함되지 않는다고 본다.

3) 생활비용의 부담

생활비용은 부부가 공동으로 부담한다(833조). 그러나 공동부담이 균등부담을 의미하지는 않는다. 따라서 각자의 능력 등에 따라 부담비율은 달라질 수 있다.

Ⅳ. 이혼

유효하게 성립된 혼인은 당사자 일방의 사망(실종선고를 받은 경우 포함) 또는 이혼(협의이혼 및 법정이혼)으로 해소된다. 먼저 부부의 일방이 사망하면 혼인은 당연히 해소된다. 이에 혼인으로 발생하는 효과(동거의무 등) 또한 소멸하며, 다른 일방은 자유로이 재혼할 수 있다. 그러나 소멸의 효과는 소급하지 않으므로, 이미 발생한 일상가사로 인한 책임은 여전히 부담하며, 잔존배우자로서 상속을 하게 된다(1003조). 한편 부부 중 일방이 사망하였다고 하여, 생존배우자와의 인척관계는 당연히 소멸하는 것이 아니다. 생존배우자가 재혼한 때에만 소멸한다(775조②). 이혼으로 인한 혼인관계의 해소는 이하에서 상세히 살펴보기로 한다.

1. 협의이혼

부부는 협의에 의하여 이혼할 수 있다(834조). 넓은 의미에서 협의이혼은 일종의 계약이므로 이혼의사의 합치가 있어야 하며, 신고가 필요한 요식행위이다. 이혼의사의 합의(합치)는 외형적인 의사표시의 일치로 충분하다. 피성년후견인은 협의상 이혼을 하기 위해서는 부모나 성년후견인의 동의를 받아야 하나(835조), 미성년자는 혼인하면 성년으로 의제되므로 아무런 제약없이 협의상 이혼할 수 있다.

민법은 협의상 이혼을 하려는 이혼당사자로 하여금 이혼에 관한 안내를 받도록 하고(필수사항), 필요하면 전문상담인의 상담을 받도록 권고할 수 있다고 함으로써(임의사항), 이혼을 신중하게 생각할 수 있는 기회를 부여하고 있다(836조의2①). 또한 경솔한 이혼을 방지하기 위하여 이혼숙려기간을 두고 있다. 예컨대 양육해야 할 자녀가(포태중인 子를 포함) 있는 경우에는 3개월, 자녀가 없는 경우에는 1개월이 경과한 후 가정법원에 이혼의사 확인을 받아야만 이혼이 가능하다(836조의2②). 다만 가정법원은 숙려기간을 유지시키는 것이 가정폭력 등으로 인하여 당사자 일방에게 참을 수 없는 고통을 줄 것이 예상되면 이 기간을 단축하거나 면제시킬 수 있다(836조의2③). 또한 협의이혼하고자 하는 부부는 양육자의 결정, 양육비용의 부담, 면접교섭권 행사여부 및 그 방법이 기재된 양육사항과 친권자결정에 관한 협의서 또는 가정법원의 심판정본을 의무적으로 제출해야 한다(836조의2④). 특히 가정법원은 당사자가 협의한 양육비부담에 관한 내용을 확인하는 양육비부담조서를 작성하여야 한다(836조의2⑤). 이와 같은 절차를 통해 가정법원으로부터 이혼의사 확인을 받으면, 당사자는 그 확인서등본을 가지고 이혼신고(창설적 신고)를 해야 한다. 신고가 없으면 이혼은 성립하지 않는다.

2. 재판상 이혼

(1) 재판상 이혼 사유

일정한 사유가 있는 경우, 부부 당사자 일방의 청구로 가정법원의 판결에 의하여 혼인관계가 해소되는데, 이를 재판상 이혼이라고 한다. 재판상 이혼은 일정한 사유가 있는 경우에만 인정된다는 점에서, 그러한 사유를 재판상 이혼사유라고 한다. 민법은 재판상 이혼사유로 6가지를 규정하고 있다(840조). 예컨대 부부의 일방은 ① 배우자에 부정한 행위가 있었을 때(840조 1호), ② 배우자가 악의로 다른 일방을 유기한 때(840조 2호), ③ 배우자 또는 그 직계존속으로부터 심히 부당한 대우를 받았을 때(840조 3호), ④ 자기의 직계존속이 배우자로부터 심히 부당한 대우를 받았을 때(840조 4호), ⑤ 배우자의 생사가 3년 이상 분명하지 아니한 때(840조 5호), ⑥ 기타 혼인을 계속하기 어려운 중대한 사유가 있을 때(840조 6호)에 가정법원에 이혼을 청구할 수 있다. 판례는 우리 민법이 1호 내지 5호의 유책사유를 끝없이 열거하는 것 대신에 6호에서 '기타'로 규정하여 입법적으로 해결한 것으로 본다. 따라서 판례는 1호 내지 6호의 각각의 사유들은 별개의 이혼원인으로 독립적 이혼사유에 해당하므로 당사자가 1호를 주장하였는데, 법원이 6호를 인용할 수는 없다고 한다. 다만 당사자 일방이 이혼청구를 구하면서 위 각 호에서 정한 수개의 사유를 주장하는 경우에는 법원은 그 중 어느 하나를 받아들여 청구를 인용할 수 있다.

한편 판례는 제840조 1호부터 제840조 5호 사유를 고려하여, 당사자 중 일방에게 책임이 있는 경우에 한하여 이혼을 청구할 수 있다는 점에 주목하여, 우리 민법이 유책주의(당사자 중 일방에게 책임이 있는 경우에 한하여 이혼을 청구할 수 있다)를 취한 것으로 본다(참고로 파탄주의에 의하면, 유책주의와 달리 당사자의 책임과 무관하게 혼인이 파탄에 이르게 되면 이혼을 청구할 수 있다). 따라서 판례는 유책배우자의 재판상 이혼청구를 원칙적으로는 부정한다.

(2) 재판상 이혼절차

재판상 이혼은 조정전치주의가 적용된다. 이에 이혼하려는 자는 가정법원에 먼저 조정을 신청하여야 한다(가소소송법 2조① 나류사건 4호). 만약 조정을 신청하지 않고 소를 제기하거나 심판을 청구한 경우에는, 가정법원은 특별한 사정이 없는 한 그 사건을 조정에 회부하여야 한다(가사소송법 50조② 본문). 조정이 성립하게 되면, 곧바로 혼인이 해소된다. 조정은 재판상 화해와 동일한 효력을 가지기 때문이다(가사소송법 59조② 본문). 조정이 성립하면 조정을 신청한 사람은 조정 성립일로부터 1개월 이내에 이혼신고(보고적 신고)를 하여야 한다(가족관계의 등록 등에 관한 법률 58조①).

조정이 성립하지 않거나 조정을 하지 않기로 결정한 경우(또는 조정에 갈음하는 결정에 대하여 이의신청을 한 경우)에는 조정신청을 한 때에 소가 제기된 것으로 본다(가사소송법 49조, 민사조정법 36조①). 이에 판결이 확정되면 이혼신고가 없더라도 혼인은 해소되며, 판결은 제3자에게도 효력이 있다(가사소송법 21조①). 소를 제기한 자는 판결이 확정된 날로부터 1개월 이내에 이혼신고(보고적 신고)를 하여야 한다(가족관계의 등록 등에 관한 법률 78조, 58조①).

이혼소송 계속 중에 당사자가 사망한 경우에는, 상속인이 이를 수계할 수는 없다. 이혼청구권은 일신전속권이기 때문이다. 따라서 이혼소송 중 당사자가 사망하면 바로 소송은 종료된다.

3. 이혼의 효과

(1) 신분상 효과

이혼이 되면 부부관계 및 인척관계는 소멸한다. 부모자녀관계에는 영향이 없으며, 친자 사이의 부양, 상속은 여전히 인정된다.

(2) 자녀에 대한 효과

1) 친권자 지정

부모가 협의로 이혼하는 경우, 부모는 협의로 친권자를 정하여야 하며, 협의할 수 없거나 협의가 이루어지지 아니하는 경우에는 가정법원이 직권으로 또는 당사자의 청구에 따라 친권자를 지정해야 한다(909조④ 본문). 다만, 부모의 협의가 자(子)의 복리에 반하는 경우에는 가정법원은 보정을 명하거나 직권으로 친권자를 정한다(909조④ 단서). 재판상 이혼의 경우에는 가정법원이 직권으로 친권자를 정한다(909조⑤). 한편 가정법원은 자의 복리를 위하여 필요하다고 인정되는 경우에는 자의 4촌 이내의 친족의 청구에 의하여 정하여진 친권자를 다른 일방으로 변경할 수 있다(909조⑥).

2) 자의 양육자와 양육에 관한 사항의 결정

협의이혼시 양육에 관한 사항은 부부가 협의로 정한다(837조①). 협의에는 양육자의 결정, 양육비용의 부담, 면접교섭권의 행사 여부 및 그 방법이 포함되어야 한다(837조②). 협의가 자(子)의 복리에 반하는 경우에는 가정법원은 보정을 명하거나 직권으로 그 자(子)의 의사(意思)·연령과 부모의 재산상황, 그 밖의 사정을 참작하여 양육에 필요한 사항을 정한다(837조③). 부부의 협의가 이루어지지 아니하거나 협의할 수 없는 때에는 가정법원은 직권으로 또는 당사자의 청구에 따라 이에 관하여 결정한다(837조④). 가정법원은 자(子)의 복리를 위하여 필요하다고 인정하는 경우에는 부·모·자(子) 및 검사의 청구 또는 직권으로 자(子)의 양육에 관한 사항을 변경하거나 다른 적당한 처분을 할 수 있다(837조⑤). 이러한 절차에 의해 정해진 양육에 관한 사항은 그 밖의 부모의 권리의무에는 영향을 미치지 않는다(837조⑥). 따라서 상속·부양관계, 자의 혼인에 대한 동의권 등은 그대로 존속한다. 친권자는 양육 이외의 사항에 대해서는 친권을 행사할 수 있다. 재판상 이혼의 경우도 이에 따른다(843조, 837조).

3) 양육비와 양육비이행 확보

양육의무는 부부공동의 의무이고, 양육비는 부모가 공동으로 부담한다. 단 일방은 비용을, 다른 일방은 노동력(아이를 직접 양육하는 것 등)을 제공하는 것도 무방하다. 우리 판례는 지급받지 못한 과거의 양육비의 상환청구를 인정하고 있다. 예컨대 미혼모가 친생부에게 과거의 양육비를 청구할 수도 있으며, 이혼 후 양육비를 지급받지 않았던 일방이 타방에게 과거의 양육비를 청구할 수 있다. 물론 양육비를 청구하기 위해서는 협의된 내용의 양육방법을 벗어나서는 안 된다. 문제는 양육비를 확보하는 방법이 대단히 어렵다는 점이다. 이혼 후 양육비를 지급할 의무가 있는 자가 양육비를 지급하지 않으면, 현실적으로 이를 확보할 방법이 부족하였다. 이에 최근 우리 민법 및 가사소송법은 법을 개정하여 양육비확보를 위한 여러 가지 방법을 마련해 두고 있다. ① 이혼시 당사자가 협의한 양육비부담에 관한 내용은 양육비부담조서의 형식으로 가정법원에 의하여 작성되는데, 이는 집행권원으로서 효력이 인정된다(836조의 2⑤, 가사소송법 41조). 따라서 양육비를 미지급한 자에게 이 조서를 가지고 집행력을 행사할 수 있다. ② 가정법원은 양육비채무자가 정당한 사유 없이 2회 이상 양육비를 지급하지 아니한 경우에 양육비채권자의 신청에 따라 양육비채무자에 대하여 정기적 급여채무를 부담하는 소득세원천징수의무자(이하 "소득세원천징수의무자"라 한다)에게 양육비채무자의 급여에서 정기적으로 양육비를 공제하여 양육비채권자에게 직접 지급하도록 명할 수 있도록 하였다(가사소송법 63조의2①). 즉 직장을 다니는 양육비채무자의 경우에는 급여에서 정기적으로 양육비가 공제되어 양육비채권자에게 지급될 수 있다. 반면에 자영업자의 경우에는 이 규정이 적용되지 않는다. ③ 가정법원은 재산분할, 부양료 및 미성년자인 자녀의 양육비 청구사건을 위하여 특히 필요하다고 인정하는 경우에는 직권으로 또는 당사자의 신청에 의하여 당사자에게 재산상태를 구체적으로 밝힌 재산목록을 제출하도록 명할 수 있으며(가사소송법 48조의2①), 필요한 경우에는 직권으로 재산에 관하여 조회할 수도 있다(가사소송법 48조의3①). ④ 가정법원은 양육비이행을 정당한 이유 없이 하지 않는 자에게 과태료 및 감치(30일 이내)를 명할 수 있으며(가사소송법 68조), 양육비를 정기적으로 지급할 양육비채무자 및 정당한 사유 없이 그 이행을 하지 않는 자로 하여금 채권자에게 상당의 담보를 제공할 것을 명할 수 있다(가사소송법 63조의3).

　　4) 면접교섭권

　　이혼에 의해 자(子)를 직접 양육하지 아니하는 부모의 일방과 자(子)는 상호 면접교섭할 수 있는 권리를 가진다(837조의2①). 부모의 일방뿐만 아니라 자(子) 또한 면접교섭권(방문권)을 가진다. 한편 자(子)를 직접 양육하지 아니하는 부모 일방의 직계존속은 그 부모 일방이 사망하였거나 질병, 외국거주, 그 밖에 불가피한 사정으로 자(子)를 면접교섭할 수 없는 경우 가정법원에 자(子)와의 면접교섭을 청구할 수 있다(837조의2 ②). 이 경우 가정법원은 자(子)의 의사(意思), 면접교섭을 청구한 사람과 자(子)의 관계, 청구의 동기, 그 밖의 사정을 참작하여야 한다. 가정법원은 자의 복리를 위하여 필요한 때에는 당사자의 청구 또는 직권에 의하여 면접교섭을 제한하거나 배제할 수 있다(837조의2③). 만약 자와의 면접허용의무를 지는 자가 정당한 이유 없이 그 의무를 이행하지 않는다면, 가정법원은 당사자의 신청에 의하여 일정한 기간 내에 그 의무를 이행할 것을 명할 수 있고(가사소송법 64조), 정당한 이유 없이 이 명령을 위반한 경우에는 직권 또는 권리자의 신청에 의하여 과태료(1,000만 원 이하)를 부과할 수 있다(가사소송법 67조①).

(3) 재산분할청구권

　　협의상 이혼한 자의 일방은 다른 일방에 대하여 재산분할을 청구할 수 있다(839조의2①). 재산분할에 관하여 협의가 되지 아니하거나 협의할 수 없는 때에는 가정법원은 당사자의 청구에 의하여 당사자 쌍방의 협력으로 이룩한 재산의 액수 기타 사정을 참작하여 분할의 액수와 방법을 정한다(839조의2②). 이는 재판상 이혼에도 그대로 준용된다(843조, 839조의2). 재산분할청구권을 행사하는 자는 이혼한 날로부터 2년 내에 행사해야 한다(839조의2③). 이는 제척기간에 해당한다. 재산분할청구권은 이혼시 인정되는 위자료와는 별개의 권리이다.

1) 분할의 대상

부부 쌍방의 협력으로 이룩한 재산은 당연히 재산분할의 대상이 된다. 부부일방이 제3자와 합유하고 있는 재산도 지분의 가액을 산정하여 이를 분할대상으로 하거나 재산의 분할에 참작하는 방법으로 재산분할의 대상에 포함시킨다. 그러나 1인 주주회사 소유의 적극재산을 바로 1인 주주 개인의 적극재산으로 평가하여 재산분할대상으로 포함시킬 수는 없다. 원칙상 부부 각자의 특유재산은 특유재산의 추정이 번복되지 않는 한 분할의 대상이 되지 않는다. 그러나 특유재산이라도 그 재산의 유지나 증식에 협력한 경우에는 재산분할의 대상이 될 수 있다. 판례 또한 부(夫)의 상속재산을 기초로 형성된 재산이라 하더라도 취득 및 유지에 처의 가사노동이 기여한 것으로 인정되는 경우 재산분할 대상이 된다고 보았다. 최근 판례는 종래의 판례를 변경하여, 소극재산의 총액이 적극재산의 총액을 초과하여 재산분할을 한 결과가 결국 채무의 분담을 정하는 것이 되는 경우에도 법원은 그 채무의 성질, 채권자와의 관계, 물적 담보의 존부 등 일체의 사정을 참작하여 이를 분담하게 하는 것이 적합하다고 인정되면 재산분할청구를 받아들일 수 있다고 보았다. 한편 판례는 퇴직금 및 퇴직연금 또한 재산분할 대상이 된다고 본다.

2) 분할의 방법

분할의 액수와 방법은 먼저 협의에 의해 정한다. 재산분할자가 재산분할협의에 의해 재산을 분할한 결과 무자력이 되어 일반채권자에 대한 공동담보를 감소시키는 결과가 된다고 하더라도 그러한 재산분할이 제839조의2 2항의 규정 취지에 반하여 상당하다고 할 수 없을 정도로 과대하고, 재산분할을 구실로 이루어진 재산처분이라고 인정할 만한 특별한 사정이 없는 한 사해행위로서 채권자취소권의 대상이 되지 않는다.

협의가 되지 않거나 협의를 할 수 없는 때에 가정법원에 청구하여 법원이 재판으로 분할한다(839조의2②). 제839조의2 2항의 취지에 비추어 볼 때, 재산분할비율은 특별한 사정이 없는 한, 개별재산에 대한 기여도를 일컫는 것이 아니라, 기여도 기타 모든 사정을 고려하여 전체로서 형성된 재산에 대하여 상대방 배우자로부터 분할받을 수 있는 비율을 일괄적으로 정해야 한다.

(4) 손해배상청구권

재판상 이혼의 경우, 당사자 일방은 상대방에 대하여 재산상의 손해뿐만 아니라 정신적 손해의 배상을 청구할 수 있다(843조, 806조①과 ②). 다만 혼인파탄에 대한 유책사유가 쌍방에게 있고 책임의 정도가 대등하다면 위자료청구권은 인정되지 않는다. 민법은 재판상 이혼의 경우에만 손해배상청구권을 규정하고 있으나, 판례는 협의이혼의 경

우에도 손해가 있는 때에는 손해배상청구권을 행사할 수 있다고 본다. 이혼하는 부부 일
방은 혼인의 파탄에 책임이 있는 제3자에게도 불법행위를 이유로 손해배상을 청구할 수
있다. 예컨대 배우자와 간통한 자, 심히 부당한 대우를 한 배우자의 직계존속 등에 대하
여 위자료청구권을 행사할 수 있다.

V. 사실혼(事實婚)

1. 의의

사실혼이란 사실상 부부로서 혼인생활을 하고 있으면서 단지 혼인신고를 하지 않았
기 때문에 법률혼으로 인정되지 않는 부부관계를 말한다. 사실혼이 성립하려면, 혼인의
사의 합치와 부부공동생활의 실체가 있어야 한다. 사실혼은 혼인신고만 없을 뿐, 실제로
존재하는 사실상의 혼인관계이므로 법적 보호의 필요성이 있다. 다만 법률혼과 비교하
여 어느 범위까지 보호할 것인지가 문제된다.

2. 사실혼의 성립요건

사실혼으로 인정되기 위해서는 혼인의사의 합치가 있어야 한다. 단순한 사통(私通)
관계나 첩관계 등은 사실혼으로 인정될 수 없다. 다만 상대방의 혼인의사가 불분명한 경
우에는 혼인의 관행과 신의성실의 원칙에 따라 사실혼관계를 형성시킨 상대방의 행위에
기초하여 그 혼인의사의 존재를 추정할 수 있다. 일반적으로 판례는 객관적 동거 사실이
있으면 대체로 혼인의 의사가 있었다고 보아 사실혼의 성립을 인정한다. 또한 주로 동거
사실의 유무와 장단, 부모 등 다른 사람에게 알렸는지 여부, 결혼식을 올렸는지 여부 등
을 기초로 사실혼관계를 판단한다.

3. 사실혼의 효과

국내 통설과 판례는 사실혼과 관련하여, 혼인신고를 전제로 한 효과를 제외하고는
최대한 법률혼에 준하여 보호하고자 하는 경향이 있다. 그러나 사실혼이라고 하더라도
선량한 풍속 기타 사회질서에 위반하는 사실혼은 보호되지 않는다.

(1) 법률혼에 준하여 인정되는 효과

먼저 동거·부양·협조의무는 부부로서의 생활공동체의 중추를 이루는 것이므로 사

실혼에 준용된다. 따라서 동거의무 및 부양의무를 이행하지 않아 사실혼관계가 파탄되면, 상대방에게 손해배상책임을 진다. 법률혼과 마찬가지로 사실혼관계의 부부는 정조의무를 진다. 따라서 이러한 의무를 위반하여 사실혼이 파탄된 경우에는 위자료배상책임이 있다. 법정부부재산제, 일상가사대리, 혼인생활비용, 일상가사연대채무에 관한 규정은 사실혼에도 준용된다. 특히 몇몇 특별법에서는 사실혼배우자를 법률혼배우자와 동일하게 다룬다. 예를 들어, 근로기준법 시행령 제48조 1항, 공무원연금법 제3조 1항 3호 가목 등 각종연금법, 주택임대차보호법 제9조 2항, 고용보험법 제57조 등이 이에 해당한다.

(2) 법률혼에 준하여 인정되지 않는 것

신고를 전제로 하는 법률혼의 효과는 사실혼에는 인정되지 않는다. 따라서 성년의제도 생기지 않으며, 사실혼관계에 있는 자가 타인과 혼인하더라도 중혼이 되지 않는다. 더욱이 사실혼상태에서는 친족관계도 발생하지 않게 되어 상속권이 없으며, 그 사이에 태어난 자녀는 혼인외 출생자에 불과하여 부자관계를 형성하려면 별도로 부(父)가 인지해야만 한다(855조). 요컨대 사실혼상태에서 태어난 자는 부(父)가 인지하기 전까지는 모(母)의 성과 본을 따르게 되고(781조③), 모(母)가 단독으로 친권자가 된다(909조①).

(3) 중혼적 사실혼의 보호문제

법률상의 혼인을 한 부부의 어느 한 쪽이 집을 나가 장기간 돌아오지 아니하고 있는 상태에서 부부의 다른 한 쪽이 제3자와 혼인의 의사로 실질적인 혼인생활을 하고 있다고 하더라도, 특별한 사정이 없는 한 이를 사실혼으로 인정하여 법률혼에 준하는 보호는 인정되지 않는다.

4. 사실혼 관계의 해소

사실혼은 사실상의 관계를 기초로 성립하는 것이므로 당사자의 사망(실종선고 등), 사실혼해소의 합의에 의해 해소된다. 또한 사실상 혼인관계는 사실상의 관계를 기초로 하여 존재하는 것이므로 당사자 일방의 의사에 의하여 해소될 수 있고 당사자 일방의 파기로 인하여 공동생활의 사실이 없게 되면 사실상의 혼인관계는 해소된다. 다만 정당한 사유 없이 일방적으로 해소된 때에는 유책자가 상대방에 대하여 손해배상의 책임을 질뿐이다.

Ⅵ. 부모와 자

1. 친자관계

친자관계는 혼인관계와 더불어 가족관계의 기초가 된다. 친자관계에는 혈연에 의한 친자관계(친생친자관계)뿐만 아니라 입양과 같은 당사자의 의사에 의한 친자관계(법정친자관계)도 있다. 요컨대 친자관계는 혈연적 관계만을 의미하지 않고, 사회적·사실적 관계를 포함한다. 과거에는 계·모자와 적모·서자관계는 법정모자관계로 보았으나, 1990년 개정법에서 인척관계로 전환하였다. 친생자는 혼인중에 태어났는지 여부에 따라 혼인중의 출생자와 혼인외의 출생자로 나뉜다. 호주제의 폐지로 인하여, 양자를 차별하는 규정은 존재하지 않는다. 민법은 2008년부터 친양자(완전양자)제도를 도입하였고, 2013년 7월부터는 양자법이 개정되어 시행중이다.

2. 친생자

친생자는 부모와 혈연관계에 있는 자를 의미하며, 부모가 법률상 혼인관계에 있었는지를 기준으로 혼인중의 출생자와 혼인외의 출생자로 구분된다.

(1) 혼인중의 출생자

혼인중의 출생자란 법률혼관계에 있는 부부 사이에서 태어난 자(子)이다. 보통 혼인중의 출생자는 출생시부터 혼인중의 자(子)가 되는 것이 일반적이지만(생래적 혼인중의 출생자), 혼인외의 자(子)로 출생한 후 부모의 혼인에 의하여 혼인 중의 출생자가 되기도 한다(준정에 의한 혼인중의 출생자). 생래적 혼인중의 출생자는 다시 친생자로 추정을 받는 혼인중의 출생자와 친생추정을 받지 않는 혼인중의 출생자, 친생자의 추정이 미치지 않는 자로 나뉜다. 친생추정을 받는다는 것은 자가 모의 부(夫)의 친생자로 추정된다는 의미이다(모자관계는 출생으로 바로 발생). 혼인중의 출생자를 이렇게 구분하는 것은, 친자관계를 부인하는 방법(친생부인의 소와 친생자관계존부확인의 소)에 차이가 있기 때문이다.

1) 친생자추정을 받는 혼인중의 출생자

처가 혼인중에 포태한 때에는 그 자는 부(夫)의 자로 추정한다(844조①). 다만, 처가 혼인중에 포태하였는가가 명확하지 않을 수 있으므로, 혼인성립의 날로부터 2백일 후(844조②) 또는 혼인관계종료의 날로부터 3백일 내에 출생한 자(844조③)는 혼인중에 포태한 것으로 추정한다. 혼인성립의 날이 혼인신고의 때를 의미하는지, 사실혼의 성립을 포함하는지가 다투어질 수 있는데, 다수설은 혼인신고일로부터 200일이 되기 전에 출생한 자일지라도 그 전에 사실혼이 선행하여 출생일이 사실혼성립의 날로부터 200일 이후라면 친생자의 추정을 받는다고 해석한다. 혼인관계의 종료의 날은 이혼신고일을 기준으로 한다.

친생추정을 받는 혼인중의 출생자의 지위는 친생부인의 소(846조 이하)로만 다툴 수 있다. 판례는 제844조 1항의 친생추정은 반증을 허용하지 않는 강한 추정(실질적으로 간주에 가까움)이므로, 예외적인 사유가 없는 한 누구라도 그 자가 부의 친생자가 아님을 주장할 수 없다고 한다. 따라서 남편의 子로 추정되는 혼인중의 출생자에 대하여는 친생부인의 심판이 확정되기 전에는 누구도 그를 인지할 수 없으며 그에 대한 친생자관계존부확인의 소를 제기할 수도 없다. 다만 혼인관계종료의 날로부터 300일 내에 출생한 자는 혼인 중의 자녀로 출생신고가 되기 전이라면 가정법원에 친생부인의 허가를 청구할 수 있으며(제854조의2①), 생부(生父)는 제844조 3항의 경우에 가정법원에 인지의 허가를 청구할 수 있다(제855조의2①).

2) 친생자추정이 미치지 않는 자(子)

부부가 별거하여 처가 남편의 자를 포태할 가능성이 전혀 없는 상황 등에서 자가 태어난 경우, 제844조의 문언에 따르면 친생자추정의 효과가 미친다. 그러나 남편의 친생자가 아니라는 사실이 객관적으로 명백한 경우가 있다. 예를 들어 부부의 한쪽이 장기간에 걸쳐 해외에 나가 있거나 사실상의 이혼으로 부부가 별거하고 있는 경우 등으로 처가 부의 자를 포태할 수 없는 것이 외관상 명백한 사정이 있는 경우에도 친생자로 추정할 것인지는 의문이다. 판례는 이와 같이 동서(同棲)의 결여로 처가 부(夫)의 자를 포태할 수 없는 것이 외관상 명백한 사정이 있는 경우에는 제844조의 추정이 미치지 아니한다고 본다(외관설의 입장). 판례의 태도인 외관설에 의하면 부의 생식불능이나 부자간의 혈액형이 배치되는 사정이 있더라도 친생자추정이 미친다고 볼 여지가 있다. 더 나아가 외관설에 의하면 처가 혼인중 간통하여 자를 출산하였다고 하여도 친생추정을 인정한다. 만약 추정을 인정하지 않는다면, 남편이 가정을 지키겠다는 생각으로 이혼청구 및 친생부인의 소를 제기하지 않고 있는데도 제3자(자의 실제 부)가 친생자관계부존재확인의 소를 제기할 수 있게 되어 가정의 평화가 유지되지 못하게 되는 문제가 발생한다.

혼인중 출생자가 친생추정을 받지 못하게 되면, 부(夫)는 친생부인의 소뿐만 아니라 친자관계 부존재 확인의 소를 주장할 수 있으며, 법률상 이해관계 있는 자는 누구든지 친자관계 부존재 확인의 소를 제기할 수 있다. 또한 진실한 부(父)는 가족관계등록부상의 부(父)가 친생부인을 하지 않더라도 인지청구의 소를 제기할 수도 있다.

3) 친생자추정을 받지 않는 혼인중의 출생자

혼인중에 태어난 자(子)이지만, 혼인성립의 날로부터 200일 이전에 출생한 경우에는 친생자의 추정을 받지 못한다. 이때에는 친생부인의 소가 아닌, 친생자관계존부확인의 소에 의하여 친자관계를 다툴 수 있다(법률상 이해관계가 있는 자는 누구든지 소를 제기할 수 있고, 소를 제기할 수 있는 기간도 제한되어 있지 않다).

4) 친생부인의 소

제844조의 친생자추정제도에 의해, 진실의 혈연관계와 일치하지 않는 법률상의 부자관계가 발생할 수 있다. 민법은 이러한 경우 친생부인의 소를 통해 부와 자 사이의 친자관계를 제거할 수 있도록 하고 있다(846조 이하). 부 또는 처는 다른 일방 또는 자(子)를 상대로 하여 친생부인의 소를 제기할 수 있다(847조①). 한편 제846조에서의 '부부의 일방'은 제844조의 경우에 해당하는 '부부의 일방', 즉 제844조 1항에서의 '부'와 '자를 혼인 중에 포태한 처'를 의미한다. 그렇다면 이 경우의 처는 '자의 생모'를 의미하며, 제847조 1항에서의 '처'도 제846조에 규정된 '부부의 일방으로서의 처'를 의미한다고 해석되므로, 결국 친생부인의 소를 제기할 수 있는 처는 자의 생모를 의미한다. 상대방이 될 자가 모두 사망한 때에는 그 사망을 안 날부터 2년 내에 검사를 상대로 하여 친생부인의 소를 제기할 수 있다(847조②). 자가 사망한 후에도 그 직계비속이 있는 때에는 그 모를 상대로(상대방 배우자를 의미한다), 모가 없으면 검사를 상대로 하여 친생부인의 소를 제기할 수 있다(849조). 친생부인(親生否認)의 소(訴)는 부(夫) 또는 처(妻)가 다른 일방 또는 자(子)를 상대로 하여 그 사유가 있음을 안 날부터 2년 내에 제기하여야 한다(847조①).

(2) 혼인외의 출생자

혼인외의 출생자란 부모가 혼인하지 않은 상태에서 출생한 자이다. 모자관계는 출산과 동시에 친자관계가 발생하지만, 부자관계는 바로 친자관계가 발생하지 않는다. 생부(生父)와 혼인외의 자와의 부자관계는 인지(認知)에 의하여 발생한다. 인지란 혼인외의 출생자의 생부나 생모가 혼인외의 자를 자기의 자로 승인하고 법률상의 친자관계를 발생시키는 단독의 요식행위이다. 생부의 인지는 형성적 효력을 가지지만, 생모의 인지는 확인적 의미를 갖는다. 모자관계는 출산으로 바로 인정되기 때문이다. 인지에 의하지 않으면 혼인외의 출생자와 생부 사이에는 법률상의 부자관계가 발생하지 않는다. 따라서 인지되기 전에는 부양, 친권, 상속 등의 문제가 생기지 않는다. 인지는 생부나 생모가 임의로 하는 임의인지와 자가 생부나 생모를 상대로 인지청구의 소를 제기하여 인지되는 강제인지(재판상 인지)로 나뉜다.

1) 임의인지

임의인지는 생부나 생모가 인지권자가 된다(855조). 피성년후견인은 성년후견인의 동의를 받아 인지할 수 있다(856조). 부 또는 모는 자기 자신의 인지만을 할 수 있을 뿐, 상대방의 인지권을 행사할 수 없다. 인지의 상대방은 혼인외의 출생자이다(855조). 따라서 다른 사람의 친생자로 추정받고 있는 자(子)는, 친생부인의 소에 의하여 그 관계가 단절되지 않는 한 생부가 그 자(子)를 인지할 수 없다. 다른 사람의 자녀로 신고가 되어 있고, 친생자추정을 받지 않는 혼인중의 출생자에 대해서는, 친생자관계부존재확인의 소를 제기하여 관계를 단절시키고 인지해야 한다. 타인이 인지한 자는 먼저 인지무효나 이의의 소를 제기하여 판결이 확정된 다음에 인지할 수 있다. 인지는 포태 중에 있는 자(태아)에 대하여도 할 수 있다(858조). 자가 사망한 경우에도 그에게 직계비속이 있는 경우에는 인지할 수 있다(857조).

2) 강제인지

부(또는 모)가 임의로 인지하지 않을 때에는 혼인외의 출생자가 인지청구의 소를 제기할 수 있다(863조). 인지청구를 인용하는 판결이 확정되면 인지의 효력이 발생하고, 혼인외의 출생자와 부 사이에는 법률상의 친자관계가 창설된다.

3) 인지의 효력

인지는 그 자의 출생시에 소급하여 효력이 생긴다(860조). 인지의 효과가 출생시에 소급하기 때문에, 지금까지 단독으로 자를 양육한 부모 일방은 다른 일방에 대하여 과거의 부양료를 청구할 수 있다. 부의 사망 후에 자가 인지를 받았다면 자는 소급하여 상속인이 된다. 인지의 소급효는 제3자가 취득한 권리를 침해할 수 없는데, 이때 제3자에는 공동상속인이나 후순위상속인은 포함되지 않는다. 인지받은 자는 부의 성과 본을 따르지만 부모의 협의에 따라 종전의 성과 본을 계속 사용할 수 있다. 다만, 부모가 협의할 수 없거나 협의가 이루어지지 아니한 경우에는 자는 법원의 허가를 받아 종전의 성과 본을 계속 사용할 수 있다(781조①, ⑤). 혼인외의 자가 인지된 경우에는 부모의 협의로 친권자를 정하여야 하고, 협의할 수 없거나 협의가 이루어지지 아니하는 경우에는 가정법원은 직권으로 또는 당사자의 청구에 따라 친권자를 지정하여야 한다. 인지받은 자의 양육에 대해서는 제837조(이혼과 자의 양육책임) 및 제837조의2(면접교섭권)가 준용된다(864조의2).

(3) 준정

혼인외의 출생자는 부모가 혼인함으로써 혼인중의 출생자로 되는데, 이를 준정(準正)이라고 한다(855조②). 우리 민법은 혼인에 의한 준정(혼인에 의한 준정은 혼인 전에 출생하여 父로부터 인지를 받은 子가 부모의 혼인에 의해서 준정되는 것)에 대해서만 규정하고 있다.

3. 양자

양자제도는 자연적이고 혈연적인 친생자관계가 없는 사람들 사이에서, 당사자들이 친자관계를 설정하려는 협의와 신고를 함으로써 법률상 친자관계를 의제하는 제도를 말한다. 양자제도는 수차례의 민법개정을 통해 변화하였다. 특히 2005년 개정민법(시행은 2008.1.1.)은 기존의 양자제도를 그대로 유지하면서도 친양자제도를 도입하였다(908조의2 내지 908조의8). 이때부터 우리나라 양자제도는 민법상 보통양자, 친양자와 입양특례법상의 양자의 3종류로 제도화되었다. 2012년 개정민법(시행은 2013.7.1.)은 일반양자의 경우에도 미성년자를 입양할 때에는 반드시 가정법원의 허가를 받도록 하였고, 일정한 사유가 있는 경우에는 법정대리인의 승낙이나 동의 또는 부모의 동의 없이도 가정법원의 허가에 의하여 입양이 가능하도록 하였다. 또한 양자가 미성년자인 경우에는 협의파양을 할 수 없도록 하였고, 재판상 파양을 통해서만 양친자관계를 해소하도록 하였다(898조 단서).

판례에 따르면 조부모가 손자녀를 입양하여 부모·자녀 관계를 맺을 수도 있다.

(1) 입양의 요건

1) 실질적 요건

입양은 우선 당사자 사이에 입양의사의 합치를 통해 성립한다(883조 1호). 따라서 가장(假裝)입양은 무효이다. 예컨대 고소사건으로 인한 처벌을 면하기 위한 가장입양은 무효이다. 원칙적으로 양자가 될 사람이 13세 이상의 미성년자인 경우에도 입양승낙을 할 수 있으나, 법정대리인의 동의를 받아 입양을 승낙하여야 한다(869조①). 13세 미만의 미성년자는 법정대리인이 그에 갈음하여 입양의 승낙을 한다(869조②). 한편 법정대리인이 부당하게 동의 또는 승낙을 해 주지 않는 경우, 자의 복리를 해할 수 있다는 점을 감안하여, 민법은 법정대리인의 동의 없이도 입양을 허가할 수 있는 경우를 마련해 두고 있다(869조③ 이하).

한편 성년자는 누구든지 입양을 할 수 있다(866조). 기혼자일 필요는 없지만, 부부가 입양을 할 경우(부부공동입양주의)에는 부부가 모두 성년에 달해 있어야 한다(874조 참조). 배우자가 있는 사람이 양자를 입양함에 있어서는 배우자와 공동으로 하여야 한다(874조 ①). 또한 배우자 있는 사람은 배우자의 동의를 받아야만 양자가 될 수 있다(874조②).

특히 주의할 점은 미성년자를 입양하려는 자는 가정법원의 허가를 받아야 한다는 것이다(867조①). 가정법원의 허가는 입양의 실질적 요건 중의 하나에 해당한다. 따라서 미성년자에 대한 입양신고서를 제출한 경우에는 가족관계등록공무원에게 법원이 발급한 입양허가서도 함께 제출해야 한다. 이에 위반한 신고는 수리되지 않지만(881조), 설사 수리되어도 입양은 무효이다(883조 2호). 가정법원은 양자가 될 미성년자의 복리를 위하여 그 양육 상황, 입양의 동기, 양부모(養父母)의 양육능력, 그 밖의 사정을 고려하여 입양의 허가를 하지 아니할 수도 있다(867조②). 양자가 될 자가 미성년자인 경우, 부모의 동의를 받아야 한다(870조① 본문). 다만 친권자로서 이미 입양승낙에 대한 동의를 하거나 또는 승낙을 한 자, 친권상실의 선고를 받은 자, 소재를 알 수 없는 등의 사유로 동의를 받을 수 없는 자에 대해서는 부모가 동의를 받을 필요가 없다(870조① 단서). 또한 가정법원은 부모가 동의를 거부하더라도 부모가 3년 이상 자녀에 대한 부양의무를 이행하지 아니하거나, 자녀를 학대 또는 유기(遺棄)하거나 그 밖에 자녀의 복리를 현저히 해친 경우에는 입양을 허가할 수 있다(870조② 1문). 양자가 될 자가 성년인 경우에도 부모의 동의는 필요하다(871조① 본문). 단, 부모의 소재를 알 수 없는 등의 사유로 동의를 받을 수 없는 경우에는 동의가 필요 없다(871조① 단서). 또한 부모가 정당한 이유 없이 동의를 거부하는 경우에는 양자가 될 사람이나 양부모가 될 사람의 청구에 의해 가정법원은 부모의 동의에 갈음하는 심판을 할 수 있다(871조② 1문).

2) 입양의 형식적 요건

입양은 「가족관계의 등록 등에 관한 법률」에서 정한 바에 따라 신고함으로써 그 효력이 생긴다(878조).

(2) 입양의 효과

양자는 입양된 때부터 양부모의 친생자와 같은 지위를 가진다(882조의2). 즉 양자는 부양, 친권, 상속에 있어서 친생자와 동일하게 취급된다. 특히 양자는 친생부모의 친권을 벗어나 양부모의 친권에 따른다(909조① 후단). 또한 친양자와는 달리 일반양자의 경우 입양 전의 친족관계는 존속한다. 따라서 양부모와 친생부모가 모두 법률상 부모가 되고, 양부모가 사망했을 때뿐만 아니라 친생부모가 사망한 경우에도 양자는 상속인이 된

다. 양자가 양부모의 성과 본을 따르고자 하는 경우에는 제781조 6항에 의해 가정법원
의 허가를 받아 성과 본을 변경하여야 한다.

(3) 파양

양친자관계는 파양에 의해서만 해소되며, 당사자의 사망으로 인하여 해소되지는 않
는다. 파양에는 협의상 파양과 재판상 파양이 있다. 파양의 경우에도 양자의 복리가 가
장 최우선의 기준이 되어야 하므로, 민법은 미성년자의 파양에는 협의파양제도를 폐지
하고 재판상 파양으로 일원화하였다.

1) 협의상 파양

양부모와 양자는 협의하여 파양할 수 있다. 그러나 양자가 미성년자 또는 피성년후
견인인 경우에는 협의파양할 수 없다(898조).

만일 양부모가 피성년후견인인 경우에는 성년후견인의 동의를 받아 협의할 수 있다
(902조). 협의상 파양은 가족관계의 등록 등에 관한 법률이 정한 바에 의하여 신고함으
로써 그 효력이 생긴다(904조, 878조).

2) 재판상 파양

재판상 파양은 파양원인이 존재하는 경우에만 인정된다(905조). 재판상 파양원인은
다음과 같다. 1. 양부모가 양자를 학대 또는 유기하거나 그 밖에 양자의 복리를 현저히
해친 경우이다. 2. 양부모가 양자로부터 심히 부당한 대우를 받은 경우이다. 3. 양부모나
양자의 생사가 3년 이상 분명하지 아니한 경우이다. 4. 그 밖에 중대한 사유가 있는 경
우이다. 이 중에서 4.는 추상적 파양원인을 규정한 것이며, 불치의 정신병, 상습적 범죄
행위 등이 이에 해당할 수 있다. 재판상 파양시 양자가 13세 미만인 경우에는 제869조
2항에 따른 승낙을 한 사람이 양자를 갈음하여 파양을 청구할 수 있다. 다만, 파양을 청
구할 수 있는 사람이 없는 경우에는 제777조에 따른 양자의 친족이나 이해관계인이 가
정법원의 허가를 받아 파양을 청구할 수 있다(906조①). 양자가 13세 이상의 미성년자인
경우에는 제870조 1항에 따른 동의를 한 부모의 동의를 받아 파양을 청구할 수 있다(906
조② 본문). 다만, 부모가 사망하거나 그 밖의 사유로 동의할 수 없는 경우에는 동의 없
이 파양을 청구할 수 있다(906조② 단서). 양부모나 양자가 피성년후견인인 경우에는 성
년후견인의 동의를 받아 파양을 청구할 수 있다(906조③). 한편 검사는 미성년자나 피성
년후견인인 양자를 위하여 파양을 청구할 수 있다(906조④).

3) 파양의 효과

파양이 있으면, 입양으로 인한 친족관계는 소멸한다. 이는 친권, 부양, 상속과 관련

하여 중대한 의미를 갖는다. 미성년자가 파양된 경우에는 친생부모의 친권이 자동으로 부활하지 않으며, 친생부모는 가정법원의 심판을 거쳐 친권자로 지정될 수 있다(909조의 2②). 재판상 파양인 경우 당사자 일방은 과실있는 상대방에 대하여 이로 인하여 발생한 손해의 배상을 청구할 수 있다(908조, 806조).

(4) 친양자 제도

일반양자는 양자가 양부모의 성과 본을 따를 수 있는 별도의 규정을 양자법에 두고 있지 않고, 과거에는 양자관계가 가족관계등록부에서 쉽게 밝혀지는 등의 사정이 있어 실제로 양자제도는 잘 활용되지 못하였다. 이러한 이유에서 대다수의 사람들은 입양을 하면서 허위의 친생자출생신고를 하였다. 개정민법은 이러한 폐단을 극복하기 위해 양자를 양부모의 친생자와 동일하게 하고 친생부모와의 관계가 단절되도록 하는 친양자제도를 도입하였다. 친양자제도는 당사자의 의사의 합치 외에 가정법원에 입양의 청구를 하여 가정법원이 양부모가 양자의 부모로서의 역할을 충실히 할 수 있는지를 심사하여 입양을 허용할지 여부를 결정하게 하는 선고형 양자제도이다. 친양자제도에 의하면 양자와 친생부모와의 관계는 단절되고, 양자는 양부모의 성과 본을 따르며, 가족관계등록부에도 양부모의 친생자로 기재하고, 파양을 엄격히 제한하게 되는데, 이러한 측면에서 완전양자제도를 도입한 것이다.

1) 친양자 입양의 요건

친양자 입양을 위해서는 다음의 5가지 요건을 충족해야 한다(908조의2). 1. 친양자를 입양하려는 자는 3년 이상 혼인 중인 부부로서 공동으로 입양하여야 한다(908조의2① 1호). 다만, 1년 이상 혼인 중인 부부의 한쪽이 그 배우자의 친생자를 친양자로 하는 경우에는 그러하지 아니하다. 2. 친양자로 될 자가 미성년자이어야 한다(908조의2① 2호). 3. 친생부모가 친양자입양에 동의해야 한다(908조의2① 3호). 다만, 부모가 친권상실의 선고를 받거나 소재를 알 수 없거나 그 밖의 사유로 동의할 수 없는 경우에는 그러하지 아니하다. 4. 친양자가 될 사람이 13세 이상인 경우에는 법정대리인의 동의를 받아 입양을 승낙하여야 한다(908조의2① 4호). 5. 친양자가 될 사람이 13세 미만인 경우에는 법정대리인이 그를 갈음하여 입양을 승낙하여야 한다(908조의2① 5호). 가정법원의 허가가 있어야 한다.

2) 친양자 입양의 효력

친양자는 부부의 혼인중 출생자로 본다(908조의3①). 따라서 친양자는 양친의 성을 따르게 된다. 또한 친양자와 양부모의 친족 사이에도 당연히 친족관계가 발생하며, 부양, 상속 등의 효과가 미친다. 친양자는 가족관계증명서에 양친의 친생자로 기재되며, 입양관계증명서에도 양자라는 사실이 나타나지 않는다. 친양자입양사실은 친양자입양관계증명서를 통해서만 확인할 수 있는데, 이 증명서의 교부는 엄격히 제한되므로 친족이라 할지라도 교부를 청구할 수 없다. 친양자의 입양 전의 친족관계는 제908조의2 1항의 청구에 의한 친양자 입양이 확정된 때에 종료한다(908조의3② 본문). 다만, 부부의 일방이 그 배우자의 친생자를 단독으로 입양한 경우에 있어서의 배우자 및 그 친족과 친생자 간의 친족관계는 그러하지 아니하다(908조의3② 단서).

3) 친양자의 파양

친양자는 협의상 파양은 불가능하며, 재판상 파양만 가능하다(908조의5). 양친, 친양자, 친생의 부 또는 모나 검사는 1. 양친이 친양자를 학대 또는 유기(遺棄)하거나 그 밖에 친양자의 복리를 현저히 해하는 때, 2. 친양자의 양친에 대한 패륜(悖倫)행위로 인하여 친양자관계를 유지시킬 수 없게 된 때에 친양자의 파양을 가정법원에 청구할 수 있다(908조의5①). 다만 2호의 파양사유가 존재한다고 하더라도, 가정법원은 친양자로 될 자의 복리를 위하여 그 양육상황, 친양자 입양의 동기, 양부모의 양육능력, 그 밖의 사정을 고려하여 파양청구를 기각할 수 있다(908조의6, 908조의2③). 가정법원에 의해 파양이 되면 친양자관계는 소멸하고 입양 전의 친족관계는 부활한다(908조의7①). 친양자가 파양된 경우에는 친생부모의 친권이 자동으로 부활하지는 않고, 친생부모는 가정법원의 심판을 거쳐 친권자로 지정될 수 있도록 하고 있다(909조의2②).

VII. 친권과 후견

1. 친권(親權)

미성년자의 자에 대한 부모의 권리를 친권이라고 한다. 친권은 부모가 미성년자의 자를 보호·교양하는 권리임과 동시에 의무이다. 특히 2005년 개정민법은 친권을 행사함에 있어서 자의 복리를 우선적으로 고려해야 한다는 규정을 신설하여(912조①), 친권이 더 이상 부모의 자녀에 대한 지배권이 아니라 자녀의 복리실현을 위하여 부모에게 인정된 의무인 동시에 권리라는 점을 분명하게 밝히고 있다. 친권은 미성년인 자에 대한 권리이므로, 미성년의 자가 성년이 되면 자동적으로 친권은 소멸한다. 예컨대 미성년의 자가 혼인하여 성년의제가 인정되는 경우에도 부모의 친권은 사라진다. 친권자가 될 부모가 혼인하지 않은 미성년자인 경우에는 그 친권자의 법정대리인인 친권자나 미성년후견인이 친권을 대행한다(910조, 948조).

(1) 친권자

부모는 미성년자인 자의 친권자가 된다. 다만 양자의 경우에는 양부모(養父母)가 친권자가 된다(909조). 협의이혼의 경우에는 부모의 협의로 친권자를 정하고, 협의할 수 없거나 협의가 이루어지지 않는 경우 가정법원은 직권 또는 당사자의 청구에 따라 친권자를 정한다(909조④ 본문). 협의가 자의 복리에 반하면 가정법원은 보정을 명하거나 직권으로 친권자를 정할 수 있다(909조④ 단서). 또한 가정법원은 자의 복리를 위해 필요하면 일정한 자의 청구에 의해 친권자를 변경할 수도 있다(909조⑥). 재판상이혼의 경우에는 가정법원이 직권으로 친권자를 정한다(909조⑤). 자의 복리를 위해 필요하면 일정한 자의 청구에 의해 친권자를 변경할 수 있다. 혼인외의 자는 인지 전에는 모가 단독친권자가 되며, 임의인지의 경우에는 협의상 이혼과 동일하게, 강제인지의 경우에는 재판상 이혼과 동일한 방법으로 친권자가 정해지거나 변경된다(909조⑤). 혼인취소의 경우에도, 가정법원은 직권으로 친권자를 정한다(909조⑤). 가정법원이 친권자를 지정하게 되는 경우가 있는데, 그 경우, 가정법원은 자(子)의 복리를 우선적으로 고려하여야 하며, 이를 위하여 가정법원은 관련 분야의 전문가나 사회복지기관으로부터 자문을 받을 수 있다(912조②).

(2) 당사자 일방의 사망과 친권자지정

단독 친권자로 정하여진 부모의 일방이 사망한 경우 생존하는 부 또는 모, 미성년자, 미성년자의 친족은 그 사실을 안 날부터 1개월, 사망한 날부터 6개월 내에 가정법원에 생존하는 부 또는 모를 친권자로 지정할 것을 청구할 수 있다(909조의2①). 종래 실무례에서는 단독친권자가 사망한 경우 생존친이 자동으로 친권자가 되었지만, 개정법은 생존친이 반드시 친권자 지정의 심판을 거쳐야만 친권자가 될 수 있게 하였다. 그러나 위와 같은 친권자 지정의 청구가 없을 때에는 가정법원은 직권으로 또는 미성년자, 미성년자의 친족, 이해관계인, 검사, 지방자치단체의 장의 청구에 의하여 미성년후견인을 선임할 수 있다. 이 경우 생존하는 부 또는 모, 친생부모 일방 또는 쌍방의 소재를 모르거나 그가 정당한 사유 없이 소환에 응하지 아니하는 경우를 제외하고 그에게 의견을 진술할 기회를 주어야 한다(909조의2③). 가정법원은 친권자 지정 청구나 후견인 선임 청구에 있어서 여러 가지 사정을 고려하여 미성년자의 복리를 위하여 적절하지 아니하다고 인정하면 청구를 기각할 수 있으며, 이 경우 가정법원은 직권으로 미성년후견인을 선임

하거나 생존하는 부 또는 모, 친생부모 일방 또는 쌍방을 친권자로 지정하여야 한다(909
조의2④). 또한 가정법원은 단독 친권자가 사망한 경우에 직권으로 또는 미성년자, 미성
년자의 친족, 이해관계인, 검사, 지방자치단체의 장의 청구에 의하여 친권자가 지정되거
나 미성년후견인이 선임될 때까지 그 임무를 대행할 사람을 선임할 수 있다(909조의2⑤).
친권이 상실되어 친권자 지정이 문제되는 경우에도 이 규정이 준용된다(927조의2①). 가
정법원은 미성년후견인이 선임된 경우라도 미성년자의 복리를 위하여 필요하면 생존하
는 부 또는 모, 친생부모 일방 또는 쌍방, 미성년자의 청구에 의하여 후견을 종료하고
생존하는 부 또는 모를 친권자로 지정할 수 있다(909조의2⑥).

입양이 취소되거나 파양된 경우 또는 양부모가 모두 사망한 경우 친생부모 일방 또
는 쌍방, 미성년자, 미성년자의 친족은 그 사실을 안 날부터 1개월, 입양이 취소되거나
파양된 날 또는 양부모가 모두 사망한 날부터 6개월 내에 가정법원에 친생부모 일방 또
는 쌍방을 친권자로 지정할 것을 청구할 수 있다(909조의2② 본문). 그러나 친양자는 친
생부모와의 친족관계가 소멸하므로 친양자의 양부모가 사망한 때에는 친생부모의 친권
이 부활하지 않고, 제909조의2 2항 본문의 적용없이 후견이 개시된다(909조의2② 단서).

(3) 친권의 내용

1) 자의 신분에 관한 권리와 의무

친권자는 미성년자인 자의 법정대리인이 된다(911조). 이에 법정대리인으로서 자의
신분행위 등(혼인 및 입양)에 대한 동의권을 가지며, 13세 미만의 자를 입양 보내는 경우
에는 대신 승낙할 권리가 있다. 친권자는 자를 보호·교양할 권리의무가 있다(913조). 친
권자는 자의 거소를 지정할 권리가 있으며, 자는 친권자가 지정한 장소에 거주하여야 할
의무가 있다(914조). 친권자의 거소지정은 자의 보호, 교양을 위한 친권행사의 구체적인
예시에 불과하다. 친권자가 거소지정권을 남용할 경우에는, 친권상실의 원인이 되기도
한다. 친권자는 징계권을 가진다(915조). 징계권은 친권자가 그 자를 보호 또는 교양하기
위하여 필요한 권리라고 할 수 있다. 징계권의 행사로서 자를 감화 또는 교정기관에 위
탁하기 위해서는 법원의 허가가 있어야 한다.

2) 자의 재산에 관한 권리와 의무

자가 자기 명의로 취득한 재산은 자의 특유재산이 되며, 이는 법정대리인인 친권자
가 위임에 관한 규정을 준용하여 이를 관리하게 된다(916조, 919조). 또한 법정대리인은
자의 재산에 관한 법률행위에 대하여 그 자를 대리할 수 있다(920조 본문). 그러나 그 대
리행위가 자의 행위를 목적으로 하는 채무인 경우에는 본인의 동의를 얻어야만 한다

(920조 단서). 자의 재산에 대한 관리 및 대리권을 행사하는 경우, 친권자는 자기재산에 관한 행위와 동일한 주의를 하여야 한다(922조).

(4) 친권의 제한

1) 친권공동행사에 의한 제한

친권은 부모가 혼인중인 때에는 부모가 공동으로 이를 행사하지만, 부모의 의견이 일치하지 아니하는 경우에는 당사자의 청구에 의하여 가정법원이 이를 정한다(909조). 이는 친권의 행사가 부모공동의 의사에 기인해야 한다는 뜻이며 행위 자체가 부모쌍방의 명의로 되어야 한다는 것은 아니다. 부모가 공동으로 친권을 행사하는 경우 부모의 일방이 공동명의로 자를 대리하거나 자의 법률행위에 동의한 때에는 상대방이 악의이지 않은 한 다른 일방의 의사에 반하는 때에도 그 효력이 있다(920조의2).

2) 이해상반행위의 제한

법정대리인인 친권자와 그 자 사이에 이해상반되는 행위를 함에는 친권자는 법원에 그 자의 특별대리인의 선임을 청구하여야 한다(921조①). 또한 법정대리인인 친권자가 그 친권에 따르는 수인의 자 사이에 이해상반되는 행위를 함에는 법원에 그 자 일방의 특별대리인의 선임을 청구하여야 한다(921조②). 이해상반행위를 함에도 불구하고 특별대리인 선임 없이 한 법률행위는 무권대리로서 무효이다. 판례는 친권자의 채무에 대해 미성년자의 재산에 담보를 설정하는 것, 피상속인의 처가 미성년자인 자와 동순위로 공동상속인이 되었는데 친권자로서 상속재산을 분할하는 협의를 하는 것 등을 이해상반행위로 보았다. 반면에 판례는 친권자인 모가 자신이 대표이사로 있는 주식회사의 채무 담보를 위하여 자신과 미성년인 자의 공유재산에 대하여 자의 법정대리인 겸 본인의 자격으로 근저당권을 설정한 행위, 미성년자의 친권자인 모가 자기 오빠의 제3자에 대한 채무의 담보로 미성년자 소유의 부동산에 근저당권을 설정하는 행위 등은 이해상반행위로 보지 않는다.

2. 후견(後見)

미성년자는 성년자가 될 때까지 타인의 보호와 양육을 받으며 생활하게 되는데, 이러한 보호와 교양의 책임은 일차적으로 부모인 친권자에게 맡겨져 있다. 그러나 부모인 친권자가 사망하거나 친권을 상실하게 되면, 미성년자녀 보호에 공백이 생겨 자녀의 복리가 위태롭게 된다. 이러한 경우를 대비하여 민법은 미성년자를 위한 후견제도를 두었다. 성년자가 된 후에도 일반적인 사회생활에 필요한 판단능력 등을 갖추지 못한 경우

타인의 보호가 필요하게 되는데 민법은 성년후견제도를 두어 보호하고 있다.

(1) 미성년후견인의 선임 및 지정

미성년자에게 친권자가 없거나 친권자가 법률행위의 대리권과 재산관리권을 행사할 수 없는 경우에는 미성년후견인을 두어야 한다(928조). 다만 이혼 등으로 단독친권자로 정해진 부모의 일방이 사망하거나, 친권상실된 경우에 부모의 다른 일방이 생존하고 있다면 일정한 기간 내에 친권자 지정청구를 할 수 있으므로 당연히 후견이 개시되는 것은 아니고, 이 기간 내에 친권자 지정청구가 없는 경우에 비로소 미성년후견인을 선임할 수 있다. 미성년후견인은 한 명으로 한다. 미성년후견인의 순위는 먼저 친권자가 유언으로 지정한 자이며(931조①), 한편 가정법원은 미성년후견인이 유언으로 지정된 경우라도 미성년자의 복리를 위하여 필요하면 생존하는 부 또는 모, 미성년자의 청구에 의하여 후견을 종료하고 생존하는 부 또는 모를 친권자로 지정할 수 있다(931조②). 친권자의 유언에 의한 지정이 없는 때에는 가정법원은 직권으로 또는 미성년자, 친족, 이해관계인, 검사, 지방자치단체의 장의 청구에 의하여 미성년후견인을 선임한다(932조①). 가정법원은 친권상실의 선고나 대리권 및 재산관리권 상실의 선고에 따라 미성년후견인을 선임할 필요가 있는 경우에는 직권으로 미성년후견인을 선임한다(932조②). 또한 친권자가 대리권 및 재산관리권을 사퇴한 경우에는 지체 없이 가정법원에 미성년후견인의 선임을 청구하여야 한다(932조③).

1) 후견감독인의 감독

미성년후견사무를 감독하는 기관에는 가정법원과 미성년후견감독인이 있다. 가정법원은 미성년후견인의 선임, 후견인의 사임허가, 후견인의 변경, 재산목록작성 기간의 연장허가, 후견임무수행에 필요한 처분명령, 보수수여 등에 관여한다. 미성년후견감독인은 임의기관이므로, 후견인에게 후견감독인이 없는 경우도 있을 수 있다. 미성년후견감독인은 지정후견감독인과, 선임후견감독인의 두 종류가 있다.

2) 미성년후견의 종료

미성년후견은 미성년자 보호의 필요성이 없게 된 경우(피후견인의 사망, 피후견인이 성년에 달한 때, 피후견인이 성년의제된 때), 친권자의 권한이 회복된 경우, 새로이 친권자가 생기는 경우에 종료된다(절대적 종료). 또한 후견인의 사망, 사임, 변경, 결격 등에 의해 종료되기도 한다(상대적 종료).

(2) 성년후견인

정신적 제약으로 사무를 처리할 능력이 지속적으로 결여된 사람에 대하여는 가정법원은 일정한 자의 청구에 의해 성년후견개시의 심판을 하는데(9조), 이러한 심판을 받은 자를 '피성년후견인'이라고 한다. 가정법원의 성년후견개시심판이 있는 경우에는 그 심판을 받은 사람의 성년후견인을 두어야 한다(929조). 성년후견인은 가정법원이 직권으로 선임한다(936조①). 성년후견인은 미성년자후견인과는 달리 여러 명이 있을 수 있다. 법인도 성년후견인이 될 수 있다(930조②, ③). 성년후견인은 피성년후견인의 법정대리인이 된다(938조①). 대리권의 범위와 신상보호결정의 범위는 가정법원이 미리 정할 수 있다(938조②). 피성년후견인의 신상결정에 대해서는 성년후견인의 대리권 등이 제약을 받는다(947조의2). 예컨대 성년후견인이 피성년후견인을 치료 등의 목적으로 정신병원이나 그 밖의 다른 장소에 격리하려는 경우에는 가정법원의 허가를 받아야 한다(947조의2④). 또한 성년후견인이 피성년후견인을 대리하여 피성년후견인이 거주하고 있는 건물 또는 그 대지에 대하여 매도, 임대, 전세권 설정, 저당권 설정, 임대차의 해지, 전세권의 소멸, 그 밖에 이에 준하는 행위를 하는 경우에는 가정법원의 허가를 받아야 한다(947조의2⑤). 성년후견인도 미성년후견인과 동일하게, 재산관리권과 법정대리권을 갖는다. 또한 피성년후견인의 행위를 목적으로 하는 채무를 부담하는 경우 본인의 동의가 필요하다는 점, 이해상반행위에 관한 규정, 제950조의 제한, 재산조사와 목록작성의무, 성년후견인의 사임, 변경, 결격 등은 미성년후견과 동일하다. 가정법원은 직권으로 또는 피성년후견인, 친족, 성년후견인, 검사, 지방자치단체의 장의 청구에 의하여, 성년후견인에 대한 감독기관으로 성년후견감독인을 선임할 수 있으며(940조의4①), 이는 임의기관이다.

(3) 한정후견인

가정법원은 질병, 장애, 노령, 그 밖의 사유로 인한 정신적 제약으로 사무를 처리할 능력이 부족한 사람에 대하여 일정한 자의 청구에 의하여 한정후견개시의 심판을 하는데(12조), 이러한 심판을 받은 자를 '피한정후견인'이라고 한다. 가정법원의 한정후견개시의 심판이 있는 경우에는 그 심판을 받은 사람의 한정후견인을 두어야 한다(959조의2). 한정후견인은 가정법원이 직권으로 선임한다(959조의3). 한정후견인은 가정법원이 피한정후견인이 법률행위를 하는 경우에 동의를 받아야 하는 것으로 정한 사항에 대하여 동의권을 갖는다(13조①, ④). 한정후견인은 동의 없이 한 피한정후견인의 법률행위를 취소할 수 있다. 한정후견인은 가정법원이 한정후견인에게 대리권을 수여하는 심판을 한 경우에만 대리권을 가진다(959조의4①). 피한정후견인은 신분행위에 있어서는 완전한 능력자이므로, 한정후견인이 관여할 수 없다. 피한정후견인의 행위를 목적으로 하는 채무를 부담하는 경우 본인의 동의가 필요하다는 점, 이해상반행위에 관한 규정, 제950조의 제한, 재산조사와 목록작성의무, 성년후견인의 사임, 변경, 결격 등은 미성년후견과 동일하다. 가정법원은 직권으로 또는 피한정후견인, 친족, 한정후견인, 검사, 지방자치단체의 장의 청구에 의하여 한정후견감독인을 선임할 수 있다(959조의5). 이는 임의기관이다.

(4) 특정후견인

정신적 제약으로 일시적 후원 또는 특정한 사무에 관한 후원이 필요한 경우에는, 일정한 자의 청구에 의하여 가정법원은 특정후견의 심판을 한다(14조의2①). 이러한 심판을 받은 자를 피특정후견인이라고 한다. 피특정후견인은 완전한 행위능력자임에도 불구하고 가정법원은 피특정후견인의 후원을 위하여 필요한 처분을 명할 수 있다(959조의8). 가정법원은 그 처분으로 피특정후견인을 후원하거나 대리하기 위한 특정후견인을 선임할 수 있다(959조의9①). 가정법원은 필요하다고 인정하면 직권으로 또는 피특정후견인, 친족, 특정후견인, 검사, 지방자치단체의 장의 청구에 의하여 특정후견감독인을 선임할 수 있다(959조의10①). 피특정후견인의 후원을 위하여 필요하다고 인정하면 가정법원은 기간이나 범위를 정하여 특정후견인에게 대리권을 수여하는 심판을 할 수 있으며, 이 경우 가정법원은 특정후견인의 대리권 행사에 가정법원이나 특정후견감독인의 동의를 받도록 명할 수 있다(959조의11①, ②).

(5) 임의후견인

임의후견계약은 질병, 장애, 노령, 그 밖의 사유로 인한 정신적 제약으로 사무를 처리할 능력이 부족한 상황에 있거나 부족하게 될 상황에 대비하여 자신의 재산관리 및 신상보호에 관한 사무의 전부 또는 일부를 다른 자에게 위탁하고 그 위탁사무에 관하여 대리권을 수여하는 것을 내용으로 한다(959조의14①). 요컨대 임의후견은 계약에 근거한 것이므로 당사자의 의사에 의하여 다양한 내용으로 정해질 수 있다. 이러한 후견계약은 공정증서로 체결하여야 하며(959조의14②), 가정법원이 임의후견감독인을 선임한 때부터 효력이 발생한다(959조의14③). 가정법원, 임의후견인, 임의후견감독인 등은 후견계약을 이행·운영할 때 본인의 의사를 최대한 존중하여야 한다(959조의14④). 임의후견계약을 하더라도 본인은 여전히 완전한 행위능력자이다.

Ⅷ. 부양(扶養)

부양이란 일정한 범위 내에 있는 친족이 상호 부조하여 생활을 유지시켜 주는 것을 말하며 민법상 부양은 공적 부양이 아닌 사적 부양에 해당한다. 민법상 부양의무는 1차적 부양의무(생활유지의 부양)와 2차적 부양의무(생활부조적 부양)로 나뉜다. 1차적 부양의무자는 자기의 생활수준을 낮추어서라도 상대방의 생활을 자기와 같은 수준으로 보장해야 하지만, 2차적 부양의무자는 자신의 사회적 지위에 맞는 생활수준을 유지하면서 여유가 있을 때 비로소 상대방을 부양할 책임이 있다. 1차적 부양에 해당하는 경우는 부부간의 부양(826조①), 부모의 미성년자에 대한 부양(913조)이다. 최근에는 국민의 노령화로 인하여, 성년자녀의 노부모에 대한 부양의무를 어떻게 바라볼 것인지가 문제되고 있다. 민법 규정상으로는 성년자녀의 부모에 대한 부양의무는 2차적 부양의무이다. 이에 경제적 능력이 부족한 노부모의 부양은 공적조조에 의해 실현되어야 하나, 국가의 복지정책 및 국가적 재원부족 등을 고려하면 한계가 있다고 할 수 있다. 이에 배우자의 상속권을 강화하거나 자녀의 부양의무를 강화시키자는 의견이 주장되고 있다.

부양청구권은 귀속상·행사상 일신전속권에 해당하므로 채권자 대위권의 객체가 되지 않으며, 상속의 대상이 되지 않는다. 이를 처분하거나 양도할 수 없다(979조). 또한 부양청구권은 압류의 대상이 되지 않으며(민사집행법 246조① 1호), 파산시 파산재단에 속하지 않는다. 부양채무자는 부양청구권을 수동채권으로 하여 상계할 수도 없다(497조. 이미 이행기가 도래한 부분을 자동채권으로 하여 상계하는 것은 가능하다). 부양청구권은 포기할 수도 없다.

1. 부양당사자

직계혈족 및 그 배우자 사이, 기타 생계를 같이하는 친족사이에는 서로 부양할 의무가 있다(974조). 예컨대 부모와 자녀(1차적 부양의무를 지는 경우는 제외), 조부모와 손자녀 사이에는 직계혈족으로서 부양의무가 있다. 사위와 장인·장모, 며느리와 시부모, 계부와 처의 자녀, 계모와 부(夫)의 자녀는 직계혈족의 배우자 사이로서 부양의무가 있다. 이들은 생계를 같이하는 지와 관계없이 부양의무를 진다. 형제자매를 비롯하여 제777조에서 정하는 친족 간에는 생계를 같이하는 경우에 한하여 부양의무가 있다.

부양의무자가 수인인 경우에는 부양의무자의 순위는 우선 당사자의 협의로 정하고, 당사자 간에 협정이 없는 때에는 가정법원이 당사자의 청구에 의하여 순위를 정한다

(976조① 1문, 가사소송법 2조① 마류사건 8호). 반면에 부양을 받을 자가 수인인데 부양의무자의 자력이 그 전원을 부양할 수 없는 때에도 위와 같은 방법으로 부양받을 자의 순위를 정할 수 있다(976조① 2문). 물론 가정법원은 수인의 부양의무자나 수인의 부양권리자를 선정할 수도 있다(976조②). 부양할 자 또는 부양을 받을 자의 순위에 관한 당사자의 협정이나 법원의 판결이 있은 후 사정변경이 있는 때에는 법원은 당사자의 청구에 의하여 그 협정이나 판결을 취소 또는 변경할 수 있다(978조).

2. 부양의 내용(정도와 방법)

부양의 정도 또는 방법에 관하여 당사자간에 협정이 없는 때에는 법원은 당사자의 청구에 의하여 부양을 받을 자의 생활정도와 부양의무자의 자력 기타 제반사정을 참작하여 이를 정한다(977조). 판례는 일정 범위의 교육비, 문화비는 이에 포함시키지만, 혼인비용은 부양의 범위에 포함시키지 않는다. 따라서 자녀는 혼인비용을 양육비로 청구할 수 없다. 부양의 정도 또는 방법에 관한 당사자의 협정이나 법원의 판결이 있은 후 이에 관한 사정변경이 있는 때에는 법원은 당사자의 청구에 의하여 그 협정이나 판결을 취소 또는 변경할 수 있다(978조). 판례는 지급되지 않은 과거의 부양료를 청구할 수 있는지와 관련하여 피부양자가 미성년자녀인 경우에는 인정하면서도 부부인 경우에는 이를 인정하지 않는다.

3. 부양료의 구상

제1차 부양의무와 제2차 부양의무는 의무이행의 정도뿐만 아니라 의무이행의 순위도 의미하는 것이므로, 제2차 부양의무자는 제1차 부양의무자보다 후순위로 부양의무를 부담한다. 제1차 부양의무자와 제2차 부양의무자가 동시에 존재하는 경우에 제1차 부양의무자는 특별한 사정이 없는 한 제2차 부양의무자에 우선하여 부양의무를 부담한다. 따라서 제2차 부양의무자가 부양받을 자를 부양한 경우에는 소요된 비용을 제1차 부양의무자에 대하여 상환청구할 수 있다.

상 속

상속은 사람이 사망한 경우에 그의 재산이 다른 일정한 사람에게 포괄적으로 이전
되는 것을 말한다. 상속과 관련하여 사망한 자를 피상속인이라 부르고, 상속하는 자를
상속인이라 부른다. 피상속인의 재산이 국가에 귀속되지 않고 피상속인과 일정한 신분
관계를 형성한 자에게 상속을 통하여 이전되는 것은 사유재산제에서 나오는 당연한 귀
결이라 할 수 있다.

상속법은 민법전의 제5편에 위치하고 있는데, 제1장에서 상속과 관련한 총칙과 상
속인, 그리고 그 효력을 규정하고, 제2장에서 유언에 대하여, 제3장에서 유류분에 대하
여 규율하고 있다.

Ⅰ. 상속인 및 상속의 효력

1. 상속인

(1) 혈족 상속인

피상속인이 사망하면, 그의 직계비속이 1순위 상속인이 된다(1000조① 1호). 태아는
상속순위에 관해 이미 출생한 것으로 보므로, 직계비속에 해당하여 1순위 상속인이 된
다. 직계비속에는 법정혈족(양자, 친양자)도 포함한다.

피상속인에게 직계비속이 없는 경우에는, 직계존속이 2순위 상속인으로서 상속을
받게 된다(1000조① 2호). 일반양자가 사망하면 양부모와 친부모가 공동상속인이 된다.

그러나 친양자의 경우에는 양부모만이 상속인이 된다.

피상속인에게 직계비속, 직계존속이 존재하지 않는 경우에 제3순위 상속인으로서 형제자매가 상속을 받게 된다(1000조① 3호). 그러나 피상속인에게 생존 배우자가 있는 경우에는 배우자만이 단독상속인이 되는 것이고(1003조①), 형제자매는 상속 받을 수 없다.

피상속인에게 직계비속, 직계존속, 형제자매 모두 존재하지 않는 경우에 제4순위 상속인으로서 4촌 이내의 방계혈족이 상속을 받게 된다(1000조① 4호). 그러나 피상속인에게 생존 배우자가 있으면 그 배우자만이 단독상속인이 된다(1003조①).

(2) 배우자 상속인

민법상 상속이 인정되는 배우자는 법률혼 배우자에 한정된다. 혼인이 무효인 경우에는 배우자라고 볼 수 없으므로, 상속이 인정되지 않는다. 그러나 상속이 이미 이루어진 후에 혼인이 취소된 경우에는 취소의 소급효가 인정되지 않으므로 이미 이루어진 상속에는 영향을 미치지 않는다. 아울러 이혼소송 중 일방당사자가 사망한 경우, 이혼소송은 일신전속적이므로 소송수계없이 종료되어, 생존배우자는 유책여부를 묻지 않고 상속권을 가진다. 배우자는 1순위 상속인(직계비속)과 공동으로 상속인이 되며, 1순위 상속인이 없는 경우에는 2순위 상속인(직계존속)과 공동상속인이 된다(1003조①). 1순위 상속인과 2순위 상속인이 없다면, 배우자가 단독상속하게 된다. 예컨대 피상속인에게 직계존·비속 없이 형제자매만 있다면, 배우자가 피상속인을 단독상속하게 된다.

(3) 상속결격

민법은 일정한 사유가 있으면, 별도의 선고절차 없이 당연히 상속자격을 상실하도록 하는 상속결격제도를 두고 있다(1004조). 상속결격사유는 1. 고의로 직계존속, 피상속인, 그 배우자 또는 상속의 선순위나 동순위에 있는 자를 살해하거나 살해하려한 자(1004조 1호), 2. 고의로 직계존속, 피상속인과 그 배우자에게 상해를 가하여 사망에 이르게 한 자(1004조 2호), 3. 사기 또는 강박으로 피상속인의 상속에 관한 유언 또는 유언의 철회를 방해한 자(1004조 3호), 4. 사기 또는 강박으로 피상속인의 상속에 관한 유언을 하게 한 자(1004조 4호), 5. 피상속인의 상속에 관한 유언서를 위조·변조·파기 또는 은닉한 자(1004조 5호)는 상속결격되어 상속인이 되지 못한다. 특히 제1004조 1호와 관련해 상속결격이 되기 위해, 살해의 고의뿐만 아니라 상속에 유리하다는 인식이 필요한지가 문제되나, 판례는 이러한 인식은 필요하지 않다고 본다. 상속결격사유가 있으면, 상속인은 당연히 상속자격을 잃는다. 상속결격은 유증의 수증결격사유에도 해당한다(1064조, 1004조).

따라서 상속결격자에게 한 유증은 무효가 된다. 물론 상속결격자 자신은 상속을 받을 수 없지만, 상속결격자의 직계비속이나 배우자는 대습상속을 받을 수 있다(1001조).

(4) 상속인이 부존재 하는 경우

상속인의 존부가 분명하지 아니한 때에는 법원은 피상속인의 친족 기타 이해관계인 또는 검사의 청구에 의하여 상속재산관리인을 선임한다(1053조). 상속인이 밝혀지지 아니한 경우에는(세 차례의 수색공고 후에도 상속인이 없는 경우), 가정법원은 특별연고자(피상속인과 생계를 같이 하고 있던 자, 피상속인의 요양간호를 한 자 기타 피상속인과 특별한 연고가 있던 자)의 청구에 의하여 상속재산의 전부 또는 일부를 분여할 수 있다(1057조의2①). 특별연고자에 의하여 분여되지 아니한 상속재산은 국가에 귀속한다(1058조①). 상속재산이 국가에 귀속되면, 상속재산으로 변제를 받지 못한 상속채권자나 유증을 받은 자가 있는 때에도 국가에 대하여 그 변제를 청구하지 못한다. 요컨대 국가는 상속채무 등을 승계하지 않는다.

2. 상속분

(1) 법정상속분

동순위의 상속인이 수인인 때에는 그 상속분은 균분으로 한다(1009조①). 피상속인의 배우자의 상속분은 직계비속과 공동으로 상속하는 때에는 직계비속의 상속분의 5할을 가산하고, 직계존속과 공동으로 상속하는 때에는 직계존속의 상속분의 5할을 가산한다(1009조②).

예컨대 A가 사망하면서 14억 원의 재산을 남겼고 A의 유족으로는 부모, 법률상 배우자, 장남, 차남, 형이 있는 경우에 장남, 차남, 배우자만이 공동상속인이 된다(1000조① 및 1003조①). 공동상속인인 장남과 차남의 상속분은 1:1로 균분하나, 배우자의 상속분은 5할을 가산하여 1.5가 된다. 결과적으로 14억 원은 1:1:1.5(2:2:3)로 분배되게 되며, 장남과 차남은 4억 원(=14억×2/7)을, 배우자는 6억 원(=14억×3/7)을 받게 된다.

(2) 특별수익자의 상속분

공동상속인 중에 피상속인으로부터 재산의 증여 또는 유증을 받은 자(특별수익자)는 그 수증재산이 자기의 상속분에 달하지 못한 때에 한하여 그 부족한 부분의 한도로 상속분이 있다(1008조). 제1008조의 특별수익자에 해당하기 위해서는 당연히 공동상속인이어야 한다. 원칙적으로 공동상속인이 아닌 손자녀, 며느리 등이 증여 또는 유증을 받은 경우에는 이에 해당하지 않는다. 그러나 며느리 등에 대한 증여가 실질적으로 피상속인으로부터 상속인(아들)에게 직접 증여한 것과 다르지 않다고 인정되는 경우에는 아들이 특별수익한 것으로 볼 수도 있다.

(3) 기여분

기여분이 인정되는 경우 상속재산은, 상속개시 당시의 피상속인의 재산에서 기여분을 공제한 것이 되고(1008조의2①), 결국 기여자는 기여분과 함께 그 기여분을 빼고 평가된 상속재산으로부터 자신의 상속분을 상속받는다. 기여분은 협의로 정하되, 협의가 되지 않거나 협의할 수 없는 때에는 청구에 의해 가정법원이 정한다(1008조의2②).

3. 대습(代襲)상속

상속인이 될 직계비속 또는 형제자매가 상속개시 전에 사망하거나 결격자가 된 경우에 그 직계비속이 있는 때에는 그 직계비속이 사망하거나 결격된 자의 순위에 갈음하여 상속인이 된다(1001조). 이 경우 상속개시 전에 사망 또는 결격된 자의 배우자는 제1003조의 규정에 의한 상속인과 동순위로 공동상속인이 되고 그 상속인이 없는 때에는 단독상속인이 된다(1003조②).

(1) 요건

대습상속이 되기 위해서는 피대습자(상속인이 될 직계비속 또는 형제자매)가 상속개시 전에 사망하거나 결격자가 되어야 한다. 동시사망한 경우에도 상속개시 전에 사망한 것으로 보아 대습상속을 인정한다. 상속결격은 대습상속의 원인이 되나 상속포기는 대습상속사유가 되지 않는다. 즉 피상속인의 자녀가 전부 상속을 포기한 경우에 손자녀는 대습상속이 아닌 본위상속(1001조가 아닌 1000조에 의한 상속을 대습상속과 구별하여 본위상속이라 한다)을 하게 된다.

피상속인의 직계비속이나 형제자매가 상속개시 전(또는 동시)에 사망 또는 결격이 되었어야 하므로, 피상속인의 배우자는 피대습자에 해당하지 않는다. 예컨대 처가 사망한 후 남편이 사망한 경우 처의 직계비속(남편의 혈족이 아님)이 부(夫)를 대습상속할 수 없고, 남편 사망 후 처가 사망하고 이후 시부모가 사망한 경우 처의 직계비속이 처의 시부모를 대습상속할 수도 없다.

대습상속인은 피대습자(직계비속이나 형제자매)의 직계비속 또는 배우자이다.

(2) 대습상속의 효과

대습상속이 인정되는 경우, 대습상속인의 상속분은 사망 또는 결격된 자의 상속분에 의한다. 이때 사망 또는 결격된 자의 직계비속이 수인인 때에는 그 상속분은 사망 또는 결격된 자의 상속분의 한도에서 이를 정한다. 배우자가 대습상속인이 된 경우도 또한 같다.

예컨대 甲이 6억 원의 재산을 남기고 사망하였고, 甲의 유족으로는 자녀 A, B, C가 있었고, 甲보다 먼저 사망한 딸 D의 자녀 X가 있는 경우(사위 Y 존재), 우선 A, B, C는 직계비속으로서 1순위 상속인으로서 본위상속을 하게 되며(1000조① 1호), D의 자녀 X와 배우자 Y(甲의 사위)가 대습상속을 하게 된다(1001조, 1003조②). 이에 甲의 재산 6억 원은 일단 A:B:C:D(생존한 것으로 가정)에게 1:1:1:1로 분배되는 것을 전제로 각각 1억 5천만 원을 가져가게 된다. X와 Y는 D에게 분배된 1억 5천만 원을 각자의 상속분인 1:1.5 (2:3)로 대습상속하게 되므로, X는 6천만 원(=1억 5천만 원×2/5)을, Y는 9천만 원(=1억 5천만 원×3/5)을 분배받게 된다.

4. 상속회복청구권

상속이 개시되었을 때 상속인이 아닌 사람(참칭상속인)이 고의 또는 과실로 사실상의 상속을 하고 있는 경우가 있다. 이와 같이 상속인의 상속권이 침해되었을 때, 진정한 상속인이 참칭상속인을 상대로 하여 상속권의 회복을 구하는 청구를 할 수 있는데(999조), 이를 상속회복청구권이라고 한다. 상속회복청구권은 그 침해를 안 날부터 3년, 상속권의 침해행위가 있은 날부터 10년을 경과하면 소멸된다(999조②). 이 기간의 법적 성질과 관련하여 통설과 판례는 제척기간으로 본다.

예컨대 A와 B가 부동산을 공동으로 상속받았음에도 불구하고 B가 상속재산분할협의도 하지 않은 채 임의로 부동산 전체에 대해 재산상속을 원인으로 하여 B의 단독명의로 소유권이전등기를 경료한 경우, B는 참칭상속인에 해당한다. 이때 A가 B에게 자신의 상속분에 대한 지분이전등기를 신청한 경우에 그 권리행사는 상속회복청구권에 해당하므로 그 침해를 안 날부터 3년, 상속권의 침해행위가 있은 날부터 10년 내에 행사하여야 한다.

5. 상속의 효력

상속인은 피상속인의 재산에 관한 포괄적인 권리의무를 승계한다(1005조 본문). 상속인이 수인인 경우, 공동상속인은 각자의 상속분에 응하여 피상속인의 권리의무를 승계한다(1007조). 그러나 피상속인의 일신에 전속한 것은 승계가 되지 않는다(1005조 단서). 상속인이 수인인 때에는 상속재산은 그 공유로 한다(1006조). 공동상속인은 각자의 상속분에 응하여 피상속인의 권리의무를 승계한다(1007조). 먼저 가분채권·채무는 상속분에 따라 분할되어 승계된다. 따라서 가분채권·채무는 제1013조의 상속재산 분할대상이 되지 않는다. 반면에 불가분채권·채무는 공동상속인 전원에게 귀속한다(409조).

(1) 상속재산의 분할

상속재산분할이란 공동상속인 간에 과도기적으로 상속재산을 공동소유하고 있는 상태를 종료시키고 구체적인 상속재산을 개개인마다 확정시키는 절차를 말한다. 요컨대 상속재산분할은 공동상속인 간의 상속재산에 대한 공유관계의 종료 및 청산을 가져온다. 상속재산분할은 공동상속관계의 존재를 전제로 한다. 따라서 단독상속의 경우에는 애당초 분할의 문제가 발생하지 않는다. 한편 상속재산분할을 위해서는 상속인이 확정되어야 하므로, 상속의 승인 또는 포기기간 내에 아직 상속을 승인하거나 포기한 바가 없다면 상속재산분할을 할 수 없다. 상속재산분할과 관련해서 피상속인은 유언으로 일정한 기간(5년) 내의 상속재산의 분할을 금지할 수도 있다(1012조).

상속을 승인한 공동상속인, 포괄적 수증자 등이 분할청구권자가 된다. 또한 분할청구권은 일신전속권이 아니므로 공동상속인의 상속인, 상속분을 양수한 제3자, 상속인의 채권자도 상속인을 대위하여 분할청구권을 행사할 수 있다. 분할에 대해 피상속인은 유언으로 분할방법을 정하거나 이를 정할 것을 제3자에게 위탁할 수 있다(1012조). 유언이 아닌 생전행위로 분할방법을 지정한 경우에는 상속인에게 효력이 미치지 않는다. 유언이 없으면, 공동상속인 사이에 협의분할이 이루어지게 된다(1013조①). 협의분할은 공동상속인 간의 계약으로, 공동상속인 전원이 참여하여야 한다. 즉 공동상속인 전원, 포괄적 수증자, 분할전 상속분양수인 등이 모두 참가해야 한다. 따라서 일부 상속인만의 협의분할은 무효이다. 다만, 협의는 한자리에서 이루어질 필요가 없으며, 순차적으로도 가능하다. 일반적으로는 상속인이 작성한 상속재산분할협의서를 공동상속인들이 돌아가며 승인하여도 무방하다. 상속재산을 한번에 모두 분할하거나 일부를 먼저 분할하는 것도 가능하다. 협의분할을 하는 경우 방법에는 제한이 없으며, 현물분할, 대상분할(상속재산이 거주용 주택인데, 상속인으로 甲, 乙이 있을 때, 甲이 주택을 취득하고 乙에 대해서는 그 상속분에 해당하는 금전으로 지급하는 방법), 경매분할 가운데 하나를 선택하거나 이들을 병용하는 것도 가능하다. 특히 대상분할은 농지, 공장, 점포를 후계자에게 상속시킬 때 활용되고 있다. 협의분할에 하자가 있는 경우, 협의분할도 공동상속인들 사이에 이루어지는 일종의 계약이라는 점에서 착오, 사기·강박을 이유로 취소할 수 있고, 합의해제 등을 할 수도 있다.

공동상속인 간에 상속재산분할의 협의가 안 되면, 가정법원이 상속재산분할당시의 시가를 기준으로 분할을 할 수 있다(1013조②, 269조).

(2) 분할대상

분할의 대상은 원칙적으로 피상속인의 모든 재산이지만, 애당초 분할의 대상이 되지 않는 상속재산도 있다. 예컨대 가분채권이나 가분채무는 분할대상이 되지 않는다. 만일 공동상속인 간의 협의에 의하여 어느 상속인이 자기 법정상속분을 초과하는 채권을 취득한 경우에는 상속인 간에 채권양도가 이루어진 것으로 해석할 것이므로, 채무자에 대한 채권양도의 통지 및 채무자의 승낙이 필요하다(450조①). 또한 만일 상속인 간에 협의로 어느 상속인이 자기 상속분을 초과하여 채무를 부담하기로 약정하였다면 이는 분할협의가 아니라 면책적 채무인수로 보아 채권자의 승낙이 필요하다(454조①).

상속개시 후 분할 전에 상속재산이 매각되거나 멸실되는 등의 사정으로 인하여 대상물(금전 기타 물건)로 존재하는 경우에는, 대상물이 분할대상이 되는 상속재산에 해당한다. 더 나아가 상속재산을 통해 취득한 과실(이자) 또한 분할대상에 해당한다.

(3) 분할의 효과

상속재산의 분할은 상속개시된 때에 소급하여 그 효력이 있다(1015조 본문). 그 결과 각 상속인은 분할에 의하여 피상속인으로부터 직접 권리를 취득한 것이 된다.

상속개시 후의 인지 또는 재판의 확정에 의하여 공동상속인이 된 자가 상속재산의 분할을 청구할 경우에 다른 공동상속인이 이미 분할 기타 처분을 한 때에는 그 상속분에 상당한 가액의 지급을 청구할 권리가 있다(1014조). 인지의 소급효(860조)가 있다는 측면에서 보면, 공동상속인 중 한 명인 피인지자가 누락된 채 이루어진 상속재산분할은 무효가 될 것이다. 그러나 민법은 거래의 안전을 위해 그 효력을 유효하게 하고, 다만 가액반환청구만 가능하도록 하였다. 판례는 이러한 피인지자의 가액상환청구권을 상속회복청구권으로 보아, 제999조 2항의 제척기간을 준수하도록 하고 있다.

6. 상속의 승인 및 포기

상속이 개시되면 피상속인의 재산상 권리의무는 상속인에게 승계된다. 그런데 상속인은 상속채무가 많은 경우에는 상속을 포기할 수 있고, 상속재산 중 채무나 적극재산의 범위가 분명치 않은 경우에는 상속재산의 한도에서 변제책임을 진다는 유보부 승계(한정 승인)를 할 수도 있다. 포기도 한정승인도 하지 않은 경우에는 무한으로 피상속인의 권리의무를 승계하는 단순승인이 된다. 요컨대 민법은 상속인에게 선택의 자유를 보장하고 있다.

(1) 승인·포기의 고려기간

상속인은 상속개시 있음을 안 날로부터 3월 내(고려기간)에 단순승인이나 한정승인 또는 포기를 할 수 있다(1019조① 본문). 한편 피상속인의 상속재산이 여러 장소에 산재하고 있어서 재산조사에 시일이 더 필요하거나 상속인이 해외에 체류하고 있다거나 하는 경우와 같은 사유로 인하여 3개월의 고려기간 이내에 상속의 승인·포기를 결정할 수 없는 경우에는 가정법원은 이해관계인 또는 검사의 청구에 의하여 고려기간을 연장할 수 있다(1019조① 단서). 이 고려기간 내에 어떠한 선택도 하지 아니하면 상속인이 단순 승인한 것으로 본다(1026조 2호). 1998년 헌법재판소는 제1026조 2호(법정단순승인)에 대하여 헌법불합치결정을 내렸고, 이에 제1019조 1항에 불구하고 상속인이 상속되는 채무가 상속재산을 초과하는 사실을 중대한 과실 없이 1항의 기간 내에 알지 못하고 단순승인(1026조 1호 및 2호에 의하여 단순승인한 것으로 보는 경우를 포함함)한 경우에 그 사실을 안 날로부터 3월 내에 한정승인을 할 수 있도록 하는 특별한정승인제도를 두고 있다(1019조③). 단순승인한 상속인이 미성년자인 경우, 성년이 된 후 안 날로부터 3개월 내에 한정승인할 수 있다(1019조④).

한편 상속인은 상속재산의 상태를 분명히 알아보기 위하여 상속의 승인·포기를 하기 전에 상속재산을 조사할 수 있으며(1019조②), 상속을 단순승인·포기할 때까지 상속재산에 대하여 자기의 고유재산에 대한 주의와 동일한 관리의무를 부담한다(1022조). 상속인이 그 주의의무에 비추어 적당하지 않은 상속재산의 관리를 하여 손해를 발생시키거나, 공동상속인 사이의 분쟁 혹은 상속인이 먼 장소에 거주하는 관계로 인하여 공동관리가 불가능하다면, 가정법원은 이해관계인이나 검사의 청구에 의하여 상속재산의 보존에 필요한 처분(예컨대 재산관리인의 선임·환가처분·재산목록의 작성과 제출)을 명할 수 있다(1023조①).

(2) 고려기간의 기산점

고려기간은 '상속개시 있음을 안 날'로부터 기산한다. '상속개시 있음을 안 날'이란 상속인이 상속개시의 사실, 즉 피상속인이 사망한 사실을 알 뿐만 아니라, 피상속인의 사망에 의하여 자기가 상속인이 된 사실을 인식한 시점을 의미한다. 따라서 사실의 오인 혹은 법률의 부지로 인하여 자기가 상속인이 된 사실(상속재산 또는 상속채무의 존재 등)을 인식하지 못하였다면, 3개월의 고려기간은 진행하지 아니한다. 피상속인의 사망으로 인하여 상속이 개시되고 상속의 순위나 자격을 인식함에 별다른 어려움이 없는 통상적인 상속의 경우에는 상속인이 상속개시의 원인사실을 앎으로써 그가 상속인이 된 사실까지도 알았다고 보아야 할 것이다. 반면에 종국적으로 상속인이 누구인지를 가리는 과정에 사실상 또는 법률상의 어려운 문제가 있어 상속개시의 원인사실을 아는 것만으로는 바로 자신의 상속인이 된 사실까지 알기 어려운 특별한 사정이 존재하는 경우도 있다. 이러한 때에는 법원으로서는 '상속개시 있음을 안 날'을 확정함에 있어 상속개시의 원인사실뿐 아니라 더 나아가 그로써 자신의 상속인이 된 사실을 안 날이 언제인지까지도 심리, 규명하여야 할 것이다. 상속인이 수인이 있는 때에는 각 상속인에 대하여 각각 별도로 기산점이 진행한다. 그리고 상속인이 제한능력자인 경우에는 그 법정대리인(친권자 또는 후견인)이 상속개시 있음을 안 날로부터 3개월의 고려기간을 기산한다(1020조). 상속인이 상속의 승인·포기를 하지 않고 3개월의 고려기간 이내에 사망한 때에는 그 상속인이 자기의 상속개시 있음을 안 날로부터 기산한다(1021조). 더 나아가 선순위 상속인 전원이 상속을 포기하여 후순위자가 상속인으로 되는 경우에 후순위 상속인의 고려기간은 선순위자 전원이 상속을 포기하여 자기가 상속인이 되었음을 안 날로부터 기산한다.

(3) 단순승인

상속인이 단순승인을 한 때에는 제한없이 피상속인의 권리의무를 승계한다(1025조). 상속인이 단순승인을 하지 않더라도, 일정한 사유가 발생하면 법률에 따라 단순승인한 것으로 간주된다(1026조). 예컨대 상속인이 상속재산에 대한 처분행위를 한 때(1026조 1호), 상속인이 제1019조 1항의 기간 내에 한정승인 또는 포기를 하지 아니한 때(1026조 2호), 상속인이 한정승인 또는 포기를 한 후에 상속재산을 은닉하거나 부정소비하거나 고의로 재산목록에 기입하지 아니한 때(1026조 3호)에는 단순승인을 한 것으로 본다. 그러나 상속인이 상속을 포기함으로 인하여 차순위 상속인이 상속을 승인한 때에는 상속인이 한정승인 또는 포기한 후에 상속재산을 은닉하거나 부정소비하거나 고의로 재산목록에 기입하지 아니한 경우에도 상속의 승인으로 보지 않는다. 이때에는 차순위상속인이 상속을 승인하였으므로, 단순승인으로 보게 되면 이러한 차순위상속인의 선택을 배제하게 되기 때문이다.

(4) 한정승인

상속인은 상속으로 인하여 취득할 재산의 한도에서 피상속인의 채무와 유증을 변제할 것을 조건으로 상속을 승인할 수 있는데(1028조), 이를 한정승인이라 한다. 상속인이 수인인 때에는 각 상속인은 그 상속분에 응하여 취득할 재산의 한도에서 그 상속분에 의한 피상속인의 채무와 유증을 변제할 것을 조건으로 상속을 승인할 수 있다(1029조). 한정승인을 하려면 3개월 기간 내에 상속재산의 목록을 첨부하여 신고하여야 한다(1030조①). 이때 상속재산 목록 외에 이미 처분한 상속재산이 있을 때에는 그 목록과 가액을 함께 제출하여야 한다(1030조②). 한정승인을 하면 상속인이 피상속인에게 속한 모든 권리의무를 승계하지만, 상속인은 상속에 의하여 얻은 재산의 한도에서만 피상속인의 채무와 유증을 변제할 책임을 부담한다(1028조). 그러므로 한정승인을 한 상속인은 자기의 고유재산으로 피상속인의 채무와 유증을 변제할 책임이 없고, 피상속인에 대한 상속인의 재산상 권리의무도 혼동 등으로 소멸하지 아니한다(1031조).

(5) 상속포기

상속인이 상속개시시로부터 3개월 이내에 상속을 포기하면, 포기한 상속재산은 다른 상속인의 상속분 비율로 그 상속인에게 귀속한다(1043조). 예컨대 배우자와 직계비속인 자가 모두 포기하면 차순위자인 손(孫)에게 상속권이 넘어가고, 손(孫)도 포기하면 직계존속(2순위)에게 승계되고, 2순위 직계존속도 포기하면, 형제자매(3순위), 그 이후에는 차순위자(4촌 이내) 순서로 상속권이 넘어간다. 판례에 의하면 피상속인의 배우자와 자녀 중 자녀 전부가 상속을 포기한 경우에는 배우자와 피상속인의 손자녀 또는 직계존속이 공동으로 상속인이 되고, 피상속인의 손자녀와 직계존속이 존재하지 아니하면 배우자가 단독으로 상속인이 된다.

상속포기는 상속이 개시된 후 일정한 기간 내에만 가능하다. 따라서 상속개시 전에 이루어진 상속포기 약정은 무효이다. 같은 맥락에서 상속재산을 공동상속인 1인에게 상속시킬 방편으로 나머지 상속인이 한 상속포기의 신고가 제1019조 1항이 정한 기간을 경과한 후에 신고되었다면 상속포기로서의 효력은 발생하지 않는다. 다만 법정기간을 경과한 상속포기의 신고는 공동상속인 사이에서는 1인이 고유의 상속분을 초과하여 상속재산 전부를 취득하고 나머지 상속인은 상속재산을 전혀 취득하지 않기로 하는 내용의 상속재산에 관한 협의분할이 이루어진 경우로 보아야 할 것이다.

Ⅱ. 유언

1. 의의

유언이란 유언자의 사망으로 일정한 법률효과를 발생시킬 것을 목적으로 일정한 방식에 따라 법률행위로서 행하는 상대방 없는 단독행위이다. 그런데 우리 민법은 법에서 정한 사유에 한하여만 유언을 할 수 있도록 하고 있다(유언사항법정주의). 예컨대 유언자는 재단법인의 설립(47조②), 친생부인(850조), 인지(859조②), 미성년자의 후견인 지정(931조①), 미성년후견감독인의 지정(940조의2), 상속재산 분할방법의 지정 또는 위탁(1012조 전단), 상속재산의 분할금지(1012조 후단), 유증(1074조), 유언집행자의 지정 또는 위탁(1093조), 신탁의 설정(신탁법 2조) 등에 대해서만 유언할 수 있다. 이러한 사항에 해당하지 않는 내용의 유언은 무효이다.

2. 유언능력

만 17세 이상의 의사능력자만이 유언을 할 수 있다. 따라서 만 17세 이상이라면 의사능력만 있으면 행위능력과 상관없이 유언할 수 있으므로(1061조, 1062조), 피성년후견인도 그 의사능력이 회복되면 유언을 할 수 있다(1063조①). 이 경우에는 의사가 심신 회복의 상태를 유언서에 부기(附記)하고 서명날인하여야 한다(1063조②). 미성년자와 한정후견인도 만 17세 이상이고, 의사능력만 있다면, 법정대리인 및 한정후견인의 동의 없이 단독으로 유언할 수 있다. 반대로 만 17세 미만자는 의사능력이 있어도 유언할 수 없으며, 만 17세 이상이라고 하더라도 의사능력이 없으면 유언을 하지 못한다. 이러한 유언능력은 유언 당시에 존재하기만 하면 되고, 유언의 효력발생시에는 없어도 무방하다.

3. 유언의 방식

유언의 방식은 자필증서, 녹음, 공정증서, 비밀증서와 구수증서의 5종으로 한다. 민법상 유언은 엄격한 요식성을 필요로 한다. 따라서 유언의 방식을 갖추지 못하면, 아무리 유언자의 진정한 의사에 합치하더라도 유언은 효력이 없다.

먼저 자필증서에 의한 유언에는 전문과 연월일, 주소, 성명을 스스로 써야 하므로, 스스로 쓴 것이 아니라 타자나 복사를 한 것은 무효이다. 또한, 연월일을 스스로 써야 하므로, 연월까지만 표시하고 일을 표시하지 않은 유언은 무효이다. 예컨대 2003년 11월 5일 A는 평생을 독신으로 살다 직계 존·비속 없이 사망했으며 이후 A 명의의 모 은

행 대여금고에서 현금 100억 원과 함께 '재산을 B대학교에 기부한다'는 내용의 자필로 작성한 유언장이 발견되었으나 그 유언장에 날인이 빠져 있다면 그 유언은 무효이다.

공정증서에 의한 유언은 유언자가 증인 2인이 참여한 공증인의 면전에서 유언의 취지를 구수하고 공증인이 이를 필기낭독하여 유언자와 증인이 그 정확함을 승인한 후 각자 서명 또는 기명날인하여야 한다(1068조).

한편 유언은 대리가 허용되지 않으며, 유언의 철회는 자유롭다(1108조 이하).

자필증서에 의한 유언을 제외한 나머지 유언의 경우에는 증인이 필요하다. 그런데 이러한 증인은 또한 일정한 자격을 갖추어야만 한다. 미성년자, 피성년후견인과 피한정후견인, 유언에 의하여 이익을 받을 자(직계혈족 및 배우자)는 유언에 참여하는 증인이 되지 못한다(1072조①). 판례는 유언집행자는 유언에 의하여 이익을 받을 자에 해당하지 않는다고 본다. 특히 공정증서에 의한 유언의 경우, 공증인법에 의한 결격자는 증인이 되지 못한다(1072조②). 결격자가 참여한 유언은 다른 요건을 갖추었다 하더라도 전부 무효가 된다.

4. 유언의 효력

(1) 유언의 일반적 효력

유언은 유언자가 사망한 때로부터 그 효력이 생긴다(1073조①). 유언은 원칙적으로 조건이나 기한을 붙일 수 있다(성질상 유언에 의한 인지는 조건 등을 붙일 수 없다). 유언에 정지조건이 있는 경우에 그 조건이 유언자의 사망 후에 성취한 때에는 그 조건성취한 때로부터 유언의 효력이 생긴다(1073조②). 기타 조건과 기한이 붙은 유언은 제147조 이하의 조건의 법리에 따라 판단하면 된다. 예컨대 정지조건부의 유언에 있어서 유언자의 사망 이전에 조건이 성취되면 조건 없는 유언이 되고(151조②), 조건이 불성취로 확정되면 그 유언은 무효가 된다(151조③).

(2) 유증

유증이란 유언에 의하여 재산상의 이익을 타인에게 무상으로 주는 단독행위이다. 유언자가 사망한 때에 효력인 생기는 사인행위라는 점에서 사인증여와 같다. 그러나 단독행위라는 점에서 계약인 사인증여와 구별된다. 사인증여에는 유증에 관한 규정을 준용하지만(562조), 성질상 준용될 수 없는 유증의 방식에 관한 규정(1065조 내지 1072조) 및 포괄유증의 효력에 관한 규정(1078조) 등은 준용되지 않는다. 적극재산을 주는 것뿐만 아니라 채무를 면제하는 것 또한 유증에 해당한다. 그러나 수증자에게 채무만을 부담하게 주는 것은 유증이 아니다. 유증은 원칙적으로 자유롭게 할 수 있으나 유류분제도에 의해 제한될 수 있다.

Ⅲ. 유류분

유류분은 법률상 상속인에게 귀속되는 것이 보장되는 상속재산에 대한 일정비율을 가리킨다. 이에 상속이 개시되면 일정범위의 상속인은 상속재산에 대한 일정비율을 취득할 수 있는 지위를 가지게 되며, 이를 유류분권이라고 한다. 피상속인의 생전처분 및 유언에 의해 이러한 유류분이 침해되는 경우, 유류분권자는 수증자 등에게 부족분의 반환을 청구할 수 있는 유류분반환청구권을 행사할 수 있다.

1. 유류분권자와 그의 유류분

(1) 유류분권자

유류분을 가지는 자는 피상속인의 직계비속, 배우자, 직계존속, 형제자매이다(1112조). 태아도 상속에 관하여 이미 출생한 것으로 보므로(1000조③), 유류분권을 가진다. 또한 피상속인의 직계비속과 형제자매의 대습자(피대습자의 직계비속과 직계비속)도 유류분권자에 포함된다(1118조, 1001조, 1010조. 1118조가 1003조②을 빠트리고 있으나, 해석상 당연 준용되어야 할 것이다). 다만 상속결격자 및 상속포기자는 상속인이 아니므로 유류분권을 가질 수 없다. 유류분권을 가지고 있더라도 유류분권을 행사하려면 최선순위 상속인이어서 상속권이 있어야 한다. 따라서 피상속인의 직계비속이 있는 경우에는 피상속인의 형제자매는 유류분권을 행사할 수 없다.

(2) 유류분

피상속인의 직계비속과 배우자의 유류분은 그 법정상속분의 2분 1이고, 피상속인의 직계존속과 형제자매의 유류분은 그 법정상속분의 3분 1이다. 대습상속인의 유류분은 피대습자의 유류분과 동일하다.

2. 유류분액의 산정

유류분은 피상속인의 상속개시시에 있어서 가진 재산의 가액에 증여재산의 가액을 가산하고 채무의 전액을 공제하여 이를 산정한다(1113조①). 재산평가의 방법은 상속분의 산정과 같다. 다만 조건부의 권리 또는 존속기간이 불확정한 권리는 가정법원이 선임한 감정인의 평가에 의하여 그 가격을 정한다(1113조②). 가액의 산정시점은 상속개시 당시를 기준으로 한다. 따라서 증여받은 재산이 금전일 경우에는 그 증여받은 금액을 상속개시 당시의 화폐가치로 환산하여 이를 증여재산의 가액으로 봄이 상당하다. 그러한 화폐가치의 환산은 증여 당시부터 상속개시 당시까지 사이의 물가변동률을 반영하는 방법으로 산정한다.

> 유류분액 산정={유류분 산정기초재산(=적극상속재산+1년간의 증여재산+1년 전 쌍방 악의의 증여재산+특별수익자의 증여재산-상속채무)×상속인의 유류분율(=당해 상속인의 법정상속분×그의 유류분율)}

3. 유류분 부족액과 유류분 반환청구권

유류분권자가 피상속인의 증여 및 유증으로 인하여 그의 유류분에 부족이 발생한 경우, 유류분권자는 유류분을 보전하는 방법으로서 그 부족한 한도에서 유증 및 증여된 재산(유류분산정의 기초로 된 것에 한함)의 반환을 청구할 있다(1115조①). 통상 이것을 유류분반환청구권이라고 한다. 반환청구의 상대방은 반환청구의 대상으로 되는 유증·증여의 수증자와 그 포괄승계인이다. 판례는 악의의 특정승계인도 반환청구의 상대방으로 포함시킨다.

유류분의 부족액(침해액)은 유류분권자가 상속에 의해서 실제로 취득한 산액(상속채무를 공제한 적극재산액, 이른바 순상속분액)이 본인의 유류분액에 미달한 경우에 발생한다. 요컨대 유류분권자의 유류분액에서 상속인의 특별수익액과 순상속분액을 공제하여 그 수가 +이면, 그만큼 유류분의 부족액이 발생한 것이고, 0 이거나 - 이면 부족액이 없는 것이 된다. 유류분권자는 유류분이 침해되어 있는 한도, 즉 부족한 한도에서 반환청구권을 행사할 수 있다.

유류분 부족액 산정={유류분권자의 유류분액-특별수익액(상속인이 증여받거나 유증받은 금액)-순상속분액(상속받은 적극재산액-상속채무 분담액)}

예컨대 자수성가한 김○○은 사망하기 2년 전에 출가한 딸에게 10억 원을, 사망하기 1년 2개월 전에 선의인 A 양로원에 14억 원을, 사망하기 6개월 전에 B 재활원에 10억 원을 각각 증여하였고, 사망하면서 총재산 90억 원 전액을 C 대학의 발전기금으로 기탁한다는 유언을 하였다고 하자(김○○의 사망 후 김○○에게는 부채가 47억 원이 있다고 판명되었다). 만약 위 예시에서 김○○의 상속인으로는 처(甲), 아들(乙), 딸이 있으며, 처와 아들은 생전에 어떠한 증여를 받은 적이 없다면, 甲과 乙은 각각 13억 5천만 원, 9억 원에 대한 유류분의 반환을 청구할 수 있다. 왜냐하면 유류분 산정기초재산은 63억{=상속재산(90억)+증여재산(B에 대한 10억 원+딸에 대한 10억 원)-상속채무(47억)}이며 처의 유류분액은 13억 5천만 원(=63억×3/7×1/2)이고, 아들의 유류분액은 9억 원(=63억×2/7×1/2)인데, 처와 아들에게는 특별수익액과, 순상속액분액이 없으므로, 그들의 유류분 액이 바로 그 부족액이 되므로 처는 13억 5천만 원을 아들은 9억 원을 유류분으로 반환할 것을 청구할 수 있다.

유류분 반환청구권은 유류분권자가 상속의 개시와 반환하여야 할 증여 또는 유증을 한 사실을 안 때부터 1년 내에 하지 아니하면 시효에 의하여 소멸하며 상속이 개시된 때로부터 10년을 경과한 때에도 소멸한다(1117조). 1년과 10년의 행사기간이 제척기간인지 소멸시효기간인지에 대해서 학설은 견해가 나뉘나 판례는 둘 다 모두 소멸시효기간으로 본다.

제
4
장

형법

제
1
절

형법의 기본개념

I. 형법의 의의

1. 형법의 개념

형법(刑法)은 범죄와 형벌을 규정한 공법(公法)이다. 즉, 범죄의 성립요건과 범죄의 효과인 형벌을 규정한 실체법이다. "형법(刑法)"이라는 명칭을 가진 법률은 1953년에 제정되고, 그후 몇 차례의 개정을 거쳐, 최근 법률 제17265호, 2020. 5. 19로 일부개정된 형법이다. 이 형법을 형식적 의미의 형법 또는 협의의 형법이라고 한다. 형법 이외에도 범죄와 형벌에 대하여 규정한 법률은 많이 있다. 폭력행위등 처벌에 관한 법률(폭처법), 특정범죄가중처벌등에 관한 법률(특가법), 특정경제범죄 가중처벌등에 관한 법률(특경가법), 성폭력범죄의 처벌등에 관한 특례법(성폭력처벌법) 등 많은 법률이 범죄와 형벌을 규정하고 있다. 나아가 상법이나 행정법 등에도 처벌규정이 포함되어 있다. 이러한 처벌법규 또는 형벌조항을 통칭하여 실질적 의미의 형법 또는 광의(廣義)의 형법이라고 한다.

형사법(刑事法)이란 형법과 형사소송법을 합쳐서 부르는 말이다. 형사소송법(刑事訴訟法)은 범죄자를 발견하고 체포, 구속 등 수사하며, 재판하는 공판절차를 규정한 절차법이다. 즉 형법은 범죄와 형벌을 규정한 실체법이고, 형사소송법은 그러한 범죄가 실제로 발생했는지 확인하고 형벌을 부과하는 절차를 규정한 절차법이다.

형법의 목차를 보면, 크게 총칙부분과 각칙부분으로 나뉜다. 형법총칙은 제1조부터 제86까지인데, 범죄와 형벌에 관한 일반적, 공통적 조문이 규정되고, 제87조부터 제372

조까지인 형법각칙에는 개별적 범죄의 구성요건과 그 효과인 형벌 등이 규정되어 있다.

범죄의 성립과 그 효과인 처벌에 대한 핵심규정은 각칙부분이고, 총칙부분은 각칙에 반복할 필요가 없는 일반원칙을 규정하고 있다. 수학에서 공통사항을 괄호 밖으로 꺼낸 것과 같다고 보면 되겠다. 예를 들어, 각칙에 속하는 형법 제250조 1항은 "사람을 살해한 자는 사형, 무기 또는 5년 이상의 징역에 처한다"고 규정하고 있다. 이때 이 조문의 앞부분인 "사람을 살해한 자"는 살인죄라고 하는 죄의 성립요건을 규정한 것이고, 뒷부분인 "사형, 무기 또는 5년 이상의 징역에 처한다"는 살인죄의 법적 효과인 형벌을 정하고 있다. 이때 살인죄는 결과범이므로 사망의 결과와 행위 간에는 인과관계가 필요하고, 고의범으로서 고의가 요구된다. 인과관계는 일반규정으로서 형법총칙인 제17조, 고의와 착오에 대하여는 제13조, 제15조가 규정하고 있는데, 이 조항들은 살인죄에도 적용된다.

한편, 형법의 총칙규정은 형법각칙에 적용됨은 물론이고, 타법령에 정한 죄에도 적용한다. 단, 그 법령에 특별한 규정이 있는 때에는 예외로 한다(형법 8조 참조).

2. 형법의 법원(法源)

형법의 법원(法源, sources of law)이라고 하면, 범죄와 형벌을 규정하는 법적 근거가 무엇인가 하는 문제를 말한다. 형법의 법원으로는 먼저 법률이 있고 법률 중에는 협의의 형법과 광의의 형법이 있다.

법률의 하위에는 대통령령과 행정각부의 부령(部令)과 같은 시행령과 행정각부에서 발하는 규칙이나 고시 등의 시행규칙이 있고, 이 역시 경우에 따라서는 형법의 법원이 될 수 있다. 다만, 이때에는 죄형법정주의에 의하여 제한이 있다(자세히는 후술함). 법률과 시행령, 시행규칙을 합하여 법령(法令)이라고 한다.

법원(法院, courts of law)의 판례(判例)도 법원(法源)이 될 수 있는지 대하여는 독일, 프랑스, 한국, 일본 등과 같은 대륙법(civil law)국가와 영국, 미국, 캐나다, 호주와 같은 코몬로(common law)국가에 따라 차이가 있다. 영미법에서는 판례도 법원이 되지만, 대륙법에서는 판례는 법이 아니고 단지 법의 해석이다. 하지만 판례가 법이 아니라고 하여도 국가기관의 해석이므로 상당한 영향력을 가짐을 부인할 수 없다.

3. 형법의 기능

형법의 기능은 보호적 기능과 보장적 기능으로 구별된다. ① 형법은 범죄와 형벌을 규정하고, 이에 근거하여 범죄자를 처벌함으로써 사회와 공동체의 중요한 가치와 이익들을 보호한다. 이러한 기능을 형법의 보호(保護)적 기능이라고 한다. 법으로 보호되는 이익이나 가치를 보호법익(保護法益)이라고 한다. 예를 들면, 살인죄는 생명을 보호법익으로 하고, 상해나 폭행죄는 신체의 건전성을, 그리고 명예훼손죄는 사람의 명예를 보호법익으로 하는 것이다. 또한, 형법은 개인의 가치와 이익을 보호할 뿐 아니라 국가의 존립이나 안전과 같은 국가적 법익(내란죄, 간첩죄 등), 사회의 안전이나 신뢰, 도덕과 같은 사회적 법익(소요죄, 방화죄, 문서위조죄, 공연음란죄 등)도 보호하여 공동체의 존립과 발전의 토대를 굳건히 한다.

② 형법은 국가의 자의적인 형벌권의 행사로부터 국민 개개인의 자유와 권리를 보장하는 기능도 수행하는데 이를 형법의 보장(保障)적 기능이라고 한다. 국가는 개인이 법률로 명확하게 금지된 행위를 했을 때에만 해당되는 행위를 형벌로 처벌될 수 있고, 그 이외의 경우에 개인은 형벌을 받을 걱정이나 위험으로부터 자유로워야 한다는 의미이다. 이러한 맥락에서 형법은 인권헌장의 기능을 하기도 한다. 이와 관련하여, 범죄와 그 형벌은 법률에 미리 규정되어 있어야 한다는 원칙이 후술하는 죄형법정주의이다(헌법 12조, 13조, 형법 1조).

Ⅱ. 범죄의 의의

1. 범죄의 개념

범죄란 무엇인가? 전술한 형법의 개념을 생각해본다면 범죄는 형법이 규정한 처벌규정을 위반한 것이다. 형법이나 형벌법규가 법률의 형식을 취하여 범죄로 규정하고 있는 행위가 범죄라는 입장이 형식적 범죄개념(形式的 犯罪槪念)이다. 형법을 포함한 다수의 법률에는 범죄와 그에 대한 형벌을 명확하게 규정하고 있으므로, 형식적 범죄개념에 의할 때 범죄가 무엇인지 구체적으로 파악할 수 있다.

그런데, 실질적 범죄개념(實質的 犯罪槪念)은 형법에 어떠한 행위가 왜 규정되어 처벌되는가 하는 점을 문제삼는다. 즉, 범죄란 형벌을 과할 필요가 있는 불법, 사회적으로 유해한 행위 내지는 법익을 침해하는 반사회적 행위를 의미한다는 것이다. 이때 법적으로 보호해야 하는 이익, 즉 법익을 침해하거나 위태롭게 하는 행위를 범죄라고 보는 관점(법익침해설)이 있고, 사회적 윤리나 의무를 위반하는 행위가 범죄라고 하는 관점(의무위반설)도 있다.

구체적으로 어떠한 행위가 사회적으로 유해한지, 범죄로 처벌해야 하는 정도인지에 관하여는 가치관이나 개인의 환경, 여건에 따라서 견해차이가 있을 수 있다. 결국 범죄란 사회나 개인에게 해악을 주면서 동시에 사회적 합의인 법률에 의하여 범죄로 규정되어 있는 행위가 비로소 범죄가 될 수 있다. 예를 들면, 과거에 범죄였지만 혼인빙자간음죄나 간통죄에 대하여 헌법재판소가 위헌결정을 해서 더 이상 범죄가 아니다.[1] 이를 비범죄화(decriminalization)라고도 한다. 비범죄화와 합법화는 종종 혼용되기도 하지만, 구별할 필요가 있다. 비범죄화란 처벌만 되지 않을 뿐이지 여전히 불법인 경우가 있다. 간통행위도 형사처벌은 안 되지만, 민법상으로는 여전히 불법행위로 손해배상책임을 진다. 합법화라고 하면, 법적으로 적법하게 하는 경우로서 민사적 불법도 인정되지 않는 때를 말한다. 반면, 컴퓨터범죄는 사회적 해악을 주지만 범죄로 규정되지 않았다가, 1995년 형법개정에서 범죄로 되었다(범죄화, criminalization).

2. 범죄의 구조

형식적 범죄개념에 의하면, 범죄란 형벌규정에 범죄로 규정된 행위를 말한다. 이때 이를 분설하면, 범죄란 법률의 구성요건에 해당하고, 위법하며 책임이 있는 행위이다. 즉 구성요건해당성, 위법성, 책임이 범죄의 성립요소이다.

(1) 구성요건과 구성요건해당성

구성요건(構成要件)이란, 형벌을 과하는 근거가 되는 행위유형을 추상적으로 기술한 규범을 말한다. 예를 들어, 살인죄의 구성요건은 사람을 살해한 것이고(250조①), 상해죄의 구성요건은 사람의 신체를 상해한 것이다(257조①). 물론 어떤 범죄의 구성요건은 해당 조문에 규정되어 있다. 형법에만도 수백개의 범죄 구성요건이 규정되어 있다.

구성요건해당성(構成要件該當性)은 어떠한 행위가 특정한 범죄의 구성요건을 충족하는 성질을 말한다. 예를 들어, 홍길동이 임꺽정에게 상해를 입혔다면, 홍길동의 행위는 상해죄의 구성요건을 충족하였고, 상해죄의 구성요건해당성이 있는 것이다.

한 범죄의 구성요건은 다시 다수의 구성요건요소로 이루어져 있다. 그리고, 구성요건요소는 객관적 구성요건요소와 주관적 구성요건요소로 나뉜다. 행위주체, 객체, 행위방법, 결과, 인과관계 등은 객관적 구성요건요소이고, 범행에 대한 고의, 목적, 불법영득의사 등은 주관적 구성요건요소이다.

---

1) 이처럼 법, 다수설, 판례는 사회의 변화에 따라 변경되는데, 이러한 법의 변화의 이유와 구조에 대하여는 한상훈, 패러다임과 법의 변경, 저스티스, 2017. 2월호, 240쪽 이하 참조.

(2) 위법성과 위법성조각사유

위법성(違法性)은 어떤 행위가 법질서 전체에 위반되는 성질을 말한다. 어떤 행위가 구성요건에 해당하더라도 위법하지 않을 수 있다. 예를 들면, 정당방위가 그렇다. 홍길동이 임꺽정을 때려서 상해를 입혔다면, 상해죄의 구성요건에 해당되겠지만, 임꺽정의 공격을 방어하기 위하여 그렇게 했다면 정당방위로서 위법하지 않게 된다. 이처럼 위법성을 배제하는 사유를 위법성조각사유(違法性阻却事由)라고 한다. 구성요건에 해당하는 어떤 행위가 위법성이 없다면 범죄가 성립되지 않고 무죄가 된다. 형법총칙에 규정된 위법성조각사유는 모두 5개이다. 정당행위, 정당방위, 긴급피난, 자구행위, 피해자의 승낙인데, 형법 제20조부터 제24조까지 규정되어 있다.

(3) 책임과 책임조각사유

어떤 행위가 구성요건에 해당하고 위법하다고 하여 바로 범죄가 되어 처벌되는 것은 아니다. 책임도 인정되어야 한다. 책임(責任)이란 쉽게 말하면, 어떠한 행위를 법적으로 비난할 수 있는가 하는 비난가능성을 뜻한다. 행위나 행위자를 비난할 수 없어서 책임이 없다면, 처벌할 수 없다. 예를 들어, 만 14세 미만인 형사미성년자의 행위는 책임능력이 없어서 처벌할 수 없다(9조). 사리를 분별하는 능력이 없는 정신병자의 행위도 마찬가지이다(10조①). 책임을 부정하는 사유를 책임조각사유(責任阻却事由)라고 하는데, 형법총칙에 규정된 책임조각사유는 형사미성년자(9조), 책임무능력(10조①), 강요된 행위(12조), 위법성의 착오(16조) 등이 있다.

어떤 행위가 구성요건에 해당하고 위법하고 책임이 있다면 범죄는 성립한 것이다. 따라서 이 3가지 요소를 범죄의 성립요소라고 하고, 이러한 이론을 범죄3단계설이라고 한다. 어떠한 행위가 구성요건에 해당하면, 위법성과 책임은 징표(徵表)된다. 사실상 추정된다는 표현을 사용하기도 한다. 그 의미는 위법성조각사유나 책임조각사유와 같은 사정이 없으면 위법성과 책임은 인정된다는 것이다. 각각의 구성요건요소와 이하의 위법성조각사유, 책임조각사유는 다시 후술한다.

(4) 처벌조건

범죄의 성립요소는 아니지만, 어떤 경우에는 범죄가 성립하여도 행위를 처벌하기 위하여 추가적으로 처벌조건이 요구되기도 한다. 처벌조건(處罰條件)은 어떠한 행위의 구성요건해당성, 위법성, 책임이 인정되더라도 이를 처벌할 수 있는 국가의 형벌권이 발생하기 위해 (추가로) 필요한 조건을 말한다. 이에는 ① 사전수뢰죄에 있어서 공무원 또는 중재인이 된 사실(129조②)과 같은 객관적 처벌조건과 ② 친족상도례에서의 친족관계(328조), 중지미수에서 스스로 범행을 중지하여 형을 면제할 경우(26조)와 같은 인적 처벌조각사유가 있다.

(5) 소추조건

마지막으로 범죄의 소추조건이 있다. 실체법, 즉 형법상으로는 범죄가 성립하고 형벌권이 발생한 경우라도 그 범죄자를 처벌하기 위해서는 형사소송법상 기소, 소추되어야 하는데, 소추조건(訴追條件)은 어떤 행위를 소추, 공소제기하기 위하여 필요한 소송법상의 필요조건을 말한다. 공소제기, 기소, 소추는 문맥에 따라 약간 다른 의미를 가질 수 있으나, 대체로 동일한 의미로 사용된다. 따라서 소추조건이 결여되어 있으면 범죄가 성립하였다고 하여도 공소를 제기할 수 없으므로 결과적으로 처벌할 수 없게 되는 것이다. 소추조건의 예로는 공소시효(형소법 326조 3호), 친고죄(親告罪)의 고소 등이 있다. 예를 들어, 공소시효가 경과하면 범죄를 기소, 소추할 수 없게 된다.

3. 범죄의 종류와 특징

형법에만도 수백 개의 범죄가 있으므로 그 유형에 따라서 분류해보는 것은 범죄를 이해하는 데에 도움이 된다. ① 먼저 어떠한 범죄가 성립되기 위한 구성요건으로 결과의 발생을 요구하는지에 따라 결과범과 거동범으로 구별된다. 결과범(結果犯)은 구성요건이 일정한 결과의 발생을 요구한다. 결과(結果)란 행위와 구별될 수 있는 현실세계의 불이익한 변경 또는 변경의 위험을 말한다. 살인죄, 폭행치사죄, 상해치사죄, 강도치사죄 등에서 사망, 상해죄의 상해 등이 그 예이다. 거동범(擧動犯)은 형식범이라고도 하는데, 구성요건이 결과발생을 요구하지 않고 일정한 유형의 행위만으로도 구성요건이 충족된다. 거동범의 예로는 폭행죄(260조), 위증죄(152조) 등을 들 수 있다.

② 결과범은 다시 보호법익에 대한 침해의 정도에 따라서 침해범과 위험범(위태범)으로 나뉜다. 침해범(侵害犯)이란 보호법익이 현실적으로 침해되어야 성립하는 범죄이다. 사망, 상해 등이 대표적인 경우이다. 이에 반하여, 위험범(危險犯)이란 보호법익이 현실적으로 침해되지 않고 침해의 위험만 있어도 성립되는 범죄이다.

③ 범죄의 구성요건적 결과가 발생함과 동시에 범죄도 종료되는가에 따라 즉시범과 계속범으로 구별된다. 즉시범(卽時犯)은 구성요건적 결과가 발생하여 기수(旣遂)가 됨과 동시에 종료(終了)되는 범죄이다. 상해죄, 살인죄, 강간죄 등 대부분의 범죄가 즉시범이

다. 이에 반하여, 계속범(繼續犯)은 범죄의 결과가 발생하여 기수가 되었지만, 위법상태가 계속되는 동안에는 종료되지 않는 범죄를 말한다. 체포감금죄(276조), 주거침입죄(319조①) 등이 그 예이다. 따라서 사람을 감금하면 감금죄의 기수가 되지만, 감금된 사람이 석방될 때까지는 종료되지 않는다.

Ⅲ. 형벌의 의의

1. 형벌의 개념

형벌은 국가가 부과하는 가장 강력한 제재나 처벌이라는 점에 그 특징이 있다. 생명을 박탈할 수 있는 사형이나 교도소에 구금하는 징역 등이 일례이다. 타인의 올바른 행동을 기대했다가, 그러한 기대가 실추하면, 개인적으로 상심하고 실망하거나, 사회적으로 도덕적 비난을 가할 수 있지만, 국가와 공동체는 법을 제정하여 그 위반행위에 대하여 국가의 강제력을 동원한다. 나아가 특히 중요하고 핵심적인 행위영역은 형법으로 규정하여 가장 강력한 형벌을 부과함으로써 그 이행을 확보하려고 한다.

이러한 단계적 관점에서 볼 때 명확해지는 것이 형벌 또는 형법의 보충성(補充性), 최후수단성(ultima ratio)이다. 강력한 처벌인 형벌을 규정하는 형법은 도덕이나 다른 법제도를 통하여 일정한 행위의 준수나 이행을 확보하기 어려울 때 보충적으로 그리고 최후로 개입해야 하는 것이다. 요약하자면, 사회공동체가 번영하고 발전하기 위해서는 일부 구성원의 일탈행위, 위반행위를 강력히 규제, 처벌해야 하는 필요가 있고, 이를 형벌과 형법이 담당한다.

그런데, 형벌과 달리, 보안처분 등 다른 형태의 국가 제재도 있다. 보안처분(保安處分)은 형벌과 달리 과거의 비행에 대한 징벌이 아니라, 어떠한 사람의 위험한 행동이나 성격으로부터 사회를 보호하기 위하여 부과하는 제재를 말한다. 치료감호, 보호관찰, 위치추적장치(전자발찌)의 부착, 성충동약물치료 등을 들 수 있다.

형벌, 보안처분 이외의 국가의 제재로는 범칙금, 과징금, 과태료 등이 있다. 이러한 제재는 행정질서벌이라고 하여, 형벌이나 보안처분과는 구별되는 행정적 제재이다. 따라서, 형벌과 보안처분, 과징금, 과태료 등은 대부분 별도로 부과될 수 있다. 범칙금의 경우에는 동일한 행위에 대하여 범칙금을 납부한 경우 다시 처벌받지 않는다는 규정이 있다(경범죄처벌법 8조③, 도로교통법 164조③ 등.)

형벌은 국가가 범죄자에게 부과하는 제재이기 때문에, 범죄의 피해자가 가해자에게 청구하는 손해배상과도 별개이다. 하지만, 민사, 행정 등 다른 형태의 강제로는 사회적 해악행위를 충분히 방지할 수 없는 경우가 많다. 예를 들어, 사회적 비난을 받는 부유층의 '갑질' 범죄를 보자. 이러한 사건을 민사상 손해배상으로만 해결한다면, 부유층에게는 고작 수 백만원, 수 천만원의 손해배상이 전부일 수 있는데, 이 정도의 배상액으로는 갑질범죄를 막을 수 없을 것이다. 반대로, 경제적으로 배상할 자력이 없는 사람에게도 사형이나 자유형과 같은 형벌이 없다면 민사배상은 불법행위를 막는 데 아무런 효과가 없을 것이다.[2]

2. 형벌의 목적

형벌과 형법은 범죄를 방지하기 위해서 존재한다고 설명하였다. 그런데 이에 관하여는 상세하게 보자면 몇 가지 관점의 차이가 있고, 역사적으로도 발전의 과정을 거쳐왔다. ① 응보형주의(應報刑主義)는 형벌의 본질이 범죄에 대한 정당한 응보(just deserts)에 있다고 한다. 즉, 범죄는 위법한 행위이므로 이에 대하여는 상응하는 불이익, 해악을 가하여야 한다고 본다. 형벌은 어떤 다른 목적을 위해서가 아니라, 응보 그 자체를 위하여 존재한다고 하여, 절대형주의라고도 할 수 있다. 일견 관념적, 도덕적이라는 비판이 있을 수 있지만, 근대계몽주의, 자유주의, 개인주의의 산물이라고 한다. 대표적인 학자로 칸트(I. Kant)가 있다. 칸트는 인간은 결코 다른 목적을 위한 수단으로 취급될 수 없으며, 스스로 범한 죄로 인하여 처벌될 뿐이라고 하였다. "눈에는 눈, 이에는 이"라고 하여 고대에서 내려오는 탈리오 원칙(lex Talio), 즉 동해보복설(同害報復說)과 맥을 같이 한다.[3] 헤겔(G. Hegel)은 변증법적 관점에서 범죄는 법에 대한 침해이므로, 형벌을 부과하여 법과 정의를 회복해야 한다고 보았다. ② 목적형주의(目的刑主義)는 형벌은 국가의 작용이라는 점을 든다. 국가는 형이상학적 존재가 아니고, 현실적, 실용적 존재이다. 국가의 작용으로서 형벌은 법질서와 법익, 가치의 보호와 같이 일정한 공동체의 목적에 기여하여야 한다. 이렇게 볼 때, 형벌은 단순히 정의를 회복하는 것이 아니라, 범죄를 방지하기 위한 억제 수단이라고 본다. 즉 범죄의 방지가 목적이고 형벌은 그 수단이 되어 상대형주의라고 할 수 있고 공리주의사상과 부합한다. 체사레 벡카리아는 "형벌의 목적은 오직 범죄자가 시민들에게 새로운 해악을 입힐 가능성을 방지하고, 타인들이 유사한 행위를

---

2) 박세일, 법경제학, 5편 형법과 형사정책, 2000; Richard Posner, An Economic Theory of the Criminal Law, 85 Columbia Law Review, 1193, 1201 이하(1985) 참조.

3) 고대 근동지역의 사적 보복 관습을 통해 응보형주의와 탈리오법칙의 유래를 소개하고 있는 문헌으로는 안성조, 현대 형법학 제1권 (경인문화사, 2011), 5-68면 참조.

할 가능성을 억제하는 것이다"라고 말하였다.4) 예방주의는 일반예방주의와 특별예방주의로 나뉜다. 일반예방과 특별예방은 다시 소극적 예방과 적극적 예방으로 구별될 수 있다. ③ 범죄실증주의에 관해서 알아본다. 범죄인의 특성이나 범죄의 원인에 관심을 가진 연구자는 이탈리아의 실증주의학파를 구성하였다. 롬브로조(C. Lombroso)는 '범죄인론' (1876)을 발표하여 범죄인은 보통사람과는 다른 범죄인형을 갖고 있으며, 이는 원시야만인의 특징이 격세유전으로 전달된 것이라는 견해를 피력하였다. 페리(E. Ferri)는 범죄에는 인류학적, 자연적, 사회적 원인이 있으나, 그 중에서 사회적 요인이 가장 중요하다고 하였다. 따라서 범죄를 방지하기 위하여는 사회적 원인을 연구하여 이를 제거해야 한다는 것이다. 가로팔로(R. Garofalo)는 범죄를 자연범과 법정범으로 구별하여, 범죄의 본질은 자연범에 있으며, 자연범에서 범죄의 원인이 범죄인의 성격과 악성에 있으므로 형벌도 범죄인의 악성을 기준으로 가해져야 한다면서, 범죄심리학적 연구의 필요성을 강조하였다. ④ 이후에 리프만(M. Liepmann) 등은 리스트의 목적형주의에 따라 형벌은 범죄인을 선량한 국민으로 개선시키는 교육형이어야 한다는 교육형주의를 발전시켰다. ⑤ 그라마티카(F. Gramatica)는 범죄는 반사회성의 주관적 징표이고 책임이란 반사회성을 의미하므로, 사회방위를 위하여 형벌을 보안처분으로 대체할 것을 주장하는 급진적 사회방위론을 주장하였다. 앙셀(Marc Ancel)은 자유의지를 전제로 한 책임과 형벌을 인정하면서 사회방위와 보안처분을 주장하는 인도주의적 신사회방위론을 발전시켰다.5)

　헌법재판소는 가혹한 절대적 응보형주의를 지양하면서 범죄인의 교화, 개선에 상응하는 형벌을 가함으로써 민주적인 형사정책을 구현하도록 배려하여 형벌은 어디까지나 범죄인의 교육, 개선과 사회복귀 및 재범방지를 기본으로 한다고 판시한 적이 있다(헌법재판소 1992. 4. 28. 선고 90헌바24 결정).

3. 형벌의 종류

　법적, 도덕적 비난을 포함하고 있어서 범죄자에 대한 가장 강력한 제재인 형벌에 관하여, 형법 제41조는 다음과 같이 9종류의 형을 중한 순서로 규정하고 있다. ① 사형 ② 징역 ③ 금고 ④ 자격상실 ⑤ 자격정지 ⑥ 벌금 ⑦ 구류 ⑧ 과료 ⑨ 몰수 등이다.

---

4) 벡카리아 지음, 한인섭 옮김, 범죄와 형벌(1764), 박영사, 중판, 2018, 49면.
5) 마크 앙셀 저, 이수성/이영란 역, 신사회방위론, 1985.

죄형법정주의와 책임원칙

I. 죄형법정주의의 의의

　　죄형법정주의(罪刑法定主義)란 미리 법률로 처벌이 규정되지 않으면 범죄나 형벌을 부과할 수 없다는 원칙을 말한다. 간략하게는 "법률 없으면 범죄 없고 형벌 없다"(라틴어: nullum crimen, nulla poena sine lege, 영어: no crime, no punishment without law)로 표현된다. 죄형법정주의는 국가의 자의적 형벌권행사로부터 국민의 자유와 인권을 보장하고, 개인의 예측가능성과 법적 안정성을 도모하기 위한 원칙으로, 형법의 보장적 기능과 밀접한 관련이 있다.

　　역사적으로 죄형법정주의는 1215년 영국의 마그나 카르타까지 거슬러 올라가며, 가혹하고 잔인한 구체제(ancient regime)에 대항하여 인권과 자유를 주장하던 18세기 유럽의 근대시민혁명 이후 법제화되었다. 이론적으로는 몽테스키외의 "법의 정신"(1748)과 권력분립론, 베카리아의 "범죄와 형벌"(1764)에 영향을 받았다. 1789년 프랑스인권선언 제5조에도 관련된 조항이 있다.

　　우리나라에는 헌법 제12조 1항 2문 "누구든지 법률에 의하지 아니하고는 체포·구속·압수·수색 또는 심문을 받지 아니하며, 법률과 적법한 절차에 의하지 아니하고는 처벌·보안처분 또는 강제노역을 받지 아니한다."라든가, 제13조 1항 "모든 국민은 행위 시의 법률에 의하여 범죄를 구성하지 아니하는 행위로 소추되지 아니하며, 동일한 범죄에 대하여 거듭 처벌받지 아니한다."와 같은 규정에 죄형법정주의의 원칙이 포함되어 있다.

그리고 형법 제1조 1항도 같은 취지이다. 헌법재판소는 "'법률이 없으면 범죄도 없고 형벌도 없다'라는 말로 표현되는 죄형법정주의는 이미 제정된 정의로운 법률에 의하지 아니하고는 처벌되지 아니한다는 원칙으로서 이는 무엇이 처벌될 행위인가를 국민이 예측가능한 형식으로 정하도록 하여 개인의 법적 안정성을 보호하고 성문의 형벌법규에 의한 실정법질서를 확립하여 국가형벌권의 자의적(恣意的) 행사로부터 개인의 자유와 권리를 보장하려는 법치국가 형법의 기본원칙이다"라고 판시한 바 있다(헌법재판소 1991. 7. 8. 선고 91헌가43 결정).

죄형법정주의는 근대시민국가에서 책임주의와 함께 형사법의 양대 원칙 중 하나이다. 죄형법정주의는 국가의 자의적 형벌권행사로부터 개인의 자유와 권리를 지키려는 것이므로, 개인에게 불리한 것이 금지되고, 행위자에게 유리한 것은 허용될 수 있으므로 주의를 요한다. 죄형법정주의는 구체적으로 4가지 원칙으로 나누어진다. 관습법금지원칙(법률주의), 명확성의 원칙, 유추해석금지원칙, 소급효금지원칙이 그것인바, 아래에서 상세히 서술한다.

Ⅱ. 법률주의

법률주의 또는 관습법금지원칙은 범죄나 형벌은 미리 법률로 규정되어 있어야 한다는 원칙이다. 여기에서 법률이란 국민의 대표기구인 입법부에서 제정, 개정한 형식적 의미의 법률을 말한다. 관습법은 형식적 의미의 법률이 아니므로, 관습법으로 범죄를 설정하거나 처벌하는 것은 금지된다. 다만, 죄형법정주의는 개인의 자유와 인권을 국가권력으로부터 보호하려는 것이므로, 행위자에게 유리한 관습법은 허용된다. 따라서 범죄를 창설하거나 형벌을 가중하는 등 행위자에게 불리한 관습법이 금지된다.

그런데 사회현상이 복잡하고 변화가 빠르므로, 범죄와 형벌에 관하여 일부 사항을 하위법령에 위임하는 위임법령은 불가피하다. 헌법 제75조는 대통령령으로의 위임을 허용하고 있고, 이러한 위임입법은 처벌법규에도 적용된다(헌법재판소 1991. 7. 8. 선고 91헌가4 결정). 이때 형벌법규에서 위임입법은 죄형법정주의의 법률주의에 반하는지, 허용된다면 어떤 범위에서 허용되는지 문제된다. 형벌법규는 국민의 자유와 권리에 심각한 효과를 주므로, 형벌법규에서 법률의 위임은 "미리 법률로써 자세히 정할 수 없는 부득이한 사정이 있는 경우에 한정되어야 하고 이러한 경우일지라도 법률에서 범죄의 구성요건은 처벌대상인 행위가 어떠한 것일 것이라고 이를 예측할 수 있을 정도로 구체적으로 정하고 형벌의 종류 및 그 상한과 폭을 명백히 규정하여야 한다"(헌법재판소 1991. 7. 8, 91헌가43). 따라서 법률의 시행령은 모법인 법률의 위임 없이 법률이 규정한 개인의 권리·의무에 관한 내용을 변경·보충하거나 법률에서 규정하지 아니한 새로운 내용을 규정할 수 없고, 특히 법률의 시행령이 형사처벌에 관한 사항을 규정하면서 법률의 명시적인 위임 범위를 벗어나 처벌의 대상을 확장하는 것은 죄형법정주의의 원칙에도 어긋나는 것이므로, 그러한 시행령은 위임입법의 한계를 벗어난 것으로서 무효이다(대법원 2017. 2. 16. 선고 2015도16014 전원합의체판결[의료법위반]).

Ⅲ. 명확성의 원칙

형벌법규는 명확하게 규정되어야 하고, 모호하고 추상적인 형벌법규는 금지된다는 원칙이다. 모호하고 불명확한 형벌법규는 위헌무효가 된다. 그 이유는 형벌의 적용과 집행에서 명확성과 예견가능성을 확보하기 위함이다. 처벌규정이 명확하지 않다면, 국민은 그러한 규범에 따라서 안전하게 행위할 수 없기 때문이다. 또한 법을 적용하는 공무원이나 법관이 자의적으로 법을 적용하는 것도 방지하기 위함이다.

"처벌법규의 구성요건이 명확하여야 한다고 하더라도 입법권자가 모두 구성요건을 단순한 의미의 서술적인 개념에 의하여 규정하여야 한다는 것은 아니다. 처벌법규의 구성요건이 다소 광범위하여 어떤 범위에서는 법관의 보충적인 해석을 필요로 하는 개념을 사용하였다고 하더라도 그 점만으로 헌법이 요구하는 처벌법규의 명확성의 원칙에 반드시 배치되는 것이라고 볼 수 없다. 즉 건전한 상식과 통상적인 법감정을 가진 사람으로 하여금 그 적용대상자가 누구이며 구체적으로 어떠한 행위가 금지되고 있는지 충분히 알 수 있도록 규정되어 있다면 죄형법정주의의 명확성의 원칙에 위배되지 않는다고 보아야 한다."(헌법재판소 2006. 7. 27. 선고 2005헌바19 결정<부당이득죄 사건>)

Ⅳ. 유추적용 금지의 원칙

유추적용이라 함은 어떠한 법규정을 이 규정이 규율하고 있지 않은 이와 유사한 개별사항에 적용하는 것을 말한다. 행위자에게 유리한 유추해석은 금지되지 않지만, 행위자에게 불리한 유추해석은 금지된다. 그런데, 죄형법정주의의 유추적용금지에 의하여 금지되는 유추적용과 허용되는 확장해석의 경계가 명확한 것은 아니다. 법규의 해석방법에는 문리적 해석 이외에도 체계적 해석, 역사적 해석, 목적적 해석 등의 해석방법론이 있기 때문이다. 이 문제에 대하여 대법원은 <과수원 실화 사건>(대법원 1994. 12. 20. 선고 94모32 전원합의체결정)에서 관련조문을 전체적, 종합적으로 해석한다고 하더라도 그것이 법규정의 가능한 의미를 벗어나 법형성이나 법창조행위에 이른 것이라고 할 수 없을 때에는 죄형법정주의의 원칙상 금지되는 유추해석이나 확장해석에 해당한다고 볼 수는 없다고 판단하였다. 즉, 법조문의 전체적 체계나 입법취지 등을 고려하여 확장이나 축소해석을 하더라도 그 법규정의 가능한 의미를 벗어나지 말고, 그 범위 내에 머물러야 한다는 것이다.6) 최근에는 소위 <땅콩회항 사건>에서 이러한 원칙이 재확인되었다(대법원 2017. 12. 21. 선고 2015도8335 전원합의체판결)

V. 소급효금지의 원칙

죄형법정주의의 4번째 원칙은 소급효금지원칙이다. 이 원칙은 행위 이후에 사후적으로 행위자에게 불리하게 처벌규정을 만들거나 형벌을 가중하는 입법은 금지된다는 원칙을 말한다. 사후입법금지의 원칙이라고도 한다.

법적 안정성, 법률에 대한 예견가능성에 근거한 법치국가원리로서 형법총칙과 각칙은 물론이고 형벌영역에도 적용된다. 따라서, 새로운 범죄나 형벌을 신설하거나, 기존의 형을 중하게 변경하여, 소급적으로 행위자에게 적용하는 것은 금지된다. 다만, 행위자에게 유리하게 소급입법을 하는 것은 가능하다.

또한 형법상의 보호관찰(대법원 1997. 6. 13. 선고 97도703 판결), 「특정 범죄자에 대한 위치추적 전자장치 부착 등에 관한 법률」에 의한 위치추적전자장치 부착(대법원 2010. 12. 23. 선고 2010도11996, 2010전도86 판결), 「아동·청소년의 성보호에 관한 법률」에 정한 신상공개명령(대법원 2011. 3. 24. 선고 2010도14393, 2010전도120 판결) 등의 경우에는 형벌이 아닌 보안처분으로써 행위자에게 불리한 소급입법이 허용된다.

형사소송규정의 소급입법에 관하여는 「5·18민주화운동등에관한특별법」에 의한 공소시효의 정지 또는 폐지와 관련하여 다투어졌다. 헌법재판소는 1996년 결정에서 공소

---

6) 이 판례에 대한 평석모음으로는 신동운 등, 형법해석의 한계, 법문사, 2000 참조.

시효가 아직 완성되지 않은 상태에서 진행중인 공소시효를 연장하는 법률(이른바 부진정 소급입법)은 공소시효제도에 근거한 개인의 신뢰와 공소시효의 연장을 통하여 달성하려 는 공익을 비교형량하여 공익이 개인의 신뢰보호이익에 우선하는 경우에는 헌법상 정당 화될 수 있고, 공소시효가 완성된 상태의 진정소급입법의 경우에는, 재판관의 의견이 갈 라졌지만 결론적으로, 기존의 법을 변경하여야 할 공익적 필요는 심히 중대한 반면에 그 법적 지위에 대한 개인의 신뢰를 보호하여야 할 필요가 상대적으로 적어 개인의 신뢰이 익을 관철하는 것이 객관적으로 정당화될 수 없는 경우에는 예외적으로 허용될 수 있다 고 보았다(헌법재판소 1996. 2. 16. 선고 96헌가2, 96헌바7, 96헌바13 결정).

VI. 책임원칙

책임원칙은 "책임 없이 형벌 없다"(nulla poena sine culpa)는 말로 요약된다. 행위자 가 구성요건에 해당하고 위법한 행위를 하였어도, 그러한 행위에 대하여 행위자를 비난 할 수 없으면, 즉 책임이 없으면 형벌을 부과할 수 없다는 원칙이다. 헌법재판소도 책임 주의는 형법상의 기본원리로서 헌법상 법치국가의 원리에 내재하는 원리인 동시에 국민 누구나 인간으로서 존엄과 가치를 가지고 스스로의 책임에 따라 자신의 행동을 결정할 것을 보장하고 있는 헌법 제10조의 취지에서 도출되는 원리라고 판시한 바 있다(헌법재 판소 2007. 11. 29. 선고 2005헌가10 결정).

전통적인 책임원칙의 관점에서는 책임 없이 형벌 없다는 원칙은 형벌의 부과를 위 해서 책임이 전제된다는 것은 물론이고, 형벌은 책임에 비례해야 한다는 원칙도 포함한 다고 본다. 이에 대하여, 기능적 책임론은 책임이 형벌을 근거지우지는 못하고 제한할 뿐이라는 입장(C. Roxin)이 있고, 형벌을 예방적 관점에서 형벌부과의 필요성에 비례한 다는 견해도 있다.

하지만, 우리법상 인간의 존엄성규정(헌법 10조), 과잉금지원칙(헌법 37조②), 적법절 차의 원칙(헌법 12조①) 등에 근거할 때, 책임이 형벌을 근거짓는 역할도 한다고 볼 수 있 다. 판례도 범죄와 형벌 사이에 적정한 균형이 이루어져야 한다는 죄형균형 원칙이나 형 벌은 책임에 기초하고 그 책임에 비례하여야 한다는 책임주의 원칙이 훼손되지 않도록 유의하여야 한다고 판시한 바 있다(대법원 2007. 4. 19. 선고 2005도7288 전원합의체판결).

형법의 적용범위

형벌법규의 시간적, 장소적 적용범위에 대하여는 형법 제1조부터 제7조까지가 규율하고 있다.

I. 시간적 적용범위

1. 시간적 적용범위의 의의

형법은 어떠한 시간, 공간, 그리고 사람에 대하여 적용되는가 하는 문제가 적용범위의 문제이다. 시간적 적용범위에 대하여는 형법 제1조가 규정하고 있다. 범죄의 성립과 처벌은 행위시의 법률에 의한다(1조①). 범죄 후 법률의 변경에 의하여 그 행위가 범죄를 구성하지 아니하거나 형이 구법보다 경한 때에는 신법에 의한다(1조②). 제1조 1항과 2항은 아직 형이 확정되지 않은 사건을 재판할 때 어떤 법을 적용해야 하는가에 대한 규정이다.

이에 반하여, 이미 기존의 형법에 의하여 유죄가 확정된 이후에 법률이 변경되어 그 행위가 범죄를 구성하지 아니하는 때에는 형의 집행을 면제한다(1조③).

2. 행위시법주의와 재판시법주의

형법 제1조 1항은 원칙규정으로서 범죄행위시에 시행되고 있는 형벌규정을 적용한다는 원칙, 즉 행위시법주의(行爲時法主義)를 규정한 것이다. 2항은 범죄행위를 한 이후에 형벌규정이 변경되어 그 행위가 더 이상 범죄가 되지 않거나 형이 감경된 때에는 신법에 의한다는 것이다. 즉 행위자에게 유리하게 변경된 때에는 행위자에게 유리한 신법을 적용한다는 재판시법주의(裁判時法主義)를 예외적으로 인정하는 구조를 갖고 있다.

형법 제1조 1항이 범죄의 성립과 처벌은 행위시의 법률에 의한다고 할 때의 "행위시"라 함은 범죄행위의 종료시를 의미한다(대법원 1994. 5. 10. 선고 94도563 판결). 형법 제1조 2항은 소급효를 인정한 것이지만, 소급효가 행위자에게 불리한 것이 아니라 오히려 유리하기 때문에 전술한 죄형법정주의의 소급효금지원칙에는 위반되지 않는다. 소급효금지원칙은 행위자에게 불리한 경우에만 적용된다.

형법 제1조 2항의 적용과 관련하여 판례는 소위 동기설(動機說)의 입장이었다. 동기설에 의하면, 입법의 동기가 무엇인가에 따라 구법(행위시법)이 적용될 수도 있고, 신법(재판시법)이 적용될 수도 있어서 형법 제1조 제2항을 행위자에게 불리하게 축소해석한다는 비판이 있었다. 이에 대법원은 판례를 변경하여 동기설을 폐지하고 한시법이거나 법률부칙에 경과규정이 없는 한 동기를 따지지 않고 항상 행위자에게 유리한 신법을 적용해야 한다고 판단하였다(대법원 2023. 1. 22. 선고 2020도16420 판결).

범죄 후의 법령개폐로 형이 폐지되었을 때에는 무죄판결이 아니라, 면소판결을 한다(형사소송법 326조 4호, 대법원 1983. 2. 8. 선고 81도165 판결; 대법원 2014. 4. 24. 선고 2012도14253 판결 참조).

한시법(限時法)이란, 일정한 시기의 특수한 정책적 필요에 의하여 시행한 법을 말한다. 비상시에 발하는 계엄령이 대표적이다(대법원 1985. 5. 28. 선고 81도1045 전원합의체판결). 따라서 한시법은 그 목적 자체로 보아 정책적으로 필요한 시기가 경과되어 한시법이 폐지되었다고 하여도, 그 시기에 행해진 위반행위는 한시법이 폐지된 이후라도 처벌해야 할 필요성이 있다. 그렇지 않으면, 한시법의 적용기간만료가 다가올수록 법위반이 급증하여 정책적 목적을 달성할 수 없게 되기 때문이다. 이런 이유에서 한시법에 대하여는 제1조 2항이 적용되지 않고, 원칙규정인 제1조 1항의 행위시법이 적용된다. 이때 이미 폐지된 한시법이 장래의 재판에서 효력을 가진다고 하여 이를 한시법의 추급효(追及效)라고 부르기도 한다.

그런데 한시법의 개념을 지나치게 넓게 파악하면, 앞의 동기설과 같이 형법 제1조 2항의 적용범위가 좁아지고 처벌범위는 확장되는 문제점이 있다. 따라서 학설은 대체로 법률의 부칙 등에 명확하게 적용기간이 규정된 법률에 한하여 한시법이라고 해석한다(협의의 한시법 개념).7)

---

7) 법률을 개정할 때에도 기존의 행위에 대하여 처벌하고자 한다면 부칙에 이를 명시적으로 규정하면 된다. 대법원 1995. 1. 24. 선고 94도2787 판결 참조.

Ⅱ. 장소적 적용범위

형법의 장소적 적용범위란 어떤 공간과 장소에서 발생한 범죄에 대하여 형법이 적용되는가 하는 문제를 말한다. 이에 대하여는 통상 4가지의 원칙이 있다. 먼저 ① 자국의 주권이 미치는 영역 내에서 행해진 범죄에는 내국인, 외국인을 불문하고 모두 적용한다는 속지주의, 그리고 ② 자국민이 범한 범죄에 대하여는 국내외를 막론하고 모두 적용된다고 하는 속인주의, ③ 자국 또는 자국민의 법익을 침해하는 범죄에 대하여 형법을 적용하는 보호주의, 그리고 ④ 범죄의 장소, 범인, 피해법익에 관계 없이 모두 형법을 적용한다고 하는 세계주의(보편주의)가 그것이다. 우리 형법은 제2조에서 제6조까지 이에 관한 여러 원칙을 선언하고 있다.

먼저 형법은 제2조에서 속지주의(屬地主義, territoriality principle)를 규정한다. 대한민국의 영역 내라고 함은 영토, 영해, 영공을 모두 포함한다. 여기서 외국인이란 대한민국 국적을 갖지 않은 사람을 의미하고, 무국적자를 포함한다고 보아야 할 것이다.

다음으로 "본법은 대한민국영역 외에서 죄를 범한 내국인에게 적용한다"(3조)는 조항은 속인주의(屬人主義, nationality principle)를 규정한 것이다. 내국인은 대한민국 국적자를 말한다. 우리나라 국민이 외국의 국적을 취득하게 되면 원칙적으로 외국 국적을 취득한 때에 우리나라의 국적을 상실하게 된다(국적법 15조 참조). 동조에 의하여 대한민국 국민이 외국에서 범죄를 범해도 모두 한국형법의 적용을 받게 된다. 따라서 대한민국 국민은 설령 도박이 허용되는 나라에 가서 도박을 하더라도 도박죄로 처벌될 수 있으며, 성매매가 합법화된 곳에서 성매매를 하더라도 우리법의 적용을 받는다.

형법 제5조와 제6조는 대한민국과 국민의 법익을 보호하고, 이러한 법익을 침해하는 행위는 우리 형법을 적용하여 처벌하겠다고 하는 보호주의(保護主義)에 관한 조항이다. 제5조는 '절대적 보호주의' 규정으로써, 제5조에 열거된 내란의 죄, 외환의 죄, 국기에 관한 죄, 통화에 관한 죄, 유가증권, 우표와 인지에 관한 죄, 문서에 관한 죄 중 제225조 내지 제230조, 인장에 관한 죄 중 제238조의 경우에는(5조 참조) 범죄지의 형법에 따라 처벌되는지를 묻지 않고 내국인이나 외국인에게 언제나 우리 형법이 적용된다.

이에 반하여 제6조는 대한민국 영역 외에서 대한민국 또는 대한민국 국민에 대하여 죄를 범한 외국인에게 우리 형법이 적용된다고 규정한다. 다만, 한국형법이 적용되기 위해서는 행위지의 법률에 의하여 범죄를 구성하지 아니하거나 소추 또는 형의 집행을 면제할 경우가 아니어야 한다(6조 참조). 즉, 행위지의 법률에 의하여 처벌할 수 없으면 우리 형법도 적용되지 않기 때문에 '상대적 보호주의'라고 할 수 있다. 해당행위가 행위지의 법률에 의하여 범죄를 구성하고 소추 또는 형의 집행을 면제할 경우가 아니라는 점에 대하여는 검사가 엄격한 증명에 의하여 이를 증명하여야 한다.

마지막으로 세계주의(世界主義) 또는 보편주의(普遍主義, universality principle)는 인류의 보편적 인권과 관련된 범죄의 경우, 행위자의 국적이나 행위지에 관계 없이 우리 형법을 적용하는 원칙을 말한다. 세계주의는 형법총칙에는 규정이 없지만, 각칙에는 2013년 형법 제296조의2(세계주의)가 신설되었다. 이러한 세계주의 규정에 의하여, 외국에서 외국인이 범한 미성년자약취유인죄, 약취유인죄, 인신매매죄 등에도 우리 형법이 적용된다. 또한 특별형법인 「국제형사재판소 관할 범죄의 처벌 등에 관한 법률」 제3조, 「항공안전 및 보안에 관한 법률」 제40조 등에 세계주의를 규정한 사례가 있다.

Ⅲ. 인적 적용범위 혹은 인적 소추장애사유

우리 형법이 시간과 장소적으로 적용되는 범위 내에서 사람에 따라서 적용범위가 달라지는가에 관한 문제가 인적 적용범위 또는 인적 소추장애사유의 문제이다. 엄밀히 말하자면, 형법의 인적 적용범위의 문제라기보다는 인적 소추장애사유 및 처벌조각사유의 문제라고 할 수 있다.

국내법적으로는 대통령과 국회의원이 논란이 된다. 헌법 제84조는 "대통령은 내란 또는 외환의 죄를 범한 경우를 제외하고는 재직중 형사상의 소추를 받지 아니한다"고 규정한다. 그런데 이 규정의 의미에 대하여 이미 헌법재판소는 헌법 제84조는 헌법상의 소추장애사유로서 대통령의 재직시에 소추할 수 없으므로 이 기간 동안에는 공소시효가 정지되고, 퇴임과 함께 진행한다고 결정하였다(헌법재판소 1996. 2. 16. 선고 96헌가2 결정; 1995. 1. 20. 선고 94헌마246 결정). 또한 헌법 제84조는 재직중의 소추만이 금지되므로, 수사 자체는 가능하다고 할 것이다. 그러므로, 헌법 제84조는 대통령에 대한 형법의 적용이 배제되는 규정이 아니라, 형법은 그대로 적용되고 다만 재직중 형사소추의 장애가 되는 형사소송법상의 장애사유에 해당할 뿐이다.

헌법 제45조는 "국회의원은 국회에서 직무상 행한 발언과 표결에 관하여 국회 외에서 책임을 지지 아니한다"고 규정하고 있다. 이 규정은 면책특권을 규정한 것이다. 발언 자체뿐 아니라 국회 상임위원회 개의 당일 국회 의원회관에서 기자들에게 보도자료를 배포하는 등의 직무부수행위도 국회 외에서 형사나 민사책임을 지지 않는다(대법원 1992.

9. 22. 선고 91도3317 판결; 대법원 2011. 5. 13. 선고 2009도14442 판결 참조). 그런데 이 규정도 형법의 인적 적용범위의 문제라기보다는 형법 자체는 적용되지만, 국회의원에 대하여 처벌만 면제되는 인적 처벌조각사유라고 보아야 한다.

국제법적으로 볼 때, 외국의 원수, 외교관, 그 가족 등은 외교관계에 관한 비엔나협약 등에 의하여 수사 및 소추가 제한되고, 미군에 대하여도 한미군대지위협정(SOFA)에 의하여 유사한 제한이 있다. 하지만, 이러한 규정도 우리 형법의 인적 적용범위에 대한 문제라기보다는 국제법상 형사소추의 장애사유로 봄이 적절하다. 왜냐하면 비엔나협약 제32조 등에 의하면, 파견국은 재판관할권을 포기할 수 있고 이 경우 접수국이 외교관이나 군인을 수사하여 형사소추하는 것이 가능하기 때문이다. 그러므로 결론적으로 국내법, 국제법적으로 봐도, 형법의 인적 적용범위에는 제한은 없고, 다만 소추장애사유나 인적 처벌조각사유가 존재할 수는 있다고 보는 것이 적절하다.

Ⅳ. 외국에서 집행된 형의 산입

외국에서 범한 죄로 외국에서 형을 선고받아 집행받아도 원칙적으로 우리나라에서 다시 처벌할 수 있다. 헌법 제13조 1항이 규정하는 일사부재리(一事不再理) 또는 이중처벌금지원칙은 다른 주권국에는 영향을 주지 않기 때문이다(헌법재판소 2015. 5. 28. 선고 2013헌바129 결정). 하지만 하나의 범죄로 인하여 외국과 국내에서 두 번 처벌을 받는다면, 이는 신체의 자유가 이중으로 제약될 수 있으므로 어느 정도의 제한은 불가피하다. 형법은 "죄를 지어 외국에서 형의 전부 또는 일부가 집행된 사람에 대해서는 그 집행된 형의 전부 또는 일부를 선고하는 형에 산입한다"고 정하고 있다(7조).

외국에서 집행된 형을 임의적으로 반영할 수 있도록 한 조항이 신체의 자유를 침해하여 헌법에 불합치한다는 헌법재판소의 결정(헌법재판소 2015. 5. 28. 선고 2013헌바129 결정)을 반영하여 2016년 12월 20일 개정한 것이다. 따라서 개정규정에 의하면, 외국에서 집행된 형의 전부 또는 일부는 우리나라에서 형을 선고할 때 반드시 산입하여야 한다.

제
4
절

범죄의 구성요건

Ⅰ. 구성요건과 구성요건요소의 의의

　　범죄란 사회에 해악을 주는 행위이다. 이때 해악을 주는 행위의 구체적 유형은 범죄의 개별조항에 자세히 규정되어 있다. 이같이 범죄의 구성요건(構成要件)이란, 형벌을 과하는 근거가 되는 행위유형을 추상적으로 기술한 규범을 말한다. 구성요건은 법에 규정된 규범이다. 이에 반하여, 구성요건해당성(構成要件該當性)은 어떠한 행위가 특정한 범죄의 구성요건을 충족하는 성질을 말한다. 예를 들어, 형법 제257조 1항의 상해죄는 "사람의 신체를 상해한 자는 7년 이하의 징역, 10년 이하의 자격정지 또는 1천만원 이하의 벌금에 처한다"고 규정하는데, 여기에서 "사람의 신체를 상해하는 자"의 부분이 상해죄의 구성요건이다. 갑이 을을 공격하여 상처를 냈다면, 갑의 행위는 상해죄의 구성요건에 해당한다. 즉 상해의 구성요건해당성이 있다고 말한다. 범죄의 구성요건은 다수의 구성요건요소로 이루어져 있다. 상해죄를 예로 들면, 사람, 신체, 상해, 고의 등과 같은 구성요건의 개별적 요소를 상해죄의 구성요건요소라고 한다.

　　구성요건요소는 객관적(客觀的) 구성요건요소와 주관적(主觀的) 구성요건요소로 나뉜다. 객관적 구성요건요소는 외부적으로 감각할 수 있는 구성요건요소로서, ① 행위주체, ② 행위객체, ③ 행위태양(방법), ④ 결과, ⑤ 인과관계 등 5가지의 종류가 있다. 이에 반하여 주관적 구성요건요소는 행위자의 관념이나 심리에 속하는 정신적 구성요건요소로서, 범행에 대한 고의, 목적, 불법영득의사 등이 이에 해당된다.

II. 법인의 범죄능력

행위를 사회적으로 의미 있는 지배 가능한 인간의 행태라고 정의할 때, 형법적 의미의 행위는 원칙적으로 자연인(自然人)의 행위를 의미한다. 논란이 되는 것은 자연인이 아닌 법인(法人)도 범죄행위의 주체가 될 수 있는가, 즉 법인도 범죄를 범할 수 있는가 하는 점이고, 나아가 법인도 형사처벌을 받을 수 있는가 하는 점이다.

법인의 범죄능력(犯罪能力)을 긍정하는 견해는 법인의 범죄능력을 인정하여 처벌할 사회정책적 필요가 있고, 법인은 그 기관을 통하여 의사를 형성하고 이에 따라 행위를 할 수 있으며 그 의사는 구성원인 개인의 의사와는 다른 법인의 고유한 의사이고, 이를 기관의 행위에 의하여 실현하는 것이므로 법인에게도 의사능력과 행위능력이 있다고 본다.

하지만, 통설과 판례는 법인의 범죄능력, 의사능력을 부정한다. 범죄란 위법하고 책임이 있는 행위이고, 책임은 잘못된 행동에 대한 사회윤리적 비난가능성인데, 법인은 그 자신의 의사나 정신능력이 있는 것이 아니고 기관인 자연인을 통하여 행위할 뿐이기 때문에, 법인 자체에 대하여는 책임비난을 귀속시킬 수 없다고 보는 것이다. 따라서, 회사의 대표이사가 회사 명의의 계약에 따라 부담하고 있는 사무처리의무에 위배되는 행위를 하여 타인에게 손해를 끼쳤다고 한다면, 그 회사가 아니라 대표이사가 배임죄의 주체가 되어 배임죄로 처벌될 수 있다(대법원 1984. 10. 10. 선고 82도2595 전원합의체판결).

법인이 범죄를 범할 수 없다고 하여도, 처벌조차 불가능한 것은 아니다. 통설과 판례는 법인도 형사처벌을 받아야 하는 사회정책적 필요성이 있어서 처벌은 가능하다고 보고 있다. 즉 법인의 형벌능력(刑罰能力)을 긍정한다. 법인에 대하여 사형이나 징역형은 적절하지 않기 때문에, 대부분 벌금형을 부과하고 있다. 양벌규정은 형법에는 규정되어 있지 않고 400여 개의 행정법률에 존재한다. 형벌의 자기책임원칙에 비추어 볼 때 위 양벌규정은 법인이 사용인 등에 의하여 위반행위가 발생한 그 업무와 관련하여 상당한 주의 또는 관리감독 의무를 게을리한 때에 한하여 적용된다.

III. 인과관계와 객관적 귀속

1. 인과관계의 의의

형법은 인과관계(因果關係)에 대하여 "어떤 행위라도 죄의 요소되는 위험발생에 연결되지 아니한 때에는 그 결과로 인하여 벌하지 아니한다"(17조)라고 규정하고 있다. 객관적 구성요건요소로서의 인과관계를 검토하기 전에 상기할 점은 결과범에서만 인과관계가 문제된다는 점이다. 그리고 행위와 결과의 발생이 각각 인정된 이후에서야 비로소 행위와 결과 사이의 인과관계를 검토해야 한다는 점이다. 만약 행위도 있고, 결과도 발생하였지만, 행위와 결과 간에 인과관계가 부정된다면 어떻게 해야 할까? 인과관계도 객관적 구성요건요소이므로, 인과관계가 결여되면, 기수범은 성립하지 않고, 경우에 따라서 미수범이 성립될 수 있을 뿐이다.

2. 인과관계에 관한 학설

① 조건설(Bedingungstheorie, Äquivalenztheorie)은 행위와 결과 사이에 조건적 관계만 있으면 인과관계를 인정하는 견해이다. 조건적 관계를 판단하는 기준(공식)은 '만약 행위자의 행위가 없었다면 결과가 발생하지 않았을 것으로 판단되면, 행위와 결과 간에는 (조건적) 인과관계가 있다'는 것이다. 이를 절대적 제약공식(But-for test, conditio sine qua non Formel)이라고 한다. 예를 들어, 갑이 을에게 총을 쏴서 살해했다고 하자. 절대적 제약공식에 의하면, 만약 갑이 총을 발사하지 않았다면 을이 그 총에 맞아서 사망하지 않았을 것이다. 따라서 조건적 관련성이 인정되고, 갑의 행위와 을의 사망 간에는 인과관계가 인정된다고 결론짓는다. 조건적 관련성만 있다면, 다수의 조건이 있다고 하여도 모두 인과관계가 인정된다고 하기 때문에, 등가설이라고 하기도 한다.

② 상당인과관계설(Adäquanztheorie)은 조건설에 의하여 무제한적으로 확장되는 인과관계를 '상당성'이라는 기준을 통하여 제한하려는 견해이다. 즉 발생한 결과에 대하여 상당한 조건에 대하여만 인과관계를 인정한다. 상당하다는 말은 사회통념상 예견가능한 범위 내에 있다는 의미이다. 따라서, 어떠한 행위로부터 발생한 결과가 사회통념상 예견가능한 범위 밖에 있다면 인과관계를 부정한다. 사회통념상 예견할 수 없는 결과는 대부분 비유형적이거나 특이한 경우이다. 비유형적 인과관계에서는 상당인과관계가 인정되지 않게 된다. 상당성, 예견가능성이라는 개념은 평가적, 규범적 요소이다. 그러므로 상당인과관계설은 규범적 인과관계론으로 구분된다. 동시에 예견가능성을 어떠한 기준으로 판단할 것인가 하는 문제에 직면하게 된다. 이에 따라 세 가지 이론이 분화되었다. ① 주관적 상당인과관계설은 행위자가 행위 당시에 인식하였거나 인식할 수 있었던 사정을 기초로 판단하여야 한다고 본다. ② 객관적 상당인과관계설은 행위 당시에 존재한 모든 사정 및 행위 후에 발견된 새로운 사정을 객관적으로 종합하여 판단한다. ③ 절충적 상당인과관계설은 행위 당시 행위자가 인식한 사실과 통찰력있는 일반인이 인식할

수 있었던 사정을 기초로 판단한다.

③ 합법칙적 조건설(Lehre von der gesetzmässigen Bedingungen)은 행위와 결과 간에 합법칙적, 경험법칙적 관련성이 있어야 인과관계가 인정된다는 견해이다. 독일의 엥기쉬(K. Engisch)가 처음 주장한 견해로, 조건설에 기초하고 있지만, 경험법칙적 관련성을 중요시한다. 경험법칙적 관련성이란 다음과 같은 경우에 인정된다. 첫째, 행위보다 시간적으로 나중에 결과가 발생하여야 한다. 행위가 결과의 원인이므로 원인은 결과보다 먼저 발생하여야 한다. 결과가 원인보다 먼저 존재할 수는 없다. 둘째, 행위와 결과는 자연법칙적, 합법칙적으로 연결되어 있어야 한다. 여기에서 경험법칙적으로 연결되어 있다는 것은 특정한 행위가 있으면 특정한 결과가 발생한다는 것이 일반적 경험법칙상 인정되어야 하고, 또한 당해 사건에서도 구체적으로 그러한 연관성이 긍정되어야 한다는 의미이다. 이 학설은 경험법칙적 관련성이 있는 모든 조건에 대하여 인과관계를 인정하므로, 전통적인 조건설과 별 차이가 없다. 실제 사례에서도 행위와 결과 간의 구체적 연관성을 판단하기는 어려우므로, 일반적으로 조건설의 결론과 다르지 않다.

기타 학설로는 중요설, 목적설, 원인설 등이 있지만, 판례가 취하고 있는 상당인과관계설과 다수설이 지지하는 합법칙적 조건설이 중요하다. 합법칙적 조건설은 규범적 관점에서 결과의 귀속을 제한하는 경우가 있는데, 이는 후술하는 객관적 귀속론이다.

3. 객관적 귀속론

(1) 객관적 귀속론의 의의

우리나라의 다수설은 합법칙적 조건설과 결합된 객관적 귀속론을 주장하고 있다. 합법칙적 조건설의 관점에서 인과관계가 인정된다고 하여도 다시 객관적 귀속을 검토하여 객관적 귀속이 부정되면, 기수범으로 처벌할 수 없다는 것이다. 객관적 귀속은 규범적 관점에서 결과를 행위자에게 귀속시킬 수 있는가 하는 문제이므로, 객관적 귀속론은 존재론적 인과관계와는 별도로 규범적 객관적 귀속을 심사해야 한다는 것이다.

그렇다면, 객관적 귀속의 기준 또는 척도는 무엇일까? 객관적 귀속론은 독일에서도 완성된 이론이라기보다는 아직도 발전 중이고, 설명 방식도 학자마다 차이가 있는 등 아직 논란이 있지만, 일반적으로는 보면, 객관적 귀속론은 ① 행위자가 법적으로 상당한 위험을 창출하지 않거나 이미 발생한 위험을 행위자가 오히려 감소시킨 경우, 또는 ② 행위자가 창출하거나 증대시킨 위험이 구체적으로 결과에 실현되지 않았을 경우에는 발생한 결과를 행위자에게 귀속시킬 수 없다는 것이다.

(2) 위험의 창출 또는 증대

행위를 통하여 법적으로 상당한 위험이 창출되지 않았거나 오히려 위험이 감소되었다면, 결과의 귀속은 부정된다.

여기에 해당되는 사례는 먼저 ① 일상생활상의 위험이다. 장래에 살인자를 출산하는 행위, 등산, 비행기탑승, 위험한 경기나 레저활동 등으로 인하여 어떤 범죄의 결과가 발생하더라도, 이러한 결과는 행위자에게 귀속되지 않는다. 즉 살인자를 출산한 행위가 설령 조건설이나 합법칙적 조건설에 의하여 인과관계가 인정되더라도 객관적 귀속은 부정된다.

② 법적으로 허용된 위험을 창출하는 경우에도 객관적 귀속이 부정된다. 자동차, 항공기, 기차 등을 운전하거나, 화학공장을 운영하는 행위 등은 항상 위험이 내포되어 있지만, 위험성에도 불구하고 사회적 유용성이 더 크기 때문에 완전히 금지할 수 없다. 이때에는 교통규칙, 안전수칙 등을 준수하는 조건에서 법적으로 허용된 위험이므로 이러한 위험으로 인하여 사고가 발생하여도 그 결과를 행위자에게 귀속시킬 수 없다.

③ 이미 발생한 위험을 행위자가 감소시킨 경우(위험감소)에도 객관적 귀속이 부정된다. 예를 들어, 피해자의 머리를 향하여 떨어지는 무거운 화분을 가방으로 쳐서 일부러 피해자의 어깨에 맞도록 하여 골절상을 입혔다고 한다면, 상해죄의 성립이 문제되겠지만, 위험감소라고 하여 객관적 귀속이 부정되어 상해죄가 성립하지 않는다.

(3) 위험의 구체적 실현

행위자가 상당한 위험을 창출하거나 증대시켰음에도 불구하고, 그 위험이 결과에 구체적으로 실현되지 않았다면 결과의 귀속은 부정된다. ① 첫번째 유형은 비유형적이고 특이한 인과진행이다. 교과서적인 예이지만, 갑이 을에게 경미한 상처를 입혔는데 피가 나서 병원응급차로 병원에서 응급진료를 받던 중 병원에 화재가 발생하여 을이 사망하였다면, 갑의 행위와 을의 사망 간에는 조건설이나 합법칙적 조건설의 관점에서 인과관계가 인정될 수 있지만, 그러한 인과진행은 비유형적이기 때문에 사망의 결과를 갑에게 귀속시킬 수는 없다고 하는 것이다.

② 두번째 유형으로는 결과의 지배가능성 또는 회피가능성이다. 지배가능성이란, 조종가능성과 예견가능성을 포함한다. 결과의 발생이 일반적으로 인간이 지배할 수 없는 경우라면 지배가능성이 부정되어 객관적 귀속이 부인된다. 다른 사례로 피해자의 특이체질이 있다. 피해자의 허약체질이나 특이체질로 인하여 결과가 발생한 경우에 객관

적 귀속을 인정할 것인지 논란이 있다. 일반적으로 예견할 수 있는 정도라면 객관적 귀속을 부정하기는 어려울 것이다.

③ 세번째로, 행위의 의무위반과 결과 간의 관련성 문제가 있다. 주로 과실범에서 문제되는데, 행위자의 의무위반(주로 과실)이 있었고, 그로 인하여 결과가 발생한 경우, 만약 행위자가 적법하게 행위하였다고 하여도(적법한 대체행위) 동일한 결과가 발생하였을 것으로 인정된다면(의무위반관련성 부정), 객관적 귀속이 부정된다.

주의의무위반관련성과 적법한 대체행위의 문제는 주로 과실범에서 문제되는 유형이다. 행위자가 의무에 위반되는 행위를 하여 범죄의 결과가 발생하였는데, 만약 행위자가 의무에 합치하는 적법한 행위를 하였어도 동일한 결과가 발생하였을 것으로 판단되는 경우, 인과관계나 객관적 귀속을 인정할 수 있는지의 문제이다. 대표적으로 <할로테인 마취 사건>이 있다. 이 사건에서 피고인인 수술주관의사, 마취담당의사들은 응급환자가 아닌 피해자에게 수술을 위한 전신마취를 하기 전에 혈청검사에 의한 간기능검사를 하지 않고, 시진, 문진 등의 검사결과와 정확성이 떨어지는 소변에 의한 간검사결과만을 믿고 피해자의 간상태를 정확히 파악하지 아니한 채 할로테인으로 전신마취를 실시한 다음 개복수술을 감행한 결과 수술 후 22일만에 환자가 급성전격성간염으로 인하여 사망하였다. 피고인들에게 업무상 과실치사를 인정하려면 무엇보다 사망과 과실 간의 인과관계가 인정되어야 하는데, 이 사건에서 2심은 인과관계를 인정하였다. 하지만 대법원은 "혈청에 의한 간기능검사를 시행하지 않거나 이를 확인하지 않은 피고인들의 과실과 피해자의 사망 간에 인과관계가 있다고 하려면 피고인들이 수술 전에 피해자에 대한 간기능검사를 하였더라면 피해자가 사망하지 않았을 것임이 입증되어야 할 것인데도 (수술 전에 피해자에 대하여 혈청에 의한 간기능검사를 하였더라면 피해자의 간기능에 이상이 있었다는 검사결과가 나왔으리라는 점이 증명되어야 할 것이다) 원심은 피해자가 수술 당시에 이미 간 손상이 있었다는 사실을 증거 없이 인정함으로써 채증법칙위반 및 인과관계에 관한 법리오해의 위법을 저지른 것이다"라고 하여, 원심을 파기하였다(대법원 1990. 12. 11. 선고 90도694 판결 <할로테인마취 사건>).

(4) 규범의 보호목적

행위자가 어떤 규범을 위반하여 결과가 발생하였지만, 발생한 결과가 행위자가 위반한 규범이 보호하려는 범위 밖에 위치하는 것이라면, 결과의 객관적 귀속이 부정된다는 기준이다. 예를 들어, 갑과 을은 서로 모르는 상태에서 한밤중에 나란히 자전거를 타고 갔다. 그런데 둘 다 전조등을 켜지 않아서 앞을 잘 볼 수 없었고, 결국 을이 자전거로 행인을 쳐서 상해를 입혔다. 을은 전조등을 켜지 않았기에 주의의무를 위반하였고, 상해의 결과도 발생하였으며, 인과관계도 있어서 (업무상)과실치상죄로 처벌될 것이다. 그런데 문제는 직접 행인을 치지 않은 갑도 과실치상으로 처벌할 수 있는가 하는 점이다. 만약 갑이라도 전조등을 켰다면, 을은 갑의 전조등의 도움을 받아 행인을 발견하여 상해를 피할 수 있었다고 볼 수 있기 때문이다. 과연 직접 행인을 치지 않은 갑에게도 과실치상의 죄를 물어야 할까? 이에 대하여 객관적 귀속론에서는 설령 절대적 제약공식으로 인과관계가 인정되더라도 객관적 귀속이 부정되어 처벌되지 않는다고 한다. 그 근거로 사용되는 것이 규범의 보호목적이다. 전조등을 켜라는 의무는 자신의 사고를 방지하기 위한 것이지 타인의 사고를 방지하려는 목적이 아니고, 따라서 행인의 상해라는 결과는 갑이 위반한 전조등 점등의무의 보호목적 범위 밖에 위치하였기 때문에, 객관적 귀속이 부정된다고 본다.

4. 주요 사례유형과 해결

이하에서 인과관계와 객관적 귀속이 문제되는 여러 유형을 차례로 검토해보도록 한다. 주의할 점은, 첫째, 인과관계에서는 갑과 을이 각각 어떠한 행위를 독립적으로 하였다고 전제하는 경우가 많다는 것이다. '독립적'이라는 것은 상호간에 의사연락이 없다는 의미이다. 만약 갑과 을이 서로 공모하여 범행을 분담하였다면, 이미 공동정범이 성립하기 때문에 인과관계가 문제될 여지는 없다. 그러므로, 갑과 을이 독립하여 각자 행위를 하였다고 하면, 갑과 을 사이에 공모가 없어서 각자 단독범이 성립되고, 이러한 경우 갑과 을은 각자 인과관계를 따져봐야 하는 것이다. 둘째, 인과관계의 유형에 사용하는 용어나 표현이 학자마다 조금씩 다르다는 점이다. 본서에서는 일반적으로 통용되는 용어를 사용하였다.

① 이중적(택일적) 인과관계란, 단독으로도 동일한 결과를 발생시킬 수 있는 수개의 독립적 조건이 결합하여 일정한 결과를 발생시킨 경우를 말한다. 예를 들면, 치사량이 1g인 독약이 있다고 하자. 갑과 을 두 명이 독립하여(서로 의사연락 없이) 각각 1g의 독약을 피해자 A의 커피에 탔고, A가 커피에 든 독약을 마셔서(2g) 사망한 경우이다. 조건설의 절대적 제약공식에 의하면 부정될 가능성이 있지만, 조건설은 절대적 제약공식을 수정하여 이중적 인과관계에서도 인과관계를 인정한다. 합법칙적 조건설도 마찬가지로 인과관계를 인정하며, 객관적 귀속이 부정될 만한 사정도 없다. 상당인과관계설도 통상 예견할 수 있는 결과라고 보아 인과관계를 긍정한다.

② 누적적(중첩적) 인과관계란, 각자 독자적으로는 결과를 발생시킬 수 없는 수개의

독립적 조건이 공동으로 작용하여 일정한 결과를 발생시킨 경우이다. 앞의 사례를 변형하여, 갑과 을 두 명이 독립하여 각각 치사량의 절반(0.5g)에 해당하는 독약을 피해자 A의 커피에 탔고, A가 이를 마셔(1g) 사망한 경우를 말한다. 이 경우, 조건설의 절대적 제약공식과 합법칙적 조건설에 의하면, 각자에게 인과관계가 인정된다. 다만 객관적 귀속을 인정할 것인지는 학설의 대립이 있다. 이에 반하여, 상당인과관계설에 의하면, 이러한 경과가 상당한가, 예견가능한가를 따져봐야 한다. 상당인과관계설의 입장에서 판례는 피고인의 실행행위가 피해자의 사망이라는 결과를 발생하게 한 유일한 원인이거나 직접적인 원인이어야만 되는 것은 아니라고 하여(대법원 1982. 12. 28. 선고 82도2525 판결; 대법원 1994. 3. 22. 선고 93도3612 판결), 범인의 행위와 다른 원인이 결합되어 공동원인으로 볼 경우에도 인과관계를 인정한다(대법원 1984. 6. 26. 선고 84도831 판결).

③ 비유형적 인과관계란, 결과의 발생이 피해자의 특이체질이나 지병, 허약한 건강상태, 기타 특이한 사건경과에 의하여 발생하여 통상적으로 결과발생을 예견할 수 없는 경우를 말한다. 예를 들면, 범인의 공격으로 피해자는 경미한 상처만 입었으나, 병원으로 후송되는 도중 교통사고로 피해자가 사망한 경우 등이다. 일반적으로 비유형적 인과관계에서 조건설과 합법칙적 조건설은 인과관계는 긍정하고, 다만 객관적 귀속에서 위험의 실현이 없다고 하여 객관적 귀속을 부정한다. 이에 반하여, 상당인과관계설은 상당성이 없다고 하여 인과관계 자체를 부인한다. 결론적으로 비유형적 인과관계에서 기수범으로 처벌할 수 없다는 점은 동일하다.

오히려 문제는 어떠한 경우를 비유형적이라고 볼 것인가 하는 점이다. 특히 피해자의 특이체질, 지병, 건강상태나 특이한 사건진행을 예견할 수 없어서 비유형적이라고 볼 것인지, 아니면 예견가능하다고 볼 것인지 중요한 쟁점이 된다. 후술하는 피해자의 특이체질, 피해자 과실의 개입, 위험한 피난행위 등도 이러한 관점에서 볼 수도 있다. 이에 관하여는 다수의 판례가 있다.

④ 피해자의 특이체질, 지병, 허약한 건강상태 등으로 인하여 결과가 발생하였는지가 다툼이 될 만한 경우이다. 판례와 학설은 범인의 행위가 유일한 원인이거나 직접적 원인일 것을 요구하지 않고, 공동의 원인, 공동의 인과관계를 인정하므로, 간접적이거나 다른 원인과 함께 결과를 발생시킨 경우에도 인과관계는 인정될 수 있다. 판례가 인과관계를 인정한 사례는 다음과 같다. 피해자를 2회에 걸쳐 두 손으로 힘껏 밀어 땅바닥에 넘어뜨리는 폭행을 가함으로써 그 충격으로 인한 쇼크성 심장마비로 사망케 하였다면 비록 위 피해자에게 그 당시 심관성동맥경화 및 심근섬유화 증세등의 심장질환의 지병이 있었고 음주로 만취된 상태였으며 그것이 피해자가 사망함에 있어 영향을 주었다고

해서 피고인의 폭행과 피해자의 사망 간에 상당인과 관계가 없다고 할 수 없다(대법원 1986. 9. 9. 선고 85도2433 판결 폭행치사). 피해자의 특이체질로 인하여 인과관계를 부정한 사례는 아주 드물다(대법원 1978. 11. 28. 선고 78도1961 판결 폭행치사).

⑤ 피해자의 과실이 개입되어 결과가 발생하는 경우가 있다. <김밥콜라 사건>이 대표적인데, 피고인들은 쇠파이프, 낫, 또 다른 흉기를 각 소지한 채 잠을 자던 피해자들을 각목과 쇠파이프로 피해자들의 머리와 몸을 마구 때리고, 낫으로 팔과 다리 등을 닥치는 대로 여러 차례 힘껏 내리찍었다. 피해자 송ㅇㅇ은 외상으로 인하여 급성신부전증이 발생하였고 또 소변량도 심하게 감소된 상태였으므로 음식과 수분의 섭취를 더욱 철저히 억제하여야 하는데, 이와 같은 사실을 모르고 콜라와 김밥 등을 함부로 먹은 탓으로 체내에 수분저류가 발생하여 위와 같은 합병증이 유발됨으로써 사망하였다. 이 사건에서 대법원은 "살인의 실행행위가 피해자의 사망이라는 결과를 발생하게 한 유일한 원인이거나 직접적인 원인이어야만 되는 것은 아니므로, 살인의 실행행위와 피해자의 사망과의 사이에 다른 사실이 개재되어 그 사실이 치사의 직접적인 원인이 되었다고 하더라도, 그와 같은 사실이 통상 예견할 수 있는 것에 지나지 않는다면 살인의 실행행위와 피해자의 사망과의 사이에 인과관계가 있는 것으로 보아야 할 것이다. 피고인들의 이 사건 범행이 위 피해자를 사망하게 한 직접적인 원인이 된 것은 아니지만, 그 범행으로 인하여 위 피해자에게 급성신부전증이 발생하였고 또 그 합병증으로 위 피해자의 직접사인이 된 패혈증등이 유발된 이상, 비록 그 직접사인의 유발에 위 피해자 자신의 과실이 개재되었다고 하더라도 이와 같은 사실은 통상 예견할 수 있는 것으로 인정되므로, 위 피고인들의 이 사건 범행과 위 피해자의 사망과의 사이에는 인과관계가 있다고 보지 않을 수 없다"고 하여(대법원 1994. 3. 22. 선고 93도3612 판결 살인 등<김밥콜라 사건>) 인과관계를 긍정하였다. 사망의 직접적 원인은 피해자의 과실이라고 하여도 피고인의 행위로 인한 사망은 통상 예견할 수 있는 범위에 있으므로 상당인과관계를 수긍한 것이다.

⑥ 피해자가 공포심 등에서 범죄를 피하려다가 좋지 않은 결과가 발생할 수가 있다. 이렇게 피해자의 피난행위로 인하여 결과가 발생한 경우, 발생한 결과와 범인의 행위 간의 인과관계를 인정할 것인지 문제된다. 이런 유형에서 판례는 대체로 상당인과관계를 인정한다(대법원 1995. 5. 12. 선고 95도425 판결).

⑦ 인과관계의 판단은 사후적, 객관적으로 행해져야 한다. 예를 들면, <가습기 살균제 사건> 등에서 가습기 살균제의 주요성분인 PHMG의 사용 및 과실과 피해자의 사망, 상해 등과의 인과관계가 논란이 되었지만, 법원은 이를 인정하였다. 이 사건에서 보면, PHMG라고 하는 독성물질과 사망, 상해 간의 인과관계는 사후적으로 밝혀졌다. 인

과관계는 객관적 구성요건요소로서 객관적으로 판단하는 것이므로 행위 이후에 판명되어도 인과관계는 긍정될 수 있다(대법원 2018. 1. 25. 선고 2017도12537 판결).

Ⅳ. 고의 및 고의범

1. 고의의 의의

구성요건적 고의(故意)는 주관적 구성요건요소 중에 가장 중요한 요소이다. 여기에서 고의는 구성요건적 고의를 말한다. 책임고의는 책임부분에서 살펴본다. 형법상 대부분의 범죄는 고의범이어서 고의가 있어야 성립하는 범죄들이다. 형법 제13조는 "범의"라는 제하에서, "죄의 성립요소인 사실을 인식하지 못한 행위는 벌하지 아니한다. 단, 법률에 특별한 규정이 있는 경우에는 예외로 한다"고 규정한다. 원칙적으로 고의가 있어야 범죄가 성립하고, 법률에 특별한 규정이란 과실범을 의미한다. 형법은 고의의 구체적 내용에 대하여 죄의 성립요소인 사실을 인식하지 못하면 고의가 없다고 하여, 단지 소극적으로 규정한다. 그러므로, 고의의 구체적 의미와 고의의 판단기준은 학설과 판례에 의하여 결정하여야 한다.

먼저 고의는 범죄의 성립요소인 사실에 대한 인식이다. 여기에서 말하는 범죄의 성립요소는 모든 객관적 구성요건요소이다. 객관적 구성요건요소에는 범죄에 따라 요구되는 행위주체, 행위객체, 행위태양, 결과, 인과관계가 포함된다. 예를 들어, 상해죄라고 한다면, 사람의 신체를 상해하여 상해의 결과가 발생한다는 사실이 고의의 인식대상이다. 인과관계도 객관적 구성요건요소로서 고의의 인식대상이 된다. 범죄의 가중적 요소나 감경적 요소도 구성요건의 요소인 경우에는 모두 고의의 인식대상이다.

구성요건적 사실에 대한 인식의 시기는 행위시여야 한다. 행위 이전에 인식하였으나 행위시에는 인식하지 못한 경우(사전고의) 또는 반대로 결과가 발생한 이후에 고의가 생긴 경우(사후고의) 등은 형법적 의미의 고의가 아니다.

2. 고의의 종류와 판단기준

고의에서 가장 문제되는 쟁점은 고의와 과실의 구별이다. 고의는 몇 가지 종류로 나뉜다. 먼저 확정적 고의와 불확정적 고의가 있다. ① 확정적 고의란, 구성요건적 사실이 실현된 것을 명확하게 인식하였거나 예견한 경우를 말한다. 예를 들어, 사람의 머리나 심장을 향하여 가까이서 총을 발사하는 경우 등이다. 이러한 확정적 고의가 있을 때에는 결과실현의 의사적 측면은 중요하지 않다. 의사가 없다고 강변하여도 확실하게 결과를 발생시킬 행위를 하였다면, 고의가 인정되는 것이다. 머리에 총을 갖다 대고 총을 발사하면서, 아무리 마음 속으로 죽지 말라고 생각했어도 살인의 고의는 부정되지 않는다.

다음으로 ② 불확정적 고의란, 결과의 발생이 확실하지는 않고 불확실하다고 인식하면서 행위한 경우를 말한다. 불확정적 고의는 다시 미필적 고의, 택일적 고의, 개괄적 고의로 나뉜다.

① 미필적 고의(未必的故意)는 결과의 발생이 확실하지 않고 불확실하지만 가능하다고 인식하고, 동시에 그러한 결과발생을 마음 속으로 용인 또는 인용한 경우를 말한다(용인설). 이러한 용인설이 통설과 판례의 입장이다.8) 용인설에 의하면, 미필적 고의는 결과발생이 불확실하지만 가능하다고 인식하였다는 지적 요소, 그리고 내심 그 결과를 용인하였다는 의적(의지적) 요소로 인하여 고의를 인정하므로, 절충설이다. 미필적 고의와 인식 있는 과실을 구별함에서는 용인이라고 하는 의적 요소가 결정적이다.

그렇다면, 용인의 의사는 일반적으로 결과발생을 목적, 의도하는 것은 물론이고, 희망하거나 바라는 것도 포함된다. 나아가 적극 희망하지 않더라도 '결과가 발생해도 어쩔 수 없다' 또는 '원하지는 않지만 불가피하다'는 정도의 의사도 용인에 포함된다고 할 것이다.

예를 들어, <피조개 양식장 사건>에서도 닻줄을 늘려서 태풍을 피하려고 했어도 닻줄을 7샤클로 늘리게 되면, "선박이 태풍에 밀려 피조개양식장을 침범하여 물적 피해를 입히리라는 것은 당연히 예상되고, 그럼에도 불구하고 피고인들이 태풍에 대비한 선박의 안전을 위하여 금성호의 닻줄을 7샤클로 늘여 놓은 것은 피조개양식장의 물적 피해를 인용한 것이라 할 것이어서 재물손괴의 점에 대한 미필적 고의를 인정할 수 있다고 할 것이다"라고 판단하였다(대법원 1987. 1. 20. 선고 85도221 판결).

2014년 4월 발생한 <세월호 참사사건>에서 대법원은 선장 등에 대하여 부작위에 의한 살인죄의 고의를 인정할 것인지에 대하여 "부진정 부작위범의 고의는 반드시 구성요건적 결과발생에 대한 목적이나 계획적인 범행 의도가 있어야 하는 것은 아니고 법익침해의 결과발생을 방지할 법적 작위의무를 가지고 있는 자가 그 의무를 이행함으로써 그 결과발생을 쉽게 방지할 수 있었음을 예견하고도 결과발생을 용인하고 이를 방관한

---

8) 대법원 1987. 2. 10. 선고 86도2338 판결; 2004. 5. 14. 선고 2004도74 판결; 2017. 1. 12. 선고 2016 도15470 판결. 대법원 2018. 1. 25. 선고 2017도13628 판결: "고의의 일종인 미필적 고의는 중대한 과실과는 달리 범죄사실의 발생 가능성에 대한 인식이 있고 나아가 범죄사실이 발생할 위험을 용인하는 내심의 의사가 있어야 한다."

채 그 의무를 이행하지 아니한다는 인식을 하면 족하며, 이러한 작위의무자의 예견 또는 인식 등은 확정적인 경우는 물론 불확정적인 경우이더라도 미필적 고의로 인정될 수 있다"고 하면서 선장에게 부작위에 의한 살인죄의 고의를 인정하였다(대법원 2015. 11. 12. 선고 2015도6809 전원합의체판결).

② 택일적 고의(擇一的 故意)란, 결과발생은 확정적이나 구성요건 또는 객체가 택일적이어서 수개의 객체나 구성요건 중 어느 것에서 결과가 발생하여도 좋다고 생각한 경우를 말한다. 예를 들어, A, B, C 세 사람이 나란히 걸어가는 데 총을 쏘면서, 셋 중 누구든지 맞아서 사망해도 좋다고 생각하면서 발사하여, 실제는 A가 맞아서 사망한 경우이다. 셋 중에 누군가가 맞을 것은 확실하지만, 구체적으로 누구에게 맞을지는 불확실하였고, 세 사람 누구라도 맞을 가능성은 있었다. 이를 택일적 고의라고 하고, 이러한 경우, 행위자에게 어떤 죄가 성립하는지 문제된다.

상상적 경합설은 결과가 발생한 대상에 대한 기수범과 발생하지 않은 대상에 대한 미수범의 상상적 경합범을 인정한다. 만약 어떤 대상에도 결과가 발생하지 않았다면, 결과발생이 가능하였던 대상 모두에 대하여 미수범의 상상적 경합을 긍정한다. 앞의 예에서는 사망한 A에 대한 살인죄와 사망하지 않은 B와 C에 대한 살인미수의 상상적 경합을 인정할 것이다.

③ 개괄적 고의(槪括的故意)란, 다음의 두 가지 의미로 사용된다. 첫번째는, 택일적 고의의 변형형태로서, 결과발생은 확정적이나 어떤 대상에서 결과가 발생할지 불확실한 경우를 말한다. 예를 들어, 테러범이 다중이 모인 집회장소에 폭탄을 투척하여 폭파시키면서, 누가 죽던, 몇 명이 죽던 좋다고 생각한 경우이다. 택일적 고의가 아니라, 택다적 고의(擇多的故意)라고 할 수도 있겠다. 이러한 의미의 개괄적 고의는 택일적 고의와 동일하게 처리하면 될 것이다. 즉 결과가 발생한 대상에 대하여는 기수범을 긍정하고, 결과발생이 가능하였지만 결과가 발생하지 않은 대상에 대하여는 미수범을 인정한 후 양자의 상상적 경합을 인정하는 것이 적절하다고 생각한다.

두번째는 「개괄적 고의의 사례」라고도 칭하는 경우로써, 수개의 부분적 행위가 결합하여 하나의 구성요건적 결과를 실현한 경우를 말한다. 예를 들어, 피고인이 피해자를 살해할 의도로 돌맹이로 가슴을 내려치고 복부를 때려, 피해자가 뇌진탕 등으로 인하여 정신을 잃자 그가 죽은 것으로 오인하고 그 사체를 몰래 파묻어 증거를 인멸할 목적으로 피해자를 그곳에서부터 약 150m 떨어진 개울가로 끌고가 웅덩이를 파고 매장하여 피해자로 하여금 질식하여 사망에 이르게 한 경우이다(대법원 1988. 6. 28. 선고 88도650 판결). 이러한 '개괄적 고의의 사례'를 형법적으로 어떻게 처리할 것인지는 학설, 판례의 다툼이 있는바, 대체로 인과과정의 착오의 문제로 본다.

3. 고의범의 구성요건

고의범의 구성요건을 정리해보자. 고의범은 결과범과 거동범으로 나뉜다. 거동범은 결과발생을 요구하지 않는 죄이다. 폭행죄, 위증죄 등이 대표적인 경우이다. 이러한 거동범에서는 결과나 인과관계는 요구되지 않고, 객체, 행위와 같은 객관적 구성요건요소와 이에 대한 고의만 있어도 고의범의 기수에 이를 수 있다.

이에 반하여, 상해죄, 살인죄 등과 같이 결과의 발생(법익의 침해 또는 위험발생)을 요구하는 결과범에서는 객관적 구성요건으로서, 객체, 행위, 결과, 인과관계가 필요하고, 그에 대한 고의가 있어야 고의범이 성립한다. 만약 처음부터 결과가 발생하지 않았거나, 아니면 결과가 발생하였어도 행위와의 인과관계가 부정된다면, 고의기수는 성립하지 않는다. 실행의 착수가 있고, 미수범처벌규정이 있을 경우에 한하여 미수범의 성립이 문제될 수 있다. 이에 대하여는 미수범에서 후술한다.

V. 과실 및 과실범

1. 과실의 의의

형법 제14조(과실)는 "정상의 주의를 태만함으로 인하여 죄의 성립요소인 사실을 인식하지 못한 행위는 법률에 특별한 규정이 있는 경우에 한하여 처벌한다"고 규정하고 있는데, 특별한 규정에 의하여 처벌되는 경우가 바로 과실범(過失犯)이다. 형법상 범죄는 고의범이 원칙이고, 과실범은 예외적으로만 처벌된다. 형법이 규정하고 있는 과실범은 그 숫자가 많지 않다. 대표적인 과실범의 예로는, 과실치상죄(266조), 과실치사죄(267조), 업무상과실·중과실 치사상죄(268조), 실화죄(170조), 업무상 실화죄(171조), 과실폭발성물건파열죄(173조의2), 과실일수죄(181조), 과실교통방해죄(189조), 업무상과실장물죄(364조) 정도이다. 이들 과실죄조항에는 "과실로 인하여"라고 명기되어 과실범임을 명확하게 규정한다. 과실범이라고 명기되지 않은 범죄는 모두 고의를 요하는 고의범이라고 보면 된다.

종종 형벌규정에 "기타의 방법으로"라고 규정된 경우가 있는데, 이에 대하여 대법원은 "과실범은 법률에 특별한 규정이 있는 경우에 한하여 처벌되며 형벌법규의 성질상과실범을 처벌하는 특별규정은 그 명문에 의하여 명백, 명료하여야 한다."라고 하면서,

당시의 전기통신법 제110조 1항은 고의범에 관한 규정이고 동 조항의 "공중통신설비를 손괴하거나 이에 대한 물품의 접촉 기타의 방법으로 공중통신설비의 기능에 장해를 주어"라는 기재부분을 들어 과실로 인하여 통신설비를 손괴하는 행위 유형을 포함하는 것이라고 풀이할 수 없다고 판시하였다(대법원 1983 12. 13. 선고 83도2467 판결).

과실의 개념은 간단히 정리하면, 정상의 주의를 태만히 한 것, 또는 주의의무위반이라고 할 수 있다. 주의의무위반은 두 가지로 구성된다. 첫째, 결과예견의무이다. 행위자가 주의력을 집중하여 보호법익에 대하여 위험을 인식하고 정확하게 판단해야 할 의무를 말한다. 둘째, 결과회피의무이다. 구성요건적 결과의 발생을 회피하기 위한 적절한 조치를 취할 의무이다.

2. 과실의 종류

과실은 몇 가지 기준에 의하여 나누어 볼 수 있다. ① 먼저, 과실의 정도로 분류하면, 보통의 과실, 중대한 과실(중과실), 그리고 업무상 과실로 나눈다. 보통의 과실은 정상의 주의를 태만히 한 일반적, 통상적 과실을 말한다. 중대한 과실(중과실)은 주의의무를 현저히 태만히 한 경우로서, 극히 근소한 주의만 기울였더라면 결과발생을 방지할 수 있었던 경우를 말한다. 그리고, 업무상 과실은 일정한 업무에 종사하는 자가 당해 업무수행상 필요한 주의를 태만히 한 경우가 된다.

② 다음으로 구성요건적 결과발생의 가능성에 대한 인식여부를 기준으로도 과실을 분류한다. 인식 없는 과실은 행위자가 주의의무의 위반으로 인하여, 구성요건이 실현될 수 있는 가능성을 인식하지 못한 경우이고, 인식 있는 과실은 결과의 발생이 가능하였음을 인식하였으나 주의의무에 위반하여 그것이 실현되지 않을 것으로 신뢰한 경우이다(대법원 1984. 2. 28. 선고 83도3007 판결 참조).

3. 과실의 판단기준

과실, 즉 주의의무위반을 판단하는 기준은 무엇인가? 통설은 구성요건적 과실과 책임과실을 구별하여 판단한다. 이에 의하면, 구성요건적 과실은 객관적 주의의무위반을 말하고, 책임과실은 주관적 주의의무위반을 의미한다. 구성요건적 과실을 구성하는 객관적 주의의무위반이란, 일반적 보통인에게 요구되는 정도의 주의능력을 기준으로 주의의무를 위반한 것을 말하며, 이러한 견해를 객관설이라고 한다. 판례도 객관설의 입장이다(대법원 2001. 6. 1. 선고 99도5086 판결; 대법원 2006. 10. 26. 선고 2004도486 판결 등 참조).

과실범에서 신뢰의 원칙(信賴의 原則)이란, 스스로 규칙을 준수한 사람은 다른 참여자도 규칙을 준수할 것을 신뢰하면 족하며, 규칙을 위반하여 비이성적으로 행동할 것까지 예견하고 이에 대한 회피조치를 취할 의무는 없다는 원칙을 말한다. 원래 시작은 교통사고에서 과실의 유무를 판단하기 위한 것이었으나, 현재에는 교통사고의 경우뿐만 아니라 다수인의 업무분담이 존재하는 모든 형태의 과실범에 대하여 그 적용범위가 확대되고 있다(예: 기업활동, 의료인의 공동수술, 공동실험 등). 다만 신뢰의 원칙을 공동작업에 의한 위험한 업무에 확대하기 위해서는 상호신뢰의 기초를 지을 수 있는 분업관계가 확립되어 있을 것을 요한다 따라서 지휘, 감독관계에 있는 경우에는 적용이 제한될 수 있다.

예를 들어, 다음과 같은 판례가 있다. ① 같은 방향으로 달려오는 후방차량이 교통법규를 준수하여 진행할 것이라고 신뢰하며 우측전방에 진행 중인 손수레를 피하여 자동차를 진행하는 운전수로서는 위 손수레를 피하기 위하여 중앙선을 약간 침범하였다 하더라도 구 도로교통법(61. 12. 31. 법률 제941호) 제11조 소정의 규정을 위반한 점에 관한 책임이 있음은 별론으로 하고 후방에서 오는 차량의 동정을 살펴 그 차량이 무모하게 추월함으로써 야기될지도 모르는 사고를 미연에 방지하여야 할 주의의무까지 있다고는 볼 수 없다(대법원 1970. 2. 24. 선고 70도176 판결).

② 일반적으로 넓은 도로를 운행하여 통행의 우선 순위를 가진 차량의 운전사는 교차로에서는 좁은 도로의 차량들이 교통법규에 따라 적절한 행동을 취할 것을 신뢰하여 운전한다고 할 것이므로 좁은 도로에서 진행하는 차량이 일단정지를 하지 아니하고 계속 진행하여 큰 도로로 진입할 것을 사전에 예견하고 이에 대한 정지조치를 강구할 것을 기대할 수 없다(대법원 1977. 3. 8. 선고 77도409 판결[업무상과실치상]).

③ 녹색등화에 따라 왕복 8차선의 간선도로를 직진하는 차량의 운전자는 특별한 사정이 없는 한 왕복 2차선의 접속도로에서 진행하여 오는 다른 차량들도 교통법규를 준수하여 함부로 금지된 좌회전을 시도하지는 아니할 것으로 믿고 운전하면 족하고, 접속도로에서 진행하여 오던 차량이 아예 허용되지 아니하는 좌회전을 감행하여 직진하는 자기 차량의 앞을 가로질러 진행하여 올 경우까지 예상하여 그에 따른 사고발생을 미리 방지하기 위하여 특별한 조치까지 강구할 주의의무는 없다 할 것이고, 또한 운전자가 제한속도를 지키며 진행하였더라면 피해자가 좌회전하여 진입하는 것을 발견한 후에 충돌을 피할 수 있었다는 등의 사정이 없는 한 운전자가 제한속도를 초과하여 과속으로 진행한 잘못이 있다 하더라도 그러한 잘못과 교통사고의 발생 사이에 상당인과관계가 있다고 볼 수는 없다(대법원 1998. 9. 22. 선고 98도1854 판결 <교차로 사건>).

4. 과실범의 구성요건

과실치상, 과실치사, 실화죄 등 대부분의 과실범은 결과범이다. 이러한 과실결과범에서 구성요건은 세 가지이다. 첫째, 결과의 발생(사망, 상해 등). 둘째, 과실(객관적 주의의무위반)의 존재, 그리고 셋째, 과실행위와 결과 간의 인과관계와 객관적 귀속이 그것이다. 결과의 발생은 범죄마다 개별적으로 다를 수 있어서 형법각칙에서 주로 다루어진다.

Ⅵ. 결과적 가중범

1. 결과적 가중범의 의의

결과적 가중범(結果的加重犯)이란, 기본범죄를 범하여 기본범죄가 규정한 것보다 더 중한 결과가 발생한 경우 가중처벌되는 죄를 말한다. 결과적 가중범이란 말 그대로 해석하면, 결과로 인하여 가중처벌되는 범죄라는 의미가 된다. 예를 들면, 폭행치사죄나 상해치사죄가 대표적인 결과적 가중범이다. 폭행이나 상해라고 하는 기본범죄를 범하였는데, 그로 인하여 사망이라는 중한 결과가 발생한 것이다.

상해치사죄는 제259조 1항에 의하여 "사람의 신체를 상해하여 사망에 이르게 한 자는 3년 이상의 유기징역에 처한다"고 규정하여, 상해죄의 법정형(7년 이하의 징역, 10년 이하의 자격정지 또는 1천만원 이하의 벌금)보다 현저히 가중된다. 사망에 대하여 고의가 있는 살인죄(250조 1항)는 사형, 무기 또는 5년 이상의 징역에 처하므로, 상해나 사망의 결과가 발생한 때에는 업무상과실치사(5년 이하의 금고 또는 2000만원 이하의 벌금) → 상해죄(7년 이하의 징역 등) → 폭행치사, 상해치사(3년 이상의 유기징역) → 살인죄의 순으로 형량이 무거워짐을 알 수 있다.

결과적 가중범을 책임원칙과 조화시키기 위하여 여러 가지 논의가 있었고, 발생한 중한 결과를 행위자에게 귀책시킬 수 있는 여러 요건을 합의하기에 이르렀다. 첫째는 중한 결과와 행위 간에 인과관계가 긍정되어야 한다. 결과적 가중범도 결과범의 일종이므로, 결과적 가중범에서도 인과관계가 인정되어야 하는 것이다(17조 참조). 둘째, 중한 결과의 발생에 대하여 행위자에게 최소한 과실은 인정되어야 한다. 형법 제15조 2항은 "결과로 인하여 형이 중할 죄에 있어서 그 결과의 발생을 예견할 수 없었을 때에는 중한 죄로 벌하지 아니한다"고 하여 결과적 가중범의 성립요건으로서 중한 결과에 대한 예견가능성을 요구하고 있다.

2. 결과적 가중범의 종류

결과적 가중범에서는 그 종류와 성립요건을 아는 것이 무척 중요하다. 결과적 가중범은 두 종류로 나뉜다. ① 첫째, 중한 결과에 대하여 고의는 없고 과실만 있는 경우에 성립하는 것으로서, 이를 진정결과적 가중범이라고 한다. 상해치사죄(259조), 폭행치사상죄(262조), 강도치사상죄(337조, 338조), 강간치사상죄(301조, 301조의2) 등 대부분의 결과적 가중범이 이에 해당한다.

이에 반하여, ② 중한 결과에 대하여 과실이 있을 때뿐 아니라 고의가 있는 때에도 성립하는 결과적 가중범을 부진정 결과적 가중범이라고 한다. 학설과 판례는 부진정 결과적 가중범으로, 현주건조물방화치사상죄(164조②)(대법원 1983 1. 18. 선고 82도2341 판결), 특수공무집행방해치상죄(144조②)(대법원 1995. 1. 20. 선고 94도2842 판결), 중상해죄(258조)를 인정한다.

진정 결과적 가중범에서는 만약 중한 결과에 대하여 고의가 있다면, 결과적 가중범이 아니라 중한 결과에 대한 고의범이 성립하게 된다. 예를 들어, 상해치사죄는 기본범죄인 상해에 대한 고의와 중한 결과인 사망에 대하여 과실이 있는 경우에 성립하는 진정결과적 가중범이다. 그런데 만약 중한 결과인 사망에 대하여 고의가 있다면, 이때에는 살인죄가 성립해 버리기 때문에, 법정형이 더 중한 살인죄로 처벌하면 되고, 상해치사죄는 성립하지 않게 되는 것이다.

이에 반하여, 부진정 결과적 가중범에서는 조금 다른 결과가 나타난다. 예를 들어서, 현주건조물방화치사죄(164조②)를 보자. 현주건조물에 방화를 하여 피해자를 사망에 이르게 한 때에는 현주건조물방화치사죄가 성립하여, 사형, 무기 또는 7년 이상의 징역에 처한다. 이때, 중한 결과인 사망에 대하여 과실이 있으면 현주건조물방화치사죄가 성립함은 물론이다. 그런데 만약 건조물에 방화할 때에 중한 결과인 사망에 대하여 고의, 즉 살인의 고의가 있다면 어떻게 될까? 방화시에 살인의 고의가 있다면 살인죄가 성립한다. 그런데, 살인죄가 성립한다고 하여, 현주건조물방화치사죄의 성립을 부정하게 되면, 현주건조물방화죄(무기 또는 3년 이상의 징역)와 살인죄(사형, 무기 또는 5년 이상의 징역)의 상상적 경합범이 되어서, 결국 형이 중한 살인죄로 처벌되게 된다(40조 상상적 경합 참조). 이때 살인에 대하여 고의가 있는 경우에 형량(사형, 무기 또는 5년 이상의 징역)은 오히려 사망에 대한 과실이 있어서 성립되는 현주건조물방화치사죄(사형, 무기 또는 7년 이상의 징역)보다 가벼워져서, 결과적으로 살인의 고의가 있는 사람이 과실이 있는 사람보다 경하게 처벌될 수 있는 불합리한 결과가 발생할 수 있다. 이러한 문제는 입법규정의 문제로서, 현주건조물방화살인죄를 신설하면 해결될 수 있는 것이지만, 그 전까지는 처벌의 불합리를 해결하기 위하여 현주건조물방화치사죄는 중한 결과인 사망에 대하여 과실이 있든 고의가 있든 성립한다고 해석하게 되고, 이러한 경우를 부진정 결과적 가중범이라고 칭하게 된 것이다. 이러한 처벌의 불합리는 현주건조물방화치상죄, 특수공무집행방해치상죄, 교통방해치상죄, 중상해죄 등에서도 동일하게 발생하기 때문에, 판례와 통설은 이들 범죄를 부진정 결과적 가중범으로 분류한다.

3. 결과적 가중범의 구성요건

결과적 가중범의 구성요건은 크게 네 가지이다. 먼저 ① 기본범죄의 성립, ② 중한 결과의 발생, ③ 기본범죄와 중한 결과 간의 인과관계(객관적 귀속), 그리고 ④ 중한 결과의 예견가능성이다. 예를 들어, 진정결과적 가중범인 상해치사죄는 '사람의 신체를 상해하여 사망에 이르게 한 자'에게 인정된다(259조). 이때 상해죄가 기본범죄이고, 사망이 중한 결과이며, 상해와 사망 간의 인과관계가 요구되고(17조), 중한 결과인 사망에 대한 예견가능성이 필요하다(15조②). 이를 상술하면 다음과 같다.

형법상의 결과적 가중범의 경우, 기본범죄는 모두 고의범이다. 상해치사상죄에서는 상해, 폭행치사상죄에서는 폭행, 강도치사상죄에서는 강도, 강간치사상죄에서는 강간, 현주건조물방화치사상죄에서는 방화 등이 기본범죄이다. 따라서 기본범죄에 대한 고의가 있어야 성립한다.

기본범죄가 기수에 이르지 않고 미수에 그쳐도 그로 인하여 중한 결과가 발생하면, 대부분 결과적 가중범의 기수가 성립한다. 예로, 강간치상죄나 강간치사죄는 강간의 미수범을 포함한다는 명시적 규정이 있으므로(301조, 301조의2), 이 경우에 강간의 실행에 착수하여 기수에 이르지 못하였어도 그 과정에서 상해나 사망의 결과가 발생한 때에도 강간치사상죄가 성립한다는 점에는 의문이 없다. 반대로 명시적으로 미수범을 포함하지 않는 경우에도 형벌규정의 죄형법정주의의 관점에서 포함되지 않는다고 보는 것이 타당하다(대법원 1995. 4. 7. 선고 95도94 판결). 법률에 이 점이 명확하지 않은 경우, 강도치사죄는 강도가 사람을 사망에 이르게 한 때에 성립하므로, 강도에 미수가 포함되는지가 명확하지 않다. 하지만 통상적 의미에서 강도란 실행에 착수하면 강도라고 할 것이므로, 강도의 실행에 착수하여 상해나 사망의 결과를 가져와도 강도치사상죄가 성립한다고 본다. 판례도 같은 입장이다(대법원 1985. 10. 22. 선고 85도2001 판결).

결과적 가중범이 성립되기 위해서는 중한 결과가 발생해야 한다. 이 점은 결과적 가중범의 본질적 요소이다. 중한 결과가 무엇인지는 범죄에 따라 다르다. 폭행치상, 강도치상, 강간치상, 현주건조물방해치상에서는 상해, 폭행치사, 상해치사, 강도치사, 강간치사, 현주건조물방화치사 등에서는 사망이 중한 결과이다.

중한 결과가 발생하였다고 하여도, 행위와 중한 결과 간에 인과관계가 없으면, 중한 결과로 벌할 수 없다. 결과적 가중범도 결과범의 일종이므로 형법 제17조가 적용되므로 당연한 결론이다. 특히 인과관계에서 설명한 많은 사건은 폭행치사와 같은 결과적 가중범 사안이었음을 상기할 필요가 있다.

나아가, 결과적 가중범이 성립하기 위해서는 중한 결과를 예견할 수 있어야 한다(15조②). 이를 중한 결과에 대한 예견가능성이라고 한다. 예견할 수 있다는 요건에는 과실과 고의가 모두 포함된다. 따라서 제15조 2항의 예견가능성은 진정결과적 가중범과 부진정결과적 가중범을 모두 포괄할 수 있다. 예견가능성은 행위 당시의 일반인을 기준으로 판단하여야 한다. 이 점에서 인과관계와 다르다.

위의 4가지 요건 이외에 직접성을 요건으로 요구해야 하는지에 대하여는 견해가 갈린다. 학설은 대체로 중한 결과가 기본범행에 내재한 위험이 직접 실현되어야 한다는 긍정설을 취하고 있지만, 판례는 특별한 언급이 없어 긍정하지는 않고 있다(대판 1994. 11. 4. 선고 94도2361 판결 <낙산비치호텔 사건>).

4. 결과적 가중범의 죄수

진정결과적 가중범일 경우, 기본범죄는 결과적 가중범에 흡수되어 별도로 성립하지 않는다. 예를 들어, 상해치사죄가 성립하면, 상해죄는 별도로 성립하지 않는다. 이에 반하여, 부진정결과적 가중범에서는 조금 복잡하다.

판례는 <은봉암방화 사건>에서 사람을 실신케 한 후 살인의 고의로 집에 불을 질러 사람을 사망하게 한 경우에는 현주건조물방화치사죄만 성립하고, 살인죄는 별도로 성립하지 않는다고 판시하였다. 하지만, 현주건조물방화치사죄보다 법정형이 더 중한 존속살해죄나 강도살해죄와 현주건조물방화치사죄를 동시에 범한 경우 양죄는 상상적 경합의 관계에 있다고 한다. 처벌에 있어서 불합리를 해결하기 위한 것이다(대법원 1995. 1. 20. 선고 94도2842 판결).

피해자의 일부가 화재가 난 것을 알고 집에서 빠져나오려고 할 때, 행위자가 방문을 밖에서 잠그고 탈출을 적극적으로 막아서 빠져나오지 못하고 사망한 경우에는 방화행위와 탈출을 막은 행위는 별개의 행위로서 현주건조물방화죄와 살인죄의 실체적 경합의 관계에 있게 된다.

Ⅶ. 부작위범

1. 부작위범의 의의

부작위범이란, 신체의 거동이 없이 부작위에 의하여 죄를 범하는 것을 말한다. 범죄란 행위라고 하였다. 그런데 행위에는 작위와 부작위가 있다. 작위(作爲)는 신체적 힘을 투입, 사용함으로써 결과를 야기하거나 사건의 진행을 변경시키는 행위를 말한다. 이에 반하여, 부작위(不作爲)는 결과의 발생을 막을 수 있는데도 요구되는 행위를 하지 않아 결과를 발생하게 하는 행위를 뜻한다. 부작위범이 처벌되는 것은 무위(無爲), 즉 단순히 아무것도 하지 않았기 때문이 아니라, 법이 명령하는 적극적 행위를 하지 않았기 때문이다. 형법 제18조(부작위범)는 "위험의 발생을 방지할 의무가 있거나 자기의 행위로 인하여 위험발생의 원인을 야기한 자가 그 위험발생을 방지하지 아니한 때에는 그 발생된 결과에 의하여 처벌한다"고 하여 부작위범의 처벌을 규정하고 있다.

부작위범의 최근의 예로는 <세월호 사건>과 <저수지 제방 사건>이 있다. <저수지 제방 사건>은 부진정 부작위범의 기본적인 사건이다. 이 사건에서 갑은 조카인 피해자 1(10세)과 2(8세)를 살해할 것을 마음먹고, 피해자들을 불러내어 미리 물색하여 둔 저수지로 데리고 가서 인적이 드물고 경사가 급하여 미끄러지기 쉬운 제방 쪽으로 유인하여 함께 걷다가, 피해자 1이 가파른 물가에서 미끄러져 수심이 약 2미터나 되는 저수지 물속으로 빠지자 그를 구호하지 아니하고, 앞에서 걷던 피해자 2의 소매를 잡아당겨 저수지에 빠뜨림으로써 그 자리에서 피해자들을 익사하게 하였다. 이때, 피해자 2의 소매를 잡아당겨 저수지에 빠뜨린 행위는 적극적 작위행위이지만, 피해자 1이 스스로 미끄러져 물에 빠진 것을 구조하지 않고 익사하게 내버려둔 것은 부작위에 의한 살인이라고 할 수 있는 것이다(대법원 1992. 2. 11. 선고 91도2951 판결) 2014년 4월 16일 발생한 <세월호 참사 사건>은 국가적으로 큰 충격을 주었을 뿐 아니라, 형법적으로도 많은 쟁점을 던졌다. 세월호가 침몰하려는 상황에서 선장 등이 승객들에게 대피하라고 방송하지 않고 구조노력을 기울이지 않은 것은 부작위범에 해당한다(대법원 2015. 11. 12. 선고, 2015도6809 전원합의체판결).

부작위범은 크게 진정부작위범과 부진정부작위범으로 나뉜다. ① 진정부작위범(眞正不作爲犯)은 부작위에 의해서만 죄를 범할 수 있는 경우로서, 이러한 행위를 처벌하기 위한 별도의 형벌규정이 있다. 진정부작위범의 예로는 다중불해산죄(116조), 집합명령위반죄(145조②), 퇴거불응죄(319조②), 도로교통법상 음주측정거부죄, 국가보안법상 불고

지죄 등이 있다. 이에 반하여, ② 부진정 부작위범은 원래 작위범을 예정하여 형법에 규정되었지만 부작위의 형태로도 범할 수 있는 죄를 말한다. 즉 작위로도 부작위로도 죄를 범할 수 있는 경우이다. 부진정 부작위범에 대하여는 형법 제18조가 규정하고 있다. 진정 부작위범은 형법각칙의 주제라고 할 수 있고, 부진정 부작위범은 일반적 내용이 있으므로 총론의 주제이기도 하다. 이하에서는 부진정 부작위범을 중심으로 살펴본다.

2. 부진정 부작위범의 구성요건

부작위범은 형법의 규정에 의하여, 그리고 원리상 인정될 수 있음에도 불구하고, 부작위범을 작위범과 동일하게 처벌하는 것이 타당한지는 논란이 있을 수 있다. 부작위범을 작위범과 동일하게 평가할 수 있는 요소들이 인정되어야 한다. 부작위범의 동가치적 요소는 어떠한 행위, 즉 결과발생을 방지해야 하는 법적 의무가 있음에도 불구하고 하지 않은 것이다. 이렇게 본다면, 작위범은 금지명령을 위반한 것이고, 부작위범은 작위명령을 위반한 것이라고 볼 수 있다.

이러한 점을 고려할 때, 부진정 부작위범의 구성요건은 다음과 같다. 먼저 부작위범의 행위성이 인정되어야 하는바, 일반적 행위가능성이 존재하여야 한다. 객관적 구성요건요소로는 ① 구성요건적 상황, ② 요구되는 행위의 부작위, ③ 요구되는 행위의 개별적 행위가능성, ④ 보증인지위, ⑤ 구성요건적 결과의 발생, ⑥ 인과관계(객관적 귀속), 그리고 ⑦ 부작위의 동가치성이 요구된다. 또한 주관적 구성요건으로는 고의 또는 과실이 있다. 이하에서는 보증인지위를 제외한 요건을 살펴보고, 보증인지위는 항을 달리하여 상세히 고찰한다.

(1) 구성요건적 상황

부작위범은 명령규범이 작위를 요구할 때에 성립하므로 이러한 구체적인 작위의무를 발생하게 하는 객관적 상황이 존재하여야 하는데, 이를 구성요건적 상황이라고 할 수 있다. 그런데, 이러한 구성요건적 상황은 개별적 범죄에 따라 다를 수밖에 없다. 진정부작위범은 형법각칙에 별도로 규정이 있고, 부진정 부작위범도 형법각칙에 규정이 있다. 형법 제18조의 부진정부작위범의 추가적 요건을 충족해야 한다. 예를 들면, 부작위에 의한 살인이라고 하면, 사람의 생명이 침해될 상황에 있어야 하고, 부작위에 의한 상해라고 하면, 사람의 신체가 상해를 입을 상황에 있어야 하는 것이다. 통상 행위주체, 객체, 결과와 같은 요소는 부진정부작위범의 구성요건적 상황에 포함된다고 볼 수 있겠다.

(2) 요구되는 행위의 부작위

결과의 발생을 방지해야 하는 의무를 지고 있는 사람은 그러한 명령규범에 따라서 결과의 발생을 방지하기 위한 행위, 즉 작위행위를 적극적으로 해야 한다. 그런데, 이러한 작위행위를 하지 않는다면, 요구되는 행위를 부작위한 것이고, 이러한 부작위가 행위의 요소가 된다. 따라서, 행위자가 법이 요구하는 작위행위를 충실하게 수행하였지만 부득이하게 결과가 발생한 경우에는 부작위범은 성립하지 않는다.

(3) 개별적인 행위의 가능성

행위자가 요구되는 행위를 이행할 수 있는 구체적이고 개별적인 가능성이 있어야 한다. 앞에서 본 일반적 행위가능성은 사람으로서의 행위가능성이라면, 여기에서 보는 개별적 행위가능성은 당해 행위자의 신체적, 정신적 능력(신체조건, 기술적 지식, 일정한 지능), 장소, 적절한 구조수단 등을 고려하여, 범행 당시에 당해 행위자가 법적으로 요구되는 구조행위를 할 수 있었는가를 보는 것이다. 일반적으로 사람이라면 구조할 수 있는 상황이었다고 하여도, 신체장애가 있는 행위자여서 구조행위를 할 수 없었다면, 부작위범의 구성요건해당성이 부정되게 된다.

(4) 구성요건적 결과의 발생

형법각칙에 규정된 개별적 범죄에서 요구하는 구성요건적 결과가 발생하여야 부작위기수범이 성립한다. 요구되는 결과는 개별 범죄에 따라 다르다. 예를 들어, 살인죄라면 사망의 결과, 상해죄라면 상해의 결과, 사기죄라면 기망에 의한 처분행위가 있어야 하는 것이다. 만약 다른 요건은 모두 충족되는데 결과나 인과관계만 부정된다고 하면 부작위범의 미수를 검토해야 할 것이다.

(5) 인과관계 및 객관적 귀속

부진정 부작위범은 대부분 결과범이므로, 부작위와 결과 간의 인과관계와 객관적 귀속이 긍정되어야 부작위기수범으로 처벌할 수 있다. 부작위범에서 인과관계는 논란이 많지만, 부작위범의 인과적 관련성은 대체로 조건설의 '절대적 제약공식'을 뒤집어서 사용한다. 즉 요구되는 행위를 하였다면(hinzugedacht) 결과가 발생하지 않았을 것으로 거의 확실하게 판단되면, 인과관계를 인정할 수 있다고 하는 소위 '절대적 추가공식'이 바로 그것이다. 전술한 '저수지 제방 사건'에서도 판례는 "형법이 금지하고 있는 법익침해의 결과발생을 방지할 법적인 작위의무를 지고 있는 자가 그 의무를 이행함으로써 결과발생을 쉽게 방지할 수 있었음에도 불구하고 그 결과의 발생을 용인하고 이를 방관한 채 그 의무를 이행하지 아니한 경우" 부작위범이 성립할 수 있다고 하였고, 밑에서 보는 바와 같이 '세월호 참사 사건'에서는 보다 명확하게 인과관계를 판시하였는데, '절대적 추가공식'과 같은 취지라고 할 것이다.

《판례》 대법원 2015. 11. 12. 선고 2015도6809 전원합의체판결 〈세월호 참사 사건〉
법익침해의 태양과 정도 등에 따라 요구되는 개별적·구체적인 구호의무를 이행함으로써 사망의 결과를 쉽게 방지할 수 있음에도 그에 이르는 사태의 핵심적 경과를 그대로 방관하여 사망의 결과를 초래하였다면, 부작위는 작위에 의한 살인행위와 동등한 형법적 가치를 가지고, 작위의무를 이행하였다면 결과가 발생하지 않았을 것이라는 관계가 인정될 경우에는 작위를 하지 않은 부작위와 사망의 결과 사이에 인과관계가 있다.

(6) 보증인지위

보증인지위(保證人地位)는 부진정부작위범에서 중요한 객관적 구성요건요소이다. 여러 사람이 동일하게 아무런 행위도 하지 않았다고 하여도, 그 중에서 부작위범으로 처벌되는 것은 보증인지위, 즉 결과의 발생을 방지해야 하는 적극적 작위의무를 가진 지위에 있는 사람만 부작위범이 된다. 결과발생을 방지해야 하는 지위에 있지 않은 사람은 부작위범이 되지 않는다. 부작위범은 법적으로 요구되는 행위를 하지 않았기 때문에 처벌되는 자이기 때문이다. 이렇게 볼 때, 부진정부작위범에서 보증인지위는 행위자적 요소이고, 신분적 요소로서 행위주체의 문제라고 할 수 있다. 부진정 부작위범의 경우 보증인지위의 성립조건은 다음과 같다. ① 보호법익의 주체가 법익에 대한 침해위협에 대처할 보호능력이 없을 것, ② 부작위행위자에게 침해위협으로부터 법익을 보호해 주어야 할 법적 작위의무가 있을 것 등이다.

형식적 관점에서 본다면, 보증인지위의 발생근거는 법령, 계약 등 법률행위, 선행행위, 신의칙 및 조리라고 할 수 있다. ① 법령은 형벌법규뿐만 아니라 공법상의 법령, 민법, 상법 등 사법도 모두 포함된다. 대표적으로 민법상 친권자의 보호의무, 부부간의 부양의무, 친족간의 부양의무를 들 수 있다. 공법상의 작위의무로는 도로교통법상의 피해자구호의무 등이 있다. ② 계약 등의 법률행위에는 어린이를 맡은 유치원교사, 환자를 치료하는 의사, 간호사, 노약자에 대한 간병인, 수영장구조요원 등을 들 수 있다. ③ 보증인지위를 발생시키는 선행행위는 원칙적으로 위법하거나 의무위반적이어야 한다. 하지만 이 요건에 대하여는 학설상 논란이 있다. ④ 신의칙이나 조리도 결과방지의무를 발생시킨다는 것이 통설이고, 판례도 <세월호 참사 사건>에서 이를 다시 확인하였다.

(7) 주관적 구성요건

부작위범은 고의범일 수도 있고, 과실범일 수도 있다. 객관적 구성요건을 모두 충족하고 그에 대하여 고의가 있다면 부작위 고의범이 된다. 부진정부작위범에서 고의의 인식대상은 모든 객관적 구성요건요소이다. 즉 구성요건적 상황, 결과, 부작위, 보증인지위, 인과관계 등이다. 미필적 고의로도 족하다.

부작위에 대한 고의는 존재하지 않으나 결과의 발생에 대하여 과실(주의의무위반)이 인정된다면 부작위 과실범이 성립될 수 있다. 다만 부작위 과실범이 성립되기 위해서는 과실범 처벌규정이 존재하여야 한다. 부작위 과실범이 인정된 대표적 사례는 '촛불실화 사건'이다. 비록 피고인들이 직접 촛불을 켜지 않았다 할지라도 함께 술을 마신 후 만취된 피해자를 촛불이 켜져 있는 방안에 혼자 눕혀 놓고 촛불을 끄지 않고 나오는 바람에 화재가 발생하여 피해자가 사망한 경우, 부작위에 의한 과실치사책임을 인정하였다(대법원 1994. 8. 26. 선고 94도1291 판결).

(8) 부작위범의 처벌

형법 제18조(부작위범)는 "위험의 발생을 방지할 의무가 있거나 자기의 행위로 인하여 위험발생의 원인을 야기한 자가 그 위험발생을 방지하지 아니한 때에는 그 발생된 결과에 의하여 처벌한다"고 규정한다. 이에 의하여, 부작위로 범죄를 범한 경우, 작위범과 동일하게 처벌된다. 고의가 있으면 고의범으로, 과실이 있는 경우에는 과실범처벌규정이 있을 때에 과실범으로 처벌된다.

이상에서 범죄의 성립요소인 구성요건에 대하여 상세히 살펴보았다. 이로써 범죄의 성립에 대한 기본적 이해의 기초를 마련하였다. 이하에서는 위법성과 책임에 대하여 간략하게 살펴본다.

위법성

I. 위법성의 의의

　　범죄란 구성요건에 해당하고 위법하고 책임이 있는 행위라고 하였다. 지금까지 구성
요건에 대하여 살펴보았으니 이제 위법성을 알아볼 차례이다. 위법성(違法性, Rechtswidrigkeit)
은 쉽게 말하면 법에 위배되는 성질을 말한다. 범죄구성요건에 해당하는 행위가 법에 반
하여 위법할 때에 그러한 행위는 위법성이 있다. 위법성이 인정되면 다음 단계는 책임이
있는지 검토하는 순서이다. 범죄의 성립여부를 검토할 때에는 행위 → 구성요건해당성
→ 위법성 → 책임의 순서로 진행하여야 한다. 위법성을 법에 위반되는 성질이라고 정
의할 때, 여기에서의 법은 법질서 전체를 말한다. 형벌규범뿐만이 아니라 공법, 사법, 사
회법, 절차법 등을 모두 총칭하는 것이다.

　　범죄의 구성요건에 해당하는 행위라고 하여도 위법성조각사유에 해당하면 위법성이
배제되어 범죄가 성립되지 않는다. 구성요건해당성은 위법성을 징표(徵表)하지만, 위법
성조각사유가 존재하면 위법성이 조각, 배제되어 위법하지 않게 된다. 달리 말하면, 구
성요건해당성이 있으면 위법성이 징표되므로, 위법성조각사유에 해당할 것으로 보이는
특별한 사정이 없으면 당해 행위는 위법하다고 보아도 좋다. 하지만, 정당방위, 긴급피
난, 정당행위 등 위법성조각사유에 해당될 수 있는 특별한 사정이 보이면 위법성조각사
유에 해당되지 않는지 심사하여야 한다. 형법총칙에 규정된 위법성조각사유는 모두 5가
지로서, 정당행위(20조), 정당방위(21조), 긴급피난(22조), 자구행위(23조), 피해자의 승낙

(24조)이다. 형법각칙에는 명예훼손에서의 위법성조각사유(310조)가 있다. 형법에 규정되지 않았지만 학설상 인정되는 것으로는 추정적 승낙, 의무의 충돌 등이 있다.

Ⅱ. 정당방위

1. 정당방위의 의의

형법 제21조 1항은 "자기 또는 타인의 법익에 대한 현재의 부당한 침해를 방위하기 위한 행위는 상당한 이유가 있는 때에는 벌하지 아니한다"고 하여 정당방위를 규정한다. 자기 또는 타인의 법익에 대한 현재의 부당한 침해를 방위하기 위하여 상당한 행위를 정당방위(正當防衛, Notwehr, defense)라고 한다. 정당방위는 자기방어본능에 기초한 것이므로, 법 이전의 자연권에서 도출된다고 보기도 한다. "법은 불법에 양보할 필요가 없다"거나 "정당방위는 국가의 늘어난 팔이다"는 표현들은 정당방위의 특성을 잘 표현해 준다. 정당방위는 언제나 부당한, 위법한 침해를 대상으로 한다는 점에서 긴급피난과 구별된다. 이런 의미에서 정당방위를 "불법 대 법", "부정(不正) 대 정(正)"의 관계라고 설명하기도 한다.

형법 제21조 1항은 위법성조각사유로서의 정당방위를 규정하고 있지만, 2항은 과잉방위, 3항은 불가벌적 과잉방위로서, 위법성은 조각하지 못하고, 책임에 관계되는 조항이라는 데에 학설은 대체로 일치하고 있다.

먼저 ① 정당방위는 위법성조각사유로서의 정당방위를 말한다. 이에 반하여, ② 과잉방위(過剩防衛)는 부당한 침해에 대한 방어행위가 상당한 정도를 초과한 경우인데, 위법성이 조각되지 않아서 위법하다. 다만, 형벌을 감경하거나 면제할 수는 있다. ③ 오상방위(誤想防衛)란, 객관적으로 정당방위상황이 없는 데에도 부당한 침해가 있다고 오인하고 방어행위를 한 경우를 말한다. 넓게 보면, 위법성조각사유의 전제사실의 착오의 문제이기도 하다. ④ 우연방위(偶然防衛)란, 방어행위의 의사 없이 행위했는데 우연히 결과적으로 방어행위가 된 경우를 말한다. 주관적 정당화요소가 결여된 경우이다.

2. 정당방위의 성립요건

형법 제21조 1항에 의하면 "자기 또는 타인의 법익에 대한 현재의 부당한 침해"가 있을 때 정당방위를 할 수 있다. 자신은 물론이고 타인의 법익에 대한 침해를 방어해도 정당방위가 성립한다는 점에 주목해야 한다(대법원 2017. 3. 15. 선고 2013도2168 결정). 타인이라 함은, 자기 이외의 모든 자연인이나 법인, 국가를 총칭한다. 다음으로, 자기 또는 타인의 법익은, 법에 의하여 보호되는 자기 또는 타인의 모든 법익을 말한다. 형법상 보호되지 않는 법익도 법적으로 보호되면 족하다. 생명, 신체, 자유, 명예, 재산 등을 포함한다. 정당방위에서 법익은 개인적 법익을 원칙으로 하고, 국가적 법익이나 사회적 법익은 원칙적으로 제외된다.

　법익에 대한 침해는 현재적이어야 한다. 침해의 현재성이란, 침해가 임박한 시점에서 종료시까지를 말한다. 다만, 미수에서 논하는 실행의 착수보다는 넓은 개념이어서, 실행의 착수 이전이어도 침해가 임박하였다면 현재성이 인정될 수 있다. 일반적으로 학설은 반복적 침해의 중단상태에는 침해의 현재성을 인정하지 않는 경향이 있다. 즉 판례는 침해의 현재성은 넓게 인정하지만 상당성을 좁게 해석하고, 학설은 현재성은 좁게 보지만 상당성을 넓게 인정하는 경향이 있다고 생각된다.

　정당방위가 되기 위해서는 부당한 침해가 있어야 한다. 부당(不當)한 침해란 위법한 침해를 의미한다는 것이 일반적 견해이다. 따라서 적법한 행위에 대하여는 정당방위를 할 수 없다.

　방어행위는 침해의 방어를 위하여 적절한 행위여야 한다. 적절한 행위라면 공격을 소극적으로 방어하는 수비적 방어(Schutzwehr)뿐만 아니라, 공격자의 법익을 직접 공격하는 공격적 방어(Trutzwehr)도 포함된다. 대법원도 '김보은양 사건'에서 "정당방위의 성립요건으로서의 방어행위에는 순수한 수비적 방어뿐 아니라 적극적 반격을 포함하는 반격방어의 형태도 포함되나, 그 방어행위는 자기 또는 타인의 법익침해를 방위하기 위한 행위로서 상당한 이유가 있어야 한다."(대법원 1992. 12. 22. 선고 92도2540 판결)고 하여 공격적 방어도 가능함을 명시하였다.

　다음으로 정당방위의 방위행위가 되기 위해서는 공격자에 대한 방어행위여야 한다. 정당방위상황이라고 하여도, 공격자가 아닌 무고한 제3자에 대한 행위는 방위행위가 될 수 없다. 이때에는 긴급피난 등 다른 위법성조각사유가 고려될 수 있다.

　형법 제21조 1항은 방위하기 위한 행위는 "상당한 이유"가 있어야 한다고 규정한다. 상당한 이유를 일반적으로 상당성(相當性)이라고 말한다. 정당방위에서 상당성은 현재성과 함께 학설과 판례가 대립하는 가장 논란이 되는 요건이다.

　판례는 정당방위가 인정되기 위해서는 방어행위가 상당해야 하는데, 이 상당성을 판단하는 기준은 "침해행위에 의하여 침해되는 법익의 종류, 정도, 침해의 방법, 침해행위의 완급과 방위행위에 의하여 침해될 법익의 종류, 정도 등 일체의 구체적 사정들을 참작하여 방위행위가 사회적으로 상당한 것이었다고 인정할 수 있는 것"이라고 한다(대법원1984. 6. 12. 선고 84도683 판결; 대법원 1992. 12. 22. 선고 92도2540 판결; 대법원 2003. 11. 13. 선고 2003도3606 판결 등).

하지만, 학설은 정당방위의 경우 필요성은 요구하지만, 이익균형성은 요구하지 않는다. "법은 불법을 회피할 필요가 없다"는 법언에 따라서 불법한 침해행위를 방위하기 위한 행위는 설령 균형성이 미흡하다고 하여도 상당성을 인정해야 한다는 것이다. 상당성 판단에서 중요한 점은 상당성의 여부는 객관적으로 판단한다는 것이다. 방어행위자가 주관적으로 상당하다고 인식했어도 객관적으로 보아 상당한 정도를 초과하였으면, 상당성 요건은 충족되지 않는다. 객관적으로 상당한 정도를 초과하면, 정당방위가 아니라 과잉방위(過剩防衛)가 되어, 위법성이 조각되지 않는다.

정당방위의 주관적 성립요건은 방위의사이다. 이를 방위의사를 정당방위의 주관적 정당화요소라고 한다. 방위의사의 내용은 정당방위상황이 존재한다는 점에 대한 인식과 방어행위를 한다는 점에 대한 의사를 말한다. 따라서, 방위의사가 아니라 공격의사가 있었던 경우에는 정당방위가 성립하지 않는다. 판례가 판시하는 바와 같이, 통상적으로 상호싸움의 경우에도 공격의사가 교차되는 것이므로 정당방위가 인정되지 않는다(대법원 1993. 8. 24. 선고 92도1329 판결).

방위의사가 결여된 우연방위의 경우, 어떠한 법적 효과가 발생하는가 문제가 된다. 먼저, ① 기수범설은 방위의사가 없다면 정당방위가 부정되고 실현된 구성요건적 행위에 의하여 처벌하려는 견해이다. 행위자의 의사를 중시하는 행위불법론, 주관적 범죄론의 입장이다. 이와 정반대로, ② 무죄설은 결과적으로 정당방위가 되었으므로 무죄가 성립한다고 한다. 결과불법론, 객관적 범죄론의 관점이다. ③ 절충설인 미수범설은 주관적으로는 범죄의사와 행위불법이 있지만, 객관적으로는 정당방위가 되어 결과불법이 결여되므로, (불능)미수범으로 처벌하면 족하다고 한다. ④ 생각건대, 이원적 불법론의 관점에서 볼 때, 미수범설이 다수설이고 타당하다고 할 것이다.

3. 법적 효과

정당방위가 인정되면, 위법성이 조각되어 범죄가 되지 않는 경우로서 무죄를 선고한다(형사소송법 325조 참조). 정당방위상황, 상당성, 방위의사가 모두 인정되어야 정당방위로서 위법성이 조각됨에 주의해야 한다. 특히 정당방위상황, 상당성은 객관적으로 판단한다.

Ⅲ. 긴급피난

1. 긴급피난의 의의

긴급피난(緊急避難, Notstand)은 자기 또는 타인의 법익에 대한 현재의 위난을 피하기 위하여 상당한 이유가 있는 행위이다. 긴급피난은 위법성이 조각된다. 형법 제22조 1항은 위법성이 조각되는 긴급피난을 규정한다. 긴급피난의 본질은 이익교량의 관점에서 우월한 이익을 보호하기 위한 행위는 위법하지 않다는 우월한 이익의 원리에서 파악할 수 있다. 정당한 목적을 위한 상당한 행위는 적법하다는 목적설의 관점에서도 긴급피난을 설명할 수 있다. 긴급피난의 규정은 정당방위와 아주 유사하다. 제22조 1항은 위법성 조각사유로서의 긴급피난을 규정하고, 동조 2항은 군인, 경찰, 소방관과 같이 긴급피난이 제한되는 사람을 규정한다. 동조 3항은 정당방위의 제21조와 유사하게, 과잉피난과 불가벌적 과잉피난에 대한 규정이다.

2. 긴급피난의 성립요건

긴급피난은 자기 또는 타인의 법익이 위난에 처했을 때 가능하다. 자기는 자기 자신을 말하고, 타인이란, 자기 이외의 자연인, 법인, 국가 등을 말한다. 이 점에서는 정당방위의 자기 또는 타인과 동일하다. 긴급피난에서 법익은 개인적 법익, 즉 생명, 신체, 자유, 주거, 재산, 명예 등은 물론이고, 사회적, 국가적 법익도 포함된다는 것이 다수설이다. 정당방위에서는 사회적, 국가적 법익은 원칙적으로 제외된 것과 다르다.

긴급피난에서 위난은 현재적이어야 한다. 현재성의 개념은 정당방위에서 본 것과 같이 위난이 개시되려고 하는 시점부터 종료되기 전으로 정의될 수 있다. 하지만, 실제에 있어서는 예방적, 반복적 위난도 현재성을 인정하는 것이 일반적이다. 즉, 정당방위의 현재성보다는 좀더 넓게 인정하는 것이다.

형법 제22조 1항은 "현재의 위난"이라고 하여, 긴급피난의 성립요건으로서의 위난은 현재적 위난으로 족하고, 정당방위와 같은 부당성이나 위법성과 같은 제한이 없다. 즉 위난은 부당하거나 위법하지 않더라도 된다. 따라서, 위난에는 사람의 행위나 부당한 침해, 건물, 자동차와 같은 인공물이나 동물의 공격은 물론이고, 태풍, 지진, 산사태와 같은 자연현상, 그리고 가축이나 야생동물의 공격도 포함된다. 따라서 사람의 위법한 침해에 대해서는 정당방위를 할 수도 있고 긴급피난을 할 수도 있다.

피난행위는 무고한 제3자의 법익을 침해하는 방식으로 이루어지는 것이 일반적이지만(공격적 긴급피난), 경우에 따라서는 위난 자체를 향해서 행해질 수도 있다(방어적 긴급피난). 긴급피난의 전형적인 형태는 공격적 긴급피난이고, 형법 제22조 1항도 이를 예정하고 있다. 이때에는 피난자의 이익과 제3자의 이익을 비교형량하여 피난자가 보호하고자 하는 이익이 제3자의 이익보다 우월해야 한다. 이러한 원리가 긴급피난의 상당성요건에 반영되어 있다.

형법 제21조 1항의 정당방위와 제22조 1항의 긴급피난은 모두 "상당한 이유"를 요건으로 하고 있다. 하지만, 정당방위는 부당한 침해에 대한 자기보호원리와 법질서수호원리에 의하여 위법성이 조각되는 경우이고, 긴급피난은 우월한 이익의 원리에 의하여 위법성이 조각되는 경우이므로, 비록 "상당한 이유"라는 용어가 같다고 하여도 그 본질의 차이에 따라서 구체적 기준을 달리 해석하는 것이 학설과 판례의 입장이다. 긴급피난의 상당성에는 보충성, 균형성이 포함된다.

보충성(補充性)이란, 피난행위 이외의 수단이나 방법으로는 위난을 피할 여지가 없어야 한다는 것이다. 즉 다른 수단이 없을 때에 보충적으로 피난행위를 해야 한다. 정당방위는 "부정 대 정의 관계"이므로, "법은 불법을 피할 필요가 없다"는 법언이 적용되지만, 긴급피난은 원칙적으로 "正 대 正의 관계"이므로 가능하면 무고한 피해를 막는 것이 바람직한 것이다.

다음으로, 균형성(均衡性)은 피난행위를 통하여 구하려는 이익이 그로 인해 침해되는 법익보다 본질적으로 우월해야 한다는 요건을 말한다. 우월한 이익의 원리에서 도출된 긴급피난의 본질에서 볼 때 핵심적인 요건이다. 여기에서 비교형량하는 대상은 피난행위를 통하여 구하려는 이익과 침해되는 이익이고, 법익의 종류, 정도, 범위, 완급 등을 종합적으로 감안해야 할 것이다. 이런 점에서 이익균형성은 법익균형성보다 넓은 개념이다. 판례도 이러한 관점에서 보충성, 이익균형성, 적합성 등을 인정하였다.

《판례》 대법원 2006. 4. 13. 선고 2005도9396 판결 [업무방해]
형법 제22조 1항의 긴급피난이란 자기 또는 타인의 법익에 대한 현재의 위난을 피하기 위한 상당한 이유 있는 행위를 말하고, 여기서 '상당한 이유 있는 행위'에 해당하려면, 첫째 피난행위는 위난에 처한 법익을 보호하기 위한 유일한 수단이어야 하고, 둘째 피해자에게 가장 경미한 손해를 주는 방법을 택하여야 하며, 셋째 피난행위에 의하여 보전되는 이익은 이로 인하여 침해되는 이익보다 우월해야 하고, 넷째 피난행위는 그 자체가 사회윤리나 법질서 전체의 정신에 비추어 적합한 수단일 것을 요하는 등의 요건을 갖추어야 한다.

상당한 이유에는 사회윤리적 고려가 포함된다. 따라서 보충성, 균형성이 존재하더라도, 적합성이 인정되어야 하고, 자초위난의 경우에는 긴급피난의 제한이 있다. 먼저, 적합성(適合性)이란, 피난행위의 수단, 방법이 사회윤리나 법질서 전체의 정신에 비추어 적합한 수단이어야 한다는 것이다. 대표적인 내용이 인간의 존엄성과 자율성의 원리이다. 인간의 자율적 판단에 반하여, 사람의 신체에 대한 희생을 강요할 수 없다는 것이다. 따라서, 설령 타인의 생명을 구하기 위하여 유일한 수단이라고 하여도, 다른 사람의 혈액이나 장기를 그 사람의 의사에 반하여 강제로 축출하는 것은 적합성요건에 반하여, 긴급피난이 인정되지 않는다.

긴급피난의 객관적 요건인 위난의 현재성, 피난행위의 보충성, 균형성, 사회윤리적 제한과 같은 상당성은 객관적으로 판단한다. 이는 정당방위에서 객관적 요건과 상당성 요건을 객관적으로 판단하는 것과 동일하다. 따라서, 객관적으로 현재의 위난이 없는데 있다고 오인하고 피난행위를 하면, 오상피난이 성립하고, 피난행위가 상당성을 초과한 때에는 과잉피난이 문제된다. 과잉피난에 대하여는 제22조 3항에서 규정하고 있다.

제22조 2항은 "위난을 피하지 못할 책임이 있는 자"에게는 정당화적 긴급피난이 적용되지 않는다고 규정한다. 여기에서 위난을 피하지 못할 책임이 있는 자는 위난을 감수할 것이 법적, 직업적으로 예정되어 있는 사람을 말한다. 예를 들어, 군인, 경찰관, 소방관 등은 직업적으로 위난을 감수할 의무가 있다.

긴급피난이 성립되기 위한 주관적 요건으로 피난의사가 요구된다. 제22조 1항도 "위난을 피하기 위한 행위"라고 하여 주관적으로 피난의사가 있을 것을 규정하고 있다. 다수설과 판례(대법원 1980. 5. 20. 선고 80도306 전원합의체판결)도 피난의사가 필요하다고 한다.

3. 법적 효과

형법 제22조 1항의 정당화적 긴급피난이 인정되면, 위법성이 조각되어 범죄가 되지 않는 경우로서 무죄를 선고한다(형사소송법 325조 참조). 판례도 정당행위나 긴급피난을 위법성이 조각되는 사유라고 판시하였다(대법원 1987. 1. 20. 선고 85도221 판결; 대법원 2013. 6. 13. 선고 2010도13609 판결 참조). 긴급피난상황, 피난행위, 상당성은 모두 객관적 성립요건으로서 객관적으로 판단하여 인정되어야 한다.

IV. 자구행위

우리 형법 제23조(자구행위) 1항은 "법정절차에 의하여 청구권을 보전하기 불능한 경우에 그 청구권의 실행불능 또는 현저한 실행곤란을 피하기 위한 행위는 상당한 이유가 있는 때에는 벌하지 아니한다."고 하여 자구행위를 규정한다. 이러한 자구행위를 명문의 위법성조각사유로 규정하고 있는 입법례는 흔하지 않다.

자구행위(自救行爲)란, 권리자가 권리에 대한 불법한 침해를 받고 국가기관의 법정절차(法定節次)에 의하지 않고 자력(自力)에 의하여 그 권리를 보전하는 행위를 말한다. 자구행위가 위법성조각사유인 근거는 청구권에 대한 불법한 침해의 위험상황에서 국가기관이 신속히 보호할 수 없는 경우에 인정되는 개인의 긴급행위라고 할 수 있다.

자구행위의 대표적 사례를 3가지만 들어보면 다음과 같다. <사례 1> 음식점 주인인 갑은 자신의 식당에서 음식을 주문하여 먹은 을이 음식값을 지불하지 않은 채 몰래 도망치려는 것을 붙잡았다. <사례 2> 갑은 을에게 금전을 1천만원 빌려주었다. 갑은 을이 돈을 갚지 않고 야반도주하려고 한다는 소식을 듣게 되었다. 급히 을을 추적하여, 해외로 출국하려는 을을 공항에서 붙잡고 출국하지 못하게 하였다. <사례 3> 갑은 자동차를 도둑맞았다. 그런데 며칠 후 우연히 길거리에서 자신의 자동차에서 내리는 을을 발견하고 달려가서 도망가지 못하도록 체포하였다.

위의 사례들에서 갑은 을에게 청구권을 갖고 있으나, 긴급상황으로 인하여 청구권이 위태롭게 되었고 이를 피하기 위하여 자구행위를 한 것이라고 할 수 있다. 통설은 정당방위나 긴급피난은 사전적 긴급행위이고, 자구행위는 사후적 긴급행위라고 한다. 하지만, 앞의 <사례 1>이나 <사례 2>는 사전에 어떠한 불법행위가 없었고 단지 대가를 지불하지 않고 도주하려고 하는 시점에 청구권이 위태롭게 된 것이므로, 이 경우의 자구행위는 사전적 긴급행위라고 보는 것이 옳다. 이에 반하여, <사례 3>에서는 사전에 위법한 절도행위로 침해당한 자동차에 대한 청구권을 사후적으로 확보한다는 사정이 있으므로, 사후적 긴급행위라고 보아도 무방할 것이다.[9] 따라서 자구행위는 사전적 긴급행위와 사후적 긴급행위의 측면을 모두 갖고 있다고 생각한다.

자구행위는 "청구권의 실행불능 또는 현저한 실행곤란을 피하기 위한 행위"여야 한다. 이를 보전행위(保全行爲)라고 한다. 자구행위에서 가장 중요한 부분이다. 청구권의

---

9) 이 경우 현행범체포는 인정될 수 없는데, 자동차절도가 이전에 발생하여 이미 종료하였기 때문에 을이 현행범이 아니기 때문이다.

실행불능이나 실행곤란을 피할 수 있는 청구권의 보전행위만이 자구행위로 허용된다. 이를 넘어서서, 청구권을 직접 실현하거나 변제충당하는 행위는 자구행위로 허용되지 않는다. 자구행위는 청구권의 보전수단이지, 충족수단이 아니다. 이에 관한 다수의 판례가 있다. 앞의 사례들에서 채권자가 할 수 있는 보전행위는 도주나 출국을 못하게 막고 즉시 경찰에 신고하여 경찰이 인적 사항, 주소, 목적지 등을 파악하는 등 적절한 조치를 취하게 하는 정도가 될 것이다.

'가구취거 사건'(대법원 2006. 3. 24. 선고 2005도8081 판결)을 살펴본다. 대법원은 "다른 채권자들이 채권확보를 위하여 피해자의 물건들을 취거해 갈 수도 있다는 사정만으로는 피고인들이 법정절차에 의하여 자신들의 피해자에 대한 청구권을 보전하는 것이 불가능한 경우에 해당한다고 볼 수 없을 뿐만 아니라, 또한 피해자 소유의 가구점에 관리종업원이 있음에도 불구하고 위 가구점의 시정장치를 쇠톱으로 절단하고 들어가 가구들을 무단으로 취거한 행위가 피고인들의 피해자에 대한 청구권의 실행불능이나 현저한 실행곤란을 피하기 위한 상당한 이유가 있는 행위라고도 할 수 없다고 하여, 자구행위를 부정하였다.

V. 피해자의 승낙

1. 피해자의 승낙의 의의

형법 제24조(피해자의 승낙)는 "처분할 수 있는 자의 승낙에 의하여 그 법익을 훼손한 행위는 법률에 특별한 규정이 없는 한 벌하지 아니한다."고 규정하는바, 피해자의 승낙(承諾)에 의하여 죄를 범한 경우 위법성이 조각된다는 의미이다. 따라서 법익을 처분할 수 있는 자의 유효한 승낙에 의하여 그 법익을 훼손한 행위는 위법하지 않다. 예를 들어, 타인으로부터 자신의 얼굴을 때려 달라는 부탁을 받고 얼굴을 때린 행위(폭행죄), 또는 타인이 자신의 재물을 파괴해도 좋다는 승낙을 받고 그 사람의 물건을 파괴한 손괴행위(재물손괴죄)는 위법성이 조각된다는 것이다. 피해자가 법익을 훼손해도 좋다고 승낙하면, 그 법익의 주체가 법익을 포기한 것이므로 보호할 이익이 없어지고 위법성이 조각된다.

학설은 법익주체가 자신의 법익을 훼손하는 데에 동의한 경우를 구별하여, 피해자의 동의(同意)가 구성요건해당성을 배제하는 경우를 양해(諒解)라고 하고, 위법성을 조각하는 경우를 승낙(承諾)이라고 한다. 즉, 동의를 양해와 승낙의 상위개념으로 보면 유용하다. 양해냐 승낙이냐의 구별이 법적으로 큰 의미가 있는 것은 아니다. 개별 범죄의 성격에 따라서 착오나 판단능력의 문제를 해결하는 입장을 개별설이라고 하는데, 타당하다고 생각한다. 판례도 '초원복국집 사건'에서 보듯이 개별설의 입장이라고 할 것이다.

《판례》 대법원 1997. 3. 28. 선고 95도2674 판결 〈초원복국집 사건〉
일반인의 출입이 허용된 음식점이라 하더라도, 영업주의 명시적 또는 추정적 의사에 반하여 들어간 것이라면 주거침입죄가 성립되는바, 기관장들의 조찬모임에서의 대화내용을 도청하기 위한 도청장치를 설치할 목적으로 손님을 가장하여 그 조찬모임 장소인 음식점에 들어간 경우에는 영업주가 그 출입을 허용하지 않았을 것으로 보는 것이 경험칙에 부합하므로, 그와 같은 행위는 주거침입죄가 성립한다.

2. 피해자의 승낙의 성립요건

피해자의 승낙에 의하여 위법성이 조각되기 위한 객관적 성립요건은, 당해 법익에 대하여 ① 처분할 수 있는 법익을 ② 처분권이 있는 자가 ③ 유효하게 승낙하여야 하고, ④ 승낙을 제한하는 특별한 법률규정이 없어야 한다는 것이다.

승낙에 의하여 위법성이 조각되기 위해서는 당해 법익이 처분가능한 법익이어야 한다. 개인적 법익만이 처분가능하다. 신체, 재산, 명예, 업무, 신용 등이 그 예이다. 국가적 법익이나 사회적 법익은 개인이 처분할 수 없다. 생명은 개인적 법익이지만, 절대적 법익으로 처분할 수 없는 법익이다. 따라서 피해자의 승낙이 있어도 살인죄는 성립하고 다만 처벌이 감경될 뿐이다(촉탁승낙에 의한 살인죄, 252조①). 사람의 신체는 처분가능하기는 하지만, 사회상규에 반하지 않아야 한다. 즉 사회상규에 반하지 않는 범위 내에서만 신체에 대한 훼손의 승낙은 당해 상해나 폭행의 위법성을 조각한다(통설, 판례).

피해자의 승낙은 처분할 수 있는 사람이 유효하게 결정해야 성립된다. 승낙의 의사결정에 강박, 기망 등의 하자가 없어야 한다. 기망, 강압에 의한 승낙은 유효한 승낙이 아니다. 승낙하려는 자에게 승낙에 관한 정보나 지식이 부족할 때에는 행위자가 피해자에게 그 내용을 충분히 설명해주어야 한다(설명의무). 특히 의사의 치료행위에서 그렇다. 치료행위를 하기 전에 의사는 환자에게 치료행위의 성격과 목적, 부작용 등을 설명하고 환자의 승낙을 받아야 한다(informed consent). 수술 등의 치료행위는 피해자의 승낙에 의하여 위법성이 조각되는 사유라고 하므로, 환자의 유효한 승낙이 있어야 치료행위의 위법성이 조각되는 것이다(다수설, 판례).

《판례》대법원 1993. 7. 27. 선고 92도2345 판결 〈자궁근종오진 사건〉
산부인과 전문의 수련과정 2년차인 의사가 자신의 시진 촉진결과 등을 과신한 나머지 초음파
검사 등 피해자의 병증이 자궁외 임신인지 자궁근종인지를 판별하기 위한 정밀한 진단방법을
실시하지 아니한 채 피해자의 병명을 자궁근종으로 오진하고 이에 근거하여 의학에 대한 전문
지식이 없는 피해자에게 자궁적출술의 불가피성만을 강조하였을 뿐 위와 같은 진단상의 과오
가 없었으면 당연히 설명받았을 자궁외 임신에 관한 내용을 설명받지 못한 피해자로부터 수술
승낙을 받았다면 위 승낙은 부정확 또는 불충분한 설명을 근거로 이루어진 것으로서 수술의
위법성을 조각할 유효한 승낙이라고 볼 수 없다.

승낙의 의사표시는 외부에서 인식할 수 있을 정도로 표시되어야 한다(표시설, 다수
설). 외부에서 인식할 수 있으면 언어에 의한 명시적 승낙(明示的 承諾)은 물론이고, 거동
에 의한 묵시적 승낙(默示的 承諾)도 가능하다. 승낙은 법익을 침해하는 행위 이전에 외
부로 표시되어 행위시까지 존속되어야 한다. 법익에 대한 훼손행위가 있기 전에 언제든
지 철회할 수 있다(대법원 2011. 5. 13. 선고 2010도9962 판결).

형법 제24조가 명시적으로 규정하고 있듯이, 법률에 특별한 규정이 있으면 피해자
의 승낙이 있어도 위법성이 조각되지 않는다. 이렇게 피해자의 승낙의 효력을 제한하는
특별규정은 두 가지 종류가 있다. ① 먼저 피해자의 양해나 승낙의 여부와 무관하게 범
죄가 성립되는 경우가 있다. 16세 미만의 사람에 대한 간음, 추행죄(305조), 피구금자에
대한 간음죄(303조②) 등을 들 수 있다.

② 다음으로, 피해자의 승낙이 있으면, 범죄는 성립하지만 형벌이 감경되는 경우도
있다. 보통살인에 대하여, 촉탁이나 승낙이 있으면 성립하는 촉탁, 승낙에 의한 살인죄
(252조①)가 그러한 예이다. 부동의낙태죄에 대하여 임부의 동의가 있으면 성립하는 동
의낙태죄(269조②, 270조①)도 마찬가지이다.

정당방위, 긴급피난 등 다른 위법성조각사유와 마찬가지로, 피해자의 승낙이 있다는
사실을 행위자가 인식하고 그에 기초하여 행위하여야 위법성이 조각될 수 있다.

3. 법적 효과

피해자의 승낙이 인정되면 형법 제24조에 의하여 위법성이 조각된다(대법원 2011. 5.
13. 선고 2010도9962 판결). 구성요건에는 해당하지만 위법성이 없으므로 범죄가 성립하지
않고, 무죄에 해당한다.

VI. 정당행위

1. 정당행위의 의의

형법 제20조는 "법령에 의한 행위 또는 업무로 인한 행위 기타 사회상규에 위배되지 아니하는 행위는 벌하지 아니한다."고 하여, 위법성조각사유로서의 정당행위(正當行爲)를 규정하고 있다. 동조는 법령에 의한 행위와 기타 사회상규에 위배되지 않는 행위로 되어 있는데, 일반적, 포괄적 위법성조각사유를 규정한 특징이 있다.

2. 법령에 의한 행위

법령에 근거하여 권리, 의무로서 행하여지는 행위는 위법하지 않다는 것이다. 여기에서 법령은 실체법, 절차법을 불문하고, 형법, 형사소송법은 물론이고, 민법, 상법, 행정법 등 일체의 적법한 법령을 말한다. 법률과 그 하위의 시행령, 명령, 규칙 등을 포함한다. 위법성이란, 법질서 전체와의 관계에서 법질서에 위반되는 성질을 말한다. 법질서의 통일성이라고 하는 관점에서 다른 법령에서 적법하게 규정하거나 허용하는 행위를 형법에서 위법하다고 할 수는 없다.

법령의 규정에 의하여 위법성이 조각되는 행위로는, ① 체포, 구속, 형의 집행, 압수수색 등 공무원의 직무집행행위, ② 개인의 현행범 체포(형사소송법 212조), ③ 노동쟁의 행위, ④ 모자보건법상 인공임신중절수술 등이 있다.

3. 업무로 인한 행위

형법상 업무(業務)라 함은, 직업 또는 사회생활상의 지위에 기하여 계속적으로 종사하는 사무를 말한다. 그런데, 정당행위로서의 업무는 업무상 과실치사상 업무상 횡령, 배임죄에서 업무나 아동혹사죄에서의 업무와 달리, 사회상규에 반하거나 사회적으로 용인할 수 없으면 안 된다. 형법 제20조도 "업무로 인한 행위 기타 사회상규에 위배되지 않는 행위"라고 하여, 업무로 인한 행위는 사회상규에 위배되지 않는 행위의 하나의 예시로서 규정하고 있음에 유의하여야 한다. 위법성이 조각되는 업무로 인한 행위란, 변호사, 의사, 기자, 성직자 등과 같이 그 업무가 사회적으로 용인되거나 사회상규에 부합하는 경우로 한정된다. 판례도 같은 취지이다.[10]

---

10) 대법원 1983. 3. 8. 선고 82도3248 판결: "위법성조각사유로서의 정당행위 즉 법령에 근거하여 행하여진 권리행위로서의 행위와 직접적으로 법령상 근거는 없다고 하더라도 사회통념상 정당하다고

4. 기타 사회상규에 위배되지 않는 행위

기타 사회상규에 위배되지 않는 행위는 보충적인 일반규정이다. 법령에 의하여 명시적으로 허용되거나 금지되는 경우에는 기타 사회상규가 적용될 여지가 없다고 할 것이다. 전술한 바와 같이 법령에 의한 금지가 사회상규에 우선한다고 보아야 하기 때문이다. 대체로 학설이나 판례는 사회상규(社會常規)를 '법질서 전체의 정신이나 그 배후에 놓여 있는 사회윤리 내지 사회통념'이라고 정의한다. 그리고 구체적으로 어떠한 행위가 사회상규에 위배되는지를 판단할 때에는 ① 목적의 정당성, ② 수단의 상당성, ③ 이익의 균형성, ④ 긴급성, ⑤ 다른 수단이 없다는 보충성 등 5개의 요건을 기준으로 한다. 하지만, 때로는 이중 일부의 요건이 충족되어도 사회상규에 의하여 위법성을 조각하기도 한다.

① 소극적 방어행위는 원래 정당방위로서 위법성이 조각될 수 있다. 그런데 판례는 소극적 저항행위라고 하여, 사회상규에 위배되지 않는 정당행위로 위법성이 조각된다는 취지의 판시를 한다. ② 민간의료행위라고 하여도, 수지침이나 부항 등은 의료행위에 해당하고 따라서 자격있는 자가 시술하여야 한다. 이때 무자격자라고 하여도 사회상규에 반하지 않으면 위법성이 조각된다. ③ 임대인, 건물주, 관리인 등은 건물이나 상가 등에 대하여 단전, 단수 조치를 취하는 경우가 있다. 이러한 때에는 업무방해죄의 구성요건에 해당될 수 있는데, 정당행위로서 위법성이 조각되는지 문제된다. 특히 피해자가 항의하거나 이의를 제기한 때에는 피해자의 승낙이 철회된 것이므로, 피해자의 승낙에 의한 위법성조각은 불가하므로, 정당행위의 성부가 문제된다. 판례는 목적의 정당성 등 전술한 5개의 요건이 충족되는 경우에 위법성을 조각한다. 아래의 판례를 참고할 수 있다.

《판례》 대법원 1994. 4. 15. 선고 93도2899 판결 [업무방해]
어떠한 행위가 정당한 행위로서 위법성이 조각되는 것인지는 구체적인 경우에 따라서 합목적적, 합리적으로 가려져야 할 것인바, 정당행위를 인정하려면 첫째, 그 행위의 동기나 목적의 상당성 둘째, 행위의 수단이나 방법의 상당성 셋째, 보호이익과 침해이익과의 법익균형성 넷째, 긴급성 다섯째로, 그 행위 외에 다른 수단이나 방법이 없다는 보충성 등의 요건을 갖추어야 할 것이다(당원 1987. 1. 20. 선고 86도1809 판결; 1992. 9. 25. 선고 92도1520 판결

인정되는 행위를 업무로서 행하는 행위 및 법령에 근거하거나 정당한 업무로 하는 행위에 속하지는 않으나 사회상규에 반하지 않는 행위 등은 일반적으로 정당한 행위는 적법하다는 원칙에 따라 그 위법성이 조각되는 것이다"; 1989. 12. 12. 선고 89도875 판결 참조.

등 참조).

원심판결 이유에 의하면 원심은, 피고인이 이 사건 시장번영회의 회장으로서 시장번영회에서 제정하여 시행중인 관리규정을 위반하여 칸막이를 천장에까지 설치한 일부 점포주들에 대하여 단전조치를 하여 위력으로써 그들의 업무를 방해하였다는 공소사실에 대하여, 피고인이 이러한 행위에 이르게 된 경위가 단전 그 자체를 궁극적인 목적으로 한 것이 아니라 위 관리규정에 따라 상품진열 및 시설물 높이를 규제함으로써 시장기능을 확립하기 위하여 적법한 절차를 거쳐 시행한 것이고 그 수단이나 방법에 있어서도 비록 전기의 공급이 현대생활의 기본조건이기는 하나 위 번영회를 운영하기 위한 효과적인 규제수단으로서 회원들의 동의를 얻어 시행되고 있는 관리규정에 따라 전기공급자의 지위에서 그 공급을 거절한 것이므로 정당한 사유가 있다고 볼 것이고, 나아가 제반사정에 비추어 보면 피고인의 행위는 법익균형성, 긴급성, 보충성을 갖춘 행위로서 사회통념상 허용될 만한 정도의 상당성이 있는 것이므로 피고인의 각 행위는 형법 제20조 소정의 정당행위에 해당한다고 판단하였는바, 이를 기록과 대조하여 살펴보면 원심의 이러한 판단은 정당하고 거기에 정당행위에 관한 법리를 오해한 위법이 있다고 할 수 없다.

책 임

Ⅰ. 책임의 일반이론

　이전에는 결과책임이라고 하여 단지 유해한 결과가 발생한 것만으로 처벌하기도 하였다. 그러나, 근대 시민 혁명이후 대륙법 국가에서는 행위자에 대한 책임이 있어야 처벌할 수 있다는 점에 이견이 없다. 이를 책임원칙이라고 하여, "책임 없이 형벌 없다"(nulla poena sine culpa)는 말로 요약된다. 따라서, 범죄를 구성요건에 해당하고 위법하고 책임이 있는 행위라고 정의할 수 있는 것이다. 우리 헌법재판소도 책임주의는 형법상의 기본원리로서 헌법상 법치국가의 원리에 내재하는 원리인 동시에 국민 누구나 인간으로서 존엄과 가치를 가지고 스스로의 책임에 따라 자신의 행동을 결정할 것을 보장하고 있는 헌법 제10조의 취지에서 도출되는 원리라고 판시한 바 있다(헌법재판소 2007. 11. 29. 선고 2005헌가10 결정).

　다만, 형사책임의 근거나 내용을 무엇으로 볼 것인가는 논란이 있다. 우선, 형사책임의 근거로는 도의적 책임론, 사회적 책임론, 기능적 책임론의 대립이 있다.[11]

　① 도의적 책임론은 인간의 자유의지와 비결정론에 기초하고 있다. 자유의지를 가진 인간이 적법행위를 할 수 있었음에도 위법행위를 선택한 데 대하여 도의적 비난을 가할 수 있는데, 그것이 형사책임이라는 것이다. 고전학파(구파), 행위책임론, 응보형주

---

11) 책임론에 대한 독일논쟁을 번역한 책으로는 심재우 등 편역, 책임형법론, 홍문사, 1995 참조.

의와 맥을 같이 하는 것이다. 책임능력이란 범죄능력을 말한다. ② 사회적 책임론은 인간의 자유의지를 부정하고, 인간의 행위는 소질과 환경에 의하여 결정된다고 하는 결정론에 입각하여 행위자의 타행위가능성은 있을 수 없다고 본다. 그럼에도 책임은 행위자의 반사회적 성격, 사회적 위험성에서 도출된다. 행위자의 반사회적 성격에서 형사책임을 이끌어내므로, 형벌과 보안처분은 구별이 어렵다(형벌, 보안처분 일원론). 근대학파(신파)와 성격책임론, 행위자책임, 목적형주의, 예방주의와 결부된 이론이다. 책임능력이란 형벌능력을 말한다. ③ 여러 견해는 근본적으로 자유의지의 문제, 형벌목적의 문제 등이 중첩되어 있으며 오랜 세월 인류가 논쟁을 계속해온 주제라는 것을 알 수 있다. 형사책임의 근거와 책임의 내용에 관한 문제는 하루아침에 해결될 수 있지 않다. 행위자에 대하여 도의적 책임, 윤리적 비난을 가하기 위하여는「적법행위의 가능성」, 즉「타행위가능성」(Anders-handeln-können, "You could have done otherwise", Principle of alternative possibilities)이 존재하여야만 한다. 이에 대하여 자유의지, 의사자유에 대하여 학계에는 어느 정도의 공감대가 형성되어 있다. 즉, 사람이 유전, 환경, 교육, 충동 등으로부터 완전하게 자유로운 의사결정을 하는 것은 불가능하고 어느 정도 외부적 사정에 영향을 받기는 하지만, 현생 인류인 호모 사피엔스(Homo sapiens)에 속하는 보통의 사람이라면 통상적 상황에서 본능이나 충동을 억제하고 법을 준수할 수 있다는 것이다.[12] 이를 약한 의미의 비결정론, 완화된 자유의지라고 할 수 있다. 이처럼 일정한 상황에서 불법과 적법을 선택할 수 있는 가능성이 있었음에도 불구하고 불법을 결정하였다면, 이러한 결정에 대하여 비난을 가할 수 있고, 이러한 전제에서 도의적 책임론이 타당하다고 본다. 이런 점에서 비결정론과 자유의지, 도의적 책임론은 같은 맥락이라고 할 수 있다. 판례도 "형법 제10조에서 말하는 사물을 변별할 능력 또는 의사를 결정할 능력은 자유의사를 전제로 한 의사결정의 능력에 관한 것"이라고 하여(대법원 1968. 4. 30. 선고 68도400 판결), 자유의사 또는 자유의지를 인정한 바가 있다.

현대의 책임이론에서는 행위자를 비난하기 위한 책임의 요소는 통상 4가지로, 책임능력, ② 책임형식(책임고의, 책임과실), ③ 위법성의 인식(가능성), ④ 적법행위의 기대가능성 등을 들고 있다. ① 책임능력은 행위의 위법성을 인식, 통찰하고, 이러한 통찰에 따라 의사를 결정할 수 있는 능력을 말하며, 책임의 조건이라는 입장도 있다. 책임능력은 책임비난을 위하여 반드시 필요한 요건이다.

---

12) 이렇게 행동을 통제하고 계획하는 능력은 대뇌 전두엽의 기능이라고 알려졌다. 개인적으로 대뇌피질에 손상이 있는 경우 통제능력에 장애가 있을 수 있다.

Ⅱ. 책임능력

1. 의의

우리 형법은 책임능력에 관하여 3개 조문을 갖고 있다. 제9조는 형사미성년자에 대한 규정으로, 범행시에 만14세가 되지 않은 사람은 책임능력이 없음을 정하고 있다. 제10조는 책임능력에 관한 일반규정으로 1항은 "심신장애(心神障碍)로 인하여 사물을 변별할 능력이 없거나 의사를 결정할 능력이 없는 자의 행위는 벌하지 아니한다"고 하여, 책임능력이 없는 책임무능력자 중 심신상실자를, 2항은 책임능력이 감소되는 한정책임능력자 중 심신미약자를, 그리고 3항은 스스로 책임능력을 제거하거나 감소시킨 경우인 원인에 있어서 자유로운 행위를 규정한다. 제11조는 농자자의 책임감경을 규율한다.

책임능력의 구체적 내용이 무엇인가는 학설에 따라 차이가 있다. 도의적 책임론의 관점에서는 자유의지를 인정하므로 책임능력은 행위의 불법성을 통찰하고 자신의 통찰에 따라서 행위를 결정할 수 있는 범죄능력(犯罪能力)이라고 한다.

2. 책임무능력

(1) 심신상실

우리 형법 제10조 1항에서 앞부분의 "심신장애(心神障碍)로 인하여"는 생물학적 방법을 규정한 것이고, 뒷부분의 "사물을 변별할 능력이 없거나 의사를 결정할 능력이 없는 자"라고 함은 심리학적 방법을 기술한 것이다. 판례도 같은 입장이다(대법원 1992. 8. 18. 선고 92도1425 판결).

책임능력이 인정되기 위한 심리학적 요소로서 사물의 변별능력(통찰능력)과 의사결정능력(행위통제능력)은 모두 존재하여야 한다. 드물기는 하지만, 자신의 행위가 불법이고 범죄라는 것은 인식하면서도(변별능력은 있지만), 알면서도 충동을 억제하지 못하여 행위통제능력이 결여되거나 감소되는 충동조절장애와 같은 경우에도 책임능력이 부정될 가능성이 있다(대법원 2005. 12. 9. 선고 2005도7342 판결).

(2) 형사미성년자

범행 당시 14세 되지 아니한 자의 행위는 벌하지 아니한다(9조). 만14세 미만인 사람에게는 책임비난을 할 수 없다는 판단에 따른 것이다. 이를 형사미성년자라고 한다.

만14세 되지 않은 사람은 아직 미성숙한 상태이므로 생물학적 관점에서 형벌을 부과하지 않는 것이다. 개인의 발육정도나 지능 등을 고려하지 않고 연령에 따라 획일적으로 판단한다. 최근 청소년의 흉악범죄가 증가하면서 형사미성년자의 연령을 더 낮추자는 주장도 있으나 신중하게 접근할 필요가 있다. 14세 미만의 형사미성년자라고 하여도 소년법에 의하여 보호처분을 부과할 수 있다. 소년법은 19세 미만인 소년에게 환경 조정과 품행 교정을 위한 보호처분 등의 필요한 조치를 하고, 형사처분에 관한 특별조치를 함으로써 소년이 건전하게 성장하도록 돕는 것을 목적으로 하는 법이다. 형벌 법령에 저촉되는 행위를 한 10세 이상 14세 미만인 소년은 보호사건으로 심리하여 보호처분을 내릴 수 있다(소년법 4조 참조).

3. 한정책임능력

한정책임능력자는 책임능력이 존재하기는 하나 감소된 경우를 말한다. 형법총칙에는 심신미약자(10조②)와 농아자(11조)에 관한 규정이 있다.

(1) 심신미약

심신장애(心神障碍)로 인하여 사물을 변별할 능력 또는 의사를 결정할 능력이 미약한 자의 행위는 형을 감경할 수 있다(10조②). 이 조항은 심신미약의 경우 한정책임능력으로 인하여 책임비난이 감소되고 형이 감경된다는 것이다. 2018년 12월 PC방 살인사건을 계기로 필요적 감경이 임의적 감경으로 개정되었다. 심신미약자의 규정도 심신상실자와 마찬가지로 혼합적 방법을 사용하고 있다. 따라서 생물학적 요소로서 심신장애가 존재하여야 하고, 이로 인하여 심리학적 요소로서 사물판별능력이나 행위통제능력이 감소되어야 한다. 이러한 요소에 대한 내용은 심신상실에서 설명한 것과 다르지 않다.

(2) 농아자

농아자의 행위는 형을 감경한다(11조). 농아자란 듣지도 말하지도 못하는, 청각과 발음기능 모두에 장애가 있는 자를 말한다. 농아자에 대하여 필요적 감경을 규정하였다는 점에 특색이 있다. 하지만 현대에는 특수교육이 발달하여 농아자도 정상인과 다름 없는 경우가 많은 데 일률적으로 한정책임능력자로 하는 것은 오히려 농아자에 대한 편견을 조장한다는 비판이 있다. 입법적으로 이 조항은 삭제하여 개별적으로 심신장애유무를 판단하면 족할 것이다.

4. 원인에 있어서 자유로운 행위

책임능력은 범행시에 존재하여야 한다. 그런데 심신장애에는 전통적인 정신병 이외에 음주로 인한 명정의 경우에도 인정될 수 있다. 그렇기에 발생할 수 있는 사례는 행위자가 스스로 음주하여 책임능력을 제거하거나 약화시킨 후에 범죄를 저지르는 경우이다. 이때 범행 당시에는 온전한 책임능력이 없기 때문에 형법 제10조 1항이나 2항에 의하면 책임이 조각되어 벌할 수 없거나 형을 감경하여야 하는 상황이 된다. 이러한 결과는 비록 치료감호를 고려한다고 하여도 정당하지 않다. 왜냐하면 행위자가 스스로 책임능력이 있는 상태에서 자신의 책임능력을 제거하여 범죄를 실행하였기 때문에 통상적인 책임비난이 인정되어 형벌로 처벌하는 것이 오히려 공정해 보이기 때문이다. 이에 대처하기 위한 것이 원인에 있어서 자유로운 행위이고, 우리 형법 제10조 3항은 "위험의 발생을 예견하고 자의로 심신장애를 야기한 자의 행위에는 전2항의 규정을 적용하지 아니한다"고 하여 이를 명시적으로 규정하고 있다.

원인(原因)에 있어서 자유(自由)로운 행위(actio libera in causa)라 함은 일반적으로 행위자가 범행을 예견하면서 고의 또는 과실에 의하여 자신을 심신장애상태에 빠지게 한 후 이러한 상태에서 범죄를 실행하는 것을 말한다.

《판례》 대법원 1996. 6. 11. 선고 96도857 판결 〈대마초 흡연 살인사건〉
피고인들은 상습적으로 대마초를 흡연하는 자들로서 이 사건 각 살인범행 당시에도 대마초를 흡연하여 그로 인하여 심신이 다소 미약한 상태에 있었음은 인정되나, 이는 위 피고인들이 피해자들을 살해할 의사를 가지고 범행을 공모한 후에 대마초를 흡연하고, 위 각 범행에 이른 것으로 대마초 흡연시에 이미 범행을 예견하고도 자의로 위와 같은 심신장애를 야기한 경우에 해당하므로, 형법 제10조 3항에 의하여 심신장애로 인한 감경 등을 할 수 없다.

형법은 원인에 있어서 자유로운 행위의 요건이 충족되면, "전2항의 규정을 적용하지 아니한다"고 명시하고 있다. 즉 범행시에 책임무능력이었다고 하여도 책임이 조각되지 않고 통상의 행위와 마찬가지로 처벌되며, 한정책임능력이었다고 하여도 형이 감경되지 않고 통상의 형벌이 부과된다. 책임능력이 없거나 감소된 경우에 인정되는 책임비난의 감소가 원인에 있어서 자유로운 행위에는 적용되지 않고 통상의 책임비난이 가능한 것이다. 원인에 있어서 자유로운 행위라고 하는 명칭이 갖고 있는 것처럼 심신장애상태를 자유로운 상태에서 스스로 야기하였으므로 그에 대한 책임비난은 정당한 것이다.

한편, 음주 또는 약물로 인한 심신장애 상태에서 성폭력범죄(2조① 1호의 죄는 제외한다)를 범한 때에는 「형법」 제10조 1항·2항 및 제11조를 적용하지 아니할 수 있다(성폭력범죄의 처벌 등에 관한 특례법 20조).

Ⅲ. 책임형태(책임형식)

책임능력 다음으로 책임의 요소는 책임형태(책임형식)로서의 책임고의나 책임과실이다. 합일태적 범죄체계론에서는 책임형태로 책임고의나 책임과실이 존재하여야 처벌이 가능하다. 책임비난이나 형벌의 크기는 무엇보다 책임고의나 책임과실과 같은 책임형태에 직접 연관된다. 책임고의나 책임과실은 양적인 평가가 가능한 실체개념으로써 책임개념의 중심을 이루게 된다. 책임고의가 존재하여야 고의범으로 처벌이 가능하고, 책임과실이 있으면 과실범으로 처벌할 수 있다. 이러한 책임고의나 책임과실은 구성요건적 고의나 과실과는 구별되는 책임의 요소이므로, 넓게 보면 고의나 과실은 구성요건요소인 동시에 책임요소가 되는데, 이를 고의와 과실의 이중기능 또는 이중지위라고 한다.

Ⅳ. 위법성의 인식과 위법성의 착오

1. 의의

도의적 책임론의 관점에서 책임비난은 위법한 행위를 피할 수 있었음에도 불구하고 결행하였다는 데에 대한 비난가능성이다. 이를 위하여 사물의 변별능력과 행위통제능력이라고 하는 책임능력이 요구되었다. 위법성의 인식은 책임능력, 책임형태에 이은 3번째 책임요소이다. 만약 자신의 행위가 위법하지 않다, 즉 적법하다고 생각하였다면 그러한 행위를 하지 않을 이유가 없기 때문에 그러한 행위로 나아간 것을 비난할 수 없다. 위법성의 인식은 불법의식 또는 불법인식이라고도 한다.

그런데 문제는 어떠한 행위가 객관적으로는 위법함에도 불구하고, 행위자가 주관적으로 위법하지 않다고 오신한 경우이다. 이러한 경우를 위법성의 착오라고 한다. 구성요건적 고의가 착오와 연관되어 있듯이, 위법성의 인식은 위법성의 착오와 긴밀히 연관되어 있다.

2. 위법성의 인식

위법성의 인식은 확정적 인식일 필요는 없고 소위 미필적 인식으로도 가능하다. 이 점은 구성요건적 고의에서 미필적 고의가 인정되는 것과 같다. 하지만, 위법성의 인식은 현재적 인식일 필요는 없고 잠재적 인식이어도 족하다. 이 점에서는 고의와 차이가 있다.

구체적 법조문을 인식하지 못하여도 소박한 관점에서 행위가 법질서에 반할 수 있다는 인식 정도로도 충분하다. 법에 반한다는 인식이 만약 구체적 법조문이나 법원리를 의미한다면, 위법성의 인식을 가질 수 있는 사람은 제한적인 법률전문가로 한정되어 형벌규범의 실효성이 상실될 것이다. 전통적인 범죄인 살인, 절도, 사기, 폭행 등은 이미 초등학생 수준만 되어도 그 위법성을 인식한다고 볼 수 있다.

위법성의 인식은 개별적 구성요건과 관련되어 있어야 하며, 가중적 구성요건의 위법성도 인식하여야 한다. 예를 들어, 존속범죄나 결과적 가중범 등의 경우에는 그러한 가중적 요소에 대한 위법성의 인식(가능성)이 있어야 한다.

3. 위법성의 착오

형법 제16조는 위법성의 착오가 있을 때에 위법성을 오인한 것에 "정당한 이유"가 있는지를 요건으로 규정한다. 과거보다는 좀더 도의적 책임론과 책임원칙에 충실한 입장이라고 생각된다. 2000년대 이전에 대법원 판례는 정당한 이유를 판단함에 있어서 과실의 유무로 판단하거나, 사회정의와 조리에 어긋나는지 인식여부 등 여러 기준을 적용하였다. 이와 달리, 학설은 독일 형법 제17조의 "회피가능성"에 대한 해석론을 참고하여 보다 일관된 기준을 발전시켜왔다. 그러던 중 2006년 판례는 학설의 입장을 상당부분 수용하여 다음과 같이 판단기준을 판시하기에 이르렀다. "정당한 이유가 있는지 여부는 행위자에게 자기 행위의 위법의 가능성에 대해 심사숙고하거나 조회할 수 있는 계기가 있어 자신의 지적능력을 다하여 이를 회피하기 위한 진지한 노력을 다하였더라면 스스로의 행위에 대하여 위법성을 인식할 수 있는 가능성이 있었음에도 이를 다하지 못한 결과 자기 행위의 위법성을 인식하지 못한 것인지 여부에 따라 판단하여야 할 것이고, 이러한 위법성의 인식에 필요한 노력의 정도는 구체적인 행위정황과 행위자 개인의 인식능력 그리고 행위자가 속한 사회집단에 따라 달리 평가되어야 한다."(대법원 2006. 3. 24. 선고 2005도3717 판결) 이러한 기준은 이후 판례에서 반복적으로 등장하는바, 심사숙고하거나 조회할 수 있는 계기에 주목하고, 회피하기 위한 진지한 노력이 있을 경우 위법성을 인식할 수 있는가를 내용으로 한다.

행정청의 허가가 있어야 함에도 불구하고, 허가를 받지 아니하여 처벌대상의 행위를 한 경우라도 허가를 담당하는 공무원이 허가를 요하지 않는 것으로 잘못 알려 주어 이를 믿었기 때문에 허가를 받지 아니하고 죄를 범한 경우, 정당한 이유가 인정되어 처벌되지 않는 사례가 많다. 예를 들어, 도봉구청의 1977.9.1자 질의회시 등의 공문이 곡물을 단순히 볶아서 판매하거나 가공위탁자로부터 제공받은 고추, 참깨, 들깨, 콩 등을 가공할 경우 양곡관리법 및 식품위생법상의 허가대상이 아니라는 취지이어서 사람들이 물에 씻어 오거나 볶아온 쌀 등을 빻아서 미숫가루를 제조하는 행위에는 별도의 허가를 얻을 필요가 없다고 믿고서 미숫가루 제조행위를 하게 된 경우(대법원 1983. 2. 22. 선고 81도2763 판결)가 그러하다.

하지만, 판례는 피고인이 보건사회부장관의 고시에 의하여 당국의 형식승인을 받지 아니한 전자오락기구를 사용하였다 하더라도 내세우는 사정만으로는 피고인의 행위가 죄가 되지 아니하는 것으로 오인하는데 정당한 이유가 있다고 볼 수 없고, 처벌의 대상에서 제외된다는 보건사회부장관의 회시는 법원의 판단을 기속하는 것도 아니라고 한 사례(대법원 1991. 8. 27. 선고 91도1523 판결)가 있다.[13]

관공서의 모호한 통지나 지도도 정당한 이유가 될 수 있다. 운전면허정지통지서의 내용이 모호하여 면허증을 반납하지 않고 있으면 그 정지처분의 집행이 지연될 것으로 알고 그 기간 동안의 운전은 무면허운전이 되지 않는다고 믿고서 자동차운전을 하고 다닌 것이 아닌가 하는 의심이 있고 만약 그것이 사실이라면 피고인은 이 사건 운전 당시 자기의 행위가 무면허운전행위에 해당하지 않는 것으로 오인하여 정당한 이유가 될 수 있다고 한 경우(대법원 1993. 4. 13. 선고 92도2309 판결)가 있다.

V. 적법한 행위의 기대가능성

행위자를 형법적으로 비난하기 위해서는 적법행위에 대한 기대가능성이 있어야 한다. 행위시의 구체적 사정으로 보아 행위자가 위법행위를 하지 않고 적법행위를 할 것을 기대할 수 있어야 하고, 이를 기대할 수 없을 때에는 책임비난이 탈각된다.

기대가능성은 어느 정도 규범적 기준을 사용하지 않을 수 없다. 단순히 현재 행위자

---

13) 유사한 판시로 대법원 1987. 4. 14. 선고 87도160 판결 참조. 하지만, 행정청의 견해가 법원을 기속하지 않는 것과 피고인이 행정청의 견해를 믿고 행위하였을 때 정당한 이유가 있는가의 문제는 별개라고 할 것이므로, 판례는 비판받을 소지가 있다.

의 능력이 낮다고 하여 그 정도까지만 요구하고 그러한 저열한 행위를 비난할 수 없다고 한다면, 이는 당위와 규범의 존재 자체가 부정되는 결과가 될 것이다. 반면, 평균인을 기준으로 하는 것은 그 기준이 너무 높고, 경험적으로 평균인의 능력이 경험적으로 확인된다면 인구의 절반 가량이 전과자가 될 위험에 빠지게 된다. 국가이념을 기준으로 하는 것도 모호하고 추상적이어서 구체적 기준선을 제시하지 못하는 난점이 있다. 최소규범인 표준설은 규범적 관점에서 최소한의 기준선을 제시하면서도 과도한 요구를 부과하지 않으므로 적절하다고 생각한다.[14]

형법 제12조는 "저항할 수 없는 폭력이나 자기 또는 친족의 생명, 신체에 대한 위해를 방어할 방법이 없는 협박에 의하여 강요된 행위는 벌하지 아니한다"고 하여 강요된 행위는 책임이 조각되어 처벌되지 않음을 규정한다. 이러한 외부적 상황이 있는 경우에는 적법행위에 대한 기대불가능성으로 인하여 책임비난을 할 수 없음을 명시적으로 규정하였다.

형법 제12조 소정의 저항할 수 없는 폭력은, 심리적인 의미에 있어서 육체적으로 어떤 행위를 절대적으로 하지 아니할 수 없게 하는 경우와 윤리적 의미에 있어서 강압된 경우를 말하고, 협박이란 자기 또는 친족의 생명, 신체에 대한 위해를 달리 막을 방법이 없는 협박을 말하며, 강요라 함은 피강요자가 자유로운 의사결정을 하지 못하도록 하고 특정한 행위를 하게 하는 것을 말한다(대법원 1983. 12. 13. 선고 83도2276 판결). 강요된 행위가 되기 위해서는 저항할 수 없는 폭력이나 방어할 방법이 없는 협박과 위법한 행위 간에 인과관계가 있어야 한다. 즉 피강요자가 폭력이나 협박으로 인하여 위법행위를 했어야 하는 것이다.

---

14) 이에 관하여는 한상훈, 진화론적 인지과학을 고려한 책임개념과 책임원칙의 재조명, 형사법연구, 27권, 2015. 3, 267면 이하 참조.

사례연습

이상에서 형법의 기본개념과 구성요건, 위법성, 책임에 대하여 살펴보았다. 이로써 형법의 기본은 습득했다고 볼 수 있다. 본서는 법학입문이므로, 오히려 구체적 사례에서 어떻게 형법이론을 적용하는지 그 방법을 살펴보는 것이 유용할 것이다.

형법각론의 영역에서 강제추행죄와 상해죄, 총론의 몇 개 쟁점을 사례를 통하여 간략히 정리해 보고자 한다. 예를 들어, 갑은 을녀를 짝사랑하였는데 을녀가 만나주지 않자, 추행을 할 의사로 혼자서 술을 많이 마셔 만취한 상태에서(책임무능력상태라고 가정함) 인적이 드문 심야에 혼자 귀가중인 을녀에게 뒤에서 느닷없이 달려들어 양팔을 붙잡고 어두운 골목길로 끌고들어가 쓰러뜨린 후 저항하는 을녀의 옆구리를 무릎으로 차고 억지로 키스를 하였다. 이때 을녀는 정조와 신체를 지키려는 일념에서 엉겁결에 갑의 혀를 깨물어 설절단상을 입혔다. 이때 갑과 을의 죄책은 어떻게 되는지 검토해보자.

I. 논점의 정리

갑의 경우, 강제추행죄를 범한 것으로 생각되므로, 구성요건해당성, 위법성, 책임의 순으로 진행해야 한다. 추행을 범하기 위해 스스로 음주하여 명정상태에 빠졌으므로 원인에 있어서 자유로운 행위를 검토해야 한다. 을의 경우에는 혀를 절단하였으므로 상해죄나 중상해죄가 문제된다. 다만 정당방위인지 검토할 필요가 있다. 갑과 을의 죄책을 묻고 있는바, 먼저 범죄를 개시한 갑부터 검토하는 것이 좋겠다.[15]

---

15) 참고로 이 사례는 대법원 1989. 8. 8. 선고 89도358 판결을 변형한 것이다.

Ⅱ. 갑의 강제추행죄의 성부

1. 구성요건

(1) 강제추행의 의의

형법 제298조(강제추행)는 "폭행 또는 협박으로 사람에 대하여 추행을 한 자는 10년 이하의 징역 또는 1천500만원 이하의 벌금에 처한다"고 규정하여 강제추행을 처벌한다. 즉 강제추행죄는 폭행, 협박을 사용하여 타인을 추행할 경우에 성립한다. 강제추행죄에서 요구되는 폭행, 협박은 타인의 저항을 제압할 정도를 말한다. 다만, 기습추행의 경우에는 예외적으로 신체에 대한 유형력의 행사만으로도 강제추행을 인정한다. 추행은 객관적으로 보아 일반인의 성적 수치심을 야기할 정도의 행위를 말한다. 강제추행죄는 고의범으로서 고의를 요한다.

(2) 사안에의 적용

갑의 경우에는 을녀의 양팔을 붙잡고 무릎으로 차고 강제로 키스를 하였으므로, 강제추행죄의 폭행, 협박의 요건을 충족한다. 강제로 키스한 것은 일반인의 성적 수치심을 야기할 정도의 추행이므로, 갑은 강제추행죄의 객관적 구성요건을 충족하였다.

나아가 강제추행을 인식하고 이러한 의사로 추행하였으므로, 강제추행의 고의도 인정된다. 따라서 갑은 을에 대한 강제추행죄의 구성요건을 충족한다.

2. 위법성

주어진 사안에서 갑에게 강제추행에 대한 위법성조각사유는 특별히 보이지 않으므로 위법하다.

3. 책임

(1) 책임능력의 문제

책임과 관련해서는 추행시에 책임능력이 없었으므로 책임능력이 문제된다. 갑의 책임능력과 관련해서는 두 가지를 검토할 수 있다. 첫째는 성폭력처벌특례법상 책임능력의 특례규정이고, 다음으로는 원인에 있어서 자유로운 행위이다.

먼저, 음주 또는 약물로 인한 심신장애 상태에서 성폭력범죄(2조① 1호의 죄는 제외한다)를 범한 때에는 「형법」제10조 1항·2항 및 제11조를 적용하지 아니할 수 있다(성폭력범죄의 처벌 등에 관한 특례법 20조). 이 조항은 음주나 약물을 복용한 후에 성폭력범죄를 범한 경우에도 형법 제10조 2항에 의하여 형을 감경하는 사례가 빈발하자 이를 방지하고자 2010년 신설된 규정이다. 하지만, 이 조항은 책임주의에 반할 수도 있는 우려가 있고, 어떠한 경우에 적용되는지도 명확하지 않다. 생각건대, 후술하는 원인에 있어서 자유로운 행위에 준하는 정도의 책임비난적 요소가 있어야 할 것으로 본다.

(2) 원인에 있어서 자유로운 행위의 의의

원인에 있어서 자유로운 행위의 성립을 검토해 보아야 한다. 형법 제10조 3항은 "위험의 발생을 예견하고 자의로 심신장애를 야기한 자의 행위에는 전2항의 규정을 적용하지 아니한다"고 하여, 이를 규정한다. 강제추행 당시에는 음주로 인하여 책임무능력이었다고 하여도 동조에 의하여 완전한 책임비난이 가능할 수 있다. 강제추행죄는 고의범이므로, 고의의 원인에 있어서 자유로운 행위를 검토하여야 한다. 갑은 책임무능력 상태에서 고의로 강제추행을 하였으므로, 구성요건해당성은 이미 충족하였다. 책임과 관련해서는 이중의 고의가 요구된다. 이중의 고의란, 명정상태를 야기한다는 점에 대한 고의와 명정상태에서 범할 범죄에 대한 고의를 말한다.

(3) 사안에의 적용

갑은 명정상태에서 고의로 강제추행을 범했을 뿐 아니라, 음주를 통하여 명정상태를 야기한다는 점에 대한 고의가 있었고, 또 명정상태를 야기하는 음주시에 이미 강제추행에 대한 고의가 있었다. 즉 이중의 고의가 인정된다. 그러므로 갑은 비록 행위시에는 책임무능력상태라고 하여도, 형법 제10조 3항에 의하여 강제추행죄의 책임을 인정할 수 있다. 기타 다른 책임조각사유는 보이지 않는다.

4. 소결

갑은 을에 대하여 강제추행죄(형법 298조)를 범하였다. 강제추행죄는 친고죄가 아니므로 피해자의 고소 여부와 관계 없이 처벌할 수 있다.

Ⅲ. 을의 상해죄의 성부

1. 구성요건

을은 갑의 혀를 깨물어 절단상을 입혔으므로, 혀의 생리적 기능을 훼손하였으므로 상해의 객관적 구성요건을 충족하였고, 이에 대하여는 고의가 있다. 얼떨결에 깨물었다고 하여도 타인의 신체를 상해한다는 점에 대한 인식과 의사가 있었으므로 고의가 인정된다. 따라서 을의 행위는 상해죄(형법 257조①)의 구성요건을 충족한다.

중상해죄(형법 258조②)에 해당할 여지도 있으나, 주어진 사실관계만으로 갑에게 불구 또는 불치나 난치의 질병이 야기되었는지 명확하지 않으므로 인정하지 않기로 한다.

2. 위법성

(1) 정당방위의 의의

을이 갑의 혀를 절단한 것은 갑의 폭행과 강제추행에 대항하여 정조와 신체의 자유를 지키기 위한 것이었으므로 정당방위(형법 21조①)가 성립하여 위법성이 조각되는지 문제된다. 정당방위는 자기 또는 타인의 법익에 대한 현재의 부당한 침해를 방위하기 위한 행위로서 상당한 이유가 있는 때에 성립한다. 여기에서 법익은 생명, 신체, 자유, 재산 등 법에 의하여 보호되는 이익을 말하고, 현재의 부당한 침해란, 법질서에 반하는 침해가 개시되어서 종료되지 않은 상태를 말한다. 또한 상당한 이유에 관하여, 학설은 필요성과 요구성이라는 기준에서 검토하고, 판례는 방어하려는 법익과 방어행위에 의하여 침해되는 법익의 종류, 정도 등을 종합적으로 검토한다.

(2) 사안에의 적용

사안에서 을은 자신의 정조와 신체의 자유, 성적 자기결정권에 대한 공격을 당하고 있었고, 갑의 추행행위는 위법하다는 점을 확인하였으므로, 을의 혀 절단행위는 자신의 법익에 대한 현재의 부당한 침해에 대한 방어라고 할 수 있다. 아울러 을의 방어행위에 상당성이 인정되는지 문제된다. 이에 대하여 학설에 의하면, 신체적으로 약한 을녀가 남성에 대항하기 위한 수단으로 필요성과 요구성이 인정된다. 판례는 법익간 비교 등을 통하여 상당성을 인정하므로 보다 인정범위가 좁아지게 되지만, 사안에서 정조, 신체, 성적 자기결정권이 보다 우위에 있다고 판단된다. 판례도 유사한 사안에서 정당방위의 상당성을 인정한 바 있다. 따라서 학설과 판례에 의할 때, 을의 상해행위는 정당방위로서 위법성이 조각된다. 을의 행위가 위법하지 않으므로, 추가적으로 책임을 검토할 필요는 없다.

3. 소결

을의 상해는 위법성이 조각되어 무죄이다.

미수

Ⅰ. 범죄의 진행단계와 미수의 의의

1. 범죄의 진행단계

　　형법에 규정된 대부분의 죄는 그 범죄의 결과가 발생함으로 예정하고 있다. 예를 들어, 상해죄는 상해의 결과, 살인죄는 사망의 결과가 발생했을 때 성립한다. 이를 기수범이라고 한다. 이에 반하여, 결과가 발생하지 않으면 미수범이 된다. 예로, 살인을 하려고 총을 발사하였으나 총알이 빗나가서 피해자가 사망하지 않았다면, 살인미수가 성립된다. 범죄의 진행과정은 대체로 다음과 같다. ① 범죄의 예비, 음모 ⇒ ② 실행의 착수(미수) ⇒ ③ 범죄의 기수 ⇒ ④ 범죄의 종료.

　　① 범죄의 예비(豫備)나 음모(陰謀)는 범죄를 준비하거나 2인 이상이 범죄에 합의했지만, 아직 실행의 착수(미수)에는 이르지 않은 단계이다. ② 미수(未遂)는 실행에는 착수했지만 아직 범죄의 구성요건을 실현하지 못하여 기수에는 이르지 않은 단계이다. ③ 기수(旣遂)는 범죄의 구성요건을 모두 충족하여 형식적으로 범죄가 완성된 단계이다. ④ 종료(終了)는 범죄의 기수가 성립한 후 보호법익에 대한 침해가 실질적으로 끝난 단계를 말한다.

　　예를 들어, 살인에 사용하기 위하여 권총을 구입하였다면, 살인예비죄에 해당한다(255조). 사람을 살해하려고 그를 향해 권총을 겨누었다면, 살인의 실행의 착수가 있으므로, 살인미수가 인정될 것이다(254조, 250조①). 총을 쐈으나 총알이 빗나갔다고 해도 사람의 사망이라는 결과가 발생하지 않았으므로 살인죄는 성립하지 않고 살인미수가 성립된다. 미수범은 언제나 처벌하는 것이 아니고 형법각칙에 별도로 미수를 처벌한다는 규정이 있어야 처벌할 수 있다(29조). 예를 들어, 살인미수는 형법 제254조에 의하여 처벌되고, 상해미수(257조③), 절도와 강도의 미수(342조), 사기와 공갈의 미수(352조), 건조물 등 방화미수(174조) 등 상당수의 죄의 미수는 처벌된다. 어떠한 범죄의 예비나 음모도 각칙에 특별한 처벌규정이 있어야 처벌할 수 있다(28조 참조). 살인의 예비음모는 제255조에 의하여, 10년 이하의 징역에 처한다. 내란예비음모, 강도예비음모, 방화예비음모 등 중대한 범죄의 예비음모는 처벌된다.

범죄의 종료는 대부분의 범죄에서 기수와 일치한다. 다만 예외적으로 서로 구별되는데, 계속범이나 목적범의 경우에 그러하다. 예를 들어, 계속범인 감금죄에서 사람을 감금하면 기수에 이르지만, 감금된 사람이 계속 감금되어 있는 동안은 종료되지 않고, 석방되어야 비로소 감금죄가 종료된다.

2. 미수의 처벌근거

형법상 미수는 장애미수, 불능미수, 그리고 중지미수로 구별된다. ① 장애미수(25조)는 범죄의 결과발생이 원래는 가능하였고(+) 위험성도 있지만(+), 어떠한 장애요소로 인하여 결과가 발생하지 않은 경우를 말한다. 형법 제25조 1항이 규정하는데, 기수범에 비하여 형을 감경할 수 있다(임의적 감경). ② 불능미수(27조)는 행위자가 대상이나 수단을 착오하여 범죄결과의 발생 가능성은 처음부터 없었지만(−), '위험성'은 있는 경우(+)로서, 제27조에 따라, 형을 감경하거나 면제할 수 있다(임의적 감면). 불능미수와 달리, 착오로 인하여 결과발생이 애초에 불가능하였고(−), '위험성'도 없어서(−) 처벌하지 않는 경우는 불능범(不能犯)이라고 한다. ③ 중지미수(26조)는 범죄의 실행에 착수했지만 행위자가 스스로 중지하여 결과가 발생하지 않은 경우로서, 제26조에 따라 형을 감경하거나 면제하여야 한다(필요적 감면).[16] 중지미수는 일단 실행에 착수한 범행을 스스로 중지하는 특수한 형태이다. 중지미수는 스스로 범행을 중지한 특수한 경우이며, 장애미수나 불능미수 모두와 결합될 수 있다.

우리 형법의 태도는 범죄의 미수를 개별적으로 각칙에서 처벌하고 있고, 또 장애미수의 경우 형벌은 기수범에 비하여 임의적으로 감경하고 있는데, 범죄자의 의도라고 하는 주관적 측면과 결과발생의 위험이라고 하는 객관적 측면을 모두 고려한 절충설의 입

---

16) 상세히는 한상훈, 형법 제27조에서 결과발생의 불가능과 위험성의 구별기준, 형사법연구, 20권 3호, 2008, 79쪽 이하; 한상훈/안성조, 형법개론, 2020 참조.

장이다.

장애미수는 형을 감경할 수 있고(임의적 감경), 불능미수는 형을 면제하거나 감경할 수 있고(임의적 감면), 중지미수는 형을 감경하거나 면제하여야 한다(필요적 감면).

Ⅱ. 장애미수

장애미수는 범죄의 실행에 착수하였으나 어떠한 장애로 인하여 기수에 이르지 않은 미수를 말한다. 실행의 착수시에는 결과발생이 가능하였으므로 '가능미수'라고도 한다. 제25조 1항에서 규정하고 있고, 각칙 본조에 처벌규정이 있어야 처벌할 수 있다. 장애미수의 성립요건은 주관적 요건으로 범행결의와 객관적 요건으로 실행의 착수가 인정되어야 한다. 특히 실행의 착수는 예비음모와 구별하는 기준으로 중요하다.

① 범죄의 범행결의는 당해 범죄에 요구되는 모든 주관적 요소를 의미한다. 범죄의 기수가 성립하지 않았으므로, 뭔가 객관적 요소에 흠결이 있었을 것이지만, 행위자는 객관적으로는 흠결된 요소조차도 모두 존재하는 것으로 인식하여야 한다. 즉 기수의 고의가 있어야 한다. 기수의 고의는 물론이고 목적, 불법영득의사와 같은 초과주관적 요소도 모두 존재하여야 한다. 여기에서 고의는 미필적 고의로도 족하다.

② 실행의 착수는 구성요건적 실행행위의 일부를 실행하면 당연히 인정된다. 예를 들어, 갑이 마네킹을 사람으로 착각하고 살해하기 위하여 총으로 쏘아서 마네킹이 부서졌다고 하자. 객관적으로는 마네킹의 손괴라는 결과가 발생하였다. 사람의 사망이 발생하지 않아서 살인의 기수는 성립하지 않는다. 하지만, 갑의 의사를 보면, 사람을 살해한다고 하는 기수의 고의가 있고, 실행의 착수도 인정되어 살인미수가 성립된다.

하지만 실행의 착수는 직접 구성요건적 실행행위를 개시하지 않아도 그와 밀접한 이전단계의 행위를 하여도 인정된다. 따라서 피고인이 격분하여 피해자를 살해할 것을 마음먹고 밖으로 나가 낫을 들고 피해자에게 다가서려고 하였으나 제3자가 이를 제지하여 그 틈을 타서 피해자가 도망함으로써 살인의 목적을 이루지 못한 경우에도, 살인의 고의로 낫을 들고 피해자에게 접근함으로써 살인의 실행행위에 착수하였다고 본다(대법원 1986. 2. 25. 선고 85도2773 판결).

실행의 착수를 판단하는 기준과 관련하여, 판례는 밀접행위설(실질적 객관설)이라고 하여 실행행위와 밀접한 행위를 하면 실행의 착수가 인정된다고 하고, 학설은 주관적 객관설(절충설)이 다수설로서, 행위자의 범행계획을 고려하여 실행행위에 직접적으로 연결될 수 있는 행위가 있으면 실행의 착수를 긍정한다. 학설대립이 있으나 실제 사례에서는 학설과 판례가 큰 차이는 없다.

Ⅲ. 불능미수

불능미수(不能未遂, Impossible Attempt)란 행위의 성질상 결과의 발생이 처음부터 불가능한 경우, 즉 구성요건실현이 불가능하더라도 위험성이 있어서 처벌되는 미수범을 말한다. 형법 제27조는 "실행의 수단 또는 대상의 착오로 인하여 결과의 발생이 불가능하더라도 위험성이 있는 때에는 처벌한다. 단, 형을 감경 또는 면제할 수 있다."고 하여, 이러한 불능미수를 규정한다.

이 조항은 다른 나라의 입법례에서는 찾아보기 어려운 우리나라의 독특한 규정이다. 특히 결과발생이 불가능하지만 위험성이 있는 경우가 무엇인지 논란이 될 수 있고, '위험성'을 어떤 기준으로 판단해야 할지도 쉽지 않은 문제이다. 이에 관하여 많은 학설이 제시되었고, 판례가 있다.

불능미수에 특유한 성립요건을 검토하기 전에 먼저 미수범의 일반적 성립요건을 검토하여야 한다. 기수범의 불성립, 형법각칙에 해당 행위의 미수범처벌규정의 존재, 범행결의, 실행의 착수가 인정되어야 한다. 이러한 요건이 충족되면, 불능미수의 특유의 성립요건을 검토하게 된다. 형법 제27조는 ① 실행의 수단 또는 대상의 착오로 인하여 결과의 발생이 불가능할 것, 그리고 ② 위험성이 있을 것을 요건으로 규정한다.

이중 특히 '위험성'의 개념 및 판단기준이 논란이 된다. 최근 대법원 전원합의체 판결은 이에 대하여 타당한 기준을 제시하였다.

《판례》 대법원 2019. 3. 28. 선고 2018도16002 전원합의체판결
형법 제27조에서 정한 '실행의 수단 또는 대상의 착오'는 행위자가 시도한 행위방법 또는 행위객체로는 결과의 발생이 처음부터 불가능하다는 것을 의미한다. 그리고 '결과 발생의 불가능'은 실행의 수단 또는 대상의 원시적 불가능성으로 인하여 범죄가 기수에 이를 수 없는 것을 의미한다고 보아야 한다.
한편 불능범과 구별되는 불능미수의 성립요건인 '위험성'은 피고인이 행위 당시에 인식한 사정을 놓고 일반인이 객관적으로 판단하여 결과 발생의 가능성이 있는지 여부를 따져야 한다(대법원 1978. 3. 28. 선고 77도4049 판결, 대법원 2005. 12. 8. 선고 2005도8105 판결 등 참조).

이러한 대법원 판례는 추상적 위험설 또는 잠재적 위험설의 관점에서 이해될 수 있다. 이외의 학설로는 구체적 위험설, 인상설 등이 주장된다.

Ⅳ. 중지미수

우리 형법 제26조는 "범인이 자의로 실행에 착수한 행위를 중지하거나 그 행위로 인한 결과의 발생을 방지한 때에는 형을 감경 또는 면제한다"고 규정하는데, 이것이 중지미수이다. 중지미수는 일단 실행에 착수한 미수범이 그 범죄가 완성되기 전에 자의(自意)로 중지하거나 그 결과의 발생을 방지한 경우를 말한다. 이때에는 형을 감경하거나 면제한다(필요적 감면). 중지미수의 핵심은 범인이 자의로, 스스로 범행을 중지하였다는 점이다.

그렇다면, 자의로, 스스로 중지한 경우에 왜 형을 감면해주는가를 살펴보아야 한다. 독일 형법 제24조 1항은 중지미수에 대하여 벌하지 않는다고 규정한다. 이에 비하여 한국 형법 제26조는 형을 감경하거나 면제한다고 규정한다.

'자의적'으로 범행을 중지하여 중지미수가 성립되므로, 자의성이 무엇인지 문제된다. ① 판례와 통설은 범죄수행에 장애가 될 만한 사유가 있는 경우는 장애미수이지만 그러한 사유가 없음에도 불구하고 자기 의사에 의하여 중지한 경우에 자의성을 인정하는 견해이다. 즉 사회통념상 장애사유가 있어서 중지한 경우는 장애미수이고, 사회통념상 장애사유가 없는데도 중지한 경우는 중지미수라는 입장이다. 이외에도 ② 객관설은 외부사정으로 인한 범죄미완성은 장애미수이고, 내부사정에 의한 범죄미완성은 중지미수라는 견해이고, ③ 주관설은 후회, 동정, 양심의 가책, 연민 등 윤리적 동기에 의하여 중지한 경우는 중지미수이고, 그 이외의 동기로 인하여 중지한 경우는 장애미수라는 관점이다. ④ Frank의 공식은 범인이 할 수 있었음에도 불구하고 하기를 원하지 않아서 중지한 경우는 중지미수이고, 하려고 하였지만 할 수가 없어서 중지한 경우는 장애미수라는 입장이다.

절충설이 타당하다고 본다. 예를 들어, ① 강도가 강간하려고 하였으나 잠자던 피해자의 어린 딸이 잠에서 깨어 울고 또 피해자가 시장에 간 남편이 곧 돌아온다고 하면서 임신 중이라고 말하자 도주한 경우(대법원 1993. 4. 13. 선고 93도347 판결), ② 장롱 안에 있는 옷가지에 불을 놓아 건물을 소훼하려 하였으나 불길이 치솟는 것을 보고 겁이 나서 물을 부어 불을 끈 경우(대법원 1997. 6. 13. 선고 97도957 판결)에는 자의성이 인정되지 않는다.

V. 예비, 음모죄

형법 제28조는 "범죄의 음모 또는 예비행위가 실행의 착수에 이르지 아니한 때에는 법률에 특별한 규정이 없는 한 벌하지 아니한다"고 규정한다. 즉 범죄의 음모(陰謀)나 예비(豫備)는 각칙 본조에 처벌규정이 있어야 처벌하게 된다. 예를 들어, 살인예비음모죄는 "제250조와 제253조의 죄를 범할 목적으로 예비 또는 음모한 자는 10년 이하의 징역에 처한다"와 같은 형식으로 규정되어 있다(255조).

예비음모죄는 실행의 착수 이전의 행위를 처벌하는 것이므로 처벌범위가 시간적으로 확대되고, 따라서 중한 죄의 경우에만 예외적으로 처벌규정을 두고 있다. 통상 예비음모죄는 기수범보다는 형이 불법과 책임이 가볍다고 보아 경하게 처벌한다. 관세법과 특가법에 일부 기수범과 동일하게 처벌하는 규정이 있으나, 2019년 헌법재판소는 '특정범죄 가중처벌 등에 관한 법률'(2010. 3. 31. 법률 제10210호로 개정된 것) 제6조 7항 중 관세법 제271조 3항 가운데 제269조 2항에 관한 부분은 헌법에 위반된다고 결정한 바 있다(헌재 2019. 2. 28. 선고 2016헌가13 결정).

형법에는 예비와 음모를 모두 병렬적으로 규정하고 또 형량도 동일하게 되어 있지만, 예비와 음모가 동일한 개념은 아니다. 예비(豫備)라 함은 범죄실현을 위한 준비행위로서 아직 실행의 착수에 이르지 않은 일체의 행위를 말한다. 음모(陰謀)라 함은, 2인 이상이 범죄실행에 대하여 구체적으로 합의하는 것을 뜻한다. 예비와 음모 모두 실행의 착수 이전의 행위를 말하고, 일단 실행의 착수가 있으면 미수범이 성립한다.

최근 통진당 내란음모사건에서 대법원 전원합의체는 "음모는 실행의 착수 이전에 2인 이상의 자 사이에 성립한 범죄실행의 합의로서, 합의 자체는 행위로 표출되지 않은 합의 당사자들 사이의 의사표시에 불과한 만큼 실행행위로서의 정형이 없고, 따라서 합의의 모습 및 구체성의 정도도 매우 다양하게 나타날 수밖에 없다. 그런데 어떤 범죄를 실행하기로 막연하게 합의한 경우나 특정한 범죄와 관련하여 단순히 의견을 교환한 경우까지 모두 범죄실행의 합의가 있는 것으로 보아 음모죄가 성립한다고 한다면 음모죄의 성립범위가 과도하게 확대되어 국민의 기본권인 사상과 표현의 자유가 위축되거나 그 본질이 침해되는 등 죄형법정주의 원칙이 형해화될 우려가 있으므로, 음모죄의 성립범위도 이러한 확대해석의 위험성을 고려하여 엄격하게 제한하여야 한다. (중략) 내란음모가 성립하였다고 하기 위해서는 개별 범죄행위에 관한 세부적인 합의가 있을 필요는 없으나, 공격의 대상과 목표가 설정되어 있고, 그 밖의 실행계획에 있어서 주요 사항의

윤곽을 공통적으로 인식할 정도의 합의가 있어야 한다. 나아가 합의는 실행행위로 나아
간다는 확정적인 의미를 가진 것이어야 하고, 단순히 내란에 관한 생각이나 이론을 논의
한 것으로는 부족하다. 또한, 내란음모가 단순히 내란에 관한 생각이나 이론을 논의 내
지 표현한 것인지 실행행위로 나아간다는 확정적인 의미를 가진 합의인지를 구분하기가
쉽지 않다는 점을 고려하면, 내란음모죄에 해당하는 합의가 있다고 하기 위해서는 단순
히 내란에 관한 범죄결심을 외부에 표시·전달하는 것만으로는 부족하고 객관적으로 내
란범죄의 실행을 위한 합의라는 것이 명백히 인정되고, 그러한 합의에 실질적인 위험성
이 인정되어야 한다"고 판시하였다(대법원 2015. 1. 22. 선고 2014도 판결).

공 범

Ⅰ. 다수인의 범죄참가와 공범의 규율

1. 정범과 공범의 의의

　　형법의 범죄구성요건은 원칙적으로 1인이 실행하는 단독범을 예정하고 규정되었다. 하지만 현실에서는 다수의 범죄자가 참가하는 경우도 많다. 우리 형법은 다수의 범인을 유형별로 구별하여, 별도로 규율한다. 크게 보면, 정범(正犯)과 (협의의) 공범(共犯)으로 나눈다. 우리나라를 비롯하여 독일, 일본 등의 규율방식이다. 쉽게 말하면, 정범이란, 범행을 주도하고 지배한 사람을 말하고, 협의의 공범이란, 정범은 아니면서 범행에 가담한 사람을 지칭한다. 정범은 다시 범행의 지배형태에 따라서 직접정범, 공동정범(30조), 간접정범(34조)으로 구별되고, 협의의 공범은 교사범(31조)과 방조범(32조)으로 나뉜다. 교사범(敎唆犯)이란 타인에게 범행을 결의하게 하여 실행하도록 한 사람을 말하고, 방조범(幇助犯) 또는 종범(從犯)이란 타인의 범죄를 도와준 사람을 말한다.

　　광의의 공범이란 공동정범, 간접정범에 협의의 공범을 포괄하는 개념이다. 우리 형법은 제30조부터 제34조까지 이처럼 다수인이 범죄에 가담한 경우의 범인의 유형을 규정하고 있다. 직접정범에 대한 형법규정이 없는 것은 당연히 예상되는 형태이기 때문에 별도의 규정을 요하지 않기 때문이다. 형법총칙이 규정하는 공범은 임의적 공범이라고 한다. 임의적 공범(任意的 共犯)이라는 것은 본래 단독으로 범죄를 실행할 수도 있지만 범인들이 임의로 범행을 위하여 다수가 참여하여 공범이 되었다는 의미이다. 이처럼 '공범'이라고 할 때에는 광의의 공범과 협의의 공범 어느 쪽으로도 사용할 수 있는데, 특별한 언급이 없는 이상 문맥에 따라 판단해야 한다.

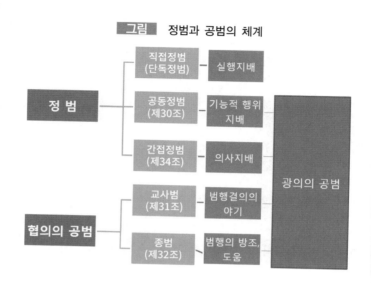

그림 정범과 공범의 체계

이와 달리, 필요적 공범이라는 것도 있다. 필요적 공범(必要的 共犯)이란, 형벌규정 자체가 2인 이상의 참여를 예정하고 규정한 경우에 반드시 다수인이 참가하여야 범죄가 성립하는 경우를 말한다. 예를 들어, 뇌물죄(129조, 133조)는 뇌물을 준 사람과 받은 사람이 있어야 하고, 배임수재죄와 배임증재죄(357조)는 재물을 받은 사람과 준 사람이 필요하고, 내란죄(87조)는 수괴, 중요임무종사자, 단순폭동관여자 등으로 구성된다. 필요적 공범에 대하여는 임의적 공범에 대한 형법규정이 적용되지 않는 경우가 있으므로 주의해야 한다.[17]

2. 정범과 공범의 구별기준

정범과 협의의 공범을 구별하는 기준으로 여러 학설이 제시되었는데, 크게 객관설, 주관설, 절충설로 나누어진다. 범인의 의사와 객관적 사정을 모두 고려하는 범행지배설(절충설)이 통설이고, 판례도 같은 입장으로 보인다.

범행지배설은 범행지배의 유무를 정범, 공범의 구별기준으로 삼아서, 범행을 지배한 자가 정범이고, 범행지배 없이 범행을 야기하거나 촉진한 자는 공범이라고 한다. 범행지

---

17) 이에 대하여 상세히는 한상훈/안성조, 형법개론, 2020 참조.

배(Tatherrschaft)란 고의에 의하여 포괄된 구성요건적 사건진행의 장악이라고 한다. 이에 의하면 정범은 사건진행의 중심인물(Zentralgestalt)이 되는 것이다. 범행의 주관적 요소와 객관적 요소를 모두 고려한 절충적 이론이라고 할 수 있다. 독일의 록신(C. Roxin)은 범행지배의 형태를 유형화함으로써 범행지배설의 발전에 크게 기여하였다. ① 직접정범은 범죄의 실행을 직접 지배하고(실행지배), ② 간접정범은 생명 있는 도구의 의사를 지배함으로서 범행을 지배하고(의사지배), ③ 공동정범은 범인 사이의 분업적 역할분담에 근거한 행위지배(기능적 행위지배)에 의하여 특징지어진다고 한다. 이러한 범행지배설은 정범과 공범을 구별하기 위한 적절한 기준을 제시하고 있어서, 현재 통설의 입장이고, 판례도 수용하고 있다(대법원 1989. 4. 11. 선고 88도1247 판결).

3. 정범과 공범의 관계

정범과 공범의 분리방식에 의하여 우리 형법은 정범과 협의의 공범(교사범, 방조범)을 구별하여 규율하고 있다. 그런데, 이렇게 구별된 정범과 공범은 서로 어떠한 관계일까? 정범과 (협의의) 공범의 관계를 규율하는 방안은 공범은 정범에 대하여 독립적으로 성립한다는 공범독립성설이고, 협의의 공범은 정범의 성립에 종속된다는 공범종속성설이 있다. 형법 제31조는 교사범의 성립요건으로 타인을 교사하여 죄를 범하게 한 자라고 규정하고, 제32조는 타인의 범죄를 방조한 자라고 하여 정범의 존재를 공범의 요건으로 규정하고 있다. 즉 원칙적으로 공범종속성설을 택하고 있다고 본다. 다수설과 판례(대법원 1981. 11. 24. 선고 81도2422 판결)도 같은 취지에서 공범종속성설의 입장이고 타당하다. 다만, 형법은 교사를 시도하였으나 상대방이 승낙하지 않은 경우 또는 승낙은 하였으나 실행에 착수하지 않은 경우 기도된 교사라고 하여 예비음모에 준하여 처벌하는데(31조②, ③), 이는 예비음모죄의 효력을 확장한 것으로 이해할 수 있다.

그렇다면 공범은 정범의 성립에 어느 정도로 종속되는 것인가 하는 문제가 대두되는데 이를 종속성의 정도의 문제라고 한다. 달리 표현하면, 교사범이나 종범이 성립하기 위하여 정범이 어느 정도 인정되어야 하는가 하는 문제이다. 정범은 구성요건, 위법성, 책임, 처벌조건의 순서로 성립을 검토하기 때문에 이에 따라서 공범의 종속성도 결정된다. 이에 대하여는 여러 학설이 있지만, 정범이 구성요건에 해당하고 위법해야 공범이 성립한다는 '제한적 종속형식설'이 다수설의 입장이고 타당하다. 책임개별화원칙에 입각할 때, 만약 정범은 정당방위로 행위하였으나 공범은 이를 악용하여 자신이 의도하는 범죄를 달성한 경우에는 간접정범의 법리로 해결할 수 있으므로 공범의 성립이 반드시 요구되는 것도 아니다.

제한종속형식의 관점에서 보면, 직접정범의 책임이 조각되어 처벌되지 않는 경우, 직접정범을 교사, 방조한 사람에게는 협의의 공범과 간접정범이 모두 성립될 여지가 생긴다. 이와 같이, 정범과 협의의 공범이 모두 가능할 때에는 정범을 우선하자는 원칙이 '정범개념의 우위성'이다. 따라서 만약 절도의 간접정범과 절도교사가 모두 성립될 수 있다고 하여도, 절도의 간접정범으로 처벌될 뿐이다(법조경합). 하지만 만약 간접정범이 성립되지 않는다면, 보충적으로 절도교사범도 가능함은 물론이다.

Ⅱ. 직접정범

직접정범은 스스로 구성요건적 행위를 완전히 실현한 자를 말한다. 전형적이고 원칙적인 정범의 형식이므로, 형법에 별도의 규정은 없다. 직접정범은 범죄의 실행을 스스로 실행하여 실행지배를 가졌으므로 정범의 표지인 범행지배가 인정된다. 예를 들어, 타인의 재물을 직접 절취한 사람은 절도죄의 직접정범이고, 타인을 기망하여 재물을 취득한 사람은 사기죄의 직접정범이 된다. 제3자를 위하여 사기를 실행하였어도 기망과 재물의 취득이라는 사기죄의 실행행위를 직접 행한 사람이 직접정범이다(347조② 참조).

독립범(獨立犯)은 독립행위라고도 하는데, 수인(數人)이 상호간에 의사연락 없이 각자 독립적으로 범행하는 경우로써 각자가 직접정범이 된다.

Ⅲ. 공동정범

1. 공동정범의 의의

공동정범(共同正犯)이란, 2인 이상이 공동하여 죄를 범한 경우를 말한다. 형법 제30조는 "2인 이상이 공동하여 죄를 범한 때에는 각자를 그 죄의 정범으로 처벌한다"고 하여, 공동정범을 규정한다. 공동정범은 2인 이상이 분업적 협력에 의한 기능적 행위지배를 통하여 범행하는 것이 특징이다. 공동정범은 2인 이상이 기능적 행위지배를 한다는 점에서 직접정범이나 간접정범과 구별된다.

2인 이상의 범인 간에 기능적 행위지배가 인정되면 각 행위자는 일부를 실행하였다고 하여도, 실현된 전체에 대하여 책임을 지게 된다. 각자를 그 죄의 정범으로 처벌한다는 의미이다. 갑과 을이 공동으로 강도를 했다고 하자. 갑은 총을 들어 협박을 하고 있는 사이에 을이 B의 지갑과 주머니를 뒤져서 현금과 카드를 빼았았다면, 갑은 협박을 하고, 을은 절취만 하였다고 하여도, 둘은 모두 강도의 공동정범(합동강도)이 되는 것이다. 이를 일부실행(一部實行) 전부책임(全部責任)의 원칙이라고 한다. 공동정범 각자는 서로를 이용하여 자신이 목표로 하는 범행을 달성하려고 하는 것이므로, 일부만 실행해도 전체에 대하여 연대책임을 진다.

이런 점에서 공동정범은 독립범, 동시범과 구별된다. 독립범이나 동시범은 상호간에 의사연락, 즉 공동가공의 의사가 없으므로 경합된 독립범으로서 각자 독립적인 직접정범이 될 뿐이다(19조 참조). 다만, 상해의 결과가 발생한 경우에는 공동정범의 예에 의하도록 하는 예외규정이 있다(263조 참조). 공동정범인지 독립범인지 하는 것은 후술하는 과실범의 공동정범에서 특히 의미가 있다.

공동정범이 성립하기 위해서는 범인 사이에 기능적 행위지배가 있어야 하고, 이는 다시 주관적 요소인 공동가공의 의사와 객관적 요소인 공동가공의 사실이 있어야 가능하다.

2. 성립요건

(1) 공동가공의 의사

공동가공의 의사 또는 공동실행의사는 2인 이상의 자가 공동으로 수립한 범행계획에 따라 공동으로 범죄를 실행하려는 의사를 말한다. 행위자 상호간에 공동으로 범행한다는 의사의 연락이 있어야 한다. ① 의사연락의 방법에는 제한이 없다. 공동자 전원에게 연락되면 족하고 전원이 동시에 합석하여 합의할 필요는 없다. 점조직의 경우에도 순차적으로 의사연락이 있으면 된다(대법원 2017. 1. 25. 선고 2016도10389 판결 참조). 또한 ② 연락방법은 명시적이든 묵시적(암묵적)이든 상관없다(대법원 1985. 5. 14. 선고 84도2118 판결; 대법원 1994. 8. 23. 선고 94도1484 판결; 대법원 2010. 12. 23. 선고 2010도7412 판결 참조). 즉 동작이나 눈빛 등으로 상호의사를 알 수 있어도 된다. 하지만 이러한 의사의 연락 자체가 결여되면 동시범(독립범)이 된다. ③ 의사연락은 상호간에 존재해야 한다. 즉 역할분담과 공동작용에 대한 상호이해가 있어야 한다. 따라서, 수인간에 의사연락 자체가 결여된 경우, 서로 아무런 의사연락이 없이 각자 범행한 경우에는 독립범 또는 동시범으로서 각자 직접정범이 될 뿐 공동정범이 성립하지 않는다. 그리고, 의사연락이 일방적, 편면적인 경우에도 공동가공의사가 결여된 것이다. 이를 편면적 공동정범(片面的 共同正犯)이라고도 한다. 이처럼 공동실행의 의사가 행위자 쌍방에 있지 않고 일방에만 있는 경우 공동가공 의사는 부정되고, 공동정범은 성립되지 않는다. 이때 동시범이나 방조범은 성립될 수 있다(편면적 방조범은 후술하듯이 가능하다). 예를 들어, 갑이 타인의 주거에 침입하려고 하는데 이를 안 을이 갑 몰래 대문을 열어놓아 갑이 그 문으로 들어갔다면, 공동가공의사가 결여되어 주거침입의 공동정범은 성립하지 않고, 다만 을에게 주거침입방조가 인정될 수 있다.

판례는 "공동정범이 성립하기 위하여는 주관적 요건으로서의 공동가공의 의사와 객관적 요건으로서의 공동의사에 의한 기능적 행위지배를 통한 범죄의 실행사실이 필요한 바, 주관적 요건으로서의 공동가공의 의사는 타인의 범행을 인식하면서도 이를 제지하지 아니하고 용인하는 것만으로는 부족하고, 공동의 의사로 특정한 범죄행위를 하기 위하여 일체가 되어 서로 다른 사람의 행위를 이용하여 자기의 의사를 실행에 옮기는 것을 내용으로 하는 것이어야 한다"고 하면서, 전자제품 등을 밀수입해 올 테니 이를 팔아달라는 제의를 받고 승낙한 경우, 그 승낙은 물품을 밀수입해 오면 이를 취득하거나 그 매각알선을 하겠다는 의사표시로 볼 수 있을 뿐 밀수입 범행을 공동으로 하겠다는 공모의 의사를 표시한 것으로는 볼 수 없다고 한 사례가 있다(대법원 2000. 4. 7. 선고 2000도576 판결).

(2) 공동가공의 사실

공동정범이 성립하기 위해서는 공동가공의 의사라는 주관적 요건 이외에 공동가공의 사실이라는 객관적 요소가 요구된다. 공동정범은 분업적 협력, 기능적 행위지배를 그 본질로 하기 때문에, 전체적인 공동의 범행계획(공동실행의사)을 실현하기 위하여 공동참가자들은 분업적 작업원리에 따라 상호간의 역할을 분담하여 각자 일정한 역할을 수행하여야 한다. 하지만, 공동가공의 사실로 인정되기 위하여 최소한 어떠한 범위의 행위가 요구되는지에 대하여는 논란이 있다.

① 먼저 공동자가 각자 구성요건적 실행행위를 분담한 경우에는 공동가공의 사실을 인정하는 데에 아무런 문제가 없다. 예를 들어, 갑과 을이 같이 폭행이나 상해를 한 경우, 테러조직의 구성원이 각자 다른 곳에서 동시에 건물을 폭파한 경우, 또는 강도를 하려고 갑은 총으로 협박하고, 을은 지갑은 뺏은 경우 등에서는 모두 공동자들의 실행행위를 분담하였으므로 공동가공의 사실이 인정된다. 판례는 피고인들 중 갑이 피해자의 집 담을 넘어 들어가 대문을 열어 피고인 을, 병으로 하여금 들어오게 한 다음 피고인 갑과 병은 드라이버로 현관문을 열고 들어가 그 곳에 있던 식칼 두 개를 각자 들고 피고인들 모두가 안방에 들어가서 피해자들을 칼로 협박하고 손을 묶은 뒤 장농설합을 뒤져 귀금

속과 현금 등을 강취한 사안에서, 피고인 을이 직접 문을 열거나 식칼을 든 일이 없다고 하여도 다른 피고인들과 함께 행동하면서 범행에 협동한 이상 현장에서 실행행위를 분담한 것이라고 보았다(대법원 1992. 7. 28. 선고 92도917 판결).

② 문제는 분담한 행위가 실행행위라고는 할 수 없으나 범행을 실행하는 데에 필요한 행위인 경우이다. 예를 들어, 절도를 하는 사이에 밖에 남아서 망을 보는 행위, 현장에 데려다 주고 밖에서 차로 대기하고 있는 행위 등을 생각할 수 있다. 이러한 경우 범행의 전체계획에 의하여 결과를 실현하는데 불가결한 요건이 되는 역할을 담당하였는가 하는 점을 고려하여야 할 것이다. 전체적인 범행계획에 의하여 불가결한 역할이라면 기능적 행위지배가 인정되어 공동정범이 성립될 수 있을 것이다. 판례도 수인과 공모하여 피고인은 밖에서 망을 보고 나머지가 피해자의 방에 들어가 강도하였다면 피고인도 특수강도죄의 공동정범에 해당한다고 하여 망을 본 공동자를 공동정범으로 인정한 사례가 있다(대법원 1971. 4. 6. 선고 71도311 판결).

③ 나아가 분업적 역할분담은 범죄의 현장이거나 범행과 같은 시간에 이루어질 필요도 없다. 범죄의 실행에 착수하기 이전에 범행계획을 마련하는 데에 결정적으로 기여한 후 실행행위에는 전혀 참여하지 않은 공동자에게도 공동정범을 인정할 것인지 문제되는데, 이것이 공모공동정범의 문제이다.

3. 공모공동정범

공모공동정범이란, 2인 이상의 자가 공모하여 그 공모자 가운데 일부가 공모에 따라 범죄의 실행에 나아가고 일부는 실행행위를 담당하지 아니한 경우를 말한다. 이때 실행행위로 나아가지 않은 공모자에게도 공동정범이 성립하는지 문제된다. 이 이론의 취지는 조직범죄 등의 경우 수괴는 모의에 깊숙이 관여하나 실행행위에는 관여하지 않으므로, 수괴 등을 공동정범으로 처벌하기 위한 것이라 한다. 판례는 공모공동정범을 인정하는 긍정설을 견지하고 있으나, 그 근거는 변화하였다. 1990년대까지는 공동의사주체설을 취한 것으로 보였으나, 2000년대부터는 다음과 같이 판시하여 기능적 행위지배설의 입장으로 이해된다. "형법 제30조의 공동정범은 공동가공의 의사와 그 공동의사에 기한 기능적 행위지배를 통한 범죄 실행이라는 주관적·객관적 요건을 충족함으로써 성립하는바, 공모자 중 구성요건 행위 일부를 직접 분담하여 실행하지 않은 자라도 경우에 따라 이른바 공모공동정범으로서의 죄책을 질 수도 있는 것이기는 하나, 이를 위해서는 전체 범죄에 있어서 그가 차지하는 지위, 역할이나 범죄 경과에 대한 지배 내지 장악력 등을 종합해 볼 때, 단순한 공모자에 그치는 것이 아니라 범죄에 대한 본질적 기여를 통한 기능적 행위지배가 존재하는 것으로 인정되는 경우여야 한다"(대법원 2007. 4. 26. 선고 2007도235 판결; 대법원 2017. 1. 12. 선고 2016도 판결).

4. 승계적 공동정범

공동정범에서 공동가공의사의 성립시기는 실행행위에 착수하기 이전(예모적 공동정범)이나 실행 도중(우연적 공동정범)에도 가능하다는 점은 앞에서 살펴보았다. 그렇다면 실행행위가 기수에 이른 이후에도 공동정범이 가능한지 문제되는바, 이것이 승계적 공동정범의 문제이다. 통상의 범죄에서는 사후가담자에게 이전의 범행의 죄책을 물을 수 없다는 것에 별 이견이 없다. 포괄일죄의 경우를 예를 들어 살펴보자. 회사 경리를 담당하는 경리직원 甲이 회사돈을 2달간 3천만원을 횡령했는데, 그 사실을 알게 된 상사 乙이 가담하여 이후 3달간 공동으로 5천만원을 횡령한 경우이다. 이 경우에 甲을 선행자, 乙을 후행자라고 한다. 경리직원 甲은 총 8천만원을 횡령했지만, 상사 乙이 가담하기 이전의 횡령의 죄책을 상사 乙에게도 물을 수 있는지 문제된다. 판례와 학설은 부정설의 입장이다.

대법원은 "포괄일죄의 범행 도중에 공동정범으로 범행에 가담한 자는 비록 그가 그 범행에 가담할 때에 이미 이루어진 종전의 범행을 알았다 하더라도 그 가담 이후의 범행에 대하여만 공동정범으로 책임을 진다"고 수차례 판시하였다(대법원 2007. 11. 15. 선고 2007도6336 판결; 대법원 2004. 5. 28. 선고 2004도1465 판결; 대법원 1997. 6. 27. 선고 97도163 판결 등 참조).

5. 과실범의 공동정범

과실범의 공동정범이란, 2인 이상이 공동의 과실로 인하여 과실범의 구성요건적 결과를 발생케 한 경우에 형법 제30조를 적용하여 과실범의 공동정범이 될 수 있는가의 문제를 말한다. 이는 공동정범의 성립요건인 공동가공의사의 내용을 어떻게 파악할 것인가의 문제이다. 예를 들어, 갑과 을이 곰 사냥을 나갔다가, 산 속에서 저 멀리 나뭇가지 사이로 움직이는 갈색의 물체를 발견하고, 곰이라고 생각한 후 동시에 총을 쏘기로 의사연락을 하고 각자 총을 발사하였다. 그런데 그 물체는 곰이 아니라 사람이었고, 피해자는 총에 맞아 사망하였다고 하자(곰사냥 사례). 갑과 을을 과실치사의 공동정범으로 처벌할 수 있는지, 아니면 각자 과실치사의 단독범으로 검토할지 문제된다.

이에 관하여는 여러 학설이 대립하고 있다.[18] 판례는 상호의사연락하에 과실행위를

---

18) 상세히는 한상훈/안성조, 형법개론, 2020 참조.

하면 과실범의 공동정범을 인정한다(대법원 1979. 8. 21. 선고 79도1249 판결). 여기에서 의사연락이란, 범죄의사(고의)의 연락이 아니라 단순한 자연적 행위에 대한 의사의 연락이라고 볼 수 있다. 학설은 대체로 부정설의 입장이다.

Ⅳ. 간접정범

1. 간접정범의 의의

간접정범(間接正犯)이란, 타인을 생명 있는 도구로 이용하여 간접적으로 범행하는 것을 말한다. 형법 제34조 1항은 "어느 행위로 인하여 처벌되지 아니하는 자 또는 과실범으로 처벌되는 자를 교사 또는 방조하여 범죄행위의 결과를 발생하게 한 자는 교사 또는 방조의 예에 의하여 처벌한다"고 하여 간접정범을 규정하고 있다. 그런데, 현행 형법상 간접정범에 관하여는 그 본질이 정범인지 (협의의) 공범인지, "교사 또는 방조"의 의미가 무엇인지, 실행의 착수시기는 언제인지 등 몇 가지 쟁점이 있다.

먼저 간접정범의 본질에 관하여 일반적인 견해는 정범설이다. 정범설에 의하면, 간접정범은 의사지배를 특징으로 하는 정범으로 파악하는 것이다. 범행지배설의 관점에서 간접정범은 타인의 착오를 이용하거나 의사를 지배함으로써 타인을 통하여 간접적으로 자신의 범행을 달성하는 정범이다.

2. 성립요건

제34조 1항에 의하면, 간접정범은 어느 행위로 인하여 처벌되지 아니하거나 과실범으로 처벌되는 자를 교사, 방조하여 이용한 경우에 성립된다. 이를 통하여 타인을 생명 있는 도구로 이용하는 의사지배를 행사한 것이다. 간접정범의 예로는 타인의 과실행위를 이용한 경우, 타인의 적법한 행위를 이용한 경우, 타인의 책임 없는 행위를 이용한 경우 등이 있다.[19]

간접정범의 주관적 요소로는 먼저 결과발생에 대한 고의가 필요하다. 타인을 생명 있는 도구로 이용하여 절도를 범하려고 한다면, 절도의 고의가 있어야 하는 것이다. 나아가, 의사지배로서 이용, 사주가 인정되려면, 생명 있는 도구에 대한 이용의사가 긍정되어야 한다. 즉 피이용자의 생명 있는 도구성에 대한 인식과 이에 대한 이용의사가 존

---

19) 이에 대한 상세한 설명은 한상훈/안성조, 형법개론, 2020 참조.

재해야 하는 것이다. 따라서 이용의사가 없이 과실에 의하여는 의사지배가 가능하지 않다. 과실로 타인을 지배하여 결과가 발생한 경우에는 고의의 간접정범이 아니라 단지 과실범이 가능할 뿐이라고 생각한다.

타인을 생명 있는 도구로 의사지배하여 간접적으로 죄를 범하는 간접정범은 통상 대부분의 범죄에서 가능하다. 살인죄, 상해죄, 절도죄, 사기죄 등은 모두 간접정범의 형태로 범할 수 있는 죄들이다. 그런데, 일부 범죄는 간접정범의 형태로 범할 수 없는 경우가 있다. 이를 간접정범 성립의 한계라고 한다. 어떤 경우에, 왜 간접정범의 성립이 제한되는 것인가? 두 가지 경우가 있다. 하나는, 신분범에서, 비신분자가 신분자를 이용한 경우이고, 둘은 스스로의 행위를 통해서만 정범이 될 수 있는 자수범인 경우이다.

신분범(身分犯)이란, 범인의 신분(身分)이 범죄의 성립이나 형의 가중, 감경에 영향을 미치는 범죄를 말한다. 신분(身分)이란, 일정한 범죄행위에 대한 범인의 특수한 지위, 상태, 성질 등 행위자와 관련된 요소를 말한다. 수뢰죄에서 공무원, 위증죄에서 증인, 배임죄에서 타인의 사무를 처리하는 자, 존속범죄에서 직계비속이라는 지위가 신분의 예이다. 예를 들어, 뇌물죄의 신분을 갖춘 공무원이 비공무원인 부인을 시켜서 뇌물을 받게 하면, 공무원의 규범적 행위지배가 인정되어서 공무원 자신은 뇌물죄의 간접정범이 되고, 부인은 고의가 없다면 피이용자로서 무죄이고, 고의가 있다면 수뢰죄의 방조범은 될 수 있다. 반대로, 비공무원인 부인이 공무원인 남편에게 빌려준 돈을 받아오라고 부탁하여 금전을 받아 왔는데, 실제로는 차용금이 아니라 뇌물이었다고 한다면, 그 부인이 수뢰죄의 간접정범이 될 수 있는가 문제된다. 다수설과 판례는 부정적인 견해이다. 왜냐하면 수뢰죄는 공무원이나 중재인이 뇌물을 받을 것을 요구하는데, 부인은 공무원이라는 신분이 없기 때문에, 정범적격이 결여되어 수뢰죄가 성립하지 않기 때문이다. 판례는 부정수표단속법상 허위신고죄가 "수표금액의 지급 또는 거래정지처분을 면할 목적"을 요건으로 하고 있는데 수표금액의 지급책임을 부담하는 자 또는 거래정지처분을 당하는 자는 오로지 발행인에 국한되는 점에 비추어 볼 때 발행인 아닌 자는 위 법조가 정한 허위신고죄의 주체가 될 수 없고, 허위신고의 고의 없는 발행인을 이용하여 간접정범의 형태로 허위신고죄를 범할 수도 없다(대법원 1992. 11. 10. 선고 92도1342 판결). 또한 건설기술관리법위반으로 건설업자가 사람들이 기소된 사건에서, '건설업자'라는 일정한 신분을 요하는 신분범인 같은 법 위반죄를 건설업자가 아닌 피고인들이 간접정범의 형태로 범할 수도 없다는 이유로 무죄를 인정한 원심판단을 수긍하였다(대법원 2011. 7. 28. 선고 2010도4183 판결).

이러한 원칙에 대하여 한 가지 예외로서 판례는 허위공문서작성죄의 간접정범을 인정한다. 판례는 허위공문서작성죄(227조)의 주체는 그 문서를 작성할 권한이 있는 명의인인 공무원에 한하고, 그 공무원의 문서작성을 보조하는 직무에 종사하는 공무원은 위죄의 주체가 되지 못한다고 하면서도, 공문서의 작성권한이 있는 공무원의 직무를 보좌하는 자가 그 직위를 이용하여 행사할 목적으로 허위의 내용이 기재된 문서 초안을 그정을 모르는 상사에게 제출하여 결재하도록 하는 등의 방법으로 작성권한이 있는 공무원으로 하여금 허위의 공문서를 작성하게 한 경우에 허위공문서작성죄의 간접정범이 성립한다고 판시하고 있다(대법원 1981.7.28. 선고 81도898 판결; 대법원 1992. 1. 17. 선고 91도2837 판결; 대법원 2010. 1. 14. 선고 2009도9963 판결 등).

자수범(自手犯)이란, 범인 자신이 구성요건적 행위를 직접 실행하여야만 범죄의 불법이 실현되는 죄를 말한다. 스스로 실행하여야 범죄가 성립되기 때문에, 직접정범이 가능하고 간접정범의 형태로는 범할 수 없다. 자수적 실행행위 없는 공동정범의 성립도 불가능하다. 이처럼 자수범은 범죄의 성립이 제한되는 결과를 가져오는데, 어떤 이유에서 자수범이 존재하고, 또 어떤 범죄가 자수범인지는 논란이 많다.

판례가 자수범을 명확하게 긍정한 사례를 살펴보자. 농업협동조합법 제50조 2항은 "임원이 되고자 하는 자는 정관이 정하는 기간 중에는 선거운동을 위하여 조합원을 호별로 방문하거나 특정장소에 모이게 할 수 없다."고 규정하여 그 호별방문죄의 주체를 '임원이 되고자 하는 자'로 제한하고 있는바, 선거의 공정을 기하기 위하여 함께 규정된 같은 조 1항, 3항, 4항의 선거운동 제한 규정이 "누구든지 … 할 수 없다."고 하여 그 주체에 관하여 아무런 제한을 두고 있지 않음에 비하여(공직선거및선거부정방지법 106조① 소정의 호별방문죄도 행위 주체의 제한이 없다), 위의 호별방문죄는 그 주체를 '임원이 되고자 하는 자'로 특별히 제한하고 있어서 '임원이 되고자 하는 자'가 아닌 자의 호별방문은 금지되지 아니하고 있는 점, '방문'이라는 행위의 태양은 행위자의 신체를 수단으로 하는 것으로 행위자의 인격적 요소가 중요한 의미를 가지는 점, 형벌법규는 죄형법정주의 원칙상 문언에 따라 엄격하게 해석, 적용하여야 하고 피고인에게 불리한 방향으로 확장해석하거나 유추해석하여서는 아니되는 점 등에 비추어 보면, 농업협동조합법상의 호별방문죄는 '임원이 되고자 하는 자'라는 신분자가 스스로 호별방문을 한 경우만을 처벌하는 것으로 보아야 하고, 비록 신분자와 비신분자와 통모하였거나 신분자가 비신분자를 시켜 방문케 하였다고 하더라도 비신분자만이 호별방문을 한 경우에는 신분자는 물론 비신분자도 같은 죄로 의율하여 처벌할 수는 없다고 봄이 상당하다(대법원 2003. 6. 13. 선고 2003도889 판결 농업협동조합법위반).

3. 처벌

간접정범은 교사 또는 방조의 예에 의하여 처벌한다(34조①). 범행지배설의 관점에서는 간접정범도 정범의 일종이지만, 현행 형법조문은 교사 또는 방조의 예에 의하여 처벌하도록 규정하고 있으므로, 이를 어떻게 처리할 것인지 문제된다. 가급적 현행법규정의 테두리 내에서 피고인에게 불리하게 유추해석하지 않도록 주의해야 할 필요가 있으므로, 간접정범의 이용행위가 외형상 교사에 해당할 때는 교사의 예에 의하여 정범의 형과 동일하게 처벌하고(31조 참조), 외형상 방조에 해당할 때에는 방조의 예에 의하여 형을 감경하는 것(32조 참조)이 타당하다.

입법론으로는 의사지배가 인정되는 간접정범의 형은 직접정범과 동일하게 규율하는 것이 적절하다고 본다. 1992년 형법개정안은 정범으로 처벌하도록 하였다.

V. 교사범

1. 교사범의 의의

교사(教唆, Anstiftung)라 함은 범죄의사 없는 타인에게 범죄를 결의케 하는 것을 말한다. 형법은 "타인을 교사하여 죄를 범하게 한 자는 죄를 실행한 자와 동일한 형으로 처벌한다"고 하여(31조①), 교사범의 처벌을 규정한다. 교사범이란 범죄의사 없는 타인에게 범죄를 결의하여 실행케 한 자이다. 교사범은 방조범과 함께 협의의 공범에 속한다.

교사범은 타인에게 범행결의를 야기하고, 범행결의가 야기된 피교사자가 직접 범행을 하여 정범이 되는 것을 기본적인 구조로 한다. 대부분의 경우에 피교사자는 정범이 된다.[20] 또한 교사를 받은 피교사자가 최소한 실행에 착수해야 교사범도 처벌되는 것이 원칙이지만(공범종속성), 예비음모죄가 처벌되는 중요한 죄의 경우에는 피교사자가 교사를 거절한 때에는(실패한 교사) 교사자만을, 그리고 피교사자가 범행을 승낙하고 실행에 착수하지 않은 때(효과 없는 교사)에는 교사자와 피교사자를 예비음모에 준하여 처벌한다(31조②, ③ 참조). 이는 '교사의 미수'라고 한다.

그런데, 교사범은 왜 정범과 동일한 형으로 처벌하는가(31조① 참조)? 이때 범행지배를 하지 않는 교사범을 정범과 동일한 형으로 처벌하는 근거가 무엇인지 규명할 필요가

---

[20] 때때로 피교사자가 직접 범행하지 않고 다시 교사를 하는 경우도 있을 수 있는데, 이를 연쇄교사라고도 한다.

있다. 이에 대하여는 여러 견해가 있지만, 다수설인 종속적 야기설(從屬的 惹起說)은 공범은 정범의 법익침해행위를 야기(교사범의 경우), 또는 촉진(방조범의 경우)했기 때문에 처벌받는 것이며, 공범의 불법은 정범의 불법에 종속된다는 견해이다.

2. 성립요건

교사범은 정범의 불법에 종속됨이 원칙이다. 따라서 교사범의 성립요건으로 먼저 피교사자(정범)이 구성요건에 해당하고 위법한 행위를 하였는지 확인되어야 한다. 이때 피교사자(정범)의 불법은 기수이거나 최소한 미수에는 이르러야 한다. 피교사자(정범)가 실행에 착수에 이르지 않으면 교사의 미수의 문제가 될 뿐이다.

정범의 실행행위는 기수에 이를 수도 있지만 최소한 실행의 착수에는 이르러야 한다. 정범이 기수면, 교사범도 기수범의 교사로 처벌되고, 정범이 미수이면 교사범도 미수범의 범위에서 처벌된다. 예를 들어, 갑이 을에게 절도를 교사하였는데, 을이 절도죄를 범하였다면, 을은 절도죄, 갑은 절도교사죄로 처벌된다. 하지만, 을이 절도에 착수하였지만 절취에는 실패하였다면, 정범인 을은 절도미수범이 되고, 갑도 절도교사미수가 된다. 갑이 을에게 절도를 교사하였다는 점에서는 동일함에도 정범인 을의 범행이 기수인지 미수인지에 따라서 교사범의 죄명과 형량도 영향을 받게 되는데, 이는 공범의 불법이 정범의 불법에 종속되므로 발생하는 결과이다. 신분범, 목적범에 있어서는 정범에게 신분, 목적이 있어야 한다.

정범이 과실범인 경우에도 교사범이 성립되는지 문제된다. 하지만 정범의 실행행위는 고의범이어야 한다. 정범이 과실범인 때에는 간접정범이 성립될 뿐이다(34조① 참조).

교사행위란 피교사자(정범)에게 특정한 범죄의 결의를 가지게 하는 것이다. 교사행위의 수단, 방법에는 제한이 없으며, 명령, 지시, 애원, 설득, 유혹, 요청, 감언, 이익제공, 위협 등 어떤 방법이라도 무방하다. 교사행위는 명시적일 뿐 아니라 묵시적이라도 가능하다. 다만, 강요나 위력에 의한 때에는 강요된 행위가 되어 간접정범이 성립될 수 있다(정범개념의 우위성). 판례도 교사자의 교사행위는 정범에게 범죄의 결의를 가지게 하는 것을 말하는 것으로서, 그 범죄를 결의하게 할 수 있는 것이면 그 수단에는 아무런 제한이 없고, 반드시 명시적, 직접적 방법에 의할 것을 요하지도 않는다고 판시하였다(대법원 2000. 2. 25. 선고 99도1252 판결). 다만, 교사는 피교사자에 대하여 직접 심리적 영향을 주어 결의를 갖게 해야 한다. 따라서 단지 범죄를 유발할 수 있는 상황에 타인을 유인함으로써 범행을 하게 하는 것은 교사행위라고 할 수 없다. 예를 들어, 남편을 부인의 간통현장에 오도록 유인하여 그 상황을 보고 분노한 남편이 정부(情夫)를 폭행하게 하는 것은 이는 교사행위라고 할 수 없다.

교사자에게 '피교사자로 하여금 범죄실행의 결의를 갖게 하려는 고의'(교사의 고의)와 '정범이 실행하는 범죄에 대한 고의'(정범의 고의)가 있어야 한다. 이를 '이중의 고의'라고 한다. 미필적 고의도 충분하다.

정범의 고의에 관하여 교사자는 특정한 범죄에 대한 고의를 가져야 한다. 교사자는 정범의 범죄가 특정한 구성요건에 해당하고, 위법하다는 점을 인식하여야 한다. 교사의 고의에 있어서는 교사자가 특정인에 대하여 범행결의를 야기한다는 점을 인식해야 한다. 즉 피교사자는 특정된 자여야 한다. 특정되는 한 다수인이라도 좋고, 피교사자의 이름이나 신분을 알 필요는 없다. 예를 들어, 교도소의 옆방의 수감된 얼굴도 모르는 죄수에게 도주를 교사한 경우, 도주교사죄가 성립할 수 있다. 피교사자가 특정되어야 한다는 점에서 교사죄가 선동죄와 구별된다. 선동죄는 대상이 특정되지 않은 불특정의 사람인 것이다(내란선동(90조②), 외환선동(101조②), 폭발물사용선동(120조②) 참조).

3. 처벌

교사범은 정범과 동일한 형으로 처벌한다(31조①). 여기서 "동일한 형"은 법정형을 말하며, 실제 교사범이나 정범에게 선고되는 선고형은 달라질 수 있다. 경우에 따라서는 교사범의 선고형이 정범보다 중할 수도 있다. 교사범이 정범과 동일한 법정형으로 처벌되는 것은 교사범의 처벌근거에서 검토한 것과 같이 교사범은 정범의 법익침해를 야기하였다는 점, 즉 최초의 원인을 제공한 자라는 점에 있다(종속적 야기설).

자기의 지휘, 감독을 받는 자를 교사 또는 방조하여 전항의 결과를 발생하게 한 자는 교사인 때에는 정범에 정한 형의 장기 또는 다액에 그 2분의 1까지 가중하고 방조인 때에는 정범의 형으로 처벌한다(34조②). 이 규정은 간접정범에도 적용되고 교사, 방조에도 적용된다고 해석한다.

Ⅵ. 방조범

방조범(幇助犯) 또는 종범(從犯)은 타인의 범죄행위를 방조한 자를 말한다. 형법 제32조 1항은 "타인의 범죄를 방조한 자는 종범으로 처벌한다"고 정하고, 2항은 "종범의 형은 정범의 형보다 감경한다"고 하여 필요적 감경을 규정한다. 방조란 범행이 용이하도록 도와주는 것을 말한다. 그러므로 방조범(종범)이란 타인의 범죄행위가 용이하게 도와

주는 것을 말한다. 정신적 방조(언어방조)와 물질적 방조(거동방조)를 포함한다.

공동정범은 역할분담이라는 차원에서 전체행위에 대한 기능적 행위지배를 갖지만, 방조범(종범)은 정범의 범행에 대하여 행위지배는 하지 못한 채 도와주는 협의의 공범이다(대법원 2013. 1. 10. 선고 2012도12732 판결).

방조범의 성립요건은 교사범과 동일한 구조를 가진다. 제한적 종속형식의 관점에서 ① 정범의 위법한 실행행위, ② 방조행위, ③ 완화된 인과관계, ④ 이중의 고의가 방조범이 성립요건이다.

방조행위는 정신적, 물질적으로 정범의 실행을 돕는 것이다. 방조방법에는 제한이 없다. 조언, 격려, 정보제공 등의 정신적 방조(무형적 방조)도 있고, 범행도구나 범행장소의 제공, 범행자금의 제공 등의 물질적 방조(유형적 방조)도 있다. 나아가 편면적 방조(片面的 幇助)도 가능하다. 즉 정범이 방조행위를 인식하지 못한 경우라도 방조를 통하여 실행행위에 실제로 도움을 주었다면 종범이 성립한다(통설, 판례).21) 이 점이 공동정범이나 교사범과 다른 점이다.

부작위에 의한 방조도 가능하다. 결과발생을 방지해야 할 보증인적 지위에 있는 자가 정범의 범죄행위를 인식하면서도 그것을 방지하여야 할 제반조치를 취하지 않아 범죄를 발생케 한 경우 성립될 수 있다(통설, 판례). 판례는 법원의 입찰사건에 관한 제반업무를 주된 업무로 하는 공무원이 자신이 맡고 있는 입찰사건의 입찰보증금이 계속적으로 횡령되고 있는 사실을 알았다면, 담당 공무원으로서는 이를 제지하고 즉시 상관에게 보고하는 등의 방법으로 그러한 사무원의 횡령행위를 방지해야 할 법적인 작위의무를 지는 것이 당연하고, 비록 그의 묵인 행위가 배당불능이라는 최악의 사태를 막기 위한 동기에서 비롯된 것이라고 하더라도 자신의 작위의무를 이행함으로써 결과 발생을 쉽게 방지할 수 있는 공무원이 그 사무원의 새로운 횡령범행을 방조 용인한 것을 작위에 의한 법익 침해와 동등한 형법적 가치가 있다고 보아 그 담당 공무원을 업무상횡령의 종범으로 처벌한 사례가 있다(대법원 1996. 9. 6. 선고 95도2551 판결).

방조범이 성립하기 위하여 방조행위와 정범의 실행행위 사이에 인과관계가 존재하여야 하는지 논란이 된다. 방조행위 자체가 범행지배가 없을 뿐 아니라 범행결의를 야기하는 교사행위와도 달라서 통상 정범이나 교사범에게 요구되는 정도의 인과관계를 요구하는 것은 방조범의 본질상 무리이기 때문이다. 생각건대, 정범에서 인정되는 의미의 조건적 인과관계나 상당인과관계를 요구할 수는 없다. 다만, 방조행위가 실제로 정범의 범

---

21) 대법원 1974. 5. 28. 선고 74도509 판결은 편면적 종범이 가능하다는 전제하에, 편면적 종범에서도 정범의 범죄행위 없이 방조범만이 성립될 수 없다고 판시하였다.

행을 용이하게 했다는 점은 인정되어야 할 것이다. 따라서 종범이 방조행위를 했다고 하여도, 정범이 실제로 도움을 받지 않았다면 방조는 성립하지 않고, 방조의 미수에 불과하다. 그런데 방조의 미수는 처벌하지 않기 때문에 불벌이 되는 것이다. 예를 들어, 갑의 주거침입을 도와주기 위하여 을이 갑 몰래 대문을 열어 놓았지만, 갑은 그 사실을 알지 못하여 담을 넘어 주거에 침입한 경우, 갑은 주거침입의 정범이 되고, 을은 주거침입을 용이하게 하려는 행위는 했으나 실제로 정범의 범행을 촉진한 바가 없으므로 방조의 미수에 그쳐서 불벌이라고 할 것이다. 이를 완화된 인과관계라고 할 수 있을 것이다. 판례도 방조가 성립되기 위해서는 정범의 범행을 용이하게 한 사실이 인정되어야 한다고 판시한 바 있다(대법원 1967. 7. 31. 선고 66도1661 판결).

방조범(종범)의 형은 정범의 형보다 감경한다(32조②). 즉 방조범의 형은 필요적 감경이다. 교사범은 정범과 동일한 형으로 처벌하는 것과 비교된다. 일부 형벌법규는 방조범에게 정범과 동일한 형을 과하도록 규정하고 있는 경우도 있다. 형법상 간첩방조(98조①)가 그러하고, 관세법 제271조 1항은 밀수출입죄(동법 269조), 관세포탈죄(동법 270조)의 방조범을 정범에 준하여 처벌한다.

Ⅶ. 공범과 신분

1. 신분범의 의의

대부분의 범죄는 행위주체가 특별히 제한되지 않는 일반범이다. 누구든지 죄를 범하면 범인으로 처벌될 수 있다. 예를 들어, 살인, 상해, 폭행, 절도, 사기, 강도 등이 그러하다. 그런데, 일부 범죄는 행위주체가 제한되는 경우가 있다. 수뢰죄, 위증죄, 배임죄, 횡령죄와 같은 범죄가 대표적이다. 수뢰죄는 공무원이나 중재인이 뇌물을 받았을 때 성립하기 때문에, 공무원이나 중재인이라는 일정한 행위주체를 범죄의 구성요건으로 요구한다. 위증죄는 법률에 따라 선서한 증인, 배임죄는 타인의 사무를 처리하는 자, 횡령죄는 타인의 재물을 보관하는 자를 행위주체로 요구한다. 이러한 죄를 신분범이라고 한다.

그런데 이러한 신분범(身分犯)을 다수가 같이 범하면 어떻게 될 것인가? 특히 이중에 일부는 죄가 요구하는 신분이 있고(신분자), 나머지는 신분이 없을 때(비신분자) 이들의 공동 범행을 어떻게 처리해야 할 것인가? 이러한 문제에 대하여 형법 제33조(공범과신분)는 "신분관계로 인하여 성립될 범죄에 가공한 행위는 신분관계가 없는 자에게도 전3조의 규정을 적용한다. 단, 신분관계로 인하여 형의 경중이 있는 경우에는 중한 형으로

벌하지 아니한다"고 하여 해결책을 제시하였다. 여기에서 "전 3조"란 공동정범(30조), 교사범(31조), 방조범(32조)을 말한다. 하지만, 본문과 단서로 구성된 이 조항이 아주 명확한 것은 아니고, 다양한 해석의 여지를 남기고 있다.

신분범(身分犯)이란, 신분이 범죄의 성립이나 가중, 감경에 영향을 미치는 범죄를 말한다. 신분(身分) 또는 신분관계(身分關係)란, 일정한 범죄행위에 대한 범인의 특수한 지위, 상태, 성질 등 행위자와 관련된 요소를 의미한다(통설).

일반적 기준에 의할 때에 신분은 구성적 신분, 가감적 신분, 소극적 신분으로 나뉜다.

① 구성적 신분(構成的 身分)은 신분이 범죄의 성립요건인 경우를 말한다. 수뢰죄(129조)에서 공무원 또는 중재인, 위증죄(152조)에서 선서한 증인, 허위진단서작성죄(233조)에서 의사, 한의사, 치과의사, 조산원, 횡령죄(355조)에서 타인의 재물을 관리하는 자 등이 그러하다. 이렇게 구성적 신분을 포함하고 있는 죄를 진정신분범(眞正身分犯)이라 한다.

② 가감적 신분(加減的 身分)은 신분으로 인하여 형벌이 가중 또는 감경되는 경우를 말한다. 존속살해죄(250조②)에서 직계비속, 업무상 배임죄, 업무상횡령죄(356조①)에서 업무상 지위는 가중적 신분이고, 영아살해죄(251조)에서 직계존속, 촉탁승낙살인죄(252조①)에서 피해자의 동의를 받은 자는 감경적 신분이다. 이렇게 가감적 신분을 구성요소로 하는 죄를 부진정신분범(不眞正身分犯)이라 한다.

③ 소극적 신분(消極的 身分)이란 신분으로 인하여 범죄가 성립되지 않거나 형벌이 배제되는 신분을 말한다. 이에는 다시 범죄의 구성을 배제하는 신분으로서, 의료법상 의사, 변호사법상 변호사 등을 말하는 불구성적 신분(不構成的 身分), 형사미성년자(9조), 범인은닉죄(151조②)에서의 친족, 동거하는 가족, 증거인멸죄(155조④)에서 친족, 동거하는 가족 등과 같이 범죄의 책임을 조각하는 신분인 책임조각신분(責任阻却身分), 친족상도례(328조①)에서 직계혈족, 배우자, 동거친족, 동거가족 또는 그 배우자처럼 형벌을 면제(조각)하는 형벌조각신분(刑罰阻却身分)이 있다.

2. 형법 제33조의 해석

학설은 크게 제33조 본문과 단서를 어떻게 해석하느냐에 따라 진정신분범·부진정신분범 구별설(다수설)과 부진정신분범 성립·과형 구별설(소수설)로 나뉜다. 판례는 종래 부진정신분범 성립·과형 구별설(소수설)의 입장이라고 알려져 있으나, 자세히 분석해보면 다수설과 소수설의 요소를 모두 갖고 있다고 보인다.

(1) 진정신분범·부진정신분범 구별설(다수설)은 형법 제33조의 본문은 진정신분범(구성적 신분)의 공범성립과 과형을 규정한 것으로, 단서는 부진정신분범(가감적 신분)의

공범성립과 과형을 규정한 것으로 보는 입장이다. 단서는 책임개별화를 정한 규정이며, 가감적 신분은 책임요소라고 본다. 그 근거로 본문은 "~성립될 범죄"라고 규정하고 있는데, 부진정신분범은 신분관계로 인하여 성립되는 범죄가 아니며, 소수설처럼 부진정신분점에 대하여도 본문을 적용하면 진정신분범에 대하여는 과형에 관한 규정이 없게 된다고 한다. 예를 들어, 이 견해에 의하면, 신분자인 갑과 비신분자인 을이 공동으로 진정신분범을 행하였다면, 제33조 본문에 의하여 갑과 을은 모두 진정신분범의 공동정범이 된다. 즉, 공무원인 갑과 비공무원인 을이 공동으로 뇌물을 받았다면, 갑과 을은 모두 수뢰죄의 공동정범이 된다. 이때 을은 공무원이 아니지만, 제33조 본문에 의하여 신분자와 같이 처벌되는 것이다. 부진정신분범의 경우, 신분자인 갑과 비신분자인 을이 공동으로 존속상해를 범하였다면, 제33조 단서가 적용되어, 갑은 존속상해죄, 을은 보통상해죄의 공동정범으로 처벌된다.

(2) 부진정신분범 성립·과형 구별설(소수설)은 본문은 진정신분범의 성립과 과형 및 부진정신분범의 성립을 규정하고, 단서는 부진정신분범에 대한 과형의 문제를 규정한 것으로 보는 견해이다. 그 근거로는 다수설처럼 본문을 진정신분범에 대해서만 적용된다고 하면 부진정신분범에 대해서는 공범성립의 근거규정이 없게 되고, 단서는 부진정신분범의 과형에 대해서만 규정한 것이 명백하므로 본문을 진정신분범에 제한하여 적용할 근거가 없다는 것이다. 예를 들어, 신분자인 갑과 비신분자인 을이 공동으로 진정신분범을 행한 경우에는, 이 견해도 제33조 본문에 의하여 갑과 을은 모두 진정신분범의 공동정범이 된다. 공무원인 을이 비공무원인 을과 공동으로 뇌물을 받았다면, 다수설의 결론과 같이, 갑과 을은 모두 수뢰죄의 공동정범이 된다. 하지만, 부진정신분범의 경우에는 결론이 달라진다. 예를 들어, 신분자인 갑과 비신분자인 을이 공동으로 존속상해를 범하였다면, 비신분자의 범죄성립은 제33조 본문이 적용되어 존속상해죄가 되지만, 과형에는 단서가 적용된다. 따라서 갑과 을은 존속상해죄의 공동정범이 되지만, 과형에서 을은 보통상해죄의 형량으로 처벌된다.

(3) 판례는 대부분 소수설의 결론과 같다. 예를 들어, 부인이 자식과 함께 남편을 살해한 경우, 존속살해의 공동정범이 성립된다고 하였고(대법원 1961. 8. 2. 선고 4294형상 284 판결), 업무자인 공무원의 업무상 배임행위에 가담한 비공무원에 대하여도 업무상 배임죄의 공동정범을 긍정한 사례(1961. 12. 28. 선고 4294형상564 판결)가 있으며, 그와 같은 신분관계가 없는 자가 그러한 신분관계가 있는 자와 공모하여 업무상배임죄를 저질렀다면 그러한 신분관계가 없는 자에 대하여는 형법 제33조 단서에 의하여 단순배임죄에 정한 형으로 처단하여야 한다고 판시하였다(대법원 1986. 10. 28. 선고 86도151 판결;

1999. 4. 27. 선고 99도883 판결). 이러한 입장을 정리하면 다음과 같다. 신분관계가 없는 자가 그러한 신분관계에 있는 자와 공모하여 위 상호신용금고법위반죄를 저질렀다면, 그러한 신분관계가 없는 자에 대하여는 형법 제33조 단서에 의하여 형법 제355조 2항에 따라 처단하여야 할 것인바, 그러한 경우에는 신분관계가 없는 자에게도 일단 업무상배임으로 인한 상호신용금고법 제39조 1항 2호 위반죄가 성립한 다음 형법 제33조 단서에 의하여 중한 형이 아닌 형법 제355조 2항에 정한 형으로 처벌되는 것이다고 한다(대법원 1997. 12. 26. 선고 97도2609 판결 <한보 사건>).

하지만, 다수설과 같은 결론의 판례도 있는바, 먼저 모해위증사건이 그렇다. 판례는 모해의 목적 있는 교사자 갑이 그러한 목적 없는 을을 교사하여 위증하게 한 사안에서, 판례는 갑이 피해자를 모해할 목적으로 을에게 위증을 교사한 이상, 가사 정범인 을에게 모해의 목적이 없었다고 하더라도, 형법 제33조 단서의 규정에 의하여 갑을 모해위증교사죄로 처단할 수 있다고 판단하였는데(대법원 1994. 12. 23. 선고 93도1002 판결 <모해위증교사 사건>) 이는 죄명과 과형을 모두 개별화하였기 때문에 다수설의 결론과 같은 것이다. 따라서 판례가 소수설의 입장이라고 단언하기는 어렵고, 다수설에 입각한 판례도 있으며 점차 그러한 방향으로 가고 있다고 생각된다.

제
10
절

죄수

Ⅰ. 죄수의 의의

1. 죄수의 개념

지금까지 범죄론을 통하여 어떠한 경우에 어떠한 죄가 성립되는지 살펴보았다. 그런데, 범인이 하나의 죄만 범하였다면 문제는 간단하다. 예를 들어, 범인이 한번의 절도만 했다면, 절도죄의 법정형(6년) 내에서 형벌을 부과하면 된다. 하지만 만약 범인이 10일 간 3번의 절도를 하였다면 어떻게 처벌해야 할 것인가? 또는 한 번의 폭탄투척을 통하여 5명이 사망하였다면, 1개의 살인죄인가, 아니면 5개의 살인죄가 성립하는가? 폭행죄는 어떤가, 사람을 3번 연달아 때렸다면, 하나의 폭행죄인가, 3개의 폭행죄인가? 이러한 문제를 죄가 몇 개 성립하는 문제인가라고 하여, 죄의 숫자, 즉 죄수(罪數)의 문제라고 한다.

죄수론 안에는 경합범의 문제가 함께 다루어진다. 경합범이란, 여러 개의 범죄를 범했을 때, 그 형벌을 어떻게 할 것인가 하는 문제를 말한다. 예를 들어, 3개의 폭행죄, 5개의 살인죄를 범하였다면, 그 형벌을 어떻게 할 것인가 하는 문제이다. 아마도 가장 간단한 방법은 단순히 합산(병과)하는 방법일 것이다. 3번 절도를 했다면, 6년의 3배인 18년 이하의 징역에 처하고, 5명을 살해했다면 5번의 사형이나 무기징역을 선고하는 것이다. 하지만, 이러한 방식이 불가능함은 쉽게 알 수 있다. 사람의 생명과 인생은 한 번인데 어떻게 5번 사형을 집행하고, 5번의 무기징역을 집행할 것인가? 영미법상으로는 합산하여 수 백 년의 징역형을 선고하는 경우도 있지만, 대륙법에서는 유기징역의 상한이 정해져 있다. 우리나라는 유기징역을 가중해도 최대 50년이다(42조 참조). 무기징역과 사형이 더 강한 형벌이다. 이처럼 죄수와 경합은 한 사람이 하나의 죄를 여러 번 또는 여러 개의 죄를 범하였을 때, 이로부터 발생하는 문제를 처리하는 방법에 관한 것이다. 따라서, 죄수와 경합은 범죄론과 형벌론을 이어주는 다리와도 같다.

먼저 죄수는 죄의 숫자이므로, 일죄와 수죄로 구별된다. 한 개의 죄를 범했으면, 일죄(一罪)가 되고, 2개 이상의 다수의 죄를 범했으면 수죄(數罪)가 되는 것이다. 일죄는 다시 단순일죄, 포괄일죄, 법조경합 등으로 구분된다. 수죄는 다시 하나의 행위로 수개의 죄를 실현한 상상적 경합과 수개의 행위로 수개의 죄를 범한 실체적 경합으로 나뉜다. 수죄의 경우, 형벌을 부과하는 방법으로는 흡수주의, 가중주의, 병과주의 등이 있다.

죄수론은 이론과 실무에서도 복잡한 문제이다. 그러므로 입문수준에서 너무 깊이 있게 들어가는 것은 곤란하고, 간단히 개념만을 익혀도 충분할 것이다.

2. 일죄와 수죄의 구별기준

먼저 범죄의 개수를 정하는 기준에 대하여 살펴본다. 기준으로는 크게 4개의 기준, 표준이 있다.

① 법익표준설은 범죄의 본질이 법익침해라는 점에 주안을 두는 객관주의범죄론의 입장에서 침해되는 법익의 수에 따라 범죄의 수를 결정하려는 견해이다. 한 개의 행위에 의하여 수개의 법익을 침해하였거나, 수개의 결과를 발생케 한 경우에는 수죄이지만, 수개의 행위에 의하여 1개의 법익을 침해하였다면 일죄가 된다. 예를 들어, 한 사람을 3번 연달아 폭행하였다면, 한 사람의 신체를 공격한 것이므로 1개의 죄가 되겠다. 이에 반하여, 한번의 폭탄투척으로 5명이 사망하였다면, 5명의 생명을 침해하였으므로, 5개의 살인죄가 될 것이다.

② 행위표준설은 자연적 의미의 행위를 표준으로 하는 객관주의범죄론의 입장에서, 행위가 1개이면 범죄도 1개이고, 행위가 수개이면 범죄도 수개라는 견해이다. 이에 의하면, 한 사람을 연속으로 3번 때린 사람은 3번의 폭행이 있으므로 3개의 폭행죄를 범한 것이 되고, 한번의 폭탄투척으로 5명이 사망해도, 행위는 1번이므로 1개의 살인죄만 성립한다고 볼 것이다.

③ 의사표준설은 범죄의 본질을 범죄의사의 표현이라고 보는 주관주의범죄론의 관점에서, 범죄의사의 수를 표준으로 하여 범죄의 수를 결정하려는 견해이다. 즉 범의(犯意)가 1개이면 1죄이고, 범의가 수개이면 수죄라는 것이다. 이에 의하면 3번의 폭행도

폭행의 의사가 1번이라면 한 개의 폭행죄가 된다. 하지만, 범의를 구체적으로 무엇이라고 볼지는 논란의 여지가 있다.

④ 구성요건표준설은 죄수론을 초법률적, 자연적 방법으로 결정할 것이 아니라 법률적 구성요건충족의 문제로 파악하여 구성요건충족의 개수에 의해 범죄의 수를 결정하자는 견해이다. 즉 구성요건을 1회 충족하면 일죄이고, 수개의 구성요건을 충족하면 수죄라는 것이다.

⑤ 이러한 여러 기준을 검토할 때, 반드시 고려해야 하는 형법규정이 있다. 형법 제40조는 "1개의 행위가 수개의 죄에 해당하는 경우에는 가장 중한 죄에 정한 형으로 처벌한다"고 규정한다. 따라서 형법은 1개의 행위로 수개의 범죄가 행해질 수 있다고 전제하고 있다. 예를 들어, 한번의 폭탄투척으로 5명을 살해하였다면, 5개의 살인죄가 성립한다는 것이다. 그러므로 행위표준설은 취하기 어렵고, 법익표준설에 가깝게 보인다. 하지만, 법익에 의해서만 결정할 수는 없다. 왜냐하면 수개의 행위로 수개의 법익을 침해하는 경우에도 하나의 범죄로 규정하는 사례가 있기 때문이다. 결합범이나 상습범, 업무범이 그러한 예이다. 범의표준설도 범의가 결과나 행위를 그 내용으로 하기 때문에 독자적인 기준이 되기는 어렵다. 따라서, 원칙적으로 구성요건표준설에 의거하여 죄수를 판단해야 할 것으로 본다. 구성요건의 충족이라는 개념이 모호하기는 하지만, 결국 범죄는 구성요건을 충족한 것이므로, 가장 타당한 입장이라고 생각된다. 하지만, 실제 학설이나 판례는 범죄에 따라 위의 기준들을 모두 혼용하고 있다. 그렇기 때문에 어렵게 되고, 범죄마다 그 특성을 파악해야 하는 문제가 있다.

Ⅱ. 일죄와 처벌

구성요건표준설에 기초한 종합설에 의하면, 일죄(一罪)는 하나의 구성요건을 1회 충족한 경우이다. 일죄에는 단순일죄, 포괄일죄, 법조경합이 포함된다. 단순일죄는 가장 기본적인 일죄로서, 하나의 행위가 하나의 구성요건을 충족하는 경우이다. 포괄일죄는 여러 행위가 있지만 이러한 행위를 모두 포괄하여 하나의 죄, 즉 하나의 구성요건을 충족하는 경우를 말한다. 상습범, 영업범 등이 대표적이고, 가중처벌하는 구성요건이 존재하는 경우가 많다. 법조경합은 하나 또는 여러 개의 행위가 외견상은 수죄인 것처럼 보이지만, 구성요건의 해석에 의하여 주된 죄의 불법에 모두 내포되어 있어서 하나의 죄만 성립하는 경우를 말한다. 이처럼 일죄와 수죄를 구별하는 것이 일률적 기준에 의하여 달성될 수 있지 않기 때문에 구성요건의 해석에 주의를 기울여야 한다.

1. 단순일죄

단순일죄는 한 번의 행위로 한 개의 구성요건을 충족한 경우이다. 갑이 을에게 한 차례 상해를 가한 경우처럼 1개의 범의를 가지고 1개의 행위를 하여서 1개의 구성요건에 해당하고 1개의 법익을 침해한 경우는 전형적인 단순일죄이다. 예를 들어, 피해자의 얼굴을 한 번 폭행한 경우, 피해자의 지갑을 한번 절취한 경우 등은 모두 단순일죄이다.

2. 포괄일죄

포괄일죄(包括一罪)란 각각 구성요건을 충족하는 수개의 (자연적) 행위가 포괄하여 일죄를 구성하는 경우를 말한다. 포괄일죄에는 접속범, 집합범(상습범, 업무범, 직업범) 연속범 등이 포함된다.

접속범(接續犯)이란, 수개의 행위가 이루어지기는 하나 동일 장소에서 동일한 기회에 동일 법익에 대해 시간적 접속성을 가지고 행해진 경우, 하나의 범죄로 보는 것을 말한다. 예를 들어, 동일한 기회에 한 사람을 연달아 3번 때렸다고 하면, 3개의 폭행죄가 아니라 1개의 폭행죄가 성립한다. 그 이유는 접속범이기 때문이다. 또한 절도를 하면서, 훔치는 물건을 여러 번 집 앞의 트럭에 옮긴 경우, 여러 번의 행위로 상해를 가한 경우, 폭행, 협박으로 항거불능상태에서 여러 번의 간음을 한 경우, 각각 하나의 절도죄, 하나의 상해죄, 하나의 강간죄가 성립한다(대법원 1970. 9. 29. 선고 70도1516 판결).

계속범은 위법한 상태가 없어질 때까지 일시적 중단으로는 종료되지 않는다. 위법한 구성요건을 유지하기 위한 행위는 그것으로 인하여 구성요건을 여러 번 충족하는 경우에도 하나의 행위로써 포괄일죄가 될 뿐이다. 예를 들어, 계속범인 감금죄의 경우, 일시적으로 피해자를 마당에 풀어주었다가 다시 감금하였다고 하여도 감금죄는 계속되고 있고, 재감금행위는 처음의 감금행위와 함께 포괄일죄를 이루게 된다.

상습범(常習犯)은 행위자가 동종의 행위를 반복하는 습성에 의하여 죄를 범한 경우를 말하는데, 상습범은 포괄일죄로서 하나의 죄가 된다. 상습범은 가중처벌하기 때문에 여러 상습행위를 하나의 상습범으로 처벌해도 처벌의 흠결은 발생하지 않는다고 본다. 상습범의 (가중)처벌규정이 있으면, 상습범으로 하나의 죄가 되지만, 상습범처벌규정이 없다면 여러 차례의 위법행위는 수개의 죄가 된다(대법원 2012. 5. 10. 선고 2011도12131 판결 참조). "상습범이라 함은 어느 기본적 구성요건에 해당하는 행위를 한 자가 그 범죄행위를 반복하여 저지르는 습벽, 즉 상습성이라는 행위자적 속성을 갖추었다고 인정되는 경우에 이를 가중처벌 사유로 삼고 있는 범죄유형을 가리키는 것이다(대법원 2004. 9. 16. 선고 2001도3206 전원합의체판결 등 참조). 이런 경우에 상습범의 구성요건이 있는지 없는지에 따라 죄수가 달라지기 때문에 구성요건표준설이 설득력이 가지게 된다.

업무범(業務犯)은 사회적 지위에 의하여 반복적으로 범죄를 행하는 것을 말한다. 업무상 횡령이나 업무상 배임, 수뢰죄 등이 업무범에 속하며, 이런 경우 여러 범법행위를 포괄하여 하나의 업무상 횡령죄나 업무상 배임죄가 성립한다. 직업범(職業犯)은 행위의 반복이 경제적, 직업적 활동이 된 경우를 말한다. 영업범(營業犯)은 일정한 행위를 수입원으로서 반복적 행위를 하는 것이다(대법원 2017. 4. 28. 선고 2016도21342 판결). 영업범, 업무범, 직업범을 엄격하게 구별하기는 쉽지 않고, 별 실익도 없는바, 모두 포괄일죄로 보면 된다.

연속범(連續犯)이란 연속한 수개의 행위가 동종의 범죄에 해당하는 것을 말한다. 동일한 피해자에 대하여 수 차례에 걸쳐서 횡령하거나 사기하는 경우를 예로 들 수 있다. 접속범은 장소 및 시간의 근접성이 인정되는 점에서 그보다 더 넓은 기간, 범위에서 인정되는 연속범과 다르다. 연속범으로 포괄일죄가 되기 위해서는 ① 침해법익의 동일성, ② 침해행위의 동종성, ③ 시간적, 장소적 계속성, ④ 범의의 계속성, 단일성 등이 요구된다. 연속범은 접속범보다 더 넓은 기간이나 장소에서 행해진 경우이다.

연속범을 포괄일죄로 볼 것인지, 아니면 실체적 경합으로 볼 것인지는 논란이 있으나, 판례는 위와 같은 요건하에서 포괄일죄로 보고 있다. 예를 들어, 동일 죄명에 해당하는 수개의 행위 혹은 연속된 행위를 단일하고 계속된 범의하에 일정 기간 계속하여 행하고 그 피해법익도 동일한 경우에는 이들 각 행위를 통틀어 포괄일죄로 처단하여야 할 것이나, 범의의 단일성과 계속성이 인정되지 아니하거나 범행방법이 동일하지 않은 경우에는 각 범행은 실체적 경합범에 해당한다(대법원 2005. 9. 30. 선고 2005도4051 판결; 대법원 2012. 3. 29. 선고 2011도14135 판결)고 한다. 쉽게 생각하면, 연속범으로 하나의 죄가 성립한다고 하면 범죄자에게 더 유리할 것으로 생각될 것이다. 하지만, 뇌물죄, 사기죄, 횡령죄, 배임죄 등의 경우에는 특가법이나 특경가법에 의하여 그 액수에 따라 가중처벌하므로, 오히려 연속범으로 보아 그 액수를 합산하면 오히려 행위자에게 더 불리한 경우도 있다.

3. 법조경합

법조경합(法條競合)이란 외견상으로는 1개의 행위 또는 수개의 행위가 수개의 구성요건을 충족하지만 구성요건 상호 간의 관계에 따라 1개의 구성요건만 적용되는 경우를 말한다. 법조경합은 특별관계, 보충관계, 흡수관계로 나뉜다.

특별관계(特別關係)란 가중적 구성요건, 감경적 구성요건과 기본적 구성요건의 관계이다. 즉 어떤 구성요건이 다른 구성요건의 표지를 모두 구비하고, 더 나아가 특별한 표지까지 구비하여 특별법의 관계인 경우이다. 이 때에는 특별법이 일반법을 배척하기 때문에 특별구성요건 해당의 1죄만이 성립된다. 「특별법은 일반법에 우선한다」는 원리가 적용된다. 예를 들어, 존속살해죄(250조②)는 보통살인죄(250조①)를 배척하며, 영아살해죄(251조), 촉탁승낙살인죄도 보통살인죄를 배제한다. 특수폭행(261조), 특수상해(258조의2), 특수절도(331조) 등은 폭행죄, 상해죄, 절도죄에 대하여 특별관계에 있다.

보충관계(補充關係)란 어떤 형벌법규가 다른 형벌법규의 적용이 없을 때에 보충적으로 적용되는 관계를 말한다. 이런 경우에는 「기본법은 보충법에 우선한다」는 원칙에 따라서 기본법의 적용이 있을 때에는 보충법을 배척하여 기본법위반에 해당의 1죄만이 성립한다. 보충관계는 다시 법률에 명시적 규정이 있는 명시적 보충관계와 규정은 없지만 형법법규의 상호관계와 해석에 의하여 인정되는 묵시적 보충관계로 구분될 수 있다. 명시적 보충관계는 법률의 규정에 의하여 보충관계가 인정되는 경우로서, 현주건조물방화(164조), 일반건조물방화(166조), 일반물건방화(167조)가 한 예이다. 외환유치죄(92조), 여적죄(93조), 모병이적죄(99조) 등은 모두 일반이적죄(99조)에 대해서 명시적으로 기본법의 관계에 있다. 묵시적 보충관계는 형벌법규 상호간의 관계와 해석에 의하여 인정되는 경우로서, 경과범죄와 가벼운 침해방법이 그 예이다.

흡수관계(吸收關係)란 어떤 규정의 범죄내용이 타 규정의 불법, 책임내용을 완전히 포함하면서도 특별관계나 보충관계는 아닌 경우를 말한다. 「전체법은 부분법을 폐지한다」는 원칙에 의거하여 주된 죄는 부분적 죄를 배제한다. 흡수관계는 흡수하는 법조(흡수법)가 흡수되는 법조(피흡수법)를 법조의 상호관계에 의하여 당연히 포괄하는 것은 아니라는 점에서 특별관계와 구별되고, 서로 다른 범죄가 전형적으로 결합되어 있다는 점에서 보충관계와도 구별된다. 흡수관계에는 불가벌적 수반행위와 불가벌적 사후행위가 있다.

(1) 불가벌적 수반행위는 주된 범죄에 논리적, 필연적으로 수반되는 것은 아니지만, 주된 범죄에 일반적, 전형적으로 결부되어 있어서 주된 범죄의 실행의 실행에 수반하여 다른 구성요건이 실현되고, 이러한 구성요건의 불법이 주된 범죄에 비하여 경미한 경우, 경미한 범죄가 주된 범죄에 흡수되는 것을 말한다. 예를 들어, ① 살인에 수반하는 의복의 손괴, ② 자동차절도와 이에 수반되는 휘발유의 절도, ③ 도주죄에 수반되는 수의의 절도, ④ 사문서위조에 수반하는 인장위조 등이 있다.

하지만, 불가벌적 수반행위가 일반적, 전형적이지 않고 경미한 정도를 넘어서는 경우에는 상상적 경합이 된다. 예를 들어, 강간죄의 성립에 언제나 직접적으로 또 필요한 수단으로서 감금행위를 수반하는 것은 아니므로 감금행위가 강간미수죄의 수단이 되었다 하여 감금행위는 강간미수죄에 흡수되어 범죄를 구성하지 않는다고 할 수는 없는 것이고, 그때에는 감금죄와 강간미수죄는 일개의 행위에 의하여 실현된 경우로서 형법 제40조의 상상적 경합관계에 있다(대법원 1983. 4. 26. 선고 83도323 판결).

(2) 불가벌적 사후행위란 범죄에 의하여 획득한 위법한 이익을 확보하거나 사용, 처분하는 구성요건에 해당하는 사후행위가 이미 주된 범죄에 의하여 완전히 평가된 것이기 때문에, 별도의 죄를 구성하지 않는 경우이다. 예를 들어, 절도범이 절취한 재물을 손괴하는 것이 그 대표적인 경우인데, 여기서 손괴행위는 절도행위에 흡수된다고 보는 것이 일반적이다.

하지만, 불가벌적 사후행위가 성립하기 위해서는 첫째, 사후행위가 주된 범죄와 보호법익을 같이하거나 침해의 양을 초과하지 않아야 한다. 침해행위가 다른 사람의 새로운 법익을 침해하게 되면 불가벌적 사후행위에 해당하지 않는다.

법조경합과 상상적 경합의 구별이 모호할 수는 있지만, 기본적으로 상상적 경합은 1개의 행위가 실질적으로 수개의 구성요건을 충족하는 경우를 말하고 법조경합은 1개의 행위 또는 수개의 행위가 외관상 수개의 죄의 구성요건에 해당하는 것처럼 보이나 실질적으로 1죄만을 구성하는 경우를 말하며, 실질적으로 1죄인가 또는 수죄인가는 구성요건적 평가와 보호법익의 측면에서 고찰하여 판단하여야 한다(대법원 2002. 7. 18. 선고 2002도669 전원합의체판결).

Ⅲ. 수죄와 처벌

수죄(數罪)란 범인이 다수의 죄를 범한 경우를 말하며, 상상적 경합과 실체적 경합이 있다. 상상적 경합은 하나의 행위로 다수의 죄를 범한 것이며, 실체적 경합은 다수의 행위로 다수의 죄를 범한 경우이다.

1. 상상적 경합

상상적 경합(想像的 競合)이란, 1개의 행위가 수개의 죄에 해당하는 경우를 말한다. 관념적 경합(觀念的 競合)이라고도 한다. 예를 들어, 한 개의 폭탄을 던져서 2명을 살해하고 3명에게 상해를 입혔다면, 2개의 살인죄와 3개의 상해죄의 상상적 경합이 된다. 폭탄을 던지는 행위는 하나이므로, 여러 개의 죄를 범했지만 상상적 경합이 되는 것이다. 형법 제40조는 "1개의 행위가 수개의 죄에 해당하는 경우에는 가장 중한 죄에 정한 형으로 처벌한다"고 하여 상상적 경합을 규정한다.

형법 제40조는 수개의 죄 중에서 "가장 중한 죄에 정한 형으로 처벌한다"고 규정한다. 즉 흡수주의를 취하는 것이다. 아울러 여기서 형의 경중은 형법 제50조에 의한다. 형의 경중의 비교에 있어서, 중한 죄의 법정형의 하한이 경한 죄의 법정형의 하한보다 경한 경우, 중한 죄의 법정형의 하한을 적용한다(전체적 대조주의, 결합주의). 즉 상한과 하한이 모두 중한 형에 의하여 처벌한다(대법원 1984. 2. 28. 선고 83도3160 판결). 중한 죄에는 몰수, 추징이 없으나, 경한 죄에 몰수, 추징과 같은 부가형이나 벌금과 같은 병과형이 있을 경우 이를 병과할 수 있다. 상상적 경합관계에 있는 죄 중에 친고죄나 반의사불벌죄가 있다면, 당해 죄에 대한 고소나 고소취소는 다른 죄에 영향을 주지 않는다.

2. 실체적 경합

실체적 경합(實體的 競合)이란 범인이 수개의 행위로 수개의 죄를 범하여 소송법상으로 수죄로 취급되는 경우를 말한다. 실체적 경합관계에 있는 수개의 죄를 실체적 경합범이라고도 하며, 단순히 경합범이라고 할 수도 있다. 형법 제37조는 "판결이 확정되지 아니한 수개의 죄 또는 금고 이상의 형에 처한 판결이 확정된 죄와 그 판결확정전에 범한 죄를 경합범으로 한다"고 하여 경합범을 규정한다. 이 중 앞부분은 동시적 경합범이고, 뒷부분은 사후적 경합범이다.

이 규정은 수죄에 대한 재판을 예정하고 있어서, "판결이 확정되지 아니한 수개의 죄"와 "금고 이상의 형에 처한 판결이 확정된 죄와 그 판결확정전에 범한 죄"로 나누고 있다.[22] 따라서, 경합범이 성립하기 위해서는 수개의 행위로 수개의 죄를 범하여서 포괄일죄, 법조경합, 상상적 경합이 아니고 실질적으로 수죄라고 하는 실체법적 요건 이외에 동시에 판결할 가능성이 있다고 하는 소송법적 요건이 충족되어야 한다(이 요건은 사후적 경합범에도 동일하게 적용된다).

"판결이 확정되지 아니한 수개의 죄"에 해당하는 경우를 동시적 경합범(同時的 競合

---

[22] 여기에서 "판결이 확정되었다"는 것은 당해 판결에 대하여 더 이상 통상적인 상소의 방법으로는 불복할 수 없다는 의미이다. 1심판결에 대하여 검사나 피고인이 모두 항소를 하지 않고 항소기간이 지나면 1심판결은 확정된다(대법원 1981. 5. 26. 선고 81도736 판결). 항소심판결에 대하여 상고하지 않아도 마찬가지이다. 대법원에 상고하였으나 상고가 기각되어도 항소심판결은 확정된다.

犯)이라고 하고, 제37조 전단의 경합범 또는 간단히 전단 경합범(前段 競合犯)이라고 하기도 한다. '동시적'이라고 하는 이유는 판결이 확정되지 않은 수개의 죄를 동시에 판결할 수 있기 때문이다. 동시적 경합범의 경우에는 가장 중한 죄의 형에 따라서 흡수주의, 가중주의, 병과주의를 취한다(38조 참조).

"금고 이상의 형에 처한 판결이 확정된 죄와 그 판결확정전에 범한 죄"는 사후적 경합범(事後的 競合犯), 또는 제37조 후단 경합범 또는 간단히 후단 경합범(後段 競合犯)이 된다. '사후적'이라는 이유는 경합범의 일부에 대한 판결이 확정된 이후이기는 하지만 동시에 심판할 가능성은 있었다는 뜻이다. 2004년 형법개정에 따라 금고 이상의 판결이 확정되어야 하므로, 약식명령, 벌금형, 구류, 과료와 같이 금고 미만의 판결이 확정되어도 이 판결 전후에 행해진 수죄는 동시적 경합범이 된다. 사후적 경합범, 즉 경합범 중 판결을 받지 아니한 죄가 있는 때에는 그 죄와 판결이 확정된 죄를 동시에 판결할 경우와 형평을 고려하여 그 죄에 대하여 형을 선고하며, 이 경우 그 형을 감경 또는 면제할 수 있다(39조①).

국제관계와 법

국제법과 국내법

I. 국제법의 개념과 주요내용

일반적으로 국제법이라 함은 국가간의 관계를 규율하는 법, 혹은 국제공동체를 규율하는 법으로 일컬어진다. 국내법과는 달리 국제법에서는 별도의 입법기관이 존재하지 않으며, 그 이행을 강제하는 기관도 따로 존재하지 않는다. 국제법은 주로 국제조약과 국제관습법으로 구성되며, 국내입법을 담당하는 의회와 같은 국제조약을 성안하는 별도의 기관은 존재하지 않고, 필요에 따라 국가들이 외교회의를 소집하여 협상을 통하여 특정한 목적을 위한 조약안을 협상하고, 국가들의 동의에 따른 비준을 거쳐 발효하게 된다. 국제관습법의 경우에는 국제사회를 구성하는 국가들의 법적 확신과 일관성 있고 지속적인 실행을 거쳐 어떠한 규범이 점진적으로 발전하여 국제관습법으로 자리잡게 된다.

국제법을 만드는 주체는 기본적으로는 국가이지만, 반드시 국가만이 국제법의 주체가 되는 것은 아니다. UN 본부협정과 같이 국가와 국제기구가 주체가 되어 국제조약을 체결하는 경우도 있고, 국제기구 상호 간에 조약을 체결하는 경우도 있다. 유럽인권협약과 같은 일부 인권 조약에서는 개인이 직접 조약규정을 원용하면서 국가를 상대로 소송을 제기하는 것을 허용하는 경우도 있다. 따라서 국가가 가장 완전한 국제법의 주체성을 갖지만, 국제기구와 개인의 경우에도 제한적으로 국제법 주체성을 갖는다고 할 수 있겠다.

국제법의 법적 성격과 관련하여 국제법도 법인가라는 질문이 오랫동안 제기되어 왔다. 특히 법 위반시에 강제성을 갖는 이행이 가능한가에 대하여 많은 의문이 제기되어 왔다. 국내법의 경우에는 엄격한 법집행기관들이 존재하여 위반행위에 대하여 강제성을 갖는 벌칙을 규정하고 있지만, 국제법의 경우에는 그러하지 못한 것이 현실이다. 국가주권의 독립성이라는 개념으로 인하여 어느 한 국가의 국제법 위반행위가 있다고 하더라도, 이에 벌칙을 가하거나 국제법의 준수를 강제할 기관은 존재하지 않는 것이다. 강제적 집행력을 갖고 있지 않다고 하더라도 국제법은 법이 아니라고 할 수는 없을 것이다. 더불어 공존하는 국제공동체의 성격상 대부분의 국제법상 규율 내용이 비교적 잘 준수되고 있고, 국제사회의 판결도 잘 이행되고 있다. 특히 최근에는 WTO 분쟁해결제도와 같이 조약 규정 자체에서 강제적인 집행을 규정하고 있는 경우도 등장하고 있다.

국내 주요 대학이나 로스쿨에서 국내법을 분류할 때는 각 과목들이 매우 세분화되어 강의가 이루어지고 있다. 국내법을 얘기할 때, 기본3법, 후4법, 6법전서 등의 용어를 들어 얘기한다. 헌법, 민법, 형법을 기본3법이라고 하고, 과거 사법고시 2차시험 과목이었던 상법, 행정법, 민사소송법, 형사소송법을 일컬어 후4법이라고 부르고 있다. 기본3법과 후4법 중에서 유독 행정법만큼은 하나의 독립된 법으로 구성되어 있지 않아서, 이를 빼고 말할 때 6법전서에서처럼 6법이 되는 것이다. 국제법 역시 마치 국내의 행정법처럼 하나의 단행법으로 존재하지 않는다. 국제관계를 규율하는 각종 국제조약, 국제관습법, 형성과정에 있는 연성법(soft law), 국제사회의 각종 결의안, 국제재판소의 판결들, 개별 국가들의 국가실행, 국제예양 등이 종합적으로 국제법의 연원으로 언급된다.

그러나 우리나라 대학이나 로스쿨에서 국제법을 강의할 때는 이렇게 세분화되어 강의되지 않고, 전체적으로 아울러서 국제법으로 강의하는 것이 일반적이고, 국제통상법의 경우에는 별도로 강의되기도 한다. 그러나 국제법의 경우에도 국내법과 같이 세분화된 영역으로 분류가 가능하다. 예컨대, UN헌장이나 UN법과 같은 과목은 국내법상 헌법에 해당한다고 볼 수 있으며, 국제조약법은 국내법상의 계약법의 연장으로, 국가책임법은 불법행위법의 연장으로 볼 수 있겠다. 국제형사재판소법은 국내법상의 형법과 형사소송법을 커버하며, 국제사법재판소법은 국내법으로 치자면 민사소송법에 비견할 수 있을 것이다. WTO, 국제투자규범 등은 국내법상의 상법에 견주어 볼 수 있을 것이다.

국제법과 혼동하여 사용되고 있는 여러 가지 개념들이 존재한다. 수업시간에 국제법이 무엇이냐고 질문을 하며, 일부 학생들은 영국법, 미국법, 독일법, 일본법, 중국법 등을 배우는 과목이 아니냐고 답하는 경우가 있다. 국제법은 국가 간의 관계를 규율하는 법, 혹은 국제공동체를 규율하는 법이지, 개별 국가의 법을 연구하는 분야가 아니다. 이들 개별 국가들의 법을 연구하는 분야는 외국법 또는 비교법의 영역이다. 일부에서 세계법이라는 용어를 사용하는 경우도 있으나, 아직은 세계법을 논하기에는 시기상조인 것으로 보인다. 세계법이라는 용어의 개념이 불명확하기도 하지만, 마치 국내 의회처럼 세계법을 만드는 기관이 따로 존재하고, 일단 입법이 되면 지구상의 모든 국가가 이를 따라야 하는 것이 세계법의 개념이라면, 아직은 요원한 것으로 보인다. 지구상에 존재하는 대부분의 국가들이 아직은 자신의 입법주권을 어느 특정 국제기구에 넘겨줄 생각이 없는 것으로 보인다.

국제법은 국제사회의 법이지만, 국제사법은 개별 국가의 국내법에 지나지 않는다. 자국인의 섭외적 사건에 대하여 관할권을 정하고, 어느 나라의 법을 적용할 것인지, 외국 판결의 집행을 어떻게 할것인지를 규정하는 각 개별 국가들의 국내법인 것이다. 국제경제법, 국제통상법, 국제거래법이라는 개념도 매우 혼용되어 사용되고 있다. 일반적으로 국제경제법은 국가가 행위주체가 되어 통상, 투자, 금융 등을 규율하는 법의 영역이라면, 국제거래법은 사경제주체가 국제무역을 하면서 발생하는 각종 법적 문제를 다루는 법의 영역이다. 그래서 대체로 국제경제법은 국제법 교수들이 담당하여 강의를 하고, 국제거래법은 상법 전공 교수들 중 국제교역에 관심있는 분들이 강의를 담당하고 있다. 국제통상법이란 용어는 국제경제법 중 WTO 통상규범 등 국제통상 관련 규범을 연구하는 영역으로 사용되나, 국제거래법을 포함하는 영역으로 이해되기도 한다.

대체로 국제법의 구성은 크게 보아 총론 부분과 각론 부분으로 나누어 볼 수 있는데, 총론 부분에서는 국제법의 의의, 국제법과 국내법의 관계, 국가주권, 국가의 영역, 국가관할권, 국제조약법, 외교관계법, 국가책임법, 국제분쟁해결, 무력사용의 금지 등을 다루고, 각론 분야에서는 UN 등 국제기구법, 해양법, 국제환경법, 국제인권법, 국제통상법, 국제형사법, 국제인도법 등을 다루고 있다. 우리 대학들에서는 이렇게 더없이 넓은 분야를 한 학기 강의로 다루다보니, 깊이 있는 분석을 하기보다는 각 분야를 개괄적으로 설명하는 데 그치고 있다.

Ⅱ. 국제법과 국내법의 관계

1. 국제법과 국내법의 비교

앞에서 일부 살펴본 바와 같이 국제법과 국내법은 여러 가지로 다른 특징을 갖고 있다. 먼저 입법과 관련하여 보면 국내법의 경우 국회라는 헌법상의 입법기관이 있고, 국회에서 입법을 하게 되면 법에 정해진 절차에 따라 발효를 하게 된다. 그 적용대상과 지역에 있어서도 자신을 대표하는 국회의원이 그 법안의 통과에 찬성하였든 반대하였든 상관없이 그 국가의 모든 지역에서 모든 국민에 대하여 효력을 발생하게 된다. 이에 반해 국제법의 경우 독립적인 입법기관이 따로 존재하지 않으며, 외교회의를 통하여 그 협상 과정에 참여하여 조약안의 채택에 동의한 국가조차도 따로 국내법적 비준 절차를 거쳐 별도로 동의표시를 하지 않으면 그 조약은 해당 국가에게는 법적 효력이 발생하지 않는다. 각 조약별로 적용의 대상이 되는 국가가 모두 다르게 되어 국내법처럼 일관성 있는 적용이 담보되지 않는다. 조약에 따라서는 WTO 협정처럼 국가가 아닌 EU와 같은 실체에게도 가입을 허용하고 있다.

어느 국가가 특정 국제조약에 가입하였다 하더라도 그 조약의 이행은 각 당사국의 국내법에 의존하게 된다. 따라서 한 국가가 어떤 국제조약에 가입하고자 할 때에는 대상이 된 조약의 내용이 국내법과 상충하는 바가 없는지, 현재의 국내법에 따라 그 조약을 이행할 수 있는지, 현재의 국내법으로 이행이 불가하다면 국내법의 개정을 통하여 그 조약의 이행을 확보할 수 있는지 등에 대한 검토가 매우 중요하다. 일단 국제조약에 가입하게 되면 국내법이 그 조약의 불이행에 대한 안전핀이 될 수는 없기 때문이다. 조약법에 관한 비엔나협약에 따르면 당사자가 된 조약은 반드시 준수하여야 하고, 국내법이 그 불이행의 핑계가 될 수 없다. 국내법을 이유로 자신이 가입한 조약을 준수하지 않게 되면 국가책임이라는 법리를 통하여 책임을 지게 된다.

사법제도적인 측면에서도 국제법과 국내법은 매우 다른 특징을 지닌다. 국내법에서는 일단 제소가 이루어지면 법원은 관할권이 인정되면 당해 사건을 다루게 되지만, 국가 간의 국제법적 분쟁에 있어서는 원칙적으로 분쟁의 양 당사자의 동의가 있어야만 국제재판소가 관할권을 갖게 된다. 예컨대 독도의 영유권 문제에 대해서 일본이 아무리 국제사법재판소에 제소하고자 하여도 한국 정부가 동의하지 않는다면, 국제사법재판소는 관할권을 행사할 수가 없다. 다만 최근에는 WTO 분쟁해결제도처럼 WTO의 어느 회원국이 다른 회원국을 상대로 무역분쟁을 제소하게 되면 상대방의 동의가 없이도 바로 관할권을 행사하는 강제관할권을 두는 경우가 있긴 하다. 투자자가 투자유치국을 상대로 투자이익의 침해를 이유로 중재에 의한 분쟁해결을 주장하는 투자자-국가 간 국제투자중재 역시 FTA나 BIT라는 조약에 근거한 강제적인 분쟁해결이라고 할 수 있다. 심급에 있어서도 대부분의 국내법상의 분쟁해결이 3심제를 보장하는 반면에, 국제재판소는 기본적으로 단심제를 취하고 있다. 물론 여기에도 예외는 존재한다. WTO 분쟁해결제도는 패널과 상소기구 심리를 거치는 2심제를 규정하고 있고, EU의 분쟁해결제도 또한 2심제 또는 3심제의 모습을 띠고 있다.

국제법과 국내법은 그 이행의 강제성 측면에서도 차이를 보인다. 국내법의 경우 그 위반이 발생하게 되면 사법절차를 거쳐서 강제적인 이행이 보장되고 있다. 그러나 국제법의 경우에는 국가주권 평등의 원칙상 그 이행을 강제할 수 있는 수단은 존재하지 않는다. 물론 UN이 안전보장이사회 결의안을 통하여 제재조치를 취하고 그 이행을 강제하는 것은 예외적인 경우에 해당한다. WTO의 경우에도 무역분쟁해결 절차를 거쳐 판정이 나온 후에 그 판정의 이행을 하지 않는 회원국에게는 교차보복 등 강제조치를 규정하고 있다. 그렇지만 국제사회에서도 여론이라는 게 있어서 대부분의 국가들은 국제법을 잘 준수하고 있고, 국제법정의 판결도 잘 이행되는 편이다. 이는 국제여론, 즉 국제사회의 눈치를 안 볼 수가 없는 사정에다가, 이번에 자신이 국제법을 준수하지 않게 되면 다음에 다른 국가에게 국제법의 준수를 요구할 명분이 없어지게 되는 상호주의적 측면도 국제법을 준수하는 쪽으로 방향을 잡아가게 한다.

한편 오늘날의 국제법에서는 국가들의 행동을 규제하는 금지규범들이 많이 만들어지고 있다. 조약법에 관한 비엔나협약 제53조는 국제사회의 구성원들이 반드시 지켜야 하는 강행규범을 규정하고 있는데, 노예무역의 금지, 해적행위의 금지, 고문의 금지 등이 강행규범에 해당한다고 볼 수 있을 것이다. 강행규범에 해당하는 내용은 그 어떤 조약이나 국가 간의 합의에 의해서도 강행규범의 내용을 무력화시킬 수 없으며, 그러한 내용을 포함하는 조약은 절대적으로 효력이 발생하지 않게 된다. UN 헌장 제2조 4항은 무력에 의한 위협이나 무력사용을 금지하고 있는데, 헌장 제51조에 의한 자위권의 행사나 제7장에 의한 강제조치의 경우에만 예외적으로 무력사용을 허용하고 있다. 또한 국제형사재판소 규정 제5조는 그 위반에 대해서 국내에서 처벌하지 않는 경우 국제사회가 나서서 처벌하게 되는 중대한 범죄를 규정하고 있다. 즉 집단살해죄, 인도에 반하는 죄, 침략범죄, 전쟁범죄 등에 대해서는 개별 국가에서 범죄인을 처벌하지 않는 경우 국제형사재판소에서 그 범죄를 저지른 개인을 소추하여 처벌하는 규정을 두고 있다.

2. 국제법과 국내법의 우위 관계

국제법의 내용과 국내법의 내용이 상호 조화로울 수 있다면 그 이행에 있어서 아무런 문제가 발생하지 않을 것이다. 그러나 경우에 따라서는 국제법과 국내법의 내용이 상호 충돌하는 경우가 생길 수가 있다. 이런 경우 국제법 시각에서는 국제법 혹은 국제조약은 반드시 준수되어야 하며, 국내법을 핑계로 그 비준수를 정당화할 수 없고, 비준수에 따른 국가책임을 부담하게 된다. 국내법적 측면에서는 국제법과 국내법의 관계에 대한 규정을 각국의 헌법에서 별도의 조항으로 두는 경우가 많다.

국제조약의 국내법적 효력에 대하여 국가들은 서로 다른 입장을 취하고 있다. 영국은 의회주권의 원칙상 행정부가 체결한 국제조약을 의회의 입법과정 없이 효력을 발생하는 것을 허용하지 않는다. 이를 국내법으로의 변형을 필요로 한다고 하여 변형이론이라고 부르고 있다. 이에 반해 미국이나 한국 등 대다수 국가의 헌법에서는 그 국가가 헌법 절차에 맞게 체결한 국제조약에 대해서는 별도의 입법절차 없이 바로 국내법과 같은 효력을 갖는다고 규정하고 있는데, 이를 수용이론이라고 부른다. 다만, 그 법적 효력에 대하여는 네덜란드와 같이 자국의 헌법보다 우위의 효력을 부여하는 국가도 있고, 헌법과 같은 지위를 부여하는 국가도 있고, 우리나라와 같이 법해석에 의하여 헌법보다는 아래, 법률과 같은 효력을 부여하는 국가도 있다. 프랑스처럼 법률보다는 우위의 효력을 인정하는 국가도 존재한다.

요약하면, 국제법에서는 조약법에 관한 비엔나협약 제26조와 제27조를 통하여 볼 수 있는 것처럼 국제법의 우위를 규정하고 있고, 국내법을 이유로 국제법을 준수하지 않는 경우 국가책임이 발생하게 된다. 국제법의 국내법상 지위에 대해서는 나라마다 서로 다른 입장을 취하고 있기는 하나, 이는 국내법적인 문제일 뿐으로 국제법을 준수하지 않게 되는 경우 결국은 국제사회에 책임을 져야 한다.

3. 우리 헌법상의 국제법 관련 조항

우리나라는 헌법 제6조 1항에서 "헌법에 의하여 체결·공포된 조약과 일반적으로 승인된 국제법규는 국내법과 같은 효력을 갖는다."고 규정하고 있다. 영국과는 달리 별도의 국내 입법절차 없이 바로 국내법과 같은 효력을 갖게 된다. 국제조약의 국내법적 지위에 대해서는 대체로 법률과 같은 효력을 갖는 것으로 보고 있는데, 이는 특히 헌법 부칙 제5조에서 "이 헌법 시행 당시의 법령과 조약은 이 헌법에 위배되지 않는 한 그 효력을 지속한다."라고 규정하고 있어서 헌법보다는 하위의 효력을 갖는 것으로 해석되고 있으며, 다수의 법학자들의 견해도 법률과 같은 효력을 갖는 것으로 보고 있다. 실제로 우리 대법원에서 다루어진 전라북도 학교급식조례 사건에서는 조약에 대하여 법률과 같은 효력을 인정하고, 조약에 위반되는 전라북도 학교급식조례의 무효를 판결한 바 있다.

국제법과 관련하여 우리 헌법 제6조와 더불어 가장 많이 논의되는 헌법 조항이 헌법 제60조 1항이다. 헌법 제60조 1항은 "국회는 상호원조 또는 안전보장에 관한 조약, 중요한 국제조직에 관한 조약, 우호통상항해조약, 주권의 제약에 관한 조약, 강화조약, 국가나 국민에게 중대한 재정적 부담을 지우는 조약, 또는 입법사항에 관한 조약의 체결·비준에 대한 동의권을 가진다."라고 규정하고 있다. 정부가 제60조 1항에 열거되어 있는 8가지 유형의 조약을 체결·비준할 때는 조약의 협상을 마치고 대통령이 조약의 비준을 하기 전에 국회의 동의를 받아야만 대통령은 조약의 비준을 할 수 있다.

통상적으로 정부는 국회의 조약의 체결, 비준에 대한 국회의 동의를 받을 때, 기존 국내법과의 정합성 여부에 대한 검토를 보고하고, 충돌하는 조항이 있는 경우에는 그 국내법의 개정과 함께 동의안을 처리하는 것이 관행이 되어 있다. 8가지 유형의 조약 중에서 실제로 강화조약이나 우호통상항해조약의 동의를 다루는 경우는 거의 없다. 강화조약이란 전쟁 이후에 체결하는 종전을 선언하는 평화조약을 말하는데, 실제로 매우 드문 경우이고, 우호통상항해조약이란 두 국가가 새로운 외교관계를 수립할 때 맺는 조약인데 오늘날은 그런 경우가 드물기 때문이다. 예컨대 한미 FTA나 한중 FTA와 같은 경우에는 내용적으로는 통상조약이지만, 우호통상항해조약의 범주에 속하는 것이 아니라, 8가지 유형 중 마지막의 국가나 국민에게 중대한 재정적 부담을 지우는 조약 또는 입법사항에 관한 조약의 범주에 들어가게 된다.

그 밖에도 우리 헌법 제73조는 "대통령은 조약을 체결·비준하고, 외교사절을 신임, 접수 또는 파견하며, 선전포고와 강화를 한다."라고 규정하여 대통령에게 조약체결, 외교관계, 전쟁선포 등 대외적 권한을 부여하고 있다. 헌법재판소의 관할권을 규정하고 있는 헌법 제111조 1항에서 "법원의 제청에 의한 법률의 위헌 여부 심판"을 헌법재판소의 관할 사항으로 정하고 있는데, 국제조약을 법률과 같이 보는 해석상 국제조약이 헌법에 위반되는지 여부가 재판에서 문제가 된다면 헌법재판소가 최종적인 결정을 하게 될 것이다. 한편 우리 헌법 제3조가 "대한민국의 영토는 한반도와 그 부속도서로 한다."라고 하고 있는데, 바로 이어서 나오는 제4조에서 "대한민국은 통일을 지향하며, 자유민주적 기본질서에 입각하여 평화적 통일정책을 수립하고 이를 추진한다."라고 규정하여 두 조항 간에 상호 모순이 있는 것이 아니냐는 논란이 존재하고 있다.

Ⅲ. 국제조약과 국제관습법

국내법에서 보통 행정법을 얘기하지만, 행정법이라는 단행의 법률은 존재하지 않는다. 국제법도 이와 마찬가지이다. 국제법이라는 하나의 국제조약이나 국제관습법은 존재하지 않으며, 국가 간의 관계를 규율하는 규범체계의 총합을 국제법이라고 할 수 있을 것이다. 그렇다면 우리는 국제법을 어디에서 찾을 것인가? 무엇이 국제법인지를 어떻게 알수 있을 것인가? 이러한 국제법의 존재근거를 보통 국제법의 연원(sources of international law)이라고 표현한다. 국제법의 연원을 얘기할 때 가장 많이 인용되는 조항이 국제사법재판소(ICJ) 규정 제38조이다.

ICJ 규정 제38조
1. 재판소는 재판소에 회부된 분쟁을 국제법에 따라 재판하는 것을 임무로 하며, 다음을 적용한다.
   가. 분쟁국에 의하여 명백히 인정된 규칙을 확립하고 있는 일반적인 또는 특별한 국제협약
   나. 법으로 수락된 일반관행의 증거로서의 국제관습
   다. 문명국에 의하여 인정된 법의 일반원칙
   라. 법칙 결정의 보조수단으로서의 사법 판결 및 제국의 가장 우수한 국제법학자의 학설. 다만, 제59조의 규정에 따를 것을 조건으로 한다.
2. 이 규정은 당사자가 합의하는 경우에 재판소가 형평과 선에 따라 재판하는 권한을 해하지 아니한다.

위 규정을 보면 알 수 있듯이 ICJ 규정 제38조는 ICJ에 국제분쟁 사건이 회부되었을 때, ICJ가 무엇을 적용하여, 혹은 어떤 법을 적용하여 재판을 할 것인가 하는 적용법규(applicable law)를 규정하고 있다. 즉, 국제사법재판소가 분쟁해결에 임하여 적용할 수 있는 국제법규의 종류를 열거하고 있다는 점에 착안하여 이를 국제법의 연원으로 보고 있다. 그러나 실제에 있어서는 ICJ 규정 제38조에서 열거하고 있는 국제조약, 국제관습법, 법의 일반원칙뿐만 아니라 많은 학자들은 형평(equity)이나 국제기구의 결의(resolution), 연성법(soft law) 등도 국제법의 연원으로 간주하고 있다. 실제 이들 국제법의 각 연원들의 실체에 대한 판단을 위해서는 재판상의 판결이나 저명학자들의 학설이 매우 중요한 역할을 하게 된다. 여기서는 국제조약과 국제관습법에 대해서만 간단히 살펴보기로 한다.

조약이란 국제법 주체들이 국제법의 규율하에 일정한 법적 효과를 발생시키기 위하여 체결한 국제적 합의를 말한다. 조약의 성립, 효력, 해석, 무효, 변경, 종료 등 국가 간

의 조약에 대한 모든 법적 문제를 종합적으로 다루고 있는 국제조약이 조약법에 관한 비엔나협약이다. 조약법에 관한 비엔나협약 제1조 1항에서는 "조약이라 함은 단일의 문서에 또는 둘 또는 그 이상의 관련 문서에 구현되고 있는가에 관계없이 또한 그 특정의 명칭에 관계 없이, 서면형식으로 국가 간에 체결되며 또한 국제법에 의하여 규율되는 국제적 합의를 의미한다."고 규정하고 있다. 그러나 여기서 간과하지 말아야 할 것은 여기 비엔나협약상의 조약의 정의는 비엔나협약의 적용을 위한 것으로, 국가와 국제기구 상호간의 합의, 또는 외교부 장관이나 국가원수 간의 구두 합의 등도 조약의 범주에 들어가게 되고, 법적 효력이 존재한다는 사실을 간과해서는 아니될 것이다.

우리가 흔히 알고 있는 UN 헌장도 다자 조약의 하나로 국제사회를 구속하는 가장 보편적인 조약이며, 앞에서 언급한 ICJ 규정 또한 UN 헌장 당사국 모두가 당사국인 국제분쟁해결을 위한 주요한 다자 조약의 하나이다. 제2절에서 살펴볼 기후변화대응을 위한 파리협정도 인류가 당면하고 있는 지구온난화 문제를 국제사회 구성원들이 다 같이 공동으로 해결하고자 하는 중요한 다자 조약의 하나이다. 한미자유무역협정이나 한-EU 자유무역협정은 양국 간의 통상문제를 다루는 매우 중요한 양자 조약이다. 이와 같이 조약에는 헌장, 규정, 협약, 협정, 의정서 등 매우 다양한 명칭들이 사용되고 있으나, 명칭 여부와 상관 없이 조약의 당사국들이 동의표시를 통하여 구속을 받기로 한 합의를 통틀어 우리는 조약이라고 부르고 있으며, 이러한 조약들은 모든 체약 당사국들을 구속한다.

조약의 체결절차에 대하여 획일적인 규정은 없지만, 대체로 전권대표의 선임과 협상과 교섭을 통한 조약문의 채택(서명), 조약에 구속받겠다는 동의(비준, 수락, 가입 등), 비준서의 교환 또는 기탁, 조약의 등록 등의 순서로 진행된다. 일단 유효하게 성립된 조약에 비준이나 가입 등을 통하여 법적 구속을 받겠다는 동의를 표시하게 되면, 체약 당사국은 그 조약을 성실하게 준수할 법적 의무를 지게 되고, 조약상의 의무를 국내적으로 실시할 의무를 지게 된다.

체결된 조약이 유효성을 유지하기 위해서는 조약당사자가 조약을 체결할 능력을 가질 것, 조약을 체결하는 대표자가 조약체결의 정당한 권한을 가질 것, 조약체결권자의 의사표시에 하자가 없을 것, 조약 내용의 이행이 가능하고 적법할 것 등의 요건을 필요로 한다. 조약법에 관한 비엔나협약 제46조-제53조는 조약의 무효사유를 열거하고 있는데, 보통 상대적 무효사유와 절대적 무효사유로 나누어 살펴보게 된다. 즉 조약체결권에 대한 국내법 규정의 위반, 국가의 동의표시 권한에 대한 특정한 제한을 초과한 권한의 유월, 조약체결상의 착오, 기만, 국가대표의 부패 등의 사유가 있을 때는 해당국가는 그 조약의 무효를 원용할 수 있다. 반면에 위협이나 무력사용을 통하여 국가나 국가대표를 강제하여 조약을 체결하거나, 국제사회가 반드시 지켜야 할 일반 국제법상의 절대규범 (강행규범)을 위반한 조약은 당사국의 주장 여부에 관계 없이 당연히 무효가 된다.

국제조약과 더불어 또 하나의 가장 중요한 국제법의 연원은 국제관습법이다. 국제 조약이 글로 씌어진 명시적인 합의에 의한 국가 간의 합의라면, 국제관습법은 '이것은 법 이다'라는 국가들 간의 법적 확신(opinio juris)의 부여와 국가들 간의 지속적이고 일관성 있는 관행(state practice)에 의하여 성립하게 된다. 조약과는 달리 국제관습법은 글로 씌 어진 문서화된 규범이 아니기 때문에 그 국제관습법의 존재를 입증하기가 쉽지 않다는 문제점이 존재한다. 그러한 이유로, 위에서 살펴본 ICJ 규정 제38조 1항에서 국제조약에 이어서 국제관습법을 언급한 것이 그 우위 관계나 적용순서를 표현한 것이 아님에도 불 구하고, 국가들은 대체로 관련 조약규정이 있으면 그 조약규정을 먼저 살펴보게 된다.

Ⅳ. 국제사회의 각종 분쟁해결제도

국내법에서와 마찬가지로 국제법에서도 국제사회의 분쟁을 해결하기 위한 다양한 수단들이 존재한다. 기본적으로는 양국 간의 교섭이나 협상이 있겠지만, 사실심사, 중개, 조정, 중재, 사법적 해결 등 다양한 방식으로 제3자에 의한 분쟁해결을 시도하고 있다. 분쟁의 태양에 있어서도 국가 대 국가 간 분쟁, 국가 대 사인 간 분쟁, 사인 대 사인 간 의 분쟁 등 국제분쟁의 여러 다양한 모습을 보이고 있다. 그 밖에도 UN이나 다른 여러 국제기구들에서도 정치적 방식에 의한 분쟁해결을 시도하고 있음은 물론이다.

먼저 국가 대 국가 간의 분쟁을 해결하는 방식으로는 위에 열거한 분쟁해결방식들 중에서 중재에 의한 분쟁해결이나 사법적 해결방식이 많이 사용되고 있다. 중재는 보통 분쟁 당사국들이 3인의 중재인들을 선임하여 사실관계를 설명하고, 법적 해결을 추구하 는 방식이다. 중재인의 선임은 당사국 간 자치적 방식에 의하여 진행되지만, 일단 중재 판정이 나오게 되면, 그 결론은 분쟁의 양 당사국을 법적으로 구속하게 된다. 사법적 해 결방식으로는 UN헌장에 의하여 설치된 국제사법재판소나 제3차 UN해양법협약에 의하 여 설치된 국제해양법재판소에 의한 분쟁해결이 대표적이다. 지역적 기구이기는 하지만, 유럽연합의 경우에도 매우 강력한 사법재판소를 두고 있다. 국제해양법재판소의 경우에 는 사법적 해결과 중재에 의한 분쟁해결 모두가 가능하여, 당사국의 선택에 따르고 있 다. 그러나 이들 재판소에 의한 분쟁해결은 먼저 분쟁의 양 당사국이 동의를 하여야만 관할권이 성립한다는 한계가 존재한다.

WTO 회원국 간의 국제무역분쟁의 경우에는 WTO 분쟁해결양해라는 조약에 따라 어느 일방 당사국이 제소를 하면 바로 관할권이 성립하는 강제관할권 시스템을 갖추고 있다. 또한 다른 재판소들과는 달리, 패널과 상소기구라는 2심제도를 두고 있고, 판정의 이행과 관련해서도 교차보복이라는 강력한 집행 시스템을 갖추고 있으며, 현존하는 국제분쟁해결 기관들 중에서 가장 많은 사건을 다루고 있는 기관이라고 할 수 있다. 국제사법재판소가 1945년 설립시부터 지난 75년간 약 200건 이내의 사건을 다루었음에 비추어, 1995년 설립된 WTO 분쟁해결기관이 600건 이상의 사건을 다루었다는 것은 주권평등이라는 국제사회의 관점에서 보면 대단히 놀라운 숫자이다. 주권평등이라는 개념상 한 국가의 재판소에서 다른 국가를 피고로 하여 재판을 하는 것은 원칙적으로 인정되지 않는다. 그러나 오늘날 많은 국가들이 국제사회에서 상업적 행위의 주체로서 활동하고 있으며, 이런 경우에는 주권면제의 이론이 성립하지 않는다.

최근 주목을 받고 있는 국제분쟁해결제도의 하나로 사인이 국가를 상대로 제소하는 투자자-국가 간 분쟁해결제도가 있다. 우리나라에서도 2006-2007년 사이에 한미 FTA 협상을 하는 과정, 그리고 그 이후에 국회의 비준동의를 논의하는 과정에서 이 제도가 커다란 주목을 받게 되었다. 이는 투자자의 투자가 있은 이후에 투자유치국의 부당한 행위로 인하여 투자자의 이익이 침해되었을 시에 투자자가 투자유치국을 상대로 국제중재를 제기하는 시스템이다. 모든 경우에 이러한 중재가 가능한 것은 아니며, 투자자의 국적국과 투자유치국 간에 자유무역협정(FTA)이나 투자보호협정(BIT)에서 이러한 분쟁해결 방식을 규정하고 있는 경우에 사용 가능한 분쟁해결방식이다. 우리나라의 경우에도 2012년 론스타라는 미국의 투자회사가 우리나라의 외환 위기시에 구입하였던 외환은행의 매각과 관련하여 2012년 국제투자분쟁해결본부(ICSID)에 투자중재를 제기한 론스타 사건으로 인하여 이 제도가 크게 주목을 받고 있다.

또 다른 국제사회의 분쟁해결기관으로 국제형사재판소가 존재한다. 1998년 로마 규정에 의하여 2002년 설립된 국제형사재판소는 국제사회에서 중대한 범죄를 저지른 개인을 그 국적국이 처벌하지 않는 경우에 국제사회가 직접 나서서 그 개인을 기소하고 법정에서 처벌하는 새로운 유형의 분쟁해결 방식이다. 로마규정은 집단살해죄, 인도에 반하는 범죄, 침략전쟁, 전쟁범죄 등의 중대한 범죄를 국제형사재판소의 관할 대상 범죄로 규정하고 있으며, 이들 범죄를 처벌하기 위한 상세한 형벌 규정과 소송절차를 명시하고 있다. 국제사회가 중대한 범죄를 저지른 개인을 직접 나서서 처벌하는 단계에까지 이른 것이다.

제1절에서는 이상과 같이 국제법의 개념과 주요내용, 국제법과 국내법의 관계, 국제

조약과 국제관습법, 국제사회의 각종 분쟁해결제도 등을 간략하게 살펴보았다. 워낙 방대한 국제법의 전 분야를 법학입문이라는 책에서 개괄적으로 살펴보기에는 무리가 있다. 이하에서는 최근 국제사회의 주요한 이슈가 되고 있는 기후변화대응과 파리협정, 통상을 위주로 국가발전을 꾀하는 우리나라에서 매우 중요한 국제조약인 WTO 협정과 국제무역분쟁해결제도를 살펴보기로 한다.

제
2
절

기후변화대응과
파리협정의 이해

Ⅰ. 파리협정의 성립과정

2015년 12월 12일 파리협정이 채택된 지 8주년이 지나가고 있다. 이하에서는 파리협정의 주요내용을 간단히 살펴보고, 파리협정의 이행과 관련한 국내법제와 필자가 갖고 있는 향후 우리나라의 기후협상에 대한 생각을 얘기해 보고자 한다.[1]

2011년 남아프리카 공화국 더반에서 더반 합의문에 따라 출범된 협상기구(ADP)를 중심으로 신기후체제를 위한 협상이 개시되었으며, 기후변화협약 당사국총회는 2015년까지는 새로운 국제문서를 도출해야 한다는 데 동의하였다. ADP는 특히 적응, 재정, 기술개발 및 이전, 역량배양 및 투명성 문제에 대해서도 논의했는데, 이는 그만큼 파리협정이 다루게 되는 영역이 늘어나고 그 규율 내용이 구체화되는 계기가 되었다. 그 사이 ADP를 통한 협상회의가 파리 당사국총회가 개최되기까지 15차례 개최되었다. 2015년 2월 제네바에서 개최된 ADP 협상회의에서 제네바 텍스트(Geneva Text)를 마련한 후 약 10개월간 집중적인 협상을 거쳤다. 결국 2015년 11월 30일부터 12월 12일까지 프랑스 파리에서 개최된 기후변화협약 제21차 당사국총회는 EU 및 195개국이 모두 함께 참여하여 파리협정이라는 역사적인 결과물을 채택하였다. 이는 개도국과 선진국 모두가 국가별 기여방안(Nationally Determined Contribution: NDC)의 제출을 통해 자발적으로 감축

---

[1] 이 글의 상당부분은 필자가 편집자로 참여하여 집필한 "파리협정의 이해"(박영사, 2020), 서장 "기후변화대응과 국제조약체계"의 내용 중 일부를 수정하고 가필한 내용을 포함하고 있음을 밝힌다.

목표를 설정하고 정기적으로 이행점검을 받는 국제법적 기반을 마련한 것이다.

파리협정은 기후변화협약 제17조에서 예정하고 있는 협약의 의정서로 채택되지는 않았다.2) 다만, 파리협정 전문 첫 번째에서 세 번째 문장 및 제2조 2항에서 기후변화협약을 줄곧 언급함으로써 협정이 기후변화협약을 토대로 발전한 국제적 합의라는 점을 잘 나타내고 있다. 이에 반해 파리협정은 여전히 발효 중인 교토의정서에 대해서는 아무런 언급을 하지 않고 있는데, 이로써 파리협정은 교토의정서와는 완전히 다른 신기후체제라는 점을 드러내고 있다. 즉, 교토의정서와 파리협정은 대체 관계에 있는 협정이 아니라, 기후변화협약하의 별개의 협정인 것이다.3)

기후변화협약 제21차 당사국총회에서는 개도국의 입장을 대변하는 중국과 G77 국가들로 구성된 개도국 그룹, 선진국의 입장을 대변하는 EU 및 Umbrella 그룹, 개도국과 선진국의 중간적인 입장인 대한민국, 스위스, 멕시코, 리히텐슈타인, 모나코, 조지아로 구성된 환경건전성그룹(Environmental Integrity Group: EIG)4) 등 다양한 협상그룹들이 파리협정 채택을 위한 협상에 임하였으며, 다양한 협상그룹의 이해를 반영하다 보니 파리협정이 교토의정서와는 달리 다소 약한 의무만을 규정하고 있다는 평가도 받는다.5) 즉, 파리협정에서 가장 중요한 감축의무는 각국이 개별적으로 제출한 NDC에 의하는데, NDC는 당사국 스스로가 결정해 제출하는 것이라는 점에서 이는 상향식 방식(bottom-up approach)라고 할 수 있다. 또 당사국총회에서 논쟁거리가 되었던 기후변화로 인한 손실과 피해에 대해서도 결국 별개의 규정이 마련되었다. 결과적으로 주요 선진국들과 개도국들의 타협과 절충의 산물이 바로 파리협정인 것이다.

파리협정은 2015년 12월 12일 채택되었는데, 채택일로부터 1년도 되지 않은 2016년 11월 4일 발효하였으며,6) 2023년 7월 현재 우리나라를 포함하여 195개국이 당사국으로 되어 있다. 애초 동 체제가 정식으로 출범하기까지 약 5년의 시간이 필요할 것으로 예견된 바 있다. 이에 따라 "Post-2020"이라는 표현이 자주 사용되었으며, 체제가 공식적으로

---

2) 박덕영, 국제법기본조약집, 제4판(박영사, 2020), 606면 참조.
3) 파리협정 채택 직후에 우리나라 외교부 홈페이지에서는 교토의정서와 파리협정의 관계를 대체 관계에 있는 것으로 표현한 바가 있으나, 이는 잘못 기술된 것으로 보인다.
4) 2017년 COP23에서 조지아가 새로이 가입하여 현재는 6개국이 EIG 그룹을 형성하고 있다.
5) 기후변화협상에 있어서 주요 협상그룹에 관해서는 박덕영, 유연철(편), 파리협정의 이해, 전게서, 503-504면 참조.
6) 파리협정이 이렇게 신속하게 발효하게 된 배경에는 당시 미국 공화당 대통령 후보이었던 트럼프가 자신이 대통령에 당선될 시에는 참여하지 않겠다는 선언이 크게 영향을 미쳤다. 그의 선언에 놀란 당시 미국 대통령 오바마와 중국의 시진핑 주석 등 국제사회의 지도자들이 비준을 서두르는 노력을 기울인 바 있다.

출범하기 전까지 협정을 더욱 구체화할 계획이었다. 하지만 2016년 11월 미국의 대선을 앞두고 당시 공화당 대통령 후보였던 도널드 트럼프가 선거운동 과정에서 파리협정 불참을 공언하자, 전 세계는 상호 협력에 기초하여 파리협정의 조기 비준과 발효로 화답하였다. 아이러니컬하게도 트럼프의 불참 선언이 파리협정의 발효를 앞당기게 된 것이다.[7]

Ⅱ. 파리협정의 주요 내용

1. 기본원칙

파리협정에서는 기후변화협약의 기본원칙들을 전문(Preamble)에서 재확인하면서 기존 교토의정서의 부속서 Ⅰ 국가들과 함께 온실가스 배출감축에 동참하게 되는 개도국들의 이익을 대변하는 원칙들과 개념들을 명시하였다. 대표적으로 온실가스 감축에 있어서 기후변화협약 제3조에서 명시하고 있는 "공동의 그러나 차이가 나는 책임(common but differentiated responsibilities)"과 함께 당사국들의 개별역량(respective capabilities) 및

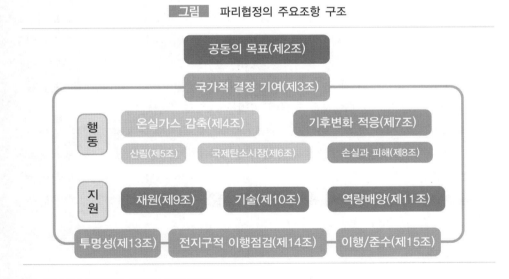

그림 파리협정의 주요조항 구조

---

7) 미국 트럼프 대통령은 선거운동 과정과 대통령에 당선된 후에도 파리협정 탈퇴를 천명하였다. 파리협정 제28조에 따르면 협정의 발효로부터 3년 후에 서면으로 탈퇴 통보를 할 수 있고, 통보로부터 1년 후에 탈퇴의 효력이 발생한다. 파리협정은 2016년 11월 4일에 발효하여 미국의 탈퇴 통보는 2020년 11월 4일 그 효력이 발생하였다. 그러나 새로이 당선된 바이든 대통령이 2021년 1월 20일 취임하자마자 파리협정에 다시 가입하였다.

국가별 상황(national circumstances)을 함께 고려해야 한다는 점을 전문에 포함했다.[8]

개도국의 입장을 반영하는 새로운 개념들도 전문에 함께 명시되었다. 해양을 포함한 전 생태계의 건전성과 생물다양성의 보호에 중점을 두고 형성된 개념인 어머니 지구(Mother Earth)와 기후변화 대응을 위한 조치를 취하는 데 있어서 고려해야 할 기후정의(climate justice)라는 개념을 직접 전문에서 언급함으로써 국제사회의 좀 더 적극적인 동참을 요구하고 있다.

2. 공동의 장기목표

교토의정서에서와는 달리 파리협정은 온도목표를 제시하고 있다. 애초에 온실가스의 감축을 정량 혹은 비율로써 정하거나, 온실가스 배출의 정점에 이르는 시기를 정하는 방식 등도 고려되었지만, 코펜하겐 합의에서 이미 등장한 바 있는 온도목표가 파리협정의 장기목표가 되었다.

파리협정은 제2조에서 협정의 장기목표를 명시적으로 제시하였다. 기본적으로 기후변화의 위협에 대한 세계적 대응의 강화를 목표로 하면서 산업화 이전수준 대비 지구의 기온상승을 2℃보다 훨씬 아래로(well below) 제한하고, 상승폭을 1.5℃ 이하로 제한하기 위해 노력할 것을 장기목표로 설정하였다. 선진국이 주장한 2℃ 이내 제한과 도서국가들과 기후변화 대응에 취약한 개도국들이 제안한 1.5℃ 이내 제한을 타협하여 양측의 주장이 모두 녹아들어 있는 표현을 사용한 것이다.[9] 이러한 장기목표를 제시하면서 형평(equity)과 공동의 그러나 차이가 나는 책임의 원칙을 반영하여 목표를 이행할 것을 재차 확인한 점은 개도국들의 입장을 충분히 고려한 것으로 판단된다.

파리협정은 제2조에서뿐만 아니라, 제4조 1항에서도 목표를 제시하고 있는데, 여기서는 온도목표가 아닌 온실가스 배출의 정점과 관련된 기준을 제시하였다. 즉, 당사국들은 21세기 중반까지는 온실가스 배출의 최고 정점에 이르러야 하며, 21세기 후반부에는 생성되는 온실가스와 온실가스의 흡수가 균형을 이루어 지구상 온실가스가 일정하게 유지되는 상태에 이르러야 한다고 규정하고 있다.

3. 행동의무와 지원의무

파리협정 제3조에서 제8조까지는 당사국의 행동의무에 대해 규정하고 있다. 파리협정 제3조부터 제6조까지는 국가별 기여방안, 즉 NDC의 제출에 따른 온실가스 감축목표

---

8) 박덕영, 국제법 기본조약집, 제4판, 전게서, 656-658면 참조.
9) 특히 몰디브, 투발루 등이 참여한 AOSIS 국가들이 주축이 되어 1.5도씨 목표를 강력하게 주장하였다.

와 감축방식에 관한 내용을 기술하고 있고, 제7조는 적응, 제8조는 손실과 피해에 대해 다루고 있다.

제3조에서 규정하고 있는 NDC는 기본적으로 NDC가 감축, 적응, 재정, 기술개발 및 이전, 역량배양, 투명성 등 6개 요소를 포함하여야 하고, 개도국에 대해서는 지원이 필요함을 확인하였으며, 일부 개도국들은 자신의 감축목표와 선진국의 지원을 적극적으로 연계할 것임을 표명하기도 하였다. 이를 통해 당사국들은 온실가스 배출 정점에 최대한 빠른 시기에 도달하고 그 후에는 배출을 급속도로 감소시키는 것을 목표로 하면서, 개도국의 경우에는 배출 정점의 도달이 지연될 수 있음을 함께 확인하였다.

각 당사국들은 제4조에 따라 주기적으로 감축목표를 제출하고 이 목표를 달성하기 위해 노력할 의무, 더 나아가 목표를 도전적으로 설정하고 목표를 지속적으로 높일 의무를 갖는다고 할 수 있다. 하지만 NDC에 따른 감축의무는 해당국이 다른 당사국에 대하여 행한 대세적 약속으로 볼 수 있으며, 이렇게 볼 경우 NDC에서 정한 감축목표는 국제법상 구속력 있는 국가의 의무로도 평가될 수 있다. 다만, 이는 목표를 달성해야 하는 결과적인 의무가 아니라, 목표 달성을 위해 최선의 노력을 다할 과정상의 의무에 지나지 않는다.[10] NDC와 관련해서도 공동의 그러나 차이가 나는 책임 원칙이 적용되며, 제4조는 개발도상국에 대한 배려와 지원에 대한 내용도 포함하고 있다. 제출된 NDC는 교토의정서의 부속서 체계에서와는 달리 조약의 부속서가 아니라, 기후변화협약 사무국이 운영하는 등록부(registry)에 기재된다. 한편 협정 제5조에서는 산림 등 온실가스 흡수원을 통한 배출량의 흡수에 대해 규정하고 있다.

기본적으로 당사국들은 NDC 달성을 위해 자국 내에서의 감축에 힘써야 하겠지만, 파리협정 제6조는 교토의정서의 시장 메커니즘과 마찬가지로 해외감축을 통하여 자국의 목표 달성에 보탬이 될 수 있도록 하는 제도를 마련하고 있다. 새로이 국제적으로 이전되는 감축결과(Internationally Transferred Mitigation Outcomes: ITMO)라는 개념을 도입하여 그 구체적인 실시방안에 대한 협상을 진행하고 있다. 4항에 따라 교토의정서상의 CDM이나 공동이행제도와 마찬가지로 국제적인 시장 메커니즘을 활용할 수 있으며, 더 나아가 이른바 협력적 접근법이나 비시장 접근법을 통해서도 목표를 달성할 수 있다. 아직 이 체계들이 어떻게 운영될 것인지에 대한 구체적인 방안은 나오지 않고 있으나, APA(Ad hoc Working Group on the Paris Agreement)를 통한 논의에서 보다 구체적인 운

---

10) 감축과 관련하여 NDC를 목표달성의무로 규정할 경우 여러 나라들이 낮은 목표를 제시할 우려와 함께, 이를 두려워 한 국가들이 파리협정에 아예 참여하지 않을 가능성의 우려가 반영되어 이러한 형식을 취한 것으로 보인다.

영방안이 도출될 것으로 기대된다.[11]

파리협정은 온실가스 감축목표에 관한 내용과 함께 제7조에서 기후변화에 대한 적응방안에 대해서도 규정하고 있다. 기후변화에 대한 적응은 인류, 생활터전 및 생태계를 보호하기 위한 장기적인 대응방안으로 중요한 역할을 수행하며, 이를 위해서는 개도국들에 대한 지원과 국제협력이 동반되어야 한다는 점을 함께 명시하고 있다. 특히 미약한 형태이기는 하지만, 협정 제7조 4항에 따라 개도국의 적응조치는 선진국의 감축의무 및 지원의무 이행과 연결되어 있는데, 개도국의 적응 문제에 있어 선진국의 역할이 중요하다는 점이 다시 한번 확인된 것이라고 할 수 있다.

파리협정 제8조에 따라 기후변화로 인해 발생하는 손실과 피해 문제가 당사국들의 행동의무에 편입되었는데, 이는 개도국이 줄곧 주장해온 바가 어느 정도 관철된 결과이다. 선진국들은 적응을 위한 자발적 지원은 가능하지만, 이것이 기후변화에 대한 자신들의 책임과 결부되는 것을 꺼렸다. 이에 따라 동 조항이 배상책임(liability)이나 보상(compensation)의 근거가 될 수 없다는 점을 제21차 파리 당사국총회 결정문에서 확인하였는데, 이는 선진국들이 개도국을 지원할 용의는 있지만, 법적 책임을 지는 것은 아니라는 점을 분명히 한 것이다. 비록 협정 제8조가 선진국의 책임까지 인정한 것은 아니지만, 적어도 적응과는 별개의 범주로 확인했다는 점에서, 그리고 별개의 조문을 통해 강조되었다는 점에서는 의의가 있다고 평가되고 있다.[12]

파리협정 제9조, 제10조 및 제11조와 제12조는 지원체계에 대하여 규정하고 있다. 제9조는 재정적 지원에 대해 규정하고 있는데, 재정지원은 주로 선진국의 의무이지만, 여타의 당사국들도 이에 참여하도록 장려된다는 점에 주목할 필요가 있다. 제21차 당사국총회 결정문에서는 2020년부터 매년 최소 1,000억 달러 상당의 재원을 조성할 것을 강력하게 권고하고 있다. 향후 이의 달성여부를 둘러싸고, 선진국과 개도국들이 대립할 가능성이 매우 커 보인다. 제10조는 기후변화에 대응하기 위한 선진국의 협력, 특히 기술개발과 기술이전에 대한 당사국의 의무를 규정하고 있다. '기술이전'이라는 기존의 용어에서 '기술의 개발과 이전'이라는 용어로 변경하여 기후변화 관련 기술개발의 중요성

---

11) 기후변화협약 당사국들은 폴란드 카토비체에서 열린 COP24에서 대부분의 조항과 관련한 세부이행규칙에 대하여 합의하였으나, 제6조 시장 메커니즘에 대한 세부이행규칙은 2021년 11월, 글래스고에서 열린 제26차 기후변화협약 당사국총회에서 제6조 세부규칙에 대한 합의를 이루기는 하였으나, 아직도 전문적이고 기술적인 사항에 대해서는 논의가 진행되고 있다.

12) 선진국들이 주로 감축을 통한 온실가스농도의 안정화에 관심을 보인 반면, 개도국들은 적응, 손실과 감축에 더 관심을 나타내었다. 또한 개도국들은 재정과 기술지원 등에 지대한 관심을 갖고 기후협상에 참여하였다.

을 강조한 부분에 유의할 필요가 있다. 제11조는 당사국에게 기후변화 대응에 필요한 역량을 갖추는 것이 중요하고, 이를 위해 당사국 간 협력이 갖는 중요성에 대해 규정하였다. 제12조는 기후변화에 대한 공공인식 제고 노력에 대한 국제적 협력을 규정하고 있다.

4. 감독체계 주요 내용

파리협정은 기후변화에 대한 비교적 느슨한 의무체계를 갖고 있다는 평가를 받는데, 이를 해소하기 위한 방안이 다소 고안되어 있다. 우선 협정 제13조는 기후변화협약 및 교토의정서, 이후의 당사국총회 결정을 통해 도출된 각종 보고의무를 종합하고 강화하여 이를 하나의 투명성 체계(transparency mechanism)에 집약시켰다. 동 체계는 원칙적으로 선진국은 물론이고 개도국에 대해서도 적용되며, 보고의 대상 역시 행동의무에 대한 것뿐만 아니라, 지원의무에 대한 것까지를 포괄한다. 여기에는 각종 보고와 정보제공이 포함된다. 보고는 원칙적으로 격년으로 이루어져야 하며, 전문가그룹 검토를 받도록 되어 있다.

투명성 체계가 단기적 목표의 이행과 그 점검을 위한 것이라면, 전지구적 이행점검(global stocktake)은 장기적 목표에 대한 이행 정도와 향후의 발전 방향을 위한 것이라고 할 수 있다. 협정 제14조는 각국의 감축노력을 평가하기 위하여 2023년부터 5년마다 전지구적 이행점검을 실시할 것을 규정하고 있다. 이행점검은 2023년부터 5년마다 실시되어야 하고, NDC 제출의 주기 역시 5년으로, 새로운 NDC 제출시 이행점검의 결과를 반영해야 한다. 2023년부터 실시되는 이행점검의 결과를 각국이 어떻게 자국의 NDC에 반영하고, 지구가 감내할 수 있는 온실가스 감축을 달성할 수 있을 것인가에 파리협정의 성패가 달려 있다고 볼 수 있다. 전지구적 이행점검의 실시방법, 이에 따른 강화된 감축 방안의 도출방안 등 향후 협상을 통해 해결해야 할 많은 사안들이 아직은 미해결 과제로 남아 있다.

파리협정 제15조는 이행과 비준수 대응 메커니즘에 대해 다루고 있다. 이행준수를 위한 메커니즘은 단일 위원회 형태로 설치하되 강제적이거나 징벌적인 성격이 아니라 촉진적인(facilitative) 성격을 지녀야 한다는 점을 명시하고 있다. 이미 교토의정서에서 제재적 이행강제가 국가들에게 환영받지 못하고, 실효성도 떨어진다는 점을 확인한 당사국들은 보다 촉진적이고 보조적인 준수체계를 마련하였다. 이에 따라 동 체계는 협정 비준수에 대한 비난보다는 준수방안을 제시하고, 기술적 지원을 제공하는 등 그 역할이 훨씬 순화되었다고 할 수 있다. 그러나 향후 당사국총회의 세부 협상결과에 따라 구체적

업무 역할이 정해질 것이다.

마지막으로 제21조에서는 파리협정의 발효에 관한 내용을 규정하고 있다. 파리협정은 최소 55개 당사국이 비준하고, 비준한 국가들의 온실가스 총배출량이 세계 배출량의 55% 이상일 경우에 발효하는 것으로 규정되어 있는데, 발효 요건에 따라 2016년 11월 4일에 발효하였다.[13]

5. 파리협정 이후의 당사국총회

파리협정 성립 당시부터 예고된 바와 같이 파리협정은 여전히 골격만 갖추었을 뿐, 이를 구체화하는 작업을 필요로 하였다. 이는 유엔기후체제의 하나의 특징이기도 하지만, 파리협정이 가지고 있는 특수한 상황도 반영된 결과이다. 교토의정서에서부터 우선 규범을 출범시킨 후 구체적인 내용을 협상하는 방식이 시도됨에 따라 점진적이고 소프트한(경성이 아닌 연성의) 규범 형성의 과정은 유엔기후체제에 있어 전형적인 것이 되었다. 게다가 파리협정의 철회(withdrawal) 내지 취소(cancellation)를 줄곧 천명한 바 있던 도널드 트럼프의 영향으로 파리협정은 출범(발효)이 예정되었던 2020년보다 훨씬 빠른 2016년 발효를 위한 요건을 구비하게 되었다. 그 결과 파리협정 당사국회의의 회차는 협정이 어느 정도 구체화될 때까지 본래 차수에 일련번호를 추가로 부여하여 제1-1차, 제1-2차, 제1-3차 등의 차수로 진행되었다.

2016년 마라케시에서 개최된 제22차 기후변화협약 당사국총회(제12차 교토의정서 당사국회의 및 제1-1차 파리협정 당사국회의)는 파리협정을 구체화하기 위한 여러 작업 프로그램 협상을 보다 신속하고 집중적으로 진행할 것을 결의하면서 2018년, 즉 제24차 당사국총회(제1-3차 파리협정 당사국회의)에서는 그 결과물이 채택될 수 있도록 해야 한다는 데 의견이 모였다. 이는 파리협정이 채택될 당시 파리협정과 함께 채택된 결정문(Decision 1/CP.21)에 포함되었던 것으로, 이를 두고 파리협정 작업프로그램(Paris Agreement Work Program: PAWP)이라고 일컫고 있다. 이 프로그램에 따라 파리협정을 위한 임시작업반인 APA에 가장 많은 업무가 위임되었으며, 기후변화협약의 부속기구인 SBI 및 SBSTA 등에도 파리협정 구체화와 이행을 위한 여러 사안들이 위임된 바 있다.

2017년 피지를 의장국으로 하지만, 실제로는 본에서 열린 제24차 기후변화 당사국총회(제14차 교토의정서 당사국회의 및 제1-2차 파리협정 당사국회의)는 마라케시에서 확인된 작업일정을 재확인하면서 프로그램 진행을 서두를 것을 촉구한 바 있다. 2017년 제

---

13) 파리협정에 대한 좀더 상세한 국제법적 이해를 위해서는 박덕영 외 번역, "기후변화와 국제법"(박영사, 2020) 참조.

23차 당사국총회를 기점으로 당시까지 정리된 성과는 그렇게 가시적인 것은 아니었다. 다만, 많은 국가들이 제안서를 제출했고, 관련된 중간회의 및 워크숍이 개최되었으며, 각 당사국의 비공식적인 의견교환과 논의과정에 대한 비공개적 기록이 축적되고 있는 상황이었다. 이러한 기록의 축적은 비단 정책적 방향설정에 관한 것에 머물지 않고, 기술적이고 실무적인 것까지를 포괄한다. 이러한 자료들을 근거로 여러 옵션들을 포함한 협상안을 준비하여 이후의 협상에 임한 것으로 보인다.

2018년 12월 폴란드 카토비체에서 열린 제24차 당사국총회에서 APA, 협약의 보조기관인 SBI, SBSTA 등을 통하여 파리협정의 이행을 구체화하기 위한 세부규정 마련을 위한 협상이 진행된 바 있다. 지난 3년간의 협상의 결과는 200여 페이지에 이르는 마라케시 합의문과 마찬가지로 방대한 형태의 구체적 이행규정(rule book)으로 정리 예정에 있었으며, 결과적으로 130여 페이지에 이르는 결정문이 나오게 되었다. Rulebook 협상이라고도 불리는 일련의 협상의 결과는 2018년 대부분 타결되었으나, 아직 협정 제6조의 시장 메커니즘에 관한 세부 이행규칙이 마련되지 않는 등 미해결 과제들이 남아 있는 실정이다.[14]

그 후 2019년 12월 마드리드 당사국총회와 2020년 글래스고 당사국총회 결정을 통하여, 카토비체에서 여전히 합의를 이루지 못한 사항에 대하여 세부이행규칙이 마련될 것으로 기대되었으나. 2019년 마드리드에서는 시장 메커니즘에 대한 논의만 다양하게 이루어지고, 구체적인 합의를 이루지는 못하였다. 2020년 열릴 예정이던 글래스고 당사국총회는 코로나로 2021년으로 연기되어 2021년 11월에 개최되었다. 글래스고 당사국총회에서는 기후변화대응을 위한 온도상승 억제목표로 1.5℃ 이내 억제가 매우 강력하게 언급되었다.

Ⅲ. 파리협정과 한국의 이행문제

1. 최근 동향

교토의정서의 제2차 의무이행기간(2013~2020년)에는 온실가스배출 세계 1~5위 대국들이 모두 참여하지 않은 데다, 개도국에 대한 선진국의 자금 및 기술지원 등의 중요한 세부쟁점들이 타결되지 못했기 때문에, 국제기후변화대응체제가 빈껍데기에 불과하

---

14) 세부이행규칙 의제 17개 중에 16개가 카토비체에서 합의되었으며, 나머지 남아있는 1개 의제가 파리협정 제6조 국제탄소시장에 관한 것이다.

다는 비판이 나오던 상황이었다. 결국 2012년 도하개정은 발효를 위한 요건을 충족하지 못하여 교토의정서의 제2차 의무기행기간은 성립되지 못하고 말았다. 그러나 2015년 12월 파리에서 국제 외교무대에서의 빅 플레이어인 미국, 중국 등 주요 국가들이 협력관계를 형성하여 제21차 당사국총회에서 기후변화협상을 타결하여 파리협정을 채택할 수 있었다.

비록 미국의 도널드 트럼프 대통령이 선거공약으로, 또 취임 이후에도 파리협정 탈퇴를 선언한 바 있기는 하지만, 기후변화에 대응하기 위한 국제적 노력은 계속될 것이다. 우리는 2018년을 비롯하여 최근 수년간의 여름의 폭염을 통해 깨닫게 된 바처럼[15] 기후변화에 보다 적극적으로 대응하고 행동하지 않으면, 지구온난화는 돌이킬 수 없는 재앙으로 인류를 끝내 멸종시킬지도 모른다는 사실을 충분히 인식하여야 할 것이다. 이하에서는 파리협정의 이행을 위하여 우리나라는 어떠한 노력을 하고 있는지를 살펴보기로 한다.

2. 한국의 이행 문제

(1) 전반적 경향

2015년 12월 파리 당사국총회는 Post-2020 기후변화대응을 위한 새로운 조약인 파리협정을 채택하였고, 기후변화협약을 위해 각 당사국은 INDC를 사전에 2015년 10월 1일까지 제출하도록 요구받았다. 지금까지 기후변화협약 당사국 중 리비아를 제외한 모든 협약 당사국들이 INDC/NDC를 제출한 상태이고,[16] 그중에서 미국은 2025년까지 2005년 대비 26~28%, EU는 2030년까지 1990년 대비 최소 40%, 캐나다는 2030년까지 2005년 대비 30%, 중국은 2030년을 기점으로 온실가스 배출량을 더 이상 늘리지 않고, 2030년까지 단위 GDP당 온실가스 배출량을 2005년 대비 60~65%, 한국은 2030년까지 BAU[17] 기준 37%를 감축하기로 약속하였다. 온실가스 배출 대국인 미국과 중국이 온실가스감축을 위한 국제사회의 노력에 적극 동참할 뜻을 밝혀, 교착상태에 빠져 있던 국제

---

15) 최근의 폭염사태 등 기상이변과 지구온난화에 대해서는 미국의 전 부통령이자 2006년 노벨평화상 수상자인 앨 고어가 기획한 다큐멘터리 영화, 불편한 진실(2006), 불편한 진실 II(2017) 등을 참조.

16) 파리협정이 채택되기 전인 2015년 상반기에는 INDC라는 명칭을 사용하였으나, 최종적으로 파리협정에서는 NDC라는 용어를 사용하고 있다. 파리협정 189개 당사국 중에서는 186개국이 NDC를 제출하였고, 나머지 3개국은 INDC를 제출한 상태로 되어 있다.

17) BAU는 Business As Usual의 약어로 아무런 감축수단을 사용하지 않았을 때의 배출전망치를 의미한다.

온실가스 감축노력에 새로운 변화가 일어날 것으로 기대된다.

한국 정부는 최종 INDC를 제출하기 전인 2015년 6월 11일에 4가지 감축 목표안을 제시하였다. 이 네 개의 목표안은 ①안: 2030년 온실가스 BAU의 14.7% 감축, ②안: 2030년 온실가스 BAU의 19.2% 감축, ③안: 2030년 온실가스 BAU의 25.7% 감축, ④안: 2030년 온실가스 BAU의 31.3% 감축하는 것이다. 그러나 위 네 개의 목표안은 모두 2020년의 목표치인 5억 4,300만 톤보다 높으므로, 네 개 목표안 중에서 하나를 채택할 경우 한국은 리마선언의 후퇴금지의 원칙을 거스르는 첫 번째 국가가 되어 국제사회의 비난을 받을 수 있었다. 이에 온실가스 감축목표를 높게 설정하려는 국제사회의 분위기와 미국을 비롯한 주요국의 외교적 압력에 따라 한국 정부는 ③안의 25.7%를 채택하되, 11.3%는 해외감축이나 해외배출권을 매입하여 상쇄하기로 하여 총 37%의 감축목표를 제출하였다.[18]

이와 같은 감축목표에 대하여 경제계는 경제성장의 발목을 잡는 암 덩어리라고 비▉▉서 에너지 효율이 세계 최고 수준을 달성한 국내기업들의 추가 감축 여력은 없다는 입장을 밝히고 있다. 온실가스감축이 경제에 부담이 되는 것은 사실이지만, 어차피 가야 하는 올바른 방향이라면 미래를 향한 비전을 갖고, 이를 기업의 기술혁신의 계기로 삼는 것이 현명할 것이다. 그동안 우리나라는 기후변화대응에 있어 GCF 사무국 유치 등을 통하여 국제사회의 주목을 받았고, 국내적으로는 2010년 1월 저탄소녹색성장기본법을 제정하여 기후변화대응법제의 기본틀을 마련하였으며, 2015년부터는 배출권거래제를 실시하고 있다. 우리 정부는 또한 기후변화대응을 위한 기술협력기구인 CTCN의 한국연락사무소 개설을 추진하고 있다. 비록 2015년 1월부터 시행하기로 예정되었던 저탄소차협력금제도는 연기되었지만, 저탄소사회를 실현하기 위한 노력은 앞으로 한층 더 계속되어야 할 것이다.

(2) 감축목표 로드맵의 수정

2018년 6월 28일 문재인 정부는 2030년 국가 온실가스 감축목표에 대한 로드맵 수정안을 발표했다. 박근혜 정부가 2016년 12월에 발표했던 기존 로드맵을 수정·보완한 것이다. 기존 로드맵에서 가장 문제시되었던 부분은 국가 감축목표 중 무려 3분의 1에

---

18) BAU 기준 37% 목표는 당초에 제시되었던 4개안의 수치보다 매우 높은 것으로 우리나라가 목표수치를 설정하는 과정에서 미국, EU 등 국제사회의 많은 압력을 받은 것으로 알려져 있다. 이 과정에서 반발하는 국내산업계를 달래기 위하여 당초 3안의 수치에 추가된 11.3%는 해외감축 또는 해외 구입 등으로 충당한다고 밝혀 향후 정부에 많은 부담을 줄 것으로 보인다.

해당하는 11.3%를 해외감축 및 해외배출권 구입을 통해 국외감축을 하겠다고 한 부분이었다. 이번 수정안에는 이 11.3%를 해소하기 위해 노력한 흔적이 보인다. 해외감축 11.3%를 축소하는 것은 국내에서의 감축노력을 강화하는 방안이 되어야 한다. 하지만 이번 수정안에서는 11.3%의 숫자를 줄이는 데에만 집중한 나머지 감축노력이라고 보기 어려운 수단들을 끼워 넣어 논란을 일으키고 있다.

바로 그 논란의 중심이 되고 있는 부분이 산림 흡수원을 통한 감축이다. 우리나라가 2015년 파리협정 당시 제출한 감축목표 문서에는 산림이 흡수하는 부분을 고려하지 않고 '총배출량'을 기준으로 감축목표를 정하였는데 이제 와서 산림 흡수원을 감축량에 넣겠다는 것이다. 우리나라의 산림이 흡수하는 온실가스의 양은 파리협정 채택 당시보다 점점 줄어들 예정인데, 이 줄어든 흡수량을 가지고 '감축노력'으로 인정받겠다는 발상이다. 정부는 산림 흡수량 2,200만 톤을 전부 감축으로 인정받겠다는 계획을 밝혔지만, 국제사회가 이를 그대로 인정해 줄 것인지는 의문이다.

여전히 남아 있는 해외감축 2%도 문제이다. 온실가스 감축은 국내에서 하든 외국에서 하든 감축비용이 드는 것인데, 이 비용을 누가 부담하고 어떻게 조달한다는 내용은 언급하고 있지 않다. 2%만 해외감축을 하려고 해도 2030년까지 막대한 해외배출권 구입비용이 투입되어야 한다. 이러다가 배출기업들이나 실제 배출자들이 부담해야 하는 비용을 국민의 혈세로 메우게 될 수도 있다. 정작 온실가스 배출량 증가에 가장 큰 책임이 있고 가장 확실한 감축 여력이 있는 전환 부문(발전 부문)은 확정적인 추가 노력이 거의 없다. 4% 정도의 추가감축 잠재량은 '확정'이 아니라 '추후 확정'이라고 한다. 기존 로드맵을 애써 수정하는 판국에 '추후 확정'으로 여지를 남겨둔 것도 매우 이해하기 어려운 부분이다.

우리나라가 2009년 국제사회에 약속한 2020년 배출량 목표는 5억 4,300만 톤이었는데 이미 실제 배출량은 7억 톤에 이르고 있다. 현 정부는 미세먼지와 온실가스 감축을 위해 화석연료 사용을 줄이고 에너지전환을 할 것을 천명한 바 있다. 또한 2020년 코로나 사태 이후로는 그린 뉴딜 정책을 표방하고 있다. 그럼에도 불구하고 2018부터 시행된 제8차 전력수급기본계획, 2030 온실가스 감축 로드맵, 온실가스 배출권거래제 할당계획에서는 화석연료 감축과 에너지전환의 구체적인 실천 의지가 부족해 보인다. 이제부터는 정부가 필요시마다 대국민연설로 화석연료 감축과 에너지전환을 구호로만 외칠 것이 아니라, 정부가 앞장서서 구체적인 행동으로 실천하는 모습을 보여주어야 할 때이다.

(3) 향후 과제

온실가스 감축은 더 이상 국제적인 약속을 지키는 차원의 문제가 아니라, 전 세계로 확산되고 있는 저탄소 경제와 에너지전환의 흐름에서 뒤처지지 않고 장기적 국가이익을 확보하기 위해 반드시 우리가 가야 할 길이다. 그동안 우리나라는 OECD의 일원이자 G20회의의 성원이라는 선진국의 지위를 강조하면서도, 다른 한편으로 WTO 협상이나 교토체제 하에서 개도국의 지위를 유지하려는 이중적인 태도를 보여 왔다.

그러나 파리 당사국총회에서 합의된 신기후체제인 파리협정은 선진국은 물론 개도국 모두가 온실가스 감축에 동참하는 새로운 기후변화 대응체제로, 한국이 선진국의 범주에 속하느냐, 개도국의 범주에 속하느냐의 논란은 더 이상 무의미하다. 우리나라도 이제는 국제사회의 기후변화대응에 발맞추어 대외신뢰도를 꾸준히 높여 나가면서 국제사회에서 차지하는 우리나라의 위상에 타당한 역할을 충실하게 수행하는 것이 매우 중요하다. 정부와 국민 모두가 어머니 지구를 지키고, 기후 정의를 실현하는 일에 좀 더 적극적인 자세로 동참해야 할 것이다.

Ⅳ. 향후 기후협상과 우리의 대응 문제

1. 대한민국의 개발도상국 지위 관련

우리나라는 개발도상국인가, 선진국인가? ITC 기술과 4차 산업을 이야기할 때는 분명히 선진국이라고 할 것이지만, 어디든 협상장에 가면 "우리는 아직 개발도상국"이라고 말하기에 주저하지 않는 모습을 보게 된다. 우리 정부가 가지는 기후변화에 대한 태도 역시 마찬가지인데, 우리는 아직까지 기후변화 협상에 있어 개발도상국이라고 하고 있다.

한국은 지난 10월 25일, 지금까지 유지해왔던 WTO 농업협정상의 개도국 지위를 포기한다는 점을 공식적으로 확인한 바 있다. 서구 언론들, 특히 미국언론들은 당연한 결과로 받아들이고 있는 것으로 보이는데, 일례로 로이터 통신은 우리나라가 아시아에서 4번째 경제대국이며, 개도국 지위가 스스로 지정된 것("self-designated")임을 강조하기도 하였다.

세계은행에서 정한 개발도상국 기준에 들지 못할 뿐 아니라, 우리는 1996년 OECD에 23번째 회원국이 되었기 때문에 아직도 개발도상국을 주장하는 것은 매우 시대착오적이다. 우리 정부가 국익을 앞세워 기후변화를 위한 국제적 대응을 소극적으로 해나가고 있는 것은 아닌지 우려된다. 이제는 국제협상의 무대에서 국가이익만을 얘기할 것이 아니라 지구이익, 기후정의, 나아가 미래세대를 생각할 때가 아닌가 싶다.

2. 기후정의의 실현방안 관련

기후변화와 관련된 국제적 논의를 보면, 개발이익과 환경정의 사이에 팽팽한 긴장관계가 있음을 실감하게 된다. 유엔기후변화체제에 자리매김한 원칙인 공동의 그러나 차이가 나는 책임 및 개별적 역량(CBDR-RC) 원칙에 따라 개발도상국은 산업화 때부터 온실가스를 배출해온 선진국의 책임이 크다는 입장이고, 동시에 자신들도 발전할 권리를 관철해야 한다고 주장한다. 이에 반해 선진국은 현재의 온실가스를 배출하는 문제를 함께 해결하지 않으면, 기후변화 대응에 실패할 것이라는 입장이다.

기후변화가 곧 돌이킬 수 없는 재앙으로 치닫고 있다는 과학계의 경고가 연일 쏟아지고 있는 상황에서, 이제는 자기 국경 테두리 내에서의 발전만을 외치는 것은 너무 근시안적이고 공허한 것으로 느껴진다. 정의(justice)는 다양한 의미로 받아들일 수 있지만, 적어도 지구온난화 대응에 있어서의 기후정의는 개별 국가의 이해관계만을 따질 것이 아니라, 우리부터 실천하는 것이 아닐까 싶다.

3. 국제적 탄소시장과 국내감축의 갈등 관련

2018년 6월 28일 정부는 2030년 국가 온실가스 감축목표에 대한 로드맵 수정안을 발표했다. 기대가 큰 탓이었는지 그 결과는 그렇게 만족스럽지 못했다. 우리나라는 2015년 국가별기여방안(NDC)에서 BAU 기준 37%의 온실가스 감축을 공개적으로 약속한 바 있고, 목표달성을 위해 애초 11.3%에 해당하는 감축분을 해외감축이나 국제적 탄소시장에서 배출권으로 구입하여 의무를 다하겠다는 방침을 세운 바 있다.

수정안을 통해 이 수치를 2%로 떨어뜨린 것은 평가할 수 있는 부분이지만, 그 방법은 결코 바람직하지 않다. 즉, 우리 정부는 국내 산업계의 온실가스 감축에 대한 노력을 높이는 것이 아니라, 이번에도 '우회로'를 찾기에 급급한 모습을 보이고 있다. 바로 산림흡수원에 의한 감축 내지 이러한 조림·재조림·황폐화방지라는 방법을 통한 배출권의 확보인데, 과연 이 방법이 유효한 것인지에 대해서 의문이 든다.

더욱 심각한 문제는 국내 산업 내부적으로 감축이 이루어질 수 있도록 로드맵을 제시하고, 전 세계적 친환경 경쟁체제에 발맞추어 국내의 산업경쟁력을 키워야 할 정부가 산업발전의 방향과 신산업의 청사진을 제시하지 못하고 있다는 점인데, 너무나 안타까운 일이다. 신규 화력발전소 건설의 문제를 재검토하고, 그동안 여러 가지 이유를 들어 미루어 온 저탄소차 협력금제도 등 친환경 정책들을 적극적으로 도입하여야 할 것이다.

4. 컨트롤 타워의 부재 관련

정부에서 기후변화 문제에 대응하는 것을 보면, 부처 간 이익이 상호충돌하면서 갈등이 발생하는 모습을 자주 목격하게 된다. 기후변화 당사국총회에서 많은 정부 기관에서 참여하는 이유 역시 기후변화 문제가 그만큼 중요하기 때문인 측면도 있지만, 부처 간 이해관계가 사전에 조정되지 않은 탓도 큰 것으로 생각된다.

실제 협상에서는 기후변화대사를 중심으로 협상전략과 목표가 수립되겠지만, 국가의 기후변화정책을 만들고, 이해관계를 조율하는 데는 컨트롤 타워가 반드시 필요하다. 현재 국무조정실이 이러한 역할을 담당한다고 되어 있기는 하지만, 전문성과 리더십 측면에서 충분한 역할을 발휘하고 있는지에 대해서는 많은 의문이 생긴다.

정부부처 간 협력을 강화하고 쇄신을 추진하여야 할 것이며, 어떠한 방향으로 국가정책이 결정되고, 이해관계가 조율되는 것이 바람직한지에 대한 청사진을 제시해야 할 것이다. 이제는 국회도 어떠한 역할을 수행할 수 있을 것인지 심각한 고민을 해야 할 때가 되었다고 생각한다.

5. 파리협정 등 국제조약의 번역 관련

조약은 공식언어에 의해 해석되어야 하는 것이 원칙이고, 우리말은 많은 다자조약에서 공식언어가 아니지만, 대부분의 국민들은 정부에서 번역한 조약문을 토대로 그 내용을 파악한다. 법원에서도 조약의 원문을 찾아보기보다 번역본에 의존하여 판결을 내리는 경우가 상당수이다.

그런데 파리협정을 비롯하여 우리나라의 조약번역 관행에는 문제가 있어 지적해보고자 한다. 파리협정 영문본에는 각 당사국이 해야 할 임무를 의미하는 표현으로 shall, should, will, be to 등 다양한 술어가 사용되고 있다. 파리협정의 번역본에서는 shall을 그동안의 관행대로 "한다"로 옮기다 보니, should를 "하여야 한다"로 번역하고 있다. 또한 국제조약상 정치적 의지의 표현인 will은 미래형으로 번역하고 있다.

이는 shall이 가장 강한 법률상의 의무를 나타낸다는 국제법 전공 학자에게는 물론이고, 일반적인 법학 전공 학생들이나 보통의 일반인들이 느끼는 어감상으로도 매우 어색한 일이다. 단지 그동안의 번역 관행이라고 방치할 것이 아니라, 지금에라도 이러한 문제점을 시정할 필요가 있다고 생각된다. 우리나라에서 국제조약의 번역 체계에 대한 전반적인 재검토가 필요한 시점이다.

V. 마치며

우리나라는 지난 50년간 눈부신 경제성장과 더불어 민주화와 인권신장을 동시에 이룩한 지구상의 몇 안 되는 나라 중의 하나로 국제사회에서 평가받고 있다. 우리나라의 경제발전사는 재벌에 대한 집중지원과 불균형 성장론으로 대표된다고 해도 과언이 아닐 것이다. 지난 50여 년이 오로지 경제만을 위해서 달려온 시대였다고 한다면, 앞으로의 시대는 시민사회의 성숙과 인권신장, 기후정의 실현과 환경보호와 미래세대를 위한 지속가능한 개발을 추구해야 할 것으로 생각된다.

경제발전과 행복이 항상 같이 가는 것은 아니다. 지구상에서 가장 행복한 사람들이 부탄이나 방글라데시 국민이라는 여론조사를 보면, 우리 국민들은 경제적으로 그들보다 나을지언정, 그들보다 행복한 것은 아니라고 여겨진다. 이제는 우리도 더 가지는 것에 대한 맹목적 추구에서 벗어나, 보다 나은 삶을 추구해야 할 시기가 아닌가 싶다. 보다 나은 환경에서 더불어 사는 세상을 만들기 위해서는 쾌적한 환경은 필수적인 요소이다. 이제 지구환경은 어느 특정 국가가 나서서 개선할 수 없는 지경에 이르렀고, 지구환경 개선이라는 대명제 앞에 항상 그래왔던 국가이익 타령을 이제는 멈추고 기후정의 실현을 추구해야 할 때이다.

어느 특정 국가가 두려워, 어느 특정 기업집단에 휘둘려서 우리의 정책 시행을 주저하는 우를 범하지는 말아야 할 것이다. 현재를 살아가고 있는 우리 자신을 위하여, 그리고 이 땅에 살아갈 미래 세대를 위하여 인류공동선을 추구해야 할 때가 되었다. 경제만 앞세우지 말고, 지구의 미래와 우리 후속세대가 살아갈 환경을 생각하면서 국민의 행복을 추구하는 방향으로 국가의 국정지표가 수정되어야 할 것이며, 이를 위해 국민 모두가 눈앞의 이익이 아니라, 멀리 그리고 길게 내다보는 지혜를 가져야 할 때이다.

다행히 2020년 12월 10일 문재인 대통령은 '2050 탄소중립 비전'을 선언하였다. 즉 2050년까지 탄소배출량에서 흡수량을 뺀 수치가 제로(0)가 되도록 하겠다고 선언한 것이다. 정부의 이러한 정책의지가 반드시 실현될 수 있기를 기대한다.

또한 우리나라는 2021년 글래스고에서 열린 제26차 기후변화협약 당사국총회에서 2030년까지 2018년 대비 온실가스 40% 감축을 국제사회에 약속하여 이제는 반드시 지켜야 할 목표가 제시된 것이다.

WTO 협정과 분쟁해결제도

국제통상법은 국제경제법의 주요한 일부분이다. 국제경제법은 국경을 초월하여 전개되는 무역, 투자, 서비스의 거래를 포용하는 것으로 국외에서 근원된 자연인 또는 법인의 경제활동의 국내에서의 확립에 관한 것을 다룬다 할 수 있다. 따라서 국제경제법은 "다양한 경제주체들이 국경을 초월하여 전개하는 국제적 경제활동을 규율하는 법규범"이라고 정의하면 무리가 없을 것이다. 일반적으로 국제경제법에서는 국제금융법, 국제통상법, 해외투자의 국제적 보호 등의 문제를 다루는데, 국제통상법이 오늘날 가장 중요한 연구대상이 되고 있다. 이에 반해 사적 경제주체 간의 국제거래 관계에 대한 법을 다루는 법학의 영역, 즉 무역계약이나 대금결제방법·중재 등 상사분쟁해결 문제를 다루는 영역이 국제거래법이라고 할 수 있다.

I. GATT 체제

GATT, IMF, IBRD는 제2차 세계대전 이후 국제적인 무역, 통화, 금융 등을 규율해 온 대표적인 국제규약 또는 국제기구로서 전후 국제경제질서의 주된 골격을 이루어 왔다. 이 중에서 1947년 채택되어 1948년 발효한 GATT는 국제무역에 관한 일반적 규범으로서 관세인하 및 비관세장벽 철폐를 통하여 국제무역의 자유화를 추구하여 왔으며, 오늘날에는 1986년 4월부터 시작된 우루과이 라운드 협상의 타결로 1995년 1월 1일부터 「세계무역기구설립협정」(Treaty Establishing the World Trade Organization)과 그 부속조약들로 대체됨으로써, 이른바 '세계무역기구'(World Trade Organization: WTO) 체제에 진입하였다.

오늘날 국제무역질서는 WTO체제에 의하여 규율을 받는다. 이는 전후 국제무역질서의 근간을 이루어 온 GATT체제가 1994년 4월 15일 모로코의 마라케쉬에서 서명된 「WTO설립협정」에 의하여 대체된 것으로, 국제무역에 관한 유엔과 같은 기구로서 WTO의 역할을 확인하고 완전한 시장개방을 바탕으로 한 새로운 국제무역질서를 구축하기 위한 것이다. GATT는 1947년에 설립되어 1994년까지 약 50년간 국제무역에 관한 기본질서를 형성하여 왔는바, WTO체제는 기존의 GATT체제를 부정한 것이 아니라, GATT체제를 새로이 보완·수정하여 이를 강화한 것이다.

1. GATT의 성립배경

GATT는 이미 제2차 세계대전이 끝나기 전인 1944년부터 설립방안이 논의되기 시작하였다. 미국은 이 시기에 '국제무역기구'(International Trade Organization: ITO)의 창설을 준비하게 되었고, 마침내 1945년 11월에 영국과의 협의하에 「ITO설립초안」을 발표하였다. 이 초안에는 전후 경제정책에 대한 일반적인 목표와 ITO에 포함될 구체적인 내용들을 열거하고 있었는데, 특히 국제무역을 저해하는 4가지 요소, 즉 정부에 대한 규제, 민간단체 및 카르텔에 의한 규제, 특정 1차상품의 시장왜곡, 생산 및 고용의 불균형을 배격할 것을 내용으로 담고 있었다. 이 초안이 발표된 다음 달인 1945년 12월, 미 국무성은 다자간무역협정을 본격적으로 추진하기 위해 다른 여러 나라의 참여를 공식적으로 제의하였다.

이때부터 유엔도 본격적인 활동에 들어가 유엔 경제사회이사회가 국가간 경제협력을 위한 주요 조정기구로 발족하였고, 1946년 2월에 개최된 첫 회의에서는 ITO헌장 작성과 관세인하 협상을 추진하기 위한 국제회의를 개최할 것이 미국측에 의해 제의되었다. 이 회의에서 채택된 결의에 의해 준비위원회가 설치되어 1946년부터 본격적으로 GATT 설립을 추진하게 되었다. 그리고 1948년 마침내 53개국의 조인을 받아 「국제무역기구헌장」(Charter for the International Trade Organization)이 채택되었다. 이 헌장은 「ITO헌장」 또는 쿠바의 아바나에서 채택되었기 때문에 「아바나헌장」이라고 불린다.

「ITO헌장」에서는 관세, 무역제한, 보조금 및 국제무역의 자유화에 관한 원칙이 규정되었으며 이 원칙을 수행하기 위한 '국제무역기구'(ITO)의 설치가 규정되어 있었다. 그러나 「ITO헌장」에 반영된 자유무역의 이념은 당시 각국의 국내경제사정과 국제무역질서에 부합되지 아니하였다는 이유로 서명국 중 불과 2개국만이 비준을 하였고, 심지어

이 기구의 설치를 적극적으로 주도한 미국조차도 의회의 승인을 받지 못하여 ITO의 설치계획은 끝내 실패로 끝나고 말았다.

한편 1947년 4월 제네바에서 미국, 영국 등 23개국이 참가하여 관세인하를 위한 교섭을 실시하였다. 이 교섭의 결과로서, 그해 10월 30일 각국간에 상호인하를 약속한 관세율과 그 인하약속을 시행하는 데 필요한 관세무역의 규범을 하나의 국제조약으로 채택한 것이 바로 GATT이다. GATT는 「ITO헌장」의 발효와 ITO의 설립시까지 공백을 메우기 위하여 잠정적으로 채택된 조약에 지나지 아니하였으나, ITO의 설립이 무산됨으로써 이를 대체하는 임무를 맡게 된 것이다.[19] 결국 GATT는 WTO가 설립되기까지 국제기구가 아닌 단순한 국제협정의 형태로서 국제무역질서를 규율하게 되었다.[20]

2. GATT의 기본원칙과 문제점

GATT는 국제무역을 활성화시키기 위하여 다자주의, 자유무역주의 및 공정무역을 기본원리로 삼고 있었다.

우선 '다자주의'란 세계무역질서의 형성, 배경 및 적용 등의 전 과정에 세계의 모든 교역국이 함께 참여해야 한다는 원리이다. 이러한 다자주의의 근간이 되는 가장 중요한 원칙이 바로 GATT 제1조의 '최혜국대우의 원칙'이다. 최혜국대우의 원칙은 모든 국가에 대하여 동일한 교역조건을 적용하여야 한다는 원칙을 말한다. 다자주의에 대립되는 개념으로는 양자주의가 있는데, 이는 2-3개 소수의 국가들만이 통상 문제를 논의하고 협정을 체결하는 주의를 말한다. 양자주의는 GATT의 다자주의에 배치되는 개념이다.

'자유무역주의'란 국제무역에 시장경제의 원리를 최대한 적용하여 각국의 관세를 인하하고, 시장을 최대한 개방하며, 허용된 관세부과 이외의 다른 형태의 수출입제한조치를 금지하는 원리를 말한다. 이러한 자유무역주의는 관세만을 수입제한의 유일한 합법적 수단으로 인정하는 GATT 제11조에서 잘 나타나고 있다. 이에 대하여 보호무역주의는 자유무역주의에 대립되는 개념으로 각국의 시장을 충분히 개방하지 아니하고, 각종 비관세조치(수량규제, 수입승인절차 등)를 통해 수입을 제한하는 원리를 말한다. 보호무역주의도 역시 GATT의 자유무역주의 원칙에 배치되는 원리이다.

'공정무역의 원칙'이란 국제무역규범에 합치되는 범위 내에서 자유로운 경쟁의 기회

---

19) 이러한 사실상의 국제기구로서의 GATT는 WTO가 출범한 이후인 1995년 12월 31일까지 존재하게 된다.

20) 국제협정으로서의 GATT는 1995년 WTO가 출범한 이후에는 WTO설립협정 부속서 1A에 하나의 구성조약으로 포함되어 있다.

를 보장하는 원칙을 말한다. 공정무역에 의하지 아니할 경우, GATT체제하에서는 반덤핑관세의 부과와 상계관세의 부과 등의 조치를 취할 수 있으며, GATT의 분쟁해결절차를 활용할 수도 있었다.

GATT의 이념은 40여 년에 걸쳐 국제무역의 지속적인 발전과정에서 여러 가지 문제들을 야기하였다. 우선 GATT를 효율적으로 관리할 국제기구가 없는 상태에서 국가간의 협정만으로 존재하였기 때문에, 실효성 있는 정책의 수립, 집행에 여러 가지 한계를 노출하였다. 특히 관세인하와 무역장벽의 제거라는 애초의 목표들이 그 이후에 과연 기대만큼 실현되었는가, 또는 관세인하와 무역장벽의 철폐가 경제발전을 촉진할 수 있을 만큼 이루어지고 또 무차별적이고 공평하게 이루어졌는가에 대한 의문이 끊임없이 제기되었다. 또한 GATT가 표방하는 여러 가지 목표와 원칙들도 각국의 상이한 경제상황이나 사회적·문화적 전통을 충분히 고려하여 세워지지 못하였기 때문에, 현실의 적용에 있어 여러 가지 한계를 지닐 수밖에 없었다.

무엇보다 GATT의 적용과정에서 남용된 예외조치의 확대적용, 자의적인 규정해석, 회색지대조치의 확산 등은 모두 GATT의 이상을 무산시켰고, GATT의 침해에 대한 GATT의 통제력도 사실상 퇴색된 상태를 벗어나지 못하였다. 특히 1980년대에 들어서면서 주요 선진국이 자국의 산업과 국제수지 보호를 위하여 보호무역주의적 수단을 남용하기 시작하였고, GATT체제를 우회하는 반덤핑제도의 남용, 수출자율규제(VER), 시장질서유지협정(OMA) 등의 회색지대 조치가 성행하여 국제교역질서가 극도로 문란해졌다. 그리고 농산물, 섬유 등은 국제무역에서 차지하는 비중이 상당히 높았음에도 사실상 GATT의 규율을 받지 않거나, GATT 규정의 폭넓은 예외조치를 인정받아 왔을 뿐만 아니라 서비스, 국제투자, 지적 재산권과 같은 분야는 국제경제에서 차지하는 비중이 증대하고 있었지만, 기존의 GATT에는 이러한 새로운 분야를 포괄할 수 있는 규정이 마련되어 있지 않았다.

Ⅱ. WTO 세계무역체제

GATT체제는 많은 내재적 한계와 모순들로 인하여 1947년 설립 이후부터 무려 7차례에 걸친 관세 및 비관세장벽의 인하 내지 철폐를 위한 협상과 그에 따른 수정이 이루어졌다. 그러다가 1980년대에 들어와 극심해진 국제교역질서의 혼란에 따라 GATT체제의 보완을 위한 새로운 다자간 협상이 필요하다는 인식하에, 1986년 9월 우루과이의 '푼

타델에스테'에서 GATT체제의 개혁을 위한 제8차 다자간협상이 개시되어 약 7년간 지루하게 지속되었다. 이 협상을 '우루과이라운드'(Uruguay Round)라고 하는데, 1993년 12월 15일 마침내 이 협상이 타결됨으로써 이듬해인 1994년 4월 15일 모로코의 마라케쉬에서 「우루과이라운드 최종협정」과 더불어 「세계무역기구설립협정」(이하 'WTO설립협정'이라 함)이 체결되었다.

1. WTO협정의 구성과 특징

WTO협정은 전문과 16개의 조항으로 구성된 「WTO설립협정」(Agreement Establishing the World Trade Organization)과 4개의 부속서(Annex)로 구성되어 있다. 「WTO설립협정」은 WTO의 설립에 관한 규정과 WTO협정 전반에 대한 총칙적 내용을 규정하고 있다. 그리고 4개의 부속서는 국제무역에 관한 「WTO설립협정」의 내용을 보다 구체적으로 규정하고 있다. 이들 부속서는 「WTO설립협정」에 대한 시행령 또는 특별법적 성격을 갖는다.

'부속서 1', '부속서 2' 및 '부속서 3'은 모든 WTO회원국들에 의무적으로 적용되는 17개 '다자간 무역협정'(multilateral trade agreements)으로 구성되어 있고, '부속서 4'는 협정을 수락하기로 약속한 회원국들에게만 적용되는 4개의 '복수국간무역협정'(plurilateral trade agreements)으로 구성되어 있다.

WTO협정의 전반적인 구성체계를 도표화하면 아래 [표 1]과 같다.

WTO체제는 각종 무역장벽을 완화·철폐하고 기존의 무역규범을 보다 구체화하고 명료화하였으며, 농산물 및 서비스 무역 분야 등에 대한 새로운 국제무역규범을 정립하고, 공정하고 객관적인 분쟁해결제도를 도입하여 다자간 무역체제를 개선·강화함으로써 세계경제를 활성화하는 것을 주요 목적으로 하고 있다. WTO체제의 주요 특징을 기존의 GATT체제와 비교하여 살펴보면 다음과 같다.

첫째, 우루과이라운드협정의 체결로 인하여 가장 커다란 변화를 가져온 부분은 WTO체제의 설립이다. 그동안 기존의 GATT체제의 실효성에 강한 의문이 제기되어 왔던 가장 큰 이유는 GATT가 국제기구가 아닌 단순한 국제협정에 불과하며, GATT 위반에 대한 제재조치가 미약하다는 데에 있었다. 즉 GATT는 명확한 법적 근거를 갖고 국제문제의 해결과 조정에 적극적·능동적 역할을 완수할 사무국과 같은 기관과 운영방식 및 재원조달방법 등에 관한 규정을 갖추지 못하였다는 것이다. 이러한 점들을 해결하고자 GATT의 우루과이라운드에서는 세계무역에 관한 국제기구인 WTO의 창설에 합의하였다. WTO는 기존의 GATT체제와는 달리 국제법상의 국제기구로서 존재하는 것이 특징이다.

표 **WTO협정의 구성체계**

WTO 설립협정(Agreement Establishing the World Trade Organization)
- 부속서 1A: 다자간 상품무역협정
    1. 1994년 GATT
        (a) 1994년 GATT 제2조 1항 ⓑ의 해석에 관한 양해
        (b) 1994년 GATT 제17조(국영무역기업)의 해석에 관한 양해
        (c) 1994년 GATT 국제수지규정에 관한 양해
        (d) 1994년 GATT 제24조(관세동맹 및 지역협정)의 해석에 관한 양해
        (e) 1994년 GATT 의무면제(제25조 5항)에 관한 양해
        (f) 1994년 GATT 제28조(양허표의 수정)의 해석에 관한 양해
        (g) 1994년 GATT 관한 마라케쉬 관세양허 의정서
    2. 농업협정
    3. 위생 및 검역협정
    4. 섬유 및 의류협정*
    5. 기술장벽협정
    6. 무역관련 투자조치협정
    7. 반덤핑관세협정
    8. 관세평가협정
    9. 선적전검사협정
    10. 원산지규정협정
    11. 수입허가절차협정
    12. 보조금 및 상계조치협정
    13. 세이프가드협정
- 부속서 1B: 서비스무역 일반협정(GATS)
- 부속서 1C: 무역관련 지적재산권협정(TRIPs)
- 부속서 2: 분쟁해결양해(DSU)
- 부속서 3: 무역정책검토제도(TPRM)
- 부속서 4: 복수국간 무역협정(PTA)
    (a) 민간항공기협정
    (b) 정부조달협정

* 조약규정에 따라 2005.1.1.일부로 소멸함.

둘째, GATT는 국제무역의 당사국 간에 분쟁이 발생하였을 경우 이를 해결하기 위하여 분쟁해결절차를 두고 있다. 그러나 기존의 GATT의 분쟁해결절차는 많은 시일이 소요되고, GATT 규정 전체에 걸쳐 각 분야별로 산재하여 있으며, 회원국에 대한 구속력이 취약하다는 비판이 있었다. 이에 비하여 WTO는 각 절차를 명료하게 하였고, 종결시한을 설정하였으며, 패널보고서의 채택을 용이하게 하는 등 신속한 분쟁해결절차를 마련하였다. 또한 WTO는 교역국의 일방적 조치를 억제하고, 교차보복을 인정하는 등 분쟁해결절차의 실효성을 증대시키고, 이를 관할하기 위한 분쟁해결기구를 설치하여 분쟁해결절차를 체계적으로 정비하고 있다.

셋째, 기존의 GATT가 규율대상을 상품교역으로 한정하였던 반면에 WTO협정은 상품뿐 아니라 서비스, 지적재산권 및 무역관련 투자도 그 규율대상에 포함시키고 있다. 즉 WTO협정에서는 상품 분야 외에 서비스, 지적재산권 및 무역관련 투자 분야의 무역규범을 새로 제정함으로써 규율대상을 넓혔다. 그리고 상품 분야에서도 과거 동경라운드의 9개 MTN협정 중 5개를 다자간무역협정으로 전환시키고, 농산물 및 섬유의 교역 등을 WTO체제에 새로이 포함시켰으며, 기존의 GATT체제를 보완하는 등 상품 분야에 관한 제도적 정비를 마무리하였다.

넷째, 기존의 GATT 규정에서는 반덤핑관세제도, 보조금·상계관세제도 및 긴급수입제한제도의 발동요건·절차 및 대상 등이 명확하지 않았으나, WTO협정에서는 이들을 명확히 하였다. 그리고 선진국들의 자의적인 반덤핑관세, 상계관세 및 긴급수입규제활동을 제한하기 위하여 이들의 발동요건을 강화하였다.

일반적으로 반덤핑관세를 부과하기 위해서는 수입물품에 덤핑행위가 존재하여야 하고, 수입으로 인해 국내산업에 피해가 야기되어야 하며, 덤핑행위와 국내산업에 대한 피해간에 인과관계가 존재하여야 한다. 상계관세제도는 수출국에서 보조금이 지급된 상품을 수입함으로써, 수입국의 산업이 실질적인 피해를 입거나 입을 우려가 있는 경우에, 수입국이 생산물의 제조, 생산 또는 수출에 직·간접으로 부여된 보조금을 상쇄할 목적으로 당해 수입상품에 부과하는 특별관세를 말한다.

반덤핑관세제도, 상계관세제도가 모두 불공정 무역행위에 대해 가하여지는 조치인데 비하여, 긴급수입제한제도는 공정한 무역행위에 대해 취해지는 조치이다. 즉 합법적이고도 공정하게 수입되는 물품에 대하여 수입국의 국내산업을 보호하기 위하여 취해지는 것이다. 따라서 긴급수입제한조치를 취하는 경우에는 반덤핑관세 또는 상계관세 부과조치의 경우보다 엄격한 발동요건을 요구할 뿐만 아니라, 사전에 정부간 협의나 교섭이 이루어져야 한다.

다섯째, WTO체제는 GATT규범을 계승·발전시킨 것이라는 점이다. 1994년 4월 15일 마라케쉬에서의 서명을 통해 새로 WTO협정이 체결되었다고는 하나, WTO협정은 1947년에 확정된 GATT의 조문체계, 즉 「1947년 GATT」(General Agreement on Tariffs and Trade 1947)의 내용을 전면 부정한 것이 아니라, 이를 보완·발전시킨 것이다.

2. WTO의 기능과 조직

「WTO설립협정」은 제1조에서 "본 협정에 따라 세계무역기구가 설립된다"고 규정하고 있으며, 그 이하의 규정들은 이러한 WTO의 조직, 기능 및 운영 등에 관하여 상세히 규정하고 있다.

(1) WTO의 지위

WTO는 '법인격'(legal personality)을 가지며, 각 회원국은 WTO가 자신의 기능을 수행하는 데 필요한 법적 능력을 부여한다(8조①). 각 회원국은 WTO는 물론 WTO 소속직원과 WTO의 회원국 대표에 대해서도 이들이 동 기구와 관련된 자신의 기능을 독자적으로 수행하는 데 필요한 특권과 면제를 부여한다(8조②, ③). 회원국이 WTO와 그 임직원 및 WTO 회원국 대표에게 부여하는 특권과 면제는 1947년 11월 21일 유엔총회에서 승인된 「전문기구의 특권과 면제에 관한 협약」에서 규정된 특권 및 면제와 유사하여야 한다(8조④). 한편 WTO 회원국은 자국의 법령, 규정 및 행정절차가 WTO협정에 합치되도록 하여야 한다.

(2) WTO의 기능

WTO는 다음의 기능을 수행한다.

첫째, 「WTO설립협정」 및 다자간무역협정의 이행, 관리 및 운영을 촉진하고, 그 목적을 증진하며, 또한 복수무역협정의 이행, 관리 및 운영을 위한 골격을 제공한다(3조①). 둘째, 회원국 간의 다자간 무역관계에 관하여 그들간의 협상을 위한 장 및 협상결과의 이행을 위한 틀을 제공한다(3조②). 셋째, 분쟁해결에 관한 규칙 및 절차에 관한 협정을 시행한다(3조③). 넷째, 회원국의 '무역정책검토제도'를 시행한다(3조④). 다섯째, 세계경제의 정책결정에 있어서 일관성을 제고하기 위하여 IMF와 IBRD 및 관련 산하기구들과 협력한다(3조⑤).

(3) WTO의 조직

WTO의 최고기구는 모든 회원국의 대표로 구성되는 각료회의(Ministerial Conference)가 있어 필요에 따라 개최되며, 각료회의의 비회기 중에는 각료회의의 기능을 수행하는 일반이사회(General Council)가 있다.

1) 각료회의(Ministerial Conference)

모든 WTO 회원국들로 구성되며, 최소한 2년에 1회 이상 개최된다. 그리고 WTO의 기능수행을 위하여 필요한 조치를 취하고 「WTO설립협정」과 다자간협정의 모든 사항에 대한 결정권을 갖는다(4조①).

2) 일반이사회(General Council)

모든 WTO 회원국들로 구성되며, 필요에 따라 수시로 개최된다(4조② 1문). 일반이사회는 각료회의가 비회기중인 경우 각료회의의 기능을 수행하고(4조② 2문), 「WTO분쟁해결양해각서」에 규정된 '분쟁해결기구'(Dispute Settlement Body)의 임무를 수행한다(4조③). 일반이사회는 WTO의 무역정책 검토과정에 규정된 '무역정책검토기구'(Trade Policy Review Body)로서의 임무를 수행한다(4조④).

3) 사무국(Secretariat)

WTO는 사무총장(Director-General)을 최고책임자로 하는 사무국을 설치·운영한다(6조①). 사무총장은 각료회의에서 임명되며, 각료회의는 그의 권한·의무·근무조건 및 임기를 명시하는 규정을 채택한다(6조②). 사무총장은 각료회의가 채택한 규정에 따라 사무국 직원을 임명하고, 이들의 직무와 근무조건을 결정한다(6조③).

4) 회원국의 자격

「WTO설립협정」의 발효일 당시에 「1947년 GATT」 및 EC의 회원국으로서 「WTO설립협정」과 '다자간무역협정'(Multilateral Trade Agreements)을 수락하고, 「1994년 GATT」 및 「서비스교역에 관한 일반협정」에 자국의 '양허 및 약속일정'(Schedule of Concessions and Commitments)이 부속된 국가들은 WTO의 원회원국(original Members)이 된다(11조①). 한편 기타 국가나 대외적 무역관계에 있어서 혹은 「WTO설립협정」 및 다자간무역협정들에 규정된 다른 문제들과 관련하여 완전한 자치권을 보유한 독립된 관세당국은 WTO와의 합의된 조건에 따라 신규회원국으로 가입할 수 있다(12조①). 이러한 가입 여부는 각료회의에서 결정하는데, 회원국 2/3 이상의 다수결로써 가입협정을 승인한다(11조②).

III. WTO 분쟁해결제도

1. 연혁

WTO 분쟁해결제도는 과거 GATT 무역분쟁해결제도의 문제점들을 보완하여 1995년 WTO 출범과 더불어 새로이 시행되고 있다. 국제사법재판소(ICJ)를 비롯하여 국제사회에 많은 분쟁해결기관이 있지만, WTO 분쟁해결제도는 일반적으로 매우 성공적으로 기능하고 있다는 평가를 받고 있다.

분쟁해결제도의 기본적인 틀을 규정하고 있는 것이 WTO 분쟁해결양해[21]이며, 이 양해는 WTO 설립협정의 부속서 2로서 WTO 협정의 불가분의 일부를 형성한다. WTO는 국가간의 무역관계를 규율하는 협정인 관계로 그 분쟁해결에 있어서도 국가만을 당사자로 하고 있는 점에서는 여타 국제 분쟁해결제도와 유사하나, 항소가 인정되는 2심제도라는 점에서는 다른 국제분쟁해결제도와 다른 특징을 갖고 있다.

GATT / WTO 분쟁해결제도는 국가를 당사자로 한다는 점에서 개인이나 기업간의 무역분쟁 해결을 목적으로 제기하는 국제소송이나 국제상사중재와는 다른 개념이다. 그러나 실제에 있어서는 국가가 자국의 특정기업이나 특정산업을 위하여 상대국을 WTO에 제소하는 것이 일반적이므로,[22] 국가가 자국민을 위하여 타국의 WTO협정 위반을 주된 이유로[23] 제소한다는 점에서는 외교적 보호의 성격을 띠고 있다고 볼 수도 있다.

1995년 WTO 출범과 더불어 과거의 GATT 규정들이 GATT 1994라는 이름으로 WTO 속으로 편입되어, 여전히 협정으로서의 GATT는 WTO의 일부를 형성하며, WTO 분쟁해결양해의 모태가 되는 규정은 GATT 1994의 제22조와 제23조이다.

과거 GATT에의 청구원인 혹은 제소사유를 규정하고 있던 제23조는 GATT 1994하에서 여전히 유효한 청구원인 혹은 제소사유로 기능하고 있다. 즉 체약국이 GATT에 제소를 할 수 있기 위해서는 직접 또는 간접적으로 보장된 협정상의 이익이 무효화 또는 침해되었거나, 협정상의 목적달성이 저해되어야 한다.

---

21) 통상 Dispute Settlement Understanding으로 불리며, 정식명칭은 Understanding on Rules and Procedures Governing the Settlement of Disputes이고, 우리나라에서는 일반적으로 분쟁해결양해로 칭한다.

22) 특히 덤핑, 보조금, 세이프가드 등과 관련한 분쟁에 있어서 이러한 성격이 강하다.

23) 예외적인 경우이기는 하나, 위반이 없더라도 무역상대국의 이익을 무효화하거나 침해하는 경우에도 이른바 비위반제소라 하여 제소가 가능하다: GATT 제23조 1항(b) 및 DSU 제26조.

2. WTO 분쟁해결제도의 목적

우루과이라운드 협상을 통하여 새로이 탄생한 WTO의 분쟁해결제도는 과거 GATT 시절의 문제점을 보완하여 분쟁해결을 전담하는 분쟁해결기구(Dispute Settlement Body)를 설립하고, 분쟁해결에 관한 구체적 조약규정이라 할 수 있는 분쟁해결양해(Dispute Settlement Understanding)를 제정하였다. 새로운 제도의 도입과 더불어 WTO 분쟁해결제도가 매우 사법화(judicialised)되었다고 일반적으로 보고 있으나, WTO 분쟁해결제도는 여전히 외교적 성격과 사법적 성격을 공유하고 있는 것으로 보인다.

분쟁해결기구는 패널을 설치하고, 패널 및 항소기구 보고서를 채택하고, 결정과 권고의 이행을 감독하며, 대상협정상의 양허 및 다른 의무의 정지[24]를 허가할 권리를 갖는다. 즉 DSB(분쟁해결기구)는 WTO의 무역분쟁 해결과 관련한 모든 절차를 감독하고 이행을 확보하는 역할을 하는 것이다(2조①).

WTO 분쟁해결제도의 목적은 다자간 무역제도의 안정성과 예측가능성을 제공하는 것이다. WTO의 회원국은 분쟁해결제도가 대상협정상의 회원국의 권리와 의무를 보존하고, 국제법의 해석에 관한 관습법규에 따라 협정상의 조항의 의미를 명확하게 하는 것임을 인정하고, DSB의 권고 또는 결정은 대상협정상 규정된 권리와 의무를 확대하거나 축소하여서는 안 된다(3조②). WTO에 분쟁을 제소할 수 있는 자는 WTO의 회원국뿐이다.

3. WTO 분쟁해결제도의 특징

(1) 통일된 강제적 분쟁해결제도

과거 GATT에서 운영되어 오던 분쟁해결제도 외에도 1979년 도쿄라운드를 통해 채택된 각 분야별 Code[25]들도 각각 독자적인 분쟁해결제도를 갖고 있어서, 분쟁마다 각 당사국들은 자국에게 유리한 절차를 이용하려고 하는 'forum shopping'의 문제를 야기하였다. 그러나 WTO체제하에서는 별도로 예외를 규정해 놓지 않은 이상, 모든 WTO 회원국들이 DSU라고 하는 통일된 분쟁해결제도를 이용하도록 하였다. 보조금협정상 허

---

24) 이를 통상 보복이라 일컫는데, 문제된 조치와 다른 분야, 다른 협정상의 보복을 일컬어 교차보복(cross retaliation)이라고 한다. 바로 이러한 교차보복의 인정 그 자체가 WTO 분쟁해결제도의 실효성을 증대시키는 데 큰 기여를 하고 있다.

25) 우루과이라운드 협상 이후 대부분의 Code가 WTO협정에 부속되었다.

용보조금 여부를 묻는 것은 WTO 보조금 위원회가 결정하는 등 예외가 전혀 없는 것은 아니나, 기본적으로는 분쟁해결기구의 감독하에 통일된 분쟁해결제도를 이용하도록 하고 있으며, WTO의 무역분쟁 해결에 있어서는 분쟁을 부탁함에 있어 양당사자의 동의를 필요로 하지 않음으로써 이른바 강제적 분쟁해결제도를 도입하고 있는데, 이것은 국제 분쟁해결의 특성상 획기적인 제도라고 하겠다.

(2) 다자적 통제와 일방조치의 금지

분쟁해결양해 제23조는 회원국의 협정위반 등의 분쟁이 발생하는 경우 DSU 규칙 및 절차를 사용하도록 하고 있어, 미국 통상법 제301조와 같은 일방적 조치를 취할 수 없도록 제한하고 있다. 즉 패널보고서의 준자동적 채택(16조) 및 패널보고서 이행의 DSB에 의한 감독(22조, 23조) 등은 다자체제 강화의 중요한 예라 할 것이다. 그러나 이러한 다자적 해결방법을 이용하고 일방조치를 금지한다고 하여 개별 회원국이 전혀 개입하지 않는 것은 아니다. 국제사회의 분권적 구조상 여전히 개별 회원국의 개입 가능성은 열려 있다. 예컨대, 분쟁당사국간 위임사항의 마련, 패널 보고서의 잠정검토제도(15조), 덤핑분쟁에 있어서의 조사당국의 의견 존중 등이 그 좋은 예이다.

(3) 시간구속적 분쟁해결절차

과거의 GATT 분쟁해결절차가 각 단계별 시간제한을 두고 있지 않아, 패널구성이나 패널보고서 채택 등에 있어 시간이 지연되는 경향이 있어 왔다.[26] 따라서 이러한 문제점을 보완하기 위하여 WTO 분쟁해결제도는 각 단계별로 엄격한 시간제한을 두고 있다. WTO에 의한 분쟁해결은 크게 보아 네 단계로 나누어 볼 수 있는데, 기본적으로 60일간의 당사국 간 협의기간, 6개월간의 패널절차기간, 2개월간의 항소심 기간, 최장 15개월까지 인정되는 이행단계(21조③(c)) 등으로 구별해 볼 수 있는바, 이러한 각 단계별 시간제한은 다른 국제분쟁해결제도에 찾아보기 힘든 예라고 할 수 있다.

(4) 패널보고서의 사실상 자동적 채택

과거에는 패널보고서의 채택에 있어서 분쟁 당사국들을 포함한 컨센서스가 요구되었기 때문에, 특정 분쟁당사국의 반대에 부딪혀 보고서가 채택되지 못하는 경우가 종종 있었으나, 이제는 이른바 역컨센서스(reversed consensus)로 보고서를 채택하게 되어(16조

---

26) 물론 이러한 시간지연에는 패소국이 보고서 채택을 지연시키는 전략도 일조를 하였다.

④), 일단 발표된 보고서가 채택되지 않은 예는 WTO 역사상 한 번도 없었다. 이는 WTO 분쟁해결제도가 분쟁 제소시에 양당사자의 동의를 필요로 하지 않는 강제적 분쟁해결 제도임과 더불어 매우 시사하는 바가 크다. 일단 제소된 분쟁은 중간에 양 당사자 간에 합의를 이루어 분쟁이 해결되지 않는 한 패널보고서가 채택되고, 나아가 DSU 제21조와 제22조에 의하여 DSB 감독하의 이행 단계에 들어감을 의미한다.

(5) 항소제도의 도입

과거와는 달리 분쟁당사국에게 패널보고서 채택시 거부권이 인정되지 않게 됨에 따라, 그에 대한 보상적 대안으로 분쟁 당사국의 항소제도를 도입하였다(17조). 항소기구는 7명의 무역관련 법률 전문가들로 구성됨으로써 사법적 성격이 강화되었으며, 각 분쟁마다 패널과 항소심을 거칠 수 있도록 허용함으로써, 패널보고서의 이행을 확보하는데 큰 도움이 되도록 하였다. WTO에 의한 이러한 항소제도의 도입은 국제분쟁해결은 단심제로 한다는 일반적인 국제관행의 예외를 이루게 되었으며, 앞으로 다른 분야에 있어서의 국제분쟁해결제도 창설에도 커다란 영향을 미칠 것으로 보인다.

(6) 사실상 자동적 보복조치의 허용

WTO의 분쟁해결제도하에서의 역컨센서스(reversed consensus)에 의한 의사결정은 보복조치의 허용 여부를 결정하는 데 있어서도 적용된다. 패널 또는 항소기구의 보고서가 채택되고 난 후 패소국이 보고서를 제대로 이행하지 않았다고 판단되는 경우, 보상(compensation)이나 양허의 정지(suspension of concessions)가 인정되는바, 이 경우에 그 허용 여부를 분쟁당사국을 포함하여 역컨센서스에 의해 결정함으로써 사실상 자동적으로 허용된다고 할 수 있다(22조). 특히 해당 분야에서의 보복이 실효성이 없을 때에는 교차보복(cross retaliation)을 허용함으로써 WTO 분쟁해결제도의 실효성을 높이고 있다.

4. WTO 분쟁해결절차

WTO의 분쟁해결양해가 인정하고 있는 분쟁해결 방식은 크게 두 가지로 나누어 볼 수 있을 것이다. DSU 제5조[27]와 제25조[28]가 규정하고 있는 대안적 분쟁해결방법

---

27) DSU 제5조는 주선, 조정, 중개 등을 규정하고 있는바, 당사자가 원하면 언제든지 개시되고 종료될 수 있음을 규정하고 있으며, 절차의 진행은 공개되지 않는다. 심지어 패널진행 중에도 이 절차들을 활용할 수 있다.

28) 제25조는 중재를 규정하고 있는바, 양 당사자가 동의하면 이 절차를 원용할 수 있으며, 중재 판정

(alternative dispute resolution: ADR)이 그 하나이고, 또 다른 방식은 일반적으로 알고 있는 협의→패널→항소기구→이행단계의 방법일 것이다. 그러나 첫 번째 방식은 당사자가 원하면 언제든지 이용할 수 있으나, WTO 출범 이후 단 한 번밖에 원용된 바가 없었다.[29] 이하에서는 국제적으로 가장 성공적인 분쟁해결제도의 하나로 평가받고 있는 WTO 분쟁해결제도를 절차별로 살펴보고자 한다.[30]

개괄적으로 살펴보면, 일반적으로 상대 회원국의 조치가 WTO 규범에 어긋난다고 판단하는 회원국은 먼저 외교적 교섭을 하게 되고, 그래도 해결 가능성이 보이지 않으면 WTO에 제소하게 된다. WTO에 제소된 이후에도 양국간의 우호적인 해결을 위하여 60일간의 협의과정을 갖고, 이 과정에서도 해결이 안 된 경우에 비로소 패널절차와 선택적으로 항소기구 절차를 거치게 되며, 보고서가 DSB에 의해 채택된 이후에는 패널 및 항소기구 판정의 국내 이행과정을 거치게 된다.

(1) 제1단계: 협의(consultation) 절차

WTO 회원국간에 분쟁이 발생하면 어떠한 조치를 취하기 전에 우선 양 당사자는 그들 상호간의 의견의 차이점을 먼저 확실히 하고 스스로 해결할 수 있는지를 알아보기 위하여 협의절차를 거쳐야 한다(4조). 각 회원국은 협정의 운영에 영향을 미치는 조치에 관하여 다른 회원국이 표명한 입장에 대하여 호의적인 고려(sympathetic consideration)를 하여야 하며, 적절한 협의 기회를 부여하여야 한다.

분쟁의 양 당사국은 상호 만족할 만한 해결에 도달하기 위하여 노력하여야 하며, 60일 이내에 해결에 이르지 못하면 패널의 설치를 요구할 수 있다. 이 협의절차 과정은 분쟁 당사국들에게 상당한 압력으로 작용하여 이 기간 중에 분쟁이 우호적으로 해결되는 경우가 많이 있다. 실제에 있어서는 WTO에의 협의 요청 이전에 이미 양 당사자 간에 실무적 접촉이나 외교적 채널을 통하여 상당한 협의를 진행한 상태이므로 이 기간을 45일로 줄일 것을 제안하고 있기도 하다.

의 효력은 최종적이고, 판정의 이행을 위해서는 일반절차와 마찬가지로 DSU 제21조와 제22조가 준용된다.
29) 저작권과 관련한 미국 저작권법 사건(US-Section 110 (5) Copyright Act)에서 보상의 액수를 정하기 위하여 제25조상의 중재가 이용되었다. 동 사건의 구체적인 내용은 박덕영, 국제저작권과 통상문제, 세창출판사, 2009 참조.
30) 그동안의 WTO 분쟁해결제도의 평가에 대해서는 법무부가 발간하는 "통상법률" 2020년 2월호를 참조.

(2) 제2단계: 패널(panel) 절차

패널은 WTO 분쟁해결제도의 핵심적인 역할을 수행하지만, 패널보고서는 분쟁해결기구(DSB)가 이를 채택하여야 비로소 법적 효력을 갖게 된다. 즉 WTO의 공식적인 분쟁해결기관은 DSB이며, 패널과 항소기구는 DSB의 보조적 역할을 한다고 볼 수 있다.

패널의 설치를 거부하기 위해서는 컨센서스를 필요로 하므로 제소국이 협의를 거친후, 패널의 설치를 요구하면 사실상 자동적으로 패널이 설치된다고 할 수 있다(6조). 패널의 관할권에 대해서는 양 당사자가 위임사항(terms of reference)에 기재하지 않은 내용에 대해서는 판단할 수 없는 것이 원칙이다(7조①). 그러나 실제에 있어서는 분쟁당사자에 의해서 인용된 모든 대상협정의 관련 규정(the relevant provisions)을 검토해야 한다(shall address)는 DSU 제7조 2항을 넓게 해석하여, 당사자가 명시적으로 제시하지 않은규정도 연관성이 있고 필요성이 있으면 검토하는 경향이다.

패널의 구성은 정부인사뿐만 아니라 민간인도 위촉될 수 있으며, 별도의 합의가 없는 한 3인으로 구성된다(8조). 분쟁당사국 또는 분쟁참가 제3국의 국민은 분쟁당사국간에 합의하지 않는 한 패널 구성원이 될 수 없으며,[31] 패널 구성에 있어서는 양 당사국의입장을 존중한다. 당사국 간에 합의를 이루지 못하면 WTO 사무총장이 DSB 의장과 협의한 후 패널구성원을 임명한다.

패널의 진행절차를 보면, 패널은 가능한 한 패널 구성 후 일주일 이내에 패널 진행일정을 확정하여야 하며, 자세한 절차와 순서는 DSU의 부록 3에 첨부된 작업절차(Working Procedure)를 따르도록 규정되어 있다(12조). 패널 절차는 두 번의 서면제출과구두 심리로 이루어지며, 이러한 절차는 모두 비공개로 진행된다.[32] 패널은 필요하다고인정되면 전문가의 조력을 받을 수 있으며(13조), 패널은 서면과 구두 심리를 통하여 의견을 수렴한 후 잠정보고서를 양 당사국들에게 회람하게 하고, 별도의 이의가 제기되지않으면 최종보고서로 확정된다. 패널보고서는 패널구성원 다수결로 결론을 도출하며, 별도의견(separate opinion), 반대의견(dissenting opinion) 등의 첨부는 원칙적으로 인정되지않는다.[33]

---

31) 이는 국적재판관 제도를 인정하는 ICJ와는 다른 입장이며, 항소기구 절차에서는 분쟁당사국의 국적인인지 여부를 묻지 않는다.
32) 바로 이러한 비공개원칙이 NGO들의 많은 비판을 불러일으키고 있으며, 미국 등 일부국가에서 절차와 자료의 공개를 주장하고 있지만 대부분의 개도국들은 반대하는 입장이다.
33) 이는 반대의견이나 별도의견의 첨부를 인정하는 국제사법재판소나 국제해양법재판소의 관행과는다른 점이다.

최종보고서가 확정되면 모든 WTO 회원국들에게 최소 20일 이상 회람되어야 하며, 어느 한 당사국도 항소의 의사를 표시하지 않으면 60일 이내에 DSB가 그 채택 여부를 결정하여야 하는데, 이 경우에도 역컨센서스(reversed consensus) 제도가 적용되므로 실제로 채택이 거부되는 경우는 존재하지 않게 된다. 채택된 패널보고서는 법적 효력을 갖게 되기 때문에 분쟁 당사국들은 이에 따를 의무를 부담하게 되며, 이행 절차에 들어가게 된다. 패널보고서는 분쟁의 당사국만을 구속할 뿐이며, 선례 구속의 원칙은 인정되지 않는다.

(3) 제3단계: 항소(appellate review) 절차

WTO 분쟁해결제도의 항소 절차는 우루과이라운드 협상 중 새로이 도입된 제도이며, 국제분쟁해결제도 역사상 획기적인 일로 평가할 만하다. 항소기구(Standing Appellate Body)는 임기 4년의 7명의 위원(member)으로 구성되며, 항소기구 자체는 상설(standing)이지만, 위원들은 전임(full time job)으로 항소기구만의 위원으로 일하는 것은 아니다. 즉 그들은 각자의 직업을 갖고 있으며, 사건이 있을 때만 제네바에 모여서 분쟁해결에 임하도록 되어 있다(17조③).

항소기구는 일반적으로 국내법원의 최종심의 경우와 마찬가지로 법적 쟁점과 패널의 법률 해석만을 그 관할로 하며(17조⑥), 원칙적으로 항소심은 분쟁 당사국이 항소를 통고한 날로부터 자신의 보고서를 회람할 때까지 60일을 초과할 수 없다(17조⑤). 또한 항소심 절차는 위원 7명의 전원재판정에 의한 것이 아니라 순환(rotation)에 의하여 3명의 위원이 각각의 사건을 담당하며, 패널절차와는 달리 분쟁당사국의 위원도 그 사건을 담당하도록 하고 있으며, 각 사건 간의 일관성(consistency)을 위하여 보고서가 완성된 후 다른 위원들에게도 회람시켜 의견을 듣는 절차를 작업절차에서 보장하고 있다.

항소심 절차는 공개되지 않으며, 개개 위원들의 의견이 공개되지 않는 것은 앞에서 살펴본 패널의 경우와 마찬가지이다(17조⑪). 또한 보고서의 채택시에 역컨센서스 제도에 따라 사실상 자동적으로 채택되는 것도 패널의 경우와 동일하며(17조⑭), 항소 보고서의 채택시에 패널보고서도 동시에 채택된다. 항소기구는 패널의 법률해석이나 결론을 지지하거나(uphold), 수정하거나(modify) 또는 파기(reverse)할 수 있다(17조⑬).

패널이나 항소기구가 제출한 보고서는 DSB에 의하여 채택됨으로써 비로소 법적 효력을 갖게 된다. 패널이나 항소기구는 문제의 당사국이 문제가 된 조치를 WTO 규정에 합치하도록 변경할 것을 권고하는 것이 일반적이며, 권고를 이행하기 위한 구체적인 방법을 제시할 수도 있다(19조①).

(4) 제4단계: 이행(implementation) 절차

WTO 분쟁해결절차의 마지막 단계는 패널과 항소기구 보고서 이행의 관리 및 감독 단계이다. 이는 보고서에 기초한 DSB의 권고사항을 당사국이 제대로 이행하는지를 확인하는 작업으로, DSU 제21조와 제22조가 패널과 항소기구 보고서의 이행단계를 규정하고 있다. 즉 DSU 제21조는 패널과 항소기구 보고서의 이행을, 제22조는 불이행시에 임시적인 조치로서의 보상(compensation)과 양허의 정지(suspension of concessions) 등을 규율하고 있다.

보고서의 이행과 관련하여 DSU는 보고서의 신속한 이행(prompt compliance)을 통하여 모든 회원국에게 이익이 되도록 분쟁의 효과적인 해결을 확보하는 것이 필수적이라고 밝히고 이를 위한 구체적 절차를 명시하고 있다(21조①). 우선 보고서 채택 후 30일 이내에 패소국이 제시하는 이행 의사를 확인하고, 즉각적인 이행(comply immediately)이 비현실적인(impracticable) 경우 합리적인 이행기간(a reasonable period of time)을 갖게 된다.

합리적인 기간 내에 보고서가 이행되지 않으면 이행할 때까지 일시적인 조치로서 보상과 양허나 의무의 정지가 인정된다(22조①). 우선 합리적인 기간 종료 후 20일 이내에 보상의 합의를 도출하도록 노력하고(22조②),[34] 상호 만족할 만한 합의에 이르지 못한 경우에는 제소국은 DSB에 대상협정상의 양허나 의무의 정지(이른바 보복조치)를 요청할 수 있다. 양허나 의무의 정지를 고려함에 있어서 우선은 실제 분쟁에서 문제가 되었던 동일한 협정상의 동일한 분야의 양허나 의무에 대하여, 이것이 비현실적이거나 효율적이지 못할 때는 동일한 협정상의 다른 분야의 양허나 의무에 대하여, 이것 또한 비현실적이고 효율적이지 못하며 상황이 심각할 경우에는 다른 협정상의 양허나 의무의 정지를 추구할 수 있다(22조③).

궁극적으로 이러한 보복조치를 허가하는 최종적인 주체는 DSB이다. DSB에 보복조치의 요청이 있게 되면 DSB는 컨센서스에 의한 거절의사 형성이 없으면 이행을 위한 합리적 기간 경과 후 30일 이내에 보복조치를 허용해야 한다. 그러나 관련 회원국이 제안된 정지의 수준에 반대하거나, 3항상의 원칙과 절차가 준수되지 않았다고 주장한다면 이 사안은 중재에 부탁되는바, 이 중재는 합리적인 기간 만료 후 60일 이내에 완료되어

---

34) WTO에서 논의되는 보상의 개념은 협정상의 양허를 통한 보상을 의미하는 것이지, 금전 보상을 의미하는 것은 아니다. 관세상의 양허를 하는 경우 이 조치는 모든 회원국에게 적용되므로 품목 선택에 있어서 신중을 기할 필요가 있다.

야 한다. 중재인의 역할은 무효화 또는 침해와 보복의 비례성 문제와 대상협정에서 허용되는 조치인지 여부를 검토하는 것이다(22조⑦). 그러나 보복조치가 허용되더라도 이는 어디까지나 일시적인 조치이며, 패소국이 협정 위반 조치를 철회하면 보복조치는 종료되어야 한다(22조⑧).

5. WTO 분쟁해결제도 28년의 평가

WTO 분쟁해결제도는 기존의 GATT 분쟁해결제도의 문제점을 보완하여 1995년 WTO 출범과 함께 시행되어 왔다. GATT 1947하에서의 분쟁해결절차는 GATT 1947의 가장 심각한 결점 중 하나로 생각되어 왔다. GATT 1947 분쟁해결절차에 관한 주요한 불만 원인은 패널설치의 지연, 패널지명 지연, 패널보고서 완성 지연, 패널위원 불확실한 자격과 중립성 문제, 패널보고서 채택과정에서의 blocking 문제 및 패널 판정의 불이행 등이었다.

WTO의 분쟁해결제도는 국제사회의 여러 분쟁해결기관 중 그 이용이 가장 활발하며, 전반적으로 매우 성공적으로 운영되고 있다는 평가를 받고 있다. 특히 WTO체제에서의 분쟁해결제도는 과거 GATT하의 분쟁해결제도와 비교하여 통일성, 신속성, 효율성, 사법성 및 공정성이 제고되었다는 점에서 주목할 만하다. 즉, 단일한 분쟁해결기구(DSB)가 단일한 규범(DSU)의 적용을 통해 분쟁을 해결함으로써 통일성을 보장할 수 있게 되었고, 분쟁해결절차의 각 단계별로 시한을 정하여 절차지연을 미연에 방지하고, 역컨센서스제를 도입함으로써 신속성과 효율성을 높였다. 기존의 GATT체제의 방식에 비해 보다 체계화된 분쟁해결의 절차와 규정을 제공하고 있으며, 상소절차의 도입을 통하여 사법성 및 공정성을 강화시켰다.

2023년 7월 현재 사안별 제소건수는 600건을 훨씬 넘어서고 있다. WTO 출범 이후 첫 3년 동안에는 제소건수가 증가하였으나, 이후에는 일정하지는 않지만 전반적으로 제소건수가 감소함을 알 수 있다.[35]

한국의 경우 약 35건을 제소하거나 제소당하여 비교적 많은 사건에서 당사자가 되었다고 할 수 있다. 우리나라는 미국, 필리핀, EC 등에 대해 41건을 제소하였으며, 미국,

---

35) 이는 초기 단계에서 WTO 규범의 해석이 불명확한 상태에서 많은 제소가 이루어졌으나, 사례를 통하여 규범해석이 점차 명확해지고, 소송비용이 증가하는 점도 부담으로 작용하였을 것으로 보인다. 아울러 점차 많은 판례가 집적됨에 따라 선행 사례 연구가 필수화되고, 이에 대한 적절한 연구와 분석이 없이는 회원국들의 입장에서 제소가 점점 부담스러워졌을 것으로 보인다. 또한 WTO 출범 초기에는 그동안 GATT 시절에 미결로 남아 있던 많은 사건들이 새로운 WTO 분쟁해결체제에 부탁된 것도 초기 사건 증가에 기여하였을 것으로 보인다.

호주, EC 등으로부터 21건을 제소당하였다.[36] 우리가 제소를 한 사건으로는 미국의 반덤핑 조치 4건(컬러 TV, 반도체, 철강, Byrd 수정법안), 필리핀의 반덤핑 조치(합성섬유), 미국의 세이프가드 조치(탄소강관) 등이 있으며, 우리가 제소를 당한 것은 EC, 미국 등으로부터 소주와 위스키의 주세 격차, 혼합분유 긴급수입제한조치, 쇠고기 수입제한 및 구분판매조치 등이 있었고, 최근에는 우리나라의 일본 수산물 수입제한조치가 제소를 당한 바 있다.

1995년 이래로 600건의 사건이 WTO에 제소된 것은 WTO 분쟁해결제도가 그 기능을 잘 수행해 왔음을 단적으로 보여주고 있다. 지난 1995년 WTO 출범 이래 회원국이 164개국으로 증가되었고, 특히 개발도상국들의 적극적인 참여, WTO가 관할하는 분야의 확장, 각종 새로운 협정의 등장 등이 분쟁부탁 건수의 증가에 기여한 것으로 보인다.

Ⅳ. 자유무역협정(FTA)

자유무역협정(Free Trade Agreement, 이하 FTA)은 특정국가 간에 배타적인 무역특혜를 부여하는 협정으로서, 가장 느슨한 형태의 지역경제통합 형태[37]를 이루고 있다. 독자적인 경제정책을 유지하려는 경향이 강하거나, 경제발전단계가 상이한 국가들이 지역무역협정을 체결할 경우 자유무역협정이 선호된다.

FTA가 포함하고 있는 분야는 체약국들이 누구인가에 따라 상당히 다른 양상을 보이고 있는데, 전통적인 FTA와 개발도상국 간의 FTA는 상품 분야의 무역자유화 또는 관세인하에 중점을 두고 있는 경우가 많았다. 그러나 최근 WTO체제의 출범을 전후하여 FTA의 적용범위도 크게 확대되어 대상범위가 점차 넓어지고 있는데, 상품의 관세 철폐 이외에도 서비스 및 투자 자유화까지 포괄하는 것이 일반적인 추세라고 하겠다. 그 밖에 지적재산권, 정부조달, 경쟁정책, 무역구제제도 등 정책의 조화부문까지 협정의 대상범위가 점차 확대되고 있다. 다자간 무역협상 등을 통하여 전반적인 관세수준이 낮아지면

---

36) http://www.index.go.kr/potal/main/EachDtlPageDetail.do?idx_cd=1680 우리나라가 당사자인 WTO 분쟁 현황 통계표를 참고(출처 산업통상자원부 내부행정자료).

37) 지역경제통합의 형태는 회원국간 관세만을 철폐하는 자유무역지대(NAFTA, EFTA 등), 회원국간 자유무역 외에도 역외국에 대해 공동관세율을 적용하는 관세동맹(베네룩스 관세동맹), 관세동맹에 회원국간 생산요소의 자유로운 이동이 추가된 공동시장(EEC, CACM, CCM, ANCOM 등), 회원국 간 금융·재정정책 등에서 공동의 정책을 수행하는 경제공동체(EC), 그리고 단일통화를 사용하는 완전경제통합(EU) 등으로 구분할 수 있다.

서 다른 분야로 협력영역을 늘려가게 된 것도 이러한 현상의 한 원인이라고 할 수 있다.

1. 자유무역협정의 법적 지위

회원국 간 특혜적 조치를 허용하는 자유무역협정과 같은 지역주의는 WTO체제가 지향하는 다자주의의 최혜국대우원칙(MFN)과 합치되지 않는 면이 있다. GATT체제 출범 이전부터 유럽지역에서 진행되고 있던 지역무역협정의 체결 논의와 다자주의 체제의 최혜국대우원칙이 상호 대립되기 때문에 다자주의 체제의 창설을 주장했던 미국과 유럽의 국가들은 이를 해결할 필요가 있었다. 만약 최혜국대우원칙에 충실한 협정문을 채택할 경우, 당시 유럽에서 진행 중이던 배타적 경제통합에 참여하던 국가들이 다자주의 체제에 참여할 수 없기 때문에 GATT는 최혜국대우 조항에 대한 예외규정으로서 지역무역협정에 관한 조항을 GATT 제24조로 채택하게 되었다.

GATT 제24조 8항(b)에 의하면, 지역무역협정은 '체약국간에 체약국산 제품에 대해 관세와 기타 제한적인 무역규정들이 실질적으로 모든 무역(substantially all the trade)에서 제거되는 것'으로 정의되고 있다. 이러한 정의는 상품교역에 한정하여 지역무역협정을 규정하고 있는데, 1990년대 이후에 체결된 지역무역협정의 경우 그 대상이 상품 이외에도 서비스, 투자, 지적재산권, 정부조달, 경쟁정책, 환경 등으로 확장되는 추세이므로 포괄적인 정의가 필요하나, 이 경우에도 동 조항이 그대로 준용된다고 볼 수 있다.

지역무역협정을 규율하고 있는 WTO협정으로는 상품 분야에 대한 GATT 제24조와 「GATT 제24조의 해석에 관한 양해」, 서비스 분야에 대한 GATS 제5조가 있으며, WTO협정하에서 지역무역협정이 최혜국대우원칙 적용에 대한 예외로서 인정받기 위해서는 다음의 조건들이 충족되어야 한다. 역내국들은 역내국 상품에 대해 '실질적으로 모든 무역'에서 관세 및 그 밖의 제한적인 상거래 규정(필요한 경우 11조, 12조, 13조, 14조, 15조 및 20조하에서 허용되는 것은 제외한다)을 철폐하여야 하며, 역내국 서비스에 대해서는 '실질적으로 모든 차별'을 철폐하여야 한다. 또한, 역외국에 대해서는 상품교역과 관련하여 지역무역협정 체결 이전보다 관세 및 기타 무역규정들이 더 높거나, 무역이 제한되어서는 안 되며, 서비스에 대해서는 협정 체결 전보다 서비스 무역에 대한 장벽수준을 높여서는 안 된다.

2. 우리나라의 FTA 체결현황

우리나라는 GATT와 WTO로 대표되는 다자주의 체제의 수혜국이며, 우리의 경제발전은 대외무역을 통해 성장을 이룬 전형적인 사례로 인용되고 있다. 또한 계속해서 우리나라가 경제발전을 이루기 위해서는 무역에 의존할 수밖에 없다.

　　최근 세계 무역환경을 살펴보면, 자유무역협정을 중심으로 한 지역주의가 가속화되고 있다. 이러한 상황에서 우리나라가 적극적으로 FTA를 추진해야 하는 이유는 크게 두 가지로 설명할 수 있다. 첫째, FTA 역외국가로서의 피해를 최소화하고, 나아가 이러한 상황에 적극적으로 대응할 필요가 있다. 특히 우리의 대외경제규모가 국내총생산(GDP)의 70% 이상을 차지하고 있는 점을 고려할 때, 주요 경쟁국이 FTA를 추진하고 있는 상황하에서 우리나라가 기존 수출시장을 유지하고 새로운 시장에 진출하기 위해서는 FTA를 확대하여야 할 것이다. 주요 무역 국가들이 타국과 먼저 FTA를 체결한다면, 우리 상품은 관세 적용에 따른 가격경쟁력이 떨어져 점차 시장을 잃을 수밖에 없기 때문이다. 둘째, 적극적인 시장개방과 자유화를 통해서 국가 전반의 체제를 선진화하고 경제를 강화하기 위해 FTA를 추진해야 한다. 우리 경제가 양적인 성장뿐만 아니라, 질적인 발전을 통해 진정한 선진 경제로 거듭나기 위해서는 FTA를 적극적으로 활용하여야 할 것이다.

　　우리나라는 2003년부터 동시다발적으로 FTA를 추진해 왔으며, 점차 거대경제권을 중심으로 전략적인 FTA 체결 확대 전략을 통한 FTA를 구축해 나가고 있다. 내용면에서는 FTA 체결 효과를 극대화하기 위해 상품 분야에서의 관세철폐뿐만 아니라, 서비스·투자·정부조달·지적재산권·기술표준 등을 포함하는 포괄적인 FTA를 지향하고 있다. 또한 WTO의 상품과 서비스관련 규정에 일치하는 FTA를 추진함으로써 다자주의를 보완하고, FTA를 통해 국내제도의 개선 및 선진화를 함께 도모하고 있다.

　　2020년 1월 기준 우리나라의 FTA 추진현황을 살펴보면, 56개국과 16건의 FTA가 체결되었다. 칠레, 싱가포르, EFTA, ASEAN, 인도, EU, 페루. 미국, 터키, 호주, 캐나다, 중국, 뉴질랜드, 베트남. 콜롬비아, 중미 16건의 FTA가 발효되었으며, 영국, 이스라엘 및 인도네시아와 서명/타결이 되었다.[38] 2021년 미국의 바이든 행정부가 들어선 이래 미국이 CPTPP에 가입할 것으로 예상되며, 장차 영국과 한국도 여기에 가입할 것으로 보인다.

---

38) https://www.fta.go.kr/main/situation/kfta/ov/의 자료를 참조.

찾아보기

저자소개

이연갑 교수

서울대학교 법학사, 법학석사, 법학박사
미국 보스턴대학교 로스쿨 LL.M.
서울민사지방법원, 대전지방법원, 서울고등법원 판사
(현) 연세대학교 법학전문대학원 교수

주요저서 및 논문
로스쿨 케이스북 민법총칙, 로스쿨 케이스북 계약법, 케이스 스터디 물권법
신탁법상 수익자 보호의 법리, 고령사회와 신탁, 공익신탁법에 관한 약간의 검토
최근 미국 기업회생절차의 개정 논의, 환경책임과 도산절차

김종철 교수

서울대학교 법학사, 법학석사
영국 런던정경대(LSE) 법학석사(LL.M), 법학박사(Ph.D. in Law)
(현) 연세대학교 법학전문대학원 교수
(현) 한국공법학회 회장, 법과사회이론학회 고문, 한국언론법학회 고문
대통령직속 정책기획위원회 위원, 국민헌법자문특별위원회 부위원장, 국회 헌법개정특별위원회 자
   문위원 등 역임

주요저서 및 논문
Social Equality and the Korean Constitution : Current State and Legal Issues
헌법전문과 6월항쟁의 헌법적 의미: 민주공화국 원리를 중심으로
Is the Invisible Constitution Really Invisible?: Some Reflections in the Context of Korean Constitutional
   Adjudication
헌법개정의 정치학
Dissolution of the Unified Progressive Party Case in Korea: A Critical Review with Reference to the
European Court of Human Rights Case Law

박동진 교수

연세대학교 법학사, 법학석사
독일 뮌헨(München)대학교 법학박사(Dr.iur)
(현) 연세대학교 법학전문대학원 교수
(현) 한국민사법학회 수석부회장
대한의료법학회 회장, 법학교수회 부회장 역임

주요저서 및 논문
계약법강의(2판), 물권법강의(2018)

제4판 주석 채권각칙(공저), 민사법 사례형·기록형 연습(공저)
민법표준판례(공저), 남북한 사법공조의 발전방향 — 민사공조를 중심으로 — (공저)
Rechtsfragen beim Wechsel des Rechtsregimes(공저)
부동산명의신탁과 불법원인급여
성공적인 민사사례풀이 교육을 위한 방법
손해배상액의 산정, 대리모제도의 법적 문제, 손해배상법의 지도원리와 기능

한상훈 교수

서울대학교 법학사, 법학석사, 법학박사
(현) 연세대학교 법학전문대학원 교수
사법개혁위원회 전문위원, 사법제도개혁추진위원회 기획위원 역임
경찰법학회 회장, 형사법학회 부회장, 형사정책학회 부회장

주요저서 및 논문
형법개론(2판), 형사특별법, 법심리학(공역)
법과 진화론, 법학에서 위험한 생각들, 법의 딜레마
명정상태 범죄자의 형사책임과 개선방안
불능미수(형법 제27조)의 '위험성'에 대한 재검토 — 행동법경제학적 관점을 포함하여
진화론적 인지과학을 고려한 책임개념과 책임원칙의 재조명
패러다임과 법의 변경 — 한국형사법의 방법론 모색
즐거움과 법규범 그리고 패러다임 결과주의 — 행복과 법의 조화를 위하여
가추법은 독자적 법적 추론방법인가?
피의사실공표죄의 문제점과 개선방안 — 사전적, 절차적 예방의 모색

박덕영 교수

연세대학교 법학사, 법학석사, 법학박사
대한민국 교육부 국비유학시험 합격
영국 캠브리지대학교(LL.M), 에딘버러대학교 박사과정 마침
(현) 연세대학교 법학전문대학원 교수, 기후변화와 국제법 연구센터 소장
대한국제법학회 회장, 한국국제경제법학회 회장, 한국환경법학회 부회장 역임
(현) 외교부 정책자문위원, 국회 입법자문위원

주요저서 및 논문
국제환경법(제2판)(공동), 파리협정의 이해(공동), 기후변화와 국제법(공역)
국제법 기본조약집(제4판), 국제경제법 기본조약집(제2판)
Essential Documents in International Environmental Law
Legal Issues on Climate Change and International Trade Law(Springer)
국제경제법(신판), 국제환경법, 국제투자법, 미국법과 법률영어 등 저서와 논문 다수

증보판
법학입문

초판발행	2021년 3월 30일
증보판발행	2023년 8월 30일
중판발행	2024년 3월 25일
지은이	이연갑·김종철·박동진·한상훈·박덕영
펴낸이	안종만·안상준
편 집	김선민
기획/마케팅	장규식
표지디자인	이영경
제 작	우인도·고철민·조영환
펴낸곳	(주) **박영사**
	서울특별시 금천구 가산디지털2로 53, 210호(가산동, 한라시그마밸리)
	등록 1959. 3. 11. 제300-1959-1호(倫)
전 화	02)733-6771
f a x	02)736-4818
e-mail	pys@pybook.co.kr
homepage	www.pybook.co.kr
ISBN	979-11-303-4539-0 93360

정 가   29,000원